ADOLF HITLER

MOJA BORBA
(MEIN KAMPF)

ⓞMNIA VERITAS

Adolf Hitler

Moja Borba
(Mein Kampf)
1925

Objavio
Omnia Veritas Ltd

www.omnia-veritas.com

UPOZORENJE ČITATELJU	7
PROSLOV	**11**
PRVI TOM	**13**
OBRAČUN	**13**
GLAVA 1	**15**
U RODITELJSKOM DOMU	15
GLAVA 2	**26**
BEČKE GODINE UČENJA I PATNJE	26
GLAVA 3	**59**
OPĆA POLITIČKA RAZMATRANJA IZ MOG BEČKOG RAZDOBLJA	59
GLAVA 4	**101**
MÜNCHEN	101
GLAVA 5	**122**
SVJETSKI RAT	122
GLAVA 6	**135**
RATNA PROMIDŽBA	135
GLAVA 7	**142**
REVOLUCIJA	142
GLAVA 8	**155**
POČETAK MOJE POLITIČKE DJELATNOSTI	155
GLAVA 9	**162**
"NJEMAČKA RADNIČKA STRANKA"	162
GLAVA 10	**168**
UZROCI SLOMA	168
GLAVA 11	**209**
NAROD I RASA	209
GLAVA 12	**240**
POČETAK RAZVOJA NACIONALSOCIJALISTIČKE NJEMAČKE RADNIČKE STRANKE	240
DRUGI TOM	**266**
NACIONALSOCIJALISTIČKI POKRET	**266**
GLAVA 1	**267**
SVJETONAZOR I STRANKA	267
GLAVA 2	**276**
DRŽAVA	276
GLAVA 3	**311**
DRŽAVNI PRIPADNIK I DRŽAVLJANIN	311
GLAVA 4	**314**
LIČNOST I NARODNA DRŽAVNA MISAO	314
GLAVA 5	**321**
SVJETONAZOR I ORGANIZACIJA	321
GLAVA 6	**329**
PRVE BORBE - ZNAČENJE GOVORA	329
GLAVA 7	**340**

HRVANJE S CRVENIM FRONTOM 340
GLAVA 8 .... **358**
  SNAŽNI JE NAJMOĆNIJI SAM 358
GLAVA 9 .... **364**
  OSNOVNE MISLI O SMISLU I ORGANIZACIJI JURIŠNOG ODJELA (SA) 364
GLAVA 10 .... **388**
  FEDERALIZAM KAO MASKA 388
GLAVA 11 .... **404**
  PROMIDŽBA I ORGANIZACIJA 404
GLAVA 12 .... **416**
  SINDIKALNO PITANJE 416
GLAVA 13 .... **424**
  NJEMAČKA POLITIKA SAVEZNIŠTVA NAKON RATA 424
GLAVA 14 .... **447**
  ORIJENTACIJA PREMA ISTOKU ILI ISTOČNA POLITIKA 447
GLAVA 15 .... **465**
  NUŽNA OBRANA KAO PRAVO 465
ZAKLJUČAK **479**

UPOZORENJE ČITATELJU

Ovo izdanje Mein Kampfa je potpuni reprint originalnog izdanja koje je objavila naklada Nouvelles Éditions Latines (Pariz, 1934.), s ažuriranim upozorenjem čitatelju u skladu s presudama Pariškog žalbenog suda od 11. srpnja 1979. i 30. siječnja 1980.

Međutim, distribucija ovog djela može predstavljati opasnost jer riskira ponovno rasplamsavanje rasne ili ksenofobne mržnje i time potkopavanje ljudskog dostojanstva.

Poticanje na diskriminaciju, mržnju ili nasilje na temelju podrijetla ili pripadnosti ili nepripadnosti, stvarnoj ili percipiranoj, određenoj etničkoj skupini, naciji, navodnoj rasi ili religiji; veličanje takvih djela; Nejavna kleveta ili uvreda osobe ili skupine osoba zbog njihovog podrijetla ili pripadnosti ili nepripadnosti određenoj etničkoj skupini, naciji, navodnoj rasi ili religiji kažnjiva je prema člancima 23., 24., 32. i 33. Zakona o slobodi tiska od 29. srpnja 1881., kako je izmijenjen Zakonom od 1. srpnja 1972.

Članak 23.: Izdavači, tiskari ili ulični prodavači koji govorima održanim na javnim skupovima, plakatima, istaknutim obavijestima ili spisima, pamfletima ili tiskanim materijalima bilo koje vrste potiču diskriminaciju, mržnju ili nasilje zbog podrijetla ili pripadnosti ili nepripadnosti, stvarnoj ili pretpostavljenoj, određenoj etničkoj skupini, naciji, navodnoj rasi ili religiji, kaznit će se novčanom kaznom od 200 do 40.000 franaka. Nacija, navodna rasa ili određena religija.

Članak 24: Oni koji, putem govora održanih na javnim skupovima, putem pisanih radova ili tiskanih materijala bilo koje vrste, bilo da se prodaju ili distribuiraju, ili putem izloženih plakata ili plakata, potiču diskriminaciju, mržnju ili nasilje na temelju podrijetla ili pripadnosti ili nepripadnosti, stvarnoj ili percipiranoj, određenoj etničkoj skupini, naciji, navodnoj rasi ili religiji, ili potiču takva djela protiv nositelja javne dužnosti zbog njihovih funkcija ili mandata, na temelju podrijetla ili pripadnosti ili nepripadnosti, stvarnoj ili percipiranoj, određenoj etničkoj skupini, naciji, navodnoj rasi ili religiji, bit će kažnjeni kaznama predviđenim u članku 32.

Članak 32: Svatko tko, putem govora održanih na javnim skupovima, pisanih radova, tiskanih materijala ili slika, veličava djela klasificirana kao ratni zločini ili zločini protiv čovječnosti ili javno veličava počinitelje ili suučesnike takvih djela, bit će kažnjen zatvorom od jednog do šest mjeseci i novčanom kaznom od 200 do 40.000 franaka.

Članak 33: Svatko tko govorima održanim na javnim skupovima, spisima ili tiskanim materijalima bilo koje vrste potakne diskriminaciju, mržnju ili nasilje protiv osobe ili skupine osoba zbog njihova podrijetla ili pripadnosti ili nepripadnosti određenoj etničkoj skupini, naciji, navodnoj rasi ili religiji, ili protiv nositelja javne dužnosti zbog njihovih dužnosti ili mandata, kaznit će se novčanom kaznom od 200 do 40 000 franaka. Kazne se kreću od jednog mjeseca do jedne godine zatvora i novčanim kaznama od 200 do 300 000 franaka. Mein Kampf, koji je napisao Adolf Hitler 1924. godine, bitan je povijesni dokument za razumijevanje tog doba, ali otvoreno izlaže rasističku i ksenofobnu doktrinu koja je dovela do Drugog svjetskog rata i zločina protiv čovječnosti.

U ovom djelu Hitler iznosi svoj plan za rasnu državu i carstvo, temeljeno na hijerarhiji "rasa", s "Arijcima" (superiornim Nijemcima) na vrhu, predodređenim da dominiraju drugim narodima. Ova zabludna doktrina dijeli čovječanstvo na "superiorne" (civilizirajuće i dominantne) i "inferiorne" rase (npr. Slavene) te prikazuje Židove i Semite kao zlonamjerne uništavače civilizacije. Antropolozi su u UNESCO-voj deklaraciji iz 1950. znanstveno opovrgnuli postojanje mentalnih ili moralnih hijerarhija između etničkih skupina.

Prema svjedočenju SS generala von dem Bach-Zelewskog iz Nürnberga, propovijedanje slavenske i židovske inferiornosti normaliziralo je masovna ubojstva, što je izravno vodilo do plinskih komora Auschwitza i Majdaneka.

Provedba hitlerovskih doktrina:

• Invazija na Poljsku (1939.): Ograničavanje nataliteta kod Slavena (Poljaci, Česi, Rusi); preseljenje stanovništva kako bi se napravilo mjesta za njemačke doseljenike; odabir djece na temelju njihove percipirane "germanizabilnosti"; uništavanje slavenske kulture i elita (milijuni istrijebljeni u logorima ili na licu mjesta); korištenje Slavena kao rezervoara robovske radne snage.

• Zapadna Europa (npr. Alzas, Nürnberška uredba iz 1942.): Rasne politike koje predviđaju transfer "dragocjenih rasa" u Njemačku i "i""Inferiorni" prema Francuskoj.

• Program eutanazije (1939.-1941.): Hitlerova tajna naredba nakon objave rata, usmjerena na "živote nedostojne življenja" (mentalno bolesne ili slabe Nijemce); ubrzano ubijanje od strane psihijatara u šest centara za eutanaziju ugljičnim monoksidom prerušenih u tuš kabine (više od 100 000 žrtava); obmana obitelji putem generičkih obavijesti o smrti; program je pauziran zbog prosvjeda (svećenstva i javnog mnijenja) i sumnji povezanih s dimom krematorija i transferima.

- Romi: Označeni kao "asocijalni" (okružnica iz 1938.: rizici za javno zdravlje, kriminalno nasljeđe, paraziti); prisilna sterilizacija i radni logori; uhićenje i transfer u Auschwitz 1942. u "obiteljski logor" (manje privilegije); Naredba za trovanje plinom 1944.; u SSSR-u i Mađarskoj pogubljeni zajedno sa Židovima i komunistima; približno 200 000 žrtava.
- Antisemitizam: Hitne mjere nakon 1933.: zabrana Židova na javnim dužnostima i u nastavi; bojkoti; oduzimanje državljanstva 1935.; zabrana međurasnih brakova; ponižavajući i konfiskacijski zakoni; pogromi 1938. (sinagoge i kuće spaljene, tisuće zatočene). Hitlerove prijetnje (prije 1939.): židovska zavjera uzrokuje rat, stoga istrebljenje Židova; citat iz knjige: ubijanje plinom 12 000 do 15 000 Židova spasilo bi milijune Nijemaca. U Poljskoj 1939.: izolacija, glad; u SSSR-u 1941.: SS odredi smrti (obmana kao "autonomni židovski teritorij"); Masovna strijeljanja (svjedočenje Hermanna Graebea u Nürnbergu: žrtve skinute gole i strijeljane u jamama).

Bitno je pamtiti ove zločine kako bi se spriječilo njihovo ponavljanje. Žrtve najgorih zločina protiv čovječnosti, poput Holokausta, ne mogu se zaboraviti. Ovu knjigu treba čitati s kritičkim i edukativnim načinom razmišljanja, kako bi se borilo protiv mračnjaštva i totalitarnih ideologija.

PROSLOV

Prvoga travnja 1924. godine, temeljem presude münchenskog suda, izrečene toga dana, započeo sam svoje tamnovanje u tvrđavi Landsberg na Lechu.

Tako mi se nakon mnogo godina neprekidnoga rada po prvi puta pružila prilika započeti pisati djelo koje su mnogi od mene tražili, a za koje sam i sam nalazio da bi bilo svrhovito za Pokret. Tako sam se odlučio u dva toma razjasniti ne samo ciljeve našega Pokreta, već zacrtati i sliku njegova razvoja. Iz nje će se moći naučiti više nego iz bilo koje čisto doktrinarne rasprave.

Pri tome sam također imao i priliku izložiti svoj osobni životni put, koliko je to potrebno za shvaćanje kako prvog, tako i drugog toma, kao i za razbijanje od židovskog tiska raspirivanog lošeg i izopačenog stvaranja legendi o mojoj ličnosti.

Ovim se djelom, međutim, ne obraćam strancima, već onim pripadnicima Pokreta koji mu pripadaju srcem i čiji razum sada teži unutarnjem prosvjetljenju.

Znam, da je ljude mnogo teže pridobiti pisanom, a mnogo lakše izgovorenom riječju, da je svaki veliki pokret na ovoj Zemlji svoj rast imao zahvaliti velikim govornicima, a ne velikim piscima.

Pa ipak, za ravnomjerno i jedinstveno zastupanje nekog učenja, njegova se načela moraju postaviti zauvijek. Na taj bi način oba ova toma trebala biti kamen temeljac kojeg prilažem zajedničkom djelu.

Landsberg na Lechu Zatvor - tvrđava
Autor

Dana 9. studenog 1923. u 12 sati i 30 minuta popodne padoše pred Dvoranom vojskovođa, kao i u dvorištu bivšeg Ministarstva rata u Münchenu, u iskrenom vjerovanju u ponovno uskrsnuće svoga naroda, ovi muževi:

Alfarth, Felix, trgovac, rođen 5. srpnja 1901.,
Bauriedl, Andreas, klobučar, rođen 4. svibnja 1879.,
Gasella, Theodor, bankarski činovnik, rođen 8. kolovoza 1901.,
Ehrlich, Wilhelm, bankarski činovnik, rođen 19. kolovoza 1894.,
Faust Martin, bankarski činovnik, rođen 27. siječnja 1901.,
Hechenberger, Anton, bravar, rođen 28. rujna 1902.,
Korner, Oskar, trgovac, rođen. 4. siječnja 1875.,
Kuhn, Karl, nadkonobar, rođen 26. srpnja 1897.,
Laforce, Karl, student ing., rođen 28. listopada 1904.,
Neubauer, Kurt, sluga, rođen 27. ožujka 1899.,
Pape, Glaus von, trgovac, rođen 16. kolovoza 1904.,
Pfordten, Theodor von der, savjetnik Vrhovnog pokrajinskog suda, rođen 14. svibnja 1873.,
Rickmers, Joh., konjički kapetan a.D., rođen 7. svibnja 1881.,
Scheubner-Richter, Max Erwin von, Dr. ing., rođen 9. siječnja 1884.,
Stransky Lorenz, vitez von, inženjer, rođen 14. ožujka 1899.,
Wolf, Wilhelm, trgovac, rođen 19. listopada 1898.

Takozvana nacionalna vlast uskratila je mrtvim herojima zajedničku grobnicu.
Stoga im, u znak zajedničkog sjećanja posvećujem prvi tom ovog djela, kako bi oni, kao krvavi svjedoci, trajno osvjetljavali put sljedbenicima našega Pokreta.

Landsberg a. L. Tvrđava - zatvor
16, listopada 1924.
Adolf Hitler

Prvi tom

Obracun

Glava 1

U RODITELJSKOM DOMU

Danas mi se čini sretnim proviđenjem, da mi je Sudbina za mjesto rođenja odredila upravo Braunau na Innu. Zar taj gradić ne leži na granici onih dviju njemačkih država, čije se ponovno ujedinjenje, barem nama mlađima, postavlja kao životni zadatak koji se mora izvršiti svim sredstvima!

Njemačka Austrija se opet mora vratiti u veliku njemačku Majku domovinu i to ne samo zbog nekakvih gospodarskih obzira. Ne, ne: čak, ako bi ovo ujedinjenje, gospodarski gledano, bilo i nepotrebno, pa čak i štetno, ipak bi se moralo dogoditi. Istakrvpripadazajedničkomcarstvu. Njemački narod neće posjedovati nikakvo moralno pravo na kolonijalno političko djelovanje sve dotle dokle god ponovno ne uspije svoje vlastite sinove okupiti u jednu zajedničku državu. Tek kada granice carstva obuhvate i posljednjeg Nijemca, i kada se više neće morati brinuti o sigurnosti njihova prehranjivanja u slučaju ugroženosti vlastitog naroda, postoji moralno pravo na stjecanje stranog tla i teritorija. Plug je tada mač, a iz ratnih suza, za buduća pokoljenja, proizlazi kruh svagdašnji. Tako mi se ovaj mali pogranični gradić čini simbolom jedne velike zadaće. Ali, on je i u jednom drugom pogledu izazov našem današnjem vremenu. Prije više od sto godina, ovo neupadljivo gnijezdo, dobilo je, u najmanju ruku, prednost da kao pozornica tragične nesreće koja je potresla cjelokupnu njemačku naciju bude ovjekovječeno u ljetopisima njemačke povijesti. U vrijeme najvećeg poniženja naše domovine, pao je ovdje za svoju, također i u nesreći žarko voljenu Njemačku, nürnberžanin Johannes Palm, gradski knjižar, uvjereni "nacionalist" i neprijatelj Francuza. On je uporno odbijao izdati svoje sukrivce, točnije, glavne krivce. Dakle, kao i Leo Schlageter. Njega je, također, upravo kao i ovog, denuncirao Francuskoj jedan od vladinih predstavnika. Ovu tužnu slavu zadobio je neki augsburški policijski direktor, i tako postao uzor novonjemačkim vlastima u carstvu gospodina Severinga.

U ovom, zrakama njemačkog mučeništva, pozlaćenom gradiću na rijeci Inn živjeli su krajem osamdesetih godina prošlog stoljeća i moji roditelji, po krvi Bavarci, po državljanstvu Austrijanci; otac kao savjestan državni činovnik, majka zaokupljena domaćinskim poslovima, a prije svega s nama, djecom, obasipajući nas sve uvijek jednakom ljubavlju i brigom. U mojem sjećanju ostalo je malo toga iz tog vremena, jer je već nakon nekoliko godina moj otac morao napustiti taj pogranični gradić kojega je tek zavolio, te se zaputiti niz Inn u Passau, gdje je preuzeo novu dužnost - dakle u samoj Njemačkoj.

Sam udes austrijskog carinskog činovnika podrazumijevao je tada česta "seljenja". Već nakon kratkog vremena, otišao je otac u Linz, gdje je na kraju i umirovljen. Dakako da "umirovljenje" nije za starog gospodina moralo to i značiti. Kao sin siromašnog malog seljaka s kućicom nije mu se tek tako ostajalo kod kuće. S još nepunih trinaest godina svezao je tadašnji dječarac svoj ruksačić i napustio zavičaj, Waldviertel. Usprkos odvraćanju "iskusnih" seljana otputovao je u Beč kako bi tamo izučio neki zanat. To je bilo pedesetih godina prošlog stoljeća. Teška je to bila odluka, ostati na ulici s tri guldena popudbine, i uputiti se u neizvjesnost. Kada je, međutim, trinaestogodišnjak postao sedamnaestogodišnjakom, položio je svog šegrtski ispit, ali ga to nije i zadovoljilo. Upravo suprotno. Dugo vrijeme tadašnje neimaštine, vječne bijede i tuge učvrstilo je njegovu odluku da ponovno ostavi zanat da bi postao nešto "više". Ako je nekada sirotom mladiću gospodin župnik u selu izgledao utjelovljenjem svih ljudskih dostignuća, isto je tako sada, u njegovom obzoru moćno narastajućeg velegrada Beča, to bilo dostojanstvo jednog državnog činovnika. Sa svom svojom ustrajnošću, iako praćen neimaštinom i bijedom, već na polovini djetinjstva postao je "starim" i prokrčivši si put nošen novom odlukom - postade činovnikom. Nakon gotovo dvadeset i tri godine cilj je, vjerujem, bio dostignut. Činilo mu se sada da je ispunjeno obećanje koje si je kao mladić zadao u prošlosti, naime, da se ne vraća u drago očinsko selo, prije nego što postane netko i nešto.

Sada je cilj bio postignut. Samo se više nitko iz sela nije mogao sjetiti nekadašnjeg dječarca, a njemu samome je to selo postalo tuđim.

Kada je konačno, kao pedesetšestogodišnjak otišao u mirovinu, on to mirovanje ni jednog dana nije mogao podnijeti kao "neradnik". U blizini gornjoaustrijskog trgovišta Lambach, kupio je imanje, upravljao njime i kretao se u krugu dugog, radom ispunjenog života, koji ga je opet vratio ishodištu svojih očeva.

U to vrijeme u meni su se, svakako, izgradili prvi ideali. Mnogo galame u prirodi, dugi put do škole, kao i druženje sa snažnim momcima, što je moju majku katkad ispunjavalo gorkom brigom, uvjetovalo je da sam mogao postati sve drugo, samo ne nekakav zapećkar. Ako sam, dakle, tada uopće i razmišljao o svom budućem životnom pozivu, moja simpatija ni u kom slučaju nije bila na crti životnog puta moga oca. Vjerujem da se već otada školovao moj govornički talent u obliku više ili manje uvjerljivih rasprava s prijateljima. Postao sam mali kolovođa, koji je tada lako i također jako dobro učio u školi, ali koji je inače bio vrlo težak za "obrađivanje". Kako sam u svom slobodnom vremenu pohađao i nastavu pjevanja u samostanu kanonika u Lambachu, imao sam se najbolju priliku sve češće i češće oduševljavati sjajem raskošno blistavih crkvenih svečanosti. Što je bilo prirodnije nego da mi je, upravo onako kao nekada mome ocu, mali gospodin seoski župnik, meni sada gospodin opat, izgledao najpoželjnijim idealom? U najmanju ruku, to je povremeno i bio slučaj. Ali, nakon što gospodin otac kod svog svadljivog mladca iz razumljivih razloga nije bio u stanju procijeniti njegov govornički talent, u smislu da bi se na osnovu njega mogli izvući zadovoljavajući zaključci o budućnosti svoga potomka, nije ni mogao naći razumijevanje za mladenačke misli. Svakako da je brižljivo promatrao ovaj raskorak prirode.

I zaista, ta se privremena čežnja za ovim pozivom izgubila vrlo brzo, da bi se sada načinilo mjesta nadama koje su bile primjerenije mom temperamentu. Prevrćući očevu biblioteku, među raznim sam knjigama naišao i na knjige vojnog sadržaja, među njima i na jedno narodno izdanje o Njemačko - Francuskom ratu 1870/ 71. Bila su to dva toma nekog ilustriranog časopisa iz tih godina, koji sada postadoše mojom omiljenom lektirom. Nije potrajalo dugo, a ta velika herojska borba postade mojim najvećim unutarnjim doživljajem. Od tada sam se sve više i više zanosio svime što je imalo bilo kakve veze s ratom, ili čak i vojskom.

Ali to je za mene moralo postati značajno i s drugog motrišta. Po prvi puta mi se nametnulo pitanje, iako još ne u sasvim jasnoj predodžbi, postoji li i koja je razlika između Nijemaca koji su se tukli u toj bitci i onih drugih? Zašto u tom ratu nije sudjelovala i Austrija, zašto nije ratovao moj otac, i svi drugi također?

Zar mi nismo također isto, upravo kao i svi ostali Nijemci?

Pripadamo li mi svi zajedno? Ovaj problem počeo je po prvi puta kopkati u mom mladom mozgu. S unutarnjom zavišću, morao sam na oprezno pitanje, razabrati i odgovor, da svaki Nijemac nema tu sreću pripadati Bismarckovom carstvu.

To nisam mogao shvatiti.

Trebao sam studirati.

Iz čitavog mog bića, a još više iz moga temperamenta, moj je otac procijenio da može zaključiti, kako bi humanistička gimnazija bila suprotna mojim željama. Činilo mu se da bi mi više odgovarala realna škola. U svom tom razmišljanju, posebno ga je još više učvrstila moja upadljiva sposobnost za crtanje; nastavni predmet koji je, po njegovom uvjerenju, bio zapostavljen u austrijskim gimnazijama. A možda je i njegov vlastiti preteški životni radni vijek još uvijek bio suodlučujući, pa su humanističke studije u njegovim očima bile nepraktične i manje vrijedne. U osnovi je, međutim, bio mišljenja, da bi isto tako kao i on, i njegov sin trebao, štoviše morao, postati državnim činovnikom. Njegova je teška mladost učinila potpuno prirodnim, da mu se ono što je sam postigao, učinilo mnogo vrednijim iako je to bio, ipak, samo uspjeh koji je bio učinak isključivo njegove gvozdene marljivosti i osobne radne učinkovitosti. Bio je to ponos onoga koji je sam sebe stvorio, ponos koji ga je poticao da i svoga sina dovede u jednak a naravno, ako je moguće i u viši životni status, tim prije, što je on vlastitom marljivošću u životu mogao sada svom djetetu mnogo više olakšati njegov razvoj.

Pomisao na odbijanje onoga što je njemu nekada bio sadržaj cijelog života, činila mu se, ipak, neshvatljivom. Tako je očeva odluka, jednostavna određena i jasna u njegovim vlastitim očima, bila sama po sebi razumljiva. Konačno, bilo bi to njegovoj ogorčenoj egzistencijalnoj borbi tijekom cijeloga života i izgrađenoj gospodarećoj prirodi sasvim neizdrživo u takvim stvarima posljednju odluku prepustiti samom mladiću, koji je u njegovim očima bio neiskusan, a time, dakako i neodgovoran. Tako nešto teško da bi se kao loša i neprikladna slabost u izražavanju njemu pripadajućeg očinskog autoriteta i odgovornosti za kasniji život svog djeteta, moglo slagati s njegovim uobičajenim shvaćanjem ispunjenja dužnosti.

Ipak se trebalo dogoditi nešto drugo.

Po prvi puta u svom životu, potisnut sam, tada još jedva jedanaestogodišnjak, u opoziciju. Kolikogod je otac htio biti čvrst i odlučan u sprovođenju jednom prihvaćenih planova i namjera, isto je tako bio zadrt i neposlušan njegov mladac u odbijanju mišljenja koje mu nije obećavalo ništa ili vrlo malo.

Nisam želio postati činovnik.

Ni nagovaranja, niti "ozbiljni" prigovori nisu mogli ništa promijeniti u ovom otporu. Nisam želio postati činovnik, ne, i još jednom ne. Svi pokušaji da mi se opisivanjem dogodovština iz očeva vlastita života probude ljubav i volja za tim zvanjem, postizali su upravo suprotan učinak. Povraćalo mi se već i pri samoj pomisli da ću jednom kao neslobodan čovjek smjeti sjediti u nekom uredu i da neću biti gospodar vlastita vremena, nego da će se sadržaj cijelog mog života sastojati u ispunjavanju formulara.

Kakve je to samo pomisli moglo pobuditi u mladiću koji je stvarno bio sve drugo samo ne "čestit" u uobičajenom smislu te riječi. Smiješno lako učenje u školi davalo mi je tako mnogo slobodnog vremena, da me je više vidjelo sunce nego soba. Kada mi danas moji politički protivnici puni ljubazne pažnje provjeravaju život sve do vremena moje tadašnje mladosti, da bi konačno s olakšanjem mogli utvrditi kakve je nepodnošljive vragolije činio taj Hitler još u svojoj mladosti, zahvaljujem nebu što mi još i sada ponešto oduzima iz sjećanja na to blaženo vrijeme. Livada i šuma bile su tada poprišta na kojima su dolazile do izražaja uvijek prisutne "suprotnosti".

Pa i tadašnje uspješno pohađanje realne škole, nije moglo svemu tome učiniti kraj.

Dakako, da se je sada morala suzbiti i jedna druga suprotnost.

Dokle god je samo moje principijelno odbijanje činovničkog poziva bilo na putu očevoj namjeri da me učini državnim činovnikom, konflikt je bio lako podnošljiv. Mogao sam toliko dugo svoja unutarnja shvaćanja držati za sebe i nisam morao uvijek odmah proturječiti. Bila je dovoljna moja vlastita čvrsta odluka, da bih u sebi bio potpuno miran, kako jednom kasnije neću postati činovnikom. Ovu sam odluku držao neopozivom.

Teže je bilo pitanje, kada se očevom planu suprotstaviti. To se već dogodilo u mojoj dvanaestoj godini. Kako je do toga došlo, danas stvarno ne znam, ali jednoga mi je dana bilo jasno, da bih mogao postati slikar, umjetnik - slikar. Moj talent za crtanje bio je u svakom slučaju čvrst, pa je to i bio razlog moga oca da me pošalje u realku, samo on nikada i nijednom nije ni pomislio na to, da mi dozvoli obrazovati se u tom smjeru. Naprotiv, kada mi je po prvi puta nakon ponovnog odbijanja omiljene očeve zamisli, postavljeno pitanje koje je glasilo: Što bih ja sam želio postati, na što sam, gotovo neposredno, bez okolišanja iznio svoju, u međuvremenu čvrsto donesenu odluku, otac je ostao bez riječi.

"Slikar? Umjetnički slikar?"

Posumnjao je u moj razum, povjerovao je da me možda nije dobro čuo, ili razumio. Nakon što mu je to, svakako, postalo jasno, a naročito kad je osjetio svu ozbiljnost moje namjere, bacio se svom odlučnošću svoga bića protiv toga. Njegova je odluka sada bila vrlo jednostavna, pri čemu čak ni prosuđivanje neke moje zaista stvarno postojeće sposobnosti, uopće nije moglo doći u obzir.

"Umjetnički slikar, ne, dok sam ja živ - nikada."

Ali kako je njegov sin, s različitim posebnim osobinama izvolio naslijediti jednu sličnu tvrdoglavost, dobio je sličan odgovor. Samo, naravno, u obrnutom smislu.

Obje strane ostadoše na svome. Otac nije napustio svoj "Nikada!", a ja sam pojačao svoje "Usprkos".

Dabome, da to sada nije imalo prijatne posljedice. Stari je gospodin bio ogorčen, ali, ma kako god da sam ga volio, i ja također. Otac je zabranio svaku nadu, da bih ja ikada mogao biti školovan za slikara. Ja napravih korak dalje, objasnivši mu da tada uopće ne želim učiti ništa drugo. S takvim sam "objašnjenjem", naravno, ipak izvukao kraći kraj, dok je stari gospodin, sada uložio sav svoj autoritet da bi svoju nakanu bezobzirno sproveo u djelo. Kasnije sam zašutio, ali svoju prijetnju sprovedoh u stvarnost. Vjerovao sam da će mi moj otac, tek kada vidi moj nedovoljan napredak u realki, ipak, milom ili silom, dozvoliti ispunjenje snivane sreće.

Ne znam da li je taj račun bio dobar. Ali je zasigurno bio vidljiv moj neuspjeh u školi. Ono što me je veselilo, to sam i učio, prije svega ono što bih, po mom mišljenju, kasnije mogao trebati - kao slikar. Ono što mi se za tu namjeru činilo beznačajnim ili me i inače nije naročito privlačilo, potpuno sam sabotirao. Moje svjedodžbe toga vremena, iskazivale su, već prema nastavnom predmetu i odnosu prema njemu, uvijek prave ekstreme. Pored "pohvalno" i "odlično", "dovoljno" ili čak i "nedovoljno". Daleko najbolji bili su moji uspjesi u zemljopisu a još više u svjetskoj povijesti. Oba moja najdraža predmeta u kojima sam u razredu daleko prednjačio.

I kada sada, nakon toliko mnogo godina ispitivački pogledam uspjeh toga vremena, upadaju mi u oči, kao posebno značajne dvije upadljive činjenice:

Prvo: bio sam nacionalist,

Drugo: naučio sam razumijevati i shvaćati povijest prema njenom smislu.

Stara Austrija je bila "višenacionalna država".

Pripadnik njemačkog carstva nije mogao, u osnovi uzevši, bar ne tada, nikako shvatiti kakav je značaj imala ova činjenica za svakodnevni život pojedinca u takvoj državi. Nakon veličanstvenog pobjedničkog pohoda herojske vojske u njemačko - francuskom ratu, postupno se sve više otuđivalo od Nijemstva u inozemstvu: dijelom se ono čak uopće više nije ni moglo ili bogme ni htjelo poštivati. Naročito se u odnosu na Nijemce - Austrijance isuviše lako zamjenjivala pokvarena dinastija s, u jezgri od začetaka, zdravim narodom.

Nije se shvaćalo da ukoliko u Austriji ne bi bilo Nijemca, i to stvarno još od najbolje krvi, ona nikada neće moći posjedovati onu snagu neophodnu državi od pedeset i dva milijuna stanovnika s tako jako utisnutim njemačkim pečatom, što je čak i u Njemačkoj moglo pridonijeti stvaranju krivog mišljenja da je Austrija samo jedna njemačka država. Besmislica s najtežim posljedicama, ali ipak blistavi svjedok za deset milijuna Nijemaca u Istočnoj marki. O toj vječnoj nemilosrdnoj borbi za njemački jezik, za njemačku školu i njemačko biće imalo je pojma samo malo Nijemaca u carstvu. Tek danas, kada je ta žalosna nedaća nametnuta mnogim milijunima našeg naroda iz samog carstva, koji pod tuđinskom vlašću sanjaju o zajedničkoj domovini, čeznući za njom i pokušavajući bar zadržati sveto pravo na materinski jezik postaje razumljivo i u širim krugovima, što to znači morati se boriti za svoje narodno biće. I sada je možda ovaj ili onaj u stanju odmjeriti svu veličinu Nijemstva iz stare Istočne marke carstva, koje je usmjereno samo na sebe, stoljećima štitilo carstvo prema Istoku, da bi najzad u ukroćujućem malom ratu držalo njemačku jezičnu granicu u vremenu u kom se carstvo interesiralo za kolonije, ali ne i za vlastito meso i krv, pred svojim vratima.

Kao svugdje i uvijek, u svakoj borbi, pa i borbi za jezik stare Austrije, postojala su tri sloja: *borci, mlitavci i izdajice*. Ovo prosijavanje susreće se već u školi. Jer najvrednije pozornosti u borbi za jezik je svakako to, da valovi te borbe možda najjače zapljuskuju upravo škole, kao rasadnike nadolazećih naraštaja. Tase borba vodi za svako dijete, a na dijete se usmjerava i prvi apel tog sukoba:

"Deutscher Knabe, vergiss nicht, das du ein Deutscher bist!" (Njemački dječače ne zaboravi da si ti Nijemac!) i *"Mädchen, bedenke, dass dueine deutsche*

Mutterwerdensollst!"(Djevojčice, pomisli na to, da i ti trebaš postati njemačkom majkom!)

Tek onaj koji poznaje mladenačku dušu, moći će shvatiti, da upravo ona i najradosnije otvara uha za takav borbeni poziv. I u stostrukim oblicima ona tada njeguje vođenje te borbe na svoj način i svojim oružjem. Ona odbija pjevati nenjemačke pjesme, sanjari o njemačkim herojskim velikanima, tim više, što joj se to više pokušava otuđiti; sakuplja od vlastitih ustiju uskraćene novčiće, za borbenu gotovost odraslih; ona je nevjerojatno osjetljiva i istovremeno nakostriješena prema nenjemačkom nastavniku; nosi zabranjene značke i znamenja vlastitog naroda i sretna je kad je upravo zbog toga kažnjena ili čak premlaćivana. Ona je, dakle, vjerna slika u malom u ogledalu odraslih, ali često boljeg i iskrenijeg uvjerenja.

I sam sam tako, jednom, imao mogućnost, već u srazmjerno ranoj mladosti, sudjelovati u nacionalnim borbama stare Austrije. Skupljali su se tada prilozi za Južnu marku, i školska udruga okićena različcima i crnocrvenozlatnim bojama koje su isticale raspoloženje, pozdravljala je sa "Heil!", a umjesto Carske pjesme pjevala se radije: "Deutschland über alles" (Njemačka iznad svega), usprkos prijetnjama i kaznama. Tadašnja je mladost, u vremenu u kojem su pripadnici takozvane Nacionalne države o svom nacionalitetu znali nešto malo više nego što su poznavali svoj vlastiti jezik, bila politički školovana. Da ja tada nisam spadao u mlakonje, samo se po sebi razumije. U kratkom sam vremenu postao fanatički "njemački nacionalist", što svakako nije istovjetno s našim današnjim stranačkim pojmom.

Ovaj je razvoj doveo do mog vrlo brzog napretka, tako da sam već s petnaest godina uvidio razliku između dinastičkog *"patriotizma"* i narodnog *"nacionalizma"*, čak sam tada znao i više o ovom posljednjem.

Zbog onoga koji se nikada nije potrudio proučiti unutarnje odnose habsburške monarhije, takav se proces možda može činiti ne baš sasvim jasnim. Samo predavanje u školi o svjetskoj povijesti moralo je u toj državi zasaditi klicu tome razvoju, jer, iako u najmanjoj mjeri, ipak postoji jedna specifična austrijska povijest. Sudbina ove države je toliko jako povezana sa životom i rastom cjelokupnog Nijemstva, da je bila potpuno nezamisliva bilo kakva podjela povijesti na njemačku i austrijsku. Da, kada se konačno Njemačka počela razdvajati na dva područja vlasti, to samo razdvajanje je postalo njemačkom poviješću.

U Beču sačuvane carske insignacije nekadašnje carske veličine sjaje kao predivne čarolije djelujući i nadalje kao unutarnje tkivo jedne vječne zajednice.

Elementarni krik njemačko-austrijskog naroda u danima sloma habsburške države za ujedinjenjem s njemačkom majkom zemljom, bio je samo učinak osjećaja duboke čežnje u srcu za tim povratkom u nikada zaboravljeni očinski dom. To, međutim, nikada ne bi bilo objašnjivo kad povijesni odgoj svakog pojedinog Nijemaca - Austrijanca ne bi bio uzrokom takvoj općoj čežnji. U njoj leži izvor koji nikada ne presahnjuje; koji će naročito u vremenima zaborava kao tihi upozoritelj po strani i iznad trenutnog lagodnog života, uvijek ponovnim podsjećanjem na prošlost šaptati o novoj budućnosti.

Nastava svjetske povijesti u takozvanim srednjim školama još je i danas vrlo loša. Malo nastavnika shvaća da cilj nastave povijesti nikada i nikada više nije u učenju napamet i recitiranju povijesnih podataka i događaja; da se ne radi o tome da li dječak točno zna kada se odigrala ova ili ona bitka, kad je rođen neki vojskovođa, ili čak, kada je neki (najčešće beznačajni) monarh stavio krunu svog prethodnika na glavu. Ne, istinski Bože, o tome se najmanje radi.

"Učiti" povijest, znači tražiti i naći one snage, koje kao uzroci vode onim učincima, koje mi tada pred svojim očima vidimo kao povijesne događaje.

Umjetnost čitanja, kao i učenja, ovdje je također: *Bitno zadržati, nebitno zaboraviti.*

Možda je za moj cjelokupni kasniji život bilo određujuće, da mi je jednom sreća podarila takvog nastavnika, koji je kao jedan od rijetkih znao shvatiti, da za nastavu i ispit učini presudnim spomenuta stajališta. U mojem tadašnjem profesoru dr. Leopoldu Pötschu, na realnoj školi u Linzu ovaj je zahtjev bio otjelovljen na stvarno idealan način. Stari je gospodin, istovremeno dobroćudnog ali i suzdržanog nastupa, bio u stanju naročito briljantnom rječitošću ne samo prikovati našu pozornost, već nas stvarno i zanijeti. Još i danas se s blagom ganutošću prisjećam tog sijedog čovjeka koji je u žaru svojih izlaganja pridonosio da ponekad zaboravimo sadašnjost, prenoseći nas kao začarane iz prohujalih vremena te maglene koprene tisućgodišnjeg, inače suhoparnog, povijesnog sjećanja, u živu stvarnost. Mi bismo tada sjedili, često puta dovedeni do vatre- nog oduševljenja, nekad čak ganuti do suza.

Sreća je bila to veća, što je taj učitelj umio iz sadašnjosti rasvijetliti prošlost, a iz prošlosti opet izvući zaključke za sadašnjost. Tako je on više od bilo koga pridonio našem razumijevanju svih dnevnih problema koji su nam tada zaustavljali dah. Naš mali nacionalni fanatizam bio mu je sredstvo našega odgoja, pri čemu nas je on, često apelirajući na naše nacionalno dostojanstvo, uspijevao tim brže dovesti u red, no što bi to bilo moguće bilo kojim drugim sredstvom.

Ovaj nastavnik učinio mi je povijest omiljenim nastavnim predmetom.

Dabome, ja sam već tada, svakako ne po njegovoj volji, postao mladi revolucionar.

Tko je tada uz takvog nastavnika mogao studirati njemačku povijest, a ne postati neprijatelj države, koja je svojom vladajućom dinastijom na tako poguban način utjecala na sudbinu nacije?

Tko je, konačno, mogao iskazivati još carsku vjernost dinastiji koja je neprestano, u prošlosti i sadašnjosti, za svoje sramne probitke izdavala interese njemačkog naroda? Zar još kao dječaci nismo znali da ova austrijska država nema nikakve ljubavi prema nama Nijemcima, i da je čak nije mogla ni imati? Povijesna spoznaja djelovanja Habsburške kuće bila je potkrijepljena još i svakodnevnim iskustvima. I na sjeveru i na jugu proždirao je tuđinski narodni otrov tijelo našeg narodnog bića, pa je čak i Beč sve više i više postajao ne - njemačkim gradom. "Nad-kuća" je čehizirala, uvijek gdje god bi samo mogla, i zar to nije bila šaka boginje vječne pravde i neumoljive osvete, koja je smrtnog neprijatelja austrijskog Nijemstva, nadvojvodu Franza Ferdinanda, dovela do pogibije upravo od onih metaka, koje je on sam pomogao izliti. Zar baš on nije bio glavni pokrovitelj, odozgo do dolje, provođenog slaveniziranja Austrije.

Golema su bila opterećenja koja su bila namijenjena njemačkom narodu, neizmjerne njegove žrtve pri oporezivanju i u krvi, pa ipak je svatko, tko nije bio potpuno slijep, morao uvidjeti da je to sve bilo uzalud. Ono što nas je pritom najviše boljelo, bila je još i činjenica, da je taj cijeli sustav bio moralno pokriven savezom s Njemačkom, čime je polagano iskorjenjivanje Nijemstva u staroj monarhiji u izvjesnoj mjeri bilo sankcionirano i od same Njemačke. Habsburško licemjerje s kojim se izvana uspijevalo pobuditi varljivi utisak, kao da je Austrija još uvijek bila njemačka država, povećavalo je mržnju prema toj kući, sve do snažnog istovremenog i ogorčenja i preziranja.

Čak ni oni u carstvu, koji su se sami držali jedino "pozvanima" i nisu od svega toga ništa vidjeli, kao pogođeni sljepilom tumarali su na strani jednog mrtvaca, i vjerovali da u znacima raspadanja otkrivaju obilježja "novoga" života.

U nesretnoj povezanosti mladoga carstva s austrijskom kvazidržavom, nalazila se klica kasnijeg svjetskog rata, ali i sloma.

Ja ću se u ovoj knjizi još temeljitije pozabaviti ovim problemom. Ovdje je dovoljno samo utvrditi da sam, u osnovi uzevši, još u svojoj najranijoj mladosti došao do shvaćanja, koje više nikad nisam napustio, nego ga još samo produbio:

Da je, naime, za sigurnost Nijemstva pretpostavka bila uništenje Austrije i da kasniji nacionalni osjećaj ni u čemu nije bio identičan s dinastičkim patriotizmom; da je prije svega habsburška nadvojvodska kuća bila predodređena za nesreću njemačke nacije.

Već tada sam iz te spoznaje povukao konsekvence: žarka ljubav prema mojem njemačko - austrijskom zavičaju, duboka mržnja prema austrijskoj državi.

*

Povijesni način mišljenja koji je u mene usađen u školi, nisam tijekom nadolazećeg vremena više nikada napuštao. Svjetska povijest mi je bila sve više neiscrpan izvor razumijevanja povijesnog djelovanja u sadašnjosti, dakle politike. Zato ja neću "učiti" nju, već ona treba poučavati mene.

Iako sam u tako ranim godinama postao "Revolucionar", ništa manje rano nisam to postao i u umjetnosti.

Glavni grad gornjoaustrijske pokrajine imao je jedno srazmjerno ne tako loše kazalište. U njemu se igralo gotovo sve. S dvanaest godina tu sam prvi puta gledao "Wilhelma Telia", a nekoliko mjeseci kasnije i prvu operu moga života – "Lohengrin". Bio sam opčinjen jednim udarcem. Mladenačko oduševljenje za Bayreuthovskog maestra nije znalo za granice. Sve su me više privlačila njegova djela, što i danas osjećam kao posebnu sreću, te mi je i pored skromnosti jednog provincijskog izvođenja kasnije ostala sačuvana mogućnost uspoređivanja.

Sve je ovo učvrstilo u meni, posebno nakon prevladavanja mladenačkog doba (koje sam proživljavao jako bolno), duboku unutarnju odbojnost prema zvanju koje je za mene izabrao otac. Sve sam više stjecao uvjerenje da kao činovnik nikada ne bih mogao biti sretan. A otkako je i ovdje, u realnoj školi, moj crtački talent postao priznat, moja je odluka sada bila još čvršća.

To više nisu mogle izmijeniti ni molbe ni prijetnje.

Želio sam postati slikar i ni uz koju svjetsku silu činovnik.

Čudno je samo bilo, što se u nadolazećim godinama u meni sve više i više javljao interes za arhitekturom.

Tada sam to držao samom po sebi razumljivom dopunom moje slikarske nadarenosti i radovao se samo u sebi, tom proširenju mojih umjetničkih okvira.

Nisam ni slutio da bi jednom trebalo doći nešto sasvim drugo.

Pitanje moga zvanja tražilo je ipak nešto bržu odluku, nego što sam to prije mogao očekivati.

U trinaestoj godini iznenada izgubih oca. Još uvijek dobro držećeg gospodina pogodio je moždani udar, i on završi svoje ovozemaljsko tumaranje na najbezbolniji način, ostavivši nas sve u najdubljoj tuzi. Čini se da mu nije uspjelo ono čemu je najčeznutljivije stremio, osigurati djetetu egzistenciju, da bi ga zaštitio od vlastitog načina probijanja kroz život. Pa ipak, iako potpuno nesvjesno, on je zasadio klice za jednu budućnost koju tada ni on ni ja nismo mogli razumjeti.

Na kraju krajeva, izvana se ništa nije promijenilo. Majka se svakako osjećala obveznom da prema želji oca nastavi moj odgoj, tj. nagovori me da nastavim školovanje za činovničku karijeru. A ja sam bio odlučan više nego prije, ni pod kojim uvjetima ne postati činovnikom. I upravo u toj mjeri u kojoj se srednja škola u nastavnom gradivu i obrazovanju, udaljavala od moga ideala, postajao sam u sebi sve ravnodušniji. A onda mi, iznenada, u pomoć priskoči bolest i u nekoliko tjedana odluči o mojoj budućnosti i trajnom spornom pitanju očinskog doma. Moja teška plućna bolest dala je povoda liječniku da mojoj majci dade prijeko potreban savjet, da me kasnije, ni pod kojim uvjetima, ne šalje u neki ured. A i pohađanje srednje škole moralo je također biti prekinuto najmanje godinu dana. Ono što sam toliko dugo u potaji priželjkivao, zbog čega sam se uvijek svađao, ovim je događajem sada, gotovo samo od sebe, postalo stvarnost.

Pod utiskom moje bolesti, majka je konačno pristala da me kasnije ispiše iz realne škole i dopusti mi pohađanje akademije.

To bijahu najsretniji dani koji mi se učiniše ravnim nekom lijepom snu; ali ja sam se u tom snu tek trebao pojaviti.

Dvije godine kasnije, smrt majke je iznenada učinila kraj svim tim lijepim planovima.

Bio je to završetak jedne duge, bolne bolesti, koja je od početka davala malo izgleda za ozdravljenje. Pa ipak, taj me je udarac posebno teško pogodio. Oca sam cijenio, majku sam ipak volio.

Nevolja i teška stvarnost primoraše me sada donijeti brzu odluku. Ono malo očevih sredstava bilo je najvećim dijelom potrošeno za vrijeme teške majčine bolesti; pripadajuća mi sirotinjska mirovina nije bila dostatna ni da bi se od nje moglo živjeti. Bio sam sada, dakle, prisiljen sam negdje zarađivati svoj kruh.

S koferom odjeće i rublja u ruci, s jednom čvrstom voljom u srcu, otputovah tako u Beč. Nadao sam se da ću i ja uloviti od Sudbine ono, što je uspjelo ocu pedeset godina ranije. I ja sam želio postati "nešto", ali svakako - ni u kom slučaju činovnik.

GLAVA 2

BEČKE GODINE UČENJA I PATNJE

Kada mi je umrla majka, Sudbina je već u neku ruku donijela svoju odluku. U tim posljednjim mjesecima njene bolesti otputovao sam u Beč radi polaganja prijamnog ispita na Akademiji. Opskrbljen debelim zavežljajem crteža, pošao sam tada na put, uvjeren da ću ispit položiti s lakoćom. U realci sam već bio daleko najbolji crtač u svom razredu. Od tada se moja sposobnost izvanredno dalje razvila, tako da me je moje vlastito zadovoljstvo učinilo ponosnim i sretnim - nadajući se najboljem.

Samo bi se ponekad javila jedna jedina sjenka: činilo mi se da je moj slikarski talent mogao biti nadmašen crtačkim, naročito na skoro svim područjima arhitekture. Tako je rastao moj interes za arhitekturu, i to sve više i više. To se još ubrzalo, naročito nakon što sam s još nepunih šesnaest godina smio na dva tjedna otputovati u posjet Beču. Otputovao sam tamo da bih proučio galeriju slika u dvorskom muzeju, ali sam se zanimao skoro jedino za muzeje. Danima sam, od rana jutra do kasno u noć, jurio od jedne do druge znamenitosti, ali su to uvijek bile samo građevine, koje su me u prvom redu opčinjavale. Tako sam satima mogao stajati pred Operom, satima se diviti Parlamentu; cijela Ringstrasse je na mene djelovala kao čarolija iz tisuću i jedne noći.

Sada sam, po drugi puta, bio u lijepom gradu i s gorućim nestrpljenjem, čak i gordim samopouzdanjem, čekao rezultate svoga prijamnog ispita. Bio sam toliko uvjeren u uspjeh, da me je obavijest o odbijanju pogodila kao iznenadan udar groma iz vedra neba. A ipak je bilo baš tako. Kad sam se predstavio rektoru i zamolio ga za objašnjenje razloga zbog kojih nisam primljen u opću slikarsku školu Akademije, taj me je gospodin uporno uvjeravao da se iz mojih donesenih crteža nedvosmisleno iskazuje moja nepodobnost za slikara, te da je očigledna moja sposobnost za područje arhitekture. Za mene, ni u kom slučaju, nije slikarska, već bi u pitanje došla škola arhitekture na Akademiji. Neshvatljivo je da do sada nisam pohađao ni graditeljsku školu, a niti nastavu arhitekture.

Teško potresen, napustio sam hansensko raskošno zdanje na Schillerplatzu, po prvi puta u svom mladom životu u nesuglasju sa samim sobom. Ono što sam čuo o svojoj sposobnosti, odjednom mi se učinilo kao prodoran bljesak otkrića raskoraka od kojeg sam još odavno patio, a da do sada nisam mogao nikako naći čisti račun o tome, zašto i zbog čega.

U nekoliko sam dana saznao, eto, i sam, da bih jednom mogao postati graditelj.

Dakako, put je bio nečuveno težak, jer ono što sam do tada iz prkosa propuštao u realci, sada mi se trebalo gorko osvetiti. Pohađanje arhitektonske škole na Akademiji bilo je ovisno o pohađanju građevinske tehničke škole, a pristup u nju, uvjetovan je prethodno položenom srednjoškolskom maturom. Sve mi je to potpuno nedostajalo. Po ljudskim mjerilima, ispunjenje moga umjetničkog sna nije više, dakle, bilo moguće.

I kad sam sada nakon majčine smrti po treći puta krenuo u Beč, ali ovaj puta na mnogo godina, u mene su se tijekom godina ponovno vratili mir i odlučnost. Javio se ponovno prijašnji prkos i konačno me suočio s mojim ciljem. Htio sam postati graditelj, a otpori nisu postojali, da bi se pred njima kapituliralo, već da bi ih se slomilo. A te sam otpore htio lomiti, imajući uvijek pred očima sliku oca, koji se nekada uzdigao od siromašnog seoskog i postolarskog dječarca, do visina državnog činovnika. Samo što je moje polazište ipak bilo bolje, a mogućnost borbe utoliko lakša; i ono što mi se do tada pričinjavalo teškom Sudbinom, danas slavim kao mudrost proviđenja. Time što me je boginja nevolje uzela u svoje naručje, 1 često mi prijetila da će me smrviti, rasla je u meni volja za otporom, da bi, konačno, postala pobjednicom.

Zahvaljujem tadašnjem vremenu, što sam postao i ostao čvrst. I još više od toga, slavim ga i zato, što me je izbacilo iz prazni- ne udobnog života, što je majčinog sinčića izvuklo iz mekih perina i za novu mu majku dodijelilo gospodu Brigu, što je srljajućeg bacilo u svijet bijede i siromaštva i tako mu omogućilo upoznati one za koje će se kasnije morati boriti.

U to sam vrijeme morao držati otvorene oči pred dvjema opasnostima kojima sam prije toga jedva znao i ime, a u svakom slučaju, nisam shvatio njihovo užasno značenje za egzistenciju njemačkog naroda: Marksizam i Židovstvo.

Beč, grad koji za mnoge slovi kao pojam bezazlene veselosti i lagodnosti, kao svečani okvir zadovoljnih ljudi, za mene je, nažalost, ostao u živom sjećanju na najtužniji dio moga života.

I danas ovaj grad u meni još može pobuditi samo sumorne misli. Pet godina bijede i jada u meni, sadržani su u imenu ovoga Phäeken grada. Pet godina tijekom kojih sam, najprije kao pomoćni građevinski radnik, a zatim kao maleni slikar, morao zarađivati svoj kruh; svoj stvarno, oskudni kruh, kojega nikada i nije bilo dovoljno za smirivanje najobičnije gladi. Ona je u to doba bila moj najvjerniji čuvar, koji me, jedini, skoro nikada nije napuštao, i koji je sa mnom dijelio sve. Svaka knjiga koju sam si priskrbio izazivala je njeno živo sudjelovanje, posjeta operi, ponovno mi je omogućavala da mi danima nakon toga pravi društvo; bila je to trajna borba s mojom bezosjećajnom prijateljicom. Pa ipak sam, baš u to doba, naučio kao nikada do tada. Osim moje arhitekture, rjeđe od ustiju otkinute posjete Operi, kao jedinu svoju radost imao sam više samo knjigu.

Čitao sam tada beskrajno mnogo i temeljito. Ono što bi mi preostajalo od slobodnog vremena, odlazilo je, bez ostatka, na moj studij. U malo godina stvorio sam si tako osnove znanja iz koje još i dan danas crpim.

Ali, i više od toga.

U to vrijeme u meni se formirala slika svijeta i svjetonazor, koji su ostali granitni temelji moga tadašnjeg djelovanja.

Ostalo mi je samo malo toga doučiti, uz ono što sam već postigao. Mijenjati nisam morao ništa.

Baš naprotiv!

Danas čvrsto vjerujem u to da se, općenito uzevši, sve stvaralačke ideje u svojoj osnovi javljaju još u mladosti, ukoliko takve uopće i postoje. Ističem razliku između mudrosti starosti, koja može biti značajna jedino u većoj temeljitosti i oprezu, kao učinku duga života; i genijalnosti mladosti, koja u neiscrpnoj plodonosnosti istresa misli i ideje, a da ih čak, zbog njihova mnoštva, ne može ni obraditi. Ona isporučuje materijal za gradnju i planove za budućnost, iz kojih mudrija starost uzima kamenje, obrađuje ga i izvodi gradnju, ukoliko takozvana mudrost starosti ne uguši genijalnost mladosti.

Život koji sam do tada vodio u očevu domu, malo se ili se ni u čemu nije razlikovao od života svih ostalih. Novi sam dan mogao očekivati bezbrižno i za mene nekakav socijalni problem uopće nije postojao. Okolina moje mladosti sastojala se od kruga sitnog građanstva, dakle, od svijeta koji je imao vrlo malo zajedničkog s čvrstim fizičkim radnikom. Jer, ma koliko je na prvi pogled moglo izgledati neobično, ipak je baš jaz između ovih ni u kom slučaju ekonomski sjajno situiranih slojeva i fizičkog radnika, bio dublji nego što se misli. Razlog ovoga, recimo, gotovo neprijateljstva bio je u strahu društvene grupe, koja se tek prije kratkog vremena uzdigla iz sloja fizičkih radnika, da ponovno ne potone u stari slabo cijenjeni stalež, ili da se možda, bar ne ubraja u njega. Uz to se kod mnogih još javljaju i odbojne uspomene na kulturnu bijedu tih donjih klasa, česta surovost u njihovu međusobnom ophođenju, pri čemu vlastiti, makar i vrlo niski položaj u društvenom životu, dopušta da se svaki dodir s tim prevladanim kulturnim i životnim stupnjem, drži neizdrživim opterećenjem.

Tako se često dešava da veleposjednik, koji je bio oduvijek na višoj društvenoj ljestvici, bez kompleksa silazi do svoga bližnjega, nego što to jedan skorojević koji se uzdigao, može sebi, čak i kao mogućnost, zamisliti.

Jer, skorojević i svaki onaj, koji se vlastitom snagom, iz dosadašnjeg životnog statusa uzdigao u viši.

Konačno, ta često vrlo opora borba, pridonosi odumiranju svakog suosjećanja. Vlastito bolno hrvanje za egzistenciju, ubija suosjećanje za bijedu onih koji su ostali dolje.

Meni je Sudbina u tom pogledu iskazivala milosrđe. Time što me je prisilila da se ponovno vratim u taj svijet siromaštva i nesigurnosti, kojeg je nekada moj otac tijekom svog života već bio napustio, strgla mi je s očiju koprenu ograničenog malograđanskog odgoja. Tek sam sada upoznao ljude; upoznao sam razliku između ispraznog sjaja i brutalne vanjštine i njenog unutarnjeg bića.

Na prelasku u ovo stoljeće, Beč je već spadao u socijalno najnepovoljnije gradove.

Blistavo bogatstvo i odbojno siromaštvo, smjenjivali su jedno drugoga u naglim promjenama. U centru i u unutarnjim gradskim četvrtima osjećalo se tako snažno pulsiranje pedeset i dva milijunskog carstva, sa svom tako problematičnom čarolijom jedne višenacionalne države. Dvor sa svojim blještavim sjajem djelovao je poput kakvog magneta na bogatstvo i inteligenciju ostatka države. K tome je, sama po sebi, još dolazila i jaka centralizacija habsburške monarhije.

U njoj se jedino pružala mogućnost da se ova narodna mješavina drži u čvrstoj formi. Posljedica je bila izvanredno jaka koncentracija visoke i najviše vlasti u glavnome i prijestolničkom gradu.

A Beč ipak nije bio samo političko i duhovno, već i gospodarsko središte stare dunavske monarhije. Nasuprot vojsci visokih časnika, državnih činovnika, umjetnika i znanstvenika, stajala je još veća vojska radnika; nasuprot bogatstvu aristokracije i trgovačkog staleža, krvavo siromaštvo. Ispred palača u Ringstrasse, tumarale su tisuće nezaposlenih, a ispod Via triumphales stare Austrije stanovali su u mutnom odsjaju i blatu kanala - beskućnici.

Jedva da se u bilo kome njemačkom gradu, kao u Beču, moglo bolje studirati socijalno pitanje. Ali, neka se nitko ne razočara. Ovo se "studiranje" ne može provoditi odozgo prema dolje. Onaj tko se sam nije našao u čeljustima ovih riđovki, nikada neće upoznati njihove otrovne zube. U drugom slučaju na površinu ne izbija ništa drugo, osim površnog brbljanja i lažne sentimentalnosti. Oboje su štetni. Prvo, jer se nikada ne može prodrijeti do srži problema, a drugo stoga, jer se problem zaobilazi. Ne znam što je pogubnije; ne obraćanje pozornosti na socijalnu bijedu, koja dopušta većini kojima se sreća posrećila, ili su to postigli vlastitim zaslugama da ne gledaju te nevolje svakodnevice, ili oni koji "osjećaju narod" iako visoko dižu nos, i opet se ponekad napadno netaktički i umilostive spustiti, približiti se nevoljnicima, poput izvjesnih mondenskih žena u jaknama i hlačama. Ovi su veći grješnici nego oni koji mogu shvatiti svojim umom bez instinkta. Otuda je tada na njihovo veliko čuđenje učinak takvog, s njihove strane ishitrenog socijalnog "nastojanja", uvijek ravan nuli, a često puta čak izaziva i odbijanje s gnušanjem. Što se tada, dabome, uzima kao dokaz narodne nezahvalnosti.

Glave takve vrste nerado shvaćaju, da socijalna djelatnost s time nema ništa, jer ona prije svega ne smije tražiti zahvalnost, zbog udijeljene milosti, već treba uspostavljati prava.

Čuvao sam se od takvog načina proučavanja socijalnog pitanja. Time što me je to pitanje uvuklo u kružnu putanju svoje patnje, nije mi i uručilo pozivnicu za "učenje", nego se, što više, htjelo oprobati na meni samome. Nije bila ni njegova zasluga, što je pokusni kunić krepko i zdravo preživio operaciju.

Kad danas ponovno pokušavam, interpretirati redoslijed mojih tadašnjih osjećanja, onda to ni u kom slučaju ne može ni približno izgledati potpuno; ovdje bi trebali biti prikazani samo oni najbitniji i za mene najpotresniji utisci, s malo pouka koje sam kroz to vrijeme stekao.

Tada mi, najčešće, nije bilo teško naći neki posao, jer ja ipak nisam bio izučeni zanatlija, već takozvani pomoćni radnik, a često i radnik s privremenim zaposlenjem, koji si je morao zarađivati kruh svoj svagdašnji.

Pri tome sam stao na stajalište svih onih koji su s nogu otresali europsku prašinu s neumoljivom namjerom da si u novom svijetu također zasnuju novu egzistenciju, osvoje novi zavičaj. Oslobođeni od svih do tada paralizirajućih predodžbi o pozivu i staležu, o okolini i tradiciji, grabili su za svakom mogućom zaradom, koja bi im bila ponuđena, prihvaćali svaki rad, sve više se učvršćujući u uvjerenju da pošteni rad nikoga ne sramoti, bez obzira kakve je bio vrste. Tako sam i ja odlučio obim nogama uskočiti u taj za mene novi svijet i u njemu se probiti.

Da se tu i tamo uvijek može naći neki posao spoznao sam uskoro, ali sam isto tako brzo saznao, da se on isto tako lako može i izgubiti.

Nesigurnost zarade za kruh svagdašnji vrlo brzo mi se ukazala jednom od najtežih i tamnih strana svoga života.

Naravno, da "izučeni" radnik nije bio tako često bacan na ulicu, kao što je to bio slučaj s neizučenim; ali ni on u potpunosti nije bio osiguran i od takve sudbine. On je gubio kruh zbog gubljenja ili nedostatka posla, ili zbog vlastitog štrajka.

Ovdje se već, na najgori način, osvećivala nesigurnost dnevne zarade u cjelokupnom gospodarstvu.

Momak sa sela koji dolazi u velegrad privučen tobože, ili čak stvarno i lakšim poslom, kraćim radnim vremenom, ali najčešće zasjenjujućim svjetlima kojima je velegrad u stanju zablještati, još je naviknut na neku sigurnost zarade. On čuva staro radno mjesto sve dok nema u izgledu novo. Konačno, nedostatak zemljoradnika je velik, pa je i vjerojatnost duljeg izostanka prilike za zaposlenje sama po sebi vrlo mala. Grješka je sada još povjerovati, da bi momak koji se zaputio u velegrad, bio slabije tjelesne grade od onoga koji se marljivo radeći ishranjuje na seljačkom pragu. Ne, baš naprotiv! Iskustvo pokazuje da se svi iseljenički elementi prije sastoje od najzdravije i najučinkovite prirode, nego, recimo, obratno. U ove "iseljenike" ne ubrajaju se samo američki iseljenici, već i mladi seoski sluga, koji je odlučio napustiti zavičajno selo i otputovati u strani velegrad. I on seje, isto tako, spreman suočiti s neizvjesnom Sudbinom. On ponajčešće dolazi u veliki grad s nešto novca u džepu, dakle, nije već prvih dana prinuđen zakazati, ako mu nesreća na duže vrijeme onemogući naći posao. Gore je, međutim, ako u kratkom vremenu izgubi nađeno radno mjesto. Pronalaženje novoga je, posebno zimi, često vrlo teško, ako ne i nemoguće. Prvih tjedana još nekako i ide. Prima potporu za nezaposlene iz kase svoga sindikata i nekako već progura. Samo, kada su posljednji filir i pfennig potrošeni, a kasa zbog dugog trajanja nezaposlenosti prekine potporu, nailazi velika nevolja. Sada se on izgladnio potjepa unaokolo i često zalaže i rasprodaje i posljednje što ima, sve je pohabaniji u svojoj odjeći i tone gledano i izvana, u jednu sredinu, koja ga još pored tjelesne nesreće i duševno zatruje. A ako je još i beskućnik i to je (kao što je to čest slučaj) upravo u zimi, tada već bijeda postaje jako velika. Konačno, on možda ponovno i pronađe nekakav posao, samo, igra se ponavlja. Drugi puta ga to pogađa slično kao i prvi puta, trećí puta vjerojatno još teže, tako da se privikava sve ravnodušnije podnositi ovu vječnu nesigurnost. Konačno, ponavljanje postaje navikom.

Tako se, inače vrijednom čovjeku ruše životni ideali, lagano ga se namamljuje da sazre u sredstvo onih koji se njime žele poslužiti za niske svrhe. Kako je često, bez svoje vlastite krivice, nezaposlen, sad ga se manje - više čak ni ne tiče, radi li se o tome da se treba izboriti za ekonomska prava, ili za uništenje državnih, gospodarskih ili općekulturnih vrjednota. On će, ako već nije štrajkaški raspoložen, zasigurno postati štrajkaški ravnodušan.

Ovaj sam proces mogao pratiti otvorenih očiju na tisuće primjera. Što sam dulje promatrao ovu igru, tim je više u meni rasla odbojnost prema milijunskom gradu, koji ljude ponajprije lakomo vuče k sebi, da bi ih potom tako grozno iskoristio.

Kad su došli, još uvijek su pripadali svome narodu; ako su ostajali - narod ih je izgubio.

I ja sam tijekom života u tom svjetskom gradu bio bacan tamo amo i mogao sam na svom vlastitom tijelu isprobati djelovanje takve Sudbine i duhovno je iskušati. Vidio sam i još nešto: brzu promjenu od rada do nerada i obratno, te time uvjetovanog prebacivanja iz stanja zarađivanja u stanje praznih džepova, što je kod mnogih trajno uništavalo osjećaj štedljivosti, a isto tako i smisao za pametno životno opredjeljenje. Tijelo se, čini se, očito polagano navikava na to, da se u dobrim vremenima živi punom snagom, a u težima gladuje. Glad iskrivi svaku namjeru kasnijeg razboritog planiranje u boljim vremenima zarađivanja, time što ona, njome izmučenog nesretnika, namamljuje, držeći ga stalno u nekom stanju fatamorgane, pred lažnom slikom nekog bijednog blagostanja, i taj san umije podići do takve čežnje, da to bolesno htijenje dovodi do kraha svake samokontrole, čim to zarada i plaća nekako dozvole. Stoga se događa, da onaj koji jedva da je dobio zaposlenje, krajnje nerazborito zaboravi planirati za dalji život, da bi iz dana u dan živio punom parom. To sve dovodi do raspada malog domaćinstva, jer čak i ovdje izostaje mudro planiranje; na početku su primanja dostatna još za pet, umjesto za sedam dana, kasnije već samo za tri, najzad za još jedva jedan dan, da bi na kraju u prvoj noći već sve bilo spiskano.

Kod kuće su tada ipak često žena i djeca. I oni često postaju zaraženi takvim životom, naročito ako je čovjek po sebi dobar prema njima, pa ih na svoj način čak i voli. Tada se čak i tjedna plaća spiska kod kuće zajedno za dva, tri, dana; jede se i pije, dok ima novca, a posljednjih dana se, zajedno jedva održava u životu. A tada se žena odšulja u susjedstvo ili okolinu, pozajmi malo, zaduži se malko kod trgovca i tako pokušava izdržati posljednje zle dane tjedna.

Za ručkom svi sjede pred polupraznim tanjurima, ponekad čak i ni pred čim, i čekaju naredni dan plaće, govore samo o njemu, planiraju i dok gladuju, već ponovno sanjare o dolazećoj sreći.

Tako se i mala djeca, već od svoje najranije dobi sprijatelje s tom bijedom.

Zlom se, međutim, završi, ako muž već od samog početka pođe vlastitim putem, a žena, zbog ljubavi prema djeci, nastupi suprotno. Tada nastaje svađa i tučnjava, i u onoj mjeri, u kojoj je muž svojoj ženi veći tuđinac, on se odaje piću. Sada je svake nedjelje pijan, a u nagonu samoodržanja, žena, za sebe i djecu, grabi i posljednji groš, koji takvom mužu mora nekako "istresti" iz džepa, na njegovom putu od tvornice do krčme. A dođe li on, konačno, nedjeljom i ponedjeljkom i sam kući pijan i nasilan, ali uvijek oslobođen i posljednjeg filira i pfenniga, tada se često odigravaju scene, Bože nas sačuvaj.

Sve sam to proživio i sam na stotine primjera, u početku odbojno, čak i s gnušanjem, da bih kasnije shvatio cijelu tragediju te patnje i razumio one dublje razloge svega toga. Nesretne žrtve loših odnosa.

Još su skoro sumorniji tada bili stambeni odnosi. Stambena je bijeda bečkog pomoćnog radnika bila užasna. Još i danas mi se diže kosa na glavi, kada pomislim na te tužne rupetine, na svratišta i masovna konačišta, na te mračne slike smeća, odvratne prljavštine i onog goreg od svega najgorega.

Kako će morati i kako mora sve to biti jednom, kad iz tih spilja bijede provali struja oslobođenih robova, preko ostalog tako nepromišljenog, sebi dovoljnog, svijeta!

Ipak je taj drugi svijet nepromišljen.

Nepromišljeno pušta taj svijet da stvari tako idu tijekom, a da u nedostatku instinkta, čak ni ne sluti, da će, prije ili kasnije, Sudbina morati krenuti u osvetu, ako je ljudi na vrijeme ne umire.

Kako sam danas zahvalan onom providenju, koje mi je omogućilo pohađanje te škole. U njoj više nisam mogao sabotirati ono što mi se nije svidalo. Ona me je odgojila brzo i temeljito.

Ako tada nisam htio očajavati zbog ljudi iz moje tadašnje okoline, morao sam naučiti razlikovati njihovo vanjsko biće i život, od uvjeta njihova razvitka. Samo se tada sve to moglo podnijeti, a da se nije moralo zakazati. Iz sve te nesreće i jada, iz smeća i vanjskog propadanja, tada su izrastali, ne više ljudi, nego tužni učinci tužnih zakona; pri čemu me je Sudbina vlastite, ipak nipošto lakše životne borbe, čuvala od toga da, sada eto, u bijednoj sentimentalnosti ne kapituliram pred propalim završnim proizvodima takvog razvojnog procesa.

Ne, to nije smjelo biti tako shvaćeno.

Već tada sam uvidio da ovdje ka cilju poboljšanja ovih stanja, može voditi samo dvostruki put:

Najdublji socijalni osjećaj odgovornosti za uspostavljanje boljih osnova našega razvitka, spojen s brutalnom odlučnošću u sasijecanju nepopravljivih izopačenika.

Isto tako, kao što priroda usredotočuje svoju najveću pozornost, ne na održavanje postojećeg, nego na odgoj potomstva, kao nositelja vrste, tako se i u ljudskom životu manje treba raditi na tome da se postojeće loše umjetno oplemenjuje, a što je sukladno s predispozicijama čovjeka, u devedeset i devet posto slučajeva nemoguće, a više na tome da se nailazećem razvoju od samog početka osiguraju zdraviji putovi.

Već za vrijeme moje bečke egzistencijalne borbe, bilo mi je jasno, da se socijalna djelatnost nikada ne smije ogledati u tako smiješnim, kao i nesvrsishodnim lupetanjima o blagostanju, već mnogo više u uklanjanju takvih osnovnih nedostataka u organizaciji našega gospodarskog i kulturnog života koji moraju voditi, ili u najmanju ruku mogu dovesti, do izopačenja pojedinaca.

Teškoća nastupanja posljednjim i najbrutalnijim sredstvima protiv državno - neprijateljskog zločina, ponajmanje leži baš u nesigurnosti prosudbe unutarnjih pokretačkih razloga ili uzroka takvih pojava našega vremena.

Ova se nesigurnost može obrazložiti samo osjećajem vlastite krivice za takve tragedije propadanja; ona međutim, koči svaku ozbiljnu odluku i na taj način, jer je kolebljiva, pridonosi i slabom i polovičnom provođenju čak i najneophodnijih mjera za samoodržanjem.

Tek kad jednom više ne bude u sjenci duhova vlastite svijesti o svojoj krivici, unutarnjim mirom će se zadobiti vanjska snaga, da se brutalno i bezobzirno izrežu divlji izdanci, a korov iskorijeni.

Kako austrijska država uopće nije poznavala ni znala za socijalno pravo i zakonodavstvo, njena slabost u suzbijanju čak i zlih slabosti bila je toliko jasna, da je prosto bola oči.

Ne znam, što me je sada u tom vremenu najviše užasavalo: gospodarska bijeda mojih dotadašnjih suputnika, ćudoredna i moralna surovost, ili niska razina njihove duhovne kulture.

Koliko li se samo često srozava naše građanstvo, u svojoj cjelokupnoj moralnoj razoružanosti, kad iz ustiju nekog jadnog probisvijeta čuje iskaz da mu je svejedno je li Nijemac ili nije, da se on svugdje osjeća podjednako dobro, ako samo ima svoje neophodne prihode.

Taj nedostatak "nacionalnog ponosa" se onda oplakuje na sva usta i zbog takvog držanja, manifestira se snažan izraz prijezira.

Koliko li ih je ipak samome sebi postavilo pitanje, koji je to stvarno u njih samih uzrok njihova boljeg uvjerenja? Koliko li njih shvaća taj bezbroj pojedinih sjećanja na veličinu domovine, nacije, u svim područjima kulturnog i umjetničkog života, koji im kao zbirni rezultat omogućuje opravdani ponos, što smiju biti pripadnici jednog tako blagoslovljenog naroda?

Koliko ih misli kako je vrlo veliki ponos na domovinu ovisan od spoznaje njene veličine u svim tim područjima?

Razmišljaju li naši građanski krugovi o tome u koliko se smiješnom opsegu te pretpostavke ponosa na domovinu šire u "narodu"?

Ne može se prihvatiti izgovor "da to u drugim zemljama, nije ništa drugačije", jer radnik tamo "ipak" stoji čvrsto uz svoja narodna obilježja. Čak kad bi to i bilo tako, ne bi smjelo poslužiti kao izvinjenje za vlastite propuste. Ali to nije tako. Jer ono, što mi uvijek označavamo "šovinističkim" odgojem, npr. francuskog naroda, nije, međutim, ništa drugo no pretjerano isticanje veličine Francuske u svim područjima kulture, ili, kako Francuz uobičava reći, "civilizacije". Mladi Francuz baš nije odgojen u duhu objektivnosti, već je usmjeren na subjektivni pogled, koji se može osmisliti samo tada ako se radi o značaju političke i kulturne veličine svoje domovine.

Ovaj će se odgoj pri tome uvijek usredotočiti na opća, sasvim krupna stajališta, koja se, ako je potrebno, vječitim ponav- ljanjem utiskuju u pamćenje i osjećanje naroda.

Ali sada u nas, pored negativnog grijeha propusta, dolazi još i pozitivno razaranje ono malo preostalog, što je pojedinac imao sreće naučiti u školi.

Štakori političkog trovanja našega naroda proždiru i to malo srca i sjećanja širokih masa, ukoliko se već za to nisu pobrinule bijeda i nevolja.

Zamislimo još sljedeće:

U jednom podrumskom stanu koji se sastoji od dvije zagušljive sobe, stanuje jedna sedmeročlana radnička obitelj. Pretpostavimo da je među petoro djece i dječak star tri godine. To je starosna dob u kojoj do dječje svijesti stižu prvi utisci. Kod nadarenih se tragovi sjećanja iz tog vremena zadržavaju još i u poodmakloj starosti. Već sama ta tjesnoća i prenatrpanost prostora, ne vode do povoljnih odnosa. Već samo zbog toga, vrlo često, nastanu svađe i tučnjave. Tako ljudi ne žive jedni s drugima, već pritišću jedni druge. Svaka, pa i najmanja, svađa, koja bi se u prostranom stanu već zahvaljujući mogućnostima lakog izdvajanja, mogla smiriti sama od sebe, vodi ovdje do neizdržive svađe. Kod djece je tako nešto, naravno, još i podnošljivo, u takvim se odnosima i ona uvijek svađaju, ali je opet brzo i potpuno zaboravljaju. Ali kad se ta borba zahukta među samim roditeljima, i još k tome skoro svaki dan, u obliku za čiju surovost potom zaista ništa ne ostaje poželjeti, tada se moraju, iako još polagano, pokazati i učinci takve očigledne nastave i kod onih najmlađih. Koje li vrste moraju tek biti rezultati, kad ti međusobni sukobi oca i majke poprime oblik surovih izbezumljenih zlostavljanja u pijanom stanju, to si teško može predočiti onaj tko ne poznaje takav millie. Sa svojih šest godina mali dječak, dostojan sažaljenja, sluti takve stvari, pred kojima svaki odrastao čovjek može osjetiti samo užas. Moralno zatrovana, tjelesno pothranjena, tako ošamućena mlada glavica, mladi "državljanin", tako odluta u osnovnu školu. Da sa "ah", ili "krah" dolazi do čitanja i pisanja, i to je gotovo sve. A o nekakvom učenju kod kuće ne može biti ni govora. Naprotiv. Mati i otac i sami, govore o nastavnicima u školi, i to pred djecom, na način koji se uopće ne bi smio glasno ponoviti; puno prije su spremni izreći ove gadosti, nego svog potomka presaviti preko koljena i dovesti do razuma. Što sve još inače malo dijete čuje u svom domu, također ne vodi jačanju poštovanja voljene okoline, koja ga okružuje. Ovdje se ništa dobroga ne pripisuje čovječanstvu, ni jedna institucija ne ostaje nenapadnuta, počevši od učitelja, pa sve do vrha države. Može se raditi i o religiji ili o samom moralu, o državi ili društvu, svejedno, sve se psuje i na najbeskrupulozniji način gura u prljavštinu najnižeg shvaćanja. Kad sada mladi čovjek, sa svojih četrnaest godina, bude otpušten iz škole, teško se odlučiti što je kod njega veće: nevjerojatna glupost, kad se radi o stvarnom znanju i umijeću, ili bezobrazna drskost njegova nastupa povezana već u toj dobi s nemoralom, da se čovjeku kosa diže na glavi.

I kakav stav prema životu u koji se on sada sprema stupiti, može imati čovjek kome je sada jedva još nešto sveto, koji k tome ništa značajnog nije naučio, kao što nasuprot tome pojmi i zna za svaku niskost života?

Iz trogodišnjeg djeteta stasao je petnaestogodišnjak prezieratelj svakog autoriteta. Mlad čovjek sada dolazi u dodir s prljavštinom i smećem i nije upoznao još ništa što bi ga moglo podstaći na neko veće oduševljenje.

Sada, međutim, on stiže i u višu školu ovakva življenja.

I sada tek počinje onaj život, koji je tijekom svih godina svoga djetinjstva preuzimao od oca. Skita unaokolo i dolazi kući bog zna u koje sitne sate, za promjenu još k tome izudara ono jadno biće koje je još i samo u sebi rastrgano, a koje je nekada bilo njegova mati, psuje Boga i svijet i konačno, nekim posebnim povodom, bude osuđen i strpan u zatvor za mlade.

Tu on stiče posljednju "uglađenost".

Dragi građanski svijet je, međutim, potpuno iznenađen nedostatkom "nacionalnog oduševljenja" ovog mladog "državljanina".

On vidi kako se u kazalištu i kinu, u šund literaturi i prljavom tisku iz dana u dan sve više u narod istresaju kible gadosti i tada je iznenađen slabim "moralnim sadržajem" i "nacionalnom ravnodušnošću" mase toga naroda. Kao da kino kič, šund - tisak i sl. mogu dati osnovu za spoznavanje domovinske veličine. A da o ranom odgoju pojedinca i ne govorim.

Ono što prije toga nikada nisam ni slutio, naučio sam tada shvatiti brzo i temeljito:

Pitanje "nacionaliziranja " nekog naroda je u prvom redu pitanje stvaranja zdravih socijalnih odnosa, kao temelja odgojnih mogućnosti pojedinca. Jer onaj koji kroz obrazovanje i školu upozna kulturnu, gospodarsku, a prije svega političku veličinu svoje vlastite domovine, bit će u stanju steći i steći će onaj unutarnji ponos, što je pripadnik jednog takvog naroda. A ja se mogu boriti samo za nešto što volim, voljeti samo ono što poštujem, što u najmanju ruku znam.

Čim se probudio moj interes za socijalno pitanje, počeo sam ga svom temeljitošću i proučavati. Otvorio mi se do tada nepoznati svijet.

U godinama 1909. na 1910. unekoliko se promijenilo i moje vlastito stanje, kada i sam više nisam morao zarađivati kruh svag- dašnji kao pomoćni radnik. Tada sam već radio samostalno kao mali crtač i akvarelista. Ma koliko god to bilo gorko s obzirom na visinu zarade - stvarno je jedva dostajala za život - toliko je to ipak bilo dobro za moj izabrani poziv. Sada više nisam kao prije, tijekom večeri, po povratku s radnog mjesta, bio nesposoban i pogledati u neku knjigu, a da mi nakon kratkog vremena glava ne klone. Moj sadašnji rad je, eto, protjecao u skladu s mojim budućim pozivom. Sada sam, također, kao gospodar vlastita vremena, ovo mogao mnogo bolje rasporediti, no što je to prije bilo moguće.

Slikao sam da bih zaradio za kruh, a učio iz zadovoljstva.

Tako mi je još bilo omogućeno i to, da svojoj zornoj nastavi o socijalnom problemu dodam i neophodnu teorijsku dopunu. Studirao sam gotovo sve što sam od knjiga o tom cijelom području mogao nabaviti, a udubljivao sam se, k tome, i u svoje vlastite misli.

Vjerujem da me je tada moja okolina držala nekim čudakom.

Bilo je prirodno, da sam tada gorljivo služio svojoj ljubavi, arhitekturi. Ona mi je, pored glazbe, izgledala kraljicom umjetnosti; moje bavljenje njome u tim okolnostima nije bio nikakav "rad", već najveća sreća. Mogao sam čitati i crtati do kasno u noć, a da nikada nisam bio umoran. Tako se pojačavala moja vjera da će moj lijepi san o budućnosti, pa makar to bilo i poslije mnogo godina, ipak postati stvarnost. Bio sam čvrsto uvjeren da ću jednom postati poznat kao građevinski poduzetnik.

Da sam se usporedo s tim najviše interesirao i za sve što je bilo u vezi s politikom, nije mi se činilo od nekog naročitog značaja. Naprotiv, to je u mojim očima bila sama po sebi razumljiva dužnost svakog mislećeg čovjeka. Tko za tako nešto nije imao razumijevanja, gubio je, dakako, pravo na svaku kritiku i svaku žalbu.

I ovdje sam, dakle, mnogo čitao i učio.

Dabome, da ja pod "čitanjem" podrazumijevam možda nešto sasvim drugo, nego veliki prosjek naše takozvane "inteligencije".

Poznajem ljude koji beskrajno mnogo "čitaju", i to knjigu za knjigom, slovo po slovo, a koje ipak ne bih mogao nazvati "načitanima". Oni, dabome, posjeduju ogromnu količinu "znanja", samo što njihov mozak ne razumije, nije u stanju, provesti raspodjelu i registriranje svega onoga u sebe unijetog materijala. Njima nedostaje umijeće izdvojiti u knjizi ono što je za njih vrijedno, od bezvrijednog, i da to vrijedno tada zauvijek zadrže u glavi, a ono drugo, ako je moguće, da uopće i ne vide, u svakom slučaju, da to kao nesvrsishodnu bolest, ne vuku sa sobom. Čitanje nije, dakako, samo sebi svrha, već njeno sredstvo. Ono bi, u prvom redu, također, trebalo pomoći svakome ispuniti okvir, da se razviju sklonosti i sposobnosti; k tome bi svakako trebalo isporučivati instrument i građu, koji su pojedincu potrebni u njegovom životnom pozivu, potpuno svejedno, služi li taj poziv samo primitivnom zarađivanju kruha, ili je zadovoljenje nekog višeg opredjeljenja; u drugom redu, ono bi trebalo pridonijeti izgrađivanju opće slike svijeta. U oba je slučaja, međutim, potrebno da sadržaj pojedinog čitanja ne bude "broj" pročitanih knjiga, ili čak i izdanja knjiga, i kao takav predat na čuvanje pamćenju, već da kao kamenčić mozaika, u općoj slici svijeta, zauzme svoje mjesto u njemu pripadajućem poretku i tako i on pridonese da se ta slika oblikuje u glavi čitatelja. Ako to nije slučaj, nastaje jedna luda zbrka tih proučenih stvari, što je isto tako bezvrijedno, kao što je bezvrijedan i nesretni posjednik tih proučenih stvari, koje ga čine uobraženim. Jer taj, zaboga, sada misli da je stvarno "obrazovan", da od života nešto razumije, da posjeduje znanje, da bi se pritom taj, sa svakim novim porastom toga "obrazovanja" u stvarnosti sve više i više otuđivao od svijeta, dok, što isto tako nije rijetko, ne završi ili u nekom lječilištu ili kao "političar" u nekom parlamentu.

Takvoj glavi nikada neće uspjeti iz zbrke svoga "znanja" izvući, makar i na zahtjev jednog sata, ono odgovarajuće, jer, njegov duhovni balast nije raspoređen u životnom redoslijedu, već u redoslijedu knjiga kako ih je čitao i kako mu se njihov sadržaj sada složio u glavi. Ako bi ga Sudbina pri svojim zahtjevima dnevnog života ipak podsjetila na točnu primjenu jednom pročitanog, ona bi mu tada još morala i naznačiti knjigu i broj stranice, jer jadnik ne bi, inače, ni cijelu vječnost mogao naći ono što je točno. Ali kako ona to ne čini, dospijevaju svi ti deveterostruki mudarci u svakom kritičnom trenutku u najstrašnije zabune, grčevito tražeći analogne slučajeve, da bi sa smrtnom sigurnošću zgrabili, naravno, pogrešne recepte.

Kad ne bi bilo tako, ne bismo mogli shvatiti politička dostignuća naših učenih vladinih heroja na svojim najvišim položajima, izuzev ako bi se riješilo da se umjesto patoloških sklonosti prihvati lupeška podlost.

U onome tko u sebi posjeduje umijeće pravilnog čitanja, pri proučavanju svake knjige, svakog časopisa ili brošure, trenutno će se probuditi pozornost na sve ono što je prema njegovu mišljenju vrijedno trajno i čvrsto upamtiti, jer je to ili svrhovito, ili, uopće uzevši, vrijedno znati. Kao da i na taj način naučeno nađe svoj osmišljeni razmještaj, u još uvijek prisutnoj slici, koja je stvorila predodžbu o ovoj ili onoj stvari, kako bi potom djelovala ili korektivno ili dopunjujuće, i tako podigla na viši stupanj ili točnost ili jasnoću. A ako život pred čovjeka iznenada postavi neko pitanje radi provjere ili odgovora, tada će se kod takvog načina čitanja prisjećanje odmah dohvatiti mjerila već postojeće slike pogleda i iz nje izvući sve one desetljećima skupljane pojedine priloge i pristupe, koji se tiču tog pitanja, kako bi ih podnijelo umu na ispit i novo procjenjivanje, sve dok pitanje ne bude razjašnjeno ili na njega ne bude odgovoreno.

Samo tako, čitanje ima smisao i svrhu.

Govornik, koji, na primjer, svome umu na taj način ne osigurava neophodnu građu, neće nikada biti u stanju, pritiješnjen proturječnostima, zastupati svoje stajalište, makar ono i tisuću puta odgovaralo istini i stvarnosti. Pri svakoj će ga raspravi pamćenje sramno ostaviti na cjedilu, pa neće naći ni razloge, ni argumentaciju za učvršćivanje onog, što sam tvrdi, a ni za pobijanje protivnika. I dokle god se pritom, kao u slučaju jednog govornika, radi u prvom redu o blamaži vlastite ličnosti, to može i proći, ali zlo nastaje, tada, kada Sudbina takvog sveznalicu a neznalicu, dovede za državnog vodu.

Od svoje rane mladosti trudio sam se čitati na pravilan način, pri čemu su me, srećom, podržavali i pamćenje i razum. I gledano u ovom smislu, za mene je bilo naročito plodonosno i dragocjeno bečko vrijeme. Iskustva svakodnevnog života podsticala su uvijek novo proučavanje najrazličitijih problema. Time što sam, konačno, bio u stanju teorijski razjasniti stvarnost, teoriju primijeniti u stvarnosti, bio sam pošteđen opasnosti ili da se ugušim u teoriji, ili da u stvarnosti ostanem površan.

Tako je u dva najvažnija pitanja tog vremena, osim socijalnog, za najtemeljitiji teorijski studij, bilo određujuće i podsticajno iskustvo svakodnevnog života.

Tko zna kad bih se ja uopće udubio u znanost i u bit marksizma, da me tadašnje vrijeme nije navelo da u doslovnom smislu riječi lupim glavom o taj problem.

Ono što sam iz svoje mladosti znao o socijaldemokraciji, bilo je od srca, ali malo i prilično netočno.

U dubini duše radovalo me je što je ona vodila borbu za opće i tajno izborno pravo. Već mi je tada moj razum govorio da bi to moralo dovesti do slabljenja meni tako mrskog habsburškog režima. Uvjeren da se podunavska država, osim žrtvovanjem Nijemstva, ipak nikako neće moći održati, ali i da čak plaćanje cijene i laganog sleveniziranja njemačkog elementa još uvijek, ni u kom slučaju, ne znači garanciju za neko kasnije zaista životno carstvo, jer se državotvorna snaga Slavenstva može držati krajnje sumnjivom, pozdravljao sam svaki razvoj koji je po mojem uvjerenju morao voditi ka slomu ove nemoguće države, koja je Nijemstvo od deset milijuna, osudila na smrt. Što ga je više razdirao i razarao jezični kaos i sam parlament, morao se približiti i trenutak raspada ovog babilonskog carstva, a time također i čas slobode moga njemačko - austrijskog naroda. Samo je tako jednog dana, moglo doći do njegova ponovnog priključenja svojoj staroj njemačkoj majci zemlji.

Tako mi, dakle, ova djelatnost socijaldemokracije nije bila nesimpatična. Da je ona, konačno, kao i moj tadašnji bezazleni i nevini um, bila još dovoljno glupa, te težila i vjerovala da će uspjeti poboljšati životne uvjete radnika, činilo mi se da je to prije govorilo za nju, nego protiv nje. Ono što me je najviše odbijalo, bio je njen neprijateljski stav prema borbi za održanje Nijemstva, bijedno moljakanje za naklonost slavenskih "drugova", koji su to nuđenje ljubavi, ako je bilo povezano s praktičnim obećanjima, svakako prihvaćali, držeći se inače drsko i s visine i na taj način nametljivim prosjacima udjeljivali zasluženu plaću.

U dobi od sedamnaest godina, riječ "Marksizam" bila mi je još malo poznata, dok su mi se "socijaldemokracija" i socijalizam činili identičnim pojmovima. I ovdje je bio potreban prst Sudbine, da bih pred nečuvenom prijevarom naroda široko otvorio oči.

Ako sam to tada uspio upoznati Socijaldemokratsku stranku samo kao promatrač, prilikom nekoliko masovnih demonstracija, a da pri tome nisam posjedovao ni najmanji uvid u mentalitet njenih pripadnika, ili čak u bit njenog učenja, sada odjednom dođoh u doticaj s proizvodima njenog odgoja i njenog svjetonazora. I ono do čega bi možda došlo tek poslije desetljeća, ja stekoh u svega nekoliko mjeseci: razumijevanje šireće kuge zakukuljene u socijalne vrline ljubavi prema bližnjemu, od koje bi čovječanstvo trebalo što brže osloboditi Zemlju, jer bi ona u protivnom lako mogla biti oslobođena od čovječanstva.

Moj prvi susret sa socijaldemokratima dogodio se na građevini.

Tood početka nije bilo baš prijatno. Moja je odjeća još bila prilično u redu, moj jezik njegovan, a moje biće suzdržano. Imao sam još toliko toga sa svojom Sudbinom, da sam se još vrlo malo brinuo i o svijetu koji me okruživao. Tražio sam samo posao, da ne bih pregladnio i da bih time stekao mogućnost daljeg, iako još tako sporog, obrazovanja. A možda se uopće ne bih ni brinuo o svojoj okolini, da se već trećeg ili četvrtog dana nije zbio jedan događaj, koji me prisilio odmah zauzeti stav. Pozvan sam, naime, da pristupim Organizaciji.

Moja znanja o sindikalnoj organizaciji tada su još bila ravna nuli. Nisam mogao dokazati ni svrhovitost ni nesvrhovitost njena postojanja. A kad su mi objasnili da moram stupiti u Organizaciju, odbio sam. To sam odbijanje obrazložio time, da stvar ne razumijem i da se općenito ne dam ni na što prisiljavati. Možda je ono prvo bilo razlogom, što me odmah nisu izbacili. Željelo se možda ponadati, da ću za nekoliko dana biti preodgojen ili smekšan. U svakom su se slučaju u tome grdno prevarili. Nakon četrnaest dana nisam im, međutim, više mogao pristupiti, čak da sam i htio. Za tih četrnaest dana pobliže sam upoznao svoju okolinu, tako da me nikakva sila ovoga svijeta više ne bi mogla privoljeti da pristupim organizaciji čiji su mi se čelnici u međuvremenu pokazali u tako nepovoljnom svjetlu.

Prvih sam dana bio ljut.

Podnevom je dio radnika odlazio u obližnje gostionice, dok su drugi ostajali na gradilištu i tamo najčešće žvakali, svaki svoj, mršavi ručak. Ti su bili oženjeni. Njihove su im žene u bijednim posudama donosile podnevnu juhu. Krajem tjedna taj je broj bivao sve veći. Tek sam kasnije ustanovio zbog čega. Sada se politiziralo.

Pio sam svoju bocu mlijeka i jeo svoj komad kruha, negdje po strani, pozorno proučavajući moju novu okolinu, ili pak razmišljajući o svojoj bijednoj sreći. Pa ipak, čuo sam više nego dovoljno; također mi se često činilo da su se prema meni okretali s nekom namjerom, da bi me se, možda, potaklo na kakav stav. U svakom slučaju, sve me je to što sam zamjećivao, moglo razdražiti do krajnosti. Ovdje se sve odbijalo: naciju, kao "kapitalistički" pronalazak - koliko sam samo često puta morao slušati ovu riječ - klase; domovinu, kao instrument buržoazije za eksploataciju radništva; autoritet zakona, kao sredstvo za ugnjetavanje proletarijata; školu, kao instituciju za odgajanje i discipliniranje robovskih masa, ali i robovlasnika; religiju, kao sredstvo zatupljivanja naroda određenog za eksploataciju; moral, kao znak glupog ovčjeg strpljenja, itd. Nije, međutim, stvarno bilo ičega, što nije gurano u blato užasne dubine.

U početku sam pokušavao šutjeti. Na kraju se to više nije moglo. Počeh zauzimati stav, počeh se suprotstavljati. Pri tome sam se, doduše, morao uvjeriti da je to bilo bezizgledno tako dugo dokle god ne skupim neke spoznaje o točkama oko kojih se sporilo. Tako sam počeo otkrivati izvore iz kojih su oni crpili svoje tobožnje znanje. Sada dođoše na red, knjiga za knjigom, brošura za brošurom.

Sada je na gradilištu često bilo "vruće". Sporio sam se iz dana u dan sve bolje informiran, nadvisujući čak i cjelokupno znanje mojih oponenata, dok jednog dana nije primijenjeno ono sredstvo, koje, naravno, najlakše pobjeđuje um: teror, nasilje. Nekolicina glasnogovornika protivničke strane prisiliše me, ili da smjesta napustim gradilište, ili da odletim sa skele. Kako sam bio sam i svaki mi se otpor činio bezizglednim, držao sam da je uputnije, za jedno iskustvo bogatiji, slijediti prvi savjet. Odoh pun gađenja, a istovremeno tako usplamtio, da mi je bilo potpuno nemoguće cijeloj stvari okrenuti leđa. Ne, poslije prvog uzavrelog ogorčenja, ponovno je dobila prednost - tvrdoglavost, čvrsto sam odlučio ipak otići opet na neko gradilište. Za tu me je odluku osnažila još i bijeda, koja me je nekoliko tjedana kasnije, nakon što je pojedena mala uštedevina od plaće, zagrlila u svoje nemilosrdno naručje. Tako, eto, morah, htio ili ne. I igra krenu opet iz početka, da bi se konačno, kao i prvi puta, završila na sličan način.

Borio sam se cijelim svojim unutarnjem bićem: Jesu li ovakvi ljudi uopće zaslužili pripadati ovako velikom, narodu?

Jedno mučno pitanje, jer odgovori li se na njega sa "Da", onda borba za narodnost stvarno više nije vrijedna truda, kao ni žrtve koje moraju položiti oni najbolji za jedan takav ljudski otpad; glasi li, međutim, odgovor "Ne", onda je naš narod još siromašan i u ljudima.

S uznemirujućom zabrinutošću zamijetih tih dana mozganja i kopanja po svojoj svijesti, kako masa narasta do prijeteće vojske onih koji se više nisu mogli ubrojiti u svoj narod.

S kakvim sam sada drugačijim osjećajima buljio u beskrajne četveroredove masovnih demonstracija bečkih radnika! Gotovo dva puna sata stajao sam tako i promatrao, zaustavljena daha, tog ogromnog čovjekolikog crva - zmaja, koji se prolazeći tuda lagano valjao. U klonuloj potištenosti napustih to mjesto i odlunjah kući. Prolazeći usput, u jednoj trafici ugledah "Arbeiterzeitung" (Radničke novine), centralni organ stare austrijske socijaldemokracije. Te sam novine viđao i u onoj jeftinoj narodnoj krčmi u koju sam češće zalazio, da bih tamo čitao novine; samo se do sada nisam mogao prisiliti gledati dulje od dvije minute u taj bijedni list, čiji je cjelokupan ton djelovao na mene kao duhovni vitriol. Pod deprimirajućim utiskom demonstracija, neki me unutarnji glas natjerao da ipak kupim i taj list i temeljito ga pročitam. Tijekom večeri to i učinih, savladavajući neprestano u sebi povremeno narastajući bijes na ovu zgusnutu otopinu laži.

Više nego iz sve dosadašnje teoretske literature, mogao sam sad, svakodnevnim čitanjem socijaldemokratskog tiska proučiti unutarnju bit svih njenih razmišljanja.

Jer, kakve li razlike između zvučnih fraza teorijske literature o ljepoti i dostojanstvu, prema varljivo sjajnoj, naizgled najdubljoj mudrosti, teško iskazanom obmanom riječi, odvratno humanog morala - sve napisano tvrdim čelom proročanske sigurnosti - i brutalnog dnevnog tiska ove iscjeliteljske znanosti novoga čovječanstva, koja se ne ustručava nikakvih niskosti, koja se služi svim sredstvima klevetanja i izvrtanja i radi zaista s virtuoznom lažljivošću, koja može savijati i balvane. Prvo je namijenjeno glupim puranima iz srednjih, ali i "viših slojeva" inteligencije; drugo-masi.

Za mene je poniranje u literaturu i tisak tog učenja i organiziranja značilo ponovno pronalaženje sebe za svoj narod.

Ono što mi se prvobitno činilo nepremostivim jazom, sada je trebalo postati podstrekom veće ljubavi nego ikada prije.

Samo bi budala, spoznavši ovaj ogroman trovački rad, mogao žrtvu još i prokleti. Što sam se narednih godina više osamostaljivao, tim više je u meni sa sve većim udaljavanjem, rastao pogled na unutarnje uzroke socijaldemokratskih uspjeha. Sad sam shvatio značenje brutalnog zahtjeva za držanjem samo crvenih novina, posjećivanjem samo crvenih skupova, čitanjem samo crvenih knjiga, itd. U plastičnoj jasnoći vidjeh pred očima svrhoviti učinak ovog učenja netrpeljivosti.

Psiha široke mase nije prijamčiva za sve što je polovično i slabo.

Kao i žena čija su duševna osjećanja manje određena pravilima apstraktnog mišljenja, već onima neodredljive emocionalne žudnje za nadopunjujućom snagom, koja bi se stoga radije podčinila nekom snažnom čovjeku, nego vladala slabićem, tako i masa, više voli vladara, nego onoga koji moli, a u dubini svoga bića zadovoljnija je onim učenjem koje ne trpi mladog suparnika, nego onim, koje nudi liberalnu slobodu izbora; ona s tim učenjem najčešće i manje zna što započeti, i osjeća da bi čak lako mogla biti napuštena. Isto je tako malo svjesna bestidnosti svog duhovnog teroriziranja, kao i bezočne zloupotrebe njene ljudske slobode, i ona nikada ne sluti unutarnji besmisao cijelog tog učenja. I tako ona vidi samo bezobzirnu snagu i brutalnost svoga očitovanja svjesnom cilju, kome se, na kraju krajeva, uvijek pokorava.

Ako se socijaldemokraciji suprotstavi neko učenje veće istinitosti, ali iste brutalnosti u provođenju, ono će, iako nakon vrlo teške borbe, pobijediti.

Prije no što su prošle i dvije godine, bili su mi jasni i učenje i tehnička sredstva socijaldemokracije.

Shvatio sam da podli duhovni teror, kojeg ovaj pokret vrši prije svega na građanstvo, koje takvim napadima nije doraslo ni moralno ni duhovno, i to na taj način, što na dati znak ispaljuje plotunsku paljbu laži i kleveta na protivnika koji mu se čini najopasnijim, i to tako dugo, dok ne popucaju nervi napadnutih, i oni, da bi ih se pustilo na miru, žrtvuju omrznutog.

Samo, te budale ipak ne postižu i mir.

Igra počinje iz početka i ponavlja se tako dugo, dokle god strah pred divljim psom ne prijeđe u sugestivnu uzetost. Budući da demokracija, to znam iz vlastita iskustva, najbolje poznaje vrijednost snage, ona najčešće juriša na one, u čijem biću njuši nešto od tog tako rijetkog materijala. Nasuprot tome, ona hvali svakog slabića druge strane, čas oprezno, čas glasnije, već prema spoznatoj ili pretpostavljenoj duhovnoj kvaliteti.

Ona se manje boji nekog bespomoćnog bezvoljnog genija, nego čovjeka prirodne snage, iako i skromnijeg duha. Ona najuvjerljivije preporučuje slabića duha i snage zajedno.

Ona zna pobuditi utisak, kao da se jedino tako može očuvati mir, a kroz to vrijeme lukavo oprezna, neprestano osvaja pozicije - jednu za drugom, čas potajnim iznuđivanjem, čas stvarnom krađom, u momentima kada opća pozornost - okrenuta drugim stvarima - ne želi biti ometana ili pak stvar drži sitnom i beznačajnom, da bi se nepotrebno uzburkali duhovi i zao protivnik ponovno razdražio.

To je jedna od točno proračunatih taktika pronalaženja ljudskih slabosti, čiji učinak gotovo matematičkom točnošću, mora voditi k uspjehu, ukoliko i druga strana ne nauči da se protiv otrovnog plina bori također - otrovnim plinom!

Slabijim prirodama mora se pritom reći, da se upravo ovdje radi o biti ili ne biti.

Ne manje razumljiv bio mi je i značaj tjelesnog terora prema pojedincu i prema masi. I ovdje je, također, riječ o točnom proračunu psihološkog djelovanja.

Teror na radnom mjestu, u tvornici, u lokalu gdje se održava skup, u povodu masovnog mitinga, uvijek će biti praćen uspjehom, ukoliko mu se ne suprotstavi drugi, isto toliko veliki teror.

Tada će stranka, dabome, u strašnoj galami, početi zapomagati i iako stari podcjenjivač svakog državnog autoriteta, kreštavo ga pozivati u pomoć da bi, u najvećem broju slučajeva, u općoj zabuni zaista postigla cilj - naime: našla rogatu stoku, nekog višeg državnog činovnika, koji će, u glupoj nadi da će se možda time kasnije učiniti podobnim opasnom protivniku, pomoći slomiti protivnika te svjetske kuge.

Kakav će utisak takav udar proizvesti na osjetila široke mase, kako pristalica tako i protivnika, može procijeniti samo onaj koji dušu naroda ne poznaje iz knjiga, već iz života. Jer, dok se sada u udarima svojih pristalica slavi postignuta pobjeda, od sada kao trijumf prava vlastite stvari, u najvećem broju slučajeva, poraženi protivnik počinje sumnjati u svrhovitost svakog daljeg otpora uopće.

Što sam više upoznao, prije svega, metode tjelesnog, fizičkog terora, tim je veća bila moja molba za oproštaj stotinama tisuća onih koji mu podlegoše.

To zahvaljujem najsrdačnije svom tadašnjem vremenu patnje, koje mi je ponovno vratilo moj narod i omogućilo naučiti razlikovati žrtve od opsjenara.

Drugačije nego kao žrtve ni ne mogu se označiti učinci ovog zavođenja ljudi. Jer, kada sam se sada, u nekim svojim slikama, potrudio nacrtati bića onih "najnižih" slojeva, iz samog vrela života, tada to nije moglo biti bez pouzdanja da sam u ovim nizinama opet ponovno našao svjetla, u čijim se oblicima izražavala spremnost na žrtvu, najvjernije drugarstvo, izuzetnu dovoljnost i uzdržanu skromnost, naročito, kada je to pogodilo tadašnje radništvo. Iako su se te vrline u mladoj generaciji sve više i više gubile, već i zbog općeg utjecaja velegrada, ipak je još i ovdje bilo mnogo onih, kod kojih je postojala u jezgri zdrava krv koja se uspijevala oduprti podlostima života. A ako su tada ti, često puta milostivi, čestiti ljudi, u svom političkom djelovanju ipak stupali u redove smrtnih neprijatelja našega naroda, pomažući im da zbiju redove, tada je tome bio razlog, da oni nisu ni razumjeli, niti su mogli razumjeti, svu podlost toga novog učenja, a nitko nije ni našao shodnim potruditi se i pozabaviti se njima, i da su socijalni odnosi bili jači nego sva druga, recimo, suprotna volja. Bijeda u koju su jednog dana, i tako upali, otjerala ih je još k tome i u lager socijaldemokracije.

Kako je buržoazija bezbroj puta na najneprimjereniji ali i najnemoralniji način uspostavila front protiv općeljudskih opravdanih zahtjeva, a da iz tog držanja nije čak ni stekla korist, ili je uopće nije smjela ni očekivati, u političku je djelatnost bio natjeran i onaj najčestitiji radnik iz sindikalne organizacije.

Milijuni radnika bili su sigurno u početku, u dubini svoje duše, neprijatelji socijaldemokratske stranke, ali su u svome otporu bili pobijeđeni jednim čisto luđačkim načinom na koji su građanske stranke zauzimale suprotstavljajući stav svakom zahtjevu socijalne naravi. Jednostavno glupo odbijanje svih pokušaja poboljšanja uvjeta rada, zaštitnih mjera kod rada na strojevima, suzbijanje zloupotrebe dječjeg rada kao i zaštite žena, naročito u onim mjesecima kad je pod srcem već nosila dolazećeg sunarodnjaka, pomagalo je socijaldemokraciji, koja je sa zahvalnošću, svaki takav slučaj bijednog opredjeljivanja koristila da mase utjera u svoju mrežu. Naše "političko" građanstvo nikada više nije uspjelo popraviti ono u čemu se griješilo. Jer, time što se svim pokušajima uklanjanja teških socijalnih prilika pružao otpor, građanstvo je sijalo mržnju i činilo se da je samo opravdalo tvrđenje kako je ono neprijatelj cijele nacije i da samo socijaldemokratska stranka zastupa interese radničkog naroda.

To je u prvom redu stvorilo moralno opravdanje za stvarno postojanje sindikata, organizacije koja je stranci oduvijek činila najveće usluge u natjerivanju radnika u njeno članstvo.

U mojim bečkim godinama učenja bio sam prinuđen, htio ili ne htio, zauzeti stav i po pitanjima sindikata.

Kako sam ih držao, samima po sebi, nerazdvojnim sastavnim dijelom socijaldemokratske stranke, moja je odluka bila brza i - pogrešna.

Samo se po sebi razumije da sam ih glatko odbio.

Ali i u tom, beskrajno važnom pitanju, lekciju mi je dala Sudbina sama. Učinak je bio potpuni preokret mog prvog prosuđivanja.

Sa svojih dvadeset godina naučio sam razliku između sindikata kao sredstva za obranu općih socijalnih prava radnika i izvojštenje boljih životnih uvjeta svakog pojedinca iz tih redova, i sindikata kao instrumenta stranke političke klasne borbe.

To što je socijaldemokracija shvatila izvanredni značaj sindikalnog pokreta, osiguralo joj je sredstvo, a time i uspjeh; a što građanstvo to nije shvatilo, stajalo ga je njegova političkog položaja. Ono je vjerovalo da će nadmenim "odbijanjem" logičkog razvoja smrsiti protivniku konce, i time ga u stvarnosti usmjeriti u nelogične putanje. Jer je tvrdnja, da je sindikalni pokret sam po sebi neprijatelj domovine, bila besmislica, a k tome i neistina. Točno je bilo baš ono suprotno. Ako sindikalna aktivnost ima za cilj poboljšanje stanja staleža, koji spada u temeljne stupove nacije - i to ima stalno pred očima i stalno to provodi - ona time ne djeluje ne samo nedomovinski ili državno neprijateljski, već u pravom smislu riječi "nacionalno". Zar ona ne pomaže stvaranju socijalnih preduvjeta bez kojih se ne može ni zamisliti bilo kakav opći nacionalni odgoj. Ona si priskrbljuje najveće zasluge i time što uklanjanjem socijalnih rak rana, kako duhovnih, tako i tjelesnih uzročnika bolesti, pridonosi općem zdravlju narodnog organizma.

Pitanje o njenoj neophodnosti, stvarno je suvišno!

Dokle god među poslodavcima ima ljudi slabog socijalnog razumijevanja, ili čak s pomanjkanjem pravnog osjećaja i osjećaja poštenja, ne samo da je pravo, nego je i dužnost njegovih namještenika, koji čine dio našeg nacionalnog korpusa, braniti sveopće interese protiv pohlepe ili nerazumnosti pojedinaca. Jer, održavanje vjernosti i vjere u nacionalnom organizmu je u interesu nacije isto kao i održavanje narodnog zdravlja.

Oboje teško ugrožavaju poduzetnici, koji se ne osjećaju članom cijele narodne zajednice. Zlim djelovanjem njihove pohlepe ili njihovom bezobzirnošću, stvaraju se velike štete za budućnost.

Ukloniti uzroke takvog razvoja, znači steći zasluge za naciju, a ne obratno.

Time nije rečeno da je, eto, sada svakom data mogućnost svojevoljno izvlačiti zaključke i određivati svoje ponašanje na osnovu pričinjene mu stvarne ili nehotične nepravde. Ne! To je opsjena koja se mora promatrati kao pokušaj skretanja pozornosti s pravog predmeta. Je li otklanjanje loših, nesocijalnih tokova u interesu nacije, ili nije. Ako jest, onda se protiv njih mora prihvatiti borba s oružjem koje nudi izglede za uspjeh. Pojedini radnik ipak nije nikada u situaciji izboriti se sam protiv sile velikog poduzetništva, jer se ovdje ne radi o pitanju pobjede višeg prava - jer njegovim priznanjem, ne bi, zbog nedostatka uzroka ni bilo spora - već o pitanju veće sile. U drugom bi slučaju, postojeći osjećaj prava nastali spor već i sam okončao na častan način, ili točnije, do njega nikada ne bi moglo ni doći.

Ne, ako nesocijalni ili nečasni postupci prema ljudima izazovu otpore, onda o va borba može, dokle god se ne stvore zakonske, sudske instance za uklanjanje ovih šteta, doći do odluke samo većom silom. Time se samo po sebi podrazumijeva, da se jedino pojedinačnoj osobi, a nikako koncentriranoj snazi poduzetnika, može suprotstaviti objedinjen, veći broj posloprimaca, da se ne bi moralo već na samom početku, odreći mogućnosti pobjede.

Tako sindikalna organizacija može voditi jačanju socijalne misli u njenom praktičnom djelovanju u svakodnevnom životu, a time i uklanjanju uzroka trvenja koji uvijek ponovno daju poticaje za nezadovoljstvo i žalbe.

Da to nije tako, vrlo velikom dijelom je krivnja na onima koji su znali u svakom zakonskom reguliranju loših socijalnih prilika, postavljati prepreke, ili ih putem svog političkog utjecaja, potkopavati.

Upravo u toj mjeri, u kojoj političko građanstvo tada nije shvaćalo, ili bolje, nije htjelo shvatiti značaj sindikalne organizacije, i organiziralo se protiv nje u otpor, primala je socijaldemokracija u svoje krilo ovaj osporavani pokret. Time je dalekovidno stvorila čvrstu podlogu, koja se već više puta potvrdila kao posljednje uporište u kritičnim trenutcima. Dabome, da je time unutarnja svrha postupno nestajala, da bi se oslobodio prostor za nove ciljeve.

Socijaldemokracija nije nikada ni pomišljala na to da realizira prvobitne zadatke profesionalnog pokreta kojeg je uzela pod svoje.

Ne, ona to, svakako, nije ni pomišljala.

Pod njenom mešetarskom rukom, tijekom samo nekoliko desetljeća, od pomoćnog instrumenta obrane socijalnih prava ljudi, pokret je postao sredstvom za razbijanje nacionalnog gospodstva. Interese radnika oni pri tome nisu smjeli ni najmanje ugroziti. Jer se i politički dopušta primjena gospodarskih mjera pritisaka; ucjenjivanje u svako doba, te postojanje, s jedne strane samo nužne nesavjesnosti, a s druge glupe ovčje strpljivosti.

Nešto što u ovom slučaju obostrano pogađa svoj cilj.

*

Već na prelasku u ovo stoljeće, sindikalni je pokret odavno prestao služiti svom prvobitnom zadatku. On je iz godine u godinu, sve više, zapadao u kolotečinu socijaldemokratske politike, da bi na kraju našao svoju primjenu samo kao poluga klasne borbe. On je trebao cijeli, tako teško izgrađeni i razvijeni gospodarski sustav, na kraju dovesti do urušavanja, kako bi tako i državnom poretku, po izmicanju njegovog gospodarskog potpornog zida, mogao lakše prirediti istu sudbinu. Zastupanje svih stvarnih potreba radništva, dolazilo je time sve manje u pitanje, sve dok politička mudrost uopće, više i nije smatrala poželjnim da se otklone socijalne i, čak, kulturne nevolje širokih masa, jer bi onda još možda nastala i opasnost da one, zadovoljene u svojim željama, više ne budu pogodne da se kao borbene trupe bez vlastite volje i nadalje vječito iskoriš- tavaju.

Takav mogući, naslućivani, burni razvoj ulijevao je klasno borbenim vođama takav strah, da su oni po kratkom postupku odbijali svako moguće blagoslovljeno podizanje socijalnog položaja radništva, pa su čak protiv toga zauzimali i stavove.

Za obrazloženje takvog, tobože nerazumnog, postupka, nikada ih nije bilo ni malo briga.

Time što su se zahtjevi sve više povećavali, mogućnost njihova ispunjenje bila je tako malo vjerojatna i beznačajna, da je u svako vrijeme bilo moguće obmanuti masu, kako se, zaboga, ovdje radi o vraški teškom pokušaju da se jednom takvom svjesnošću najsvetijih prava, na najpodliji način oslabi, pa čak i paralizira, udarna snaga radništva. Pri slaboj sposobnosti mišljenja široke mase, ne treba se čuditi uspjehu postignutog.

U građanskom lageru bili su ogorčeni ovako providnom neistinitošću socijaldemokratske taktike, ne izvlačeći iz toga ni najmanje zaključke za smjernice vlastita djelovanja. Upravo socijaldemokratski strah od svakog podizanja položaja radništva na višu razinu, iz dubine njihove dotadašnje kulturne i socijalne bijede, morao je dovesti do povećanih napora, upravo s ciljem, da se predstavnicima klasne borbe postupno izbije iz ruku pravi instrument te borbe.

To se ipak nije dogodilo.

Umjesto da vlastitim jurišom zauzmu neprijateljski položaj, prije se dozvolilo biti potisnut i pritisnut, da bi se konačno poseglo za potpuno nedovoljnom ispomoći, koja je, jer je bila prekasna, jer je beznačajna, ostala bez učinaka, pa je s lakoćom odbijena. Tako je, ustvari, sve ostajalo po starom, samo je nezadovoljstvo bilo veće nego prije.

Slično prijetećem oblaku, već tada je "slobodni sindikat" visio nad političkim obzorom i nad bićem pojedinca. On je bio jedan od onih stravičnih terorističkih instrumenata, protiv sigurnosti i nezavisnosti nacionalnog gospodarstva, čvrstine države i slobode ličnosti.

On je prije svega bio ono, što je pojam demokracije učinilo ogavno - smiješnom frazom, oskrnavilo slobodu, a bratstvo besmrtno ismijalo onom rečenicom: *"Und willst du nicht Genosse sein, so schlagen wir den Schädel ein "* (a ako nećeš biti drug, razbit ćemo ti lubanju).

Eto, tako ja tada upoznali tog čovjekova prijatelja. Tijekom godina moji su se pogledi o njemu proširili i produbili.

Nije mi bilo potrebno mijenjati ih.

Što sam više uviđao vanjsko biće socijaldemokracije, tim više mi je rasla želja obuhvatiti i unutarnju jezgru tog učenja.

Službena stranačka literatura je pri tome, dabome, mogla malo koristiti. Ona je bila, ukoliko se ticala gospodarskih pitanja, netočna u tvrdnjama i dokazima, a ukoliko se ticala političkih ciljeva, bila je i lažljiva. K tome treba dodati, da mi se u dubini duše zgadio noviji sofistički način izražavanja i način prikazivanja. Neizmjernim raskoš em riječi nejasna sadržaja i nerazumljiva značenja, nabacivane su rečenice, koje su trebale biti baš toliko duhovite, koliko su bile i besmislene. U tom se labirintu mudrosti mogla osjećati kao kod kuće samo pusta dekadencija naše velegradske bohemije, da bi iz smetišta tog literarnog dadaizma pokrala "unutarnji doživljaj" - podržavana poslovnom skromnošću dijela našeg naroda - koji uvijek u svemu što mu je osobno nerazumljivo sluti neku dublju mudrost.

Kad sam usporedio teoretske neistine i besmisao ovog učenja s realnošću njegove pojave, postupno sam stjecao jasnu sliku njegova unutarnjeg htijenja.

U tim su me satima prožimale mračne slutnje i opora bojazan. Sagledah tada učenje koje se sastojalo od egoizma i mržnje, koje je po matematičkom zakonu, moglo dovesti do pobjede, ali time čovječanstvu donijeti i - kraj!

U međuvremenu sam, dakako, uspio shvatiti vezu između ovog učenja o razaranju, i bića naroda, što mi je do tada bilo tako nepoznato.

Samo poznavanje Židovstva pruža ključ za shvaćanje unutarnjih, a time i stvarnih namjera socijaldemokracije.

Tko pozna taj narod, pada mu s očiju koprena pogrešnih predodžbi o cilju i smislu te stranke i iz tmine i izmaglice socijalnih fraza izranja iscereno lice marksizma.

Meni je danas teško, ako ne i nemoguće, reći kada mi je po prvi puta riječ "Židov" dala povoda za posebno razmišljanje. Uopće se ne sjećam da sam u očevom domu, tijekom njegova života, tu riječ makar i samo čuo. Mislim da je stari gospodin i u posebnom naglašavanju te oznake, uviđao kulturnu zaostalost. On je tijekom svoga života usvajao manje više svjetske građanske svjetonazore, koji su se pri najdosljednijem nacionalnom uvjerenju ne samo održavali, već i obojili moj svijet.

Isto tako nikakvog povoda koji bi u meni promijenio ove preuzete slike nisam našao ni u školi.

U realnoj školi upoznao sam, doduše, židovskog dječaka, s kojim smo se svi ophodili s oprezom, ali ipak samo zbog toga, jer smo prema njemu bili nepovjerljivi zbog njegove šutljivosti. Neka posebna pomisao o njemu kao o Židovu, padala mi je pri tome, kao i ostalima, malo na um.

Tek u svojoj četrnaestoj ili petnaestoj godini, češće sam nailazio na riječ Židov, dijelom u svezi s političkim razgovorima. Osjećao sam protiv toga laku odbojnost i nisam se mogao oduprijeti izvjesnom neprijatnom osjećaju koji me je obuzimao uvijek kad su se preda mnom događale stalne vjerske svađe.

Na to pitanje nisam, međutim, tada gledao kao na nešto posebno.

U Linzu je bilo vrlo malo Židova. Tijekom stoljeća njihova se vanjština europeizirala i uljudila; da, čak sam ih držao Nijemcima! Besmislica ovog uobraženja bila mi je malo jasna, jer sam kao jedino razlikovno obilježje vidio samo u stranoj vjeri. Da su oni zbog toga bili proganjani, kako sam vjerovao, dovodilo je moju odbojnost prema nepovoljnim izjavama o njima skoro do gađenja.

O postojanju nekog preduvjerenja, o planskom suprotstavljanju Židovima, još nisam uopće ništa slutio. Tada dođoh u Beč.

Obasut mnoštvom utisaka na arhitektonskom području, pritisnut težinom vlastite sudbine, nisam u prvo vrijeme imao nikakav uvid u unutarnju slojevitost naroda divovskoga grada. Usprkos tome što je Beč tih godina od svoja dva milijuna žitelja brojao skoro dvjesto tisuća Židova, nisam viđao te ljude. Moje oko i moja svijest u tim prvim tjednima nisu bili dorasli naletima tako brojnih vrijednosti i misli. Tek kada se postupno vratio mir i uzburkana slika se počela bistriti, osvrnuh se u svom novom svijetu sabranije i sudarih se sada sa Židovskim pitanjem.

Neću tvrditi da je način na koji sam ih morao upoznati bio naročito prijatan. U Židovima sam još vidio samo vjeru, pa sam stoga u ovom slučaju, iz razloga ljudske snošljivosti, podržavao neprihvaćanje religiozne diskriminacije. Tako mi se činilo i ton, prije svega onaj što ga je širio bečki i antisemitski tisak, nedostojnim kulturnih tradicija jednog velikog naroda. Pritiskali su me određeni događaji iz srednjeg vijeka, koje ne bih baš rado ponovno vidio. A kako dotične novine općenito nisu imale prvorazrednu reputaciju - otkud sam to doznao tada to ni sam nisam točno znao - vidio sam u njima više proizvode ljute zavisti, nego rezultate temeljitog, iako općenito uzevši, krivog stajališta.

U ovome svom razmišljanju bio sam, kako mi se činilo, obodren onom krajnje dostojanstvenom formom, kojom je stvarno veliki tisak odgovarao na sve te napadaje, ili ih je, što mi se činilo vrednijim pozornosti, potpuno prešućivao.

Revno sam čitao takozvani svjetski tisak ("Neue Freie Presse", "Wiener Tagblatt", itd.) i čudio se opsegom ponuđenim Čitateljima, kao i objektivnošću prikaza u pojedinostima. Odavao sam priznanje otmjenom tonu, i ustvari sam samo poneki put, bio u sebi ne baš sasvim zadovoljan, ili čak neprijatno dirnut pretjeranim stilom. Ali, to je svakako bio odraz poleta cijelog tog svjetskog grada.

Kako sam tada držao Beč takvim gradom, vjerovao sam da se ovo objašnjenje, koje sam sam sebi dao, smije svakako prihvatiti kao izvinjenje.

Ali, ono što me je, uvijek ponovno odbijalo, bila je nedostojanstvena forma kojom se tisak dodvorava dvoru. Jedva da se mogao zbiti i jedan događaj u Hofburgu, a da to čitateljima ne bi bilo priopćeno u tonovima očaravajućeg oduševljenja ili optužujuće zbunjenosti, prenemaganje, koje je naročito kad se osobno radilo o "najmudrijem monarhu" svih vremena, sličilo gotovo vabljenju tetrijeba.

Meni se stvar činila gotovom.

Time je liberalna demokracija zaradila mrlje u mojim očima.

Da bi se zadržala naklonost toga dvora, i to u tako nečasnim formama, trebalo je, znači, rasprodati dostojanstvo nacije.

To je bila prva sjenka koja je trebala zatamniti moj duhovni odnos prema "velikom" bečkom tisku.

Kao i prije toga, i u Beču sam uvijek, s najvećim žarom, pratio sve događaje u Njemačkoj, potpuno svejedno, radilo se pri tome o političkim ili kulturnim pitanjima. S ponosnim divljenjem uspoređivao sam uspon carstva s dugotrajnim bolima austrijske države. Ako su vanjskopolitička zbivanja najčešće izazivala nepodijeljenu radost, tada su, ne tako vesela, događanja u unutarnjem političkom životu, izazivala sumornu potištenost. Borba koja se u to vrijeme počela voditi protiv Wilhelma II. nije tada nailazila na moje odobravanje. U njemu nisam vidio samo njemačkog cara, već u prvom redu tvorca njemačke flote. Zabrana govora koju je Reichstag naredio caru ljutila me je u tolikoj mjeri, jer je izdana s mjesta koje u mojim očima nije imalo nikakva povoda za to, budući da su, zaista, ovi parlamentarni gusani izložili više besmisla samo na jednom zasjedanju, nego što je to moglo poći za rukom čitavoj dinastiji careva kroz stoljeća, računajući i njihove najslabije trenutke.

Bio sam ogorčen što u državi u kojoj svaki polu - luđak, može prisvojiti pravo ne samo na riječ kritike, nego, eto, čak da u Reichstagu, kao "zakonodavac", bude nahuškan na naciju, a da nositelj carske krune može dobiti "ukor" od najbjednije institucije brbljavaca svih vremena.

Bio sam, međutim, još više ogorčen, što je taj isti bečki tisak, koji se i pred posljednjim dvorskim kljusetom, pun poštovanja, klanjao i puzao do ulagivanja, sad s očito brižnim licem, ali, kako mi se činilo, loše skrivenom zluradošću, davao izraz svojim razmišljanjima o njemačkom caru. On je, tobože, bio daleko od toga miješati se u odnose njemačkog carstva - ne, Bože sačuvaj! - ali tako, što se prijateljski gurao prst u tu ranu, osjećala se, eto, posebna obveza koju nameće i duh međusobnog savezništva, što je opet suprotno novinarskoj istini, itd. A tada bi se, na veliku radost, svrdlao taj prst u rani.

U takvim bi mi slučajevima navrla krv u glavu.

To je bilo ono što me je navelo da na taj veliki tisak gledam sve opreznije.

Moram stvarno priznati, da su se čak i antisemitske novine "Das deutscher Volksblatt" (Njemački narodni list) u takvoj prilici ponašale časnije.

Ono što mi je nadalje išlo na nerve, bio je taj čak odvratan kult prema Francuskoj, kojega je već tada njegovao veliki tisak. Upravo se trebalo sramiti biti Nijemcem, kad bi mu u lice istresali sve te hvalospjeve, himne "velikoj kulturnoj naciji". To odvratno francuziranje, više me je nego jednom ponukalo, da te "svjetske novine" bacim iz ruku. Dohvaćao sam se općenito, samo ponekad, "Volksblatta" (Narodnog lista), koji mi se, dabome, činio mnogo manjim, ali u tim stvarima nešto čistijim. Nisam bio suglasan s oštrim antisemitskim tonom, ali sam ipak, tu i tamo, čitao komentare koji su me potakli na određena razmišljanja.

U svakom slučaju iz takvih sam povoda polagano upoznavao čovjeka i njegov pokret, koji su u ono vrijeme određivali sudbinu Beča: dr. Karla Luegera i Kršćansko - socijalnu stranku.

Kad sam došao u Beč, prema obima sam bio neprijateljski nastrojen. Taj čovjek i njegov pokret u mojim su očima bili "reakcionarni".

Ali, najobičniji osjećaj za pravdu, morao je izmijeniti ovu procjenu, upravo u tolikoj mjeri u kojoj sam dobio priliku upoznati bolje tog čovjeka i njegovo djelo; pravedna je ocjena polagano rasla u neskriveno divljenje. Danas u tom čovjeku vidim, više nego prije, najmoćnijeg njemačkog gradonačelnika svih vremena.

I koliko je samo mojih, iz predrasuda nastalih, nazora bilo preoblikovano ovakvom promjenom moga stava prema Kršćansko - socijalnom pokretu!

Ali su time i moja shvaćanja antisemitizma polagano podlijegala promjenama koje je donosilo vrijeme. Tada je to, svakako, bila moja najveća promjena.

Ona me je stajala velikih unutarnjih borbi, i tek nakon višemjesečnih unutarnjih hrvanja razuma i osjećanja, počela se javljati pobjeda na strani razuma. Dvije godine kasnije, osjećaji su slijedili razum, da bi od tada on bio njihov vjerni čuvar i alarm. U vrijeme te ogorčene borbe između duhovnog odgoja i hladnog razuma, zorna nastava bečkih ulica učinila mi je neprocjenjive usluge. Došlo je vrijeme, kada više nisam, kao onih prvih dana, poput slijepca tumarao ovim velikim gradom, već sam pored građevina, širom otvorenih očiju, promatrao i ljude.

I kad sam tako jednom lutao centrom grada, iznenada naletih na spodobu u dugom kaftanu crnih lokni. Je li ovo Židov?, bila je moja prva pomisao.

Oni zasigurno nisu ovako izgledali u Linzu. Prikriveno i oprezno promatrao sam tog čovjeka, samo, što sam više gledao to strano lice, tim se više u mojem mozgu, uz prvo, postavljalo i drugo pitanje:

Je li on i Nijemac?

Kao i uvijek u takvim slučajevima, i sada sam pokušavao otkloniti sumnje pomoću knjige. Odmah sam, za nekoliko filira.

kupio prve antisemitske brošure u svom životu. Sve su one, međutim, polazile sa stajališta, da čitatelj u principu već u izvjesnom stupnju poznaje, ili čak shvaća, Židovsko pitanje. Konačno, ton toga pisanja bio je najvećim dijelom takav, da su se u meni ponovno, zbog površnog i krajnje neznanstvenog izvođenja dokaza, pojavile sumnje u tvrdnje iznesene u tim brošurama.

Tako sam to opet odbacio za mnoge tjedne, pa čak i mjesece.

Stvar mi je izgledala tako strašno, okrivljavanje tako bez mjere, da sam, mučen strahom da ne učinim nepravdu, ponovno postao bojažljiv i nesiguran.

Dabome, da tada ni ja više nisam mogao sumnjati, da se ovdje nije radilo o Nijemcima neke posebne vjere, nego o narodu za sebe, posebne vrste; jer, otkako sam se počeo baviti tim pitanjem i usmjerio pozornost na Židove, Beč mi se pojavio u drugačijem svjetlu od onog prijašnjeg. Kud god da sam išao, vidio sam samo Židove, a što sam više gledao, tim su se oni više i izoštrenije izdvajali mojem oku od ostalih ljudi. Posebno u centru grada, i u područjima sjevernije od dunavskog kanala, vrvjelo je od naroda, koji već po vanjskom izgledu nije imao više nikakve sličnosti s Nijemcima.

Ali, ako sam u to još i mogao sumnjati, moje je kolebanje konačno nestalo držanjem i stavovima dijela Židova samih.

Veliki pokret među njima, koji u Beču i nije bio tako slabo rasprostranjen, nastupio je vrlo oštro za potvrđivanje narodnog karaktera Židova: Cionizam!

Činilo se, doduše, da samo dio Židova odobrava ovakav stav, dok velika većina takva opredjeljenja ipak osuđuje, čak u sebi i odbija. Pri bližem promatranju ovaj bi se izgled raspršio u zlokobnoj pari i u opravdavajućim izgovorima, da ne kažem lažima, iz čisto koristoljubivih razloga. Jer takozvano Židovstvo liberalnijih shvaćanja nije odbijalo Cioniste kao Nežidove, već kao Židove nepraktičnih, čak možda, za svoje Židovstvo i opasnih javnih nazora.

U njihovom unutarnjem zajedničkom biću uopće se ništa nije promijenilo.

Ova prividna borba između cionističkih i liberalnih Židova zgadila mi se već u kratkom vremenu; ona je bila skroz naskroz neistinita, to cereći izlažirana, a time i nedovoljno pogodna za uvijek potvrđivanu moralnu visinu i čistoću naroda.

I uopće je moralna i druga čistoća ovoga naroda bila točka za sebe. Da se ovdje nije radilo ni o kakvim obožavateljima vode i čistoće, moglo se kod njih utvrditi već na vanjskom izgledu, nažalost, vrlo često čak i zatvorenih očiju. Meni bi ponekad od smrada tih kaftanlija kasnije čak i pozlilo. Uz to je još dolazila i njihova nečista odjeća i ne baš junačka pojava.

Sve ovo nije moglo djelovati nimalo privlačno: a postajalo je odurno, kad bi se iznenada, pored tjelesne nečistoće, otkrila i sva moralna prljavština izabranog naroda.

Ništa me u tako kratkom vremenu nije moglo dovesti u sumnju i razmišljanje, koliko polagano rastući uvid u način djelovanja Židova na nekim područjima.

Je li uopće postojala neka prljavština, bestidnost u bilo kojem obliku, prije svega u području kulturnog života, a da u tome nije sudjelovao bar jedan Židov?

Čim bi se i uz najveći oprez u jednu takvu oteklinu učinio rez, naišlo bi se kao na ličinke - crve u gnojnom tijelu, na malog Židovčića, često puta sasvim zaslijepljenog iznenadnom svjetlošću.

Bila je to teška optužba, koju je u mojim očima poprimilo Židovstvo, kad sam upoznao njegovu djelatnost u tisku, u umjetnosti, književnosti i kazalištu. Ovdje više nisu mogla koristiti bilo kakva svečana uvjeravanja. Bilo je već dovoljno proučiti potporne stupove, imena duhovnih stvaralaca tih strašnih maklera u kinu i kazalištu, koji su ovdje bili hvaljeni na sva usta, da bi se za dulje vrijeme ostalo čvrst u uvjerenju. To je bila kuga, duhovna kuga, gore od nekadašnje crne smrti kojom je ovdje nekada bio zaražen narod. A u kolikim je samo količinama taj otrov provođen i širen! Naravno, što je duhovna i moralna razina takvog tvorničara umjetnosti bila niža, bila je i neograničenija njegova plodnost, dok konačno takav mladić, više nego kakva raspršivačka mašina štrca svoju nečistoću u lice čovječanstva. Pomislimo pri tome i na neograničenost njihova broja; neka se zamisli da na jednog Goethea priroda lako ubaci svijetu pod kožu još i do deset tisuća takvih baraba, koji tada kao kliconoše najgore vrste truju duše.

Bilo je užasno, ali ne za previdjeti, da je upravo Židov u prevelikom broju od prirode izabran za tu nečasnu sudbinu.

Treba li njegovu izabranost tražiti u tome?

Tada počeh intenzivno istraživati imena proizvođača ovih nečistih proizvoda javnog umjetničkog života. Učinak je bio uvijek lošiji od moga dotadašnjeg držanja prema Židovima. Mogao je ovdje osjećaj zavesti i tisuću puta, ali je razum morao izvući svoje zaključke.

Činjenica da je devet desetina cjelokupne literarne prljavštine, umjetničkog kiča i kazališnih besmislica trebalo pripisati na dugovni konto naroda koji čini jedva stoti dio svih stanovnika u zemlji; jednostavno se nije moglo poreći - to je bilo upravo tako!

S ovih stajališta počeh sada preispitivati i moj dragi "svjetski tisak".

Što sam, međutim, ovdje temeljitije postavljao svoje sonde, tim se više srozavao predmet mog nekadašnjeg divljenja. Stil je bio sve nepodnošljiviji, sadržaj se kao labilan i plitak morao odbiti, objektivnost prikazivanja sada mi se više činila kao laž nego časna istina; autori su bili - Židovi!

Tisuće stvari koje sam prije jedva i primjećivao, sada su mi upadale u oči kao vrijedne moje pozornosti; druge, koje su kod mene izazivale razmišljanja, naučio sam shvaćati i razumijevati.

Liberalno uvjerenje ovog tiska, sada sam vidio u drugom svjetlu, njen otmjeni ton u odgovorima na napade, kao i njihovo prešućivanje, razotkrivali su mi se sada isto tako lukavim, koliko i podlim trikom; njihove ushićene kazališne kritike vrijedile su samo za židovskog pisca, a odbijanje nikada nije pogodilo nekog drugog osim Nijemca. U tihom ustrajnom prekoravanju protiv Wilhelma II. dale su se raspoznati iste one metode koje je preporučivala francuska kultura i civilizacija. Bezvrijedan sadržaj novela postao je sada pravo nepoštenje, a u jeziku sam raspoznao glasove stranog naroda; smisao cjeline je Nijemstvu ipak bio tako vidljivo štetan, da bi ono moglo tako što htjeti.

Ali, tko je za tako što bio zainteresiran? Je li sve to bio samo slučaj?

Tako postadoh polako nesigurnim.

Razvoj se ubrzao, ali tek nakon uvida što sam ih proživio u nizu drugih zbivanja. Bilo je to u obliku općeg pogleda na običaje i moral, onako kako su bili kod velikog dijela Židova sasvim otvoreno izloženi i neskriveno prakticirani.

Ovdje je opet ulica ponekad pružala zaista zornu ružnu nastavu.

Odnos Židova prema prostituciji, a još više prema trgovini djevojkama, mogao se proučavati u Beču kao u malo kojem zapadnoeuropskom gradu, izuzevši možda, južnofrancuska lučka mjesta. Kad bi se uvečer prolazilo ulicama i uličicama Leopoldova grada, na svakom bi koraku, htio to ili ne, postojao svjedok događanja koja su velikom dijelu njemačkog naroda ostala skrivena, sve dok rat nije borcima na istočnom bojištu dao priliku da mogu, ili bolje reći moraju, vidjeti nešto slično. Kad sam po prvi puta na taj način upoznao Židova, u ulozi isto tako ledeno hladnog i besramno poslovnog dirigenta tog ogav- nog poročnog posla izopačenosti velegrada, prostrujaše mi kičmom lagani trnci.

A tada je planulo.

I sada više nisam mogao izbjeći razmatranje Židovskog pitanja, ne, sada sam to upravo htio. I kako sam sada u svim smjerovima kulturnog i umjetničkog života i njegovim različitim izražajima naučio potražiti Židova, iznenada naletih na njega na mjestu gdje sam ga ponajmanje očekivao.

Time što sam otkrio Židova kao vodu socijaldemokracije, puče mi pred očima. Jedna duga unutarnja borba, dobila je time svoj završetak.

Već u svakodnevnom ophođenju sa svojim drugovima na poslu, pala mi je u oči začuđujuća sposobnost njihova pretvaranja, jer su prema jednom te istom pitanju zauzimali različita stajališta, ponekad u samo nekoliko dana, a često i u samo nekoliko sati. Teško sam mogao razumjeti kako to ljudi koji samo dok razgovaraj u imaju razumne, shvatljive nazore, a čim se nađu okruženi masom, te nazore iznenada gube. To je bilo tako često, da čovjek padne u očaj. Kad bih poslije sati i sati uvjeravanja već bio uvjeren, da sam konačno probio led ili razjasnio neku besmislicu, i već se u srcu tome veselio, morao sam, na svoju žalost, već sljedećeg dana poći ponovno iz početka: sve je bilo uzaludno. Bezumlje njihovih stajališta činilo se kao vječno klatno koje uvijek ponovno počinje ispočetka.

Sve sam to već i mogao shvatiti: da su nezadovoljni svojim udesom; da proklinju Sudbinu koja ih je često toliko puta oporo udarala; da su psovali vlast koja u njihovim očima nije imala osjećaja za njihov položaj; da su protestirali protiv cijena živežnih namirnica i za svoje zahtjeve izlazili na ulicu, sve se to moglo, bez obzira na razum još i shvatiti. Ali, ono što je moralo ostati neshvatljivim, bila je bezgranična mržnja, kojom su se obarali na svoju vlastitu narodnost, prezirali njenu veličinu, prljali njenu povijest, velike ljude puštali u kanalizaciju.

Ta borba protiv vlasitte vrste, vlastitog gnijezda, vlastitog zavičaja, bila je isto tako besmislena koliko i neshvatljiva.

To je bilo neprirodno.

Od ovoga poroka moglo ih se privremeno izliječiti, ali samo na koji dan, najdulje za koji tjedan. Ako bi se nešto kasnije srelo onog navodno preobraćenog, tada bi se utvrdilo da je on ostao onaj stari.

Neprirodnost ga je ponovno posjedovala.

Da su socijaldemokratski tisak pretežno vodili Židovi, saznao sam postupno; samo toj okolnosti nisam pripisivao nikakav poseban značaj, stanje je i u ostalim novinama bilo potpuno isto. Bilo je možda upadljivo samo jedno: nije bilo ni jednog lista, gdje su se nalazili Židovi, koji bi mogao stvarno biti nazvan nacionalnim, onako kako je to bilo u skladu s mojim odgojem i shvaćanjem.

Kad sam se svladao i pokušao čitati tu vrstu proizvoda marksističkog tiska, odbojnost u meni je rasla do beskraja, upravo u toj mjeri, da potražih tvorničare tih lupeških osvrta, kako bi ih pobliže upoznao.

Počam od nakladnika, bili su to sve čisti Židovi.

Uzeh socijaldemokratske brošure koje su mi bile na dohvatu ruke i potražih imena njihovih autora: Židovi. Zapamtio sam imena gotovo svih vođa; bili su u daleko najvećem broju također pripadnici "izabranog naroda", bilo da se pri tome radilo o predstavnicima Reichsrata, ili o tajnicima sindikata, predsjednicima organizacija ili agitatorima s ulice. Uvijek mi je pred očima bila ista neobična slika. Imena Austerlitza, Davida, Adlera, Ellenbogena, itd. ostat će mi zauvijek u sjećanju. Sada mi je postalo jasno jedno: Vodstvo stranka s čijim sam nižim predstavnicima trebao mjesecima voditi najžešće bitke, bilo je isključivo u rukama stranog naroda; jer, na moje sretno duševno zadovoljstvo, konačno sam spoznao da Židov nije bio Nijemac.

I sada sam tek potpuno upoznao zavodnika našeg naroda.

Bilo mi je dovoljna već samo godina boravka u Beču, da steknem uvjerenje kako ni jedan radnik nije mogao biti tako tvrdoglav, a da ne bi mogao prihvatiti potpunije znanje i bolje objašnjenje. Ja sam postupno postajao znalac njihova vlastita učenja i primjenjivao sam ga kao oružje u borbi za moje unutarnje uvjerenje.

Uspjeh je gotovo uvijek bio na mojoj strani.

Veliku se masu moglo spasiti, ali samo uz cijenu velikog žrtvovanja vremena i strpljenja. Nikada nije bilo Židova koji bi se oslobodio svoga svjetonazora.

Tada sam još bio dovoljno djetinjast i nastojao im objasniti besmislenost njihova učenja, ranjavao sam u svom uskom krugu jezik i grebao grlo i mislio da mi mora uspjeti uvjeriti ih u izopačenost njihovog marksističkog ludila: ali sam time postizao baš suprotno. Činilo se, kao da rastući uvid u uništavajuće djelovanje socijaldemokratskih teorija i njihova ispunjenja, služi samo jačanju njihove odlučnosti.

Što sam se tada s njima više prepirao, tim sam više upoznavao njihovu dijalektiku. Oni su najprije računali na glupost svoga protivnika, da bi tada, ako se nije nalazio neki izlaz, sami sebe jednostavno proglašavali glupanima. Ako ništa ne bi koristilo, tada bi se pravili kao da ništa ne razumiju, ili bi odmah, već pripremljeni, prelazili na drugo područje i podvaljivali neke same po sebi razumljivosti, čije bi prihvaćanje tada odmah ponovno prebacili na suštinu drugog gradiva, da bi se sada, ponovno se pribravši, uspjeli izvući, ništa točno ne znajući. Gdje god da je napadnut neki apostol, skupljala se šaka hladetinskih sluzi, koja je curila kroz prste, da bi se u sljedećim momentu već ponovno stegnula u šaku. Ako bi se, međutim, po nekom raspalilo tako uništavajuće da on promatran od okoline ne bi mogao drugačije no da se suglasi, sljedećeg bi dana čuđenje bilo ogromno. Židov sad, a ma baš ništa ne zna o onome od jučer, ponovno raspreda svoje stare nepodopštine, kao da se uopće ništa nije dogodilo i pretvara se začuđen i ogorčen što se mora izjašnjavati, da se ne može sjetiti baš ničega, osim, eto, još prethodnog dana dokazane točnosti njegovih tvrdnji.

Često sam puta time bio zapanjen.

Ne može se znati čemu se treba više čuditi, njihovoj rječitosti ili njihovoj vještini laganja. Počeo sam ih malo po malo mrziti.

Dobra strana svega toga bila je, da je upravo u onom opsegu u kojem su mi stvarni nosioci ili bar širitelji socijaldemokracije upadali u oči, morala rasti moja ljubav prema svom narodu. Tko je pri đavolskoj okretljivosti ovih zavodljivaca i mogao prokleti nedužne žrtve? Kako je tek bilo teško meni samome ovladati dijalektičkom prevrtljivošću ove rase! Kako je tek bio uzaludan takav uspjeh kod ljudi, koji su u ustima izvrtali istinu, glatko poricali upravo izgovorenu riječ, da bi je već u narednoj minuti pretvorili u zahtjev!

Ne. Što sam više upoznavao Židova, tim sam više morao opraštati radniku.

Najteža krivnja u mojim očima nije sada više bila na njemu, već na svima onima koji nisu našli vrijednim smilovati mu se i željeznom pravednosti dati narodnom sinu ono što mu dolikuje, a zavodljivce i pokvarenjake prisloniti uza zid.

Podstaknut iskustvima svakodnevnog života, počeo sam odsada sam potajno istraživati izvore marksističkog učenja. Njegovo mi je djelovanje sad postalo jasno do u pojedinosti, njegov uspjeh pod mojim pažljivim pogledom pokazivao mi se iz dana u dan, posljedice sam, uz malo mašte, već u sebi mogao predočiti. Preostalo je još samo pitanje, je li utemeljivačima uspjeh njihove kreacije u svom posljednjem obliku već svjetlucao pred očima, ili su oni sami postajali žrtvom zablude.

Osjećao sam da je oboje bilo moguće.

U jednom je slučaju bila obveza svakog mislećeg čovjeka, da se ugura u front tog pogubnog pokreta, da bi možda ipak spriječio krajnost; u drugom slučaju su nekadašnji uzročnici ove narodne bolesti morali biti pravi vragovi; jer je samo u mozgu nekog čudovišta - ne čovjeka - mogao poprimiti osmišljeni oblik plan takve organizacije, čija djelatnost kao završni rezultat, mora dovesti do sloma ljudske kulture, a time i do opustošenja svijeta.

U tom slučaju, kao posljednji je spas preostajala još samo borba svim sredstvima, kojima raspolažu ljudski duh, razum i volja, nezavisno od toga na čiju će stranu vage Sudbina spustiti svoj blagoslov.

Tako se sada počeh pobliže informirati o osnivačima ovoga učenja, da bih tako proučio osnove pokreta. Da sam sada brže stigao do cilja, no što sam se i sam usudio pomisliti, imao sam zahvaliti isključivo svome do tada stečenom, iako slabo produbljenom, poznavanju Židovskog pitanja. Jedino mi je ono omogućilo praktičnu usporedbu stvarnosti s teorijskim hvaljenjem osnivačkih apostola socijaldemokracije i naučilo me razumjeti jezik židovskog naroda; on govori da bi sakrio ili bar zamaglio misli, a njegov se stvarni cilj nipošto ne može naći, recimo, napisan, jer drijema dobro skriven između njih.

Za mene je došlo vrijeme mog najvećeg preobražaja, kojeg sam u svojoj duši ikada proživio. Od slabašnog građanina svijeta postadoh fanatični antisemit.

Samo još jednom - a to je bilo i posljednji puta - u mojoj se najdubljoj zabrinutosti pojaviše zastrašujuće zabrinjavajuće misli.

Kada sam tako istražujući duga povijesna razdoblja čovječanstva promatrao djelovanje židovskog naroda, u meni se iznenada javilo uznemirujuće pitanje: Želi li možda ipak nespoznatljiva Sudbina, u svojoj zauvijek nepromjenljivoj odluci, iz nama bijednim ljudima nepoznata razloga, konačnu pobjedu ovog malog naroda?

Je li tome narodu, koji vječito živi na ovoj Zemlji, ona obećana kao nagrada?

Imamo li mi objektivno pravo, boriti se za naše samoodržanje, ili je to samo subjektivno utemeljeno u nama?

Udubljujući se u marksističko učenje i time razobličujuće djelovanje židovskog naroda, u sabranoj jasnoći svoje spoznaje, svoj mi je odgovor podarila sama Sudbina.

Židovsko marksističko učenje odbija aristokratski princip prirode, i na njegovo mjesto vječno predodređenog prava snage i sile, postavlja masu broja i njenu ništavnu težinu. Ono tako u čovjeku poriče vrijednost ličnosti, osporava značaj narodnosti i rase i na taj način oduzima čovječanstvu pretpostavku njegova postojanja i njegove kulture. Ono bi kao osnova univerzuma dovelo do propasti i kraja svake čovječje misli shvatljivog poretka. I kao što bi tako u tom najvećem spoznajnom organizmu, rezultat primjene takvog zakona mogao biti kaos, tako bi i na Zemlji za stanovnike ove zvijezde takva primjena bila njihova vlastita propast.

Ukoliko Židov, uz pomoć svoje marksističke teorije, pobijedi narode ovoga svijeta, njegova će kruna biti mrtvačka igra čovječanstva, a ova će planeta, kao i nekada, prije mnogo milijuna godina, ponovno, prazna, letjeti svemirom.

Vječna se priroda nemilosrdno osvećuje zbog nepridržavanja njenih zapovijedi. Tako ja danas vjerujem, da postupam u smislu svemogućeg Stvoritelja: *Time što se branim od Židova, borim se za djelo Gospodina.*

GLAVA 3

OPĆA POLITIČKA RAZMATRANJA IZ MOG BEČKOG RAZDOBLJA

Danas sam uvjerenja da se čovjek, općenito uzevši, osim u slučaju sasvim izuzetne nadarenosti, ne bi trebao javno baviti politikom prije svoje tridesete godine, On to ne bi trebao, jer se upravo sve do tog vremena najvećim dijelom odvija formiranje tek opće platforme, s koje on sada ispituje različite političke probleme i konačno prema njima utvrđuje svoj vlastiti stav. Tek po stjecanju takvog teoretskog svjetonazora i time dostignute pouzdanosti vlastitog načina promatranja pojedinih pitanja dana, on sada iznutra kao zreo čovjek, treba ili smije sudjelovati u političkom vođenju općih stvari.

Ako je to drugačije, on upada u opasnost da će jednog dana svoj dosadašnji stav o bitnim pitanjima morati mijenjati, ili, nasuprot svom boljem poznavanju stvari i spoznaje, ostati na stajalištu kojeg su razum i uvjerenje već odavno odbacili. U prvom je slučaju to za njega osobno vrlo mučno, jer kao kolebljivac sada više s pravom ne može od svojih pristalica očekivati ukazivanje povjerenja s onom istom neuzdrmanom čvrstinom kao prije; za one koje je on vodio, takav pad vođe je obeshrabrenje, i ne tako rijetko, i osjećaj izvjesnog srama od onih koji su prethodno pobijedili u borbi. U drugom pak slučaju, javlja se nešto, što mi naročito danas tako često gledamo, upravo u onoj mjeri u kojoj vođa više ne vjeruje u ono što je sam govorio, njegova obrana postaje šuplja i plitka, a time i skučena u izboru sredstava za borbu. I dok se sam više ni ne pomišlja ozbiljno boriti za svoje političke proklamacije (ne umire se za nešto u što se ne vjeruje), zahtjevi njegovih pristalica postaju upravo u tom odnosu sve veći i bestidniji, dok konačno on sam ne žrtvuje i posljednji ostatak vođe u sebi, da bi se uvukao među "političare", to će reći, među onaj soj ljudi, čije je jedino opredjeljenje neopredijeljenost, uz drsku napadnost i često besramno razvijenu umjetnost laganja.

Dođe li takav mladić, na nesreću čestita čovječanstva, još i u parlament, onda se već od početka mora znati, da se za njega bit politike sastoji samo još u herojskoj borbi za stalno posjedovanje toga kolača njegova života i njegove obitelji. Što su mu o toj politici ovisniji žena i dijete, tim će se on žilavije boriti za svoj mandat. Svaki čovjek s ikakvim političkim instinktima, već je samim time njegov osobni neprijatelj; u svakom novom pokretu on "njuši" mogući početak svoga kraja, a u svakom većem čovjeku i opasnost koja mu od njega prijeti.

O tom soju parlamentarnih stjenica ja ću govoriti još temeljitije.

I tridesetogodišnjak će tijekom svoga života još mnogo toga naučiti. Ali to može biti samo dopunjavanje i ispunjavanje okvira koje podnosi prethodno utemeljen svjetonazor. Njegovo učenje više neće biti nikakvo ponovno učenje principa, već doučavanje, a njegove pristalice neće morati u sebi gušiti nelagodan osjećaj da ih je on do sada pogrešno poučavao, već, naprotiv: vidljivi organski rast vode pružit će im zadovoljstvo da njegov nauk znači, dakako, samo produbljivanje njihova vlastitog učenja. To je u njihovim očima, svakako, dokaz ispravnosti njihovih dosadašnjih nazora.

Vođa koji i sam mora napustiti platformu svog svjetonazora po sebi, jer je spoznao da je pogrešna, djeluje časno samo onda, ako je zbog spoznaje svojih dosadašnjih pogrešnih shvaćanja spreman povući krajnje posljedice. U takvom slučaju on se mora odreći, bar javnog, obnašanja svoje političke djelatnosti. Jer, kako je u temeljnim spoznajama već jednom podlegao zabludi, postoji mogućnost da se to dogodi i drugi puta. On ni u kom slučaju nema pravo još i nadalje uživati povjerenje sugrađana ili čak tako nešto i zahtijevati.

Koliko li ih se danas malo pridržava tog časnog djelovanja, svjedoči i opća pokvarenost tih protuha koje se u ovo naše vrijeme osjećaju pozvanima "voditi" politiku.

Jedva da je i jedan od njih izabran za to. Nekada sam se dobro čuvao bilo kakvog javnog nastupa, iako sam vjerovao da sam se više bavio politikom nego neki drugi.

0 tome što me je duševno pokretalo ili privlačilo, govorio sam samo u najužem krugu. Ovi razgovori u najužem krugu imali su po sebi mnogo toga dobroga; tako sam učio manje "govoriti", a više upoznavati ljude u njihovim čisto beskrajnim primitivnim nazorima 1prigovorima. Pri tome sam se školovao, a da nisam gubio vrijeme i mogućnost svog daljeg obrazovanja. Prilike za to svakako nisu bile tako povoljne u Njemačkoj, kao tada u Austriji.

Opće političko mišljenje u staroj je dunavskoj monarhiji, po svom opsegu, bilo veće i obuhvatnije, nego u staroj Njemačkoj tog vremena, izuzev dijelova Prusije, Hamburga i obale Sjevernog mora. Pod pojmom "Austrija" ja sam u ovom slučaju svakako podrazumijevao ono područje velikog habsburškog carstve, koja je zbog svoje njemačke naseljenosti bilo u svakom pogledu ne samo povijesni razlog i osnova stvaranja ove države uopće, nego se u njenom stanovništvu iskazivala isključivo ona snaga, koja je toj politički tako umjetnoj tvorevini mogla podariti unutarnji kulturni život za mnoga stoljeća.

Što je vrijeme više prolazilo, tim su više egzistencija i budućnost ove države ovisili od držanja ove čelične klice carstva. Ako su stare nasljedne zemlje bile srce carstva, koje je uvijek u krvotok državnog i kulturnog života pumpalo svježu krv, tada je Beč bio mozak i volja zajedno.

Već u njegovom vanjskom izgledu, smjela se ovom gradu priznati snaga, da u takvom konglomeratu naroda vlada kao ujedinjujuća kraljica, kako bi pomoću raskoši vlastite ljepote mogao zaboraviti pojave starenja cjeline.

Iako je carstvo u svojoj nutrini još tako žestoko podrhtavalo od krvavih borbi pojedinih nacionalnosti, inozemstvo je, a posebno Njemačka, vidjelo samo ljupku sliku ovoga grada. Razočarenje je bilo tim veće, jer je Beč tog vremena čini se krenuo u svoj možda posljednji i najveći uzlet. Pod vlašću stvarno genijalnog gradonačelnika, probudila se, dostojna divljenja, prijestolnica careva staroga carstva, još jednom, u novi predivni mladi život. Posljednji veliki Nijemac kojeg je iz svojih redova dao narod kolonista Istočne marke nije službeno ubrajan u takozvane "državnike". Ali, time što je taj dr. Lueger kao gradonačelnik "carskog i prijestolničkog glavnog grada" Beča isčarao nečuvene podvige u, smjelo bi se čak reći, svim područjima komunalne, gospodarske i kulturne politike, ojačao je on srce cjelokupnog carstva i tim okolnim putem postao veći državnik nego što su to tada bili takozvani "diplomati" svi zajedno.

Ako je narodna tvorevina zvana "Austrija" konačno ipak propala, tada to ni najmanje ne govori protiv političke sposobnosti Nijemstva u staroj Istočnoj marki, već je to bio neizbježan rezultat nemogućnosti da se za deset milijuna ljudi trajno održi pedeset - milijunska država različitih nacija, kada baš i nisu pravodobno postojale sasvim određene pretpostavke.

Nijemac - Austrijanac je mislio više na veliko.

On je uvijek bio naviknut živjeti u okviru velikog carstva i nikad nije izgubio osjećaj za s tim povezane zadaće. On je u toj državi bio jedini koji je izvan granica uže krunske zemlje raspoznavao još i carsku granicu; pa kad ga je sudbina napokon morala i odvojiti od zajedničke domovine, još i tada je pokušavao savladati ogroman zadatak postati gospodarem i održati Nijemstvu ono, što su već jednom očevi u beskrajnim borbama otrgli od Istoka. Pri tome još treba imati na umu, da se sve to moglo obaviti s podijeljenom snagom; Jer, srca i sjećanja onih najboljih nikada nisu prestala osjećati za cijelu majku zemlju, dok je samo ostatak ostao u zavičaju.

Već je opći obzor Nijemca - Austrijanca bio srazmjerno širi. Njegovi ekonomski odnosi obuhvaćali su često gotovo cijelo mnogostruko carstvo. Gotovo sva stvarno velika poduzeća bila su u njegovim rukama; vodeće osoblje tehničara i činovnika regrutirao se većinom iz njegovih redova. A on je bio i obnašatelj vanjske trgovine, sve dok Židovstvo nije stavilo svoju ruku na ta njemačka prapodručja. Samo je on politički držao državu na okupu. Već ga je i vrijeme služenja vojske bacalo daleko izvan uskih granica zavičaja. Ako se austrijsko - njemački regrut, možda i uvrstio u njemačku regimentu, ona se sama mogla nalaziti isto tako u Hercegovini, kao i u Beču ili Galiciji. Časnički kor je još uvijek bio njemački, više državno činovništvo pretežno njemačko. Njemački su najzad bili i umjetnost i znanost. Izuzimajući kič najnovijeg umjetničkog razvoja, čija bi proizvodnja bez daljnjeg mogla potjecati od nekog crnačkog naroda, posjednik i širitelj istinskog umjetničkog uvjerenja, bio je jedino samo sam Nijemac. U muzici, arhitekturi, kiparstvu i slikarstvu, Beč je bio izvor koji je u neiscrpnoj punoći opskrbljivao cijelu dvojnu monarhiju, a da sam nikada nije vidljivo zakazao.

Nijemstvo je konačno bilo još i obnašatelj cjelokupne vanjske politike, ukoliko se izuzme ono malo Mađara.

Pa ipak je uzaludan bio svaki pokušaj održavanja ovog carstva, kojem su nedostajale bitne pretpostavke.

Za opstojnost austrijske narodne države postojala je samo jedna mogućnost - da se u pojedinim nacijama prevladaju centri- fugalne sile. Državom se vlada ili centralistički, s tim da se ona tako organizirana i iznutra, ili je ona drugačije nezamisliva.

U raznim svijetlim trenucima do tog su uvida dolazila i "najviša" mjesta, da bi, najčešće, nakon kratkog vremena to zaboravili, ili, kao teško ostvarivo, gurali ustranu. Svaka misao o nekom federativnijem ustrojstvu carstva morala je nužno, uslijed nedostatka jake državne jezgre nadmoćne snage, doživjeti neuspjeh. K tome još treba dodati i bitno drugačije unutarnje pretpostavke austrijske države u odnosu na njemačko carstvo Bismarckova shvaćanja. U Njemačkoj se radilo samo o tome, da se prevladaju političke tradicije, jer je u kulturnom pogledu uvijek postojala zajednička osnova. Carstvo je, prije svega, bilo nastanjeno, izuzev malih stranih djelića i ogranaka, samo pripadnicima jednog naroda.

U Austriji su odnosi bili obratni.

Ovdje nije postojalo političko sjećanje vlastite veličine pojedinih zemalja, izuzev Mađarske: ili je bilo sasvim prebrisano spužvom vremena, ili je u najmanju ruku ostajalo zamućeno ili nejasno. Zato su se, s druge strane, u doba principa nacionaliteta u raznim zemljama - pokrajinama razvijale narodne snage čije je savladavanje moralo postati teško, upravo u onoj mjeri, u kojoj su se na rubu monarhije počele stvarati nacionalne države, čiji su državotvorni narodi bili rasno srodni ili isti s pojedinim austrijskim narodnim ograncima. Te su države od tada mogle sa svoje strane izazvati veću privlačnu snagu, nego što je to bilo nasuprot tome još moguće Nijemcima - Austrijancima.

Čak ni Beč na dulji rok nije više mogao izdržati ovu borbu.

Razvojem Budimpešte u velegrad, Beč je po prvi puta dobio rivala, čiji zadatak više nije bio povezivanje cjelokupne monarhije, već naprotiv, jačanje samo jednog njenog dijela. U kratkom je vremenu ovaj primjer trebao slijediti i Prag, a potom Lamberg, Ljubljana, itd. S usponom ovih nekada provincijalnih gradova u nacionalne glavne gradove pojedinih zemalja, formirala su se sada i središta za svoj samostalniji kulturni život. Tek su time narodno - politički instinkti poprimili svoju duhovnu osnovu i produbljenje. I tako se jednom morao približiti trenutak, kada su ove pogonske snage pojedinih naroda postale snažnije od snaga zajedničkog interesa, što se u Austriji i dogodilo.

Tijek ovog razvitka mogao se vrlo jasno utvrditi nakon smrti Josipa II. Njegova je brzina ovisila o nizu čimbenika, koji su se dijelom nalazili u samoj monarhiji, a drugim su dijelom bili posljedica određenog vanjskopolitičkog položaja carstva.

Kad bi se ozbiljno htjela prihvatiti i povesti borba za održanje ove države, tada je k tom cilju mogla voditi samo koliko bezobzirna toliko i uporna centralizacija. Ali se tada prije svega morala naglasiti formalna zajednička pripadnost principijelnim utvrđivanjem jedinstvenog državnog jezika; Upravi su se trebala dati u ruke pomoćna tehnička sredstva, bez čega ne može postojati jedinstvena država. Tek bi se tada na trajno kroz školu i nastavu mogla odnjegovati jedinstvena državna svijest. To se ne postiže kroz deset ili dvadeset godina, već se mora računati na stoljeća, kao što se i inače u svim kolonizatorskim pitanjima veće značenje pridaje upornosti, nego energiji trenutka.

Da tada, i uprava, a i političko vodstvo, mora biti u najstrožoj jedinstvenosti, razumije se samo po sebi.

Za mene je bila beskrajno bogata pouka shvatiti zašto se ovo nije dogodilo, ili točnije, zašto to nije učinjeno. Krivac za ovaj propust bio je i krivac za slom carstva.

Stara je Austrija, više nego bilo koja druga država, bila vezana za veličinu svog vodstva. Ovdje je, dakako, nedostajao temelj nacionalne države, koja u narodnoj osnovi još uvijek posjeduje snagu održanja, ako vodstvo kao takvo toliko zataji. Jedinstvena narodna država može, zbog prirodne opuštenosti svoga stanovništva i time povezane otporne snage, ponekad podnijeti začuđujuće duge periode najlošijeg upravljanja i vodstva, a da zbog toga ne propadne iznutra. Pri tome se često čini da u takvom tijelu nema više nikakva života, kao da je mrtvo!, dok mrtvac iznenada ne ustane i sada pokaže ostalom čovječanstvu divljenja vrijedne znakove svoje neuništive životne snage.

Drugačije je to ipak u carstvu koje nije sastavljeno od istih naroda, niti od zajedničke krvi, nego ga, štoviše, održava zajednička šaka. Ovdje svaka slabost vodstva neće voditi državu u zimski san, već će biti povod buđenja svih individualnih instinkata koji su prisutni po krvnoj zasnovanosti, a nemaju mogućnosti da se u trenutku volje razviju. Samo stoljetnim zajedničkim odgojem, zajedničkom tradicijom, zajedničkim interesima itd., ovu se opasnost može ublažiti. Otuda će takve državne tvorevine, što su mlade i tim ovisnije od veličine vodstva, kao djela grandiozno snažnog čovjeka i duhovnog heroja, često puta već nakon smrti usamljenog velikog osnivača, ponovno propasti. Ali, još i nakon stoljeća, ne znači da su te opasnosti i savladane, one samo miruju, da bi se opet iznenada probudile, kad zajedničko vodstvo i snaga zajedničkog odgoja, uzvišenost svih tradicija, više ne budu mogli prevladati polet vlastitog odvojenog životnog poriva različitih plemena.

Vjerojatno je tragična krivica kuće Habsburg, što ovo nije mogla shvatiti.

Jednom jedinom među njima sudbina je držala baklju za budućnost njegove zemlje, ali se tada i ona zauvijek ugasila.

Josip II., rimski car njemačke nacije, u svom je rastućem strahu vidio, kako njegova kuća, pritisnuta na krajnji rub carstva, mora jednom nestati u vrtlogu jednog Babilona naroda, ako se u posljednji čas ne popravi ono što su propustili učiniti očevi. S natčovječanskom snagom izložio se "prijatelj ljudi" protiv neodgovornosti predaka i tražio da u jednom desetljeću nadoknadi ono što su stoljeća prethodno propustila. Da je njegovom radu bilo poklonjeno samo četrdeset godina, i da su poslije njega bar još dvije generacije nastavile započeto djelo na isti način, vjerojatno bi se bilo uspjelo postići čudo. Ali, kako je on poslije jedva deset godina vladavine umro, s njim u grob potonu i njegovo djelo, zauvijek zaspalo u kapucinskoj grobnici da se više nikad ne probudi.

Njegovi nasljednici nisu ni voljom ni duhom, dorasli toj zadaći.

Kad sad nad Europom bljesnuše prve revolucionarne munje novog vremena, i u Austriji se počeše malo po malo javljati požari. Samo kada požar konačno planu, njegov je žar bio manje raspiren socijalnim, društvenim ili općepolitičkim uzrocima, a mnogo više pogonskim silama narodnog porijekla.

Revolucija iz 1848. je mogla biti svagdje klasna borba, ali je u Austriji ipak bila početak novih rasnih sukoba. Time što se tada Nijemac, zaboravljajući ili ne prepoznajući svoje podrijetlo, stavio u službu revolucionarnog prevrata, zapečatio je svoju sudbinu. Pripomogao je da se probudi duh zapadne demokracije koji mu je u kratkom vremenu uskratio osnove vlastitog postojanja.

Stvaranjem parlamentarnog, predstavničkog tijela, bez prethodnog zasnivanja i učvršćenja zajedničkog državnog jezika, položen je kamen temeljac kraja prevlasti Nijemstva u monarhiji. Od tog je trenutka bila izgubljena i sama država. Sve što je nakon toga slijedilo, bilo je samo povijesno trajanje jednog carstva.

Pratiti taj raspad bilo je isto tako potresno, koliko i smiješno. U tisuće i tisuće oblika provodilo se do pojedinosti izvršenje povijesne presude. Time što je još jedan velik dio ljudi slijepo tumarao kroz ove pojave propasti, samo se još dokazivala volja Bogova za uništenjem Austrije.

Ne želim se ovdje gubiti u pojedinostima, jer to nije ni zadaća ove knjige. Želim samo izvući neke događaje koji spadaju u krug temeljnih razmatranja koja su kao postojeći uzroci propasti naroda i države i u našem današnjem vremenu još uvijek značajni i koji mi konačno potpomažu osigurati osnovu mojeg političkog načina mišljenja.

Među institucije koje su najjasnije, čak i malograđaninu koji inače nije baš blagoslovljen oštrim pogledom u stanje stvari, prikazale stanje i otkrile proždiranje Austrijske monarhije, na čelu se nalazila ona, koja je zadobila najviše snage za sebe - parlament, ili, kako se to u Austriji zvalo: Reichsrat (Savjet carstva).

Uzorak ovog tijela bio je vidljiv u Engleskoj, zemlji klasične "demokracije". Otuda je preuzet cijeli usrećiteljski ustroj i presađen, što je bilo moguće više nepromijenjen, u Beč.

U Zastupničkom domu i Gornjem domu slavio je engleski dvodomni sustav svoje uskrsnuće, samo što su sami Domovi bili nešto drugačiji. Kada je Barry jednom davno svoju parlamentarnu palaču podigao iz bujica Themse, zahvatio je u povijest britanskog svjetskog carstva i donio iz nje ukras sa tisuću i dvjesto rupa, konzola i stupova svoje raskošne građevine. Graditelji, kipari i likovni umjetnici izgradiše tamo Dom lordova i naroda, pečat slave cijele nacije.

Ovdje se, u Beču, javila i prva poteškoća. Jer kad je Danac Hansen završavao i posljednje ukrase na vratima mramornog doma narodnog predstavništva, za ukrašavanje mu nije preostalo ništa drugo neko pokušati potražiti oslonac u Antici. Sada tu kazališnu građevinu "zapadne demokracije" uljepšavaju rimski i grčki filozofi i državnici i u simboličkoj ironiji, preko dva Doma vuku četveroprege dvokolice na sve četiri strane svijeta, svaki na svoju stranu, da bi na taj način podarili najbolji izraz unutarnjeg natezanja prema vanjskom svijetu.

"Nacionalisti" su kao uvredu i provokaciju zabranili da u tom graditeljskom djelu bude veličana austrijska povijest, kao što se to u samom carstvu, dakako, tek pod grmljavinom bitaka prvog svjetskog rata usudilo Walotschenovu građevinu Reichstaga natpisom posvetiti njemačkom narodu.

Kad sam, još ni dvadesetogodišnjak, po prvi puta ušao u raskošno zdanje na Franzensringu, da bih kao gledatelj i slušatelj bio nazočan nekoj sjednici poslaničkog doma, bio sam ophrvan osjećajima najveće mržnje.

Odavna sam mrzio parlament, ali nipošto ne kao instituciju po sebi. Naprotiv, kao slobodouman čovjek nisam u sebi uopće ni mogao predočiti neku drugu moguću vlast, jer bi mi pomisao na nekakvu diktaturu izgledala prema mom držanju u odnosu na kuću Habsburg, kao zločin protiv slobode i protiv svakog razuma.

Tome je ne malo pridonijelo i to što mi je već kao mladom čovjeku, zbog mog obimnog čitanja novina, bilo "ucijepljeno" izvjesno divljenje prema engleskom parlamentu, a nisam ni slutio da to divljenje bez daljnjega nisam htio napustiti. Dostojanstvo s kojim je tamo i Donji dom slijedio svoje zadatke (kako je to lijepo znao opisati naš tisak), jako mi se svidjelo. Je li uopće i mogao postojati uzvišeniji oblik samovladanja naroda?

Baš zbog toga sam bio neprijatelj austrijskog parlamenta. Držao sam oblik njegova djelovanja nedostojnim svog velikog uzora. Ali sada se, k tomu, dogodilo sljedeće:

Sudbina Nijemstva u austrijskoj državi bila je ovisna o njegovoj zastupljenosti u Reichsratu (Graškom savjetu). Do uvođenja općeg i tajnog izbornog prava, postojala je još neka, iako neznatna, njemačka većina u parlamentu. Već je i to stanje bilo opasno, jer je po nacionalno nepouzdanom držanju socijaldemokracije, ova većina u kritičnim pitanjima koja su se ticala Nijemstva - da od sebe ne bi odvratila predstavnike pojedinih stranih naroda - uvijek nastupala protiv njemačkih interesa. Socijaldemokraciju se već tada nije moglo držati njemačkom strankom. Uvođenjem općeg izbornog prava prestala je, međutim, i čisto brojčano gledano, njemačka nadmoć. Sada više nije bilo nikakvih preprjeka na putu daljeg odnjemčivanja države.

Nacionalni nagon samoodržanja dopuštao mi je već tada da zbog ovog razloga malo volim i cijenim narodno *predstavništvo* u kome je Nijemstvo *umjesto predstavljanja bilo izdavano*. Već su samo to bili nedostaci, koji su, kao i mnogo toga drugog, mogli biti pripisivani ne stvari po sebi, već austrijskoj državi. Prije sam još vjerovao da ponovnim uspostavljanjem njemačke većine u predstavničkim tijelima, protiv toga više ne bi trebao postojati nikakav povod za principijelan stav, dokle god stara država još uopće i postoji.

Tako sam, dakle, duševno svjesno po prvi puta stupio u koliko svete, toliko i osporavane prostorije. One su mi, doduše, bile svete samo zbog uzvišene ljepote predivna zdanja. Čudesno grčko djelo na njemačkom tlu.

Ali, u kojem li sam kratkom vremenu bio ozlojeđen, kad sam vidio bijednu predstavu, koja se sada odvijala pred mojim očima!

Sjednici je bilo nazočno nekoliko stotina ovih narodnih predstavnika, koji su upravo trebali zauzeti svoj stav prema nekom važnom pitanju gospodarskog značaja.

Bio mi je dovoljan već taj prvi dan, da me niz tjedana potom podstakne na razmišljanje.

Duhovni sadržaj izloženog bio je zaista na tako ponižavajućoj "visini", ako se govore uopće moglo shvatiti, jer neki od gospode nisu govorili njemačkim, već njihovim slavenskim materinskim jezicima, ili, bolje reći, dijalektima. Ono što sam do sada spoznao iz čitanja novina, sad sam bio u prilici čuti i na svoja vlastita uha. Bila je to gestikulirajuća, svim vrstama tonova ispremiješana drečeća, divlje pokretljiva masa, a iznad nje bezazleni ostarjeli striček, koji se trudio, u znoju lica svoga, žestokim mahanjem zvona i sad umirujućim sad opominjućim dovikivanjem, dostojanstvo kuće ponovno dovesti u red.

Morao sam se nasmijati.

Nekoliko tjedana kasnije ponovno sam bio u toj kući. Sada se slika promijenila, nije se mogla prepoznati. Sala sasvim prazna. Tamo dolje se spavalo. Nekoliko je poslanika bilo na svojim sjedištima zijevajući jedan prema drugome, jedan od njih je "govorio". Bio je nazočan dopredsjednik Doma, koji je, vidljivo se dosađujući, gledao po sali.

U meni se javiše, prve slutnje Sada sam odlazio uvijek tamo, kad god mi je to vrijeme dopuštalo i mirno i pažljivo promatrao odgovarajući prizor, slušao govore, ukoliko su bili razumljivi, proučavao više ili manje inteligentna bića tih izabranika nacije ove tužne države - i malo po malo, izgrađivao svoje vlastito mišljenje.

Bila je dovoljna godina dana ovih mirnih promatranja, da bih, ali zaista bez ostatka, izmijenio ili otklonio sva svoja prijašnja shvaćanja o biću ove institucije. Moje unutarnje biće nije više prihvaćalo krivotvorenu sliku, koju je o njoj imala zvanična misao Austrije; ne, sad više nisam mogao priznati parlament kao takav. Do tada sam držao da je nesreća austrijskog parlamenta u nedostatku njemačke većine, ali sam sada zlu kob vidio u cijelokupnoj pojavi i biću te institucije uopće.

Postavi mi se cijeli niz pitanja.

Počeh se prisnije upoznavati s demokratskim principom većinskog odlučivanja, kao osnove cijele ove institucije, ali ništa manju pozornost nisam poklanjao duhovnim i moralnim vrijednostima te gospode, koja su kao izabranici nacije njoj trebali i služiti.

Tako sam istovremeno proučio i upoznao i instituciju i njene obnašatelje.

Tijekom nekoliko godina u mojoj se spoznaji i pogledu, u plastičnoj jasnoći, ocrtao tip uveličavajuće dostojanstvene pojave novijeg vremena - Parlamentarac. On se u meni poče utuvljavati u obliku koji nikada više nije bio podvrgnut bilo kakvoj promjeni.

I ovaj puta me je zorna nastava praktične stvarnosti sačuvala da se ne ugušim u teoriji, koja se na prvi pogled mnogima čini zavodljivom, ali koja se, unatoč svemu tome, mora pribrojiti iskrivljenim pojavama čovječanstva.

Demokracija današnjeg Zapada je prethodnica marksizma, koji bez nje ne bi bio uopće zamisliv. Tek ona pruža toj svjetskoj kugi hranjivo tlo, na kome se tada može širiti zaraza. U njenoj vanjskoj izražajnoj formi, parlamentarizmu, ona je sebi stvorila još jednu "nakazu od blata i vatre", pri čemu mi se, nažalost, ta "vatra" učinila kao da je sagorjela već u ovom trenu.

Morao sam biti više nego zahvalan Sudbini, što mi je još u Beču podnijela na razmatranje i ovo pitanje, jer se bojim da bih u tadašnjoj Njemačkoj i suviše lake ruke došao do odgovora. Da sam svu komičnost te institucije zvane "Parlament" najprije upoznao u Berlinu, možda bih zapao u proturječnosti, i bez očito dobrih razloga se stavio na stranu onih, koji su dobrobit naroda i carstva vidjeli jedino u isključivom zahtjevu sile carskog mišljenja i tako ipak, nasuprot vremenu i ljudima, ostajali istovremeno i strani i slijepi.

U Austriji je to bilo nemoguće.

Ovdje se nije moglo lako upasti iz jedne grješke u drugu. Ako nije valjao parlament, tada su još manje valjali Habsburgovci - drugi slučaj nije bio moguć. Samim odbijanjem "parlamentarizma", ovdje ništa nije učinjeno, jer je uvijek ostajalo otvoreno pitanje: Sto sad? Odbijanjem i uklanjanjem Reichsrata preostala bi dabome kao jedina sila, vlast kuće Habsburg, što je meni bila potpuno nepodnošljiva misao.

Teškoća ovog posebnog slučaja dovela me je prije nego što bi se to moglo očekivati s obzirom na moju mladost, do temeljitog razmatranja problema po sebi.

Ono što me je ponajprije i ponajviše natjeralo na razmišljanje, bilo je očigledno nepostojanje svake odgovornosti pojedinca. Parlament donosi nekakav zaključak, čije posljedice mogu biti tako sudbonosne za državu, a nitko za to ne snosi odgovornost, nitko nikad ne podnosi račun. Jer, naziva li se to preuzimanjem odgovornosti kada poslije sloma vlada koja snosi krivicu podnese ostavku? Ili se koalicija raspadne pa raspusti i parlament?

Može li se uopće neku prevrtljivu većinu ljudi ikada učiniti odgovornom?

Nije li ipak zamisao svake odgovornosti povezana s pojedincem?

Može li se vodeću ličnost vlade učiniti odgovornom za djelovanje čije se nastajanje i provođenje stavlja isključivo na račun htijenja i sklonosti neke većine ljudi?

Ili: nije li zadatak vodećeg državnika umjesto u proizvođenju stvaralačkih zamisli ili planova po sebi, zapravo i štoviše u umjetnosti da se genijalnost njegovih nacrta neprestano objašnjava stadu ovnova praznoglavaca, da bi se tada izmolila njihova velikodušna suglasnost?

Je li kriterij državnika da on mora u isto tako visokoj mjeri vladati umjetnošću uvjeravanja, kao i onom iz područja državničke mudrosti u zacrtavanju velikih smjernica i donošenju velikih odluka?

Je li nesposobnost vođe dokazana time, što mu za određenu ideju nije uspjelo pridobiti većinu neke, manje ili više čisto slučajno skupljene gomile?

Da, i je li ta gomila ikada uopće i shvatila neku ideju prije nego što njen uspjeh postane navjestitelj njene veličine?

Nije li svako genijalno djelo ovoga svijeta, zapravo vidljivi protest genija protiv tromosti mase?

Sto treba činiti državnik koji se ne uspije dodvoriti toj gomili za njenu naklonost svojim planovima? Treba li je potkupiti?

Ili se treba, s obzirom na glupost svojih sugrađana, odreći provođenja zadataka osvjedočenih kao životna neophodnost i povući se, ili pri njima ipak ostati?

Ne upada li u takvom slučaju stvarni karakter u nerješivi konflikt između spoznaje i pristojnosti, ili, bolje rečeno, shvaćanja poštenja?

Gdje ovdje leži granica koja razdvaja opću dužnost prema cjelini, nasuprot obvezi osobne časti?

Ne mora li se svaki pravi vođa strogo čuvati od toga, da na taj način bude degradiran u političkog špekulanta?

I ne mora li se, u obrnutom slučaju, svaki špekulant osjećati pozvanim da "djeluje" u politici, jer posljednju odgovornost ne treba snositi on sam, nego nekakva neuhvatljiva gomila?

Ne mora li naš parlamentarni većinski princip dovesti općenito do razaranja pojma vode? Vjeruje li se, ipak, da napredak ovoga svijeta nastaje iz mozga većine, a ne iz glava pojedinaca? Ili, predviđa li se da se za čovječju budućnost smije odreći pretpostavki ljudske kulture?

Ne čini li se ona, naprotiv, neophodnijom nego ikada prije?

Time što parlamentarni princip većinskog odlučivanja odbija autoritet ličnosti i na njeno mjesto postavlja brojnost ove ili one gomile, on se ogrješuje o aristokratske temelje Prirode, pri čemu se doduše njeni nazori o plemstvu, ni u kom slučaju ne mogu, recimo, otjeloviti u današnju dekadenciju naših gornjih deset tisuća.

Kakvo pustošenje pričinjava ova institucija moderne parlamentarne vlasti može si, svakako, zamisliti čitatelj židovskih novina, osim ako nije naučio samostalno misliti i procjenjivati. Ona je u prvom redu poticaj za nevjerojatnu poplavu najbezvrijednijih pojavnosti naših dana u cjelokupnom političkom životu. Koliko god da će se pravi vođa distancirati od političke djelatnosti, koja se najvećim svojim dijelom ne sastoji od stvaralačkog rada i učinka, već mnogo više od krivotvorenja i djelovanja radi stjecanja naklonosti neke većine, još u većoj mjeri će baš takva njegova djelatnost odgovarati sitnim dušama i privlačiti ih.

Što je danas takav gulikoža patuljastijeg duha i mogućnosti, što mu u svijest jasnije dolazi vlastiti uvid o bijedi svoje pojave, tim će on više slaviti sustav, koji od njega ni u kom slučaju ne zahtijeva snagu i genijalnost nekog diva, već se, štoviše, zadovoljava prepredenošću seoskog kmeta, da radije gleda čak i takvu vrstu mudrosti, nego mudrost Perikla. I pri tome se takva budala nikada ne mora mučiti oko odgovornosti za svoj rad. On je temeljito oslobođen te brige već i stoga, jer on, dabome, točno zna da je potpuno svejedno kakav će biti učinak njegovih "državničkih" šeprtljancija, njegov je kraj već odavno zabilježen u zvijezdama; on će jednoga dana, nekom drugom, isto tako velikom duhu, morati predati svoje mjesto. Jer obilježje je takvog propadanja da se količina velikih državnika povećava u onoj mjeri, u kojoj opada mjerilo vrijednosti pojedinca. On će, međutim, sa sve većom ovisnošću od parlamentarnih većina morati postajati sve manji, jer će s jedne strane veliki duhovi uvijek odbiti da budu stražari glupih neznalica i brbljivaca, kao što će, s druge strane, predstavnici većine, što znači gluposti, ništa manje strastveno mrziti nadmoćnu glavu.

Za takvu Skupštinu Hildinih gradskih poslanika uvijek postoji utješan osjećaj, jer znaju da ih predvodi vođa, čija mudrost odgovara razini nazočnih: pa zar ne treba svatko doživjeti radost što s vremena na vrijeme može pustiti da bljesne i njegov duh - a prije svega zbog toga, što, kad bilo tko može biti majstor, zašto to jednom ne bi mogao biti i Peter?

Ovaj pronalazak demokracije najviše odgovara svojstvu, koje je u posljednje vrijeme izraslo u pravu sramotu, naime, kukavičluk velikog dijela našeg takozvanog "vodstva". Kakve li sreće što se ono pri donošenju svih odluka koje su od stvarnog značaja, može sakriti iza suknje takozvane Većine!

Pogledajmo jednom samo takvog političkog razbojnika, kako zabrinut za svaku uredbu prosi suglasnost većine, da bi tako zaštitio ortake, a time za sva vremena sa sebe skinuo teret odgovornosti. To je, međutim, dodatni glavni razlog zašto je takav način političke djelatnosti časnom, a time i hrabrom, čovjeku odvratan i mrzak, dok one bijedne karaktere - a tko za svoje djelovanje neće osobno preuzeti odgovornost već traži sklonište, taj je strašljiv nevaljalac - takva vrsta političke djelatnosti privlači. I kada se čelništvo neke nacije sastoji od takvih bijednika, tada se tako nešto već u kratkom vremenu ljuto osveti. Tada se više neće smoći hrabrosti dostojna čovjeka ni za jednu važnu djelatnost. Svatko će prije prihvatiti bilo koju, pa i takvu sramnu nečasnost, nego se izboriti za neku dostojanstvenu odluku; i zar ovdje nema više nikoga koji je spreman izložiti svoju ličnost i svoju glavu za provođenje bezobzirne odluke!

Jer, nikada se ne treba i ne smije zaboraviti: Većina ni ovdje nikada ne može zamijeniti pravog čovjeka. On ne samo da je uvijek zastupnik gluposti, nego i kukavičluka. I kao što je teško moguće među stotinama praznoglavaca naći jednog mudraca, isto je tako nemoguće da stotina plašljivaca donese herojsku odluku.

Što je manja odgovornost vode, tim će više rasti broj onih koji će se i u najbjednijoj mjeri osjetiti osobno pozvanima, svoje besmrtne snage naciji staviti na raspolaganje. Pa oni, zaboga, više nisu u stanju ni čekati da već konačno dođu na red! Oni već stoje u dugoj koloni, brojeći s bolnim žaljenjem sve one koji čekaju ispred njih i gotovo na sate i minute računaju tko će ih prema ljudskim mjerilima dovesti na potez. Stoga oni čeznu za svakom promjenom funkcije koja im lebdi pred očima i zahvalni su svakom skandalu koji pred njima raščišćava put. Ako se netko ipak ne želi povući sa zauzetog položaja, oni to tada osjećaju gotovo kao kršenje svetoga sporazuma zajedničke solidarnosti. Tada postaju zli i nikako se ne smiruju, sve dok bestidnik najzad ne padne i svoje još toplo mjesto ponovno stavi na raspolaganje javnosti. Zbog toga on neće više tako brzo ponovno doći do položaja. Ipak, čim je takva kreatura bila prinuđena napustiti svoj položaj, ona će se odmah pokušati ugurati u opće redove onih koji čekaju, osim ako je uskomešani povici i psovke drugih u tome ne spriječe.

Posljedice svega toga su zastrašujuće brze promjene na najvažnijim mjestima i službama takve državne tvorevine, učinak koji u svakom slučaju djeluje nepovoljno, a ponekad čak i katastrofalno. Jer ovim izmjenama sada ne postaju žrtvom samo glupan i nesposobnjaković, već još više i pravi vođa, ako sudbina nekog takvog uopće uspije dovesti na položaj. I čim se za tako nešto sazna samo jednom, odmah se u obranu organizira zgusnuti front, naročito ako jedna takva glava ne potječe iz vlastitih redova, što se podrazumijeva, a ipak se usuđuje prodrijeti u uzvišeno društvo. U načelu se sve drži između sebe i mrzi kao zajedničkog neprijatelja svakog onog koji bi znao nulama dodati koju postrojbu. I u tom je smjeru instinkt tim izoštreniji, što u svim ostalim slučajevima više nedostaje.

Posljedice će biti sve rasprostranjenije duhovno osiromašenje vodećih slojeva. Što pri tome ostaje naciji i državi, svatko može procijeniti sam, ukoliko i on ne spada u tu vrstu "vođa".

Stara je Austrija imala parlamentarno uređenje još u čistoj kulturi.

Naravno da je dotičnog ministra - predsjednika imenovao car i kralj, samo to imenovanje nije bilo ništa drugo, nego provođenje parlamentarne volje. Cjenjkanje i trgovanje za pojedino ministarsko mjesto bilo je već zapadna demokracija u najizvornijem izdanju. Naročito je u sve kraćim rokovima dolazilo do smjene pojedinih ličnosti. Učinci su odgovarali primijenjenim načelima, da bi sve konačno preraslo u pravi pravcati lov. U istoj je mjeri sve više opadala i veličina dotičnih "državnika", dok konačno nije preostao samo onaj sićušni tip parlamentarnog špekulanta, čija se državnička vrijednost odmjeravala i priznavala, više prema njegovoj sposobnosti kojom je uspio sklepati pojedine koalicije, dakle, sprovoditi ove najsitnije političke muktaške posliće, koji su jedino bili u stanju ujediniti ovakve narodne predstavnike za praktični rad.

Tako je ta bečka škola na ovom području mogla prenijeti najbolje spoznaje.

Ono što je ne manje privlačilo moju pozornost, bila je usporedba između postojećih mogućnosti i znanja ovih narodnih predstavnika, i zadaća koje su od njih željno očekivane. Dabome da se tada moralo, htjelo se to ili ne, pobliže pozabaviti i duhovnim obzorom tih narodnih izabranika, pri čemu se uopće nije moglo zaobići, a ne pokloniti neophodnu pozornost i zbivanjima koja su vodila ka razotkrivanju zadivljujućih pojava našeg javnog života.

Vrijedno temeljitog istraživanja i provjeravanja bio je i način na koji su utvrđivane i primjenjivane stvarne mogućnosti ove gospode za službu domovini, dakle, tehnička strana njihova posla.

Cjelokupna slika parlamentarnog života bila je tim jadnija, ako bi se tko odlučilo prodrijeti dublje u te unutarnje odnose, kako bi s bezobzirno oštrom objektivnošću proučio ličnosti i stvarne osnove. Da, to se odnosi na instituciju, koja se preko svojih čelnika, u svakoj drugoj rečenici, osjeća potaknutom prema svakom drugačijem stavu, ukazivati na "objektivnost" kao jedinu pravu osnovu svakog procjenjivanja i zauzimanja stajališta. Kad bi se ovu gospodu procijenilo osobno, kao i zakone njihovog jadnog bića, učinci bi bili iznenađujući.

Ne postoji ni jedan princip koji je, objektivno gledano, tako netočan kao parlamentarni.

Pritom se smije sasvim zanemariti način na koji se provodi izbor gospode narodnih predstavnika i kako oni uopće dospijevaju do svojih službi i do svoga novog dostojanstva. Da se ovdje stvarno radi samo o sićušnom djeliću ispunjenja neke opće volje, ili čak opće potrebe, sinut će svakom, kome je jasno da shvaćanje širokih masa uopće nije tako razvijeno, da bi one same došle do određenih političkih nazora i temeljem njih odabrale odgovarajuće ličnosti.

Ono što uvijek označavamo riječju "javno mnijenje", svojim ponajmanjim dijelom počiva na iskustvima ili čak spoznajama pojedinaca stečenim samostalno, a najvećim dijelom, na predodžbi koja se često stvara potpuno beskrajno uvjerljivim načinom takozvanog "prosvjećivanja".

Kao što je i vjerski stav učinak odgoja, a religiozna potreba po sebi drijema u duši čovjeka, tako je i političko mnijenje mase samo krajnji rezultat jedne, ponekad sasvim nevjerojatno uporne i temeljne obrade duše i razuma.

Daleko najmoćniji udio u političkom "obrazovanju", koji se u ovom slučaju najbolje označava riječju *promidžba*, pada na račun tiska. Ona se "brine" u prvom redu za sav "prosvjetiteljski rad" i ima ulogu neke vrste škole za odrasle. Samo, ta nastava nije u rukama države, već u kandžama dijela najbezvrjednijih snaga. Već sam u Beču kao mlad čovjek bio u najboljoj mogućoj prilici točno upoznati vlasnike i duhovne tvorničare tog stroja za odgoj masa. U početku sam se morao čuditi u kako je kratkom vremenu toj zločestoj velesili u državi bilo moguće proizvesti neko određeno mišljenje, čak i onda, kad se prosto radilo o potpunoj krivotvorini stvarno postojećih općih unutarnjih želja i nazora. U nekoliko je dana iz neke smiješne stvarčice, organizirana značajna državna akcija, dok su, nasuprot tome, u isto vrijeme, važni životni problemi predani zaboravu, ili još bolje, jednostavno "ukradeni" iz svijesti i sjećanja mase.

Tako se uspijevalo u svega nekoliko tjedana nekom čarolijom, ni iz čega, dočarati imena i pripisati im najnevjerojatnija nadanja široke javnosti, čak im još stvoriti i popularnost, koja nekom stvarno značajnom čovjeku nije mogla pripasti tijekom cjelokupnog njegova života; imena za koja još samo prije mjesec dana nije mogao čuti ni jedan čovjek dok su u isto vrijeme vrijedne i štovane pojave državnog i ostalog javnog života umirale za svoje suvremenike još i pri najboljem zdravlju i snazi, ili pak bile izložene takvoj bijednoj poruzi, da je za kratko vrijeme prijetila i opasnost da njihovo ime postane simbolom sasvim određene podlosti i lopovluka. Ova podla židovska metoda, da se na časnog čovjeka kao zamahom čarobnog štapića, sa stotina i stotina mjesta istovremeno, iz smrdljivih kibli najnižih kleveta i obeščašćenja odjednom izlije na njihovu čistu odjeću, mora se dobro prostudirati da bi se moglo točno vrednovati pravu opasnost ovog ološa od tiska.

Tada više ne postoji ništa, što takvom duhovnom razbojniku ne bi odgovaralo da ostvari svoje prozirne ciljeve.

On će pronjuškati i u najintimnije obiteljske odnose i neće se smiriti prije nego njegov tragalački instinkt ne napipa nekakav bijedni događaj, kojim će nesretnoj žrtvi zadati posljednji udarac. Ako se ipak ni u javnom ni u privatnom životu, ni pri najupornijem njuškanju, ne nade baš ništa, tada će se taj klipan jednostavno dohvatiti klevete, čvrsto vjerujući da će i nakon tisuću poricanja ostati ipak nešto visjeti, a da već nakon stotog ponavljanja kleveta za koje će naći i naročite ortake, borba žrtve protiv toga u najvećem broju slučajeva neće više biti moguća. Pri tome ta bitanga nikad ništa ne poduzima iz motiva koji bi možda pristojnim ljudima bili i vjerojatni, ili bar shvatljivi. Bože sačuvaj! I napadajući tako svoje drage suvremenike na najpodliji način, vucibatina ove vrste skriva se kao sipa u pravi oblak čestitosti i iscjeliteljskih fraza, brblja o "novinarskoj dužnosti" i sličnim lažljivim sredstvima, pa se čak još i usuđuje da se za vrijeme zasjedanja i kongresa, dakle u određenim povodima, viđa zajedno u većem broju ljudi, i trabunja o nekakvoj posebnoj, naime novinskoj, "časti", što ovdje okupljena bagra odobrava i dostojanstveno uzajamno potvrđuje.

Ova fukara fabricira više od dvije trećine takozvanog "javnog mnijenja" iz čije se onda pjene pojavljuje parlamentarna Afrodita.

Da bi se ovaj postupak točno prikazao i izložio u svojoj potpunoj lažljivoj neistinitosti, moralo bi se napisati tomove knjiga. Samo, ako se iz njegove djelatnosti i izuzme sve i promatra samo dati proizvod njegove objektivnosti, i to mi se čini dovoljnim, da se rasvijetli objektivno ludilo te institucije, čak i pred njenim najstrožim vjernicima.

Najlakše i ponajprije bi se mogla razumjeti ova, koliko besmislena toliko i opasna zbrka, čim bi se usporedio demokratski parlamentarizam s istinskom germanskom demokracijom.

Najvrjednije je pozornosti u slučaju onog prvog u tome, da se postupa tako da se izabere broj od recimo petsto ljudi ili u krajnjem žena, kojima sada pripada obveza da o svemu i svačemu donose konačne odluke. Oni su tako praktično sama vlada; jer, iako se i od njih bira kabinet, koji prema vanjskom svijetu preuzima vođenje državnih poslova, to je samo naizgled tako. U stvarnosti takozvana vlada ne može učiniti ni koraka, a da si prethodno ne pribavi dozvolu opće skupštine. Time ona, međutim, ne može biti proglašena ni za što odgovornom, jer posljednja odluka, dakle, ipak nije na njoj, već na parlamentarnoj većini. Ona je u svakom slučaju samo izvršiteljica volje ove ili one većine. Njena bi se politička sposobnost zapravo mogla prosuditi samo u umijeću kojim postiže sposobnost prilagođivanja volji većine, ili primicanja većine sebi. Ona time pada s visina stvarne vlade na razinu prosjakinje prema ovoj ili onoj većini. Čak je i njena najvažnija zadaća samo u tome, da si s vremena na vrijeme mora osigurati naklonost postojeće većine, ili se dati u poduhvat i osigurati jednu novu, sebi naklonjenu, većinu. Uspije li u tome, tada će smjeti neko kratko vrijeme "vladati"; ne uspije li, može otići. Ispravnost njenih namjera ne igra pri tome uopće nikakvu ulogu.

Tim je svaka odgovornost praktički isključena.

Do kakvih to posljedica vodi, proizlazi iz sasvim jednostavnog razmatranja:

Unutarnji sastav petsto izabranih narodnih predstavnika prema zvanju ili čak i sposobnostima pojedinaca, odaje, koliko rascjepkanu, toliko još ponajčešće jadnu sliku. Jer ipak ne treba baš vjerovati, da su ti izabranici nacije također i izabranici duha, ili bar razuma. Nadam se da nitko neće pomisliti da iz glasačkih listića nekog sve prije nego duhovno stabilnog biračkog tijela, može stasati na stotine državnika. I uopće, je li se moguće dovoljno oštro suprotstaviti bezumlju, da se iz općih izbora mogu roditi geniji. Kao prvo, u naciji se, u svakom svetom vremenu, tek jednom pojavi pravi državnik, ali ne istovremeno na stotine i više njih odjednom; i kao drugo, odbojnost mase prema svakom istaknutom geniju je zapravo instinktivna. Prije će deva proći kroz iglene uši, no što će veliki čovjek biti "otkriven" putem izbora.

Ono što se stvarno ističe iznad normalne mjere širokog prosjeka, obično se u svjetskoj povijesti javlja osobno. Tako, međutim, glasovi petsto ljudi, više no skromnih mogućnosti, odlučuju o najvažnijim poslovima nacije, postavljaju vlade, koje opet potom, moraju same, u svakom posebnom slučaju, i svakom pitanju ponaosob, pribaviti suglasnost uzvišene skupštine, prema tome, politiku stvarno vodi tih petsto osoba.

I zbog toga sve najčešće tako i izgleda.

Ali čak da se razmatranje o genijalnosti tih narodnih predstavnika ostavi izvan igre, neka se ipak promisli kakvih su sve različitih vrsta problemi koji traže svoje rješenje, i na kojim se sve različitim područjima moraju iznaći rješenja i donijeti odluke, i odmah će se shvatiti kako mora biti loša institucija vladavine koja svoje posljednje pravo na donošenje odluka prenosi na masovni skup ljudi, od kojih samo neznatan djelić raspolaže znanjima i iskustvima o stvarima o kojima se raspravlja. Najvažnije gospodarske mjere se tako podnose nekom forumu, čija tek desetina članova ima neko ekonomsko obrazovanje. To međutim opet ne znači ništa drugo, nego da se posljednja odluka daje u ruke ljudima, kojima nedostaju sve pretpostavke o onome o čemu se odlučuje.

Isto je tako i sa svakim drugim pitanjem. Odluku uvijek donosi većina neznalica i nemoćnika, jer, dabome, sastav ove institucije ostaje nepromijenjen, dok se problemi koje se razmatra, protežu na gotovo sva područja javnog života, iz čega proizlazi pretpostavka o potrebi uspostave stalne promjene poslanika koji o njima raspravljaju i odlučuju. Nemoguće je da se istim ljudima preputi odlučivanje o prometnim pitanjima i, recimo, pitanjima iz područja visoke vanjske politike. Ovdje bi trebali sjediti drugačiji, a ne sve čisto univerzalni geniji, kakvi se u stoljeću pojave u stvarnosti jedva jednom. Ovdje se, nažalost, uopće ne radi od "glavama", nego isto tako o ograničenima koliko i uobraženima i napuhanim diletantima, o duhovnom polusvijetu najgore vrste. Otuda proizlazi često i neshvatljiva lakomislenost s kojom ta gospoda razgovaraju.

O odlučuju o stvarima za koje bi čak i najvećim duhovima trebalo vrlo brižljivo promišljanje. Ovdje se donose mjere od najvećeg značenja za budućnost cijele države, koje će pogoditi i naciju, a oni se ponašaju kao da im je na stolu nešto kvalitetniji špil karata za stranku taroka, a ne sudbina rase.

No, bilo bi svakako nepravedno povjerovati da je svaki od poslanika takvog parlamenta i sam po sebi oduvijek opterećen s tako malo osjećaja odgovornosti.

Ne, nikako ne!

Ali time, što ga taj sustav prisiljava baviti se pitanjima koja ne pozna i zauzimati stavove o njima, kvari mu postupno i karakter. Nitko nije u stanju prikupiti hrabrosti i izjaviti: "Draga gospodo, ja vjerujem da mi o ovoj stvari nemamo pojma. Ja osobno, ni u kojem slučaju." (Uostalom, to bi promijenilo samo malo toga, jer ova vrsta iskrenosti, ne samo da bi ostala potpuno neshvaćenom, već se ne bi dopustilo da se zbog takvog poštenog magarca pokvari cijelu igru). Onaj koji poznaje ljude, shvatit će da u tako otmjenom društvu nitko ne bi baš želio biti najveći glupan, jer u određenim krugovima poštenje ima istovjetno značenje kao i glupost.

Tako će i moj, još uvijek čestiti predstavnik, biti neizbježno ubačen u ovu kolotečinu sveopće lažljivosti i prevarantstva. I upravo uvjerenje da nesuradnja pojedinca u nekoj stvari koja sama po sebi ne bi ništa promijenila, ubija svaki časni pomak, kojeg bi možda ovaj ili onaj recimo učinio. On će sebi na kraju dopustiti uvjerenje da on osobno već odavno ne spada u najgore i da svojim sudjelovanjem možda sprječava ono gore-zlo.

Dabome, da bi se ovdje moglo prigovoriti, kako doduše neki poslanik nema naročitog razumijevanja za ovu ili onu stvar, ali da je njegov stav rezultat savjetovanja frakcije, kao njegove političke voditeljice.; ona ima svoje posebne odbore koje, više nego dovoljno, poučavaju stručnjaci.

S ovim se na prvi pogled može složiti. Ali pitanje je bilo još i ovo: Zašto se bira petsto, ako samo nekolicina posjeduje neop- hodnu mudrost za zauzimanje stava o najvažnijim pitanjima?

Da, upravo u tom grmu leži zec.

Cilj našeg današnjeg demokratskog parlamentarizma nije formirati recimo skupštinu mudrih, već prije, sastaviti gomilu duhovno ovisnih nula, čije vođenje prema određenim smjernicama postaje utoliko lakše, što je veća osobna ograničenost tih pojedinaca. Samo se tako može voditi stranačka politika u današnjem lošem smislu. Ali, samo tako je i moguće da onaj koji zapravo vuče konce može uvijek oprezno ostati u pozadini, a da nikada ne može biti osobno podvrgnut odgovornosti. Jer, ipak neće baš svaka za naciju štetna odluka biti pripisana tamo nekom, svima vidljivom bitangi, već će se svaliti na leđa cijele frakcije.

Time, međutim, otpada svaka praktična odgovornost, jer se ona može zasnivati samo na obvezi pojedinačne ličnosti, a ne na parlamentarnoj udruzi brbljavaca.

Ova institucija može biti draga i dragocjena samo najlažljivijem i posebno onom plašljivom gnjecavcu koji zazire od svijetla dana, dok je omrznuto svakom čestitom, ispravnom, za svaku osobnu odgovornost spremnom momku.

Otuda je ova vrsta demokracije postala i instrument one rase, čiji se unutarnji ciljevi plaše sunca, kako sada, tako i za sva buduća vremena. Samo Židov može veličati instituciju koja je prljava i lažna kao i on sam.

Njemu nasuprot stoji istinska germanska demokracija slobodnog izbora vode s njegovom obvezom za potpunim preuzimanjem pune odgovornosti za svoje djelovanje i postupke. U njoj nema nikakva preglasavanja većine o pojedinim pitanjima, već samo određivanje jednog jedinog, koji onda svim svojim umom i životom odgovara za svoje odluke.

Ako se sad netko javi s kritikom, da se pod takvim uvjetima teško može naći nekoga tko će biti spreman svoju ličnost posvetiti tako riskantnom zadatku, onda se na to mora odgovoriti samo jedno:

Neka je Bogu hvala, jer u tome upravo i leži smisao germanske demokracije, da neće prvi nečasni štreber ili moralni zabušant koji naiđe okolišno ući u vladu svoga naroda, već će, zbog veličine odgovornosti koju treba preuzeti, neznalice i slabići uplašeno ustuknuti.

A ako bi se ipak takav klipan i pokušao nekako nametnuti, tada ga je lakše naći i bezobzirno ga se otresti: Gubi se, kukavička propalice! Nazad, prljaš stube; jer predvorje Pantenona povijesti nije za šunjala, već za heroje!

*

Do ovakvog pogleda na stvar izborili se nakon dvogodišnjeg posjećivanja bečkog parlamenta. Kasnije tamo više nisam ulazio.

Parlamentarni je režim imao i dodatnu glavnu zaslugu za posljednje dane sve više rastućih slabosti stare habsburške države. Što je njegovim djelovanjem bila više razbijena prevlast Nijemstva, tim se više sada potpadalo pod sustav ispraznih međusobnih izigravanja nacionalnosti. U samom Reichsratu to se sve više dešavalo na štetu Nijemaca, a time svakako u prvom redu i na štetu carstva; jer već na prijelazu u ovo stoljeće, trebalo je sinuti bar onom najpametnijem, da privlačna snaga monarhije nije više u stanju obuzdati težnje zemalja za raspadom zajedničke države.

Baš naprotiv.

Što su sredstva koja je država imala uložiti u svoje ozdravljenje bila siromašnija, tim je više rastao opći prijezir prema njoj. Ne samo u Mađarskoj, već i u pojedinim slavenskim provincijama, osjećalo se toliko malo zajedničkog sa zajedničkom monarhijom, da se njena slabost ni u kom slučaju nije osjećala kao vlastita sramota. Čak se, prije, još i razdiralo takvim znacima nastupajuću stranačku starost; ipak se sve više pouzdavalo u njenu smrt, nego u njeno ozdravljenje.

U parlamentu se još i mogao izbjeći potpuni slom stalnim nedostojanstvenim popuštanjem i ispunjavanjem svake moguće ucjene koju je tada trebao platiti Nijemac; u zemlji najvještijeg mogućeg međusobnog izigravanja naroda. Samo je opći smjer razvoja bio ipak usmjeren protiv Nijemaca. Posebno, otkako je prijestolonasljedništvo nadvojvodi Franzu Ferdinandu počelo utirati put za odozgo dobiven plan i poredak provođenja ubrzane čehizacije. Sa svim mogućim sredstvima pokušao je taj budući vladar dvojne monarhije dati prednost odnijemčivanju ili ga čak sam podržavati, ili u najmanju ruku prikriti. U tako okolišavajućem djelovanju državnog činovništva, nekada čisto njemačka mjesta polagano su, ali odlučno, sigurno ugurana u mješovite jezično opasne zone. Taj je proces čak i u Donjoj Austriji počeo pokazivati sve brži napredak, a Beč je već za mnoge Čehe smatran njihovim najvećim gradom.

Vodeća misao ovih novih Habsburgovaca, čija je obitelj sve više govorila češki (nadvojvodina supruga, bila je kao bivša češka grofica morganatski povjerena princu; ona je potjecala iz krugova čiji je neprijateljski stav prema Nijemcima bio tradicionalan), bila je da u srednjoj Europi postupno formira slavensku državu, koja je kao zaštita od pravoslavne Rusije trebala biti postavljena na strogo katoličke temelje. Time je, što je kod Habsburgovaca bilo tako često, religija ponovno postavljena u službu čisto političke misli, i još k tome - promatrano bar s njemačke točke gledišta - nesretne političke zamisli.

Rezultat je u mnogostrukom pogledu bio više nego žalostan.

Ni kuća Habsburg, ni katolička crkva nisu dobili očekivanu nagradu. Habsburg je izgubio prijestolje, Rim jednu veliku državu.

Jer, time što je kruna stavila u službu svojih političkih opredjeljenja i religiozne momente, probudila je duha, kojega, ponajprije, ni ona sama nije držala mogućim.

Iz pokušaja da se u staroj monarhiji svim sredstvima iskorijeni Nijemstvo, kao odgovor izrastao je u Austriji svenjemački pokret.

Osamdesetih godina u monarhiji je dostigao vrhunac, ako ga nije još i pregazio, mančesterski liberalizam židovskog uteme- ljenja. Reakcija na to došla je kao kod svega u staroj Austriji, ne u prvom redu iz socijalnih već iz nacionalnih shvaćanja. Nagon za samoodržanjem prisilio je Nijemstvo da se brani u najoštrijoj formi. Teku drugi plan po važnosti stavljena su gospodarska mjerila. Tako se iz sveopće političke zbrke iskristalizirase dvije stranačke strukture - jedna više nacionalna, druga više socijalno nastrojena, obje međutim izuzetno zanimljive i poučne za budućnost.

Nakon depresivnog kraja rata 1866., kuća Habsburg zanosila se mišlju o osveti na bojnom polju. Samo je smrću cara Maxa od Mexika, čija se nesretna ekspedicija pripisivala u prvom redu Napoleonu III. i čije je napuštanje potaknuto općom francuskom pobunom, izbjegnut tjesniji zajednički pohod s Francuskom. Pa ipak je Habsburg bio u zasjedi. Da rat 1870/71. nije postao jedinstveni pobjednički pohod, bečki dvor bi se zasigurno usudio zaigrati krvavu igru osvete za Sadovu. Ali, kada su sa bojišnice prispjele prve herojske vijesti, čudesne i jedva za povjerovati, no, ipak istinite, tada "najmudriji" od svih monarha spozna nepriličan sat i pokaza, iako ljut, prijazno lice.

Herojska borba tih dviju godina proizvela je još jedno moćnije čudo; jer kod Habsburgovaca promjena stava nikada nije odgovarala unutarnjoj težnji srca, nego prisili odnosa. Njemački narod u staroj Istočnoj marki je bio ponesen pobjedničkim zanosom carstva i vidio s najdubljom strastvenošću ponovno uskrsnuće najdivnije stvarnosti snova svojih očeva.

Jer, ne treba se razočarati, istinski opredijeljen austrijski Nijemac je i u Königgrätzu od tih sati spoznao onaj isto tako tragičan, ali i neophodan razlog za ponovno uspravljanje na noge carstva koje više nije htjelo ostati zarobljeno s gnjilom iscrpljenošću staroga saveza - a ono to više i nije bilo. On je, također, naučio prije svega najtemeljnije na svojoj koži osjećati da je kuća Habsburg konačno završila svoju povijesnu misiju i da novo carstvo smije izabrati za cara samo onoga koji u svom herojskom uvjerenju može "kruni Rajne" ponuditi dostojnu glavu. A koliko lije samo još i više trebalo slaviti Sudbinu, što je dar bio predan potomku dinastije koja je Friedrichom Velikim već jednom u mutnom vremenu zauvijek podarila naciji svijetli simbol uspona.

Ali, kad je poslije velikog rata kuća Habsburg posljednom odlučnošću išla na to da opasno Nijemstvo dvojne monarhije (čije unutarnje opredjeljenje nije moglo biti pod sumnjom) polagano ali neumoljivo iskorijeni - jer je to morao biti konačan ishod politike slavenizacije - tada buknu otpor naroda kome je bio određen kraj, i to takve vrste, kakvu njemačka povijest novijeg vremena još nije poznavala.

Po prvi puta postadoše nacionalno i patriotski opredijeljeni ljudi - buntovnici.

Buntovnici ne protiv nacije, niti protiv države same po sebi, već buntovnici protiv oblika vlasti, koja je po njihovu uvjerenju morala dovesti do propasti vlastitog naroda.

Po prvi puta u novijoj njemačkoj povijesti, razdvojio se zemaljski dinastički patriotizam od nacionalne ljubavi prema domovini i narodu.

Bila je to zasluga svenjemačkog pokreta austrijskih Nijemaca devedesetih godina, kad se na jasan i nedvosmisleni način utvrdilo da državni autoritet ima pravo zahtijevati poštovanje i zaštitu samo onda, ako on odgovara težnjama naroda ili mu bar ne nanosi štetu.

Državni autoritet kao cilj sam sebi ne može postojati, jer bi u tom slučaju svaka tiranija na ovom svijetu bila nedodirljiva i posvećena.

Ako pomoćnim sredstvima vladajućeg nasilja neki narod bude predodređen za propast, tada je pobuna svakog pojedinog pripadnika takvog naroda ne samo pravo, nego i obveza.

A pitanje je: kada se radi o takvom slučaju, hoće li to biti odlučeno teorijskim raspravama ili snagom i - uspjehom.

Kako svako vladarsko nasilje, samo se po sebi razumije, uzima sebi za dužnost održanje državnog autoriteta i tada kad je vlada loša, a težnje naroda tisuću puta izdane, tada narodni nagon za samoodržanjem pri svladavanju takve vlasti, a u cilju zadobivanja slobode ili nezavisnosti, mora upotrijebiti isto oružje kojim se pokušava održati i protivnik. Borba se, prema tome, vodi "legalnim" sredstvima, dokle god i vlast koju se hoće oboriti, sama upotrebljava takva sredstva, ali se ne treba ustezati i od ilegalnih, ako ugnjetač upotrijebi isto takvo sredstvo.

Općenito uzevši, ne smije se nikada zaboraviti da održanje države, ili čak i vlade, nije najviši cilj ljudi, već je to očuvanje njihove vrste.

Ali ako je ona sama u opasnosti da bi mogla biti podjarmljena ili čak uništena, tada pitanje legaliteta ne igra podređenu ulogu. Tada se može dogoditi i to, da se vladajuća sila tisuću puta posluži "legalnim" sredstvima u svom nastupanju, ipak je nagon za održavanjem podjarmljenih naroda najuzvišenije opravdanje za njihovu borbu svim oružjem.

Samo su u priznanju ovoga stava oslobodilačke borbe protiv unutarnjeg a i vanjskog porobljavanja naroda na ovoj zemaljskoj kugli, isporučene u tako snažnim povijesnim primjerima.

Pravo čovjeka ruši državno pravo.

Podlegne li narod ipak u svojoj borbi za prava čovjeka, tada će on upravo na vagi Sudbine biti prelagan za sreću daljeg trajanja na ovom svijetu. Jer, tko se nije spreman ili sposoban boriti za svoju opstojnost, njemu je vječno pravedno proviđenje već odredilo kraj.

Svijet ne postoji za kukavičke narode.

*

Ali, kako se je ipak lagano tiraniji ogrnuti mantilčićem takozvanog "legaliteta", opet najopasnije i najdojmljivije pokazuje primjer Austrije.

Legalna državna vlast počivala je tada na njemačkom neprijateljskom tlu parlamenta s njegovom nenjemačkom većinom - i isto tako njemačko - neprijateljskom vladajućom kućom. U oba ova čimbenika bio je otjelovljen cjelokupan državni autoritet. S tog mjesta htjeti i pokušati promijeniti sudbinu njemačko - austrijskog naroda, bila je čista besmislica. Time bi međutim bio opet, prema mišljenju naših obožavatelja jedino mogućeg "legalnog" puta i državnog autoriteta po sebi, zanemariv svaki otpor, jer se on nije sprovodio legalnim sredstvima. To bi, međutim, značilo i kraj njemačkog naroda u monarhiji s iznuđenom nužnošću - i to u kratkom vremenu. Nijemstvo je od te Sudbine zaista spašeno jedino slomom te države.

Počinovničeni bi teoretičar, dabome, još uvijek prije umro za svoju doktrinu, nego za svoj narod. Kako ljudi sami sebi stvaraju zakone, on misli da su oni baš za njih kasnije tu.

Što je ova besmislica temeljito otklonjena, a na užasavanje svih teoretskih jahača principa, kao i ostalih državnih fetišista, treba odati zahvalnost tadašnjem svenjemačkom pokretu u Austriji.

Zbog toga što su Habsburzi svim sredstvima pokušali Nijemstvo okrenuti na leđa, napala je ova stranka čak i "uzvišenu" vladajuću kuću i to bezobzirno. Ona je po prvi puta postavila sondu na tu trulu državu i stotinama tisuća ljudi otvorila oči. Njena je zasluga što je predivni pojam domovinske ljubavi otrgla iz zagrljaja ove sumorne dinastije.

Njena je snaga u prvo vrijeme svog nastupa bila izvanredno velika, pa je čak prijetila postati i pravom lavinom. Samo, uspjeh nije potrajao. Kada sam došao u Beč, pokret je već odavno bio potisnut od, u međuvremenu na vlast dospjele Kršćansko - socijalne stranke, pa čak i skršen u skoro potpunu beznačajnost.

Cijeli taj vijek postajanja i nestajanja svenjemačkog pokreta s jedne strane i nečuvenog uspona kršćansko - socijalne stranke, s druge strane, morao je za me zaista postati klasičan objekt proučavanja od najvećeg značenja.

Kad sam došao u Beč moje su simpatije bile sasvim i u cijelosti na strani svenjemačkog usmjerenja.

Da se u parlamentu imalo čak smjelosti za povik: "Živjeli Hohenzollerni!", također mi se jako sviđalo, kao što me i veselilo; da se još uvijek sebe smatralo samo prolazno odvojenim dijelom od Njemačkog carstva, i ni jednog se trenutka nije dozvoljavalo propustiti, da se tako nešto i javno obznani, pobuđivalo je u meni radosno pouzdanje. Da se u svim pitanjima koja su se ticala Nijemstva, beskompromisno isticala obojenost i nipošto se nije podržavalo kompromise, činilo mi se još jedinim prohodnim putem ka spasenju našeg naroda; ali da je pokret poslije svog tako divnog uspona, sada tako jako potonuo, to nisam mogao razumjeti. Još manje, da će se Kršćansko - socijalna stranka u isto vrijeme uzdići do tako ogromne vlasti. Ona je upravo tada bila na vrhuncu svoje slave.

I kako sam se dao na uspoređivanje oba pokreta, i ovdje mi je Sudbina dala ubrzano i mojim već posebno tužnim stanjem, najbolju pouku za shvaćanje uzroka ove zagonetke.

Svoje razmatranje počinjem od dvojice ljudi koji su prepoznati kao vode i osnivači obih stranaka: Georga von Schönerera i dr. Karla Luegera.

Čisto ljudski uzevši obojica su se uzdizala daleko iznad okvira i mjerila takozvanih parlamentarnih pojava. U kaljuži sveopće političke korupcije, cijeli njihov život je ostao čist i nedodirljiv. Ipak su moje osobne simpatije tada bile najprije na strani Sve - nijemca Schönerera, da bi se potom, ali postupno, okretale i ka kršćansko - socijalnom vodi.

Uspoređeni u svojim sposobnostima, Schönerer mi se tada činio boljim i produbljenijim misliteljem u području principijelnih problema. On je nužni kraj austrijske države spoznavao točnije i jasnije od ma koga drugoga. Da su njegova upozorenja o habsburškoj monarhiji bolje slušali, naročito u njemačkom carstvu, ne bi nikada došlo do nesreće svjetskog rata Njemačke protiv cijele Europe.

Samo, dok je Schönerer spoznao probleme u njihovoj unutarnjoj biti, dotle se tim više obmanjivao u ljudima.

Ovdje je, međutim, bila snaga dr. Luegera.

On je bio rijedak poznavatelj ljudi, koji se naročito čuvao ocjenjivanja ljudi boljim no što to oni sami jesu. Stoga je više računao s realnim mogućnostima života, dok je Schönerer za to pokazivao malo razumijevanja. Sve što je Svenijemac samo i pomislio bilo je teorijski uzevši točno, ali mu je nedostajalo snage i razumijevanja, da te teorijske spoznaje prenese na masu, da bi je dakle doveo u takav oblik koji može odgovarati sposobnostima shvaćanja širokih slojeva naroda, koji je ipak ograničen i ostaje ograničen. Tako je ova spoznaja ostala samo proročanska mudrost koja nikada nije mogla postati praktičnom stvarnošću.

Ovaj je nedostatak činjeničnog poznavanja ljudi daljim tijekom vremena doveo do krive procjene snage, kako cijelog pokreta, tako i prastarih institucija.

Konačno, Schönerer je doduše spoznao da se ovdje radi o pitanjima svjetonazora, ali nije shvatio da su nositelji takvih gotovo religioznih uvjerenja u prvom redu široke mase samog naroda.

On je nažalost samo u malom opsegu vidio izuzetnu ograničenost borbene volje u takozvanim "građanskim" krugovima, već i zbog njihova gospodarskog položaja, koji je pojedinca previše izlagao strahovanju da bi mogao nešto izgubiti, pa se stoga držao suzdržanije.

A izglede za pobjedu imat će ipak općenito uzevši tek onaj svjetonazor za kojega se široke mase opredijele da bude nositelj tog novog učenja i ako preuzmu neizbježnu borbu.

Tom nedostatku razumijevanja značaja donjih narodnih slojeva, odgovaralo je potpuno neshvaćanje socijalnog pitanja.

U svemu je tome dr. Lueger prava suprotnost Schönereru.

Temeljito poznavanje ljudi dopuštalo mu je isto tako dobro procijeniti moguće snage, čime je opet ostao pošteđen niske procjene postojećih institucija, pa se možda čak upravo iz tog razloga naučio njima poslužiti, kao pomoćnim sredstvom ostvarenja svojih namjera.

On je isto tako i suviše jasno shvatio da je politička borbena snaga gornjeg sloja građanstva u današnje vrijeme bilo premala i nedovoljna da njome jedan veliki pokret izvojuje pobjedu. Stoga je on glavno težište svoje političke djelatnosti stavio na pridobivanje onih slojeva, čija je egzistencija bila ugrožena i koji bi slijedom toga pridonijeli više podsticanju nego slabljenju borbene volje. Isto tako, bio je spreman učiniti ih sebi sklonima, da bi iz takvih starih izvora snage mogao izvući što više koristi za vlastiti pokret.

Tako je on utemeljio svoju novu stranku u prvom redu na ugroženom srednjem staležu, i time sebi osigurao pripadnike koje je bilo teško uzdrmati i koji su isto tako bili spremni na žrtvu i puni borbene snage. Svojim beskrajno mudrim odnosom prema katoličkoj crkvi, on je u kratkom vremenu pridobio za sebe mlade svećenike, tako da je stara klerikalna stranka bila prisiljena ili ustupiti bojište, ili se, još pametnije, priključiti novoj stranci, da bi polagano osvajala položaj za položajem.

Kad bi se sve to promatralo samo karakterističnim za biće tog čovjeka, tada bi mu se nanijela teška nepravda. Jer uz crte mudrog taktičara treba pribrojiti i svojstva jednog zaista velikog i genijalnog reformatora. Dabome, i ovdje ograničenog točnom spoznajom postojećih mogućnosti i sposobnosti vlastite osobe.

Ovaj istinski značajan čovjek postavio je pred sebe beskrajno praktičan cilj. Htio je osvojiti Beč. Beč je bio srce monarhije, iz toga je grada istjecao još posljednji život u boležljivo ostarjelo tijelo trulog carstva. Što je srce postajalo zdravije, tim svježije je moralo oživjeti i ostalo tijelo. Načelno točna misao, koja ga je samo u jednom određenom i ograničenom vremenu mogla dovesti do svoje primjene.

A u tome je bila slabost ovoga čovjeka.

Ono što je on postigao kao gradonačelnik Beča u najboljem je smislu riječi besmrtno; ali time više ipak nije mogao spasiti monarhiju - bilo je prekasno.

To je, međutim, jasno vidio njegov protivnik Schönerer.

Ono što je dr. Lueger praktički započeo, uspijevalo mu je na čudesni način, ono što je od toga očekivao, izostalo je.

Ono što je Schönerer htio, nije mu uspijevalo, a ono čega se pribojavao, upravo se, nažalost, na užasan način ispunjavalo.

Tako oba ova čovjeka ne dosegoše svoje dalekosežne ciljeve. Lueger više nije mogao spasiti Austriju, a Schönerer zaštititi njemački narod od propasti.

Za naše je današnje vrijeme beskrajno poučno prostudirati uzroke promašaja obih stranka. To je posebno svrhovito za moje prijatelje, jer su danas odnosi u mnogim točkama slični tadašnjima, te se mogu izbjeći grješke koje su jednom već odvele jedan pokret do kraha, a drugi do besplodnosti.

Slom svenjemačkog pokreta u Austriji u mojim je očima imao tri uzroka: Prvo, nejasna predodžba o značenju socijalnog problema baš kad se radi o novoj stranci, koja je u svom unutarnjem biću revolucionarna stranka.

Time što su se Schönerer i njegova stranka obratile u prvom redu građanskim slojevima, učinak je mogao biti jako slabašan, tanjušan.

Njemačko je građanstvo, naročito u svojim višim krugovima, iako pojedinci to i ne slute, doslovno pacifističko - sve do krute samonegacije, kada se radi o unutarnjim stvarima nacije i države. U dobrim vremenima, u ovom slučaju, to dakle znači u vremenima neke dobre vlade, ovakvo opredjeljenje je jedan od razloga da se ovim slojevima prizna izvanredna vrijednost za državu; u vremenima slabije moći, ono djeluje upravo pogubno. Da bi se uopće i omogućilo provođenje neke zaista ozbiljne borbe, morao se sve - njemački pokret prije svega posvetiti pridobivanju masa. Kako on to nije učinio, od samog je početka izgubio onaj elementarni zamah, koji je potreban takvom valu, ako on ne želi u kratkom vremenu splasnuti.

I kako to načelo od početka nije zamijećeno ni sprovodeno, nova je stranka izgubila svaku mogućnost kasnijeg nadoknađivanja propuštenog. Jer će se prijemom u pokret pretjerano mnogobrojnih umjereno - građanskih elemenata, unutarnji stav pokreta, usmjeriti uvijek ka njima i tako se morati odreći svakog daljeg izgleda za dobivanje spomena vrijedne snage iz širokih redova naroda. Time takav pokret više neće moći otići dalje od kakvog prostog gunđanja i kritiziranja. Jer, više ili manje, više se skoro nikada neće moći naći religiozna vjera povezana s isto takvom spremnošću na žrtvu; na njeno će mjesto doći tek težnja za "pozitivnom" suradnjom, što u ovom slučaju znači priznanje da se pokretu okljaštri i zatruje čvrstina borbe, da bi se naposljetku prizemljio u jedan truli mir.

To se dakle dogodilo i svenjemačkom pokretu, jer od samog početka nije stavio glavno težište na pridobivanje svojih pristalica iz krugova široke mase. On je postao "građanski otmjen, prigušeno radikalan".

Iz te mu je grješke izrastao i drugi razlog njegove brze propasti.

U vrijeme nastupa svenjemačkog pokreta, položaj Nijemstva u Austriji bio je već očajnički. Iz godine u godinu parlament je sve više postajao samo institucija za polagano uništenje njemačkog naroda. Svaki pokušaj nekog spasa u dvanaesti sat, mogao je imati jako mali izgled za uspjeh, i to samo ukidanjem te institucije.

Time je pokret postavio pitanje od principijelnog značaja:

Je li trebalo, da bi se parlament uništio,u njega ući, da bi ga se - kako se uobičavalo govoriti - "iznutra potkopalo", ili je trebalo tu borbu voditi izvana stalnim napadima na tu instituciju?

Ušlo se u parlament i iz njega izišlo poraženo. Dabome, da se moralo u njega ući.

Povesti borbu protiv takve sile izvana, znači naoružati se nepokolebljivom hrabrošću, ali biti spreman i za beskrajne žrtve. Time se bik hvata za rogove; primit će se mnogi teški udarci, ponekad će se biti i oboren na tlo, da bi se možda tek sa slomljenim udovima moglo ponovno pridići, i tek nakon najtežih borbi pobjeda će pripasti smjelom napadaču. Samo će veličina žrtve zadobiti nove borce za stvar, dok konačno upornost za nagradu ne postigne uspjeh.

A za to su potrebna djeca naroda iz širokih masa.

Jedino su ona odlučna i dovoljno žilava tu bitku voditi do krvavog kraja.

Ovu široku masu svenjemački pokret nije imao, te mu tako nije preostalo ništa drugo, već ući u parlament.

Bilo bi pogrešno vjerovati da je ta odluka bila učinak dugih unutarnjih duševnih muka ili bar promišljanja; ne, nije se mislilo ni na što drugo. Sudjelovanje u ovoj besmislici bio je samo izraz općih, nejasnih predodžbi o značenju i djelovanju vlastitog sudjelovanja u instituciji koja je već u principu bila ocijenjena pogrešnom. Općenito gledano, svakako se ponadalo nekom olakšanju u prosvjedovanju širokih narodnih masa, time što se sada, eto, dobiva prilika govoriti pred "forumom cijele nacije".

Čini se da se isto tako pomislilo, kako bi napad na korijene zla morao biti uspješniji od jurišanja izvana. Vjerovalo se da će se zaštitom imuniteta povećati sigurnost pojedinih istaknutih boraca, čime bi se snaga napada samo povećala.

U stvarnosti je, naravno, bilo sasvim drugačije.

Forum pred kojim su svenjemački poslanici govorili postao je prije manji nego veći; k tome tu svatko govori samo pred krugom koji ga želi slušati, ili preko tiskovnih izvještaja, koji ponavljaju ono što je izgovoreno.

Ali najveći neposredni forum slušatelja nije šala parlamenta, nego je to veliki javni narodni skup.

Jer, njega čine tisuće ljudi, koji su došli samo zbog toga da bi čuli što im govornik ima za reći, dok se u sali za sjednice poslaničkog doma nalazi samo njih nekoliko stotina, koji su ovdje najčešće zato da bi na ulazu primili dnevnice, a ni u kom slučaju da bi dopustili da ih prosvijetli mudrost jednog ili drugog gospodina "narodnog predstavnika".

A prije svega, ta to je uvijek ista publika, koja nikada neće naučiti nešto više, jer im za to, osim pameti, nedostaje tako neophodna bar skromna volja.

Nikada se neki od tih narodnih predstavnika neće, polazeći od sebe, prikloniti na čast istini, da bi se stavio u njenu službu. Ne, to neće učiniti ni jedan jedini, osim ako se nema razloga nadati da će takvim obrtom moći sebi spasiti svoj mandat za novi saziv. Tek, dakle, kad u zraku počne visjeti mogućnost da će dosadašnja stranka na nadolazećim izborima loše proći, potrčat će ta dika od muževnosti da pogleda hoće li se i kako ubaciti u drugu, vjerojatno bolje stojeću stranku ili smjer, pri čemu ta promjena pozicije brižljivo svakako teče u prolomu oblaku moralnih obrazloženja.

Otuda uvijek kad postojeća vladajuća stranka počinje propadati zbog nesklonosti naroda, u opsegu koji već prijeti mogućnošću uništavajućeg poraza, nastaje veliko putovanje: parlamentarni štakori napuštaju stranački brod.

Ta pojava nema ništa zajedničkog s boljim znanjem ili htijenjem, već jedino s onom vidovitom darovitošću koja takvu parlamentarnu stjenicu upozorava u pravom trenutku i tako je opet ponovno spušta u drugi topli prijateljski krevet. Govoriti pred takvim "forumom", znači stvarno bacati bisere pred poznate životinje. To se zaista ne isplati. Ovdje uspjeh ne može biti ništa drugo nego - nula!

Tako je i bilo. Svenjemački poslanici mogli su govoriti do promuklosti: učinak je potpuno izostao.

Tisak je, međutim, ili potpuno prešutio ili je tako raskupusio njihove govore, da su svaka veza, pa čak i smisao, često puta bili potpuno izokrenuti ili potpuno izgubljeni, a javnost, uslijed toga, dobila sasvim lošu sliku o namjerama novog pokreta. Što su pojedina gospoda govorila bilo je potpuno besmisleno: značenje je sadržano u onome, što se od tih govora dobilo za čitanje. A to je bio izvod iz njihovih govora koji je u svojoj rascjepkanosti mogao - i trebao - djelovati potpuno besmisleno. Pri tome se jedini forum pred kojim su oni uistinu govorili sastojao od, u najboljem slučaju petsto parlamentaraca, što samo za sebe dovoljno govori.

Ali je najgore bilo sljedeće:

Svenjemački pokret je tada mogao računati na uspjeh samo da je od prvog dana shvatio, da nije riječ o nekoj novoj stranci, već mnogo više - o novom svjetonazoru. Samo je kao takav mogao mobilizirati unutarnje snage da ih se pridobije za divovsku borbu. Ali za tako što su potrebne vođe samo najboljih i najhrabrijih glava.

Ako borbu za određeni svjetonazor ne vode na žrtvovanje spremni heroji, za vrlo kratko se vrijeme više neće moći naći hrabri borci koji su u stanju pogledati smrti u oči. Tko ovdje drhće za vlastiti život, njemu više ništa ne preostaje za opću stvar.

Da bi se ove pretpostavke održale, svakom je važno znati da novi pokret čast i slavu za potomstvo nikako ne može ponuditi u sadašnjosti. Što pokret može dijeliti više pozicija i položaja, koje je u njemu lako steći, bit će veća navala manje vrijednih, dok se konačno ti politički privremeni radnici ne ukorijene u takvoj uspješnoj političkoj stranci, da bivši pošteni borci neće više biti uopće u stanju ponovno prepoznati stari pokret, a nove će pridošlice odlučno odbaciti i vođu samog kao zagriženog "nepozvanog". Time je "misija" takvog pokreta završena.

A kako je svenjemački pokret sebe prepustio parlamentu, dobio je umjesto vođa i boraca - "parlamentarce". On je time pao na razinu jedne od običnih dnevnih političkih stranaka, i izgubio snagu suprotstaviti se sumornoj sudbini prkosom mučeništva. Umjesto da se tuče, on je sada naučio i "govoriti" i "pregovarati".

Ali je novi parlamentarne već u kratkom vremenu osjetio ljepšu i nerizičnu obvezu, da se za novi svjetonazor izbori "duhovnim" oružjem parlamentarne govorljivosti, kada se, u slučaju potrebe, i žrtvom vlastitog ulijetanja u borbu, njen ishod pokazao nesigurnim, u svakom slučaju, nešto što mu nije moglo ništa pridonijeti.

A kako se sada već sjedilo u parlamentu, pristalice izvana se počeše nadati i iščekivati čuda, koja se naravno nisu dogodila, niti su se mogla dogoditi. Stoga su već u kratkom vremenu postali vrlo nestrpljivi; jer čak ni to što se moglo čuti od vlastitih poslanika, ni na koji način nije odgovaralo očekivanjima birača. To je bilo lako objašnjivo, jer se neprijateljski tisak dobro čuvao prenijeti narodu vjernu sliku djelovanja svenjemačkih predstavnika.

I što su se novi narodni predstavnici više privikavali ukusu ipak blaže vrste "revolucionarne" borbe u parlamentu i pokrajinskim skupštinama, to su se manje bili spremni i vratiti opasnom agitatorskom radu u širokim narodnim slojevima. Masovni skup kao jedini put stvarno učinkovitog djelovanja, zbog svoje osobne neposrednosti, a time i jedino mogućeg pridobivanja velikih dijelova naroda, bio je time sve zapostavljeniji, Otkada je pivski stol sale za skupove konačno zamijenjen s tribinom parlamenta, da bi se govori s tog foruma ulijevali u glave takozvanih narodnih "izabranika", umjesto u narod, prestao je svenjemački pokret biti i narodnim pokretom i u kratkom je vremenu potonuo u tek više ili manje ozbiljan klub akademskih rasprava.

Loš utisak što ga je širio tisak bilo je do te mjere nemoguće ispraviti osobnom skupštinskom djelatnošću pojedine gospode, da je na kraju riječ "svenjemački" u uhu običnog naroda dobila novi, vrlo loš prizvuk.

Jer, neka dopuste svi ti piskarajući vitezovi i fićfirići današnjice, da im bude naročito rečeno: najveće promjene i prevrati na ovome svijetu nikada nisu izvedeni - guščjim perom.

Ne, peru je uvijek bilo rezervirano - da ih teorijski objasni.

Sila, koja je prisilila na odronjavanje velike povijesne lavine religiozne i političke vrste, bila je od pamtivijeka očaravajuća snaga izgovorene riječi.

Široka masa nekog naroda podliježe prije svega samo snazi govora. Svi su veliki pokreti, narodni pokreti, vulkanske erupcije ljudskih strasti i duševnih osjećanja, pokrenuti ili stravičnom boginjom bijede ili potpaljivačkom bakljom u masu ubačene riječi, a ne sladunjavim - limunadnim izljevima estetizirajućih literata i salonskih heroja.

Sudbine naroda može preokrenuti samo oluja vrele strasti, a strast, međutim, može pobuditi samo onaj koji je u sebi nosi.

Samo onome koga je odabrala, ona daruje riječi slične udarcima čekića, koje su u stanju otvoriti vrata narodnog srca.

U koga, međutim, zataji strast, a usta ostanu zatvorena, toga nebo nije izabralo za glasnika svoje volje.

Otuda može svako piskaralo ostati kod svoje tintarnice, da bi djelovalo "teoretski", ako su mu za to dovoljni razum i sposob- nost, ali za vođu on nije niti rođen, niti izabran.

Stoga se svaki pokret s velikim ciljevima mora vrlo brižno truditi da ni u kom slučaju ne izgubi vezu sa širokim narodnim masama.

On mora u prvom redu ispitati svako pitanje s ovog stajališta i u tom smjeru naći svoju odluku.

On, nadalje, mora izbjeći sve ono što bi njegovu sposobnost djelovanja na mase moglo umanjiti ili čak oslabiti, ali ne iz "demagoških" razloga, nego iz jednostavne spoznaje, da bez ogromne snage narodne mase nije ostvariva nikakva velika ideja, ma kako se ona svetom i uzvišenom činila.

Samo opora stvarnost mora odrediti put ka cilju; izbjegavati neprijatne putove, često znači na ovom svijetu odreći cilja, htjelo se to nekome ili ne.

I kako je svenjemački pokret svojim parlamentarnim usmjerenjem prenio težište svoje djelatnosti u parlament, umjesto u narod, izgubio je budućnost, a u zamjenu zadobio jeftine uspjehe trenutka.

Izabrao je lakšu borbu, a time više nije bio dostojan posljednje pobjede.

Upravo sam ovo pitanje najtemeljitije razmotrio još u Beču i u njegovom nesagledavanju od strane svenjemačkog pokreta vidio jedan od glavnih uzroka njegove propasti, propasti pokreta koji je u mojim očima tada bio pozvan preuzeti u svoje ruke vodstvo Nijemstva.

Obe prve grješke koje su dovele do propasti svenjemačkog pokreta, stajale su jedna prema drugoj u srodnom odnosu. Nedostatak spoznaje o unutarnjim pogonskim snagama velikih prevrata, vodio je nezadovoljavajućim procjenama značaja širokih narodnih masa; iz toga je proizlazio slab interes za socijalna pitanja, nedovoljno i nedostatno pridobivanje duhova donjih slojeva nacije, kao i stav prema parlamentu, koji je ovo samo pospješivao.

Da se samo mogla spoznati nečuvena sila koju posjeduje masa kao nositeljica revolucionarnih otpora u svim vremenima, tada bi se svakako drugačije radilo i u socijalnom i u promidžbenom smjeru. Onda glavno težište pokreta ne bi ni bilo prebačeno u parlament, nego u radionicu i na ulicu.

Ali i treća grješka nosi u sebi posljednju klicu u nespoznavanju vrijednosti mase, koja se najzad, pomoću nadmoćnih duhova privlači za određeni smjer i stavlja u pokret, a tada, slično kotaču zamašnjaku, i dodaje snazi napada silinu i stalnu ravnomjernu upornost.

Teška borba koju je svenjemački pokret vodio sa katoličkom crkvom, objašnjiva je samo nedovoljnim shvaćanjem da se duševnoj nadarenosti naroda mora ići u susret.

Uzroci žestokog napada nove stranke protiv Rima bili su sljedeći:

Čim je kuća Habsburg konačno odlučila preobratiti Austriju u slavensku državu, posegnulo se za svakim za tu svrhu pogodnim sredstvom. Naj nesavjesni ja vladajuća kuća stavila je beskrupulozno u službu nove "državne ideje" čak i religiozne institucije.

Upotreba češkog svećenstva i njihovih duhovnih dušobrižnika, bilo je samo jedno od mnogih sredstava da bi se postigao cilj, sveopćeg slaveniziranja Austrije.

Proces se odigravao ovim redom:

U čisto njemačke općine postavljeni su češki svećenici, koji su polako ali sigurno počinjali isticati interese češkog naroda iznad interesa crkve i tako postajali kliconoše procesa odnijemčivanja.

Njemačko je svećenstvo u tim zbivanju, nažalost, gotovo potpuno zakazalo. Ne samo da je ono za sličnu borbu u njemačkom duhu bilo potpuno neupotrebljivo, već nije bilo u stanju ni odgovoriti potrebama otpora na napade drugih. Tako je Nijemstvo bilo polagano ali neumitno potiskivano, s jedne strane zaobilazno, putem vjerske zloupotrebe, a s druge, svojom nedovoljnom obranom.

Ako se ovo, što je prikazano, odigravalo u malome, odnosi nažalost ni u širim okvirima nisu bili mnogo drugačiji. Ni ovdje antinjemački pokušaji Habsburgovaca, inicirani prije svega visokim klerom, nisu nailazili na obranu, dok je zastup- ništvo njemačkih interesa i samo ostajalo u pozadini.

Opći utisak nije mogao biti drugačiji nego da je katoličko svećenstvo kao takvo grubo vrijeđalo njemačka prava.

Tako se čini da crkva uopće nije osjećala s njemačkim narodom, već se na nepravedan način stavila na stranu njegova neprijatelja. A korijen cijele ove nevolje bio je, po mišljenju Schönerera, prije svega, u tome što se vodstvo katoličke crkve nije nalazilo u Njemačkoj, kao i time uvjetovanim neprijateljskim interesima protiv našega naroda.

Takozvani kulturni problemi su pri tome, kao i gotovo sve u Austriji, bili skoro sasvim u pozadini. Za stav svenjemačkog pokreta prema katoličkoj crkvi mnogo je manje bilo odlučujuće njeno držanje npr. prema znanosti itd., a znatno više njeno nedovoljno zastupanje njemačkih prava, i obratno, stalno podržavanje slavenskih, nenjemačkih, neopravdanih zahtjeva i pohote.

I sada, Georg Schönerer nije bio čovjek koji će neku stvar uraditi napola. Prihvatio je borbu protiv crkve, uvjeren da samo tako spašava njemački narod. Geslo: "Pokret - dalje - od - Rima", činio se najsnažnijom, ali naravno, i najtežom strategijom napada, koja je trebala smrviti neprijateljski centar. Da je ona bila uspješna, onda bi i nesretni crkveni rascjep u Njemačkoj bio prevladan, a unutarnja snaga carstva i njemačka nacija je takvom pobjedom mogla neizmjerno mnogo dobiti.

Samo, ni pretpostavke, ni zaključci te borbe nisu bili ispravni.

Nacionalna snaga otpora katoličkog svećenstva njemačke nacionalnosti, bila je bez sumnje u svim pitanjima koja su se ticala Nijemstva manja nego ona nenjemačke, naročito češke službene braće.

Isto tako, samo najobičniji ignorant nije mogao vidjeti, da njemačkom kleru nije gotovo nikada palo čak ni na um, ofenzivno zastupanje njemačkih interesa.

Ali, svatko tko nije bio zaslijepljen, morao je priznati, da je ovo trebalo u prvom redu biti pripisano okolnosti pod kojom mi Nijemci svi zajedno moramo najteže trpjeti; to je naša objektivnost u stavu prema našem narodu, kao i isto tako, prema bilo čemu drugome.

I tako, dok se je češki svećenik prema svom narodu odnosio subjektivno, a objektivno samo prema crkvi, njemački je svećenik bio subjektivno odan crkvi, a ostao objektivan prema naciji. Pojava, među tisućama drugih slučajeva, koju možemo promatrati kao našu nesreću.

A to ni u kom slučaju nije posebno naslijeđeni dio katolicizma, nego nešto što u nas tijekom kratkog vremena požder'e gotovo svaku, posebno državnu ili idejnu instituciju.

Usporedimo samo stav što ga, na primjer, zauzima naše činovništvo prema pokušajima nacionalnog preporoda, s onim, što bi ga u takvom slučaju zauzelo činovništvo nekog drugog naroda. Ili, vjeruje li se da bi, recimo, časnički kor cjelokupnog ostalog svijeta na sličan način odobrio težnju nacije frazom: "državnog autoriteta" - što se kod nas od prije pet godina samo po sebi razumijeva, pa čak vrijedi i kao posebno zaslužno ponašanje? Zar danas ne zauzimaju obje vjere, npr. o Židovskom pitanju, stajalište, koje ne odgovara ni težnjama naroda niti potrebama religije? Neka se samo usporedi držanje nekog židovskog rabina u svim pitanjima od i najmanjeg značaja za Židovstvo kao rasu, sa stavom daleko najvećeg dijela našeg svećenstva, ali, najljepše molim, obih vjera!

Ova se pojava javlja uvijek tada, kada se radi o zastupanju neke apstraktne ideje po sebi.

"Državni autoritet", "demokracija", "pacifizam", "internacionalna solidarnost", itd. su čisti pojmovi koji kod nas postaju gotovo uvijek tako krute, čisto doktrinarne predodžbe na čijim se polazištima i zasniva svako ocjenjivanje općih nacionalnih životnih neophodnosti. Taj nesretni način promatranja svega važnog pod uglom nekog preduvjerenja, ubija svaku moć, da se neka stvar koja sve više proizlazi isključivo iz ovih stajališta i koja objektivno proturječi vlastitoj doktrini i vodi na kraju ka potpunom izokretanju i sredstva i cilja, subjektivno promisli. Okrenut će se protiv svakog pokušaja nacionalnog uzdizanja, ako bi se ono moglo dogoditi jedino prethodnim uklanjanjem lošeg pokvarenog režima, jer bi to, zaboga, bio udar na "državni autoritet", a "državni autoritet" nije sredstvo za takav cilj, nego je što više u očima takvog fanatika taj objektivizirani autoritet cilj sam po sebi, dovoljan da ispuni njegov cijeli bijedni život. Tako bi se npr. "ukopavalo" sa zahtjevom za razoružanjem, da bi se spriječila neka diktatura, čak ako je njen nositelj sam Friedrich Veliki, a trenutni umjetnici državotvorstva parlamentarne većine samo nesposobni patuljci, ili čak manje vrijedni subjekti, jer se čini da je zakon demokracije takvom principijelnom jarcu svetiji od dobrobiti nacije. Dakle, prikriva se jedna od najgorih tiranija koja narod usmjerava u propast, jer se u njoj trenutno otjelovljuje "državni autoritet", dok drugi odbija čak i najblagoslovljeniju vladu, ako ona ne odgovara njegovoj predodžbi o "demokraciji".

Upravo tako će naš njemački pacifista pri svakom, pa makar 1 krvavom silovanju nacije, čak i u slučaju najgorih vojnih nasilja, šutjeti, ako se promjena te sudbine može postići samo otporom, dakle silom, jer bi to, zaboga, bilo suprotno duhu njegovog miroljubivog društva. Internacionalni njemački socijalist može k tome biti i solidarno opljačkan od ostala svijeta, on će to sam izravnati bratskom naklonošću i ne pomišljajući na odmazdu ili bar samo obranu, jer je on, eto - Nijemac.

Ovo može biti i žalosno, ali htjeti promijeniti bilo koju stvar znači prethodno je i spoznati. Isto tako se Nijemac odnosi i prema mlitavom zastupanju njemačkog značaja kod dijela klera.

Ato nije ni zlurada, zla volja po sebi, niti opet uvjetovano, recimo, zapovijedima "odozgo", nego manjkava nacionalna odlučnost za Nijemstvo od mladih dana pa nadalje; vidimo samo učinke nedovoljnog odgoja mladih za Nijemstvo a s druge strane, potpuno pokoravanje idejama koje su postale idoli.

Odgoj za demokraciju, za socijalizam internacionalnog oblika, za pacifizam, itd. je takav kruti i isključivo (gledano iznutra) čisto subjektivni odgoj, čime se ovim načelnim predodžbama utječe i na opću sliku ostalog svijeta, dok je stav prema Nijemstvu od rane mladosti, dabome, objektivni odgoj. Tako će pacifist, time što se subjektivno, bez ostatka, posvećuje svojoj ideji, kod svakoga, još i tako neposrednog i teškog ugrožavanja svog naroda (ako je on uopće Nijemac) uvijek najprije tražiti objektivno pravo, a nikada iz nagona samoodržanja neće stupiti u redove svoga roda i boriti se zajedno s njim.

Koliko to važi i za pojedine vjere, neka još pokaže sljedeće:

Protestantizam je po sebi bolje zastupao interese Nijemstva, kako pri njegovu rođenju, tako i u već zasnovanoj kasnijoj tradiciji; on će ipak zatajiti u momentu kad se ova obrana nacionalnih interesa mora odigrati u području koje u općoj liniji njegove predodžbe svijeta i tradiciji razvoja, ili nedostaje ili je čak, iz nekog razloga otklonjena.

Tako će se protestantizam uvijek zalagati za unaprjeđenje svega Nijemstva po sebi, čim se bude radilo o stvarima unutarnje čistoće, ili nacionalnog produbljivanja, o obrani njemačkog bića, njemačkog jezika i njemačke slobode, jer je sve ovo, dabome, čvrsto zasnovano i počiva u samom njemu; on će se odmah najbeskompromisnije upustiti u borbu na svaki neprijateljski pokušaj da se nacija spasi iz okruženja njenog smrtnog neprijatelja, a njegov je stav prema Židovstvu više ili manje dogmatski utvrđen. Pri tome se ovdje sve vrti oko pitanja bez čijeg bi rješenja svi drugi pokušaji nekog njemačkog preporoda ili uzdignuća ostali nemogući i besmisleni.

Tijekom svog bečkog vremena imao sam dovoljno slobodnog vremena i prilike bez predrasuda proučiti i to pitanje, i u dnevnom ophođenju još tisućstruko utvrditi točnost ovog stajališta.

U tom žarištu najrazličitijih nacionalnosti vrlo jasno se odmah pokazalo da je samo njemački pacifist uvijek pokušavao objektivno promatrati interese vlastite nacije, ali Židov nikada interese svog židovskog naroda; daje samo njemački socijalist "internacionalan" u smislu koji mu onda zabranjuje da pravdu za svoj vlastiti narod isprosi od svojih internacionalnih drugova, Čeha i Poljaka itd., drugačije nego cviljenjem i slinjenjem, što se nikada nije događalo. Ukratko, ja sam već tada spoznao da nesreća samo dijelom leži u tom učenju po sebi, a drugim dijelom u našem potpuno nedovoljnom odgoju u duhu ljubavi prema vlastitom narodu uopće i u jednoj time uvjetovanoj minimalnoj privrženosti prema njemu.

Time je otpalo prvo čisto teorijsko objašnjenje borbe svenjemačkog pokreta protiv katolicizma kao takvog.

Kada bi se njemački narod već od najranije mladosti odgajao na onom isključivom priznanju vlastitog nacionalnog prava i kad se dječja srca ne bi okruživalo prokletstvom naše "objektivnosti", kao i stvarima održavanja vlastitog Ja, tada bi se u kratkom vremenu pokazalo (ali također s pretpostavkom jedne radikalne nacionalne vlade) da će isto tako kao u Irskoj, Poljskoj, Francuskoj, i u Njemačkoj katolik također uvijek biti Nijemac.

Najmoćniji dokaz za ovo šalje nam ono vrijeme, kada je naš narod posljednji puta u zaštiti svoga bića u svojoj borbi na život i smrt stupio pred sud povijesti.

Dokle god tada nije nedostajalo vodstva odozgo, narod je svoju obvezu i dužnost ispunjavao na veličanstven način. I protestantski pastor i katolički svećenik, pridonijeli su zajedno beskrajno mnogo dugu održavanja snage našeg otpora, ne samo na frontu nego i kod kuće. Tih godina, a naročito kad je već planulo, u oba je lagera bio stvarno samo jedan jedini svetac - njemačko carstvo, za čije se postojanje i budućnost svaki od njih obraćao svome nebu.

Svenjemački pokret u Austriji morao si je jednom postaviti pitanje: Je li održanje austrijskog Nijemstva moguće samo pod katoličkom vjerom ili ne? Ako "Da", onda se politička stranka ne bi smjela brinuti o religioznim ili čak vjerskim stvarima; a ako "Ne", onda bi morala nastupiti religiozna reformacija, a nikada neka politička stranka.

Tko vjeruje da sa stramputica političke organizacije može doći do neke religiozne reformacije, on samo pokazuje da mu nedostaje svaka iskra postojanja religioznih predodžbi ili čak vjerskog učenja i njegova crkvenog utjecaja.

Ovdje se, stvarno, ne može biti u službi dvaju gospodara. Pri čemu osnivanje ili razaranje neke religije držim ipak bitno većim od osnivanja ili razaranja neke države, a kamo li neke stranke.

Zato se i ne kaže da su spomenuti napadi bili samo obrana od napada s druge strane!

Svakako da se u tim vremenima nesavjesni klipani nisu ustručavali religiju učiniti instrumentom svojih političkih poslova (jer se o tome kod tih klipana gotovo uvijek i isključivo radilo), ali je isto tako sigurno, da je pogrešno i religiju i vjeroispovijest učiniti odgovornom zbog mnoštva mangupa koji zloupotrebljavaju i nju, kao što bi vjerojatno i nešto drugo da bi ga stavili u službu svojih niskih instinkata.

Takvoj parlamentarnoj ništariji i dangubi ne može ništa bolje odgovarati, nego kad mu se pruži prilika da bar i naknadno, još dobije i opravdanje za svoje političko muktašenje i dostignuće. Jer, čim se religija ili vjeroispovijest učini odgovornom za njegovu osobnu bezvrijednost pa se zbog toga i napada, lažljivi klipan odmah s velikom galamom poziva za svjedoka cijeli svijet o tome kako je bilo opravdano njegovo postojanje do tada i kako samo njemu i njegovoj rječitosti treba zahvaliti za spašavanje religije i crkve. Isto tako glupa koliko i zaboravna sredina tada više ne prepoznaje pravog pokretača cijele te borbe, a zbog velike vike, najčešće ga se više i ne sjeća, a nevaljalac je time stvarno i postigao svoj cilj.

Takav lukavi lisac jako dobro zna da to s religijom nema baš nikakve veze; on će se tada tim više smijati u sebi u miru, dok će njegov časni, ali nespretni protivnik izgubiti igru, da bi se jednog dana, očajan zbog nedostatka vjernosti i vjere u čovječanstvo povukao i digao ruke od svega.

S druge bi strane bilo stvarno nepravedno religiju kao takvu, ili samu crkvu, učiniti odgovornima za promašaje pojedinaca. Pri uspoređivanju veličine treba svakako imati pred očima vidljivu organizaciju s prosječnom grješnošću ljudi uopće i tada bi se moralo priznati da je ovdje odnos između dobra i zla bolji nego bilo gdje drugdje. Sigurno da i među samim svećenicima ima i takvih kojima njihov sveti poziv služi samo kao sredstvo za zadovoljenje njihovog političkog častoljublja, pa ga oni u političkoj borbi često puta više nego na žalostan način i zaboravljaju, odnosno, zaboravljaju da ipak oni moraju biti čuvari više istine, a ne zastupnici kleveta i laži - samo na jednog takvog otpada na tisuće i više časnih, svojoj misiji na najvjerniji način odanih dušobrižnika, koji se u ovom našem koliko lažljivom toliko i pokvarenom vremenu održavaju kao mali otoci u sveopćoj močvari.

Koliko god ja malo osuđujem i smijem osuditi crkvu kao takvu, ako se neka pokvarena osoba u svećeničkoj mantiji na prljav način ogriješi o moral, isto tako malo to smijem učiniti, ako netko drugi među mnogima prlja i izdaje svoj narod u vremenskim razmacima u kojima je to bez daljnjega baš svakodnevno. Neka se, naročito danas, ne zaboravi da na jednog takvog Ephialta dolazi na tisuće njih koji, svi krvarećeg srca, osjećaju nesreću svoga naroda i isto tako, kao i najbolji naše nacije, i oni čeznu za onim trenom, kad će se i nama ponovno osmjehnuti nebo.

Tko na ovo odgovori da se tu ne radi o tako malim problemima svakidašnjice, nego o pitanjima, principijelne istinitosti ili dogmatskog sadržaja uopće, njemu se može ponuditi neophodan odgovor samo jednim drugim pitanjem:

Vjeruješ li ti da, odabran od Sudbine, ovdje izričeš istinu, tada to i učini; ali imaj i hrabrosti da to ne učiniš zaobilazno pomoću neke stranke - jer je i to prijevara - nego se od sada postavi na mjesto nevaljalijeg zbog tvoje bolje budućnosti.

Ako ti ovdje nedostaje hrabrosti, ili tvom boljem u tebi nije sasvim ni samome sve jasno, tada sklanjaj prste s toga; u svakom slučaju ne pokušavaj se u to, u što se ne usuđuješ ni ušuljati otvorenim nišanom, ubaciti obilazno, putem nekog političkog pokreta.

Političke se stranke ne trebaju baviti religioznim problemima, dokle god oni nisu strani narodu i ne potkopavaju običaje i moral vlastite rase, isto kao što religija ne bi trebala biti uvučena u stranačke rabote.

Ako se crkveni dostojanstvenici služe religioznim institucijama, čak i dogmama, da bi štetili svom narodu, tada ih se na tom putu nikada ne smije slijediti, nego se tući istim oružjem.

Političkom vođi moraju religiozna učenja i institucije njegova naroda biti uvijek nedodirljivi, inače on ne može biti političar, nego reformator, ako za to ima sredstva!

Neko bi drugačije držanje, prije svega u Njemačkoj, vodilo u katastrofu.

Prilikom proučavanja svenjemačkog pokreta i njegove borbe protiv Rima, došao sam tada, a naročito tijekom kasnijih godina, do sljedećeg uvjerenja: Nedovoljno razumijevanje tog pokreta za značenje socijalnog problema, stajalo ga je, zaista, borbeno snažne mase naroda; njegova predaja parlamentu oduzela mu je snažan polet i opteretila ga svim slabostima svojstvenim toj instituciji; borba protiv katoličke crkve onemogućila ga je u mnogobrojnim malim i srednjim krugovima, i time mu oduzela bezbrojne najbolje elemente koje uopće nacija može nazvati svojima.

Praktični učinak austrijske kulturne borbe bio je skoro ravan nuli.

Doduše, od crkve se uspjelo otrgnuti oko sto tisuća članova, ali ona time nije pretrpjela neku posebnu štetu. Nije joj stvarno bilo potrebno da u ovom slučaju za izgubljenim "ovčicama" prolije stvarno i jednu suzu, jer je izgubila samo ono, što joj svojim unutarnjim bićem već odavno nije potpuno ni pripadalo. To je bila razlika nove reformacije u odnosu na nekadašnju; da su se neki od najboljih iz crkve, od nje preobratili i to iz najdubljeg unutarnjeg religioznog uvjerenja, dok su sada ionako odlazile mlakonje i to zbog "razmatranja" političke prirode.

Upravo s političkog motrišta, učinak je bio isto toliko smiješan, koliko i tužan.

Opet je došlo do propasti obećavajućeg ozdravljujućeg pokreta njemačke nacije, samo zbog toga što nije bio voden s neophodnom bezobzirnom trijeznošću, već se gubio u područjima koja su morala voditi samo rascjepu.

Jedno je, sigurno, istinito:

Svenjemački pokret svakako ne bi nikada počinio takvu grješku da je imao i najmanjeg razumijevanja za psihu širokih masa. Da je njegovim vođama bilo poznato, da se radi postizanja nekog uspjeha već iz čisto duhovnih razmatranja, masi nikada ne smiju pokazati dva ili više protivnika, jer to dovodi do razbijanja njene borbene snage, već iz samih tih razloga, udarna moć svenjemačkog pokreta mora biti usmjerena samo na jednog neprijatelja. Jer, za političku stranku ništa nije opasnije nego kad ona dozvoli da je u njenim odlukama vode vrlo poduzetni u svim područjima, koji hoće sve, a stvarno nisu u stanju postići ni ono najmanje.

I kad bi na pojedinu vjeroispovijest još i bilo tako puno stvarnih zamjerki, politička stranka ipak ni jednog trenutka ne smije izgubiti iz vida činjenicu da nakon svih dosadašnjih povijesnih iskustava još nikada neka čisto politička stranka nije dospjela u sličan položaj da priđe nekoj religioznoj reformaciji. Ali, povijest se ne studira tek tada kada je treba praktično primijeniti, njenog se učenja ne sjeća ili mu se ne vjeruje, jer stvari danas stoje drugačije, dakle njene pravječne istine više nisu primjenjive, već se iz nje uči baš da bi se korisno upotrijebila za sadašnjost. Tko to nije u stanju, neka samo umišlja da će biti vođa; on je u stvarnosti plitak i čak najumišljeniji jadnik, i sva dobra volja ne opravdava njegovu praktičnu nesposobnost.

Uopće uzevši, umjetnost svih istinskih velikih narodnih vođa svih vremena, sastoji se u prvom redu u tome, da ne rasipaju pozornost svoga naroda, nego da je uvijek usredotoče na jednog jedinog protivnika. Što je jedinstvenije angažiranje borbene volje nekog naroda, tim će biti veća magnetski privlačna snaga pokreta, a time, snažnija i silina udarca. U genijalnost velikog vođe spada i to, da čak i one raštrkane neprijatelje uvijek prikazuje kao da spadaju u jednu kategoriju, jer spoznaja različitih protivnika, može slabije i nesigurnije karaktere dovesti do toga da posumnjaju u vlastita prava.

I kolebljiva se masa u borbi protiv previše brojnih neprijatelja osjeća nesigurnom i odmah nastoji uspostaviti objektivnost postavljajući pitanje: Nemaju li svi ti brojni drugi stvarno pravo, već to pravo ima samo vlastiti narod ili vlastiti pokret?

Time se, međutim, javlja i prvo slabljenje vlastite snage. Stoga se mnogobrojnost iznutra različitih protivnika mora uvijek svesti na jednoga, tako da se za masu vlastitih pristalica prikaže kako se vodi borba samo protiv jednog neprijatelja. To učvršćuje vjeru u vlastito pravo i jača ogorčenje protiv napadača na to pravo.

Što to tadašnji svenjemački pokret nije shvatio, stajalo ga je uspjeha.

Njegov je cilj bio točno postavljen, htijenje također, ali je zacrtani put bio pogrešan. On je bio sličan planinaru, koji pred očima ima samo vrh, što ga "treba" osvojiti, pa se s najvećom snagom i odlučnošću uputio na težak put, ali samom putu nije poklonio nikakvu pozornost, nego pogled usmjerio samo na cilj, a nije ni provjeravao osobine uspona, na čemu je konačno i propao.

Kod velikog konkurenta, kršćansko - socijalne stranke, odnos je čini se bio obrnut.

Put što ga je ona zacrtala bio je čini se mudro i točno odabran, samo je, jasno, nedostajala spoznaja cilja.

Gotovo u svim poslovima u kojima je svenjemački pokret griješio, stav kršćansko - socijalne stranke je bio točan i isplaniran.

Ona je posjedovala neophodno razumijevanje značenja mase i od prvog si dana osigurala dio toga putem očitog naglašavanja svoga socijalnog karaktera. Time što se na bitan način orijentirala za pridobivanje donjeg, srednjeg i obrtničkog staleža, dobila je isto tako vjerne, ustrajne i požrtvovane pristalice. Izbjegavala je svaku borbu protiv bilo koje religiozne institucije i time si osigurala podršku tako moćne institucije, kakvu stvarno predstavlja crkva. Slijedom toga, ona je imala samo jednog istinski velikog protivnika. Spoznala je vrijednost sveobuhvatne promidžbe i bila virtuoz u djelovanju na instinkte široke mase svojih pristalica.

Što i ona ipak nije mogla postići sanjani cilj spašavanja Austrije, razlozi su u dva nedostatka njenog puta, te u nejasnoći samog cilja.

Antisemitizam novoga pokreta bio je izgrađen na religioznim, umjesto na rasističkim predodžbama.

Razlog zbog kojeg se potkrala ova grješka, bio je isti onaj, koji je uzrokovao i drugu zabludu.

Ako je kršćansko - socijalna stranka htjela spasiti Austriju, onda ona nije smjela, po mišljenju njenih osnivača, stati na stajalište rasnog principa, jer bi tada u kratkom vremenu moralo doći do općeg raspada države. Naročito je stanje u Beču, po shvaćanju vođa stranke, zahtijevalo, mogućnost ostavljanja po strani svih razdvajajućih momenata, da bi se na to mjesto istakla sva ujedinjavajuća gledišta.

Beč toga vremena bio je jako prožet naročito češkim elementom, da je ovu stranku, koja još u svom preduvjerenju nije bila njemačko neprijateljska, mogla održati samo najveća tolerancija u odnosu na sve rasne probleme. Ako se htjelo spasiti Austriju, nije se je smjelo odreći. Tako se, naročito u Beču, pokušalo pridobiti one jako brojne češke male gospodarstvenike borbom protiv liberalnog manchesterstva, pri čemu se vjerovalo da je za borbu protiv Židova pronađena parola na religioznoj osnovi postavljena iznad svih narodnih razlika stare Austrije.

Jasno je kao dan, da je takvo pobijanje samo na osnovi Židovstva, donijelo samo ograničenu brigu. U najgorem slučaju, jedan mlaz svete vodice spasio je istovremeno i posao i Židovstvo.

S takvim površnim objašnjenjem, nikada se nije dospjelo do ozbiljnog znanstvenog razmatranja cjelokupnog problema, čime su odbijeni mnogi, kojima je ovakva vrsta antisemitizma morala biti nerazumljivom. Pridobijajuća snaga ideje time je bila vezana skoro isključivo za duhovno ograničene krugove, ako se nije htjelo poći od čisto emotivnog doživljaja ka stvarnoj spoznaji. Inteligencija se ophodila u načelu odbijajuće. Stvar je tako sve više i više dobivala obrise kao da se u čitavom poslu radilo samo o pokušaju novog obraćanja Židova, ili čak o izrazu izvjesne zavisti prema konkurenciji. Time je borba izgubila obilježje unutarnjeg i višeg pomazanja i mnogima se, i to ne baš onima najlošijima, činila nemoralnom i odbojnom. Nedostajalo je uvjerenje da je ovdje riječ baš o životnom pitanju cjelokupnog čovječanstva, od čijeg rješenja ovisi sudbina svih nežidovskih naroda.

Na toj polovičnosti gubila se vrijednost antisemitskog usmjerenja Kršćansko - socijalne stranke.

Bio je to samo prividan antisemitizam, koji je bio skoro gori ni od kakvog; jer se tako uljuljkavalo u sigurnosti, vjerovalo da je protivnik zgrabljen za gušu, a u stvarnosti je bio vučen za nos sam antisemit.

Židov se već u kratkom vremenu navikao na tu vrstu antisemitizma, tako da bi njegovo iščezavanje zasigurno više nedostajalo baš njemu samome, nego što bi ga smetala njegova nazočnost.

Ako se je nacionalnoj državi već morala podnijeti teška žrtva, još više je bila potrebna zastupljenost Nijemstva kao takvog.

Nije se smjelo biti "nacionalističkim", nije se htjelo gubiti tlo pod nogama u Beču. Nadalo se, da se jednim blagim zaobilaženjem ovog pitanja još moglo spasiti habsburšku državu, a upravo se time ona gurala u propast. Pokret je na taj način izgubio ogromne izvore snage, koje je na dulje vrijeme mogla napuniti samo politička stranka s unutarnjom pogonskom snagom. Kršćansko - socijalni pokret je time postao samo stranka kao i svaka druga.

Oba sam pokreta nekada pratio vrlo pozorno, jedan otkucajima svoga srca, drugi, zanesen divljenjem prema tome rijetkom čovjeku, koji mi je tada još izgledao kao gorak simbol cjelokupnog austrijskog Nijemstva.

Kad je velika posmrtna povorka pošla za mrtvim gradonačelnikom, od vijećnice, pa sve do Ringstrasse, i ja se nađoh među mnogim stotinama tisuća, koji su promatrali tužnu ceremoniju. U svojoj duševnoj potresenosti moj mi je osjećaj tom prilikom rekao, da je i djelo tog čovjeka moralo biti uzaludno zbog sudbine te države koja je neumitno vodena u propast. Da je dr. Karl Lueger živio u Njemačkoj, bio bi svrstan među velike glave našega naroda; a to, što je djelovao u ovoj nemogućoj državi, bila je nesreća i njegovog djela i njega osobno.

Kad je on umro, već su prema nama, iz mjeseca u mjesec, sve više iskrili plamičci s Balkana, tako da mu je Sudbina milostivo dopustila vidjeti ono, što je vjerovao da može još spriječiti.

Ali, ja sam za zatajivanje jednog i neuspjeh drugog pokreta, pokušao pronaći uzroke, te dođoh do sigurnog uvjerenja, da su sasvim nezavisno od nemogućnosti da se u staroj Austriji još postigne učvršćenje države, grješke obih stranka bile sljedeće:

Svenjemački pokret je svakako bio u pravu u svom principijelnom stavu o cilju njemačke obnove, bio je pak nesretan zbog izbora puta. On je bio nacionalistički samo možda ne dovoljno socijalan da bi pridobio mase. Njegov je antisemitizam počivao, istina, na točnim spoznajama značaja rasnog problema, ali ne na religioznim predodžbama. Njegova je borba protiv određene vjeroispovijesti bila, naprotiv, stvarno i taktički pogrešna.

Kršćansko - socijalni pokret imao je nejasnu predodžbu o cilju njemačkog preporoda, ali je kao stranka imao razumijevanje i sreće pri traženju svojih putova. On je shvaćao značaj socijalnog pitanja, varao se u svojoj borbi protiv Židovstva, i nije imao pojma o snazi nacionalne misli.

Da je kršćansko - socijalna stranka uz svoju mudru spoznaju važnosti širokih masa još imala i točnu predodžbu o značenju rasnog problema, kako je to shvatio svenjemački pokret, i da je ona sama, na kraju krajeva postala nacionalističkom, ili da je svenjemački pokret uz svoju točnu spoznaju cilja, Židovskog pitanja i značaja nacionalne misli usvojio još i praktičnu mudrost kršćansko - socijalne stranke, a posebno njen stav prema socijalizmu, tada bi to stvorilo takav pokret, koji bi već i tada, po mom dubokom uvjerenju, mogao s uspjehom uzeti njemačku sudbinu u svoje ruke.

Što to nije bilo tako u daleko najvećoj mjeri ležalo je u biti same austrijske države.

Kako ni u jednoj drugoj stranci nisam vidio ostvarenje svojih uvjerenja, nisam se u nadolazećem vremenu više mogao odlučiti hoću li stupiti u neku od postojećih organizacija, ili se čak boriti u redovima jedne od njih. U ono sam vrijeme sve političke pokrete još držao pogrešnim i nesposobnim da u većem, ne samo vanjskom, izgledu sprovedu nacionalni preporod njemačkog naroda.

A moja unutarnja odbojnost prema habsburškoj državi u to je vrijeme sve više rasla.

Što sam se više počeo baviti i s vanjskopolitičkim pitanjima, tim više je u mom uvjerenju prevladavalo stajalište, da bi ta državna tvorevina morala biti samo nesreća Nijemstva. Sve sam jasnije također uviđao, da se sudbina njemačke nacije ne bi više mogla odlučiti s te strane, već u samom carstvu. Ali to nije vrijedilo samo za opća politička pitanja, nego ne manje za sve pojave ukupnog kulturnog života uopće.

Austrijska država pokazivala je također i ovdje, u području čisto kulturnih i umjetničkih zbivanja, sva obilježja svoje obamrlosti, ili barem svu svoju beznačajnost za njemačku naciju. Ovo je najviše vrijedilo za područje arhitekture. Novija građevinska umjetnost nije mogla doći do nekog većeg uspjeha, već i stoga, jer su zadaci od vremena izgradnje Ringstrasse, bar u Beču, bili gotovo beznačajni u odnosu prema nabujalim planovima u Njemačkoj.

Tako sam sve više počeo voditi dvostruki život: razum i stvarnost zvali su me da u Austriji završim koliko gorku toliko i vrlo korisnu školu, samo je srce boravilo negdje drugdje.

Što sam više spoznavao unutarnju prazninu te države i nemogućnost njena spasa, spopadalo me je uzavrelo nezadovoljstvo, ali sam pritom sa svom sigurnošću, osjećao da je ona u svemu i svačemu mogla predstavljati samo još nesreću za njemački narod.

Bio sam uvjeren da je ta država morala obuzdavati i ometati svakog, doista velikog, Nijemca, dok je, s druge strane, podržavala svaku nenjemačku pojavu. Bio mi je odvratan rasni konglomerat, što ga je pokazivao glavni carski grad, odurna cijela ta mješavina naroda: Čeha, Poljaka, Mađara, Rusina, Srba i Hrvata, itd., a među svima kao vječna bakterija čovječanstva - Židov i opet Židov.

Ovaj divovski grad izgledao mi je kao utjelovljenje incesta.

Moj njemački jezik iz doba moje mladosti bio je dijalekt kojim se također govori i u Donjoj Bavarskoj; a nisam ga htio ni zaboraviti a niti naučiti bečki ulični govor. Što sam dulje boravio u ovom gradu, u meni je sve više rasla mržnja protiv stranog narodnog mješanca, koji je počeo proždirati ovo staro njemačko kulturno mjesto.

Međutim, pomisao da bi se ova država mogla održati dulje vrijeme, izgledala mi je upravo smiješnom.

Austrija je tada bila kao neka stara mozaik slika, čije su ljepilo, kit, koji je povezivao pojedine kamenčiće u cjelinu, postali starim i krhkim; dokle god ovo umjetničko djelo ne bi bilo taknuto, ono je moglo produžavati svoje varljivo postojanje, ali bi se ipak, čim bi primilo udarac, raspalo u tisuće komadića. Bilo je samo pitanje kad će taj udarac stići.

Kako moje srce nije nikada kucalo za austrijsku monarhiju, već uvijek samo za njemačko carstvo, sat raspada ove države mogao mi je izgledati samo kao početak oslobađanja njemačke nacije.

Iz svih ovih razloga rastao je sve snažniji osjećaj čežnje, da konačno odem tamo, kuda su me vukle skrivene želje i potajna ljubav moje najranije mladosti.

Nekada sam se nadao da ću si stvoriti ime kao građevinar i da ću cijelog sebe u malom ili velikom okviru, kada mi to Sudbina odredi, gorljivo posvetiti služenju naciji.

Konačno, htio sam biti sudionik sreće da smijem biti i djelovati na onom mjestu s koga će morati krenuti u ispunjenje najžarkija želja moga srca - pripojenje mog ljubljenog zavičaja zajedničkoj domovini - njemačkom carstvu.

Mnogi još i danas neće biti u stanju shvatiti svu veličinu takve čežnje, ali, ja se obraćam svima onima kojima je Sudbina do sada ili uskratila ovu sreću, ili ju je u surovoj okrutnosti opet oduzela; obraćam se svima onima koji se otrgnuti od matice zemlje, moraju čak boriti i za sveto dobro svoga jezika, koji su zbog svog opredjeljenja odanosti prema domovini, bili proganjani ili mučeni i koji sada u bolnoj oduzetosti čeznutljivo iščekuju trenutak koji će ih ponovno pustiti da se vrate srdašcu vjerne majke; obraćam se svim takvima i znam - oni će me razumjeti!

Samo je onaj tko na vlastitom tijelu osjeća što znači biti Nijemac, a ne smjeti pripadati svojoj dragoj domovini, u stanju odmjeriti svu dubinu čežnje u kojoj u svim vremenima izgaraju srca djece odvojene od matice zemlje. Sve one ispunjene njome, pritišće ona teškom rukom i uskraćuje im toliko drago zadovoljstvo i sreću, dokle god se ne otvore kapije domovine i u zajedničkoj državi, u zajedničkom carstvu, zajednička krv ponovno nađe mir i spokoj.

Beč je bio i ostao najteža, iako najtemeljitija škola moga života. U taj sam grad nekada stupio još kao polumladić, a napustio ga kao tih i ozbiljan čovjek. U njemu sam stekao osnove za svjetonazor velikih razmjera i način političkog promatranja u malom, koji me nisu nikada napustili, a koje sam kasnije dopunio samo još u pojedinostima. Pravu sam vrijednost tadašnjih godina učenja tek danas u stanju potpuno procijeniti.

Zato sam ovo vrijeme razmotrio nešto opširnije, jer mi je ono, upravo u onim pitanjima, pružilo prvu zornu nastavu koja spada zajedno u osnove s strankom, koja je nastala iz prvih početaka, a koja je tijekom jedva pet godina, prerasla i razvila se u veliki masovni pokret. Ne znam kakav bi danas bio moj stav o Židovstvu, o socijaldemokraciji, bolje rečeno, o cjelokupnom marksizmu, o socijalnom pitanju, itd. da se osnova mojih osobnih nazora nije u tako ranom vremenu već formirala pritiskom Sudbine - i vlastitim učenjem.

Jer, iako nesreća domovine može potaći tisuće i tisuće na razmišljanje o unutarnjim razlozima sloma, to ipak ne može dovesti do one temeljitosti i duboke spoznaje, koje se razotkrivaju onome koji tek poslije niza godina duge borbe, sam postaje gospodar svoje Sudbine.

GLAVA 4

MÜNCHEN

U proljeće 1912. stigoh konačno u München. Sam grad bio mi je tako dobro poznat kao da sam već godinama prebivao među njegovim zidinama. To je proistjecalo iz mog studija, koji me je na svakom koraku upućivao na ovu metro-polu njemačke umjetnosti. Tko nije upoznao München, nije vidio ni Njemačku, ne, nije prije svega upoznao ni njemačku umjetnost, tko nije vidio München.

U svakom slučaju, to je predratno vrijeme bilo vrijeme moje najveće sreće i zadovoljstva u životu. Kako je moja zarada još uvijek bila bijedna, ja ipak nisam živio da bi mogao slikati, već sam slikao da bih od toga osigurao mogućnost za život, bolje rečeno, da bih time osigurao svoj dalji studij. Bio sam uvjeren da ću svoj cilj, kojega sam si postavio, usprkos svemu i postići. I to mi je pomoglo, da sve, inače male brige dnevnog života, podnosim lako i bezbrižno.

K tome se pojavila i unutarnja ljubav, koja me je gotovo od prvog sata moga boravka u njemu, zanijela za ovaj grad, više nego za bilo koje meni poznato mjesto. Njemački grad! Kakva razlika od Beča. Pozlilo mi je kad bih čak i ponovno pomislio na taj rasni Babilon. A k tome, meni još mnogo bliskiji dijalekt koji me je osobno, u ophođenju s Donjim Bavarcima podsjećao na moju nekadašnju mladost. Bilo je na tisuće stvari koje su mi, u dubini moje duše, bile ili postale milije i draže. Najviše me je, međutim, privlačila divna stopljenost iskonske snage s prefinjenim njemačkim raspoloženjem, ta jedinstvena linija od Hofbräuhausa do Odeona, Oktoberfesta, do Pinakoteke, itd. Da sam još danas ovisan o ovom gradu, više nego o bilo kojem krajičku zemlje na ovom svijetu, svakako je proisteklo iz činjenice, što je on bio i ostao neraskidivo povezan s razvojem moga vlastita života; da sam u njemu tada ipak doživio istinsko unutarnje zadovoljstvo, treba pripisati samo čaroliji koju ovo divna sjedište Wittelsbachera ima, svakako, ne samo na one proračunate, nego i na sve one osjećajne duše blago- slovljenog čovječanstva.

Ono što me je pored mog redovnog rada najviše privlačilo bio je i ovdje ponovni studij političkih dnevnih događanja, a među njima, naročito, vanjskopolitička zbivanja. Do ovih sam posljednjih došao okolnim putem, preko njemačke politike savezništva, koju sam još od svojih austrijskih dana držao bezuvjetno pogrešnom. U svakom slučaju, još mi ni u Beču nije bilo potpuno jasan puni smisao ovog samozavaravanja carstva. Tada sam bio sklon prihvatiti - ili si to samo prigovaram, jedino zbog opravdanja - da se možda u Berlinu već znalo kako bi u stvarnosti taj savez mogao biti slab i malo pouzdan, ali se ipak, iz više ili manje tajanstvenih razloga, ostalo suzdržan u ovoj spoznaji, da bi se zaštitila politika savezništva koju je, zaboga, jednom zasnovao sam Bismarck, a čiji iznenadni prekid ne bi bio poželjan, već i zbog toga, da se ne bi uplašio, ili pak uznemirio domaći malograđanin.

Dabome, i ophođenje prije svega u narodu samom, dozvolilo mi je, na moj užas, već u kratkom roku vidjeti da je ovo vjerovanje bilo pogrešno. Na moje iznenađenje svugdje sam morao konstatirati da o samoj biti habsburške monarhije, u inače dobro obaviještenim krugovima, nisu imali ni pojma. Upravo je narod bio zaslijepljen zabludom da se saveznik može držati ozbiljnom silom, koja bi se u trenutku nevolje smjesta stavila na raspolaganje. Masa je monarhiju uvijek držala "njemačkom državom" i vjerovala stoga da se na nju može i osloniti. Vladalo je mišljenje, da se i ovdje snaga mogla mjeriti milijunima, kao otprilike i u samoj Njemačkoj, a potpuno se zaboravljalo, prvo: da je Austrija već odavno prestala biti njemačko državno biće; ali i da su, drugo: unutarnji odnosi ovog carstva iz sata u sat sve više vodili njegovu raspadu.

Tada sam ovu državnu tvorevinu poznavao bolje nego takozvana službena "diplomacija", koja je slijepo, skoro kao uvijek, bauljala ususret svojoj Sudbini, jer je raspoloženje naroda uvijek bilo samo izraz onoga što je odozgo ulijevano u javno mnijenje. A odozgo je, međutim, sa "saveznikom" njegovan kult poput onog o zlatnom teletu. Svakako su se nadali da će ljubaznošću nadoknaditi ono, što mu je nedostajalo u iskrenosti. Pritom su se riječi uvijek uzimale kao prave vrijednosti.

Već sam u Beču bio ljut, kad sam promatrao razliku između govora zvaničnih državnika i sadržaja bečkog tiska, koja je povremeno bila vrlo uočljiva. A pritom je Beč, bar po vanjskom izgledu, ipak bio njemački grad. A kako bi stvari bile drugačije, kad bi se iz Beča, ili bolje rečeno iz njemačke Austrije, otišlo u slavenske provincije carstva! Trebalo je samo uzeti u ruke praške novine, da bi se saznalo kako se tamo procjenjivala ta cijela opsjenarska igra Trojnog saveza. Od ovog "državničkog remek - djela" više nije preostalo ništa, osim krvavog ruganja i podsmjeha. I u najdubljem miru, kada su oba cara jedan drugome prijateljski utisnuli poljubac u čelo, nije se skrivalo da će ovaj savez biti likvidiran onoga dana, kad pokuša sjaj nibelunškog ideala provesti u praktičnu stvarnost.

A kako je tek, koju godinu kasnije, nastalo uzbuđenje, kada se u posljednjim trenutcima, kad je savez trebalo obraniti, iz Trojnog saveza iskrala Italija i oba saveznika ostavila na cjedilu, pa im na kraju čak i sama postala neprijateljem! Da se je netko prije, čak i za minutu, usudio povjerovati u mogućnost takva čuda, naime, u čudo da bi se Italija borila zajedno s Austrijom, moglo je svakom tko nije bio baš zaslijepljen diplomatskim sljepilom, to jednostavno biti neshvatljivo. Ali, ni u samoj Austriji stvari nisu bile ni za dlaku drugačije.

Promicatelji ideje o savezu bili su u Austriji samo Habsburgovci i Nijemci. Habsburgovci proračunato i iz prinude, Nijemci u dobroj vjeri i iz političke - gluposti. U dobroj vjeri, jer su imali pogrešnu predodžbu, da će putem Trojnog saveza njemačkom carstvu samom učiniti samo veliku uslugu, pomoći mu da ojača i da se osigura; iz političke gluposti, jer se ovo prvo zamišljeno nije ostvarilo, već naprotiv, oni su time pomogli da se carstvo prikuje za državni leš, koji mora oboje povući u provaliju, prije svega zato, što su oni sami kroz taj savez sve više zapadali u odrađivanje od Nijemstva. Jer, uslijed toga što su Habsburgovci ovim savezom s carstvom sa svoje strasne vjerovali da mogu biti sigurni da se otuda nitko neće umiješati, i na žalost s pravom, bili su u stanju svoju unutarnju politiku puzajućeg suzbijanja Nijemstva sprovoditi već bitno lakše i bez rizika. Ne samo da se pri ovoj poznatoj "objektivnosti" nije trebalo pribojavati neke primjedbe od vlade njemačkog carstva, nego su se i samom austrijskom Nijemstvu u svako doba ukazivanjem na savez, mogla začepiti usta, kada bi možda htjelo govoriti protiv i suviše podmukle slavenizacije.

A i što bi još inače trebao učiniti Nijemac u Austriji, kada pak i Nijemstvo samog carstva daje priznanje i povjerenje habsburškoj vladi? Treba li on pružiti otpor, da bi potom, u cijeloj njemačkoj javnosti, bio obilježen kao izdajnik vlastitog narodnog bića? Zar on, koji je već desetljećima podnosio najnečuvenije žrtve, upravo za svoje narodno biće?

I kakvu bi ovaj savez uopće imao vrijednost, kad bi Nijemstvo habsburške monarhije bilo iskorijenjeno? Nije li vrijednost trojnog saveza za Njemačku bila baš ovisna o održanju prevlasti njemačke snage u Austriji? Ili, zar se stvarno vjerovalo, da bi se još moglo živjeti u savezu i s bilo kakvim slavenskim habsburškim carstvom?

Stav zvanične njemačke diplomacije, kao i cijelog javnog mnijenja prema unutarnjem, austrijskom nacionalnom problemu, bio je već ne samo glup, nego jednostavno sulud! Oslanjali su se na savez, podržavali budućnost i sigurnost sedamdeset milijunskog naroda, prema tome i uz to gledali, kako se jedini temelj ovog saveza kod partnera iz godine u godinu planski i neometano, sa sigurnošću razarao. Jednog će dana preostati samo "ugovor" s bečkom "diplomacijom", a saveznička pomoć carstva će biti izgubljena.

A kod Italije je to ionako bio slučaj, od samog početka. Da su se u Njemačkoj samo malo jasnije proučavali povijest i psihologija nacija, tada se svakako ni jednog trena ne bi povjerovalo da bi Kvirinal i bečki Hofburg mogli biti u zajedničkom borbenom frontu. Italija bi prije postala vulkan, nego što bi se neka njena vlada smjela usuditi tako fanatično omrznutoj habsburškoj državi poslati na front i jednog jedinog Talijana, osim kao neprijatelja. Više nego jednom sam promatrao u Beču, kako se raspaljivao strastveni prijezir, kao i neizmjerna mržnja, kojom je Talijan "izražavao" svoju odanost austrijskoj državi. Ono što je kuća Habsburg zgriješila u odnosu prema Talijanskoj slobodi i nezavisnosti tijekom stoljeća, bilo je preveliko, a da bi se moglo tek tako zaboraviti, čak da je postojala i dobra volja za to. Ali te volje uopće nije bilo ni u narodu, a ni kod Talijanske vlade. Za Italiju su stoga postojale samo dvije mogućnosti u zajedničkom životu s Austrijom: ili savez ili rat!

Birajući ono prvo, mogli su se u miru pripremiti za ono drugo.

Njemačka politika savezništva, naročito od kada se odnos Austrije prema Rusiji sve više približavao ratnom sukobu, bila je isto tako besmislena koliko i opasna.

Ovo je bio klasičan slučaj na kojem se vidio nedostatak svakog velikog i ispravnog smjera razmišljanja.

Zašto je uopće sklopljen Savez? Ipak, samo da bi se budućnost carstva mogla bolje očuvati, nego što bi to ono bilo u stanju, prepušteno samo sebi. Ta budućnost carstva, međutim, ipak nije bila ništa drugo nego pitanje mogućnosti održavanja egzistencije njemačkog naroda.

Stoga je pitanje moglo glasiti samo ovako: Kako se mora organizirati život njemačke nacije u doglednoj budućnosti, i kako onda takvom razvoju, u okviru općih odnosa europskih snaga, zajamčiti nužne osnove i potrebnu sigurnost?

Pri jasnom razmatranju osnova i uvjeta vanjskopolitičkog djelovanja njemačke državne vještine, moralo se doći do sljedećeg uvjerenja:

Njemačka ima godišnji priraštaj stanovništva približno oko devetsto tisuća duša. Teškoća prehrane ove vojske novih građana države, postajat će iz godine u godinu sve veća, i jednoga će dana završiti katastrofom, ukoliko se nikako ne pronađu sredstva i putovi da se još pravovremeno predupredi opasnost da se zbog gladi ne zapadne u bijedu.

Da se izbjegne takav strašni budući razvoj, postojala su četiri puta:

1. Moglo se, prema francuskom uzoru, umjetno ograničavati porast rađanja, i time predupredit prevelik priraštaj stanovništva.

Priroda, doduše, obično u vremenima velike bijede ili zlih klimatskih uvjeta, kao i pri vrlo oskudnim poljoprivrednim prinosima određenih zemalja ili rasa, sama krene ograničenju razmnožavanja stanovništva; doduše, po isto tako mudroj, koliko i bezobzirnoj metodi. Ona ne sprječava samu sposobnost rađanja po sebi, ali svakako sprječava dalje održavanje već rođenog, pri čemu se, ono što je rođeno, izlaže tako teškim iskušenjima i odricanjima, pa sve što je slabije, nezdravije, prisiljava da se ponovno vrati u krilo vječno nepoznatog. Sto se pak otme strahotama života, i dalje traje, iskušano je tisućstruko, čvrsto je i svakako sposobno za dalju reprodukciju, da bi temeljna selekcija mogla opet početi ispočetka. Time što tako brutalno nastupa protiv pojedinca, i ukoliko nije dorastao životnim olujama, uzima ga u trenu k sebi, priroda održava rasu i vrstu snažnom pa ih čak i pojačava do najvećih sposobnosti.

Time je, dakle, smanjenje broja istovremeno i jačanje osobe i u krajnjem, snaženje vrste.

Drugačije je kada se čovjek sam opredijeli na ograničavanje svoje brojnosti. On nije izrezan iz drveta prirode, već je "human". On to razumije bolje nego surova kraljica svih mudrosti. On ne ograničava dalje održanje pojedinca, već naprotiv, njegovo dalje rasplođivanja. To mu izgleda čovječnije i pravednije, nego obrnuti put, jer on, prirodno, uvijek vidi samo sebe samog a nikada rasu. Samo su, nažalost, i posljedice obrnute.

Dok priroda, time što dopušta rađanje, podvrgava dalje održavanje najtežem ispitu, iz viška pojedinih bića bira sebi najbolje, vrijedne daljega života, dakle, održava samo njih dopuštajući im da postanu nositelji daljeg održavanja svoje vrste, čovjek ograničava rađanje, a ipak se grčevito brine za to da se već rođeno biće pod svaku cijenu i održi. Ova korekcija Božje volje izgleda mu isto tako mudrom, kao i humanom, i on se veseli što je bar u nekoj stvari opet nadmudrio prirodu, pa čak i dokazao njenu nedovoljnost. Da se, doduše, u stvarnosti broj ograničio, ali da je zato smanjena vrijednost pojedinca to, naravno, dragi božji majmunčić, nerado želi i vidjeti i čuti.

Jer, ako se jednom rađanje kao takvo ograniči i broj rođenih smanji, umjesto prirodne borbe za život koja ostavlja na životu samo najjače i najzdravije, javlja se sama po sebi razumljiva strastvena želja pod svaku cijenu "spasiti" i najslabije pa i najbolesnije, čime se polaže klica potomstva koje mora postajati sve bjednije i jadnije, što ovo izrugivanje prirodi i njenoj volji duže potraje.

Kraj će, međutim, biti, da će takvom narodu jednoga dana život na ovom svijetu biti oduzet; jer čovjek, svakako, može neko vrijeme prkositi vječnim zakonima volje za postojanim održanjem, ali će osveta, prije ili kasnije ipak doći. Jača vrsta otjerat će slabe, jer će nagon za životom u svom posljednjem obliku uvijek ponovno raskinuti smiješne okove te takozvane humanosti pojedinca, da bi dopustio da na njihovo mjesto stupi humanitet prirode, koja, da bi jakima poklonila zasluženo mjesto, uništava slabe.

Tko, dakle, njemačkom narodu hoće osigurati opstanak, putem vlastitog ograničavanja njegovog razmnožavanja, time mu otima budućnost.

2. A drugi je put onaj koji se, kako čujemo, danas često i češće predlaže i hvali: unutarnja kolonizacija. To je prijedlog koji je od mnogih čak jako dobro zamišljen, ali su ga mnogi loše shvatili, te bi se time nanijela veća šteta nego se može i pretpostaviti.

Plodnost nekoga tla može se, bez sumnje, podići do određene granice. Ali samo do neke određene granice, a ne u nedogled. Izvjesno vrijeme moći će se, dakle, povećanje broja njemačkog naroda, bez opasnosti od gladi, izravnavati putem povećanja iskorištenosti našega tla. Samo, tome nasuprot je činjenica, da zahtjevi života, uzevši općenito, rastu brže od samog broja stanovništva. Zahtjevi ljudi za ishranom povećavaju se iz godine u godinu i već sada, na primjer, nisu ni u kakvom razmjeru s potrebama naših predaka od prije samo sto godina. Zato je krivo misliti da će svako povećanje proizvodnje stvoriti preduvjete za povećanje broja stanovništva: ne, ovo može biti točno samo do izvjesnog stupnja, time što će se samo dio viška proizvoda tla upotrijebiti za zadovoljenje povećanih potreba ljudi. Ali, čak i kod najvećeg ograničenja, s jedne, i najenergičnije marljivosti, s druge strane, doći će ipak i ovdje do granice koju će postaviti samo tlo. I uz svu marljivost, neće biti moguće iz njega izvući više, a onda će nastupiti, iako za neko određeno vrijeme odložena, zla kob. Glad će se naposljetku javljati s vremena na vrijeme, a ukoliko dođe do loših žetvi itd. javljat će se ponovno. S povećanim brojem žitelja, glad će se javljati sve češće, tako da je konačno neće biti jedino kada rijetke najrodnije godine napune smočnice. Ali, približava se, konačno, i vrijeme kada se bijeda više neće moći izbjeći, a glad će postati vječitim pratiocem takvog naroda. I tada će priroda morati ponovno pomoći i izvršiti selekciju među onima koje je sama odabrala za život, ili će se čovjek morati ponovno ispomoći sam, tj. pribjeći će umjetnom sprječavanju svog razmnožavanja sa svim već naznačenim teškim posljedicama po rasu i vrstu.

Može se prigovoriti da cijelom čovječanstvu ova budućnost i tako i tako predstoji, te da je pojedini narodi neće biti u stanju izbjeći.

To je na prvi pogled bez daljnjega, točno. Pa ipak se ovdje treba spomenuti i sljedeće:

Svakako da će u određenom trenutku cjelokupno čovječanstvo biti prisiljeno - u nemogućnosti da plodnost tla prilagodi još za dulje vrijeme daljem povećanju broja stanovništva - zaustaviti razmnožavanje ljudske vrste, ili ponovno prepustiti prirodi da odluči, ili da pak, putem samopomoći, ako je moguće, ali, naravno, na ispravniji način nego danas, stvori neophodnu ravnotežu. Samo, ovo će pogoditi sve narode, dok su sada takvom nevoljom pogođene samo one rase koje više nemaju dovoljno snage i jačine osigurati si neophodno tlo na ovom svijetu. Jer, stvari ipak stoje tako, da na ovoj Zemlji danas još ima ogromnih površina neiskorištenoga tla koje željno očekuje obrađivače. Ali je isto tako točno, da to tlo nije od prirode, ili po sebi, sačuvano nekoj određenoj naciji ili rasi kao rezervirana površina za budućnost, nego je to zemlja i tlo za onaj narod koji raspolaže snagom uzeti ga i marljivo obrađivati.

Priroda ne zna ni za kakve političke granice. Ona živa bića postavlja najprije na ovoj kugli zemaljskoj i onda promatra slobodnu igru snaga. Najjači u hrabrosti i marljivosti stiče tada, kao njeno najomiljenije dijete, obećano pravo gospodarenja. Ako se narod ograniči na unutarnju kolonizaciju, dok se druge rase na sve većim prostranstvima ove Zemlje grčevito učvršćuju, bit će prinuđen prihvatiti samoograničenja već u vrijeme u kojem se ostali narodi i nadalje neprestano razmnožavaju. Jednom će nastupiti i taj slučaj, i to tim prije što narodu stoji na raspolaganju manji životni prostor. Kako se, općenito, nažalost, prečesto samo najbolje nacije ili točnije istinske kulturne rase, kao nosioci svakog ljudskog napretka u svojoj pacifističkoj zaslijepljenosti, odlučuju odreći zahvaćanja novoga prostora, jer se zadovoljavaju "unutarnjom" kolonizacijom, a nacije manje vrijednosti si, međutim, umiju osigurati ogromne životne površine na ovom svijetu, to bi moglo dovesti do sljedećeg krajnjeg rezultata:

Po kulturi naprednije, ali manje bezobzirne rase morat će na neko vrijeme, već zbog svog ograničenog tla, smanjiti svoje razmnožavanje, dok će kulturno nazadniji, ali prirodno brutalniji narodi, zbog većih životnih površina kojima raspolažu, biti u situaciji da se i nadalje još neograničenije razmnožavaju. Drugim riječima: svijetom će zbog toga jednoga dana zavladati kulturno manje vrijedno, ali ipak energičnije čovječanstvo.

A tada će, istina još u dalekoj budućnosti, postojati samo dvije mogućnosti: ili će se svijetom upravljati prema predodžbama naše moderne demokracije, tada će težište svake odluke otpasti u korist brojčano jačih rasa - ili će se svijetom vladati po zakonima prirodnog rasporeda snaga - tada će pobijediti narodi brutalne volje, ali opet neće pobijediti samoograničavajuća nacija.

Da će ovaj svijet još jednom biti izložen najtežim borbama za opstanak čovječanstva, u to nitko ne može posumnjati. Na kraju uvijek pobjeđuje nagon za samoodržanjem. Pod njim se, kao snijeg na ožujskom suncu, topi takozvana humanost, kao izraz mješavine gluposti, kukavičluka i uobraženog sveznalaštva. U vječnoj je borbi čovječanstvo postalo veliko - u vječnom miru propada!

Za nas je Nijemce parola "unutarnje kolonizacije" kobna već i zbog toga, jer kod nas odmah prevladava mišljenje da je pronađeno sredstvo koje prema pacifističkom shvaćanju dopušta da se opstanak može "ostvarivati" u blagom životnom drijemežu. Ovaj nauk, kako je već u nas ozbiljno shvaćen, znači kraj svakom naporu, da si na ovom svijetu sačuvamo mjesto koje nam i dolikuje. Kad bi prosječni Nijemac, eto, prihvatio uvjerenje da si ovim putem može osigurati život i budućnost, bio bi riješen svaki pokušaj aktivnog, a time jedino i učinkovitog i plodonosnog zastupanja njemačkih životnih potreba. Svaka stvarno korisna vanjska politika mogla bi se zbog takva stava nacije držati sahranjenom, a s njom i budućnost njemačkog naroda uopće.

U spoznaji ovih posljedica nije slučajno u prvom redu uvijek Židov, koji pokušava i umije, takve smrtno opasne smjerove razmišljanja posijati u naš narod. Ali on predobro poznaje svoje ljigavce, a da ne bi znao da oni zahvalno padaju kao žrtve svakom španjolskom prevarantu koji ih umije uvjeriti, da je tobože pronađeno sredstvo da se prirodu prevari, da se surova, neumitna borba za opstanak učini suvišnom, da bi se na njeno mjesto ubrzo, putem rada, ponekad međutim i običnim neradom, već prema tome "kako se dogodi", uzdigao do gospodara planete.

Ne može se dovoljno oštro naglasiti, da svaka njemačka unutarnja kolonizacija treba u prvom redu služiti otklanjanju socijalnih nedaća a prije svega oduzimanju tla općim špekulacijama, ali nikada ne može biti dovoljna, da, recimo, osigura budućnost nacije bez novoga zemljišta i tla.

Ako postupamo drugačije, tada u kratkom vremenu nećemo dospjeti ne samo do kraja našega tla, nego i do kraja naše snage.

Konačno se još mora utvrditi sljedeće:

Unutarnjom kolonizaciji dano ograničenje na određenu malu zemljišnu površinu, kao i sužavanje rasplođivanja, s jednakim konačnim posljedicama, vode ka izvanredno nepovoljnom vojnopolitičkom položaju dotične nacije.

U veličini prebivališta nekoga naroda, nalazi se bitan čimbenik za određivanje njegove vanjske sigurnosti. Što je veća prostornost koja je nekom narodu na raspolaganju, tim je, također, veća i njegova prirodna zaštita; jer se još uvijek mogu sprovesti vojne odluke protiv naroda na malim skučenim površinama tla na brži, a time, dakako, i lakši i naročito učinkovitiji i potpuniji način, nego što je to, obrnuto, moguće protiv teritorijalno prostranih država. U veličini državnog teritorija nalazi se još uvijek izvjesna zaštita od lakomislenih napada, jer se pri tome uspjeh može ostvariti samo poslije dugih, teških borbi, pa će rizik nepromišljenog prepada izgledati prevelik, ako za njega ne postoje bar izvanredni razlozi. Otuda već u samoj veličini države leži razlog za lakše održavanje slobode i nezavisnosti nekog naroda, dok obratno, skučenost takve tvorevine upravo izaziva na njeno osvajanje.

Ustvari, obje su prve mogućnosti za postizanje poravnanja između rastućeg broja stanovništva i uvijek iste veličine tla bile odbijane u takozvanim nacionalnim krugovima carstva. Razlozi za takav stav su bili, dabome, drugačiji nego gore navedeni; prema ograničavanju rađanja odnosilo se u prvom redu odbijajuće iz određenog moralnog osjećaja; unutarnja kolonizacija se odbijala s ogorčenjem, jer se u njoj predosjećao napad na veleposjedništva, a u tome i početak opće borbe protiv privatnog vlasništva uopće. U obliku u kojem se preporučivalo naročito ovu posljednju ozdravljujuću doktrinu, moglo se bez daljega s takvom pretpostavkom svakako i biti u pravu.

Općenito, obrana pred širokom masom nije bila baš spretna i ni na koji način nije pogađala jezgru problema. Da bi se rastućem stanovništvu osigurao posao i kruh, ostala su još samo dva puta.

3. Ili se moglo osvojiti novo tlo, da bi se suvišni milijuni godišnjeg priraštaja pomicali i rasprostirali i tako nacija i dalje održavala na osnovu samoprehranjivanja, ili se išlo

4. na to da se putem industrije i trgovine iz utrška na stranom tržištu održava život. Dakle: ili politika tla, ili kolonijalna i trgovačka politika.

Oba su puta bila sagledavana, ispitivana, preporučivana i pobijana s različitih motrišta, dok se konačno nije pošlo ovim posljednjim.

Zdraviji put do oba bio bi, dabome, onaj prvi.

Zaposjedanje novih zemljišta i tla za naseljavanje prekobrojnog stanovništva ima bezbroj prednosti, naročito, ako se nema u vidu sadašnjost, već budućnost.

Već mogućnost održavanja zdravog seljačkog staleža kao temelja cijele nacije, nikada se ne može procijeniti dovoljno visoko. Mnoge od naših današnjih patnji, samo su posljedica nezdravog odnosa između seoskog i gradskog stanovništva. Čvrsti savez malih i srednjih seljaka, bio je još u svim vremenima najbolja zaštita protiv socijalnih bolesti, od kakvih danas bolujemo. A to je, također, i jedino rješenje koje preostaje naciji da osigura kruh svagdašnji u gospodarskom okruženju. Industrija i trgovina se povlače sa svojih nezdravo vođenih položaja i raščlanjuju se u općim okvirima ponude i potražnje nacionalnog gospodarstva. Obje time nisu više osnova za ishranu nacije, nego njeno pomoćno sredstvo. Time one imaju više zadaću usklađivanja vlastite proizvodnje i potražnje u svim područjima, čineći cjelokupnu ishranu stanovništva više ili manje neovisnom od inozemstva, dakle pomažu da se, posebno u teškim vremenima, osigura sloboda države i nezavisnost nacije.

Doduše, takva se zemljišna politika ne bi mogla voditi recimo u Kamerunu, nego danas gotovo isključivo samo još u Europi. Pri tome se mora hladno i sabrano zauzeti stajalište, da namjera neba zasigurno ne može biti da se jednom narodu dade pedeset puta više zemlje i tla na ovom svijetu, nego drugom. U tom se slučaju zbog političkih granica ne smije odreći granica vječitog prava. Ako ova Zemlja stvarno ima životnog prostora za sve, neka se tada, dakle, i nama dade za život neophodno tlo.

To se, dabome, nerado čini. Ali tada stupa u djelovanje pravo samoodržanja; i ono što uskrati dobra volja, treba si uzeti šakom. Da su nekada naši pretci svoje odluke činili zavisnim od iste pacifističke besmislice kao današnja sadašnjost, tada bismo mi danas posjedovali samo trećinu našeg sadašnjeg tla; ali njemački narod tada ne bi imao više briga u Europi. Ne - prirodnoj odlučnosti na borbu za vlastito postojanje, mi smo zahvalni obim Istočnim markama carstva a time i za svaku unutarnju snagu veličine naših državnih i narodnih područja koja su nam ostala do danas.

Ovo je rješenje moglo biti ispravno i iz jednog drugog razloga:

Mnoge su europske države danas slične piramidama postavljenim na vrh. Njihova europska osnovica je smiješno mala u odnosu na njihovo ostalo opterećenje u kolonijama, vanjskoj trgovini itd. Može se reći: vrh u Europi, osnovica u cijelom svijetu; za razliku od američke unije, koja još posjeduje osnovicu na vlastitom kontinentu, a samo vrhom dodiruje ostali dio Zemlje. Otuda, međutim, proizlazi nečuvena unutarnja snaga te države, a slabost najvećeg broja europskih kolonijalnih sila. I Engleska nije, također, nikakav suprotan dokaz, jer se u odnosu na britansku imperiju suviše lako zaboravlja anglo - saksonski svijet kao takav. Položaj Engleske, već i zbog njene jezične i kulturne zajednice s američkom unijom, ne može se uopće usporediti ni s jednom drugom europskom državom.

Za Njemačku je, prema tome, jedina mogućnost vođenja zdrave politike tla bila samo u stjecanju novog zemljišta u samoj Europi. Kolonije ne mogu služiti ovom cilju, tako dugo dok ne budu spremne za naseljavanje Europljana u najvećem opsegu. Ali, takva se kolonijalna područja u devetnaestom stoljeću više nisu mogla steći mirnim putem. Takvu kolonijalnu politiku moglo se je, dakle, također voditi samo putem teške borbe, koja se je tada, međutim, mogla svrsishodnije voditi ne za izvaneuropska područja, nego, štoviše, za zemlju na samom zavičajnom kontinentu.

Takva odluka zahtijeva tada, dabome, potpunu odanost. Nije riječ o tome, da se sa polovičnim sredstvima, ili čak i s najmanjim oklijevanjem, pristupi takvoj zadaći čije se provođenje čini mogućim samo ulaganjem i posljednjih atoma energije. Tada se i cijelo političko vodstvo carstva mora prikloniti isključivo ovom cilju; i nikada ne smije uslijediti korak voden drugim promišljanjima, osim spoznaje ove zadaće i njenih uvjeta. Moralo se jasno vidjeti, da je ovaj cilj mogao biti ostvaren samo borbom, ali se tada, mirno i sabrano, pred očima morao imati i oružani sukob.

Tako je trebalo isključivo s ovog motrišta ispitati sve saveze i procijeniti njihovu upotrebljivost. Ako se htjelo zemljište i tlo u Europi, tada se to moglo uglavnom dogoditi samo na račun Rusije, a tada bi novo carstvo moralo ponovno krenuti u marš putovima nekadašnjih vitezova njemačkog reda, i sa njemačkim mačem, njemačkom plugu osigurati brazdu, a naciji kruh svagdašnji.

Za takvu je politiku, doduše, postojao u Europi samo jedan jedini saveznik: Engleska.

Samo se sa Engleskom zaštićenih leđa mogao započeti novi germanski pohod. Pravo na njega ne bi bilo manje nego pravo naših predaka. Nitko od naših pacifista ne odbija jesti kruh s Istoka, iako se prvi plug nekada zvao: "mač"!

Za pridobiti naklonost Engleske, ni jedna žrtva ne bi smjela biti previsoka. Trebalo se odreći kolonija i pomorskog značaja i britansku industriju poštedjeti konkurencije.

Takvom je cilju mogao voditi samo bezuvjetno jasan stav: Odricanje od svjetske trgovine i kolonija, odricanje od njemačke ratne flote, usredsređenje svih državnih sredstava moći na pješaštvo.

Učinak bi svakako bio trenutno ograničenje, ali i velika i moćnu budućnost.

Neko je vrijeme Engleska htjela razgovarati u tom smislu. Jer je jako dobro shvatila, da Njemačka zbog porasta svog stanovništva, mora tražiti nekakav izlaz i naći ga ili s Engleskom u Europi, ili bez Engleske - u svijetu.

Ovom naslućivanju treba u prvom redu svakako pripisati i to što se na prijelazu u ovo stoljeće i iz samog Londona pokušavalo približiti Njemačkoj. Prvi se put tada pokazalo ono što smo na stvarno zastrašujući način, mogli promatrati posljednjih godina. Pomisao da za Englesku treba vaditi kestenje iz vatre, bila je neprijatna, kao da uopće neki savez može postojati na nekim drugim temeljima, nego onima koji osiguravaju uzajamne poslove. A s Engleskom se takav posao svakako, mogao i zaključiti. Britanska je diplomacija bila još uvijek dovoljno mudra da zna kako se bez protuusluge ne mogu očekivati nikakve usluge.

Ali, zamislimo samo da je mudra njemačka vanjska politika 1904. godine preuzela ulogu Japana; jedva se može odvagnuti, kakve bi to posljedice imalo za Njemačku.

Nikada ne bi došlo do tog "svjetskog rata".

Krv prolivena 1904. godine deseterostruko bi smanjila prolijevanje krvi u godinama od 1914. do 1918. A tek kakvo bi danas mjesto Njemačka zauzimala u svijetu!

U svakom bi slučaju savez s Austrijom tada bio besmislica.

Jer, ta se državna mumija povezala s Njemačkom, ne u cilju zajedničkog vođenja rata, nego radi održavanja vječitog mira, koji je tada na mudar način mogao biti primijenjen za polagano, ali sigurno iskorjenjivanje Nijemstva u monarhiji.

Ovaj je savez bio nemoguć i zbog toga, što se od takve države i tako dugo nije smjelo očekivati nikakvo ofanzivno zastupanje njemačkih narodnih interesa, jer ona nije imala čak ni snage, ni odlučnosti, učiniti kraj procesu odnijemčivanja na svojoj neposrednoj granici. Ako Njemačka nije raspolagala s toliko nacionalne svijesti, ali i bezobzirnosti, da nemogućoj habsburškoj državi oduzme mogućnost raspolaganja i odlučivanja o sudbini deset milijuna svojih sunarodnjaka, tada se zaista nije smjelo očekivati da će ona ikada pružiti ruku za tako dalekosežne i kompleksne planove. Držanje staroga carstva prema austrijskom pitanju bilo je probni kamen za njegove postupke u sudbonosnoj borbi cijele zemlje.

U svakom se slučaju nije smjelo mirno promatrati kako se Nijemstvo iz godine u godinu sve više potiskuje, jer je vrijednost savezništva s Austrijom ovisila isključivo od održavanja njemačkog elementa.

Samo se nije uopće pošlo ovim putem.

Ni od čega se nije toliko strahovalo kao od borbe, da bi, ipak, bili na nju prinuđeni i to u najnepovoljnije vrijeme. Htjelo se izbjeći Sudbinu, ali je ona ipak stigla, Sanjalo se o održavanju svjetskog mira, a uletjelo se u svjetski rat. A to je bio najznačajniji razlog zbog kojega se nije mislilo na ovaj treći put oblikovanja njemačke budućnosti.

Znalo se da se osvajanje novoga tla može postići samo na Istoku, zatim se vidjela neophodnost borbe, a želio se pod svaku cijenu ipak mir. Jer, parola njemačke vanjske politike već odavno nije glasila: održanje njemačke nacije na svaki način, nego, štoviše: održanje svjetskog mira svim sredstvima. Kako je sve ispalo - poznato je.

Ja ću se na ovo još ponovno vratiti.

Tako je, dakle, preostala četvrta mogućnost: industrija i svjetska trgovina, pomorska sila i kolonije.

Takav se razvoj mogao, doduše, lakše i čak brže dostići. Nastanjivanje zemljišta i tla je spor proces, koji obično traje stoljećima; i u tome upravo treba tražiti i njegovu unutarnju snagu, jer se pri tome ne radi o iznenadnom razbuktavanju, već o postupnom, ali temeljitom i trajnom rastu, za razliku od industrijskog razvoja koji se u malo godina može napuhati, tako da više sliči mjehuru od sapunice, nego pouzdanoj snazi. Flota se, dabome, može izgraditi brže nego što se u žilavoj borbi mogu podići seoska imanja i naseliti ih farmerima; samo, flota se može i brže uništiti od imanja.

Ako je Njemačka ipak krenula ovim putem, tada bi se bar moralo jasno spoznati, da će i takav razvoj jednoga dana završiti borbom. Samo su djeca mogla krivo predviđati da će ljubaznim i uljudnim ponašanjem i trajnim isticanjem miroljubivog stava moći dobiti svoje banane u "mirnoj konkurenciji naroda", kako se to lijepo i s mnogo miomirisa na sve strane brbljalo; da se, dakle, neće morati posezati za oružjem.

Ne, da smo krenuli tim putem, jednoga bi dana Engleska morala postati našim neprijateljem. Bilo je više nego besmisleno ljutiti se zbog toga - ali to je potpuno odgovaralo našoj vlastitoj bezazlenosti - što je Engleska sebi uzela slobodu, da se jednoga dana, surovošću nasilničkog egoiste, suprotstavi našem miroljubivom načinu života i rada.

Mi to ne bismo, svakako, nikada učinili.

Ako se europska teritorijalna politika protiv Rusije mogla voditi samo u savezu s Engleskom, tada su se, opet, obratno, kolonijalna i svjetska trgovačka politika mogle zamisliti samo protiv Engleske u savezu s Rusijom. A tada su se morale bezobzirno povući i posljedice, i prije svega, hitno napustiti Austriju.

Ovaj savez s Austrijom na prijelazu stoljeća bio je u svakom pogledu pravo bezumlje.

Samo se uopće nije ni pomišljalo sklapati savez sa Rusijom protiv Engleske, a još manje s Engleskom protiv Rusije, jer bi u oba slučaja to na kraju značilo rat, a da bi ga se spriječilo, opredijelilo se ipak za trgovačku i industrijsku politiku. Sada se, eto, pri "gospodarskom miroljubivom" osvajanju svijeta posjedovala uputa za postupak koji je trebao dotadašnjoj politici sile jednom zauvijek slomiti vrat. Možda u tome ipak ponekad nije bilo osjećaja sigurnosti, naročito kad su iz Engleske, s vremena na vrijeme, pristizale sasvim nedvosmislene prijetnje; stoga se ipak odlučilo izgraditi flotu, ali i opet ne za napad i uništenje Engleske, nego za "obranu" već proglašenog svjetskog mira i "mirnog" osvajanja svijeta. Stoga je ona u mnogočemu građena nešto skromnije, ne samo po brojnosti, nego i po tonaži pojedinih brodova, kao i po naoružanju, da bi se tako ponovno, na kraju krajeva, ipak mogla prikazati konačna "miroljubiva" namjera. Naklapanja o "gospodarskom miroljubivom" osvajanju svijeta, bila su svakako najveća besmislica, koja se ikada mogla uzdići do vodećeg principa državne politike. Ta je besmislica postala još veća i time, što se za krunskog svjedoka da je takav učinak moguć, nije oklijevalo pozivati ni Englesku. Ono u čemu je pri tome naša profesorska povijesna znanost i shvaćanje povijesti griješilo, skoro da se više nije moglo popraviti, već je samo uvjerljiv dokaz za to koliko mnogo ljudi "uči" povijest, a da je ne razumiju ili uopće i ne shvaćaju. Upravo se na Engleskoj moralo shvatiti očito pobijanje ove teorije; je li, ikada, ijedan narod s većom brutalnošću bolje pripremao svoja ekonomska osvajanja mačem i kasnije ih bezobzirno branio, nego što je to činio engleski narod? Nije li upravo to obilježje britanske državničke umjetnosti i vještine, da se iz političke snage priskrbljuju ekonomski dobici, a svako se gospodarsko jačanje odmah ponovno pretače u političku moć? A koliko li je, pri tome, zabluda vjerovati, da bi Engleska recimo sama bila previše uplašena za svoju gospodarsku politiku kao i vlastitu krv! To što engleski narod nije imao "narodnu vojsku", ni u kom slučaju ovdje ne dokazuje suprotno; jer se ovdje ne radi ni o kakvoj vojnoj formi oružane sile, već, što više, o volji i odlučnosti angažirati postojeću. Engleska je uvijek imala naoružanje koje joj je bilo neophodno. Ona se uvijek borila oružjem koje je tražilo uspjeh. Ona se borila pomoću plaćenika, dokle god su oni bili dovoljni, ali je i duboko posezala za dragocjenom krvi cijele nacije, samo ako je takva žrtva mogla donijeti pobjedu. Uvijek je, međutim, ostajala ista ona odlučnost i žilavost za borbu kao i za njeno bezobzirno vođenje.

U Njemačkoj se putem škole, tiska i humorističnih novina postupno njegovala određena predodžba o biću Engleza, a još više o njegovoj državi, koja je pojedinca morala dovesti do najljućih samoobmana; jer se tom besmislicom polako zarazilo sve, a čija je posljedica bila podcjenjivanje, koje se potom osvetilo na najgori način. Čvrstina ove krivotvorine bila je tako velika, da je postojalo uvjerenje, kako se u Englezu ima pred sobom koliko prepredenu, toliko i nevjerojatno bojažljivu osobu - poslovnog čovjeka. Da se takvo svjetsko carstvo veličine engleskog nije moglo steći samo lukavstvom i podvalama, to, nažalost, nije ulazilo u glave naših uzvišenih profesora profesionalne znanosti. Malo onih, koji su upozoravali, bilo je nadvikano i potpuno ušutkano. Još se sasvim točno mogu sjetiti začuđenih lica mojih ratnih drugova, kad smo se u Flandriji osobno suprotstavili Tommyima. Već poslije prvih dana bitke, svanulo je ipak u mozgu svakog od nas uvjerenje, da se ne može uzeti baš točnom slika ovih Škotlanđana koju su nam dočaravali humoristički listovi i telegrafski izvještaji.

Ja sam tada već započeo svoja prva razmatranja o svrsishodnim oblicima promidžbe.

Ovo krivotvorenje imalo je za širitelje ipak i nečega dobroga; na ovom, iako netočnom primjeru, moglo se demonstrirati valjanost gospodarskog osvajanja svijeta. Ono što je uspijevalo Englezu, trebalo je uspjeti i nama, pri čemu je tada kao sasvim poseban plus smatrana naša, ipak, značajno veća čestitost, kojoj je nedostajala ona specijalna engleska "perfidnost". Nadalo se da će se tako lakše pridobiti naklonost prije svega manjih nacija, kao i povjerenje velikih.

Da je naša čestitost kod drugih izazivala unutarnji užas, nije nam pri tome još ni padalo na pamet, već i zbog toga, što smo mi u sve to sasvim ozbiljno i sami vjerovali, dok je ostali svijet takvo ponašanje držao izrazom potpuno prepredene lažljivosti, sve dok, na najveće iznenađenje, revolucija nije pomogla da se stekne potpuniji uvid u neograničenu glupost našeg "iskrenog" mišljenja.

Samo iz gluposti takvog "miroljubivog gospodarskog osvajanja" svijeta, bila je odmah jasna i razumljiva i glupost Trojnog saveza. A s kojom se to, uopće, državom moglo sklopiti savez? Zajedno s Austrijom nije se moglo ni u kom slučaju ići u ratno osvajanje, čak ni u Europi. Upravo se od prvog dana u tome i osjećala ta unutarnja slabost saveza. Jedan Bismarck je sebi mogao dozvoliti ovu pomoć u nevolji, samo ne za dugo i svaki glupavi nasljednik, a ponajmanje u vrijeme kada već odavno nisu postojale bitne pretpostavke i za bismarckovski savez; jer Bismarck je vjerovao da u Austriji pred sobom ima još uvijek njemačku državu. Postupnim uvođenjem općeg prava glasa, ova je zemlja potonula u parlamentarno upravljanu nenjemačku zbrku.

Sada je savez s Austrijom bio također i rasno - politički štetan. Trpjelo se nastajanje nove slavenske velesile na granici carstva, koja će se prema Njemačkoj, prije ili kasnije, morati postaviti sasvim drugačije, nego npr. Rusija. Pri tome je sam savez, iz godine u godinu, morao iznutra postajati sve šupljiji i slabiji, u istom onom odnosu u kome su pojedini zastupnici ove ideje u monarhiji gubili utjecaj i bili potisnuti s najodgovornijih položaja.

Već na prijelazu stoljeća savez s Austrijom je došao točno u istu fazu razvitka kao i savez Austrije s Italijom.

Ali su i ovdje postojale samo dvije mogućnosti: ili biti u savezu sa habsburškom monarhijom, ili protestirati protiv potiskivanja Nijemstva. A kad se s tako nečim već započne, tada kraj najčešće običava završiti - otvorenom borbom.

Vrijednost Trojnog saveza bila je već skromna i psihološki, jer čvrstina nekog saveza opada upravo u onoj mjeri, koliko se on više ograničava na održavanje postojećeg stanja kao takvog. Drugi će pak savez, obrnuto, biti tim jači, što se pojedine ugovorne strane više mogu nadati, da će njime moći ostvariti određene opipljive osvajačke ciljeve. I ovdje, kao i svugdje, snaga nije u obrani, nego u napadu.

Ovo su već tada uvidjeli s različitih strana, samo nažalost, ne i takozvani "pozvani". Na ove je slabosti posebno ukazivao tadašnji pukovnik Ludendorff, časnik Velikog Glavnog stožera u jednoj Spomenici 1912. godine. Naravno, ovoj stvari "državnici" nisu pridavali nikakvu vrijednost ni značaj; kao što zdrav razum, čini se, vrijedi samo za obične smrtnike, on, ako se radi o "diplomatima", smije biti potpuno isključen.

Za Njemačku je bila sreća, što je rat 1914. izbio okolnim putem, preko Austrije, pa su i Habsburgovci u njemu morali sudjelovati; da se, naime, desilo obrnuto, Njemačka bi ostala sama. Nikada habsburška država ne bi htjela sudjelovati u nekoj borbi, a još manje u onoj koju bi izazvala Njemačka. Ono za što se kasnije tako osuđivalo Italiju, dogodilo se već prije Austriji; zadržala bi se "neutralnost", da bi se tako od revolucije bar spasilo državu. Austrijsko slavenstvo bi prije razbilo monarhiju već 1914. godine, nego što bi dozvolilo pomoć Njemačkoj.

Koliko su, međutim, bile velike opasnosti i poteškoće koje je savez s dunavskom monarhijom sa sobom donosio, moglo je tada shvatiti samo vrlo malo ljudi.

Prvo, Austrija je imala previše neprijatelja koji su namjeravali naslijediti trulu državu, a da tijekom vremena ne bi izbila određena mržnja prema Njemačkoj, u kojoj se sad odjednom vidio uzrok sprječavanja sa svih strana željenog raspada monarhije. Došlo se do uvjerenja da se na kraju do Beča može doći jedino okolnim putem, preko Berlina.

S time je, drugo, Njemačka ipak izgubila najbolje i najizglednije mogućnosti sklapanja saveza. Da, na njihovo mjesto, nastupila je još veća zategnutost s Rusijom, pa čak i Italijom. K tome je opće raspoloženje u Rimu bilo isto tako jako prijateljsko prema Njemačkoj, koliko je neprijateljsko prema Austriji tinjalo u srcu posljednjeg Talijana, da bi se, često puta, uz bljeskove i rasplamsavalo.

Kako se već jednom krenulo na politiku trgovine i industrije, više nije postojao ni najskromniji podsticaj za borbu protiv Rusije. Neprijatelji ovih nacija mogli su u tome samo vidjeti živi interes. To su u prvom redu bili, ustvari, Židovi i marksisti, koji su svim sredstvima potpirivali i huškali na rat između dviju država.

I konačno, treće, ovaj je savez za Njemačku morao u sebi kriti beskrajnu opasnost, jer je nekoj prema Bismarckovom carstvu stvarno neprijateljski suprotstavljenoj velesili u svako doba s lakoćom moglo poći za rukom staviti u pokret cijeli niz država protiv Njemačke, jer je svaka od tih država bila u položaju da na račun austrijskog saveznika ima u izgledu svoje proširenje.

Protiv dunavske monarhije na uzbunu se mogao pozvati cijeli istok Europe, a naročito Rusija i Italija. Da Austrija kao njemački saveznik nije bila previše primamljiv zalogaj nasljeđa, nikada se ne bi formirala ona, od kralja Edwarda forsirana svjetska koalicija. Bilo je samo moguće da se države s inače tako različitim željama i ciljevima, skupe u jednu jedinu napadačku frontu. Svaka od njih se mogla nadati da će prilikom općeg napada na Njemačku steći i za sebe neko proširenje na račun Austrije. Što je sad opet ovom nesretnom savezu, čini se, pripadala još i Turska, kao nijemi član, ova je opasnost povećana do krajnjega.

Međunarodne židovske svjetske financije su trebale ovaj mamac da bi mogle sprovesti dugo željeni plan uništenja Njemačke, koja se još nije uklopila u opću naddržavnu financijsku i gospodarsku kontrolu. Samo se tako mogla iskovati koalicija, osnažena i ohrabrena čistim brojem sada marširajuće milijunske vojske, konačno spremne da oklopljenog Siegfrieda spuste na koljena.

Savez sa Habsburškom monarhijom, koji me je već u Austriji uvijek ispunjavao zlovoljom, postao je sad uzrokom dugih unutarnjih preispitivanja, koja su me u nadolazećem vremenu samo još više učvršćivala u mojem već postojećem mišljenju.

Već tada, u uskim krugovima u kojima sam se uglavnom kretao, nisam skrivao svoje uvjerenje da će ovaj nesretni ugovor sa, za propast predodređenom državom, odvesti u katastrofalni slom i Njemačku, ako se od njega ne bude znala pravovremeno otrgnuti. U to moje, kao stijena čvrsto uvjerenje, ni u jednom se trenutku nisam pokolebao, čak ni tada, kada se činilo da je vihor svjetskog rata na kraju isključio svako razumno razmišljanje, i kada je bura oduševljenja zahvatila i one institucije za koje su morala vrijediti samo najhladnija razmatranja stvarnosti. Isto sam tako, dok sam sam stajao na frontu, ma gdje da se o tom problemu razgovaralo, zastupao svoje mišljenje, da bi za njemačku naciju bilo, čim brže tim bolje, prekinuti taj savez, i da napuštanje habsburške monarhije uopće ne bi bila nikakva žrtva, ako bi time Njemačka mogla postići ograničenje broja svojih protivnika; jer, milijuni nisu stavili na glavu čelični šljem da bi održali već sasvim propalu dinastiju, već, naprotiv, da bi spasili njemačku naciju.

Nekoliko se puta prije rata činilo da će, bar u jednom taboru, iskrsnuti bar mala sumnja u opravdanost prihvaćene politike savezništva. Njemački konzervativni krugovi počeli su, s vremena na vrijeme, upozoravati ali je od prevelikog slijepog povjerenja i ovo upozorenje kao općenito i sve razumno, otišlo u vjetar. Vladalo je uvjerenje da je ovo pravi put ka "osvajanju" svijeta, čiji bi uspjeh mogao biti ogroman, a žrtve ravne nuli.

Poznatim "nepozvanima" opet nije preostajalo ništa drugo, već šuteći promatrati zašto i kako "pozvani" ravno i neumitno maršraju u propast, vukući za sobom dragi narod kao onaj štakorolovac iz Hammelna.

Dublji uzrok za mogućnost da se cijelom narodu, da bi mu bila shvatljivija, besmislicu "ekonomskog osvajanja" prikaže praktičnim političkim putem, a da se očuvanje svjetskog mira prikaže političkim ciljem, nalazio se u oboljenju našeg cjelokupnog političkog mišljenja općenito.

S pobjedničkim vlakom njemačke tehnike i industrije, s rastućim uspjesima njemačke trgovine, sve više se gubila spoznaja da je to sve ipak moguće samo pod pretpostavkom jake države. Naprotiv, u mnogim se krugovima išlo tako daleko, da se zastupalo uvjerenje kako sama država svoje postojanje zahvaljuje samo ovim pojavama, što je ona u prvom redu gospodarska institucija, koja se pokorava gospodarskim zahtjevima, pa prema tome, njeno postojanje ovisi od gospodarstva, čije se stanje hvalilo kao daleko najzdravije i najprirodnije.

Međutim, država nema ništa zajedničkog s nekim određenim gospodarskim shvaćanjem ili gospodarskim razvojem.

Ona nije posljedica ugovornih gospodarskih strana u nekom ograničenom životnom prostoru zbog ispunjenja gospodarskih zadataka, već organizacija zajednice psihički i duhovno jednakih živih bića, zbog boljeg omogućavanja daljeg održavanja svoje vrste, kao i zbog postizanja cilja njenog postojanja, koji joj je predodređen proviđenjem. To, i ništa drugo, svrha je i smisao države. Gospodarstvo je pri tome samo jedno od mnogih pomoćnih sredstava, koja su upravo potrebna za postizanje ovoga cilja. Ali, on nikada nije uzrok ni svrha države, ukoliko se baš ona već unaprijed ne zasniva na pogrešnim, odnosno neprirodnim, temeljima. Samo je tako objašnjivo da državi kao takvoj nikada kao pretpostavka nije potrebno teritorijalno ograničenje. To će biti neophodno samo kod onih naroda, koji sami hoće osigurati ishranu svojih sunarodnjaka, dakle onih, koji su spremni vlastitim radom dobiti bitku sa životom. Narodi koji su u stanju da se kao trutovi uvuku u ostalo čovječanstvo, da bi ga najrazličitijim izgovorima natjerali da i za njih radi, mogu čak i bez vlastitog ograničenog životnog prostora formirati države. Tose u prvom redu odnosi na narod zbog čijeg parazitstva, naročito danas, trpi cjelokupno čestito čovječanstvo: na Židovstvo.

Židovska država nikada nije bila prostorno ograničena, već univerzalno neograničena u prostoru, ali ograničena na povezivanje jedne rase. Stoga je ovaj narod uvijek i formirao državu u okviru drugih država. To spada u najgenijalnije trikove koji su ikada pronađeni:, pustiti ovu državu da jedri kao "religijska", osiguravajući joj time toleranciju koju su arijci spremni pružiti svakom religioznom uvjerenju. Jer stvarno, Mojsijeva religija nije ništa drugo, do nauk o održavanju židovske rase. Ona otuda i obuhvaća skoro sva sociološka, politička, kao i gospodarska znanstvena područja, koja bi na bilo koji način mogla doći u pitanje.

Nagon za održavanjem vrste je prvi razlog za stvaranje ljudskih zajednica. Zbog toga je država narodni organizam, a ne neka gospodarska organizacija. Ta je razlika ostala isto toliko velika, koliko i nerazumljiva današnjim takozvanim "državnicima". Zato oni i vjeruju da mogu izgraditi državu putem gospodarstva, dok je ona u stvarnosti uvijek samo učinak sudjelovanja onih svojstava, koja su u ravni volje za održavanjem vrste i rase. A ona su uvijek herojske vrline, a nikada pokućarski egoizam, jer, dabome, održanje života neke vrste pretpostavlja spremnost volje i žrtvovanja pojedinca. U tome se i nalazi smisao pjesničkog iskaza: "Und setzt ihr nicht das Leben ein, nie wird euch das Leben gewonnen sein" (i ako ti ne založiš svoj život, nećeš nikada ni dobiti taj tvoj život), jer je žrtvovanje vlastitog života neophodno, da bi se osiguralo održanje vrste. Slijedom toga, bitna pretpostavka za stvaranje i održanje države je postojanje određenog osjećaja uzajamne pripadnosti na osnovu istovjetnog bića i iste vrste, kao i voljne spremnosti založiti se za to svim raspoloživim sredstvima. To će kod naroda na vlastitom tlu voditi stvaranju herojskih vrlina, kod muktaša do laskanja i podmukle surovosti, ukoliko te osobine već dokazano ne postoje kao pretpostavka njihove, po obliku, tako različite državne opstojnosti. Uvijek će, međutim, već formiranje države, od samog njenog početka, uslijediti samo putem primjene ovih osobina, pri čemu će tada, u borbi za samoodržanje podleći, što znači da će biti podjarmljeni, a time i osuđeni na ranije ili kasnije izumiranje, oni narodi koji u međusobnoj borbi pokazuju najmanje herojskih vrlina ili nisu dorasli lažljivoj lukavosti neprijateljskih muktaša. Ali i u tom slučaju, to gotovo uvijek ne treba pripisivati nedostatku mudrosti, već, štoviše, nedostatku odlučnosti i hrabrosti koji se samo pokušavaju sakriti pod plaštem humanog opredjeljenja.

Kako su državotvorne i državnoodržavajuće osobine malo povezane s gospodarstvom, najjasnije pokazuje činjenica, da se unutarnja snaga neke države samo u najrjeđim slučajevima poklapa s takozvanim gospodarskim procvatom, a ovaj opet u beskrajno mnogim primjerima kao da najavljuje već predstojeću propast države. Ali, ako bi se formiranje ljudske zajednice pripisalo u prvom redu gospodarskim snagama i podsticajima, tada bi najveći gospodarski razvitak morao istovremeno značiti i najveću snagu države, a ne obratno.

Vjera u državotvornu i državnoodržavajuću snagu gospodarstva je posebno nerazumljiva kada vrijedi uzemlji koja u svemu i svačemu jasno i uporno pokazuje povijesnu suprotnost tome. Upravo Prusi s nevjerojatnom oštrinom pokazuju, da jedino idejne vrline, a ne materijalna svojstva, omogućuju osnivanje države. Tek pod njihovom zaštitom može procvasti i gospodarstvo i to tako dugo, dok sa slomom čistih državotvornih sposobnosti, čije propadanje upravo na tako užasno žalostan način upravo promatramo, i ono opet ne propadne. Materijalni interesi ljudi mogu uspijevati na najbolji način uvijek tako dugo, dok ostaju u sjenci herojskih vrlina. Ali, čim pokušaju stupiti u prvi krug života, razaraju si pretpostavke vlastita postojanja.

Svaki puta kad bi u Njemačkoj došlo do poleta političke prirode, počinjalo bi se uzdizati i gospodarstvo; ali svaki puta kad bi gospodarstvo postajalo jedinim sadržajem života našeg naroda i time gušilo idealne vrline, ponovno bi propadala i država, koja bi kroz neko vrijeme za sobom povukla i gospodarstvo.

Ako si sada, ipak, postavimo pitanje, što su onda državotvorne ili čak samo državnoodržavajuće snage u stvarnosti, tada ih se može svesti na jednu jedinu oznaku: sposobnost žrtvovanja i volja za žrtvovanjem pojedinca za cjelinu. Da ove vrline nemaju baš ništa zajedničkog s gospodarstvom, proizlazi iz jednostavne spoznaje, da se čovjek, dakako, za njega nikada ne žrtvuje, što znači: ne umire se za poslove, već samo za ideale. Ništa nije bolje objašnjavalo psihološku nadmoć Engleza u spoznaji narodne duše, kao motivacija koju je on znao pridati svojoj borbi. Dok smo se mi borili za kruh, Engleska je ratovala za "slobodu" i to ne samo za svoju, ne, već i za slobodu malih naroda. U nas su se smijali toj drskosti, ili se zbog toga ljutili i time dokazali kako je postala beskrajno glupa ta takozvana državnička vještina Njemačke još prije rata. Nije se imalo ni pojma o biti one snage koja je mogla povesti ljude njihovom slobodnom voljom i odlučnošću u smrt.

Dokle god je njemački narod 1914. godine još vjerovao da se bori za ideale, on je i istrajavao; čim se trebao boriti samo za kruh svagdašnji, on je radije odustajao od igre.

Naši domišljati "državnici" čudili su se, međutim, toj promjeni opredjeljenja. Nikada im nije bilo jasno, da čovjek onog trenutka, kada se bori za neki gospodarski interes, što je više moguće izbjegava smrt, jer bi mu ona zauvijek uskratila užitak nagrade za njegovu borbu. Briga za spas vlastita djeteta omogućuje i najlošijoj majci postati junakinjom, i samo je borba za održanje vrste i ognjišta, ili države tjerala ljude svih vremena na neprijateljska koplja. Kao vječita istina smjela bi se postaviti i sljedeća tvrdnja:

Nikada još nije bila osnovana država pomoću miroljubivog gospodarstva, nego uvijek samo instinktima održanja vrste, pa bili oni u području herojske vrline ili lukave prepredenosti; prvo stvara arijevske i kulturne države, a drugo židovske parazitske kolonije. I čim opet gospodarstvo kao takvo u nekom narodu ili državi, počne gušiti ove nagone, ona sama postaje primamljivim uzrokom podjarmljivanja i potčinjavanja.

Vjerovanje predratnog vremena, da se njemačkom narodu trgovačkom i kolonijalnom politikom, mirnim putem, može otvoriti svijet ili ga čak i osvojiti, bio je klasičan znak gubitka stvarnih državotvornih i državnoodržavajućih vrlina i svih iz toga nastalih shvaćanja snage volje i odlučnosti za djelovanje; po prirodnom zakonu kraj tog računa je, međutim, bio svjetski rat s njegovim posljedicama.

Za onoga tko dublje ne istražuje, mogao je, svakako, ovaj stav njemačke nacije - jer je on u stvarnosti bio gotovo u cijelosti i opći stav - predstavljati samo nerješivu zagonetku; nije li baš Njemačka bila čisto zadivljujući primjer carstva, koje je proizišlo iz čiste politike sile. Prusija, zametak carstva, nastala je blistavim heroizmom, a ne financijskim operacijama ili trgovačkim poslovima, a samo carstvo je opet bilo najdivnija nagrada vodstvu politike sile i vojničke neustrašivosti pred smrću. Kako je baš njemački narod mogao dospjeti do takvog oboljenja svog političkog instinkta? Jer se ovdje nije radilo o pojedinačnoj pojavi, nego o momentima propadanja, koji su se upravo zastrašujućim bezbrojem, gotovo kao varljivo svjetlo, rasplamsavali i klizili čas gore, čas dolje, po narodnom tijelu, ili kao otrovni čirevi, čas ovdje, čas tamo, nagrizali naciju. Činilo se kao da neka tajanstvena sila neprestano tjera otrovnu bujicu do najudaljenijih krvnih sudova ovoga nekad herojskog tijela, da bi sad, eto, dovela do sve veće paralize zdravog razuma, odnosno, golog nagona za samoodržanjem.

Time što sam sva ova pitanja uvjetovao svojim stavom prema njemačkoj politici savezništva i gospodarskoj politici carstva, i bezbroj puta postupno razmatrao u godinama 1912 - 1914. za rješenje zagonetke preostala mi je sve više ona snaga koju sam upoznao već prethodno u Beču, određena sasvim drugim gledištima - marksistički nauk i njegov svjetonazor kao i njegovo organizacijsko djelovanje.

Po drugi puta u svom životu udubih se u ovaj nauk razaranja. I ovaj puta, dabome, ne više vođen utiscima i djelovanjem moje svakodnevne okoline, već upućen promatranjem općih tokova političkog života. Time što sam se odnedavno udubio u teorijsku literaturu ovog novog svijeta i pokušao si razjasniti njene moguće posljedice, usporedio sam je tada sa stvarnim pojavama i događajima nastalim zbog njena djelovanja u političkom, kulturnom, a i gospodarskom životu.

Po prvi puta sam, dakle, svoju pozornost usmjerio i pokušajima svladavanja ove svjetske kuge.

Studirao sam Bismarckovo zakonodavstvo o izvanrednim mjerama, o namjerama, borbi i uspjehu. Postupno sam, takoreći stjecao granitni temelj za svoje vlastito uvjerenje, tako da od tog vremena nisam više nikada morao mijenjati svoje unutarnje poglede po tom pitanju. Isto sam tako podvrgao daljem temeljitom ispitivanju odnos marksizma i Židovstva.

Ako mi se prije u Beču, prije svega Njemačka činila nesavladivim divom, sad su me, ipak, ponekad počele obuzimati strepnje i sumnje. Ljutio sam se u sebi, ili u uskom krugu svojih poznanika, zbog njemačke vanjske politike, kao i zbog, kako se meni činilo, nevjerojatno lakomislenog načina na koji je tretiran najvažniji problem, koji je uopće postojao u Njemačkoj, problem marksizma. Stvarno nisam mogao shvatiti, kako se moglo tako slijepo teturati ususret takvoj opasnosti, čije bi djelovanje, koje je odgovaralo i vlastitim namjerama marksizma, jednom moglo biti užasno. Već sam tada u svojoj okolini, isto tako kao i danas u širim krugovima, upozoravao na opasnost smirujuće izreke svih kukavičkih bijednika: "Nama se ništa neće dogoditi!" Takva slična zarazna shvaćanja već su jednom razorila veliko carstvo. Zar i sama Njemačka nije podvrgnuta istim zakonima kao sva druga ljudska društva?

U godinama 1913. i 1914. sam opet, po prvi puta, također u raznim krugovima, koji danas tako smjerno pripadaju nacionalsocijalističkom pokretu, izražavao svoje uvjerenje, da je pitanje budućnosti njemačke nacije, pitanje uništenja marksizma.

U nesretnoj njemačkoj politici savezništva, vidio sam samo posljedične pojave izazvane razarajućim djelovanjem ovog učenja; jer je upravo bilo strašno, što je ovaj otrov gotovo nevidljivo razarao cjelokupne temelje zdravog gospodarskog i državnog shvaćanja, a da oni, time zahvaćeni, često ni sami nisu slutili koliko je njihovo djelovanje i htijenje već proistjecalo iz ovog inače najoštrijeg otklanjanog svjetonazora.

Unutarnje propadanje njemačkog naroda već tada je odavno započelo, a da ljudima nije bilo jasno, kao što se to često u životu događa, tko je zatirač njihove opstojnosti. Ponekad se, doduše, pokušalo zaliječiti ovu bolest, ali bi se tada zamijenio oblik pojavljivanja s uzrocima. Kako se oni nisu znali ili nisu htjeli prepoznati, borba protiv marksizma je poprimila samo vrijednost nadriliječničkog brbljanja.

GLAVA 5

SVJETSKI RAT

Kao mladog vjetrogonju u mojim razuzdanim godinama ništa me nije moglo toliko rastužiti kao činjenica što sam rođen u vremenu koje je očito podizalo svoje hramove slave samo kramarima ili državnim činovnicima. Činilo se da su se valovi povijesnih događaja već tako smirili, da se stvarno činilo, kako budućnost pripada samo "miroljubivom natjecanju naroda", što, dakle, znači spokojnom međusobnom podvaljivanju, uz isključivanje jakih metoda obrane. Pojedine države počeše sve više sličiti poduzećima koja jedni drugima potkopavaju tlo pod nogama, otimaju kupce i narudžbe i na svaki način pokušavaju potisnuti druge zbog svoje koristi, da bi sve to iznijeli na scenu, uz isto toliko veliku, koliko i bezazlenu galamu. Ovakav razvoj, čini se, međutim, ne samo da je zaustavljao, nego je trebao (prema općoj preporuci) jednom premodulirati cijeli svijet u jednu jedinu veliku robnu kuću u čijim bi predvorjima za besmrtnost bile sačuvane biste najprepredenijih špekulanata i najbezazlenijih upravnih činovnika. Trgovci bi tada mogli biti Englezi, upravni činovnici Nijemci, a za vlasnike bi se morali, naravno, žrtvovati Židovi, jer oni, prema vlastitom priznanju, zaboga, nikada ništa ne zarađuju, nego uvijek samo "plaćaju", a k tome i govore najveći broj jezika.

Zašto onda nismo rođeni bar prije sto godina? Recimo, u vrijeme oslobodilačkih ratova, kada je muškarac stvarno i bez "trgovine" još nešto vrijedio?!

Tako sam se, eto, često bavio zlovoljnim mislima o mome, kako mi se činilo, prekasno započetom ovozemaljskom putovanju i smatrao sam vrijeme "mira i poretka" koje je bilo preda mnom nezasluženom pakošću Sudbine. Već kao dječak nisam bio "pacifist" i svi odgojni pokušaji u tom smjeru završavali su promašajem.

Kao munja bijesnu tada Burski rat. Svakog sam dana s nestrpljenjem očekivao novine i gutao telegrame i izvještaje, i već sam bio sretan što sam smio biti svjedokom, makar i iz daljine, ove herojske borbe.

Rusko - Japanski rat zatekao me je već bitno zrelijeg ali i pažljivijeg. Tamo sam se već, više iz nacionalnih razloga, zauzimao za jednu stranu i pri iznošenju svog mišljenja, smjesta stavio na stranu Japanaca. U porazu Rusa, vidio sam i poraz austrijskog slavenstva.

Otada su protekle mnoge godine i ono što mi je nekada, kao mladiću, izgledalo poput trule biljke, osjećao sam sada kao zatišje pred buru. Već tijekom moga bečkog razdoblja nad Balkan se nanijela ona tmastna sparina koja obično predskazuje buru, a već je ponekad i sijevnulo, ali bi ipak opet sve brzo utonulo u zlokobnu tamu. Tada ipak izbi Balkanski rat s kojim je preletio prvi udar vjetra preko sad već nervozne Europe. Nadolazeće vrijeme sada je kao teška mora pritiskalo ljude, paleći kao groznjičava tropska žega, tako da je osjećanje bliske katastrofe, od vječite zabrinutosti konačno preraslo u čežnju; neka nebo konačno odobri Sudbini koja se više ne može obuzdati, slobodan tijek. Tada o zemlju tresnu već i prva jaka munja: podigla se oluja, a sa grmljavinom neba spojila se tutnjava topovskih baterija svjetskog rata.

Kada je vijest o ubojstvu nadvojvode Franza Ferdinanda prispjela u München, (sjedio sam baš kod kuće i nejasno čuo opis tijeka događaja), najprije me obuzela briga da bi metci možda mogli potjecati iz pištolja njemačkih studenata, koji su ogorčeni zbog neprestanih slavenizirajućih pothvata prijestolonasljednika, htjeli osloboditi njemački narod od ovog unutarnjeg neprijatelja. Kakva bi bila posljedica nečega takvog moglo se odmah i zamisliti: novi val progona koji bi za cijeli svijet sada bio ocijenjen "opravdanim" i "zasnovanim". Kada sam ipak odmah poslije toga već čuo imena navodnih počinitelja, a k tome i pročitao tvrdnju da su Srbi, prođoše kroz mene srsi zbog ove osvete nedokučive Sudbine.

Najveći slavenofil pade od metka slavenskih fanatika.

Tko je posljednjih godina imao priliku stalno promatrati odnos Austrije i Srbije, nije, takoreći ni jednog trenutka, mogao posumnjati u to, da se kamen zakotrljao i da ga se više nije moglo zaustaviti.

Čini se nepravda bečkoj vladi, što je danas obasipaju prijekorima zbog oblika i sadržaja datog ultimatuma. Ni jedna druga sila svijeta, da je bila na istom mjestu i u istom položaju, ne bi mogla postupiti drugačije. Austrija je na svojoj južnoj granici imala ogorčenog smrtnog neprijatelja, koji je u sve kraćim vremenskim razmacima provocirao monarhiju i koji nikada ne bi popustio, dok, konačno, ne bi nastupio povoljan trenutak za razbijanje carstva. Postojao je razlog za bojazan da bi do tog slučaja moralo doći najkasnije smrću starog cara. Tada monarhija možda uopće ne bi bila u stanju pružiti ozbiljan otpor. Cijela je država posljednjih godina već toliko počivala na odgovornosti jedne jedine osobe, na Franji Josipu, tako da je smrt tog prastarog oličenja carstva unaprijed bila, u osjećanju širokih masa, smrt samog carstva. Da, spadalo je i u najlukavije vještine, posebno slavenske politike, stvoriti utisak kako austrijska država za svoje postojanje treba samo zahvaliti čudesno jedinstvenoj vještini ovoga monarha; laskanje koje je u Hofburgu bilo prijatno, tim više, što je ponajmanje odgovaralo stvarnim zaslugama ovoga cara. Žalac koji je skriveno vrebao u ovim hvalospjevima nije bilo moguće pronaći. Nije se vidjelo, ili se tamo možda i nije htjelo vidjeti, da što je monarhija više prilagođena prema vrhunskoj vještini vladanja ovog "najmudrijeg monarha" svih vremena, utoliko je stanje moralo postati katastrofalnije, dok jednog dana i ovdje Sudbina ne pokuca na vrata i dođe po svoj plijen.

Je li tada, bez ostarjelog cara, stara Austrija mogla biti još uopće zamisliva?

Ne bi li se opet odmah ponovila tragedija, koja je već jednom zadesila Mariju Tereziju?

Ne, vladinim krugovima u Beču, stvarno se čini nepravda, kad ih se prekorava da su samo oni, eto, podsticali na rat koji se, inače, možda ipak mogao izbjeći. On se više nije mogao izbjeći, već je u najboljem slučaju mogao biti odgođen za godinu dvije. Samo je baš i bilo prokletstvo, kako njemačke, tako i austrijske diplomacije, što je ona uvijek pokušavala odgoditi neodgodiv obračun, dok konačno nije bila prisiljena udariti u najnesretnijem trenutku. Sigurno je da bi ponovni pokušaj spašavanja mira za još nepovoljnije vrijeme, tek tada izazvao rat.

Ne, tko nije želio ovaj rat morao je također prikupiti hrabrost i snositi posljedice. One bi se, međutim, mogle sastojati samo u neophodnosti žrtvovanja Austrije. Do rata bi i tada došlo, samo, svakako, ne više kao borbe svih protiv nas, ali ipak u obliku komadanja habsburške monarhije. Pri tome se moralo donijeti odluku: ili u tome sudjelovati, ili samo promatrati, te se praznih ruku prepustiti Sudbini.

Ali baš oni koji danas najviše psuju i najmudrije prosuđuju zbog započinjanja rata, bili su ti koji su najsudbonosnije pripomogli da se u njega uđe.

Socijaldemokracija je desetljećima najpodlije huškala na rat protiv Rusije, a Centar je opet iz religioznih razloga učinio austrijsku državu najvećim potpornjem i stožerom njemačke politike. A sada su se, eto, morale snositi posljedice ove besmislice. Ono što se dogodilo, moralo se dogoditi i nije se ni pod kojim okolnostima moglo izbjeći. Krivnja je njemačke vlade pri tome bila u tome, što je, da bi pod svaku cijenu sačuvala mir, uvijek propuštala povoljne trenutke za udar i zaplela se u savez za održanje svjetskog mira i konačno postala žrtvom svjetske koalicije koja je težnji za održanjem svjetskog mira suprotstavila odlučnost za svjetski rat.

Da je tada bečka vlada i dala drugi, blaži, oblik ultimatuma, time uopće ništa ne bi promijenila situaciju, osim jedne, da je i sama mogla biti zbrisana pobunom naroda. Jer, u očima širokih masa, taj je ultimatum bio još prepun obzira, i ni u kom slučaju recimo dalekosežan, ili čak brutalan. Tko to danas pokuša osporiti, ili je zaboravni praznoglavac, ili sasvim svjestan lažac.

Borba u godini 1914. nije, tako mi Boga, nametnuta masama, već je za nju bio cijeli narod.

Htjelo se je konačno, učiniti kraj općoj nesigurnosti. Samo se tako i može shvatiti da je za ovu najtežu borbu preko dva milijuna njemačkih muškaraca i dječaka stalo pod zastavu, i bilo je spremno braniti do posljednje kapi krvi.

*

Meni su samom ti trenutci bili kao izbavljenje iz gnjevnih osjećaja mladosti. Još se ni danas ne sramim reći, da sam prevladan burnim oduševljenjem pao na koljena i iz prepuna se srca zahvalio nebu, što mi je podarilo tu sreću da smijem živjeti u ovom vremenu.

Buknula je borba za oslobođenje, da Zemlja jaču još nije vidjela; jer, tek što je udes započeo svoj hod, i najširim masama došlo je već do svijeti, da se ovaj put ne radi samo o sudbini Srbije, ili Austrije, već o biti ili ne biti njemačke nacije.

Posljednji put, poslije mnogo godina, narod je postao vidovit prema svojoj vlastitoj budućnosti. Ali se odmah na početku strašne borbe u dimu zanosnog neobuzdanog oduševljenja, neizbježno javio i prvi ozbiljniji prizvuk: naime, sama je ova spoznaja pokazivala da će nacionalni ustanak postati više od obične vatre od slame. Ozbiljnost je međutim bila i te kako potrebna, jer tada nitko nije imao ni najbljeđu predodžbu o mogućoj duljini i trajanju započete borbe. Sanjalo se da će se do zime biti opet kod kuće i ponovno nastaviti miran rad.

Što čovjek želi, tome se i nada i u to vjeruje. Pretežna većina nacije bila je odavno sita vječito nesigurnog stanja, te je tako bilo potpuno razumljivo da se više uopće nije vjerovalo u mirno rješenje austrijsko - srpskog konflikta, ali se priželjkivao konačni obračun. U ove sam milijune pripadao također i ja.

Tek što je vijest o atentatu bila obznanjena u Münchenu, odmah su mi kroz glavu sijevnule dvije misli: prvo, da će rat konačno biti neizbježan, a dalje, da će sada habsburška država također biti prisiljena održati savez; jer ono čega sam se vječito najviše pribojavao, bila je mogućnost da bi jednog dana Njemačka sama, možda baš zbog ovog saveza, mogla upasti u konflikt, a da Austrija za tako nešto neda neposrednog povoda, i tako austrijska država zbog unutarnje - političkih razloga ne smogne snagu i odlučnost staviti se na stranu svoga saveznika. Slavenska bi većina carstva tako samostalno donesenu odluku odmah počela sabotirati, i ono bi uvijek rade razbilo cijelu državu u komadiće, nego pružilo traženu pomoć. Ova je opasnost sada ipak bila otklonjena. Stara država se morala boriti, željela ona to ili ne.

Moj osobni stav prema konfliktu bio je također vrlo jednostavan i jasan: za mene se Austrija nije sporila za neko srpsko zadovoljenje, već Njemačka za svoj sastavni dio, njemačka nacija za svoje biti ili ne biti, za slobodu i budućnost. Bismarckova se tvorevina sada morala tući; ono što su nekada očevi svojim herojskim korakom osvajali u bitkama od Weissenburga do Sedana i Pariza, sada je mlada Njemačka morala ponovno zaraditi. Ako se ova borba završi pobjednički, tada će naš narod ponovno stupiti u krug velikih nacija i opet zadobiti vanjsku moć, a njemačko će se carstvo ponovno moći dokazati kao snažno okrilje mira, a da za ljubljeni mir neće morati smanjivati svojoj djeci kruh svagdašnji.

Nekada sam kao dječak i mladić tako često želio bar jednom dokazati i djelima, da u meni nacionalno oduševljenje nije nikakva prazna zabluda. Često mi se činilo griješnim vikati: Hura!, a možda čak i ne posjedovati pravo za tako što; jer, tko je smio upotrijebiti ovu riječ, a da je već prije nije isprobao tamo gdje je svakoj igri kraj i gdje neumoljiva ruka boginje Sudbine počinje cijeniti narode i ljude po istinitosti i postojanosti njihovih uvjerenja. Tako mi se, kao i milijunima drugih, nadimalo srce od gorde sreće, što se sada, konačno, mogu osloboditi ovog paralizirajućeg osjećanja. Često sam iz punog grla pjevao: "Deutschland über alles" ("Njemačka iznad svega") i iz punog grla vikao: Heil!, da mi se činilo kao naknadno pružena milost, što sada, na Božjem sudu vječnog suca, smijem nastupiti kao svjedok, radi iskaza istinitosti svog uvjerenja. Jer, od prvog sam trenutka pouzdano znao, da bih u slučaju rata, koji mi se činio neizbježnim, i tako i tako odmah napustio knjige. Ali sam isto tako znao, da moje mjesto tada mora biti tamo, kuda me je sada upućivao unutarnji glas moga bića.

Austriju sam napustio, u prvom redu, iz političkih razloga; ali, što je moglo biti razumljivije, nego da sada, budući da je borba počela, o ovom opredjeljenju u pravom smislu povedem računa! Nisam se htio boriti za habsburšku državu, ali sam u svako vrijeme bio spreman poginuti za svoj narod i za to carstvo kao njegovo utjelovljenje.

Trećeg kolovoza podnio sam molbu, neposredno Njegovom Veličanstvu, kralju Ludwigu III. da mi dopusti stupiti u neku bavarsku regimentu. Kraljevska kancelarija zasigurno nije u tim danima imala baš malo posla; tim je veća bila moja radost, kad sam već narednog dana na moju molbu dobio odgovor. Kad sam uzdrhtalim rukama otvorio pismo i pročitao obavijest o prihvaćanju moje molbe, s uputom da se prijavim jednoj bavarskoj regimenti, moja radost i zahvalnost nisu imale granica. Nekoliko dana kasnije, nosio sam vojničku kaput, koji sam ponovno skinuo tek nakon nepunih šest godina.

Tako je, zasigurno kao i za svakog Nijemca, za mene započelo najnezaboravnije i najveće doba moga ovozemaljskog života. Prema događajima ovih najsnažnijih bitaka, za mene je sve prošlo nestalo bestraga. S ponosnom tugom pomišljam upravo ovih dana, jer se po deseti puta obilježava godišnjica tog velikog događaja, na one tjedne započete herojske borbe našega naroda u kojoj sam milošću Sudbine mogao sudjelovati.

Pred očima mi, kao da je bilo jučer, promiču slika za slikom; vidim sebe odjenutog u uniformu u krugu svojih drugova, pa prvi izlazak, egzerciranje, itd., dok konačno nije došao dan velikog pokreta.

U to me je doba, kao i mnoge druge, mučila jedna jedina briga, da ne stignemo prekasno na front. To mi sve češće i češće nije davalo mira. Tako je u svakom pobjedničkom pokliku, zbog nekog novog herojskog djela, u meni ostajala skrivena mala kap gorčine, jer se činilo, da se sa svakom novom pobjedom, povećava i opasnost našeg zakašnjenja na front.

I tada je napokon došao dan kad smo napustili München i krenuli ususret ispunjenja naše dužnosti. Prvi sam put vidio Rajnu, kada smo pored njenih tihih valova putovali prema zapadu, da bismo tu njemačku rijeku nad rijekama branili od lakomosti starog neprijatelja. Kada su kroz nježne koprene jutarnje izmaglice blagi zraci sunčeva izlaska na nas spuštali odsjaje Niederwaldskog spomenika, iz beskrajno dugog transportnog vlaka snažno ka jutarnjem nebu, odjeknu stara: "Straža na Rajni", a meni grudi postaše preuske.

A tada je došla vlažna flandrijska noć kroz koju smo šuteći marširali, i kad se dan počeo iskradati iz magle, iznenada, preko naših glava, nama ususret, zazviždi gvozdeni pozdrav pršteći po mokrom tlu, s oštrom detonacijom rasu među naše redove sitne kugle; a prije nego se taj mali oblačić i raspršio, iz dvjesto grla, ususret prvome glasniku smrti odjeknu: Hura! A potom poče štektati i tutnjati, fijukati i urlati, a grozničavih očiju svaki od nas se sve brže gurao naprijed, dok se iznenada ne rasplamsa borba, čovjek na čovjeka, preko polja repe i živice. Ali izdaleka, do nas dopriješe zvuči neke pjesme koji su se, preletjevši znad naših glava, sve više približavali, od čete do čete. I tada, upravo kad je smrt poslovno zahvatila i zagrabila u naše redove, stiže pjesma i do nas, a mi je predasmo ponovno dalje: Deutschland, Deutschland über alles, über alles in der Welt! (Njemačka, Njemačka iznad svega, iznad svega na svijetu!)

Vratili smo se nakon četiri dana. Sada je čak i korak postao drugačiji. Sedamnaestogodišnji dječaci sličili su muškarcima.

Dragovoljci regimente List možda se nisu naučili pravo ni boriti, ali su znali umirati kao stari vojnici. To je bio početak.

I tako je sad išlo dalje, iz godine u godinu. Umjesto romantike bitaka, nastajala je strava. Oduševljenje se gotovo ohladilo, a neobuzdani poklik se ugušio pred strahom od smrti. Došlo je i vrijeme kad se svatko morao uhvatiti u koštac između nagona za samoodržanjem i podsjećanja na dužnost. Ni ja nisam bio pošteđen te borbe. Uvijek kada je smrt bila u toru, neko neodređeno Nešto se pokušavalo pobuniti, trudilo se da se slabašnom tijelu predstavi kao Razum, ali je to uvijek bio samo kukavičluk, koji je pod takvom odjećom pokušavao zavesti pojedinca. Tada je počinjalo teško kolebanje i opominjanje, a odluku je često donosio samo posljednji ostatak svijesti. Što se ovaj glas, koji je opominjao na oprez, više trudio, što je glasnije i napadnije mamio, tim je oštriji bio otpor, dok konačno poslije duge unutarnje borbe pobjedu nije odnijela svijest o dužnosti. Već zimi 1915/16. u meni je ova borba odlučena. Volja je konačno postala gospodar bez ostatka. Ako sam prvih dana mogao jurišati s usklikom i smijehom zajedno s drugovima, sada sam bio miran i odlučan. To je ipak bilo ono trajno. Sad je, eto, i Sudbina mogla koraknuti i ka posljednjim iskušenjima, a da se ne kidaju živci i ne zataji razum.

Mladi ratni dragovoljac postao je - stari vojnik.

Ova se promjena dogodila u cijeloj vojsci. Ona je bila stara i čvrsta, proizišla iz vječitih borbi, a ono što se nije moglo oduprijeti napadu, od njega je bilo i slomljeno.

Tek se je sada ova vojska morala podvrći procjenjivanju. Sada, poslije dvije, tri godine, tijekom kojih je bila bacana iz jedne borbe u drugu, boreći je uvijek protiv nadmoći u broju i oružju, trpeći glad i podnoseći odricanja, došlo je konačno vrijeme da se ispita vrijednost te jedine vojske.

Mogu proteći i tisuće godina, i nikada se neće smjeti pričati i govoriti o herojstvu, a da se ne spomene njemačku vojsku u svjetskom ratu. Tada će iz izmaglice prošlosti izroniti gvozdeni front sivog čeličnog šljema, koji ne posrće niti se povlači, kao spomen obilježje besmrtnih. I dokle god Nijemci žive, oni će se sjećati da »su to jednom nekada bili sinovi njihova naroda.

Tada sam bio vojnik i nisam htio politizirati. Stvarno nije bilo vrijeme za to. Još i danas sam uvjerenja, da je posljednji komorski poslužitelj učinio više dragocjenih usluga domovini, nego čak, recimo, prvi "parlamentarne". Ove brbljavce nikada nisam mrzio više nego sada, kada je svaki, doista, pravi momak koji je nešto imao reći to viknuo neprijatelju pravo u lice, ili inače mudro jezik ostavio kod kuće i šutke izvršavao svoju dužnost. Da, mrzio sam tada sve ove "političare", i da se mene pitalo, odmah bi bio ustrojen parlamentarni bataljun lopataša; tada bi se mogli do mile volje i prema potrebi, međusobno nabrbljati, a da ne naljute čestito i pošteno čovječanstvo, ili mu čak i naštete.

Tada, dakle, o politici nisam htio ništa ni čuti, ali ipak nisam mogao drugačije, a ne zauzeti stav prema izvjesnim pojavama, koje su sad, eto, pogodile cjelokupnu naciju, a pogotovo su se ticale nas vojnika.

Postojale su dvije stvari koje su me tada ljutile iznutra i koje sam držao štetnima.

Već nakon prvih pobjedničkih vijesti određeni tisak poče polako, za neke čak neprepoznatljivo u opće oduševljenje ukapavati po nekoliko kapi gorčine. To se dešavalo pod krinkom izvjesne dobre volje i dobronamjernosti, pa čak i određene zabrinutosti. Postojala je rezerviranost prema prevelikoj neobuzdanosti u slavljenju pobjeda. Strahovalo se da to u ovom obliku nije dostojno tako velike nacije, pa joj prema tome tako nešto ni ne odgovara. Hrabrost i herojstvo njemačkog vojnika bilo bi, po njima, eto, nešto samo po sebi razumljivo, tako da se zbog toga ne bi smjelo toliko upuštati u nepromišljene provale radosti, već i zbog samog inozemstva, kome bi tihi i dostojanstveniji oblik veselja odgovarao više od neobuzdanog klicanja, itd. Konačno, mi Nijemci bi trebali, ipak, i sada, zaboraviti da rat nije bio naša namjera, pa se prema tome i nemamo čega sramiti, te otvoreno i muški priznati da bismo u svako doba dali svoj prilog pomirbi čovječanstva. Stoga, međutim, ne bi bilo mudro, da se čistoća djela srca, uprlja velikom galamom, jer da ostali svijet za takve postupke ima malo razumijevanja. Ničemu se ne treba više diviti, kao skromnosti kojom pravi heroj šuteći, mirno zaboravlja svoja djela - jer odatle sve i proizlazi.

Umjesto da se takvog klipana zgrabi za njegova duge uši, dovuče ga do stupa i podigne konopcem, da se takvom vitezu od pera više ne bi vrijeđali estetski osjećaji, zbog toga što nacija slavi pobjedu, počelo se ustvari upućivati opomene zbog "nedoličnog" načina pobjedonosnog slavlja.

Nije se imalo blagog pojma da se oduševljenje koje se tako koči, u slučaju potrebe, neće više moći pobuditi. Ono je opijenost i može se dalje održavati samo u tom stanju. Ali, kako se može bez te sile oduševljenja izdržati borba, koja bi, prema ljudskim mjerilima, postavila veće zahtjeve duhovnim osobinama nacije?

Previše sam točno poznavao psihu širokih masa, a da ne bih znao da se ovdje s estetskom uzvišenošću neće moći razbuktati oganj koji je bio neophodan da se to gvožđe održi vrućim. U mojim je očima izgledalo ludo, što se ništa ne čini, da se ta strast dovedena do vrenja još i ne pojača; ili da se ono, srećom postojeće, još i potkresava, to nikako nisam mogao shvatiti.

Ono drugo, što me je tada ljutilo, bio je način na koji su se stavljali na stranu marksizma, kojeg su držali dobrim. Time se u mojim očima dokazivalo samo to, da se o toj pošasti nije imalo ni najmanjeg pojma. Činilo se kako najozbiljnije vjeruju da su tvrdnjom da sada više ne znaju ni za kakve stranke, već doveli marksizam do uviđavnosti i suzdržavanja.

Da se ovdje uopće ne radi ni o kakvoj stranci, već o učenju koje mora dovesti do razaranja cjelokupnog čovječanstva, shvaćalo se tim manje, što se o tome ne može ništa ni čuti na požidovljenim sveučilištima, a i inače suviše mnogo, naročito naši viši činovnici iz stečene tupave taštine, ne nalaze vrijednim uzeti u ruke knjige i naučiti nešto, što baš ne spada u nastavno gradivo visoke škole. Najsnažniji preokret prolazi pored ovih "glava" potpuno bez traga, zbog čega i državne institucije najčešće šepaju iza privatnih. Za njih najčešće vrijedi, istinoljubivi Bože, narodna poslovica: "Was der Bauer nicht kennt, das frisst er nicht. (Što seljak ne poznaje, to i ne jede.). Rijetki izuzetci i ovdje samo potvrđuju pravilo.

Bila je besmislica bez premca da su u danima kolovoza 1914. godine njemačkog radnika poistovjetili s marksizmom. U tim satima, njemački se radnik otrgnuo iz zagrljaja ove otrovne zaraze, jer on, inače, nikada ne bi mogao ni stupiti u borbu. Ali su bili i toliko glupi, pa su mislili, kako je sad, možda, marksizam postao "nacionalan"; blistava ideja, koja samo pokazuje da u tim dugim godinama nitko od ovih počinovničenih državnih upravljača nije našao vrijednim truda prostudirati bit ovog učenja, jer bi se, inače, ipak teško mogla potkrasti ovakva besmislica.

Marksizam čiji je bio i ostao posljednji cilj, uništenje svih nežidovskih nacionalnih država, morao je na svoj užas vidjeti da se u srpanjskim danima 1914. godine njime zavađeno njemačko radništvo probudilo i iz sata u sat se počelo sve brže stavljati u službu domovine. U nekoliko dana razobličila se cijela ta magla ove podle narodne prijevare, i odjednom ostade usamljena i raspuštena ta klatež židovskih vođa, kao da više nije bilo ni traga onog besmisla i zabluda, koje su šezdesetih godina masovno ulijevali u glavu. Bio je to zao trenutak za prevarante radništva njemačkog naroda. Ali, čim su te vođe spoznale prijeteću opasnost, nabiše preko ušiju, što je bilo brže moguće, kape nevidljivke kako bi sakrili laži, drsko oponašajući nacionalni ustanak.

Ali, sada je ipak došlo vrijeme nastupiti protiv te cijele prevarantske udruge ovih židovskih narodnih trovača. Sada se bez imalo obzira moralo hitno odgovoriti na stvorenu galamu i jadikovku. U kolovozu 1914. godine jednim je udarcem iz glava njemačkog radništva izbijena prijevara s internacionalnom solidarnošću, a umjesto toga, samo nekoliko tjedana kasnije, počeše kao blagoslov bratstva, lupati američki geleri po šljemovima kolona u pokretu. Bila bi obveza odgovorne državne vlade, da sada, nakon što je njemački radnik ponovno našao put ka svom nacionalnom biću, nemilosrdno iskorijeni huškače protiv tog istog nacionalnog bića.

Kada su na frontu padali oni najbolji, tada se kod kuće bar moglo potamaniti tu gamad.

Umjesto toga, međutim, njegovo veličanstvo car, pružio je starim zločincima ruku i time podmuklim, mučkim ubojicama nacije dao poštedu i mogućnost unutarnjeg sređivanja.

Sada je, dakle, zmija mogla ponovno djelovati, opreznije nego prije, samo utoliko opasnije. Dok su poštenjačine sanjale o obustavi stranačkih borbi, krivokletni zločinci su organizirali revoluciju.

Što se sada odlučilo za ovu strašnu polovičnost, u duši sam bio sve nezadovoljniji; a da bi završetak svega toga mogao biti tako strašan, tada još ni ja nisam držao mogućim.

Što je, dakle, sada trebalo učiniti? Vođe cijelog pokreta smjesta staviti iza brave, pokrenuti proces i skinuti ih s vrata nacije. Trebalo je bezobzirno uložiti sva vojna sredstva moći, da bi se iskorijenilo ovu pošast. Stranke je trebalo ukinuti, a Reichstag bajunetama dovesti do razuma ili ga najbolje, smjesta raspustiti. Isto tako, kao što danas republika može raspustiti stranke, i tada je trebalo zbog više razloga, primijeniti ovo sredstvo. Zar nije bilo u igri Biti ili Ne biti cijelog naroda!

Tada se, dabome, na ocjenu stavilo i pitanje: Mogu li se duhovne ideje uopće iskorijeniti mačem? Može li se primjenom gole sile suzbijati "svjetonazor"?

Ja sam sebi u to vrijeme već više nego jednom postavljao to pitanje.

Pri pomišljanju na analogne slučajeve koji se mogu naći u povijesti, naročito na religioznom području, dolazio bih do sljedećih temeljnih spoznaja:

Predodžbe i ideje, kao i pokreti, zasnovani na određenoj duhovnoj osnovi, bila ona kriva ili prava, mogu se počam od nekog određenog trenutka njihova nastanka razbiti sredstvima sile tehničke prirode samo tada, ako su ta tjelesna oružja istovremeno i sama obnašatelji nekog novog zapaljivog mišljenja, ideje ili svjetonazora.

Primjena same sile, ako kao preduvjet nema pogonsku snagu neke osnovne duhovne zamisli, nikada ne može dovesti do uništenja te ideje i njenog širenja, osim u obliku potpunog iskorjenjivanja, čak i njenog posljednjeg tumača, i razaranja posljednje predaje o njoj. To ipak većinom znači isključenje takvog državnog tijela iz kruga političke vlastodržačke moći, često na beskonačno vrijeme, ponekad i zauvijek; jer, takva krvava žrtva pogađa, naravno, i u skladu s iskustvom, najbolji dio narodnog bića, budući da svako proganjanje koje se odigrava bez duhovne pretpostavke, čini se moralno neopravdanim i upravo tad podstiče najvredniji sastav naroda na protest, koji se, međutim, iskazuje u prisvajanju duhovnog sadržaja tog nepravedno proganjanog pokreta. To se kod mnogih događa jednostavno iz osjećaja protivljenja prema svakom pokušaju uništavanja neke ideje brutalnom silom.

Ali time raste broj unutarnjim pristalica u istoj onoj mjeri u kojoj je i proganjanje sve veće. Stoga će potpuno uništenje novog učenja moći biti sprovedeno samo putem tako velikog i rastućeg iskorjenjivanja, da se time na kraju dotičnom narodu ili čak državi potpuno oduzme sva, uistinu dragocjena krv. Ali, to će se osvetiti tako, što će sad svakako doći do tzv. "unutarnjeg čišćenja", samo na račun opće nemoći. Takav postupak uvijek će već unaprijed biti uzaludan, ako je učenje koje treba suzbiti, već iskoračilo iz određenog uskog kruga.

Zato je ovdje, kao i pri svakom rastu, prvo vrijeme djetinjstva još i najbliže mogućnosti da bude izloženo uništenju, dok rastom godina raste i otporna snaga, da bi tek dolaskom starosne slabosti, ponovno uzmakla pred novom mladošću, iako u drugom obliku i iz drugih razloga.

U stvarnosti, skoro svi pokušaji da se silom, bez duhovne osnove, neko učenje i njegovo organizacijsko djelovanje iskorijeni, vode neuspjehu, pa čak, nerijetko, završavaju baš u nečem suprotnom od željenog, iz sljedećih razloga.

Prvi od svih preduvjeta za takav način borbe oružjem gole sile, jest i ostaje upornost. To znači da samo trajna ravnomjerna primjena metode za suzbijanje nekog učenja itd. sadrži mogućnost uspjeha ove namjere. Ali, čim se i ovdje kolebljiva sila zamijeni s popustljivošću, ne samo da će se potisnuto učenje uvijek ponovno obnoviti, već će ono iz svakog progona čak biti u stanju izvući nove vrijednosti, time, što će nakon prestanka takvog vala pritiska, pobuna zbog pretrpljene tuge starom učenju pribaviti nove, već prisutne pristalice, koje će voljeti većim prkosom i dubljom mržnjom nego prije, a raspršene će otpadnike nakon otklanjanja opasnosti ponovno pokušati vratiti starim nazorima. Samo se u toj oduvijek ravnomjernoj primjeni sile nalazi prvi od svih preduvjeta uspjeha. A ta je upornost uvijek samo učinak određenog duhovnog uvjerenja. Svaka će sila koja se ne zasniva na čvrstoj duhovnoj osnovi biti kolebljiva i nesigurna. Njoj nedostaje stabilnost koja se može zasnivati samo na jednom fanatičnom svjetonazoru. On je ušće odgovarajuće energije i brutalne odlučnosti pojedinca, ali sijedom toga, i podvrgnut promjeni ličnosti i njene naravi i snage. Ali, uz ovo ide još i nešto drugo.

Svaki svjetonazor, bio on više religiozne ili političke prirode - ponekad je ovdje granicu preteško utvrditi - manje se bori za negativno uništenje protivničkog svijeta ideja, a više za pozitivno provođenje vlastitog. A time je njegova borba manje obrana, a više napad. On je pri tome već u prednosti pri određivanju cilja, jer taj cilj predstavlja pobjedu vlastite ideje, dok je obratno, teško odrediti kada se negativan cilj uništenja nekog neprijateljskog učenja smije smatrati dostignutim i osiguranim. Već i zbog toga će napad takvog svjetonazora biti sprovođen planiranje, ali i snažnije nego njegova obrana; kao što ovdje i odluka pripada napadu, a ne obrani. Borba protiv neke duhovne snage sredstvima sile, je tako dugo samo obrana, dok sam mač ne nastupi kao nositelj, navjestitelj i širitelj novog duhovnog učenja.

Može se, dakle, sažeto utvrditi sljedeće:

Svaki pokušaj da se neki svjetonazor suzbije sredstvima sile na kraju propada, dokle god borba ne poprimi oblik napada za novo duhovno opredjeljenje. Samo u međusobnoj borbi dvaju svjetonazora, oružje brutalne sile, primjenjivano uporno i bezobzirno može dovesti do odluke u korist strane za koju se ono bori.

Baš na tome se do sada uvijek razbijala borba protiv marksizma.

To je bio razlog zašto je i Bismarckovo zakonodavstvo o socijalistima usprkos svemu, konačno zatajilo i moralo zatajiti. Nedostajala mu je platforma novog svjetonazora, za čiji se uspon trebala voditi bitka. Jer, da je trabunjanje o tzv. "državnom autoritetu", ili "miru i redu" moglo biti pogodna osnova za duhovno podsticanje borbe na život i smrt, u to je mogla povjerovati samo poslovična mudrost viših ministarskih činovnika.

Ali, kako je nedostajala stvarna duhovna, noseća snaga ove borbe, morao je Bismarck provođenje svog socijalističkog zakonodavstva povjeriti procjeni i htijenju onih institucija koje su već i same bile izrod marksističkog načina mišljenja. Time što je gvozdeni kancelar sudbinu svoga rata s marksistima izručio dobroj volji građanske demokracije, kao da je postavio kozu za vrtlara.

Sve je to ipak bila samo neizbježna posljedica nedostatka marksizmu suprotstavljenog novoutemeljenog svjetonazora silovite volje za osvajanjem.

Tako je učinak Bismarckove borbe bio samo teško razočaranje.

Ali, da su odnosi za vrijeme svjetskog rata, ili na njegovu početku, bili recimo drugačiji? Nažalost, nisu.

Što sam se tada više bavio mišlju o potrebi nužne promjene stava državnih vlada prema socijaldemokraciji, kao trenutnom utjelovljenju marksizma, tim sam više spoznavao nedostatak jednog upotrebljivog nadomjestka za ovo učenje. Što se moglo dati masama, kad bi bila, pretpostavimo, srušena socijaldemokracija? Nije postojao ni jedan pokret od koga bi se moglo očekivati da mu pođe za rukom velike mase radnika, sada više ili manje bez vodstva, prepuštene same sebi, zavesti i uvući u svoje redove. Besmisleno je i više nego glupo misliti da će neki internacionalni fanatik koji je isključen iz klasne stranke, sada odjednom ući u građansku stranku, dakle u novu klasnu organizaciju. Jer, ma koliko to bilo neprijatno različitim organizacijama, ipak se ne može opovrći, da se građanskim političarima klasno raslojavanje u vrlo velikoj mjeri čini kao nešto samo po sebi potpuno razumljivim, sve dotle, dokle god se ne počne politički iskazivati kao nešto za njih neprijatno.

Poricanje ove činjenice dokazuje samo drskost, ali i glupost lažljivaca.

Općenito se treba čuvati toga, da se široke mase drži glupljima nego što jesu. U političkim stvarima nerijetko emocije odlučuju točnije od razuma. Ali mišljenje da za netočnost ovih osjećaja mase ipak dovoljno govori njeno glupo internacionalno opredjeljenje, može se odmah opovrći putem jednostavnog upozorenja, da pacifistička demokracija nije manje luda, iako njeni čelnici gotovo isključivo potječu iz građanskog lagera. Sve dok još milijuni građana svakog jutra predano obožavaju svoj židovski demokratski tisak, gospodi vrlo loše pristaje praviti viceve o glupostima "drugova", koji na kraju proždiru samo isto smeće, ali omotano u drugo pakovanje. U oba je slučaja tvorničar jedan te isti - Židov.

Treba se, dakle, vrlo strogo čuvati osporavanja onih stvari koje su, eto, takve kakve jesu. Činjenica da se kod klasnog pitanja ni u kom slučaju ne radi samo o idejnim problemima, kao što se, naročito prije izbora, uvijek rado podmeće, ne može se poricati. Staleška uobraženost velikog dijela našeg naroda je, isto tako kao i omalovažavanje fizičkog radnika, pojava koja ne potječe iz mašte nekog mjesečara.

Ali se potpuno neovisno od toga, otkriva slaba misaona sposobnost naše tzv. inteligencije, jer se upravo u tim krugovima ne shvaća da neko stanje, koje nije moglo suzbiti porast kuge kakva je sada marksizam, tek neće više biti u stanju povratiti izgubljeno.

"Građanske" stranke, kako one same sebe nazivaju, nikada više neće biti u stanju u svoj lager privući "proleterske" mase, jer se ovdje međusobno suprotstavljaju, dijelom prirodno, dijelom umjetno, dva svijeta, čije međusobno ophođenje može biti samo borba. Ovdje će, međutim, pobijediti mladi - a to je marksizam.

Borba protiv socijaldemokracije je bila stvarno zamisliva 1914., samo, kako dugo bi se to stanje, u nedostatku svake praktične zamjene, održalo, može biti dvojbeno.

Ovdje je postojala velika praznina.

Ovo sam mišljenje zastupao već davno prije rata i nisam se stoga ni mogao odlučiti stupiti u neku od postojećih stranka. Tijekom trajanja svjetskog rata u meni se učvrstilo to mišljenje zbog vidljive nemogućnosti da se bezobzirno povede borba protiv socijaldemokracije, upravo zbog ovih pogrešaka pokreta koji je morao biti bar nešto više od "parlamentarne" stranke.

0 tome sam se otvoreno izjasnio u užem krugu svojih prijatelja.

Uostalom, sada su mi se po prvi puta javljale misli, da se jednom kasnije ipak još i politički aktiviram.

I baš je to bio povod, što sam sad češće uvjeravao uži krug svojih prijatelja, da bih poslije rata, pored svoga zvanja, htio djelovati i kao govornik.

Vjerujem da sam to tada mislio vrlo ozbiljno.

GLAVA 6

RATNA PROMIDŽBA

U pozornom praćenju svih političkih zbivanja, uvijek me je izuzetno zanimala promidžbena djelatnost. U njoj sam vidio sredstvo kojim su upravo s majstorskom spremnošću vladale socijalističko - marksističke organizacije i znale ga dovesti do primjene. Već sam tako rano naučio shvatiti da je točno primjenjivanja promidžbe prava umjetnost, koja je građanskim partijama bila i ostala gotovo sasvim nepoznatom. Samo kršćansko - socijalni pokret, naročito Luegerova vremena, mogao je koristeći to sredstvo postići neku virtuoznost i zahvaljujući tome imao je vrlo mnogo uspjeha.

Do kakvih je ogromnih učinaka dovodila točno primijenjena promidžba, moglo se uvidjeti tek za vrijeme rata. Na žalost, i ovdje se sve opet moglo studirati samo na suprotnoj strani, jer je ta djelatnost na našoj strani ostala u tom pogledu više nego skromna. Samo, upravo taj, tako potpuni propust u cjelokupnom razrješavanju situacije na njemačkoj strani, koji je morao jako upasti u oči i svakom vojniku, bio mi je povod da se sada još upornije pozabavim pitanjem promidžbe.

Vremena za razmišljanje bilo je pri tome više nego dovoljno, ali nam je praktičnu nastavu izvodio neprijatelj, nažalost, jako dobro.

Jer, što je ovdje u nas bilo zapušteno, protivnik je nadoknađivao nečuvenom spretnošću i zaista genijalnom sračunatošću. Od te neprijateljske ratne promidžbe i ja sam, također, naučio beskrajno mnogo. Doduše, u glavama onih koji su ovo neprijateljsko djelovanje morali među prvima kao pouku uzeti u obzir, vrijeme je prolazilo bez ikakva traga; mislili su, s jedne strane da su suviše mudri, da bi učili od drugih, a s druge, za to im je nedostajala i poštena volja.

Jesmo li mi uopće imali kakvu promidžbu?

Nažalost, na ovo mogu odgovoriti samo s Ne!. Sve što je u tom smjeru stvarno poduzeto, bilo je toliko nedovoljno i pogrešno od samog početka, da to u najmanju ruku nije koristilo, a ponekad je upravo i štetilo.

Po obliku nedovoljna, u biti psihološki pogrešna, to je morao bio učinak pozornog istraživanja njemačke ratne promidžbe.

Čini se da im već u prvom pitanju nije bilo potpuno jasno, naime, je li promidžba sredstvo ili cilj?

Ona je sredstvo i mora prema tome biti ocijenjena sa stajališta svrhe. Njen se oblik time, mora svrsishodno podrediti postizanju cilja kome služi. Također je jasno, da značaj cilja može biti različit sa stajališta opće potrebe i da se time i unutarnja vrijednost promidžbe različito vrednuje. A cilj za koji se tijekom rata borilo, bio je najuzvišeniji i najsilniji koji se uopće može i zamisliti: to je bila sloboda i nezavisnost našega naroda, sigurnost i ishrana za budućnost, i - čast nacije; nešto, što usprkos današnjim suprotnim mišljenjim ipak postoji, ili, bolje rečeno, treba postojati, jer baš narodi bez časti, obično prije ili kasnije izgube slobodu i nezavisnost, što opet odgovara samo višoj pravdi, jer nečasne generacije bitangi i ne zaslužuju slobodu. Ali, tko želi biti kukavički rob ne smije i ne može imati nikakvu čast, jer bi ona inače u najkraćem vremenu podlegla općem prijeziru.

Njemački se narod borio za ljudsku egzistenciju i svrha ratne promidžbe mogla je biti da podrži tu borbu; a cilj joj je morao biti - pripomoći mu da pobijedi.

Ali, ako se narodi na ovoj planeti bore za svoju egzistenciju, pa se, pri tome, suočavaju sa sudbinskim pitanjem: biti ili ne biti, sva razmatranja o humanosti ili estetici gube se u ništavilu; jer sve ove predodžbe ne lete po svemiru, već potječu iz čovjekove mašte i vezane su za njega. Njegov rastanak s ovim svijetom ove pojmove ponovno pretvara u ništavilo, jer ih priroda ne pozna. Oni su, i među ljudima, svojstveni samo malom broju naroda, ili bolje, rasa, i to u onoj mjeri u kojoj proizilaze iz samog njihovog osjećanja.

Humanost i estetika bi, čak u humano nastanjenom svijetu, propali isto tako kako bi propale i rase, koje su tvorci i obnašatelji tog pojma.

Time svi ovi pojmovi, u borbi naroda za svoj opstanak na ovom svijetu, imaju samo podređeno značenje, i potpuno se isključuju kao određujući oblici, sve dok koče samoodržavajuću snagu naroda. A to je uvijek jedino vidljivi učinak.

Što se pak tiče pitanja humanosti, o tome se već izjasnio i Moltke, naime, da se ona u ratu sastoji samo u kratkoći postupka, dakle, da joj najviše odgovara najžešći način borbe.

No, kad se o tim stvarima pokuša nastupiti trabunjanjem o estetici itd., tada se na to stvarno može dati samo jedan odgovor: Sudbinska pitanja značajna za egzistencijalnu borbu nekog naroda, poništavaju svaku obvezu prema ljepoti. Najmanje lijepo što može postojati u ljudskom društvu jest i ostaje jaram ropstva. Ili, osjeća li stvarno ova dekadencija iz Schwabinga, recimo, današnji udes njemačke nacije "estetskim"? Sa Židovima kao modernim izumiteljima ovog kulturnog parfema ne treba o tome zaista raspravljati. Cijelo njihovo biće je protest tijelom i krvlju protiv estetike slike i prilike gospodnje.

Tek kada se ovo motrište o humanitetu i ljepoti jednom izbaci iz borbe, tada ono više ne može naći primjenu kao mjerilo promidžbe.

Promidžba u ratu je bila sredstvo za postizanje cilja, a on je bio borba za opstanak njemačkog naroda; tako je promidžba mogla biti promatrana samo u skladu s ovdje iznesenim važećim načelima. Tada su bila humana i najsvirepija oružja, samo ako su osiguravala bržu pobjedu, a lijepe su bile samo one metode, koje su pomagale naciji osigurati dostojanstvo slobode.

U takvoj borbi na život i smrt, to je bilo jedino moguće stajalište po pitanju ratne promidžbe.

Da je na takozvanim nadležnim mjestima to pitanje bilo već riješeno, nikada ne bi došlo do one nesigurnosti o obliku i primjeni ovog oružja; jer je i ono samo oružje, iako u ruci znalaca, stvarno zastrašujuće.

Drugo pitanje od odlučujuća značaja bilo je sljedeće: Kome se promidžba treba obraćati? Znanstvenoj inteligenciji ili manje obrazovanoj masi?

Ona se uvijek mora usmjeravati samo prema masi!

Za inteligenciju ili ono što se, nažalost, danas često tako naziva, ne postoji promidžba, već znanstveno poučavanje. Promidžba je, međutim, isto tako malo znanost po svom sadržaju, kao recimo, što je plakat sam po sebi umjetnost u svom izlaganju. Umjetnost plakata sadržana je u sposobnosti designera da oblikom i bojom skrene pozornost svjetine. Plakat o umjetničkoj izložbi treba samo upozoriti na umjetnost izloženih djela; što mu to više uspije, tim je umjetnost samog plakata veća. Nadalje, plakat treba masi prenijeti predodžbu o značenju izložbe, ali ni u kom slučaju postati zamjenom za umjetnost koju se njime želi promicati. Tko se, dakle, želi baviti umjetnošću samom, on mora studirati i više nego što je plakat, za koga čak, ni u kom slučaju, nije dovoljna obična "šetnja" kroz izložbu. Od njega se smije očekivati da se u temeljitom promatranju udubi u pojedino djelo, i tek nakon toga polako donese pravu ocjenu.

Slično je i s odnosima prema onome što mi danas označavamo riječju "promidžba".

Zadatak promidžbe nije sadržan u znanstvenom obrazovanju pojedinca, već u upućivanju mase u određene činjenice, događaje, nužnosti itd., čije se značenje, tek time, treba pomaći u vidokrug mase.

Sad je umjetnost isključivo u tome da se to učini na što je moguće savršeniji način, kako bi se stvorilo opće uvjerenje o stvarnosti neke činjenice, nužnosti nekog događaja, ispravnosti nečega nužnog, itd. Ali kako ona nije i ne može biti nužnost sama po sebi, jer je, eto, njen zadatak, kao i kod plakata, u tome da svjetini skrene pozornost, a ne da podučava i bez nje znanstveno iskusne, ili one koji teže obrazovanju i razumijevanju, tada i njeno djelovanje mora biti uvijek više usmjereno na osjećaj, a samo uvjetno na takozvani razum.

Svaka promidžba mora biti lako razumljiva, a njena duhovna razina usklađena sa sposobnostima primanja i najograničenijeg pojedinca među onima prema kojima se namjerava usmjeriti. Time će njena čisto duhovna razina morati biti spuštena utoliko niže, što je veća masa ljudi koju promidžba treba obuhvatiti. Ali, ako se, kao što je to slučaj s promidžbom, radi izdržljivosti u ratu, radi o tome da se cijeli narod uvuče u njen djelokrug, tada oprez u izbjegavanju previsokih duhovnih pretpostavki ne može nikada biti dovoljno velik.

Što je skromniji njen znanstveni balast, i što više uzima u obzir isključivo osjećanje mase, time je prodorniji i njen uspjeh. A on je najuvjerljiviji dokaz o ispravnosti ili neispravnosti promidžbe, a ne uspjelo udovoljenje nekolicini obrazovanih ili estetskih mladaca.

Umjetnost promidžbe baš i leži u tome, što ona shvaćajući osjećajni svijet predodžbi velike mase u pravom psihološkom obliku, pronalazi put do zainteresiranosti, i dalje do srca široke mase. Što ovo ne mogu shvatiti naši mudrijaši, dokaz je samo lijenosti njihova duha ili njihove uobraženosti.

Shvati li se, međutim, neophodnost usmjeravanja vještine širenja promidžbe na široku masu, iz toga dalje proizlazi sljedeća pouka:

Pogrešno je htijenje promidžbi pridavati mnogostranost, recimo, kao kod znanstvene nastave.

Prijemna sposobnost velike mase je jako ograničena, razumijevanje slabo, ali je i velika njena zaboravljivost. Iz ovih činjenica proizlazi, da se svaka uspješna promidžba mora ograničiti na samo vrlo malo točaka, te ih u obliku krilatica upotrebljavati toliko dugo, dok si i posljednji slušatelj ne bude u stanju predočiti ono što se želi. Čim se, u želji da se bude mnogostran, žrtvuje taj princip, učinak će se raspršiti, jer gomila ponuđenu materiju ne može ni probaviti, ni zapamtiti. A time učinak ponovno slabi, te se konačno i dokida.

Što njeno izlaganje treba biti obuhvatnije, to utvrđivanje njene taktike mora biti psihološki zasnovanije.

Bilo je, na primjer, potpuno pogrešno praviti protivnika smiješnim, za što se, prije svega, brinula austrijska i njemačka promidžba humorističkih listova. U osnovi pogrešno stoga, jer je susret s neprijateljskim vojnikom u stvarnosti, odmah proizveo sasvim drugo uvjerenje, što se tada osvećivalo na najstrašniji način, jer se sada njemački vojnik, pod neposrednim utiskom protivničkog otpora, osjećao razočaranim u prethodna objašnjenja, koja su mu davali maheri, a umjesto jačanja njegove borbene volje ili samo i čvrstine, dogodilo se suprotno. Vojnik je zakazao.

Nasuprot tome, ratna promidžba Engleza i Amerikanaca je bila psihološki pravilna. Time što su vlastitom narodu prikazivali Nijemce kao barbare i Hune, već su pripremali pojedinačnog vojnika na strahote rata i tako mu pomogli da se sačuva od razočarenja. Najužasnije oružje koje se protiv njega moglo upotrijebiti činilo mu se sada više potvrdom njegovih već stečenih spoznaja, i isto tako mu jačalo uvjerenje u točnost tvrdnji njegove vlade, kao što je to oružje, s druge strane, povećavalo bijes i mržnju protiv podlog neprijatelja. Jer, stvarni učinci protivničkog oružja koje je na sebi upoznao, činili su mu se postupno dokazom njemu već poznate "hunske" brutalnosti barbarskog neprijatelja, a da ni jedan jedini tren nije ni pomislio da je njegovo oružje možda, čak i vjerojatno, moglo djelovati užasnije.

Tako se engleski vojnik prije svega, već ni kod kuće, nije mogao osjećati neistinito informiran, što je, nažalost, kod njemačkog vojnika bio tako čest slučaj, pa je on, konačno, sve ono što bi dolazilo s te strane otklanjao kao "prijevaru" i "petljanciju". Sve su ovo bile posljedice vjerovanja da se u promidžbu može prekomandirati prvog magarca koji naiđe, (ili "inače" samog od sebe lukava čovjeka), umjesto da se shvati da za nju nisu dovoljno dobri ni najgenijalniji poznavatelji duše.

Tako je njemačka ratna promidžba ponudila nenadmašan poučni i nastavni primjer kako takvo radno "prosvjećivanje" zbog potpunog nedostatka svakog psihološki točnog razmišljanja, može imati baš obrnut učinak.

Onaj tko je otvorenih očiju s neokoštalim osjećajima četiri i po godine obrađivao bujicu neprijateljske promidžbe, koja je nadirala u valovima, mogao je naučiti od protivnika beskrajno mnogo.

Najpogrješnije je ipak shvaćena najvažnija pretpostavka svakog promidžbenog djelovanja uopće: naime, njegovo načelno i subjektivno jednostrano stajalište po svakom pitanju koje se obrađuje. U ovom se području na neki način griješilo i to već na početku rata, odozgo do dolje, tako da se s pravom može sumnjati može li se stvarno toliko besmislica pripisati samo čistoj gluposti.

Što bi se, na primjer, moglo reći o plakatu koji treba hvaliti novi sapun, a pri tome kao "dobre" hvali i druge sapune?

Na to bi se moglo samo zaklimati glavom. Upravo tako stoji stvar i s političkom reklamom.

Zadaća promidžbe nije, na primjer, vaganje različitih prava, nego naglašavanje isključivo samo onoga kojeg ona upravo zastupa. Ona ne treba objektivno istraživati istinu, ako je ona povoljna za drugu stranu, da bi je tada masi prikazala s teorijskom iskrenošću, već treba neprekidno služiti vlastitoj istini.

Iz temelja je bilo pogrešno krivicu rata razmatrati sa stajališta, da nije samo Njemačku isključivo odgovorna za izbijanje katastrofe, nego je bilo pravilno ovu krivicu bez ostatka naprtiti na protivnika, čak ako to u stvarnosti i ne bi odgovaralo istini, kao što je to stvarno ovaj puta i bio slučaj.

Što je, međutim, bila posljedica ove polovičnosti?

Široka masa naroda ne sastoji se od diplomata, ili samo od profesora državnog prava, pa čak ni od mnoštva pametnih pojedinaca sposobnih za donošenje ocjena, nego čak od kolebljivaca i sumnji i nesigurnosti sklonih ljudskih stvorenja. Čim vlastita promidžba jednom prizna makar i tračak nekog prava i drugoj strani, odmah se javlja i sumnja u vlastito pravo. Masa sada nije u stanju razlikovati gdje se završava tuđe nepravo, a počinje vlastito pravo. Ona u takvom slučaju postaje nesigurnom i nepovjerljivom, posebno ako protivnik ne načini istu besmislicu, nego sa svoje strane sve i svaku krivicu naprti na neprijatelja. Što je tada razumljivije nego da na kraju vlastiti narod čak više vjeruje neprijateljskoj promidžbi koja nastupa cjelovito i složno, nego vlastitoj? A još k tome, kada se radi o narodu kao što je to njemački, koji je i inače toliko opterećen glupom objektivnošću! Jer u njemu će se svatko potruditi samo da se neprijatelju ne učini nepravda, čak i uz opasnost najtežeg opterećenja, pa i uništenja vlastitog naroda i države.

Da se o ovome na nadležnim mjestima, naravno, tako ne misli, masi uopće ne dolazi do svijesti.

U svojoj ogromnoj većini, narod je tako ženski ustrojen i postavljen, da njegovo mišljenje i djelovanje manje određuje trijezno razmišljanje, a mnogo više emocionalna osjećajnost.

Ali ova osjećajnost nije složena, već vrlo jednostrana i cjelovita. Ovdje nema mnogo razlikovanja, već samo pozitivno i negativno, ljubav ili mržnja, pravo ili nepravo, istina ili laž, ali nikada pola ovako, pola onako, ili djelomično, itd.

Sve je ovo na zaista genijalan način razumjela - i uzela u obzir - naročit propagande o engleska promidžba. Tamo stvarno nije bilo polovičnosti, koje bi, recimo, mogle izazvati sumnju.

Znak za briljantno poznavanje primitivnosti osjećajnosti široke mase, odražavao se u situaciji prilagođenoj huškačkoj promidžbi, koja je isto tako s bezobzirnim koliko i genijalnim načinom osiguravala preduvjete za moralnu izdržljivost na ratištu, čak i kod stvarno najvećih poraza, kao i u isto tako upornom isticanju njemačkog neprijatelja kao jedinog krivca za izbijanje rata; laž koja je samo sa svojom bezuvjetnom, drskom, jednostranom tvrdoglavošću, kojom je prenošena, pridonosila osjećajnom, uvijek ekstremnom stajalištu velikog naroda, zbog čega se u nju i vjerovalo.

Koliko je ova vrsta promidžbe bila učinkovita, najočitije pokazuje činjenica da je ona poslije četiri godine ne samo protivnika strogo držala na uzici, nego je čak počela nagrizati i naš vlastiti narod.

Da našoj promidžbi ovaj uspjeh nije bio suđen nikoga zaista nije moglo začuditi. Ona je nosila klicu neučinkovitosti već u svojoj unutarnjoj dvoznačnosti. Bilo je malo vjerojatno, već i zbog njena sadržaja, da bi ona kod masa mogla pobuditi neophodan dojam. Samo su se naši slobodoumni "državnici" nadali da će s ovim bljutavim pacifističkim napojem biti moguće oduševiti ljude za smrt.

Tako je ovaj bijedni proizvod bio nesvrsishodan, pa čak i štetan.

Ali, sva genijalnost opremanja promidžbe neće voditi nikakvom uspjehu, ako se uvijek jednako strogo ne bude pridržavala temeljnog principa. Mora se ograničiti na malo i to vječito ponavljati. Ovdje je upornost, kao i kod tako mnogo stvari na ovome svijetu, prva i najvažnija pretpostavka uspjeha.

Upravo u području promidžbe nikada se ne smije dozvoliti da je vode estete ili prezasićeni tipovi: ovi prvi zbog toga, jer će u kratkom roku umjesto da sadržaj po obliku i izrazu, prilagode masi, on imati privlačnu snagu samo na literarnim čajankama; a ovih drugih se treba vrlo brižljivo čuvati, jer njihov manjak vlastitog svježeg osjećanja traži uvijek nova uzbuđenja. Ti će ljudi u kratkom vremenu biti sa svim prezasićeni; oni žele promjenu i nikad neće razumjeti,ili se uživjeti u potrebe svojih još moralno neravnodušnih suvremenika. Oni su uvijek prvi kritičari promidžbe, ili bolje rečeno, njena sadržaja, koji im se uvijek čini previše starinski, previše otrcan, pa opet preživio itd. Oni hoće uvijek novo, traže promjenu i time postaju pravi smrtni neprijatelji svakog učinkovitog političkog pridobivanja masa. Jer, čim se organizacija i sadržaj neke promidžbe počnu određivati prema vlastitim potrebama, ona gubi svaku cjelovitost i potpuno se rasprši.

A promidžba ipak nije tu, da bi zasićenim gospodičićima neprestano pribavljala zanimljive promjene, već da bi uvjeravala, i to uvjeravala mase. A one i svojoj tromosti trebaju uvijek određeno vrijeme, prije no što budu spremne primiti neku stvar k znanju, i one će joj svoje pamćenje pokloniti tek nakon tisućitog ponavljanja najjednostavnijih pojmova.

Ni jedna promjena ne smije nikada izmijeniti sadržaj onoga što se promidžbom širi, već stalno, do kraja, mora kazivati isto. 'Tako krilatica mora svakako biti osvijetljena s raznih strana, samo se završetak svakog razmatranja mora uvijek ponovno nalaziti u samoj krilatici. Samo tako promidžba može djelovati i djelovat će jedinstveno i bez iznimke.

Samo ove opće smjernice, koje nikada ne smiju biti napuštene, vode, uz stalno istovjetno dosljedno naglašavanje, do postizanja krajnjeg uspjeha. A tada će se sa čuđenjem moći utvrditi do kakvih ogromnih jedva shvatljivih učinaka vodi jedna takva upornost.

Svaka reklama, bila ona iz područja trgovine, ili politike, postiže uspjeh u trajnoj i ravnomjernoj jedinstvenosti njene primjene.

I ovdje je bio poučan primjer neprijateljske ratne promidžbe: ograničene na nekoliko stajališta isključivo sračunatih na mase, vodene s neumornom upornošću. Tijekom cijelog rata, jednom spoznate kao pravilne temeljne misli i izvodi iz njih, bile su primjenjivane bez da je u njima itko ikad izvršio i najmanju promjenu. One su u početku izgledale lude po drskosti svojih tvrđenja, kasnije su postajale neprijatne, a na kraju uvjerljive. Poslije četiri i po godine izbi u Njemačkoj revolucija, čije su parole potjecale iz neprijateljske tajne promidžbe.

Ali u Engleskoj se shvaćalo još nešto: naime, da se mogući uspjeh ovog duhovnog oružja, nalazi samo u masovnosti njegove primjene, i da uspjeh ipak bogato pokriva sve troškove.

Promidžbi je tamo dat značaj oružja prvoga reda, dok je u nas ona bila posljednje utočište nezaposlenih političara i prisilno mjestašce skromnih heroja.

Njen je uspjeh, naravno, isto tako, sve u svemu, bio ravan nuli.

Glava 7

REVOLUCIJA

Sa 1915. godinom započela je u nas neprijateljska promidžba, od 1916. je postala sve intenzivnija, da bi se konačno početkom 1918. pretvorila doslovno u pravu poplavu. Sad su se već na svakom koraku mogli raspoznati učinci tog lova na duše. Vojska je postupno učila misliti onako kako je to htio naš neprijatelj.

A njemačko je protudjelovanje međutim u potpunosti zatajilo.

Vojska je posjedovala u svom tadašnjem duhovnom i voljno suzdržljivom vodstvu, svakako namjeru i odlučnost prihvatiti borbu i na ovom polju, samo joj je nedostajalo sredstvo koje je za to bilo potrebno. I psihološki je bilo pogrešno da trupe same preuzmu ovo prosvjećivanje. Ono je, ako je htjelo biti učinkovito, moralo dolaziti iz zavičaja. Samo se tada moglo računati na uspjeh kod ljudi koji su za taj zavičaj već skoro četiri godine izvršavali besmrtna herojska djela i podnosili odricanja.

Samo, što je dolazilo iz zavičaja?

Je li taj propust bio glupost ili zločin?

Usred ljeta 1918., poslije uzmicanja s južne obale Marne, njemački se tisak prije svega ponijeo tako bijedno, nespretno, čak zločinački glupo, da sam se svakodnevno sve gnjevniji pitao, zar stvarno ovdje nema baš nikoga tko bi jednom bio spreman stati na kraj ovom duhovnom srozavanju herojske vojske?

Što se događalo u Francuskoj, kada smo 1914. godine u neviđenom pobjedničkom jurišu prohujali kroz tu zemlju? Što je učinila Italija u danima sloma svojeg Isonzofronta? A što opet Francuska u proljeće 1918, kada se činilo da će im napad njemačkih divizija potpuno uzdrmati položaje, i kada je zamašna ruka teških, dalekometnih baterija već počele kucati na vrata Pariza?

Kako je tamo bilo onim regimentama u povlačenju koje je šibala u lice proključala nacionalna strast! Kako su samo tada radili promidžba i genijalno utjecanje na mase, da bi im se ponovno ulilo vjeru u srce u konačnu pobjedu slomljenih frontova!

A što se u međuvremenu dogodilo u nas? Ništa, ili čak još gore od toga!

Tada su me često obuzimali bijes i ogorčenje, svaki puta kad bih na čitanje dobio najnovije novine i kada mi je bačeno u lice masovno psihološko ubojstvo, koje se putem njih izvodilo.

Češće no jednom mučila me misao da bih ja, da me je proviđenje postavilo na mjesta onih nesposobnih ili zločinačkih neznalica ili mlakonja naše promidžbene službe, sasvim drugačije bio navijestio rat Sudbini.

Tih sam mjeseci po prvi puta osjetio svu zlu narav proviđenja, koje me je držalo na ratištu ili položaju, na kome me je mogao ustrijeliti i slučajni potez svakog crnca, dok sam na nekom drugom mjestu mogao domovini pružiti druge usluge.

Da bi mi to svakako pošlo za rukom, već tada sam bio toliko smion povjerovati u to. Samo, ja sam bio Bezimeni, jedan od osam milijuna!

Zato mi je bilo bolje držati jezik za zubima, i što je moguće bolje izvršavati dužnost na mjestu na kome sam se našao.

Ljeti 1915. padoše nam u ruke prvi neprijateljski letci.

Njihov je sadržaj gotovo uvijek, iako s nekim izmjenama u načinu prikazivanja, bio isti, naime: da bijeda u Njemačkoj postaje sve veća i veća, da rat traje beskrajno dugo, a izgledi da se on dobije sve više iščezavaju; da stoga narod u domovini čezne za mirom, samo "militarizam" i car to ne dozvoljavaju; cijeli svijet - kome je to vrlo dobro poznato - zato ni ne vodi rat protiv njemačkog naroda, nego, štoviše, isključivo protiv jedinog krivca, cara; borba se zato i neće dovršiti dok taj neprijatelj miroljubivog čovječanstva ne bude uklonjen; slobodarske i demokratske nacije primit će, poslije završetka rata njemački narod u savez vječitog svjetskog mira, koji će biti osiguran trenutkom uništenja "pruskog militarizma".

Za bolju ilustraciju svega toga iznesenog, nerijetko su tiskana "Pisma iz zavičaja", čiji je sadržaj, čini se, trebao potvrditi ove navode.

Općenito uzevši, svim se ovim pokušajima tada uglavnom smijalo. Leci su čitani, a potom slani višim stožerima, i najčešće opet zaboravljeni, sve dok vjetar odozgo ne bi ponovno donio u rovove novi tovar; najčešće su to naime bili avioni koji su služili za dovoz ovih letaka.

Kod ovog načina promidžbe, moralo je ubrzo pasti u oči, da se, naime, u svakom dijelu fronta, u kojem su se nalazili Bavarci, uvijek s izvanrednom dosljednošću huškalo protiv Pruskog fronta, s uvjeravanjem, da nije samo Prusija kriva i odgovorna za cijeli ovaj rat, nego da, s druge strane, posebno protiv Bavarske, ne postoji čak ni najmanje neprijateljstvo; dabome, ni njoj se ne može pomoći, sve dok je god u službi i surađuje s pruskim militarizmom, za koga ona vadi kestenje iz vatre.

Ovaj način utjecanja počeo je stvarno već 1915. godine postizati određene učinke. U trupama je sasvim vidljivo raslo protu - prusko raspoloženje, a da se odozgo nadolje ni jedan jedini put nije uopće ništa poduzelo protiv toga. To je već bio više od običnog propusta, koji će se prije ili kasnije na najnesretniji način morati osvetiti, i to ne samo jedino "Prusima", već njemačkom narodu, u kojega na koncu konca spada i sama Bavarska.

U tom je smjeru neprijateljska promidžba počela postizati neupitne uspjehe još od 1916. godine.

Isto su takvo djelovanje već dugo imala i tugaljiva pisma iz neposrednog zavičaja. Sada više uopće nije bilo neophodno, da ih protivnik letcima itd.

još posebno prenosi na front. Pa i protiv toga se na našoj strani nije poduzelo ništa, osim nekoliko psihološko izuzetno glupih "opomena" s "vladine strane". Front je kao i prije bio poplavljen tim otrovom, kojeg su kod kuće nepromišljeno fabricirale žene nemajući, naravno, ni pojma, da je to bilo sredstvo, koje je protivniku do krajnosti jačalo pouzdanje u pobjedu, a produžavalo i otežavalo patnje njihovih muževa i sinova na bojištu. Besmislena pisma njemačkih žena stajala su, u vremenu koje je nadolazilo, života stotine tisuća vojnika.

Tako su se već 1916. javljale različite sumnjive pojave. Ljudi na frontu su psovali i proklinjali "sreću," s mnogim su stvarima već bili nezadovoljni, a na neke čak i s pravom ogorčeni. Dok su oni gladovali i trpjeli, a članovi njihovih obitelji kod kuće sjedili u bijedi, na drugoj je strani vladalo izobilje i rasipništvo. Da, čak i na samoj bojišnici nije u tom pogledu sve bilo u redu.

Tako je već tada vrlo polako prijetila kriza, ali su to ipak još uvijek bile "interne" stvari. Isti čovjek nekoliko minuta kasnije nakon što bi psovao i gunđao, obavljao je šuteći svoju dužnost, kao da je to bilo samo po sebi razumljivo. Ista satnija, tek što je maloprije bila nezadovoljna, grčevito se držala za komad rova kojega je branila, kao da je sudbina Njemačke ovisila o tih stotinjak metara blatnjavih rupetina. Još uvijek je to bio front stare, divne herojske vojske!

Razliku između fronta i zavičaja doživljavao sam u oštrom kontrastu.

Krajem rujna 1916. moja je divizija krenula u bitku na Sommi. Ta je bitka za nas bila prva od onih sada nadolazećih ogromnih pozicionih bitaka i utisak je bilo stvarno teško opisati - više pakao nego rat.

U vihoru učestale topovske paljbe, koja je trajala tjednima, njemački se front držao postojano, ponekad bi nakratko bivao zaustavljen, potom se ponovno napredovalo, ali se nikada nije povlačilo.

Sedmog listopada 1916. bio sam ranjen.

Sretno sam se povukao i trebao s nekim transportom krenuti za Njemačku.

Prošle su sada dvije godine otkako nisam vidio svoga zavičaja, u takvim odnosima gotovo beskrajno vrijeme. Skoro si više nisam mogao ni predočiti kako izgledaju Nijemci koji nisu odjeveni u uniformu. Kad sam ležao u sabirnoj bolnici za ranjenike u Hermiesu, gotovo sam zadrhtao od zaprepaštenja, kada je iznenada nekog ranjenika, koji je ležao pored mene, oslovio glas njemačke žene, bolničarke.

Poslije dvije godine, po prvi puta takav glas!

Što se vlak koji nas je trebao dovesti u zavičaj više približavao granici, u duši svakog od nas bilo je sve nemirnije. Sva ta mjesta kroz koja smo ni prije dvije godine putovali kao mladi vojnici, promicala su pored nas: Brüssel, Löwen, Lüttich, i konačno, povjeravasmo da smo, po visokom pročelju i na njemu žaluzinama na prozorima, prepoznali prvu njemačku kuću.

Domovina!

U listopadu 1914. plamtjeli smo od burnog oduševljenja, kada smo prešli granicu, a sada je vladala tišina i ganutost. Svatko je bio sretan, što mu je Sudbina još jednom dozvolila gledati ono što je on tako teško branio svojim životom, i svaki se gotovo sramio drugome pogledati u oči.

Skoro na godišnjicu mog polaska na front stigoh u vojnu bolnicu Beelitz kraj Berlina.

Kakva promjena! Iz blata bitke na Sommi, u bijele krevete ove čudesne kuće! Da se u početku ne usudiš ni pravo leći u taj krevet. Tek se polagano može opet naviknuti na taj novi svijet.

Ali, nažalost, taj je svijet bio nov i u drugom smislu.

Duh vojske na frontu činio se ovdje ne baš dobrodošlim gostom. Ovdje sam po prvi put čuo nešto, što je na frontu još bilo nepoznato: slavljenje vlastitog kukavičluka. Jer, ono što se moglo čuti i vani, tj. psovanje i "gunđanje", ipak nije bio poziv na kršenje dužnosti, ili čak veličanje strašljivaca. Ne! Kukavica je još uvijek bio kukavica, i ništa drugo; a prijezir kojim su ga obasipali bio je još opći, kao i divljenje koje se ukazivalo stvarnim herojima. Ali ovdje, u vojnoj bolnici, bilo je dijelom skoro obrnuto: Huškači bez i trunka pameti vodili su glavnu riječ i svim sredstvima svoje jadne rječitosti pokušavali pojmove časnog vojnika prikazati smiješnima, a beskarakternost kukavice nešto primjernim. Nekoliko bijednih klipana je svemu davalo ton. Jedan od njih se hvalio da si je sam provlačio žicu kroz ruku, da bi došao u bolnicu.; on je, čini se, usprkos svojoj smiješnoj povredi bio ovdje već beskrajno dugo, kao što je uopće samo prijevarom dospio u transport za Njemačku. A taj otrovni klipan je već dogurao tako daleko, da je vlastiti kukavičluk, uspravna čela, drsko prikazivao kao izraz veće hrabrosti, nego što je herojska smrt časnog vojnika. Mnogi su ga slušali šutke, drugi su odlazili, a nekolicina ih se i slagala s njim.

Meni se sve to smučilo, ali su huškača mirno trpjeli u bolnici. Što se moglo učiniti? Tko je i što je on bio, moralo se u upravi točno znati., i znalo se. Pa ipak se ništa nije dogodilo. Kad sam ponovno prohodao, dobio sam dozvolu otputovati u Berlin.

Bijeda je, očito, svugdje bila opora. Milijunski je glad trpio glad. Nezadovoljstvo je bilo veliko. U različitim heimovima, što su ih posjećivali vojnici, ton je bio sličan onome u vojnoj bolnici. Imao se utisak kao da ovi vojnici baš namjerno posjećuju takva mjesta da bi dalje širili svoje nazore.

Još mnogo, mnogo gori bili su odnosi u samom Münchenu!

Kad sam nakon ozdravljenja bio otpušten iz vojne bolnice i premješten u rezervni bataljun, činilo mi se da više ne mogu prepoznati taj grad. Svugdje, kud god kreneš, ljutnja, zlovolja i psovanje! A u samom rezervnom bataljunu, raspoloženje je bilo ispod svake kritike. Ovdje je još vrijedio beskrajno nespretan način ophođenja s vojnicima s fronta od strane starijih časnika - instruktora, koji još ni jednog jedinog sata nisu proveli na bojištu, već su samo zbog tog razloga mogli tek djelomično uspostaviti pristojan odnos sa starim vojnicima. Oni su, eto, posjedovali određene osobine koje su se mogle objasniti službom na frontu, ali su voditeljima ovih rezervnih dijelova trupa one ostale potpuno neshvatljivima, dok ih je časnik, koji slučajno došao s fronta, bar znao objasniti. Ovaj je posljednji, naravno, sam po sebi bio sasvim drugačije cijenjen od ljudstva nego odjelni komandir. Ali, nezavisno od svega toga, opće je raspoloženje bilo bijedno. Zabušavanje se vrednovalo čak kao znak veće mudrosti, vjerno ustrajavanje, međutim, kao obilježje unutarnje slabosti i ograničenosti. Kancelarije su zaposjeli Židovi. Gotovo svaki pisar Židov, a svaki Židov pisar. Čudio sam se mnogobrojnosti boraca izabranog naroda, i nisam mogao drugačije, nego ih usporediti s onim škrtim brojem njihovih predstavnika na frontu.

Stvari su još lošije stajale u gospodarstvu. Ovdje je židovski narod zaista postao "prijeko potreban". Taj pauk poče polako iz svih pora isisavati narodnu krv. Zaobilazno, preko ratnih udruga, pronađeno je sredstvo postupnog upropaštavanja nacionalnog i slobodnog gospodarstva.

Naglašavana je neophodnost neograničene centralizacije.

Tako se stvarno dogodilo da se već 1916/17. gotovo cijelokupna proizvodnja našla pod kontrolom financijskog Židovstva.

Ali, protiv koga se sada usmjeravala narodna mržnja?

U to sam vrijeme užasnut primjećivao kako se približava zla kob, koja je, ako se u pravo vrijeme ne otkloni, morala završiti slomom.

Dok je Židov potkradao cijelu naciju i podčinio je svojoj vlasti, huškalo se protiv "Prusa". Upravo kao ni na frontu, tako se ni kod kuće protiv ove otrovne promidžbe nije odozgo poduzimalo baš ništa. Činilo se, da se uopće ni ne sluti, da slom Prusije još zadugo za sobom neće donijeti polet Bavarskoj; naprotiv, svaki će pad jednoga morati za sobom, bez mogućnosti spasa, povući u provaliju i drugoga.

Takvo me je ponašanje beskrajno žalostilo. U njemu sam mogao vidjeti samo genijalni židovski trik, koji je opću pozornost sa sebe nastojao skrenuti na druge. Dok se Bavarac i Prus spore, on je obojici pred nosom izvlačio dasku ispod nogu; dok se u Bavarskoj psovalo Prusa, Židov je organizirao revoluciju i istovremeno razbio i Prusiju i Bavarsku.

Nisam mogao podnositi ovu prokletu prepirku između njemačkih potomaka i radovah se ponovnom odlasku na front, za koji sam se odmah, po svom dolasku u München, ponovno prijavio.

Početkom ožujka 1917. bio sam opet u svojoj regimenti.

Krajem 1917. činilo se da je prevladana najniža točka moralnog poraza vojske. Cijela je vojska poslije ruskog sloma crpla ponovno svježu snagu i svježu hrabrost. Uvjerenje da će se borba sada ipak završiti pobjedom

Njemačke, sve je više počela zahvaćati trupe. Ponovno se mogla čuti pjesma, a zlosretnici postadoše sve rjeđi. Ponovno se vjerovalo u budućnost domovine.

Posebno je Talijanski slom u jesen 1918. proizveo najdivnije učinke; zar se u toj pobjedi ipak nije vidio dokaz mogućnosti, da se i neovisno od ruskog bojišta, može probiti front. Veličanstveno vjerovanje ponovno je sad prožimalo srca milijuna i dopuštalo da se s olakšanim pouzdanjem pohrli u susret proljeću 1918. Protivnik je, međutim, bio vidljivo potišten. Te je zime bilo nešto mirnije nego inače. Nastupilo je zatišje pred buru.

Ipak, dok je front upravo poduzimao posljednje pripreme za konačni završetak vječite borbe, a na zapadni front odlazili beskrajni transporti ljudi i materijala, i dok su se trupe školovale za veliki napad, u Njemačkoj izbi najveća prijevara u cijelom ratu.

Njemačka nije smjela pobijediti; u posljednjem trenutku, kada je pobjeda već prijetila zalepršati se na njemačkim zastavama, poseglo se za sredstvom koje se činilo prikladnim da se jednim udarcem u klici uguši njemački proljetni napad, kako bi se onemogućilo pobjedu:

Organiziran je municijski štrajk.

Ako on uspije, njemački bi front doživio slom, a ispunila se želja lista "Vorwartz", da ovaj puta pobjeda više neće biti istaknuta na njemačkim zastavama. Front je, zbog pomanjkanja municije, morao biti probijen u nekoliko tjedana; ofanziva je time bila spriječena i Antanta spašena; internacionalni kapital je, međutim, postao gospodarem Njemačke, a unutarnji cilj marksističke narodne prijevare postignut.

Razbijanje nacionalnog gospodarstva zbog uspostave vlasti internacionalnog kapitala - cilj koji je postignut zahvaljujući gluposti i lakovjernosti jedne strane i beskrajnog kukavičluka druge.

U svakom slučaju, municijski štrajk, u odnosu na izgladnjivanje fronta oružjem, nije imao očekivani posljednji uspjeh; on je propao prerano, a da bi nedostatak streljiva kao takav - kakav je bio plan - osudio vojsku na propast. Samo, koliko li je bila strasnija moralna šteta koja je time pričinjena!

Prvo: Za što se još borila ta vojska, kad sama domovina uopće nije željela pobjedu? Za koga sve te ogromne žrtve i odricanja? Vojnik se treba boriti za pobjedu, a domovina štrajka protiv toga!

Ali i drugo: Kakav je bio učinak na neprijatelja?

U zimi 1917/18. po prvi puta su se nadvili mračni oblaci na nebeskom svodu savezničkog svijeta. Gotovo četiri godine su vrebali na njemačkog borca, i nisu ga mogli srušiti; pri tome je raspolagao samo rukom sa štitom koja mu je bila slobodna za obranu, dok je mač bio sad na Istoku, sad na Jugu, da bi zadavao udarce. I sada je div konačno imao zaštićena leđa. Tekli su potoci krvi, dok mu konačno nije uspjelo potući jednog od protivnika. Sada se na Zapadu štitu trebao priključiti i mač, i ako se neprijatelja do sada nije uspjelo slomiti, sada ga je napad trebao pogoditi samog.

Neprijatelj je strahovao i strepio za svoju pobjedu.
U Londonu i Parizu smjenjivala su se savjetovanja jedno za drugim. Čak je i neprijateljskoj promidžbi bilo teško: nije više bilo tako lako dokazati bezizglednost njemačke pobjede.
A isto je važilo i na frontovima na kojima je vladala potištena šutnja, čak i za same savezničke trupe. Gospodu je iznenada prošla volja za drskošću. I njima se također počelo bistriti pred očima. Njihov se duševni stav prema njemačkom vojniku sada promijenio. Do sada je on mogao, eto, važiti za luđaka predodređenog za poraz; ali je sad pred njima stajao rušitelj ruskog saveznika. To iz nevolje rođeno ograničenje njemačkih ofanziva samo na Istok, činilo se sada genijalnom taktikom. Tri su godine ti Nijemci jurišali protiv Rusije, u početku prividno bez i najmanjeg uspjeha. Gotovo su se smijali ovom besciljnom početku; jer je, konačno, taj ruski div ipak morao, zahvaljujući brojnoj nadmoći svojih ljudi, ostati na kraju pobjednik, a Njemačka slomljena zbog iskrvavljenja. Činilo se da će stvarnost ovo nadanje i potvrditi.
Od rujanskih dana 1914., kada su se prvi puta pojavile beskrajne kolone ruskih zarobljenika poslije bitke kod Tannenberga, krećući se cestama i vlakovima prema Njemačkoj, ova se rijeka gotovo i nije prekidala - samo se nakon svake potučene i uništene vojske iskrcavala nova. Neiscrpno divovsko carstvo je davalo caru uvijek nove vojnike, a ratu nove žrtve. Koliko je dugo Njemačka mogla izdržati ovu trku? Zar jednom nije morao doći dan, kad više neće, nakon posljednje njemačke pobjede, u posljednju bitku ponovno nadolaziti ruske vojske? I što onda? Po ljudskoj procjeni, pobjeda Rusije se vjerojatno mogla odgoditi, ali je do nje moralo doći.
Sada je svim tim nadama došao kraj. Saveznik, koji je na oltar zajedničkih interesa položio najveće žrtve u krvi, bio je na kraju svojih snaga i ležao je na tlu, pred neumoljivim napadačem. U srca do tada zaslijepljenih vojnika, uvukli su se strah i jeza. Strahovalo se od nadolazećeg proljeća. Jer, ako do sada nije pošlo za rukom pobijediti Nijemca, dok se mogao samo djelomično angažirati na zapadnom frontu, kako se još sada moglo računati na pobjedu, kada se, kako se činilo, sva snaga te strahovite herojske države skupila za napad protiv Zapada.
Sjenke južnotirolskih brda pritiskivale su i podsticale maštu; sve do flandrijskih magluština, mračne su utvare obmanjivale već potučene vojnike kod Cadorna, a vjera u pobjedu je uzmicala pred strahom od predstojećeg poraza.
I tada, kada se vjerovalo da se iz hladnih noćiju čuje ravnomjerna tutnjava i primicanje jurišnih postrojbi njemačke vojske i kad se u strašljivoj brizi ukočeno gledalo u predstojeći sud, odjednom sijevnu žarko crvena svjetlost iz Njemačke i baci zraku do posljednjih ljevkastih rupa neprijateljskih granata; u momentu kada su njemačke divizije dobivale posljednje upute za veliki napad, izbi u Njemačkoj generalni štrajk.

Svijet je najprije ostao bez riječi. A tada neprijateljska promidžba, slobodno odahnuvši, u dvanaesti sat, prigrabi ovu pomoć. Jednim je udarcem pronađeno sredstvo, da se klonulo pouzdanje savezničkih vojnika, ponovno podigne, i vjerojatnoća pobjede ponovno osloni na nešto sigurno, a strašljiva zabrinutost zbog predstojećih događaja, pretvori u odlučno pouzdanje. Regimentama koje su sa strepnjom očekivale njemački napad, sada se smjelo pružiti uvjerenje, da najveća bitka svih vremena, koja će odlučiti o kraju ovog rata, neće pripasti smjelosti njemačkog juriša, već ustrajnosti vlastite obrane. Mogli su sad Nijemci pobjeđivati koliko su htjeli, ali je u njihovu domovinu ušla revolucija, a ne pobjednička vojska.

Ovo se vjerovanje počelo usađivati u srca svih čitatelja engleskih, francuskih i američkih novina, dok je beskrajno spretna promidžba trupe na frontu dizala na noge.

"Njemačka pred revolucijom! Pobjeda saveznika nezadrživa!" Ovo je bila najbolja medicina da se kolebljivom francuskom rutavcu i engleskom Tommyu pomogne podići na noge. Sada su puške i mitraljezi mogli opet bljuvati vatru, a umjesto bježanja u paničnom strahu, nastupio je otpor pun nade.

To je bio učinak municijskog štrajka. On je neprijateljskim narodima ojačao vjeru u pobjedu i otklonio nemoćno očajanje savezničkog fronta, a posljedica je bila da su tisuće vojnika sve to trebali platiti svojom krvlju. Pokretači ovog najpodlijeg lupeškog poduhvata, bili su, međutim, kandidati za najviše državne položaje u Njemačkoj nakon revolucije.

Svakako, na njemačkoj se strani najprije moglo prividno preboljeti vidljivo povratno djelovanje ovog čina, ali nisu izostale posljedice na protivničkoj strani. Otpor je izgubio besciljnost gubitničke vojske i ustupio svoje mjesto ogorčenosti borbe za pobjedu.

Jer, pobjeda je sada, prema ljudskoj procjeni, morala doći, ako se zapadna fronta održi pred njemačkim trupama samo još nekoliko mjeseci. U parlamentima Antante spoznata je prilika budućnosti i bila su odobrena nečuveno visoka sredstva za produžavanje promidžbe zbog razbijanja Njemačke.

Imao sam sreću sudjelovati u obe prve i u posljednjoj ofanzivi.

Bili su to najsnažniji utisci moga života: najsnažniji stoga, jer je sad, eto, posljednji put, slično kao i 1914. borba izgubila karakter obrane i poprimila karakter napada. Kroz rupe i rovove njemačke vojske prostrujalo je sada duboko olakšanje, jer je napokon, poslije više od trogodišnjeg izdržavanja u neprijateljskom paklu, došao dan osvete. Još jednom kliknuše pobjednički bataljuni i posljednji vijenci besmrtnog lovora visjeli su na zastavama koje su pobjednički lepršale. Još jednom se prema nebu zaoriše pjesme domovine i duž beskrajnih kolona u maršu, po posljednji put se osmjehnu milost Gospoda svojoj nezahvalnoj djeci.

*

U kasnom ljetu 1918. nad frontom je vladala teška sparina. Domovina se sporila. Oko čega? Prepričavalo se štošta u dijelovima trupa i na bojištu. Sad bi rat bio bezizgledan i samo bi još luđaci mogli vjerovati u pobjedu. Narod više nije imao, kako se govorilo, nikakva interesa za dalje ustrajavanje; taj su interes imali kapital i monarhija, - to je stizalo iz domovine i o tome se razgovaralo i na frontu.

On je u početku vrlo slabo reagirao na to. Što se nas uopće ticalo opće pravo glasa? Zar smo se mi možda borili za to pune četiri godine? To je bio podli banditski udarac, da se na ovaj način mrtvim herojima u grobu još ukrade i ratni cilj. S povikom: "Neka živi opće i tajno pravo glasa!", nikada nisu mladi regimentarci u Flandriji jurišali u smrt, nego s poklicima: "Njemačka iznad svega na svijetu!" Mala, ali baš ne i potpuno beznačajna razlika. A oni, koji su tražili izborno pravo, nisu najvećim dijelom ni bili tamo, gdje su ga sada htjeli izboriti. Front nije poznavao cijelu tu političku, stranačku fukaru. Gospoda parlamentarci vidjeli su se samo malim dijelom tamo, gdje su se časni Nijemci u ono vrijeme nalazili, ukoliko su još imali svoje udove.

Tako je front u svom starom sastavu bio vrlo slabo prijemčljiv za takav novi ratni cilj gospode Eberta, Scheidemanna, Bartha, Liebcknechta itd. Uopće se nije shvaćalo, zašto su odjednom zabušanti mogli prisvojiti pravo vladanja državom zaobilazeći vojsku.

Moj je osobni stav od početka bio čvrst: do krajnosti sam mrzio cijelu tu bandu bijednih stranačkih propalica koja je varala narod. Odavno mi je bilo jasno, da se kod ove bagre zaista ne radi o dobru nacije, već o punjenju njihovih praznih džepova. A time što su oni i sami već sada bili spremni žrtvovati zbog toga cijeli narod, pa čak i pustiti Njemačku, ako je neophodno, da propadne, u mojim su očima bili zreli za konopac. Da se u obzir uzmu njihove želje, to bi značilo interese radništva žrtvovati za dobrobit jednog broja džepara, a njih se ispuniti moglo samo tada, ako je netko bio spreman izdati Njemačku.

Tako je još uvijek razmišljao najveći broj boraca u vojsci. Samo oni, koji su dolazili kao pojačanje iz domovine, postajali su ubrzano lošiji i lošiji, tako da njihov dolazak nije značio pojačanje, već slabljenje borbene snage. Naročito je bez vrijednosti bila mlada popuna. Često puta je bilo čak i teško povjerovati da su ovo trebali biti sinovi istog onog naroda, koji je nekad slao svoju mladost u borbu na Ypern.

U kolovozu i rujnu sve su se brže očitovale pojave raspada, iako se napadačko neprijateljsko djelovanje više nije moglo ni usporediti s užasom naših obrambenih bitaka. Bitke na Sommi i u Flandriji ostale su, nasuprot ovima, u dalekoj prošlosti izazivajući jezu.

Krajem rujna, moja je divizija po treći put stigla na iste one položaje, koje smo jednom kao regimente mladih ratnih dragovoljaca osvojili na juriš.
Kakvo sjećanje!
U listopadu i studenom 1914. tamo smo imali vatreno krštenje. S ljubavlju u srcima prema domovini i s pjesmom na usnama, išla je naša mlada regimenta u bitku kao na ples. Ovdje se radosno davala najdragocjenija krv u uvjerenju da će se domovini tako sačuvati njena nezavisnost i sloboda.

Srpnja 1917. stupismo po drugi puta na za sve nas sveto tlo. Zar u ovoj zemlji nisu snivali naši najbolji drugovi, još gotovo djeca, koji su nekad ozarena pogleda, za svoju jedinu dragu im domovinu, jurišali u smrt!

Mi stari, koji smo se jednom izvukli s regimentom, stajasmo u zanosnom strahopoštovanju na ovom mjestu zakletve na "vjernost i odanost do smrti".

Ovo tlo koje je regimenta osvojila na juriš prije tri godine, trebalo se sada braniti u teškoj obrambenoj bitci. Trotjednom učestalom topovskom paljbom pripremao je Englez veliku flandrijsku ofenzivu. Ovdje se činilo kao da su oživjeli duhovi mrtvih; regimenta se ukopavala u prljavo blato i uvlačila u pojedinačne rupe i kratere, i nije uzmicala niti se kolebala, te postade tako kao već jednom na tom istom mjestu, sve manja i tanja, sve dok konačno, 31. srpnja 1917. ne provali engleski napad.

Prvih dana kolovoza bili smo zamijenjeni.

Iz regimenta je nastalo nekoliko satnija; one su, oblijepljene naslagama skorenog blata, teturale nazad, više slične prikazama nego ljudima. Samo, osim nekoliko stotina metara rupa od granata, Englez je na sebe navukao samo smrt.

Sada, u jesen 1918. stajali smo po treći puta na tlu napada iz 1914. Naše nekadašnje odmorište, gradić Comines, sada je postajao poprište borbi. Dabome, iako je poprište borbe bilo isto, promijenili su se ljudi; odsada se u trupi "politiziralo". Otrov zavičaja počeo je, kao i svugdje, i ovdje postajati učinkovit. Posljednje pristigli regruti potpuno su zakazali - oni su došli od kuće.

U noći između 13. i 14. listopada započe na južnoj fronti kod Yperna engleska artiljerijska paljba plinskim granatama, pri tome je korišten žuti križ, čije nam djelovanje nije bilo poznato, dok ga nismo isprobali na vlastitom tijelu. I ja sam ga sam trebao upoznati još te noći. Na brežuljku, južno od Wervicka, još navečer 13. listopada, upali smo u višesatno neprestano granatiranje plinskim granatama, koje se zatim više ili manje žestoko produžilo tijekom cijele noći. Već oko ponoći dio nas ispade iz stroja, među njima nekoliko drugova i zauvijek. Pred jutro i mene zahvati bol svakih četvrt sata, sve gore i gore, te u sedam sati oteturah gorućih očiju nazad, podnoseći svoj posljednji raport u ratu.

Već nekoliko sati kasnije, moje su se oči pretvorile u žareći ugljen i oko mene nasta tama.

Tako sam dospio u vojnu bolnicu Pasewalk u Pomeraniji i tamo sam morao - doživjeti revoluciju!

*

Već duže vrijeme u zraku je visjelo nešto neodređeno, ali odvratno. Međusobno se pričalo da će sljedećeg tjedna konačno "započeti" - nisam mogao ni zamisliti što se pod tim podrazumijevalo. U prvom sam redu mislio na neki štrajk, sličan onome od proljetos. Nepovoljne glasine stalno su dolazile iz mornarice, u kojoj je, čini se, došlo do komešanja. Ali i to mi se više činilo jadnim proizvodom mašte pojedinih momaka, nego pojava u širim masama. U samoj vojnoj bolnici, svi su, doduše, govorili o skorom završetku rata, samo na jedno "odmah", nitko nije računao. Novine nisam mogao čitati.

U studenom je porasla opća napetost.

A tada, jednoga dana, iznenada i neočekivano, stiže nesreća. Naiđoše mornari na kamionima i pozivaše na revoluciju. U ovoj borbi za "slobodu, ljepotu i dostojanstvo" našeg narodnog bića, "vođe" su bili nekolicina židovskih mladića. Ni jedan od njih nije bio na frontu. Okolnim načinom, putem takozvane "vojne bolnice za triper", ta su trojica orijentalaca bila vraćena u zavičaj. I sada, u zavičaju, podigoše tu crvenu krpu.

Meni je u posljednje vrijeme nešto bolje. Bol koja je svrdlala u očnim dupljama popuštala je; postupno mi je polazilo za rukom ponovno, u grubim konturama, naučiti raspoznavati svoju okolinu.

Mogao sam se ponadati da ću opet moći vidjeti bar toliko, da bih se kasnije mogao prihvatiti kakva posla i zvanja. Nisam se, dabome, smio nadati da ću ikada više moći crtati. Upravo sam bio na putu postupnog poboljšanja, kada se baš dogodila ta gnusoba.

Moja prva nada bila je još uvijek, da se u ovoj izdaji zemlje moralo raditi više - manje samo o lokalnoj stvari. U tom sam smjeru pokušao ohrabriti nekoliko drugova. Posebno su bili više nego prijemčivi moji bavarski bolnički prijatelji. Raspoloženje ovdje je bilo sve drugo nego "revolucionarno". Nisam mogao ni zamisliti da će ovo ludilo izbiti i u Münchenu. Vjernost uzvišenoj kući Wittelsbach, činila mi se ipak čvršćom od volje nekoliko Židova. Zato i nisam mogao drugačije, nego povjerovati da se radi o puču mornarice koji će narednih dana biti skršen.

Dođoše i ti sljedeći dani, a s njima najužasnija svjesnost moga života. Sada glasine postadoše sve nesnosnije. Ono što sam držao lokalnim događajem, postade opća revolucija. K tome stigoše još i poražavajuće vijesti s fronta. Htjeli su kapitulirati. Pa zar je tako nešto uopće još moguće?

Desetog studenoga u bolnicu stiže protestantski svećenik i održi govor; sada saznasmo sve.

Uzbuđen do krajnosti - bio sam nazočan tom kratkom govoru. Činilo se da stari, dostojanstveni gospodin jako drhće, kada nam je saopćavao da od sada kuća Hohenzollern neće više smjeti nositi njemačku carsku krunu, da je domovina postala "Republika", da moramo, eto, moliti Svevišnjeg, da ovoj promjeni ne uskrati svoj blagoslov i da u predstojećem vremenu, ne napusti naš narod. On pri tome, svakako, nije mogao drugačije, morao je u malo riječi spomenuti kraljevsku kuću, htio je istaći njihove zasluge u Pomeraniji, u Prusiji, ne, u cijeloj njemačkoj domovini - pri tome poče tiho plakati u sebi - a u maloj sobi sva srca obuze najdublja potištenost; vjerujem da ni jedno oko nije moglo zaustaviti suze. Ali, kada je stari gospodin pokušao govoriti dalje i počeo nam priopćavati da sad moramo završiti ovaj dugi rat, da će domovina ubuduće biti izložena teškim pritiscima, jer je sad rat izgubljen, i da se mi moramo pokoravati milosti pobjednika, a da primirje treba prihvatiti s nadom u samilost našega dosadašnjega neprijatelja - u tom trenutku ja to više nisam mogao izdržati. Postade mi nemoguće da tu još dalje ostanem. Na oči mi je opet pao mrak, pipajući i teturajući vratih se u spavaonicu, bacih se na krevet i zagnjurih vrelu glavu u deke i jastuke.

Od onoga dana kada sam stajao na grobu svoje majke, nikada nisam plakao. Kad bi me u mladosti Sudbina nemilosrdno šibala, rastao bi moj bijes. Kada je u dugim ratnim godinama smrt iz naših redova otimala mnoge drage drugove i prijatelje, skoro mi se činilo grijehom jadikovati - oni su ipak umrli za Njemačku! A kada na kraju i mene samoga - tek posljednjih dana stravičnog ratovanja - napade podmukli plin i poče mi nagrizati oči, a ja u strahu da ću zauvijek oslijepiti htjedoh u jednom trenutku klonuti, tada kao grom odjeknu glas savjesti u meni: bijedna kukavico, ti ipak plačeš, dok su u isto vrijeme na tisuće prošli gore od tebe! I tako sam tupo i nijemo nosio svoju udes. Ali sada nisam više mogao drugačije. Tek sada spoznah koliko se sav taj osobni jad gubi prema nesreći domovine.

Sve je, dakle, bilo uzaludno. Uzaludne sve žrtve i odricanja, uzaludna glad i žeđ i to ponekad tijekom beskonačnih mjeseci, uzaludni sati u kojima smo pritisnuti strahom od smrti ipak izvršavali svoju svetu dužnost, i uzaludna smrt dva milijuna ljudi koji su pri tome poginuli. Zar se sad nisu morali otvoriti grobovi svih tih stotina tisuća, koji su s vjerom u domovinu nekada pošli u boj, da se nikada više ne vrate? Zar se oni nisu morali otvoriti i poslati nijeme, blatom i krvlju poprskane heroje, kao osvetničke duhove u zavičaj, koji ih je tako prezirno prevario za njihovu najvišu žrtvu, koju na ovom svijetu čovjek može uopće prinijeti svom narodu? Nisu li oni, ti vojnici kolovoza i rujna 1914., poginuli zato, da bi u jesen iste godine, poslije starih drugova privukli regimente dragovoljaca? Jesu li ti sedamnaestogodišnji dječaci zbog toga pali u flandrijskoj zemlji? Je li to bio smisao žrtve, koju su njemačke majke prinijele domovini, kada su bolna srca puštale najdraže sinove u rat, da ih nikada više ne vide? Zar se sve to dogodilo zbog toga, da bi sada šaka bijednih zločinaca poželjela podići ruku na domovinu?

Je li, dakle, zato njemački vojnik na žarkoj žegi i sniježnoj oluji gladujući, mučen žeđi i smrzavajući se, umoran od neprospavanih noći i beskrajnih marševa, sve to podnosio? Zar je zato ležao u paklu učestale topovske paljbe i u groznici otrovan plinom, ne uzmičući, uvijek svjestan jedine dužnosti: braniti domovinu od napada neprijatelja?

Ti su heroji, zaista zaslužili bar jedan kamen s natpisom:

"Putniče, ti koji dolaziš u Njemačku, javi zavičaju, da mi ovdje počivamo, vjerni domovini i pokorni dužnosti." A zavičaj -?

Samo - je li to bila jedina žrtva koju smo trebali podnijeti? Je li bivša Njemačka bila manje vrijedna? Nije li postojala i obveza prema vlastitoj povijesti? Jesmo li mi još uvijek vrijedni, da se slava prošlosti odnosi i na nas? Kako tek ovo djelo podvrći na obračun budućnosti?

Bijedni i pokvareni zločinci!

I što sam si više u tom trenu pokušavao objasniti ovaj strašan događaj, tim više mi je gorjelo čelo od pobuđenog poniženja i sramote. Što je bila sva bol u mojim očima, prema ovom jadu?

Ono što je slijedilo, bili su strašni dani i još gore noći - znao sam da je sve izgubljeno. Nadati se milosti neprijatelja mogli su jedino najveći luđaci, ili - lažljivci i zločinci. U tim je noćima u meni rasla mržnja, mržnja protiv počinitelja ovoga čina.

U danima nakon toga postajao sam svjestan i svoje Sudbine. Sada sam se morao smijati pri pomisli na svoju vlastitu budućnost, koja mi je još prije kratkog vremena priređivala toliko gorke brige. Zar nije bilo smiješno graditi kuće na takvom zemljištu? Konačno mi je postalo jasno i to, da je ipak došlo samo do onoga, čega sam se toliko često plašio, a u što, prosuđujući po osjećanju, nisam nikada mogao povjerovati.

Car Wilhelm II. kao prvi njemački car pružio je marksističkim vođama ruku pomirenja, ni ne sluteći da ti nitkovi nemaju časti. Dok su još držali carsku ruku u svojoj, drugom su se već hvatali bodeža.

Sa Židovima nema nikakvog paktiranja, već samo tvrdo: Ili-ili.

Odlučih postati-političarom.

GLAVA 8

POČETAK MOJE POLITIČKE DJELATNOSTI

Još krajem studenoga 1918. vratih se u München. Ponovno se odvezoh do rezervnog bataljuna moje regimente, koji se nalazio u rukama "vojnih savjeta". Cijeli taj pogon mi se činio tako odvratnim, da sam odmah odlučio, ako to bude bilo moguće, ponovno otići odavde. Sa svojim vjernim ratnim drugom Ernstom Schmiedtom dođoh u Traunstein i ostadoh tamo do rasformiranja logora. U ožujku 1919. vratismo se ponovno u München. Stanje je bilo neizdrživo i neizbježno je prisiljavalo daljem nastavku revolucije. Smrt Eisnera samo je ubrzala razvoj i dovela konačno do diktature savjeta, točnije rečeno, do privremene židovske vlasti, što je i bio prvobitni cilj začetnika cijele ove revolucije.

U to su se vrijeme u mojoj glavi rojili bezbrojni planovi. Danima sam razmišljao što bi se uopće sada moglo učiniti, a kraj svakog razmišljanja bio je trijezna konstatacija, da ja kao Bezimeni, sam nisam imao ni najmanjih preduvjeta za nekakvo svrhovito djelovanje. O razlozima zašto se još ni tada nisam mogao odlučiti pristupiti nekoj od postojećih stranka, govorit ću još kasnije.

Tijekom ove revolucije Savjeta nastupio sam po prvi puta, tako da sam na sebe navukao ljutnju centralnog savjeta. U rano jutro 27. travnja 1919. trebao sam biti uhićen, ali ta tri klipana pred mojim u njih uperenim karabinom nisu smogla potrebnu hrabrost, i ponovno odoše, onako kako su i došli.

Nekoliko dana nakon oslobođenja Münchena, bio sam prekomandiran u istražnu komisiju o revolucionarnim događajima u drugoj pješačkoj regimenti.

To je bila moja prva, manje ili više, politička aktivna djelatnost.

Već nekoliko tjedana poslije toga, primio sam zapovijed da sudjelujem u jednom "kursu", koji je organiziran za pripadnike oružanih snaga. Na njemu je vojnik trebao dobiti određena znanja o državno - građanskom mišljenju. Za mene je vrijednost cijelog ovog skupa bila u tome, što sam sada bio u prilici, upoznati nekoliko drugova istomišljenika s kojima sam mogao temeljito raspraviti trenutno stanje. Svi smo mi više ili manje bili čvrsto uvjereni da Njemačka više neće moći biti spašena od sve vidljivijeg sloma, zbog zločina stranka iz studenog, Centra i Socijaldemokracije, ali da i takozvani "građanski nacionalni" savezi, čak i uz najbolju volju, neće više biti u stanju ništa popraviti, što se i dogodilo. Ovdje je nedostajao čitav niz preduvjeta, bez kojih takav rad nije mogao ni uspjeti. Vrijeme koje je uslijedilo, dalo je našim tadašnjim shvaćanjima za pravo.

Tako je u našem malom krugu razmatrano osnivanje nove stranke. Osnovne misli koje su nam tada lebdjele pred očima, bile su iste one koje su se kasnije ostvarile u "Njemačkoj radničkoj stranci". Ime novoosnovanog pokreta, moralo je od početka pružiti mogućnost približavanja širokim masama; jer bez toga svojstva, cjelokupan se rad činio nesvrsishodnim i suvišnim. Tako smo došli do imena "Socijalrevolucionarna stranka"; a to zbog toga, jer su socijalna gledišta novog utemeljenja zaista značila revoluciju.

A dublji razlog za to bio je u sljedećem:

Ma koliko da sam se ja još i ranije bavio gospodarskim problemima, to je ipak, više ili manje, ostajalo uvijek u granicama koje su same po sebi proizišle iz razmatranja socijalnih pitanja. Tek se kasnije ovaj okvir proširio, zbog ispitivanja njemačke politike saveza. Ona je, svakako, velikim dijelom bila učinak pogrešne procjene gospodarstva, kao i nejasnoće o mogućim osnovama ishrane njemačkog naroda u budućnosti. Sva su se ova razmišljanja, međutim, još uvijek temeljila na mišljenju, da je u svakom slučaju kapital samo učinak rada, i stoga, kao i on sam, podliježe korekturi svih onih čimbenika koji ljudsku djelatnost mogu ili unapređivati ili sputavati. U tome je tada, sadržan i nacionalni značaj kapitala, jer on potpuno ovisi samo od veličine sloboda i snage države, dakle nacije, i već samom ovom povezanošću, kapital mora dovesti do unapređenja države i nacije, i to na osnovu jednostavnog nagona za samoodržanjem, tj. daljim rasplođivanjem. Ova upućenost kapitala na slobodnu nezavisnu državu, prisiljava ga da se sa svoje strane zalaže za ovu slobodu, moć, snagu itd. nacije.

Time bi zadaća države prema kapitalu bila razmjerno jednostavna i jasna; kapital bi se trebao brinuti samo za to, da ostane državna sluškinja i da si ne umišlja, da može biti gospodar nacije. Ovo se stajalište tada moglo održati između dvije granične crte; održavanje životno sposobnog nacionalnog gospodarstva s jedne strane, a s druge, osiguranje socijalnih prava radnika.

Razliku ovog čistog kapitala, kao posljednjeg rezultata stvaralačkog rada, nasuprot kapitalu, čija egzistencija i bit počivaju isključivo na špekulacijama, nisam prije mogao prepoznati sa željenom jasnoćom. Za to mi je nedostajao prvi podsticaj, na koji još nisam bio naišao.

To mi je sada u najosnovnijem obliku osigurao jedan od gospode predavača, na već spomenutom kursu – Gottfried Feder.

Po prvi puta u svom životu razaznao sam jedno principijelno razračunavanje s internacionalnim burzijanskim i kreditnim kapitalom.

Čim sam odslušao prvo Federovo predavanje, kroz glavu mi je odmah prostrujala misao, da sam pronašao jednu od najbitnijih pretpostavki za osnivanje nove stranke.

*

Federova zasluga bila je u mojim očima u tome, što je on s bezobzirnom brutalnošću utvrdio kako spekulativni, burzovni i kreditni kapital šteti nacionalnom gospodarstvu, a istovremeno i razobličio njegovu prastaru pretpostavku - kamate. Njegova su izlaganja u svim principijelnim pitanjima bila tako točna, da su im kritičari unaprijed manje mogli osporavati teorijsku točnost ideje, a više su, naprotiv, sumnjati u praktičnu mogućnost njena provođenja. Samo, ono što je u očima drugih bila slabost Federovih izlaganja, u mojim im je očima pridavalo snagu.

Zadaća Programera i nije utvrditi različite stupnjeve ispunjivosti neke stvari, već stvar kao takvu razjasniti; to znači: on se treba manje brinuti za sam put, a više za cilj. Ovdje, međutim, odlučuje principijelna točnost neke ideje, a ne teškoća njenog provođenja. Čim Programer pokuša umjesto o apsolutnoj istini voditi računao tzv. "svrsishodnosti" i "ostvari - vosti", njegov rad tada prestaje biti polarna zvijezda istraživačkog čovječanstva a, umjesto toga, postaje recept svakodnevnice. Programer nekog pokreta ima za cilj utvrditi ga, a političar, osigurati njegovo ispunjenje. Jedan je, prema tome, u svom mišljenju određen vječnom istinom, a drugi, svojim djelovanjem više odgovarajućom praktičnom stvarnošću. Veličina jednog je u apsolutnoj, apstraktnoj točnosti njegove ideje, a drugog, u točnom stajalištu prema datim činjenicama i njihovoj korisnoj upotrebi, pri čemu mu kao zvijezda vodilja služi cilj što ga je postavio Programer. Dok se za značaj nekog političara kao probni kamen smije promatrati uspjeh njegovih planova i djela, to znači, dakle, njihovo samoostvarenje, ostvarivanje posljednje namjere Programera, ne može nikada uslijediti, dok ljudska misao ne bude mogla shvatiti istine i postaviti kristalno jasne ciljeve; samo njihovo potpuno ostvarenje može propasti i zbog opće ljudske nesavršenosti i nedovoljnosti. Što će ideja biti apstraktno točnija, a time i snažnija, utoliko će nemogućnije biti njeno potpuno ostvarenje, dokle god ono ovisi isključivo o ljudima. Stoga se značaj Programera ne smije mjeriti prema ispunjenju njegovih ciljeva, nego po njihovoj ispravnosti i utjecaju kojeg su izvršili na razvoj čovječanstva. Kada bi bilo drugačije, osnivače religija se ne bi smjelo ubrojiti u najveće ljude ove Zemlje, jer, eto, ispunjenje njihovih etičkih namjera nikada neće biti čak ni približno potpuno.

Čak je i religija ljubavi u svom djelovanju samo slabi odsjaj htijenja njenog uzvišenog utemeljitelja; njen je značaj samo u smjeru koji je ona pokušala dati općem ljudskom, kulturno - etičkom i moralnom razvoju.

Prevelika različitost zadaće Programera i političara također je uzrok zašto gotovo nikada ne može doći do sjedinjenje obojice u jednoj osobi. Ovo posebno važi za takozvanog "uspješnog" političara malog formata, čija je djelatnost, najčešće, stvarno "umjetnost mogućeg", kako je Bismarck politiku uopće preskromno odredio. Što je takav političar slobodniji od velikih ideja, utoliko će lakši i češći, vidljiviji i brži, biti njegovi uspjesi. Dabome, oni su time također posvećeni ovozemaljskoj prolaznosti i ponekad ne preživljavaju smrt svojih očeva. Djelo takvih političara je za potomstvo, uzevši jedno s drugim, beznačajno, jer njegovi uspjesi u sadašnjosti, eto, počivaju na ostajanju po strani od svih stvarno velikih i odlučujućih problema, zamisli, koji bi kao takvi mogli biti od vrijednosti i za kasnije generacije.

Provođenje takvih ciljeva koji imaju vrijednost i značaj tek za daleku budućnost, najčešće je malo privlačno za same njihove pobornike, jer rijetko nailaze na razumijevanje velikih masa, koje bolje shvaćaju odluke o pivu i mlijeku, nego dalekovidne planove za budućnost, do čijeg ostvarenja može doći tek kasnije i čija je će korist uopće biti za dobrobit tek sljedećih pokoljenja.

Tako će se već i zbog određene taštine, koja je uvijek rođaka gluposti, velika masa političara držati daleko od svih stvarno teških planova za budućnost, kako ne bi izgubili trenutne simpatije velike gomile. Uspjeh i značaj takvog političara nalazi se isključivo u sadašnjosti, a uopće ništa ne ostaje za sljedeća pokoljenja. A male glavice tako nešto obično i vrlo malo smeta; one su time zadovoljne.

Drugačije stoje stvari s Programerom. Njegov je značaj skoro uvijek samo u budućnosti, jer je on čovjek koga se, nerijetko, označava riječju "zanesenjak". Jer, ako se stvarno umjetnost političara promatra kao umjetnost mogućeg, onda Programer spada u one za koje se kaže da se sviđaju samo Bogovima, jer traže i žele nemoguće. On će se uvijek morati odreći priznanja sadašnjosti, ali će zato, ako su mu misli besmrtne, žeti slavu potomstva.

Unutar dugih perioda čovječanstva, može se jednom dogoditi da se političar sjedini s Programerom. I što je ovo sjedinjenje dublje, tim su veći otpori koji se tada suprotstavljaju djelovanju političara. On više ne radi za potrebe, koje su jasne bilo kom malograđaninu, već za ciljeve koje shvaćaju samo malobrojni. Zato je njegov život razapet od ljubavi do mržnje. Protest sadašnjosti koja tog čovjeka ne shvaća, bori se s priznanjem potomstva za koje on ustvari radi.

Jer, što su djela nekog čovjeka značajnija za budućnost, tim će ih teže moći shvatiti sadašnjost, utoliko je teža i borba i utoliko rjeđi uspjeh. Procvjeta li uspjeh nekome u stoljeću, tada ga, možda, u njegovim kasnim danima može i obasjati blagi odsjaj dolazeće slave. Dabome, da su ti velikani, samo maratonci povijesti; lovorov vijenac sadašnjosti dotiče samo čela umirućih heroja.

Među njih se, ipak, uračunavaju veliki borci ovoga svijeta, koji su, neshvaćeni od sadašnjosti, ipak bili spremni izboriti bitku za svoje ideje i ideale. To su oni, koji će jednog dana stajati najbliže narodnom srcu; čini se gotovo tako, da će se tada svaki pojedinac osjećati obveznim popraviti u prošlosti ono u čemu se sadašnjost prema tim velikanima jednom ogriješila. Njihov život i djelo bit će popraćeni dirljivim zahvalnim divljenjem, a naročito u sumornim danima, opet će ponovno bodriti slomljena srca i zdvojne duše.

Ovdje, međutim, ne pripadaju samo ovi stvarno veliki državnici, već i svi ostali veliki reformatori. Pored Friedricha Velikog, ovdje su i Martin Luther, ali i Richard Wagner.

Kada sam slušao prvo predavanje Gotfrieda Federa o "Prekidu kamatnog ropstva", odmah sam znao da je ovdje riječ o teoretskoj istini, koja bi mogla biti od nesaglediovg značaja za budućnost njemačkog naroda. Oštro odvajanje burzijanskog kapitala od nacionalnog gospodarstva, pružilo je mogućnost suprotstavljanja internacionalizaciji njemačkog gospodarstva, a da se istovremeno s borbom protiv kapitala uopće ne ugroze temelji nezavisnog nacionalnog samoodržanja. Razvoj Njemačke bio mi je pred očima već više nego jasniji, a da ne bih znao da najteža borba, koja se mora povesti i biti izvojevana, nije više borba protiv neprijateljskih naroda, već protiv internacionalnog kapitala. U Federovom predavanju naslutio sam snažnu parolu za nadolazeće bitke.

I ovdje je kasniji razvoj dokazao koliko je bio točan naš tadašnji osjećaj. Danas nas mudrijaši, naši građanski političari, više ne ismijavaju; danas čak i oni sami vide, ukoliko nisu svjesni lažljivci, da internacionalni burzovni kapital nije bio samo najjači ratni huškač, nego upravo sada, nakon završetka borbi, ništa se ne poduzima, da se mir ne bi pretvorio u pakao.

Borba protiv internacionalnog financijskog i kreditnog kapitala, postala je najvažnijom programskom točkom borbe njemačke nacije za svoju gospodarsku neovisnost i slobodu.

Što se pak tiče zamjerki takozvanih praktičara, može im se odgovoriti sljedeće: Sve bojazni od stravičnih gospodarskih posljedica provođenja "prekida kamatnog ropstva" su suvišne; jer su, prvo, dosadašnji gospodarski recepti nanijeli veliko zlo njemačkom narodu, stavovi po pitanjima nacionalnog samopotvrđivanja vrlo jako nas podsjećaju na uvjerenje sličnih stručnjaka prijašnjih vremena, na primjer, mišljenja bavarskog medicinskog kolegija u povodu pitanja uvođenja željeznice. Sve bojazni ove uzvišene korporacije nisu se od tada, kao što je poznato, kasnije ostvarile; putnici u vlakovima novoga "parnog konja" nisu dobili vrtoglavicu, promatrači se, također, nisu razboljeli, a odrekli su se i daščane ograde, koja bi taj izum učinila nevidljivim. Samo što su "daščane ograde" u glavama ovih takozvanih "stručnjaka" ostale očuvane i za potomstvo.

Drugo, ipak treba primijetiti sljedeće: Svaka, pa čak i najbolja, ideja postaje opasnost, ako si uobrazi da je sama sebi svrhom, a u stvarnosti pak predstavlja samo sredstvo te svrhe - ali za mene i za sve istinske nacionalsocijaliste postoji samo jedna doktrina: narod i domovina.

Ono za što se mi borimo, jest osiguranje postojanja i umnožavanja naše rase i našeg naroda, ishrana njegove djece i održanje čistoće krvi, sloboda i nezavisnost domovine, da bi naš narod zbog ispunjenja misije, koju joj je dodijelio Tvorac univerzuma, mogao sazrjeti.

Svaka misao i svaka ideja, svako učenje i sve znanje trebaju služiti ovoj svrsi. Polazeći s tog stajališta, sve se također mora ispitati i primijeniti ili odbaciti prema svojoj svrsishodnosti. Tako se ni jedna teorija ne može okameniti u posljednju doktrinu, jer, sve mora, naravno, služiti samo životu.

Tako su meni spoznaje Gottfrieda Federa bile podsticaj da se na temeljit način uopće i pozabavim ovim područjem, koje mi je, eto, do tada bilo još jako malo shvatljivo.

Počeo sam ponovno učiti, i tek sam sada stvarno dospio do pravog shvaćanja sadržaja i htijenja životnog djela Židova Karla Marxa. Njegov "Kapital" mi je tek sada bio shvatljiv, isto tako kao i borba socijaldemokracije protiv nacionalnog gospodarstva, koja je trebala samo pripremiti teren za vladavinu stranog internacionalnog financijskog i burzovnog kapitala.

Samo, ovi su kursevi za mene i u jednom drugom pogledu bili od najvećeg posljedičnog značaja.

Jednoga sam se dana javio za diskusiju. Neki od sudionika je pomislio da sada mora za Židove lomiti koplja i poče ih u dužim izvodima braniti. To me razdražilo, te mu se suprotstavih. Najveći broj nazočnih sudionika kursa opredijelio se za moje stajalište. A učinak je, međutim, bio da sam nekoliko dana kasnije bio određen da u nekoj tadašnjoj münchenskoj regimenti budem raspoređen za takozvanog "obrazovnog časnika".

Disciplina trupe bila je u to vrijeme prilično slaba. Trpjela je od naknadnog djelovanja vremena vojnih savjeta. Samo potpuno polagano i oprezno moglo se prijeći na to da se umjesto "dragovoljne" poslušnosti, kako su obično učtivo zvali taj svinjac pod Kurtom Eisnerom, ponovno uvede vojna disciplina i hijerarhija. Isto je tako, samu trupu trebalo naučiti osjećati i misliti nacionalno i domovinski. U oba ova smjera kretalo se područje mojega novog djelovanja.

Počeh sa svom radošću i predanošću. Ukazala mi se ipak prilika govoriti pred većim slušateljstvom; i što sam uvijek prije, a da to nisam ni znao, iz čistog osjećaja pretpostavljao, sada se i dogodilo: mogao sam "govoriti". A i glas mi se već prilično oporavio, tako da sam, bar u malim vojničkim sobama, sada bio dovoljno razumljiv.

Ni jedna me zadaća nije mogla učiniti sretnijom od ove, jer sam sada mogao, još i prije moga otpuštanja, učiniti korisne usluge instituciji, koja mi je beskrajno ležala na srcu - vojsci.

Smio sam također govoriti i o uspjehu: mnogo stotina, čak i tisuće, drugova ponovno sam, tijekom svojih predavanja vratio svojem narodu i domovini. "Nacionalizirao" sam trupu i mogao i na tom putu pripomoći jačanju opće discipline.

Ponovno sam pri tome upoznao određeni broj drugova, istomišljenika, koji su mi kasnije pomogli stvoriti početnu osnovu novoga pokreta.

GLAVA 9

"NJEMAČKA RADNIČKA STRANKA"

Jednoga dana dobih od svog pretpostavljenog zapovijed da ispitam kakvo je to, po svom izgledu, političko udruženje, koje pod imenom "Njemačka radnička stranka" namjerava narednog dana održati svoj skup, a na kome je zasigurno trebao govoriti Gottfried Feder; morao sam, dakle, otići tamo i pogledati tu udrugu, i o tome kasnije podnijeti izvještaj.

Radoznalost koju je tada vojska pokazivala prema političkim strankama, bila je više nego razumljiva. Revolucija je vojniku dala pravo političkog aktiviranja, što su sada čak i oni najneiskusniji obilato koristili. Tek u momentu kada su Centar i Socijaldemokracija, na vlastitu žalost, morali uvidjeti da se simpatije vojnika okreću od revolucionarnih stranka prema nacionalnim pokretima i ponovnom nacionalnom preporodu, osjetila se potreba da se trupi ponovno oduzme biračko pravo i zabrani politička djelatnost.

Da su za ovom mjerom posegnuli Centar i Marksizam bilo je razumljivo, jer da se nije poduzelo ovo podrezivanje "državno - građanskih prava" - kako se nazivala politička ravnopravnost vojnika poslije revolucije - ne bi već nakon nekoliko godina bilo države "studenog", a time ni daljeg nacionalnog obeščašćivanja i sramote. Trupa je tada bila na najboljem putu skinuti naciji s vrata njene krvopije i sluge Antante. To što su se takozvane "nacionalne" stranke oduševljene za korekturu dotadašnjih shvaćanja zločinaca iz studenog, slagale i pripomagale da sredstvo nacionalnog uzdizanja učine neškodljivim, ponovno je pokazalo dokle još mogu odvesti doktrinarne predodžbe ovih najbezazlenijih od bezazlenih. Ovo, od staračke nemoći stvarno duhom oboljelo građanstvo sasvim je ozbiljno zastupalo mišljenje, da će vojska ponovno postati ono što je i bila, naime, utočište njemačke obrambene sposobnosti, dok su joj Centar i Marksizam namjeravali samo izbiti opasni nacionalni otrovni zub, bez koga vojska, zapravo, vječito ostaje samo policija, a ne trupa, koja bi se bila u stanju boriti protiv neprijatelja; nešto što se je u nadolazećem vremenu svakako dovoljno i dokazalo.

Ili su, možda, naši "nacionalni političari" povjerovali da bi razvoj vojske mogao biti drugačiji od nacionalnog razvoja? To bi ovoj gospodi izgledalo prokleto slično, a potiče otuda, što su oni u ratu, umjesto da budu vojnici, bili brbljivci, dakle, parlamentarci, koji nemaju pojma što se događa u grudima ljudi koje veličanstvena prošlost podsjeća da su jednom bili prvi vojnici svijeta.

Tako odlučih otići na taj već spomenuti skup, ove, meni do tada još potpuno nepoznate, stranke.

Kada sam te večeri došao u za nas kasnije povijesni "Leiberzimmer" nekadašnje Sternecker pivnice u Münchenu, tamo nađoh oko dvadeset do dvadeset i pet nazočnih, uglavnom iz donjih slojeva stanovništva.

Predavanje Federa bilo mi je poznato već s prethodnih kurseva, tako da sam se mogao više posvetiti promatranju samog društva.

Moj je utisak bio ni dobar ni loš; nova udruga kao i tolike druge. To je, naime, bilo vrijeme kada se svatko tko nije bio zadovoljan dosadašnjim razvojem, a više nije imao nikakvog povjerenja u postojeće stranke, osjećao pozvanim osnovati novu stranku. Tako su, kao iz zemlje, posvuda nicale ove udruge, da bi nakon nekog vremena ponovno nestajale bez traga i glasa. Njihovi osnivači najčešće nisu imali pojma o tome, što znači iz neke udruge stvoriti stranku, ili čak i pokret. Tako su se ove osnivačke tvorevine, gotovo uvijek, same od sebe, gušile u svojoj smiješnoj malograđanštini.

Ništa drugačije nisam procijenio ni "Njemačku radničku stranku", nakon otprilike dvosatnog slušanja. Kada je Feder konačno završio, laknulo mi je. Dovoljno sam vidio i htjedoh već poći, ali me tada najavljen slobodni razgovor potaknu da još ostanem. I ovdje se činilo da sve protječe besmisleno, dok, iznenada, do riječi ne dođe neki "profesor". On je najprije posumnjao u točnost Federovih osnova, a onda se opet - nakon jako dobrog Federovog odgovora - iznenada našao na "tlu činjenica", ne propustivši priliku mladoj stranci najizričitije preporučiti da kao posebno važan programski stav, pokrene borbu za "odvajanje" Bavarske od "Prusije". Taj je čovjek vrlo drsko tvrdio, da bi se u tom slučaju Njemačko - Austrija odmah priključile Bavarskoj, da bi onda mir, reče on, bio mnogo bolji, i još slične gluposti. Tada nisam mogao drugačije, nego se javiti za riječ, kako bih ovom nadobudnom gospodinu rekao svoje mišljenje o tom pitanju - s takvim uspjehom, da je taj gospo- din, prethodni govornik, još prije nego što sam završio, kao popisana pudlica napustio lokal. Dok sam govorio, promatrali su me iznenađenim pogledima, a kad sam namjeravao skupu reći laku noć i otići, priskoči mi neki čovjek, predstavi mi se (ime mu nisam baš točno razumio) i utisnu mi u ruku malu svešćiću, zasigurno neku političku brošuru, s usrdnom molbom da je svakako pročitam.

To mi je bilo vrlo prijatno, jer sam se smio i ponadati da ću tako, možda na najbolji način, upoznati ovu dosadnu udrugu, te da neću morati još i nadalje posjećivati tako zamamljivi skup. Uostalom, ovaj je, očigledno radnik, ostavio na mene dobar utisak. Tako ja, dakle, i odoh.

U to sam vrijeme još stanovao u vojarni Drugog pješačkog puka, u maloj sobici, koja je još uvijek vrlo jasno pokazivala tragove revolucije. Tijekom cijelog dana bio sam vani, najčešće u 41. streljačkoj regimenti, ili na skupovima, na predavanjima u nekom drugom dijelu trupe, itd. Samo sam noću spavao u svom konačištu. Kako sam se svakog jutra budio obično rano, još prije pet sati, navikao sam se na igru, da miševima koji su u sobici vodili svoje kolo, dobacim na pod nekoliko komadića tvrdih ostataka, ili korica kruha, i onda promatram kako se te ljupke životinjice otimaju o to malo ukusnih zalogaja. U svom sam životu proživio već toliko mnogo jada, da sam si mogao predobro predočiti glad, pa i zadovoljstvo ovih malih bića.

I jutro, nakon toga skupa, ležao sam oko pet sati budan na svom ležaju i promatrao živ promet i pretrčavanje. Kako više nisam mogao zaspati, iznenada se sjetih prošle večeri i one sveščiće što mi ju je dao onaj radnik. Tako počeh čitati. Bila je to mala brošura u kojoj je pisac, baš taj radnik, prikazivao kako mu je iz zbrke marksističkih i sindikalističkih fraza ponovno uspjelo doći do nacionalnog mišljenja; otuda također i naslov: "Moje političko buđenje". I kako započeh, tako sa zanimanjem i pročitah taj mali spis. U njemu se zrcalio proces, što sam ga i ja, prije dvanaest godina, doživio na vlastitoj koži. Nehotice vidjeh pred sobom svoj vlastiti razvoj koji je ponovno oživio preda mnom. Tijekom dana još sam nekoliko puta razmišljao o toj stvari i htjedoh je konačno zaboraviti, kad ni tjedan dana kasnije, na moje iznenađenje, primih dopisnicu čiji je sadržaj bio, da sam primljen u "Njemačku radničku stranku"; da se o tome trebam izjasniti, te zbog toga već sljedeće srijede doći na sjednicu stranačkog odbora.

Na taj sam način, svakako više nego iznenađen, "stekao" povjerenje članova, i nisam znao da se zbog toga ljutim ili smijem. Pa ja uopće nisam ni pomišljao ući u neku gotovu stranku, nego sam htio osnovati svoju vlastitu. Ovaj neprihvatljivi zahtjev nije, što se mene tiče, uopće dolazio u obzir.

Već sam gospodi htio dostaviti svoj pismeni odgovor, ali je ipak pobijedila znatiželja, te se odlučih pojaviti utvrđenog dana i usmeno obrazložiti svoje razloge.

Došla je i srijeda. Gostionica u kojoj se trebala održati najavljena sjednica, zvala se "Alte Rosenbad", u Herrnstrasse; neki vrlo siromašan lokal u koji se nabasa tek samo svakog blagdana. Nikakvo čudo, jer je 1919. godine oskudan jelovnik nuđen i u boljim gostionicama, jedva mogao koga privući. Za ovu gostionicu do tada nisam nikada čuo.

Prođoh kroz slabo osvijetljenu prostoriju za goste, u kojoj nije sjedio ni jedan gost, potražih vrata sporedne prostorije, i preda mnom je bio "sastanak". U polumraku napola demolirane plinske lampe, za jednim su stolom sjedila četiri mlada muškarca, među kojima i pisac male brošure, koji me je odmah najljubaznije pozdravio i kao novom članu "Njemačke radničke stranke", poželio mi dobrodošlicu.

A ja sam sada bio ipak nešto zbunjen. Nakon što mi je priopćeno da bi pravi "predsjednik za cijeli teritorij carstva" tek trebao doći, odlučio sam ipak još pričekati sa svojom izjavom. Konačno se pojavi i on. To je bio voditelj skupa u Sternecke pivovari prigodom Federova predavanja.

U međuvremenu postadoh opet znatiželjan, željno očekujući stvari koje su se trebale dogoditi. Sada sam bar upoznao imena pojedine gospode. Predsjednik "carske organizacije" bio je neki gospodin Harrer, a grada Münchena, Anton Drexler.

Pročitan je zapisnik s posljednje sjednice, te dato povjerenje zapisničaru. A tada je došao na red blagajnički izvještaj - u posjedu udruge nalazilo se ukupno sedam maraka i pedeset Pfenniga, za što je blagajniku iskazano opće povjerenje. I to je opet uneseno u zapisnik. Tada je na red došlo čitanje odgovora prvog predsjednika na po jedno pismo iz Kiela, Düsseldorfa i Berlina. Svi su sa zadovoljstvom prihvaćeni. Tada je priopćena prispjela pošta - po jedno pismo iz Berlina, Düsseldorfa i Kiela, čije je prispijeće, čini se, prihvaćeno s velikim zadovoljstvom. Ova rastuća razmjena pisama objašnjena je kao najbolji i vidljivi znak sve rasprostranjenijeg značenja "Njemačke radničke stranke", i tada - tada je održano dugo savjetovanje o novim odgovorima koje je trebalo poslati.

Strašno! Strašno! Pa to je bila mljekarska udruga najgore vrste i oblika. U takav sam, dakle, klub trebao ući? Tada se došlo do pitanja prijema novih članova, to znači, na raspravu je došao lov na mene.

Počeh postavljati pitanja, ali osim nekoliko osnovnih postavki, nije postojalo ništa, nikakav program, nikakav letak, uopće ništa tiskano, nikakve članske karte, pa čak ni najbjedniji štambilj - samo su očigledno postojali dobra vjera i dobra volja.

Prošao me je svaki smijeh, jer što je ovo bilo drugo, do tipičan znak potpune bespomoćnosti i potpune malodušnosti, kao i u svim postojećim strankama, njihovim programima, njihovim namjerama i njihovom djelovanju? Ono što je ovo nekoliko mladih ljudi ovdje skupilo u jednu izvana tako smiješnu djelatnost, bio je ipak samo izljev njihova unutarnjeg glasa, koji im je, više po osjećaju nego svjesno, govorio da je cijelo dosadašnje stranačko tkivo bilo nepogodno za uzdizanje njemačke nacije, kao i za isceljivanje njenih unutarnjih rana. Na brzinu sam pročitao uvodne postavke napisane pisaćim strojem, i iz njih sam sagledao, više neko traženje, nego znanje. Ovdje je mnogo toga bilo zamućeno ili nejasno, puno toga je nedostajalo, ali nije postojalo ništa, što opet ne bi bilo znak neke borbene spoznaje.

Ono što su ti ljudi osjećali, to sam spoznao i ja: bila je to čežnja za nekim novim pokretom koji je trebao biti više nego stranka u postojećem smislu riječi.

Kad sam te večeri ponovno ušao u vojarnu, o ovoj sam udruzi stvorio svoju prosudbu.

Stajao sam, svakako, pred najtežim pitanjem svoga života: da li bih trebao ovdje pristupiti ili bih trebao odstupiti.

Razum me mogao savjetovati samo da odstupim; osjećaj mi, međutim, nije dao mira, i što sam češće pokušavao sagledati besmislenost cijelog kluba, tim je češće, opet, osjećaj govorio za njega.

Narednih dana nisam imao mira.

Počeo sam razmišljati i ovako i onako. Već sam se davno odlučio aktivirati politički; da se to moglo dogoditi samo u nekom novom pokretu, bilo mi je također jasno, nedostajao mi je još samo podsticaj za akciju. Nisam spadao u ljude koji danas nešto počnu, da bi to sutra već završili i, ako je moguće, prešli na neku novu stvar. Upravo takvo uvjerenje je bilo glavnim razlogom zašto sam se tako teško mogao odlučiti na neku takvu tvorevinu, koja je ili morala biti sve, ili je bilo najsvrsishodnije da potpuno prestane. Znao sam da će to za mene biti odluka zauvijek, od koje više nikada neću moći "natrag". Za mene tada to više nije bila prolazna igrarija, već krvava zbilja. Tada sam još uvijek imao instinktivnu odbojnost prema ljudskoj opsjednutosti da sve započnu, a da ništa od toga ne sprovedu. Ti poduzetni ljudi koji misle da se razumiju u sve, bili su mi mrski. Držao sam, da je aktivnost takvih ljudi gora od nerada.

Čini se da mi je sama Sudbina ukazala prstom. Jer ja nikada i ne bih pristupio nekoj postojećoj velikoj stranci, a razlog za to ću još pobliže objasniti. Činilo mi se je da ova smiješno malena tvorevina sa svojih nekoliko članova ima i jednu prednost, a ta je, da se još nije okamenila u neku "organizaciju", nego je pojedincu ostavljala mogućnost stvarne osobne aktivnosti. Ovdje se još moglo raditi, i što je pokret bio manji, utoliko mu se prije još mogao dati pravi oblik. Ovdje su još mogli biti određeni sadržaji, cilj i put, što je kod postojećih velikih stranaka otpadalo.

Što sam dulje pokušavao razmišljati, u meni je sve više raslo uvjerenje, da će upravo u ovakvom malom pokretu jednom moći biti pripremljeno uzdizanje nacije - ali nikada više u starim predodžbama previše ovisnih ili na koristima novih regimenti sudjelujućih političkih parlamentarnih stranaka. Jer, ono što je ovdje moralo biti proklamirano, bio je novi svjetonazor, a ne neka nova izborna parola.

Ovu namjeru presaditi u stvarnost, bila je svakako vrlo teška odluka. Kakve sam preduvjete ispunjavao ja sam za izvršenje ovog zadatka?

Što sam bio bez sredstava i siromašan, činilo mi se još i ponajlakše snošljivim, ali je bilo teže, što sam, eto, spadao u one Bezimene, bio jedan od milijuna koje je samo slučaj ostavio u životu, ili ih iz postojanja ponovno opozivao, a da ni najbliža okolina to nije ni primjećivala. K tomu se još pridružila i poteškoća koja je proisticala kao posljedica mog nedostatnog školovanja.

Takozvana "inteligencija" gleda svakako ionako s beskrajnim podcjenjivanjem na svakoga koji nije prošao kroz obvezno školovanje i nije dopustio da se u njega upumpa neophodno znanje.

Jer, pitanje ipak nikada ne glasi: Što taj čovjek može?, nego: Što je on naučio? Ovim "školovanima" najveći šupljoglavac, ako je samo dovoljno umotan u svjedodžbe, znači više nego i najbistriji momak kome ipak nedostaje taj dragocjeni papirnati tuljac. Mogao sam ih lako zamisliti kako će mi taj "školovani" svijet pristupiti i pri tome sam se prevario samo utoliko, što sam tada ljude ipak smatrao boljima, nego što su oni, nažalost, najvećim dijelom, u svojoj malograđanskoj stvarnosti bili. Među njima je, naravno, kao i svugdje, bilo i izuzetaka, i oni su bili utoliko svjetliji. A ja sam, opet, na taj način, naučio uvijek praviti razliku između vječitih učenika i stvarnih znalaca.

Poslije dvodnevnog mozganja i promišljanja, dođoh konačno do uvjerenja da moram učiniti i taj korak. To je bila najsudbonosnija odluka moga života.

Natrag se više nije moglo, niti smjelo.

Tako se prijavih kao član "Njemačke radničke stranke" i dobih privremenu člansku kartu s brojem: sedam.

Glava 10

UZROCI SLOMA

Dubina pada ma kojeg tijela uvijek se uzima kao mjera udaljenosti njegova trenutnog stanja od prvotnog. To isto vrijedi i za pad naroda i država.

Ali, pri tome prethodno stanje, ili bolje, visina, ima odlučujuće značenje. Samo ono što se nastoji uzdići iznad uobičajene granice, može isto tako, vidljivo pasti duboko i survati se. Svakom onome koji misli i osjeća slom Centra, čini se teškim i užasnim, jer je on slom doživio s neke visine, koja je danas, s obzirom na bol sadašnjeg poniženja, jedva i zamisliva.

Već se osnivanje carstva činilo pozlaćenim čarolijom događaja, koji je uzdigao cijelu naciju. Poslije besprimjernog pobjedničkog pohoda, za sinove i unuke izrasta carstvo, kao nagrada za besmrtni heroizam. Svjesno ili nesvjesno, potpuno je svejedno, svi su Nijemci imali osjećaj da ovo carstvo svoj život ne treba zahvaliti govornim bitkama parlamentarnih frakcija, već baš grmljavini i tutnjavi pariškog opsadnog fronta, koja je ispunila svečani čin izražavanja volje da su Nijemci, plemstvo i narod, bili odlučni u budućnosti graditi carstvo, i ponovno carsku krunu uzdići do simbola. A to se nije postiglo potajnim ubojstvima; osnivači Bismarckove države nisu bili dezerteri i zabušanti, već regimente s fronta.

Ovo samo jedinstveno rođenje i vatreno krštenje obasjali su carstvo bljeskom povijesne države, kakav - rijetko - može pripasti samo najstarijim državama.

Kakav je uspon samo postignut!

Sloboda prema vani osiguravala je kruh svagdašnji unutra. Nacija je bila bogata u broju i zemaljskim dobrima. Ali, čast države, a s njom i čast čitavog naroda, bila je čuvana i zaštićena vojskom, koja je najočiglednije mogla pokazati razliku prema bivšem Njemačkom savezu.

Pad koji je pogodio carstvo i njemački narod, bio je toliko dubok, da se činilo kako je sve kao vrtoglavicom zahvaćeno, prije svega, izgubilo osjećaj i razum; čovjek se jedva može više i prisjetiti nekadašnje visine koja se činila tako basnoslovno nestvarnom prema sadašnjoj bijedi; ta nekadašnja veličina i sjaj.

Stoga je ipak i objašnjivo da se zbog zaslijepljenosti uzvišenošću, pri tome zaboravlja potražiti predznake strahovitog sloma, koji su, ipak, već morali biti prisutni.

Naravno, ovo vrijedi samo za one, kojima je Njemačka bila nešto više od čistog prebivališta za zarađivanje i trošenje novca, jer su jedino oni današnje stanje osjećali kao slom, dok je ono ostalima bilo davno priželjkivano ispunjenje njihovih do tada nezadovoljenih želja.

Predznaci su, ipak, i tada bili vidljivo prisutni, iako su samo vrlo malobrojni pokušavali iz njih izvući određenu pouku.

Danas je to, ipak, neophodnije nego ikada.

Kao što se liječenju neke bolesti može prići samo ako je poznat njen uzrok, to isto tako vrijedi i za liječenje političkih šteta. Dakako, obično se lakše vidi i otkriva vanjska pojavnost neke bolesti, njeno pojavljivanje koje pada u oči, nego njeni unutarnji uzroci. To je, eto, razlog zašto toliko mnogo ljudi nikad uopće ne ide dalje od prepoznavanja vanjskih djelovanja, koje čak zamjenjuju s uzrocima, a njihovo postojanje najradije bi potpuno zanijekali. Tako izgleda, najveći broj među nama, još i sada sagledava njemački slom, u prvom redu samo u općoj gospodarskoj bijedi i u posljedicama koje iz nje proizlaze. Njih mora podnositi gotovo svatko osobno - uvjerljiv razlog svakom pojedincu za razumijevanje katastrofe. Ali velike mase mnogo manje sagledavaju slom u političkom, kulturnom i etičko - moralnom pogledu. Ovdje kod mnogih u potpunosti zakazuju osjećaji, a također i razum.

Da je to kod velike mase tako, to se još može i prihvatiti, ali da i u krugovima inteligencije njemački slom drže u prvom redu "gospodarskom katastrofom", pa se liječenje očekuje od gospodarstva, to je dodatni razlog zašto do sada uopće nije bilo moguće doći do ozdravljenja. Tek tada, kada se shvati, da i ovdje gospodarstvu pripada tek druga ili čak treća uloga, a političkim, etično - moralnim i krvnim čimbenicima prva, shvatit će se uzroke današnje nesreće, a time i pronaći sredstva i putove njenog liječenja.

Pitanje uzroka njemačkog sloma je, prema tome, od odlučujućeg značaja, prije svega, za politički pokret, čiji cilj treba biti baš prevladavanje poraza.

Ali i kod takvog istraživanja prošlosti, treba se jako čuvati da se ne zamijene ona djelovanja koja više upadaju u oči, s manje vidljivim uzrocima.

Najlakše, a stoga i najraširenije, obrazloženje današnje nesreće je, da se ovdje radi o posljedicama izgubljenog rata, koji je uzrokom sadašnjih nevolja.

Moguće je da postoje mnogi, koji ozbiljno vjeruju u ovu besmislicu, ali još je više onih iz čijih ustiju ovakvo obrazloženje može biti samo laž i svjesna neistina. Ovo posljednje vrijedi za sve one koji se danas nalaze na vladinim jaslama. Zar upravo navjestitelji revolucije nisu nekada, stalno i vrlo uporno, uvjeravali narod da će širokim masama biti potpuno svejedno kako će završiti ovaj rat? Nisu li oni, naprotiv, na najozbiljniji način uvjeravali, da će u najboljem slučaju "veliki kapitalist" biti zainteresiran za pobjednički završetak velikog rata naroda, a nikako njemački narod sam po sebi, ili čak njemački radnik? Da, nisu li ti apostoli svjetskog pomirenja objašnjavali, da će njemačkim porazom biti uništen samo "militarizam", a da će, nasuprot tome, njemački narod slaviti svoje veličanstveno uskrsnuće?

Nije li se u tim krugovima veličalo plemenitost Antante, a sva krivica za ovu krvavu borbu svalila na Njemačku? Nije li se to moglo učiniti bez izjava, da će vojni poraz biti za naciju bez nekih posebnih posljedica? Zar cijela revolucija nije bila protkana frazom da će njome biti spriječena pobjeda njemačke zastave, ali da će njemački narod tek tada krenuti u pravom smislu ususret svojoj unutarnjoj i vanjskoj slobodi?

Zar to nije bilo otprilike tako, vi bijedni i lažljivi derani?

To već pripada pravoj židovskoj drskosti, krivicu za slom sada pripisivati vojnom porazu, dok je centralni organ svih zemaljskih izdajnika, berlinski "Vorwärts" još pisao, da njemački narod ovaj puta ne smije više svoju zastavu pobjedonosno donijeti kući!

I sada to treba biti uzrokom našega sloma?

Bilo bi se, naravno, potpuno bezvrijedno svađati s takvim zaboravnim lažljivcima, i ja zbog toga, što ovu besmislicu, nažalost, oponaša tako mnogo ljudi bez imalo pameti, na tome ne bih gubio ni riječi, kad povod tome ne bi bila upravo pakost ili svjesna neistina. Nadalje, ova razmatranja trebaju, kao pomoćna sredstva, našim borcima nuditi i objašnjenja, koja su ionako jako neophodna u vremenu kada se izgovorena riječ tako često brižljivo izvrće u ustima.

A što se tiče tvrdnje, da bi za izgubljeni rat krivicu trebao snositi njemački slom, treba reći sljedeće:

Nesumnjivo je, da je gubitak rata od užasnog značaja za budućnost naše domovine, samo njegov gubitak nije uzrok, nego je on sam posljedica uzroka. Da je nesretni završetak ove borbe na život i smrt morao svakako voditi do razornih posljedica bilo je svakom razboritom, i dobronamjernom čovjeku potpuno jasno. Ali je, nažalost, bilo i takvih, kojima je, čini se, ove razboritosti u pravom trenutku nedostajalo, ili koji su, nasuprot svom vlastitom znanju, ovu istinu u prvi mah ipak opovrgavali ili poricali. To su, najvećim dijelom, bili oni, koji su nakon ispunjenja svoje tajne želje, odjednom stekli kasni uvid u katastrofu kojoj su i sami pridonijeli. I, oni su krivi za slom, a ne izgubljeni rat, kako su iznenada i odjednom izvoljevali govoriti i znati. Jer je gubitak istoga bio, dakako, samo posljedica njihova djelovanja, a ne kao što oni sada žele tvrditi, učinak "lošeg" vodstva. I protivnik se, također, nije sastojao od kukavica, i on je, također, znao umirati. Njegov je broj od prvog dana bio veći nego broj njemačkih vojnika, a njegovoj su tehničkoj opremi stajali na raspolaganju arsenali cijelog svijeta: dakle, činjenica je da za njemačke pobjede izvojevane tijekom pune četiri godine u borbi protiv cijelog svijeta, uz sav heroizam i organizaciju, treba zahvaliti samo promišljenom vodstvu, što svijet nije porekao. Organizacija i vođenje njemačke vojske bili su najveća sila koju je zemlja ikada vidjela. Njeni nedostaci bili su, uostalom, samo u granicama općih ljudskih sposobnosti.

Sto je ova vojska bila slomljena, nije bio uzrok naše današnje nesreće, nego samo posljedica drugih zločina, posljedica koja je svakako samo ponovno uvodila u početak daljeg, ali ovaj puta već vidljivog sloma.

Da je tome tako, proizlazi iz sljedećeg:

Mora li vojni poraz dovesti do takve potpune propasti nacije i države? Od kada je to učinak nesretnog rata? Tiču li se naroda uopće izgubljeni ratovi i zbog kojih razloga?

Odgovor na to može biti vrlo kratak: uvijek tada, kada narodi svojim vojnim porazom dobiju potvrdu za svoju unutarnju trulež, kukavičluk, beskarakternost, kratko rečeno, za nedostatak dostojanstva. Ako to nije tako, tada će vojni poraz prije biti podsticaj budućeg većeg uspona, nego nadgrobni kamen opstanka nekog naroda.

Povijest pruža beskonačno mnogo primjera za točnost ove tvrdnje.

Nažalost, vojni poraz njemačkog naroda nije nezaslužena katastrofa, već zasluženo kažnjavanje vječne osvete. Mi smo taj poraz više nego zaslužili. On je samo najznačajnija vanjska pojava propadanja među cijelim nizom unutarnjih, koje su možda, iako vidljive, ostale skrivene pred očima najvećeg broja ljudi, ili koje oni poput nojeva nisu željeli vidjeti.

Obratimo ipak jednom pozornost na popratne pojave pod kojima je njemački narod prihvatio ovaj poraz. Zar se u mnogim krugovima, upravo na najbesramniji način, nije izražavala radost zbog nesreće domovine? I tko to čini, a da stvarno ne zasluži takvu kaznu? Da, zar nisu išli i dalje i hvalili se, da su konačno doveli front do uzmaka. I to nije činio neprijatelj, ne, ne, takvu su sramotu sami Nijemci sebi tovarili na glavu! Je li ih nesreća pogodila nepravedno? Od kada se to još hoda unaokolo i sebi pripisuje i krivicu za rat? I to, protiv vlastite spoznaje i vlastitog znanja!

Ne, i ponovno ne: po načinu na koji je njemački narod pri livado svoj poraz, moglo se najjasnije prepoznati, da pravi uzrok našega sloma treba tražiti sasvim negdje drugdje, a ne samo u vojnom gubitku nekoliko položaja, ili u neuspjehu neke ofanzive; jer, da je zaista fronta kao takva zatajila i da je ta nesreća prouzročila tešku sudbinu domovine, tada bi njemački narod ovaj poraz sasvim drugačije prihvatio. Tada bi i ovu nastalu nesreću podnosio stisnutih zubiju ili bi je, skrhan bolom, oplakivao; tada bi bijes i ljutnja ispunjavali srca protiv neprijatelja koga su podmukli slučaj ili volja Sudbine, učinili pobjednikom; tada bi nacija, slično rimskom Senatu, izišla ususret potučenim divizijama, sa zahvalnošću domovine za dosadašnje žrtve i s molbom da ne očajavaju zbog carstva. Čak bi i kapitulacija bila potpisana samo s razumom, dok bi, srce već udaralo zbog nadolazećeg ustanka.

Tako bi bio prihvaćen poraz, za koji bi se trebalo zahvaliti Sudbini samoj. Tada se ne bi smijalo i igralo, ne bi se hvalilo kukavičlukom, ni veličao poraz, ne bi se ismijavalo borbene trupe, niti bi njihovu zastavu i znakovlje vukli po blatu, ali, prije svega, tada nikada ne bi došlo do one užasne pojave koja je engleskog časnika, pukovnika Repingtona izazvala da prezirno izjavi: "Kod Nijemaca je svaki treći muškarac izdajica!" Ne, ova pošast ne bi nikada mogla izrasti u onu pogubnu poplavu, koja sad, već pet godina guši i posljednji ostatak poštovanja ostalog svijeta prema nama.

U ovome se vidi koliko je lažna tvrdnja, da je izgubljeni rat uzrok njemačkog sloma. Ne, sam ovaj vojni slom bio je posljedica cijelog niza bolesnih pojava i njihovih izazivača, koji su već u vrijeme mira snašli njemačku naciju. To je bila prva, svima vidljiva, katastrofalna posljedica etičkog i moralnog trovanja, smanjenog nagona za samoodržanjem i preduvjeta za koji su se već odavno počeli potkopavati temelji naroda i carstva.

Tome je pripadala i potpuno neutemeljena lažljivost Židovstva i njegove marksističke borbene organizacije, da se krivica za slom natovari upravo onom mužu, koji je kao jedini, natčovječanskom snagom volje i energije, pokušavao katastrofu koju je i sam predvidio, osujetiti i naciju poštedjeti vremena najdubljeg poniženja i sramote. Time što je Ludendorff žigosan kao krivac izgubljenog svjetskog rata, izbijeno je oružje moralnog prava iz ruku jedinog opasnog tužitelja, koji je smogao snagu ustati protiv izdajnika domovine. Pri tome se pošlo od vrlo točnog načela, da u velikoj laži uvijek postoji neki čimbenik u koji se može povjerovati, jer će se široka masa naroda u najdubljoj osnovi svoga srca, lakše pokvariti, nego što će svjesno i namjerno biti zla, dakle će u primitivnoj bezazlenosti svoje naravi lakše pasti žrtvom neke velike, nego male laži, jer i ona sama ponekad malo laže, dok bi se od prevelike laži ipak previše postidjela. Takva neistina neće joj uopće ni doći u glavu, ona stoga ni kod drugih neće moći povjerovati u mogućnost tako nečuvene drskosti najpodlijih izvrtanja, pa ni tada kad joj se to čak i razjasni, još će dugo sumnjati i kolebati se, i najmanje će prihvatiti neki razlog kao istinit: slijedi, da će i od najdrskije laži uvijek nešto preostati visjeti - a to je činjenica koju svi veliki umjetnici laži, sve lažne udruge ovoga svijeta, previše dobro poznaju i stoga je i jako podlo primjenjuju.

Ali, najbolji poznavatelji ove istine o mogućnostima primjene neistine i klevete, u svim su vremenima bili Židovi; zar nije cjelokupan njihov bitak izgrađen na jednoj jedinoj velikoj laži, naime toj, da je kod njih u pitanju religiozna zajednica, dok se, međutim, sve vrti oko rase - i to kakve. Kao takvu ju je jedan od najvećih duhova čovječanstva zauvijek prikazao jednom vječno točnom rečenicom, zasigurno od fundamentalnog značenja: nazvao ih je "velikim majstorima laži". Onaj tko to ne shvati, ili u to ne želi povjerovati, nikada više na ovom svijetu neće biti sposoban pomoći istini da pobijedi.

Za njemački bi se narod smjelo smatrati velikom srećom, to što je vrijeme njegove podmukle bolesti shvaćeno iznenadno u tako stravičnoj katastrofi, jer bi u drugom slučaju nacija i tako, istina sporije ali utoliko sigurnije, propala. Bolest bi postala kroničnom, dok je ona u akutnom obliku sloma, u najmanju ruku, u očima mnoštva postala jasnom i raspoznatljivom. Čovjek nije slučajno lakše svladao kugu, nego tuberkulozu. Prva nailazi u strašnim valovima, koji potresaju cjelokupno čovječanstvo, a druga u polaganom prikradanju; prva dovodi do užasnog straha, a druga do postupne ravnodušnosti. A posljedica je, da se čovjek prvoj suprotstavlja svom bezobzirnošću svoje energije, dok sušicu pokušava zaustaviti slabašnim sredstvima. I tako je pobijedio kugu, dok je tuberkuloza ovladala njim samim.

Točno je tako i s bolestima narodnih organizama. Ako ne nastupe katastrofalno, čovjek se na njih počinje polako navikavati i na kraju, iako tek poslije određenog vremena, ali utoliko predvidljivije, od njih i propadne. Tada je već - dabome gorka - sreća, ako se Sudbina odluči umiješati u ovaj polagani proces truljenja i iznenadnim udarcem bolesniku zahvaćenom tom bolešću predoči kraj bolesti. Jer, o tome se radi, više nego jednom, pri takvoj katastrofi. Ona tada može lako postati uzrokom ozdravljenja, koje sada započinje izvanrednom odlučnošću.

Ali je, i u ovakvom slučaju, opet preduvjet spoznaja unutarnjih razloga koji su dali povoda bolesti o kojoj se radi.

I ovdje najvažnije ostaje razlikovanje izazivača od stanja koja su oni prouzročili. To će biti utoliko teže, ukoliko se bolesne materije nalaze dulje u narodnom tijelu, i ukoliko su one postale samopodrazumijevajući dio tog tijela. Jer se može vrlo lako dogoditi, da se poslije nekog vremena, ti nesumnjivo štetni otrovi smatraju sastavnim dijelom vlastitog naroda, ili pak neizbježnim stanjem, tako da više i nije neophodno tragati za stvarnim uzrokom.

Tako su u dugom miru predratnih godina, vrlo vjerojatno, nastala određena oštećenja i kao takva bila prepoznata, iako se, osim ako se izuzmu neki slučajevi, uopće nije iskazivala briga o samom izazivaču. Ovi su izuzetci i ovdje u prvom redu bile pojave gospodarskog života, koje su pojedincu jače dolazile do svijesti, nego štete u čitavom nizu drugih društvenih područja.

Bilo je mnogo znakova propadanja koji su morali podstaći na ozbiljno razmišljanje. S gospodarskog stajališta, ovdje bi trebalo reći sljedeće:

Uslijed brzog prijeratnog porasta brojnosti njemačkog naroda, u sve se oštrijem obliku na prvom mjestu cjelokupnog političkog i gospodarskog mišljenja i djelovanja pojavilo pitanje osiguranja neophodnog kruha svagdašnjeg. Nažalost, nije se mogao učiniti odlučan korak prema jedino ispravnom rješenju, nego se vjerovalo, da postoji i jeftiniji način za postizanje cilja. Odricanje od osvajanja novih zemalja i njegovo zamjenjivanje ludilom i besmislicom gospodarskog osvajanja, moralo je na kraju voditi k isto tako neograničenoj i štetnoj industrijalizaciji.

Prva posljedica od najtežeg značaja bila je time izazvano slabljenje seljaštva. U jednakoj mjeri u kojoj je ono nazadovalo, sve više je rasla masa velegradskog proletarijata, dok konačno nije potpuno izgubljena ravnoteža. Sada je tek izišla na vidjelo i oštra razlika između siromašnih i bogatih. Izobilje i bijeda živjele su tako blizu jedna drugoj, da su iz toga mogle i morale proizići samo vrlo žalosne posljedice. Neimaština i učestala nezaposlenost započeše svoju igru s ljudima, pobuđujući ponovno sjećanja na nezadovoljstvo i ogorčenje. Činilo se, da je posljedica svega toga bio politički rascjep klasa. Uza sav gospodarski procvat, nezadovoljstvo postade sve veće i dublje, pa je čak stiglo tako daleko, da se pojavilo opće uvjerenje: "to više neće moći dulje potrajati", a da ljudi nisu imali niti su mogli imati neku predodžbu o tome, što bi trebalo doći.

To su bili tipični znakovi dubokog nezadovoljstva, koji su se pokušali izrežirati na ovakav način.

Gore od ovoga, bile su ipak druge posljedične pojave, koje je sobom donijelo loše gospodarenje nacije.

Baš u onoj mjeri u kojoj je gospodarstvo izraslo u određujućeg gospodara u državi, novac je postao Bog, kojemu je sve moralo služiti i pred kim se svatko morao klanjati. Nebeski su Bogovi sve više i više potiskivani u prikrajak, kao zastarjeli i preživjeli, a umjesto njima, kadio se tamjan idolu Mammonu, bogu novca. Nastupila je, stvarno, ružna degeneracija, ružna naročito stoga, jer je nastupila u vrijeme kada je naciji, više nego ikada, trebalo najveće herojsko raspoloženje. Njemačka je morala biti spremna jednoga dana odgovoriti mačem, nakon pokušaja da si putem "mirnog, gospodarskog rada" osigura kruh svagdašnji.

Vladavina novca je, nažalost, bila sankcionirana i s onog mjesta, koje se protiv nje trebalo najviše boriti; Njegovo Veličanstvo Car postupio je nesretno, naročito kada je u začarani krug novog financijskog kapitala uvukao i plemstvo. Moralo bi ga se, dabome, opravdati time, što, nažalost, čak ni Bismarck u tom pogledu nije spoznao prijeteću opasnost. No, zbog toga su se idealne vrline našle praktički iza vrijednosti novca, jer je bilo jasno da se je plemstvo mača, tek što je krenulo ovim putem, u kratkom vremenu moralo povući iza, već nastupajućeg, plemstva financija, Novčane operacije uspijevaju lakše nego bitke. I tako herojima, ili čak državnicima, nije više bilo privlačno uspostavljati vezu s prvim najboljim židovskim bankarom; stvarno zaslužan muškarac nije više mogao biti zainteresiran za dodjeljivanje jeftinih dekoracija, nego ih je zahvalno odbijao. Ali, promatrano s čisto krvnog gledišta, takav je razvoj bio duboko žalostan; plemstvo je sve više gubilo rasne pretpostavke svoga bića i za velik dio njih bila bi mnogo umjesnija oznaka "neplemstvo".

Pojava teškog gospodarskog propadanja odrazila se u polaganom isključivanju osobnog prava na posjed i postupnom prelaženju cjelokupnog gospodarstva u vlasništvo dioničkih društava.

Tek je time rad konačno postao objektom špekulacije nesavjesnih zelenaša; otuđivanje posjeda od zaposlenih raslo je u beskonačnost. Počela je trijumfirati Burza i već se pripremala da polagano ali sigurno cjelokupni život nacije stavi pod svoju zaštitu i kontrolu.

Internacionalizacija njemačkog gospodarstva pripremljena je već zaobilaznim putem, još prije rata, putem dionica. Dabome da se dio njemačke industrije pokušao odlučno obraniti od ovakve sudbine. Ali, i ono je konačno postalo žrtvom napada ujedinjenog nezasitnog financijskog kapitala, koji je ovu borbu dobio uz posebnu pomoć svoga najvjernijeg druga - marksističkog pokreta.

Trajni rat protiv njemačke "teške industrije" bio je vidljivi početak internacionalizacije njemačkog gospodarstva, poticane putem marksizma, a koja je tek pobjedom marksizma i revolucije mogla biti i sprovedena do kraja. Dok ja ovo pišem, najzad je uspio i generalni napad na njemačke državne željeznice, koje su sada prešle u ruke internacionalnog financijskog kapitala. "Internacionalna" socijaldemokracija je time ponovno postigla jedan od svojih velikih ciljeva.

Koliko daleko je ova "ekonomizacija" njemačkog naroda stigla, najvidljivije je po tome, što si je konačno poslije rata jedna od vodećih glava njemačke industrije, a prije svega trgovine, dozvolila mišljenje, da bi ekonomija kao takva bila jedina u stanju ponovno podići Njemačku na noge. Ovu su besmislicu počeli prodavati upravo u trenutku, kada je Francuska nastavu svojih školskih institucija ponovno postavila na humanističke osnove, da bi tako osujetila zabludu, kako nacija i država trebaju svoje dalje postojanje zahvaliti gospodarstvu a ne vječnim idealnim vrijednostima. Izjava koju je tada u svijet pustio neki Stinnes, izazvala je najnevjerojatniju zabunu; ona je odmah prihvaćena, da bi začuđujućom brzinom postala leitmotivom svih ovih nadriliječnika i brbljivaca koje je Sudbina nakon revolucije pustila po Njemačkoj kao "državnike".

*

Jedna od najtežih pojava propadanja u predratnoj Njemačkoj bila je polovičnost u svakom pogledu, koja se sve više i više rasprostirala u svemu i svačemu. Ona je uvijek posljedica nesigurnosti o bilo kojoj stvari, kao i iz ovih ili onih razloga otvorenog kukavičluka. Ova je bolest bila još pojačana i odgojem.

Njemački prijeratni odgoj bio je opterećen izuzetno mnogim slabostima. On je na vrlo jednostran način bio podijeljen na povećavanje čistog "znanja", a manje prilagođen razvijanju "sposobnosti". Još je manje pridavana važnost izgradnji karaktera pojedinca - ukoliko je on uopće moguć - sasvim malo unaprijeđenju spremnosti za preuzimanje odgovornosti, a nimalo odgoju volje i odlučnosti. Njegov učinak svakako nisu bili jaki ljudi, već, što više, poslušni "sveznalice", za kakve su nas Nijemce prije rata uopće držali i kao takve prosuđivali. Nijemca se voljelo, jer se on vrlo dobro mogao upotrijebiti, ali ga se cijenilo malo, baš zbog njegove slabosti volje. Nije uzalud upravo on, među gotovo svim narodima, najlakše gubio nacionalnost i domovinu. Lijepa poslovica: "Mit dem Hute in der Hand, kommt man durch das ganze Land" (Sa šeširom u ruci možeš proći cijeli svijet), govori sve.

I upravo je sudbonosna bila ta poslušnost, kada je odlučivala čak i o formi u kojoj je jedino bilo dozvoljeno pristupiti monarhu. Forma je prema njemu zahtijevala: nikada ne proturječiti, već se svemu i svačemu, što Njegovo Veličanstvo blagoizvolijeva poželjeti, povinovati. Upravo na ovom mjestu je bilo najneophodnije slobodno dostojanstvo čovjeka, inače je monarhistička institucija zbog tog puzanja jednoga dana morala propasti; jer je to bilo samo puzanje i ništa više! I samo bijednim puzavcima i ljigavcima, ukratko, cjelokupnoj dekadenciji koja se pred najvišim prijestoljima oduvijek bolje osjećala, nego čestite i poštene duše, ovo može vrijediti za jedino datu formu ophođenja s obnašateljima krune! Ove "najponiznije" kreature su, doduše, pri svoj svojoj skrušenosti pred gospodarem i hraniteljem, već odavna pokazivale najveću drskost prema ostalom čovječanstvu, a najviše onda, kada su se drskog lica izvolijevali predstaviti kao jedini "monarhisti" u odnosu na osta- le grješnike; zaista, prava bestidnost, kakvu je u stanju izreći samo takav poplemićeni ili odplemićeni ljigavi crv! Jer su, u stvarnosti, ovi ljudi još uvijek bili grobari monarhije, a osobito monarhističkog mišljenja. To drugačije uopće i nije shvatljivo; muškarac koji je spreman jamčiti za neku stvar, neće i nikada ne može biti ljigavac i beskarakterni puzavac. Onaj kome je stvarno stalo do održavanja i unaprjeđenja neke institucije, držat će se nje do posljednjeg otkucaja svoga srca i uopće neće moći preživjeti, ako se u njoj pokažu neka oštećenja. On svakako tada neće u javnosti galamiti uokolo na sav glas, kao što to čine na točno takav lažljivi način demokratski "prijatelji" monarhije, ali će svakako pokušati najozbiljnije osobno upozoriti i usmjeriti Njegovo Veličanstvo, obnašatelja krune. On pri tome neće i neće smjeti zauzeti stajalište, čak ako bi na to bio i prisiljen, ako će to dovesti do vidljive nesreće, da Njegovo Veličanstvo ostane slobodno i nadalje djelovati prema Svojoj volji, nego će, u takvom slučaju, monarhiju uzeti u zaštitu od monarha, bez obzira na svaku moguću osobnu opasnost. Kad bi vrijednost ove institucije zavisila od ličnosti svakog monarha, onda bi to bila najlošija institucija koja se uopće može i zamisliti; jer, monarsi su, samo u najrjeđim slučajevima, najviši odabir mudrosti i razuma, ili samo karaktera, kako se to rado želi prikazati. To vjeruju samo profesionalni puzavci i ljigavci, ali svi pravi muškarci - a to su ipak oni najdragocjeniji u državi - osjećat će se odgovornima ako zastupaju takve besmislice. Za njih je povijest samo povijest, a istina istina, čak i kad se radi o monarsima. Ne, sreća imati velikog čovjeka za monarha tako će rijetko pasti u udio narodima, da će oni već morati biti zadovoljni, ako ih pakost Sudbine poštedi svog najljućeg promašaja.

Time vrijednost i značaj monarhističke ideje nije sadržana u ličnosti samog monarha, osim ako se nebo ne odluči staviti krunu na glavu nekom genijalnom heroju, kao što je Friedrich Veliki, ili jednako mudrom karakteru kao Wilhelmu Prvom. To se dešava jednom u stoljeću, rijetko češće. Inače, ovdje je ideja važnija od ličnosti, time što se smisao tog uređenja nalazi isključivo u instituciji po sebi. Time monarh dolazi i sam u krug služenja. I on je sada samo točak više u tom stroju i kao takav mu i obvezan. I on se sada stavio na raspolaganje više cilju, a "monarhista" nije više onaj koji obnašatelja krune pušta bez riječi da se o nju ogriješi, već onaj koji to sprječava. Kad smisao ne bi bio sadržan u ideji, nego pod svaku cijenu u "posvećenoj" ličnosti, ne bi se smjelo čak ni pomisliti na smjenjivanje nekog vidljivo umobolnog vladara.

Ovo je neophodno utvrditi već danas, jer u posljednje vrijeme iz skrovišta opet sve češće izranjaju pojave, koje zbog svog bijednog držanja nisu malo krive za slom monarhije. Sada ti ljudi s izvjesnom naivnom drskošću ponovno govore samo o "svom" kralju - koga su oni, međutim, ipak prije nekoliko godina baš u kritičnom trenutku na najbjedniji način ostavili na cjedilu - i počinju svakog čovjeka koji se neće pomiriti s njima i uklopiti se u njihove lažljive tirade, prikazivati kao lošeg Nijemca. A u stvarnosti su to baš oni isti plašljivci, koji su se 1918. znali razbježati pred svakim crvenim povezom na ruci, svoga kralja ostavili kraljevati samog, a što je moguće brže ubojitu helebardu zamijenili štapom za šetnju, zavezali neutralne kravate i kao miroljubivi "građani" nestali bestragom. Jednim udarcem nestadoše tada svi ti kraljevski ratnici, i tek nakon što se, zahvaljujući zaslugama drugih revolucionara, olujni vjetar opet smirio toliko da su mogli ponovno trubiti svoje "Živio nam kralj, živio!", počeše ove "sluge i savjetnici" krune, s krajnjim oprezom, ponovno iskrsavati. I sad su, eto, svi oni opet tu, čeznutljivo vrebajući za povratom minulih vremena, i jedva izdržavajući od silne poduzimljivosti i vjernosti kralju, dok naravno, jednog dana opet ne iskrsne prvi crveni povez na ruci i cijeli puk zainteresiranih za staru monarhiju ponovno ne pobjegne, kao miševi pred mačkom!

Da i monarsi sami nisu bili krivi zbog ovih stvari, mogli bismo ih, zbog tih njihovih današnjih branitelja, i sažalijevati od sveg srca. Ali, oni u svakom slučaju mogu biti uvjereni u to da se s takvim vitezovima ne osvajaju krune, već gube prijestolja.

Ova poniznost, bila je grješka cjelokupnog našeg odgoja, koja se upravo sada, na ovom mjestu, osvetila na posebno užasan način. Jer su se zbog odgoja na svim dvorovima mogle održati te jadne pojave i postupno potkopavati temelje monarhije. A kad se konačno počela ljuljati i sama zgrada, oni su nestali, kao da ih je odnio vjetar. Naravno, puzavci i ulizice nisu bili spremni biti ubijeni za svog vladara. A da to monarsi nikada ne saznaju i gotovo načelno nikada ni ne nauče, oduvijek je bilo uzrokom njihove propasti.

Posljedična pojava naopakog odgoja bio je kukavičluk pred odgovornošću i iz toga proizlazeća slabost u samom obrađivanju životno važnih problema.

Ishodište ove zaraze je u nas, svakako, velikim dijelom u parlamentarnoj instituciji u kojoj se, upravo u čistoj kulturi, odgaja neodgovornost. Nažalost, ova je bolest međutim polako prelazila i na cjelokupni ostali život, a naročito na državni. Svugdje se počela izbjegavati odgovornost i iz tih se razloga najradije posezalo za polovičnim i nedovoljnim mjerama; zar nije njihova primjena uvijek svođena na najmanji opseg mjera one odgovornosti koju treba ponijeti osobno.

Treba samo promatrati držanje pojedinih vlada prema cijelom nizu istinski štetnih pojava našeg javnog života, pa će se lako uvidjeti strašan značaj ove opće polovičnosti i kukavičluka pred odgovornošću.

Uzet ću samo nekoliko slučajeva iz neizmjerne mase postojećih primjera:

Obično se upravo u novinarskim krugovima tisak rado označava nekom "velesilom" u državi. Njegov je značaj stvarno ogro- man. On se uopće i ne može precijeniti: jer on stvarno utječe na nastavak obrazovanja u kasnijoj dobi.

Pri tome se njegovi čitatelji, uzevši u cijelosti, mogu podijeliti u tri grupe:

– prvo, u one, koji vjeruju u sve što čitaju;

– drugo, u one, koji ni u što ne vjeruju, i

– treće, u one glave, koje pročitano kritički preispitaju, a tek nakon toga prosuđuju.

Prva je grupa brojčano daleko najveća. Ona se sastoji od velike mase ljudi, i prema tome predstavlja duhovno najpriprostiji dio nacije. Ali, nju se ne može, da kažemo, označiti prema zanimanjima, nego u najboljem slučaju prema stupnju opće inteligencije. U nju spadaju svi oni, kojima samostalno mišljenje nije niti urođeno, niti razvijeno odgojem, i koji, dijelom iz nesposobnosti, dijelom iz neznanja, vjeruju u sve što im se podmeće otisnuto crno na bijelom. U tu grupu spada i ona vrsta ljenčina koja bi, svakako, mogla misliti i sama, ali to ne čini iz čiste lijenosti, već zahvalno prihvaća sve što je netko drugi već promislio, skromno pretpostavljajući da se taj već pošteno namučio. Kod svih ovih ljudi koji čine veliku masu, utjecaj tiska biti će ogroman. Oni ili nisu u stanju, ili nisu voljni, sami ispitati ono što im je ponuđeno, tako da se njihov potpuni stav prema svim dnevnim problemima može skoro isključivo podvesti na vanjski utjecaj drugih. To može biti prednost tek tada, ako njihovo prosvjećivanje preuzme ozbiljna i istinoljubiva grupa, ali je nesreća, ako se za to pobrinu propalice i lažljivci.

Druga grupa je svojom brojnošću već bitno manja. Ona je sastavljena dijelom od elemenata koji su najprije pripadali prvoj grupi, da bi se nakon dugih gorkih razočarenja preokrenuli u suprotnost i sada ne vjeruju ni u što, čim im nešto tiskano dođe pred oči. Oni mrze sve novine, ili ih uopće ne čitaju, ili se ljute bez izuzetka zbog sadržaja, jer je on, eto, po njihovu mišljenju sastavljen samo od laži i neistina. Ovakve je ljude vrlo teško obrađivati, jer će oni uvijek biti nepovjerljivi čak i prema samoj istini. Oni su time izgubljeni za svaki pozitivan rad.

I konačno, treća, daleko najmanja, grupa; ona se sastoji od duhovno stvarno finih glava koje su prirodna nadarenost i odgoj naučili samostalno misliti, koje o svemu pokušavaju formirati svoju vlastitu prosudbu i koje sve pročitano još jednom najtemeljitije podvrgavaju vlastitom preispitivanju i daljem razvijanju. Oni neće pogledati ni jedne novine, a da u svom mozgu pročitano neprestano ne dorađuju, i pisac tada nije u lakom položaju. Novinari vole takve čitatelje, ali samo s uzdržanošću.

Za pripadnike ove, treće, grupe je svaka bedastoća, koju neke novine mogu namrljati, svakako, manje opasna ili čak beznačajna. Oni su se ionako tijekom života navikli u svakom novinaru uglavnom vidjeti nekog nevaljalca koji samo ponekad govori istinu. Ali, nažalost, značaj ovih sjajnih ljudi je upravo u njihovoj inteligenciji, ali ne i u brojnosti. - to je nesreća vremena u kome mudrost ne predstavlja ništa, a brojnost sve! Danas, kada odlučuje glasački listić masa, presudna se odluka nalazi upravo u brojčano najvećoj grupi, a to je ona prva: gomila priprostih i lakovjernih ljudi.

Državni je i narodni interes prvoga reda spriječiti da ovi ljudi padnu u ruke loših, neukih, ili čak zlonamjernih odgojitelja. Država je stoga obvezna nadzirati njihov odgoj i spriječiti svaki nered u tom pogledu. Pri tome ona mora naročito oštro motriti na tisak, jer je njegov utjecaj na ove ljude daleko najjači i najprodorniji, jer on nije prolazan, nego ima produženo djelovanje. U ujednačenosti i vječitom ponavljanju ove nastave nalazi se njen nevjerojatan značaj. Dakle, ako bilo gdje, tada baš upravo ovdje, država ne smije zaboraviti da sva sredstva služe jednom cilju; ona ne smije dozvoliti da je zbuni i obrati hvalisanje takozvanog "slobodnog tiska", ni propustiti izvršiti svoju dužnost, da naciji uskrati hranu koja joj je potrebna i koja joj čini dobro; ona si mora s bezobzirnom odlučnošću osigurati ovo sredstvo narodnog odgoja i staviti ga u službu države i nacije.

A kakvu je hranu predratni njemački tisak pružao ljudima? Zar to nije bio najgori otrov, koji se može i zamisliti? Zar našem narodu nije u srce usadivan najgori pacifizam, u vrijeme, kada se ostali svijet već na veliko pripremao da Njemačku polagano ali sigurno uguši? Nije li tisak još za vrijeme mira u mozak naroda ulio sumnju u pravo na vlastitu državu, da bi ga tako, već unaprijed, ograničila u izboru sredstava za njegovu obranu? Zar njemački tisak nije znao našem narodu učiniti privlačnom besmislicu "zapadne demokracije", dok on nije konačno, ulovljen svim tim oduševljenim tiradama, povjerovao da svoju budućnost može povjeriti nekom Narodnom savezu? Zar nije on pomogao odgojiti naš narod tako da izgubi svoj moral? Zar nije baš on ismijavao moral i etiku, označivši ih nazadnim i malograđanskim, dok konačno i naš narod nije postao "moderan"? Nije li on, u stalnom napadu, toliko dugo potkopavao temelje državnog autoriteta, dok nije bio dovoljan i jedan jedini udarac, da se tu zgradu dovede do urušavanja? Nije li se nekada on borio svim sredstvima protiv raspoloženja, da se državi dade ono što je državno, nije li u neprestanoj kritici omalovažavao vojsku, sabotirao opću vojnu obvezu, pozivao na uskraćivanje vojnih kredita, itd., sve dotle, dok uspjeh nije više mogao izostati?

Djelatnost takozvanog liberalnog tiska, bila je sahranjivanje njemačkog naroda i njemačkog carstva. A može li se uopće prešutjeti lažljive marksističke listove; njima je laž isto tako životna potreba, kao mački miševi; pa ona i nema drugog zadatka osim da se narodu slomi narodna i nacionalna kičma, da bi tako sazrio za robovski jaram internacionalnog kapitala i njegovih gospodara, Židova.

A što je poduzela država protiv ovog masovnog trovanja nacije? Ništa, zaista baš ništa! Nekoliko smiješnih ukaza, nekoliko kazni protiv prevelikih podlosti, i to je bilo sve. Ali, zato se vjerovalo da će pridobiti blagonaklonost te pošasti dodvoravanja, priznavanjem "vrijednosti" tiska, njegovog "značaja", njegove "odgojne misije" i još sličnim besmislicama - a Židovi su to prihvatili, lukavo se smješkajući, i uzvraćali prepredenom zahvalnošću.

Temelj ovog sramotnog državnog poraza ipak se nije toliko mnogo nalazio u nespoznavanju opasnosti, već mnogo više u do neba drečećem kukavičluku i iz toga rođene polovičnosti svih odluka i mjera. Nitko nije imao hrabrosti primijeniti radikalna ali dalekovidna sredstva, već se petljao, ovdje kao i svugdje, s bučnim polovičnim receptima, i umjesto da se udarac zada pravo u srce, podsticalo se otrovnicu - s uspjehom -, i ne samo da je sve ostalo po starom, nego je, nasuprot tome, iz godine u godinu rasla moć institucija protiv kojih se trebalo boriti.

Obrambena borba tadašnje njemačke vlade protiv tiska koji je polagano kvario naciju, uglavnom tiskovinama židovskog podrijetla, bila je bez ikakvog pravog smjera, bez odlučnosti, a prije svega bez ikakvog vidljivog cilja. Ovdje je potpuno zakazao razum tajnih savjetnika, kako u procjeni značaja ove borbe, tako i u izboru sredstava i utvrđivanju nekog jasnog plana. Bez plana se uokolo tražio lijek, ponekad da bi se novinarsku riđovku, ako bi prejako ugrizla, zatvorilo na nekoliko tjedana ili mjeseci, ali se zmijsko gnijezdo kao takvo lijepo ostavljalo na miru.

Dabome, ovo je dijelom bila posljedica bezgranično lukave taktike Židovstva, na jednoj, i stvarno tajnosavjetničke gluposti i bezazlenosti, na drugoj strani. Židov je bio prepametan, da bi dopustio da se njegov cjelokupni tisak podjednako napada. Ne, jedan je njen dio bio tu da pokriva drugi. Dok su marksističke novine na najprostačkiji način polazile u boj protiv svega što je ljudima moglo biti sveto, državu i vladu napadale na najpodliji način, a velike dijelove naroda huškale jedne protiv drugih, građansko - demokratski židovski listovi znali su sebi dati privid čuvene objektivnosti, vrlo pomno izbjegavajući sve jake riječi, znajući točno da svi šupljoglavci sude samo prema vanjskim, a nikada nemaju sposobnosti prodrijeti u unutarnje vrijednosti, tako da se za njih vrijednost neke stvari mjerila prema tom, vanjskom, umjesto prema sadržaju; ljudska slabost kojoj imaju zahvaliti na uvažavanju svoje ličnosti.

Za sve ljude "Frankfurter Zeitung" (Frankfurtske novine) je bio i jest utjelovljenje čestitosti. Pa te novine nikada ne koriste grube izraze, otklanjaju svaku tjelesnu brutalnost i uvijek pozivaju u borbu "duhovnim" oružjem, koje, začudo, najviše leži na srcu ljudima bez duha. To je učinak našeg poluobrazovanja, koje ljude razdvaja od prirodnog instinkta, upumpava im određeno znanje, ali ih, međutim, ne dovodi do posljednje spoznaje, jer i u tome samo marljivost i dobra volja nisu u stanju biti od koristi, nego i tu mora biti neophodan razum, i to onaj urođeni. A posljednja spoznaja je uvijek shvaćanje instinktivnih uzroka - što znači: čovjek nikada ne smije zapasti u zabludu i povjerovati da je stvarno unaprijeđen u gospodara i majstora prirode - kao što to nadmenost poluobrazovanja tako olako podupire - već on mora razumjeti i shvatiti fundamentalnu nužnost upravljanja prirode, ma koliko da je njegov život podvrgnut ovim zakonima vječne borbe i hrvanja da se podigne. On će tada osjetiti da u svijetu u kome planete kruže oko sunca, mjesec se vrti oko planeta, u kome je uvijek samo snaga gospodarica slabosti - prisiljavajući je da bude poslušni sluga ili je lomi -, ne mogu vrijediti posebni zakoni za čovjeka, za koga također vrijede vječna načela ove posljednje mudrosti. On ih može pokušati shvatiti, ali se od njih nikada neće uspjeti otrgnuti.

Upravo za naš duhovni polusvijet piše Židov svoj takozvani tisak za inteligenciju. Za nju su sačinjeni "Frankfurter Zeitung" i "Berliner Tageblatt". Za nju se ugađa njihov ton, i na nju oni vrše svoj utjecaj. I dok svi oni, naizgled najbrižljivije, izbje- gavaju svoje vanjske grube oblike, ipak u srce svojih čitatelja sipaju otrov iz drugih posuda. Trabunjajući lijepim tonovima i frazama, oni uspavljuju čitatelje u vjerovanju kao da su pogonske snage njihovog djelovanja stvarno čista znanost ili čak moral, dok je to uistinu samo isto tako genijalna kao i lukava vještina da se na takav način protivniku iz ruke ukrade oružje protiv tiska uopće. Jer, dok se jedni tope od pristojnosti, a vjeruju im samo slaboumnici, kod drugih se radi samo o lakšim deformacijama, koje, međutim, nikada ne bi smjele dovesti do povrede slobode tiska - kako se taj ispad nekažnjivog laganja i trovanja naroda označava. Pa se ustručava istupiti protiv tog banditizma, strahujući da će u nekom takvom slučaju tada odmah protiv sebe imati "pristojni tisak"; strah koji je potpuno opravdan. Jer, čim se pokuša istupiti protiv nekih od tih sramotnih novina, odmah će sve ostale stranke stati na njihovu stranu; ali ne zbog toga, da bi podržale taj način borbe, bože sačuvaj - ovdje se samo radi o principu slobode tiska i slobode javnog mišljenja i samo to ovdje treba biti branjeno. A kod ovakve dreke i najsnažniji ljudi postaju slabi, jer to dolazi iz ustiju uzornih "pristojnih listova".

Tako je taj otrov nesmetano mogao prodrijeti i djelovati u krvotoku našega naroda, a da država nije imala snage ovladati tom bolešću. U smiješnim polovičnim mjerama koje je upotrebljavala protiv toga, pokazivala se već prijeteća propast carstva. *Jer, institucija koja se više nije odlučna sama zaštititi svim oružjem, praktično se odriče same sebe.* Svaka je polovičnost vidljivi znak unutarnjeg propadanja kome će prije ili kasnije morati uslijediti, i uslijedit će, vanjski slom.

Vjerujem da će današnja generacija, ispravno vođena, lakše zagospodariti ovom opasnošću. Ona je doživjela razne stvari, koje su mogle nešto malo ojačati živce onome tko ih još nije izgubio. Sigurno je da će i u nadolazećem vremenu.

Židov u svojim novinama podići ogromnu dreku, kad god netko stavi ruku na njegovo omiljeno gnijezdo, učini kraj neredu u državnom tisku, i, također, ovo odgojno sredstvo stavi u službu državi, a nikada više u ruke stranaca, narodnih neprijatelja.

Samo, ja vjerujem da će to manje opteretiti nas mlađe, nego nekada naše očeve. Jedna granata kalibra trideset centimetara sikće još uvijek više i opasnije nego tisuće židovskih novinskih zmija otrovnica - dakle, pustite je, neka samo sikće!

*

Dalji primjer polovičnosti i slabosti u najvažnijim životnim pitanjima nacije u vođenju predratne Njemačke je sljedeći: Usporedo s političkom, običajnom i moralnom zarazom naroda, već mnogo godina teklo je ne manje užasno zdravstveno trovanje narodnog tijela. Sifilis je, naročito u velegradovima, sve više počeo uzimati maha, dok je tuberkuloza podjednako, gotovo u cijeloj zemlji, žela svoju smrtonosnu žetvu.

Usprkos činjenice da su u oba slučaja posljedice za naciju bile užasavajuće, protiv toga se nisu mogle poduzeti odlučne mjere.

Posebno se samo potpunom kapitulacijom može označiti držanje narodnog i državnog vodstva prema sifilisu. Za ozbiljno zamišljeno suzbijanje, moralo se poduzeti nešto i šire i dublje, nego što se to događalo u stvarnosti. Pronalazak lijeka upitne vrijednosti, kao i njegova poslovna primjena, mogli su kod ove zaraze jako malo pomoći. I ovdje je mogla doći u obzir samo borba protiv uzroka, a ne otklanjanje pojava. Uzrok ove bolesti je u prvom redu u našem prostituiranju ljubavi. Gak kad posljedica i ne bi bila ovako strašna zaraza, ono bi bilo ipak od najveće štete za narod, jer su već dovoljna i moralna pustošenja, koje ova degeneracija sobom donosi, da bi neki narod polagano ali sigurno bio gurnut u propast. Ovo požidovljenje našeg duhovnog života i unovčavanje našeg nagona za parenjem, prije će ili kasnije pokvariti cijelo naše potomstvo, jer umjesto snažne i zdrave djece, ploda prirodnog osjećanja, nastat će sada samo bijedne pojave financijske svrsishodnosti. Jer ona postaje sve više osnova i jedina pretpostavka naših brakova. A ljubav se, dabome, iživljava negdje drugdje.

Neko određeno vrijeme može se, naravno, i ovdje podsmjehivati prirodi, ali, osveta neće izostati, ona će se pojaviti, samo nešto kasnije, ili bolje: nju će ljudi često prekasno primijetiti.

Koliko su, ipak, razorne posljedice trajnog nepoštivanja prirodnih preduvjeta za brak, može se vidjeti na primjeru našeg plemstva. Ovdje pred sobom imamo učinke razumijevanja, koje se djelomično zasnivalo načisto društvenoj prinudi, a s druge strane, na financijskim osnovama. Jedno vodi do općenitog slabljenja, drugo, do krvnog trovanja, jer se svaka Židovka, vlasnica robne kuće, drži prikladnom za popunu potomstva Njegove Visosti - koje, doduše, tada na to i sliči. U oba je slučaja posljedica potpuna degeneracija.

Naše građanstvo danas nastoji ići istim putem i završit će na istom cilju.

S ravnodušnom žurbom pokušava se proći pored neprijatnih istina, kao da se s takvim ponašanjem može prikriti, da su se takve stvari dogodile. Ne, činjenice da se naše velegradsko stanovništvo u svom ljubavnom životu sve više prostituira i baš zbog toga u većem broju postaje žrtvom sifilistične zaraze, ne može se jednostavno poricati, jer je ona ipak tu. Najvidljiviji učinci ove masovne zaraze mogu se naći, s jedne strane, u ludnicama, a s druge, na žalost u našoj djeci. Ona su posebno tužan proizvod bijede nezadrživog daljeg okuživanja našeg seksualnog života; u obolijevanju djece otkrivaju se poroci roditelja.

Postoje različiti putovi pomirenja s ovom neprijatnom, pa i strašnom, činjenicom; jedni uopće ne vide ništa, ili, bolje reći, ništa i ne žele vidjeti - ovo je, naravno, daleko najjednostavniji i najjeftiniji "stav". Drugi se zaogrću u svetačke halje, neke isto tako smiješne i k tome lažne krijeposti, govoreći o cijelom tom području samo kao o velikom grijehu, i iskazuju, prije svega, u odnosu na svakog uhvaćenog grješnika, svoje najdublje ogorčenje, da bi tada, pred ovom bezbožnom zarazom zatvorili oči od pobožnog prezira, i molili dragog Boga, da on - ako je moguće, ali tek poslije njihove vlastite smrti - na cijelu ovu Sodomu i Gomoru pusti kišu sumpora i smole, da bi tako opet ovom besramnom čovječanstvu dao blaženi poučan primjer.

Treći, konačno, vrlo dobro uviđaju užasne posljedice koje ova zaraza sobom donosi i mora donijeti, ali oni samo sliježu ramenima, uvjereni da se i tako ništa ne može poduzeti protiv te opasnosti, tako da se stvari mora pustiti neka se odvijaju svojim tijekom.

Sve je ovo, dabome, komotno i jednostavno, samo se ne smije zaboraviti, da će zbog takve nemarnosti cijela nacija postati žrtvom. Izgovor kako, eto, ni drugim narodima ne ide bolje, naravno, jedva da može nešto promijeniti u činjenici vlastite propasti, osim ukoliko ne bi osjećaj što vidimo kako su i drugi pogođeni ovom nesrećom, mnogima to već samo po sebi ne bi bilo ublažavanje vlastite boli. Ali, tada se tek postavlja pitanje: Koji narod sam po sebi, kao prvi, pa čak i jedini, može savladati ovu pošast i koje nacije, opet, zbog nje propadaju? O tome se konačno i radi. A to je, također, samo probni kamen vrijednosti rase - rasa koja ne izdrži probu izumrijet će i ustupiti mjesto zdravijim ili pak žilavijima i otpornijima. Jer, budući da ovo pitanje u prvom redu pogađa potomstvo, ono spada u ona pitanja o kojima se s tako strašnim pravom kaže, da se grijesi otaca osvećuju sve do desetog koljena - istina koja vrijedi samo za zločine protiv krvi i rase.

Grijeh protiv krvi i rase je nasljedni grijeh ovoga svijeta i kraj čovječanstva koje mu se preda.

A koliko je samo žalosna predratna Njemačka, suočena upravo s takvim pitanjem! Što se događalo da bi se zaustavilo okuživanje naše mladosti u velikim gradovima? Što da bi se spriječila zaraza i unovčavanje našeg ljubavnog života? A što da bi se suzbilo iz tog nastala sifilizacija narodnog tijela?

Odgovor se najlakše dobiva utvrđivanjem onoga što se je moralo dogoditi.

Ovo se pitanje, prije svega, ne bi smjelo uzeti olako, nego bi se moralo shvatiti, da od njegova rješenja zavisi sreća ili nesreća generacija, pa čak da bi ono moglo, ako ne i moralo, biti određujuće za cjelokupnu budućnost našeg naroda. A takva spoznaja obvezuje na bezobzirne mjere i zahvate. Na početku svih razmatranja trebalo je zavladati uvjerenje, da je prije svega, pozornost cjelokupne nacije trebalo koncentrirati na ovu užasnu opasnost, tako da svaki pojedinac može postati unutarnje svjestan značenja ove borbe. Istinski odlučne, iako ponekad teško podnošljive obveze i opterećenja, mogu dovesti do opće učinkovitosti samo tada, ako se pojedincu osim prisile, još ukaže i na spoznaju da je to neophodno. Ali, tu je potrebno ogromno prosvjećivanje i potreba da se isključe sva dnevna pitanja koja odvlače pozornost.

U svim slučajevima u kojima je riječ o ispunjenju prividno nemogućih zahtjeva ili zadataka, cjelokupna se pozornost naroda mora objediniti i usmjeriti isključivo samo na to jedno pitanje, tako, kao da od njegova rješenja zavisi biti ili ne biti. Samo će se tako narod pripremiti stvarno voljnim i sposobnim za velika djela i napore.

Ovaj princip vrijedi i za pojedinca, ako želi ostvariti velike ciljeve. I on će ovo moći učiniti samo u postupnim razmacima, i on će tada morati uvijek objedinjavati svoje cjelokupne napore da bi se postigla određena ograničena zadaća, sve dotle, dok se ne ostvari njeno ispunjenje i dok se ne bude moglo prijeći u ostvarivanje nove etape. Tko ne izvrši podjelu ovog puta, kojega treba savladati, podjelu na pojedine etape, i onda to planski s najstrožim okupljanjem svih snaga ne nastoji pojedinačno svladati, taj nikada neće moći stići do konačnog cilja, nego će ostati ležati negdje na putu, ili čak, možda, i pored puta. Ovo približavanje cilju radom je veliko umijeće i uvijek zahtijeva zalaganje, čak i posljednje energije, da bi se tako, korak po korak, svladao put.

Prvi preduvjet, dakle, potreban za napad na tako težak odjeljak ljudskog puta je taj, da vodstvu pođe za rukom narodnoj masi postaviti djelomičan cilj, koji se može postići, bolje, izvojevati baš sada, a koji je samo i jedino dostojan ljudske pozornosti, a od čijeg savladavanja ovisi sve. Velika većina naroda ionako nikada ne može pred sobom sagledati cjelokupan put, a da se ne umori, ili ne počne očajavati zbog zadaće. Narod će u jednom određenom opsegu, pred očima zadržati cilj, ali će put moći sagledati samo u malim odjeljcima, slično putniku, koji svakako dobro zna i poznaje kraj svog puta, ali bolje savladava beskrajnu cestu, ako je podijeli u etape, i onda krene prevaljivati svaku pojedinu, kao da je ona već sam taj željeni cilj. On će samo tako, a da ne zakaže, ipak ići naprijed.

Tako bi se primjenom svih promidžbenih pomoćnih sredstava pitanje suzbijanja sifilisa moralo postaviti kao glavna, a ne samo kao jedna od zadaća, nacije. U tu bi svrhu trebalo, u punom opsegu, primjenjujući sva pomoćna sredstva, ljudima utuviti u glavu da su oštećenja od sifilisa najužasnija nesreća, dok cijela nacija ne dođe do spoznaje da baš od rješenja ovog pitanja zavisi sve - budućnost ili propast.

Tek poslije takve, ako je potrebno dugogodišnje, priprema, pobudit će se pozornost, a time i odlučnost cjelokupnog naroda, tako jako, da se sad mogu poduzeti vrlo teške sa žrtvom povezane mjere, bez opasnosti, da se to, možda, neće shvatiti, ili da će nas odjednom htijenje mase ostaviti na cjedilu.

Jer, da bi se tu pošast moglo baciti na leđa, nužne su ogromne žrtve, a isto tako i naporan rad.

Borba protiv sifilisa traži borbu protiv prostitucije, protiv predrasuda, starih navika, protiv dosadašnjih predodžbi, općih shvaćanja i, ne kao posljednje, protiv lažnog licemjerja određenih krugova.

Prvi preduvjet za moralno pravo, da bi se povela borba protiv ovih stvari, je omogućavanje budućim generacijama, rano stupanje u brak. Kasno stupanje u brak je prinuda održavanja institucije koja, neka kaže tko što hoće, jest i ostaje sramota čovječanstva, institucija koja prokleto loše pristaje biću koje, inače skromno, sebe rado vidi "slikom i prilikom" Božjom.

Prostitucija je prava sramota čovječanstva, ali se ona ne može ukloniti moralnim predavanjima, pobožnim htijenjem itd., već njeno ograničenje i konačno uklanjanje pretpostavlja bezbroj preduvjeta. A prvi jest i ostaje, stvaranje mogućnosti ranog stupanja u brak, koji odgovara ljudskoj prirodi, prije svega muškarcu, jer je žena ovdje i tako i tako samo pasivni dio.
Kako su danas zbrkani, a dijelom i nerazumljivi, postali ljudi, može se zaključiti iz toga što se, ne tako rijetko, čuje kako majke iz takozvanog "boljeg" društva govore, da bi bile zahvalne, kada bi svojem djetetu našle muža, koji je već "slomio svoje rogove", itd. Kako je u ovom slučaju oskudica manja, nego obratno, onda će sirota djevojka već sretno naći takvog odrogovljenog Ziegfrieda, a vidljivi učinak takvog razumnog braka, bit će djeca. Kad se pomisli da osim toga još slijedi jedino što je moguće veće ograničenje rađanja, tako da je prirodi uskraćena svaka selekcija, jer se, dakako, mora održati na životu svako, čak i najbjednije biće, tada stvarno ostaje samo pitanje: Zašto uopće još i postoji takva institucija i kakva joj je svrha? Nije li to potpuno isto, baš kao i sama prostitucija? Zar obveza prema potomstvu više ne igra baš nikakvu ulogu? Ili, zar se ne zna kakvo će čovjek natovariti prokletstvo svojoj djeci i djeci njihove djece, takvim zločinačkim lakomislenim načinom očuvanja posljednjeg prisilnog zakona, ali i posljednje prirodne obveze?

Tako se kulturni narodi izopačuju i postupno propadaju.

Pa i brak ne može biti sam sebi svrhom, već mora služiti važnijem cilju: razmnožavanju i održavanju vrste i rase.

Samo je to njegov smisao i zadaća.

Na ovim se pretpostavkama ipak može mjeriti njegova ispravnost samo po načinu kako ispunjava ovu zadaću. Rana ženidba je ispravna već i zbog toga, jer mladome braku daje onu snagu iz koje jedino može proizići zdravo i otporno potomstvo. Dabome, za njegovo je omogućavanje potreban cijeli niz socijalnih pretpostavki, bez kojih se uopće ne može ni misliti na rano stupanje u brak. Stoga se rješenje ovoga tek malog pitanja ne može naći bez odlučujućih mjera u socijalnom pogledu. Kakav značaj imaju ove mjere može se najviše shvatiti po pojavama u vremenu, kada takozvana "socijalna republika" svojom nesposobnošću ne može riješiti stambeni problem i tako jednostavno sprječava mnogobrojne brakove, te ide na ruku prostituciji.

Besmisao našeg načina podjele plaća, koji premalo uzima u obzir pitanje obitelji i njene ishrane, isto je tako jedan od razloga koji tako onemogućuju mnoge rane brakove.

Dakle, stvarnom se suzbijanju prostitucije može prići samo tada, kad se principijelnom primjenom socijalnih odnosa omogući ranije stupanje u brak, nego što je to do sada, uglavnom, bio slučaj. Ovo je najbolji preduvjet za rješenje ovog pitanja.

U drugom redu, međutim, odgoj i obrazovanje moraju ukloniti cijeli niz šteta o kojima se danas gotovo nitko ne brine. Prije svega, u dosadašnjem odgoju mora doći do izjednačavanja duhovne nastave i fizičkog odgoja. Ono što se danas zove gimnazijom posve je malo, u odnosu na grčki uzor. U našem se odgoju potpuno zaboravilo da, na dužu stazu, samo u zdravom tijelu može prebivati zdrav duh. Naročito, kada se, ne uzimajući u obzir pojedine izuzetke, ima u vidu velika masa naroda. Tada ova maksima dobiva bezuvjetnu vrijednost.

U predratnoj se Njemačkoj jedno vrijeme uopće više nije brinulo za ovu istinu. Jednostavno se griješilo u odnosu na tijelo, a pri tome se mislilo, da se u jednostranom obrazovanju "duha", posjeduje sigurno jamstvo za veličinu nacije. To je bila zabluda koja se počela osvećivati brže nego što se mislilo. Nije ni malo slučajno, što boljševički val nije nigdje naišao na plodnije tlo, nego tamo gdje je glađu i trajnom neishranjenošću stanovalo degenerirano stanovništvo: u srednjoj Njemačkoj, Saskoj i Ruhrskoj oblasti. Ali u svim ovim područjima, kao i kod tzv. inteligencije, jedva da se javlja ozbiljniji otpor ovoj židovskoj bolesti, iz jednostavnog razloga, jer je, dakako, i sama inteligencija tjelesno potpuno propala, iako manje zbog siromaštva, a više zbog odgoja. Isključivi duhovni stav našeg obrazovanja gornjih slojeva čini ih, u vremenima kada ne odlučuje duh već šaka, nesposobnima da se samo i održe, a kamo li još i probiju naprijed. U tjelesnim nedostacima nerijetko leži i pravi razlog osobnog kukavičluka.

Pretjerano naglašavanje čisto duhovne nastave i zanemarivanje tjelesnog obrazovanja, podstiču kod mnogih već u preranoj mladosti nastajanje seksualnih predodžbi. Mladić koji se u športu i gimnastici doveo do gvozdene čvrstine, teže podliježe potrebi putenih zadovoljenja, nego štreber kojega hrane isključivo duhovnom hranom. Pametan bi odgoj ipak ovo trebao uzeti u obzir. Nadalje, on ne smije ispustiti iz vida da će očekivanja zdrava mlada čovjeka od žene biti drugačija od očekivanja onog prerano pokvarenog slabića.

Stoga cjelokupni odgoj mora biti postavljen tako, da se slobodno vrijeme mladića upotrijebi za koristan odgoj njegova tijela. On nema nikakvo pravo da u tim godinama u dokolici tumara unaokolo, da ulicu i kina čini nesigurnima, već treba nakon svog uobičajenog dnevnog posla, svoje mlado tijelo čeličiti i očvrstiti, da ga jednom i život ne bi zatekao suviše slabušnog. To započeti, ali i sprovesti, usmjeravati i voditi, zadaća je odgoja mladih, a ne isključivo upumpavanje takozvane mudrosti. On također mora raščistiti predodžbu, da je bavljenje svojim tijelom osobna stvar svakog pojedinca. Ne postoji nikakva sloboda koja omogućuje griješiti na račun potomstva, a time i rase.

Usporedo s odgojem tijela treba započeti i borbu protiv trovanja duše. Cijelokupan naš javni život danas naliči stakleniku seksualnih predodžbi i podražaja. Neka se samo, eto, pogledaju programi naših kina, varijetea i kazališta i jedva bi se moglo poreći, da to nije prava hrana prije svega za mlade. U izlozima i na oglasnim stupovima radi se s najnižim sredstvima, kako bi se na sebe privukla pozornost gomile. Svakome tko nije izgubio sposobnost uživljavanja u duše mladih je jasno, da ovo u njih mora dovesti do izvanredno teških oštećenja. Ova osjetilno zagušljiva atmosfera vodi do predodžbi i podsticanja u dobi kada dječak za takve stvari ne bi smio imati još nikakve spoznaje i razumijevanje. Učinak ove metode odgoja kod današnjih mladih može se studirati, ali ne baš na ohrabrujući i ugodan način. Oni su prerano sazreli, a time, također, i prerano ostarjeli. Iz sudskih dvorana mnogo puta do javnosti dopiru događaji koji dozvoljavaju strašne uvide u duševni život naših četrnaesto i petnaestogodišnjaka. Tko će se tada uopće čuditi, da već u ovim starosnim krugovima sifilis počinje tražiti svoje žrtve? I nije li to bijeda, vidjeti kako se neki tjelesni slabić, ali duhovno iskvareni mladi čovjek, uvodi u bračni život lekcijama neke velegradske kurve?

Ne, tko ne želi osujetiti prostituciju na vlastitoj koži, mora u prvom redu potpomoći otklanjanju njenih duhovnih pretpostavki. On mora očistiti đubre našeg moralnog okuženja velegradske "kulture", i to bezobzirno i bez kolebanja, ne obazirući se, prije svega, na galamu i dreku koja će se, naravno, bjesomučno podići. Ako mi ne izvučemo mladost iz gliba njene današnje okoline, ona će se u njemu utopiti. Onaj tko neće sagledati ove stvari, podržava ih, a time postaje i sukrivcem u polaganom prostituiranju naše budućnosti, koja se, eto, pruža postojećoj generaciji samo jednom. Ovo pročišćavanje naše kulture mora se protegnuti na gotovo sva područja. Kazalište, umjetnost, literatura, kino, tisak, plakat i izlozi moraju biti očišćeni od pojava trulog svijeta i stavljeni u službu moralne, državne i kulturne ideje. Javni život mora biti oslobođen od zagušljivog parfema naše moderne erotike, isto tako kao i od svake nemuževne licemjerne iskvarenosti. U svim tim stvarima morat će se odrediti cilj i put brizi za održavanje duhovnog i tjelesnog zdravlja našeg naroda. Pravo na osobnu slobodu treba dati prednost obvezi održavanja rase.

Tek nakon provođenja ovih mjera može se, s izgledom na uspjeh, provesti medicinska borba protiv same zaraze. Samo se čak i kod toga, ne može raditi o polovičnim mjerama, nego se i ovdje mora donijeti najteže i najpresudnije odluke. Polovičnost je da se neizlječivo bolesnim ljudima pruži trajna mogućnost okuživanja preostalih zdravih. Ovo odgovara humanosti koja, da se ne bi učinilo nažao jednome, omogućuje propast stotina drugih. Zahtjev da se defektnim ljudima onemogući stvaranje drugih, isto tako defektnih potomaka, zapravo je zahtjev najjasnijeg razuma i u svom planskom provođenju predstavlja najhumanije djelo čovječanstva. On će milijunima nesretnika uštedjeti nezaslužene patnje, a samim tim, i pridonijeti porastu ozdravljenja uopće. Odlučnost nastupanja u ovom smjeru postavit će i zapreku daljem širenju spolnih bolesti: Jer, ovdje će se morati, ako bude neophodno, pristupiti nemilosrdnoj izolaciji neizlječivih bolesnika - barbarska mjera za time pogođenog nesretnika, ali pravi blagoslov za suvremenike i potomstvo. Prolazna bol jednog stoljeća, spasit će od patnje tisućljeća.

Borba protiv sifilisa i njegove predvodnice prostitucije, jedna je od velikih zadaća čovječanstva. Velika stoga, jer se pri tome ne radi o rješenju nekog pojedinačnog pitanja po sebi, već o otklanjanju cijelog niza šteta, koje kao popratne pojave podstiču ovu zarazu. Jer i ovdje je bolest tijela samo učinak bolesti moralnih, socijalnih i rasnih instinkata.

Ako se ova borba ne povede i izbori, iz udobnosti ili čak kukavičluka, pogledajmo tada samo na narode kroz petsto godina. Slike i prilike gospodina Boga mogle bi se tada viđati i susretati vrlo rijetko, a da se ne ogriješimo u Najuzvišenijega.

A kako se u staroj Njemačkoj pokušavalo obračunati s ovom zarazom? Pri sabranom ispitivanju ovdje nam se nameće stvarno žalostan odgovor. Svakako da su se u vladinim krugovima spoznale strašne štete od ove bolesti, iako se, možda, nije moglo potpuno promisliti o njenim posljedicama; samo je borba protiv nje potpuno zakazala. I umjesto da se sprovedu dalekovidne reforme, radije se posezalo za kukavnim mjerama. Tu i tamo se oko te bolesti dociralo, a uzroke ostavljalo uzrocima. Pojedine su prostitutke podvrgavane liječničkom pregledu, stavljane su pod nadzor onoliko koliko je to bilo uopće moguće, a u slučaju utvrđene bolesti, stavljane su u lazarete iz kojih su tada, nakon provedenog vanjskog liječenja, ponovno puštane među svijet.

Dabome, uveden je i "zaštitni paragraf, prema kome je onaj, tko nije potpuno zdrav, ili sasvim izliječen, pod prijetnjom kazne, morao izbjegavati seksualno općenje. Svakako da je ova mjera po sebi bila potpuno ispravna, samo je u njenom praktičnom provođenju tako dobro u cijelosti zakazala. Prvo bi žena, u slučaju nesreće koja bi je zadesila - već i zbog takvog našeg, ili bolje njenog odgoja - u najvećem broju slučajeva bila pozvana da se pojavi kao svjedok protiv bijednog kradljivca njena zdravlja - pod često puta mučnim popratnim okolnostima - teško i dozvolila da je dovuku u sudnicu. Upravo bi to njoj najmanje koristilo, pa će ona, bez daljnjega, u najvećem broju slučajeva biti ta, koja će od svega najviše trpjeti - jer, zar ipak neće prijezir njene odbojne okoline pogoditi baš najviše nju, nego što bi to bilo kod muškarca. I konačno, zamislimo samo njen položaj, ako je prenositelj bolesti baš njen suprug! Treba li se ona žaliti? Ili, što ona treba tada učiniti?

Što se tiče muškaraca, tu je, međutim, nazočna još i činjenica, da baš on, nažalost, nakon obilnog uživanja alkohola, prečesto nabasa na ovu pošast, jer je on u ovom stanju najmanje sposoban procijeniti kvalitetu svoje "ljepotice", što je i inače bolesnoj prostitutki previše poznato, i ona stoga uvijek posebno nastoji upecati muškarce upravo u ovakvom idealnom stanju. Kraj je, međutim, u tome, što se kasnije neprijatno iznenađeni više nije u stanju, čak ni pri najpomnijem razmišljanju, prisjetiti svoje nemilosrdne usrećiteljice, čemu se uopće ne treba ni čuditi, kad je u pitanju grad poput Berlina, ili Münchena. Uz to se još često puta radi o posjetiteljima iz provincije, koji su potpuno bespomoćno izloženi potpunoj čaroliji velegrada.

I konačno: Tko bi uopće mogao znati, je li on sad bolestan ili zdrav? Ne događaju li se mnogobrojni slučajevi u kojima jedan naizgled izliječeni ponovno dobiva istu bolest i sada užasnu nesreću dalje rasprostire i čini, a da to, prije svega, jedva da i sam sluti.

Tako je, dakle, praktično djelovanje ove zaštite preko zakonskog kažnjavanja pojedinih krivaca zaraze u stvarnosti jednako nuli. Potpuno isto vrijedi i za nadzor nad prostitutkama i, na kraju krajeva, samo ozdravljenje je tada, čak još i danas, nesigurno i sumnjivo. Sigurno je samo jedno: zaraza se usprkos svim mjerama sve više širi. A time se također, na najočitiji način, potvrđuje i neučinkovitost tih istih mjera.

Jer, sve što se inače još događalo, bilo je isto tako nedovoljno kao i smiješno. Duhovno prostituiranje naroda nije spriječeno, a ni na tom se sprječavanju nije ništa učinilo.

Ali, tko je sve ovo sklon uzeti olako, neka bar jednom prouči statističku dokumentaciju o širenju ove pošasti, neka usporedi njen porast u posljednjih sto godina i neka se tada udubi u njen dalji razvitak - i morat će tada posjedovati magareću dosjetljivost, a da ne osjeti kako mu kroz kičmu prolaze neugodni trnci!

Slabost i polovičnost zauzetog stava još u staroj Njemačkoj, prema tako užasnoj pojavi, smije se, dabome, vrjednovati kao vidljivi znak propadanja naroda. *Ako više nema snage za borbu za vlastito zdravlje, za- vršava se i pravo na život u ovom svijetu borbe.* Taj svijet pripada samo snažnim "cjelinama", a ne slabim "polovičnjacima". Jedna od najuočljivijih pojava propadanja staroga carstva, bilo je polagano snižavanje opće kulturne razine, pri čemu ja pod kulturom ne mislim na ono što se danas označava pojmom civilizacija. Ona se, baš nasuprot, prije čini neprijateljicom prave duhovne i životne razine.

Još prije prelaska u ovo stoljeće, počeo se u našu umjetnost probijati element, koji je do tada vrijedio kao potpuno stran i nepoznat. Svakako da su se i u prijašnjem vremenu ponekad događale zabune i u ukusu, samo se u tim slučajevima ipak više radilo o umjetničkim skretanjima kojima je potomstvo moglo pridati bar neku povijesnu vrijednost, kao o proizvodima ne više umjetničkog, nego, štoviše, duhovnog izopačenja, sve do gubljenja duha. U njima se već počeo kulturno iskazivati onaj kasnije, dabome, vidljiviji nastajući politički slom.

Boljševizam umjetnosti je jedino mogući kulturni životni oblik i duhovni izražaj boljševizma uopće.

Kome se ovo čini iznenađujućim, treba samo baciti pogled na umjetnost sretno boljševiziranih država, i tamo će se moći diviti, sa strahom, onim bolesnim izopačenostima luđačkih i propalih ljudi, koje smo mi upoznali kao službeno priznatu umjetnost pod skupnim pojmom kubizma i dadaizma, na kraju prošlog i na prijelazu u ovo stoljeće. Čak i u kratkom razdoblju postojanja bavarske Republike savjeta, ovo je djelo već stupilo na svjetlost dana. Već ovdje se moglo vidjeti kako su svi ti zvanični plakati, promidžbeni crteži u novinama, itd. u sebi nosili ne samo pečat političkog, već i kulturnog propadanja.

Ma kako se malo, recimo još prije šezdeset godina, mogao zamisliti politički slom ove sada već dostignute veličine, isto se tako malo mogao zamisliti i kulturni slom, kakav se počeo pojavljivati od 1900. godine na futurističkim i kubističkim izložbama. Prije šezdeset bi godina izložba takozvanih dadaističkih "doživljaja" izgledala jednostavno nemogućom, a njeni bi organizatori zasigurno dospjeli u ludnicu, a oni danas predsjedaju čak i umjetničkim udrugama. Ova pošast tada nije mogla nastati, jer, niti bi to trpjelo javno mnijenje, niti bi to država mirno gledala. Jer je stvar državnog vodstva izbjeći da narod ne bude otjeran u naručje ludila. Na tome bi takav razvoj morao jednog dana ipak završiti. Naime, onoga dana kada bi ova vrsta umjetnosti stvarno odgovarala općem shvaćanju, nastupila bi jedna od najtežih promjena čovječanstva; time bi počeo nazadak ljudskog mozga, a kraj se teško može uopće i zamisliti.

Čim se s ovog stajališta pogleda razvitak našeg kulturnog života posljednjih dvadeset i pet godina, vidjet će se sa strahom, koliko smo mi već zapali u taj nazadak. Svugdje nailazimo na klice koje uzrokuju početak bujanja korova, zbog koga će naša kultura, prije ili kasnije, morati propasti. A u njima možemo prepoznati pojave propadanja polagano trulećeg svijeta. Teško onim narodima, koji više neće biti u stanju zagospodariti ovom bolešću.

Takve su se bolesti mogle u Njemačkoj utvrditi gotovo u svim područjima umjetnosti, i kulture. Ovdje sve izgleda kao da je već prekoračilo svoje vrhunce i požurilo u ponor. Kazalište vidljivo tone sve dublje i dublje, i svakako bi kao kulturni čimbenik, već do sada nestalo bez ostatka, da se protiv ove prostitucije umjetnosti nisu okrenula bar dvorska kazališta. Ako se izuzmu njihovi i još neki drugi, pohvale vrijedni izuzeci, tada je za naciju najsvrsishodnije, da se posjete predstavama takve vrste sasvim izbjegnu. Bio je to tužni znak unutarnjeg propadanja, pa se mlade već nije ni smjelo slati u najveći broj tih takozvanih mjesta umjetnosti", što se moralo priznati već sasvim sramotno, otvoreno, s jednim općenitim panoptikum upozorenjem: "Mladima ulaz zabranjen".

Zamislimo, da su se takve mjere opreza morale provoditi na mjestima koja su se morala osnovati u prvom redu zbog obrazovanja mladih, a ne za uživanje starih, blaziranih životnih slojeva. A što bi tek mogli reći veliki dramatičari svih vremena za jednu takvu mjeru, a što tek prije svega za okolnost koja joj je dala povoda? Kako bi samo planuo Schiller, kako bi ogorčeno od toga okrenuo glavu Goethe!

Ali, dakako, što su Schiller, Goethe ili Shakespeare, prema herojima novijeg njemačkog pjesništva! Stare, istrošene, preživjele, ne, prevladane pojave. Jer je to bila osobitost toga vremena: ne samo da je ono samo proizvodilo sve više prljavštine, nego je još iznad svega zablatilo sve stvarne veličine prošlosti. To je, svakako, pojava koja se uvijek može promatrati u takvim vremenima. Što su podliji i bjedniji proizvodi nekog vremena, kao i njegovi ljudi, tim se više mrze svjedoci nekadašnje jedinstvene veličine i dostojanstva. U takvim bi se vremenima najradije htjelo ugušiti sjećanja na prošlost čovječanstva uopće, da bi se, isključivanjem svake mogućnosti usporedbe, moglo vlastiti kič podvaljivati kao "umjetnost". Otuda će svaka nova institucija, što je više bjednija i jadnija.

tim više nastojati izbrisati i posljednje tragove prošlosti, dok će se svaka stvarno dragocjena inovacija čovječanstva, opet bez poteškoća, moći nadovezati na dobre tekovine prošlih generacija, pa ih čak često puta tek sada dovesti do pravog značenja. Ona se ne mora bojati da će, recimo, izblijediti pred prošlošću, nego i sa svoje strane daje općem blagu ljudske kulture takav dragocjeni prilog, pa će ono, često, upravo za svoje potpuno uzdignuće, htjeti i samo čuvati i njegovati sjećanja na prijašnja dostignuća, da bi tako novim djelima na najbolji mogući način, moglo osigurati potpuno razumijevanje sadašnjosti. Samo onaj koji sam nije u stanju ništa dragocjenog pokloniti svijetu, a nastoji se učiniti takvim kao da hoće dati bog zna što, - Bože, eto, hoće nešto dati - mrzit će sve stvarno već dato, a i to će, također, najradije negirati, ili čak uništiti.

To ni u kom slučaju ne vrijedi samo za nove pojavnosti na području opće kulture, nego također i za one iz područja politike. Novi će revolucionarni pokreti tim više mrziti stare oblike, što su oni sami u odnosu na njih manje vrijedni. I ovdje se, također, može vidjeti kako nastojanje da se vlastiti kič prikaže kao nešto vrijedno pozornosti, vodi slijepoj mržnji prema nadmoćnim vrijednostima prošlosti. Dokle god, na primjer, povijesno sjećanje na Friedricha Velikog nije izumrlo, Friedrich Ebert je u stanju izazvati samo uvjetno divljenje. Heroj iz Sanssoucia odnosi se prema bivšem bremenskom gostioničaru otprilike kao sunce prema mjesecu; tek kada zgasnu sunčevi zraci, može zasjati mjesec. I stoga je potpuno shvatljiva mržnja naših mjesečeva čovječanstva prema zvijezdama stajačicama. U političkom životu uobičavaju takve nule, ako im Sudbina u prolazu baci u krilo vlast, ne samo da s neumjerenom revnošću blate i prljaju prošlost, već i sami sebe vanjskim sredstvima izuzimaju od opće kritike. Kao primjer može poslužiti republikansko zaštitno zakonodavstvo novog njemačkog carstva.

Ako stoga nekakva nova ideja, neko učenje, neki novi svjetonazor ili čak politički kao i gospodarski pokret pokuša osporiti cjelokupnu prošlost, hoće je prikazati lošom ili bezvrijednom, već se samo zbog tog povoda mora biti krajnje oprezan i nepovjerljiv.

Najčešći razlog za takvu mržnju je ili samo vlastita manja vrijednost, ili čak loša namjera po sebi. Stvarno blagoslovljena obnova čovječanstva uvijek i vječito će se nadograđivati tamo, gdje je prestao posljednji dobar temelj. Ona se neće morati sramiti upotrebe već postojećih istina. Zar cjelokupna ljudska kultura i čovjek sam nisu samo učinak jednog jedinog dugog razvoja u kojem je svaka generacija prilagala svoj kamen temeljac i ugradila ga u nju. Smisao i svrha revolucije nije srušiti cijelu zgradu, nego otkloniti loše uklopljeno ili neodgovarajuće, da bi se tada na ponovno oslobođenom zdravom mjestu dalje gradilo i dograđivalo.

Samo tako će se moći i smjeti govoriti o napretku čovječanstva. U drugom se slučaju svijet nikada ne bi mogao poštedjeti i spasiti od kaosa, jer bi tada, zaboga, pravo na odbijanje prošlosti pripadalo svakoj generaciji, a time bi ona uslijed toga, eto, kao pretpostavku svog vlastitog rada smjela razoriti djela prošlosti.

Ali, u stanju naše cjelokupne predratne kulture nije bila najgora samo potpuna impotencija umjetničke i opće kulturne stvaralačke snage, nego mržnja kojom se blatila i brisala uspomena na veliku prošlost. Skoro u svim područjima umjetnosti, naročito u kazalištu i književnosti na prijelasku u ovo stoljeće, počelo se stvarati ne samo manje značajno novoga, nego se, što više, ono najbolje staro obezvrjeđuje i prikazuje kao neznačajno i prevladano, kao da je to vrijeme najsramnije neznačajnosti bilo u stanju nešto prevladati. Ali, iz tog nastojanja da se prošlost izbriše pred očima suvremenika, proizišla je, sasvim jasno i prepoznatljivo, i zla namjera tih apostola budućnosti. Na tome se trebalo uvidjeti da se ovdje nije radilo ni o kakvim novim, iako pogrešnim, kulturnim shvaćanjima, već o procesu razaranja temelja kulture uopće i o, na taj način, nastajućem izluđivanju zdravog osjećaja umjetnosti - te o duhovnoj pripremi političkog boljševizma. Jer, ako se Periklovi suvremenici prikazuju kao utjelovljenja Partenona, tada se boljševičku stvarnost može iskazivati kubističkom grimasom.

S tim u vezi mora se i ovdje ponovno ukazati na vidljivi kukavičluk u dijelu našeg naroda koji bi na osnovu svoga obrazovanja i svoga stava morao biti obvezatan boriti se protiv ove kulturne sramote. Iz straha od galame boljševičkih apostola umjetnosti, koji svakog onoga tko u njima neće vidjeti krunu stvaralaštva, napadaju na najbjesomučniji način etiketirajući ga kao nazadnog malograđanina, neprestano se odustajalo od svakog ozbiljnog otpora i priklanjalo tome, što je,eto, izgledalo kao ipak neizbježno. Čovjeka obuzima pravi strah da ne bi bio rastrgnut od tih poluluđaka ili lupeža nerazumnosti; kao da je to neka sramota ne shvatiti proizvode duhovnih degenerika ili raspojasanih varalica. Ovi kulturni mladci posjedovali su, dakako, vrlo jednostavna sredstva da tu svoju besmislicu poštambiljaju kao snažnu stvar, potvrđenu od samog Boga; oni su iznenađenom svijetu prikazivali svaku nerazumljivu i vidljivo sumanutu stvar kao takozvani unutarnji doživljaj, oduzimajući već unaprijed, na tako jeftin način, riječ odgovora najvećem broju ljudi. Jer, uopće se nije trebalo ni moralo sumnjati u to da bi i ovo mogao biti unutarnji doživljaj, ali se ipak moralo sumnjati u to, je li prihvatljivo zdravom svijetu nuditi halucinacije duševnih bolesnika ili zločinaca. Djela Moritza von Schwinda ili Böcklina, bila su također unutarnji doživljaji, ali božanski nadarenih umjetnika, a ne nekakvih lakrdijaša.

Tu se ipak mogao tako dobro proučiti bijedni kukavičluk naše takozvane inteligencije, koja se sklanjala s puta svakom ozbiljnijem otporu protiv ovog trovanja zdravog instinkta našeg naroda i prepuštala narodu da se sam suočava s ovom drskom besmislicom. Da se ne bi držao umjetnički neukim, uzimala se u obzir svaka umjetnička nakaza, da bi se konačno, u procjeni dobrog i lošeg stvarno postalo nesigurnim. Uzevši sve u svemu, bili su to znaci teškog nastupajućeg vremena.

Kao značajno obilježje može se još utvrditi i sljedeće: U devetnaestom su stoljeću naši gradovi sve više počeli gubiti svojstva kulturnih gradića i srozavati se u čisto ljudska obitavališta. Slaba povezanost današnjeg velegradskog proletarijata sa svojim mjestom stanovanja, posljedica je činjenice, da se ovdje stvarno radi samo o slučajnom mjestu boravka pojedinaca, i ni o čemu drugome. Ovo jednim dijelom ovisi o čestim promjenama mjesta stanovanja uvjetovanim socijalnim odnosima, koji čovjeku ne daju vremena za prisnije povezivanje sa svojim gradom, a drugim opet dijelom, uzrok treba tražiti u općoj kulturnoj besciljnosti i siromaštvu naših današnjih gradova.

Još u vrijeme oslobodilačkih ratova, njemački gradovi nisu bili malobrojni samo po svom broju, nego su bili skromni i po veličini. Ovo malo pravih velegradova bili su najvećim dijelom prijestolnice, i kao takvi redovito su imali određenu kulturnu vrijednost i najčešće, također, i određenu umjetničku sliku. Tih nekoliko mjesta s više od pedeset tisuća žitelja bila su, prema gradovima s jednako brojnim stanovništvom danas, bogati u znanstvenim i umjetničkim vrijednostima. Kad je München imao šezdeset tisuća duša, već je tada stremio postati jednim od prvih njemačkih umjetničkih gradića; danas je skoro svako tvorničko mjesto dostiglo ovaj broj, ako ga već nije i višestruko premašilo, a da ponekad opet ne može nazvati vlastitom ni najmanju od stvarnih vrijednosti. Obične gomile stambenih i najamnih vojarni i ništa više. Kako bi uopće s takvim mjestom bez ikakve znamenitosti mogla nastati neka naročita povezanost, prava je zagonetka. Nitko se neće posebno prisnije povezati s gradom koji nema za ponuditi ništa drugo nego baš kao i svaki drugi, kome također nedostaje svaka individualna crta i u kome se očito izbjegava sve što bi moglo izgledati kao umjetnost ili slično.

    Ali, to nije slučaj samo u malim, već i stvarno veliki gradovi s rastućim priljevom žitelja, također postaju, u odnosu na taj priljev, sve siromašniji pravim umjetničkim djelima. Oni djeluju sve neuglađenije i poprimaju potpuno jednaku sliku, samo, naravno, u većem opsegu, kao i mala siromašna tvornička naselja. Ono što je u novije vrijeme pripadalo kulturnom sadržaju naših velegradova, sasvim je nedovoljno. Svi se naši gradovi rese slavom i dragocjenostima prošlosti. Kad bi se iz današnjeg Münchena odjednom, eto, uzelo, recimo, sve što je stvoreno pod Ludwigom I., utvrdilo bi se s užasom kakav je od tog vremena sirotinjski porast značajnih umjetničkih ostvarenja. Isto vrijedi i za Berlin, kao i za najveći broj drugih velikih gradova.

    Ali, bitno je ipak sljedeće: naši današnji veliki gradovi ne posjeduju ni jednog spomenika koji bi trebao reprezentirati cjelovitu sliku grada i mogao biti nešto kao zaštitni znak određenog cjelovitog vremena. A to je baš bio slučaj s gradovima starog vremena; svaki od njih je posjedovao naročiti spomenik svoga ponosa. Ono što je karakteristično za antičke gradove nije sadržano u privatnim građevinama, već u općedruštvenim spomenicima koji nisu bili namijenjeni samo jednome trenu, već vječnosti, jer se u njima nije trebalo ogledati bogatstvo nekog posjednika pojedinca, već veličina i značaj općega. Tako su nastajali spomenici koji su bili vrlo pogodni da stanovnika pojedinca na neki način povezu s njegovim gradom, a koji nama danas ponekad izgledaju skoro nerazumljivim. Jer, ono što su oni imali pred očima, manje su bile siromašne kuće privatnih posjednika, a više raskošne građevine cjelokupne zajednice. Njima nasuprot, stambene zgrade stvarno djeluju kao beznačajna sporednost.

    Ako se usporede odnosi veličina antičkih državnih građevina sa stambenim zgradama tog istog vremena, tek će se tada shvatiti izrazita moć i snaga naglašavanja principa, da se javnim građevinama dade prvo mjesto. Ono što mi danas u gomilama ruševina i poljima razvalina antičkog svijeta s divljenjem susrećemo kao još malobrojne upadljive kolose, nisu bivše poslovne palače, već hramovi i državne građevine, dakle djela čiji je posjednik bila zajednica. Čak i u bljeskavilu Rima kasne dobi, prvo mjesto nisu zauzimale vile i palače građana pojedinaca, već državni hramovi i lječilišta, velika sportska igrališta, cirkusi, akvadukti, bazilike itd., dakle ono, što je pripadalo cjelokupnom narodu.

    Čak se i germanski srednji vijek pridržavao toga vodećeg principa, iako potpuno drugačijeg umjetničkog shvaćanja. Ono što je u starom vijeku našlo svoj izraz u Akropoli ili Pantheonu, umotavalo se sada u oblike gotske katedrale. Kao divovi uzdizale su se te monumentalne građevine iznad šarenila malih zanatskih građevina od drveta ili cigle srednjovjekovnog grada i tako postajale zaštitni znaci koji čak još i danas, i pored toga što se pored njih uzdižu ove iznajmljivačke vojarne, određuju karakter i sliku tih mjesta. Münsterske katedrale, vijećnice i hale trgovine žitom, kao i kule stražare, vidljivi su znaci shvaćanja koja, na kraju krajeva, opet odgovaraju samo antici.

A kako je danas stvarno žalostan postao odnos između državne i privatne gradnje! Da je sudbina Rima zadesila Berlin, tada bi se potomci, kao najvećim djelima našeg prošlog vremena, mogli diviti robnim kućama nekolicine Židova i hotelima nekih kompanija, karakterističnom izrazu kulture naših dana. Neka se bar usporedi grozan nesklad koji vlada u nekom gradu kao što je čak i sam Berlin, između građevina carstva i ovih koje pripadaju financijskom kapitalu i trgovini.

Već i sam iznos namijenjen državnoj gradnji, najčešće je zaista smiješan i nedovoljan. Ne stvaraju se djela za vječnost, nego najčešće samo za trenutnu potrebu. A da se pri tome uopće ne vidi neki viši smisao. Berlinski je dvorac u vrijeme svoje izgradnje bio djelo drugog značenja, nego što je recimo nova knjižnica u suvremenom okviru. Dok je vrijednost jednog jedinog bojnog broda oko šezdeset milijuna, za prvu raskošnu građevinu carstva, koja je trebala biti predodređena vječnosti, za zgradu Reichstaga, jedva da je bila odobrena polovica te svote. Pa čak kad je došlo i do odlučivanja o pitanju unutarnjeg uređenja, visoki dom je glasovao protiv promjene kamena i naredio da se zidovi oblože gipsom; taj puta su, doduše, parlamentarci djelovali izuzetno potpuno ispravno; gipsanim glavama stvarno nije mjesto među kamenim zidovima.

Tako našim današnjim gradovima nedostaju uzvišeni zaštitni znaci narodne zajednice, i zbog toga se ne bi smjelo čuditi, ako ona u svojim gradovima ne vidi zaštitni znak ili simbol čak ni same sebe. Mora doći do propadanja, koje će se praktično iskazati u potpunom nesudjelovanju današnjeg velegrađanina u sudbini svoga grada.

I to je također znak utonuća naše kulture i našeg općeg sloma. Vrijeme se guši u potpunoj svrsishodnosti, bolje rečeno, u služenju Novcu. Ali se tada ne treba ni čuditi, ako pod takvim božanstvom preostaje malo osjećaja za heroizam. Današnja sadašnjost žanje samo ono što je posijala posljednja prošlost.

Sve ove pojave propadanja, samo su krajnje posljedice nedostatka određenog ujednačenog priznatog svjetonazora, te iz toga nastale opće nesigurnosti u procjeni i zauzimanju stava prema pojedinim velikim pitanjima vremena. Zato i jest, počevši već od odgoja, sve polovično i kolebljivo, strahuje se od odgovornosti i tako završava u kukavičkom trpljenju vlastitih priznatih šteta. Opijenost humanošću postaje modom a time što se slabićki popušta izrodima, a čuva pojedince, žrtvuje se budućnost milijuna.

Koliko sve više prevladava opća razuzdanost pokazuje promatranje predratnih religioznih prilika. I ovdje je već odavno u velikim dijelovima nacije bilo izgubljeno jedinstveno i učinkovito uvjerenje u pogledu svjetonazora. Pri tome su manju ulogu imali oni bivši sljedbenici crkve koji su se iz nje izdvojili, nego svi ostali ravnodušni. Dok su obe vjere u Aziji i Africi održavale svoje misije, da bi pridobile nove sljedbenike svoga učenja - djelatnost koja je prema prodoru muhamedanske vjere mogla iskazati samo vrlo skromne uspjehe - gubili su se samo u Europi milijuni, i ponovno milijuni unutarnjih sljedbenika, koji su se prema religioznom životu ili uopće odnosili strano, ili pak mijenjali svoje vlastite putove. Posljedice, naročito u moralnom pogledu, ni u kom slučaju nisu bile povoljne.

Vri jedna je pozornosti i pojava sve žešće nastupajuće borbe protiv dogmatskih temelja pojedinih crkava, bez kojih na ovom ljudskom svijetu nije praktički ni zamisliv opstanak nekog religioznog vjerovanja. Široka masa naroda ne sastoji se od filozofa; upravo je baš vjera, često jedina osnova bilo kojeg moralnog svjetonazora. Različite zamjene, s obzirom na postignute uspjehe, nisu bile baš tako svrsishodne, da bi se u njima mogla vidjeti korisna zamjena za dosadašnja religiozna shvaćanja. Ali, ako bi religiozno učenje i vjera trebali stvarno obuhvatiti široke slojeve, tada je neophodan autoritet sadržaja ovog vjerovanja temelj svake stvarnosti. Što je pak za običan život dotičan životni stil, bez kojega zasigurno stotine tisuća najbolje stojećih ljudi može živjeti razumno i mudro, a milijuni drugih ne, to su za državu državni ustav, a za dotičnu religiju dogme. Tek kroz njih se kolebljiva i beskrajno rastezljiva čista duhovna ideja točno razgraničava i dovodi u neki oblik, bez kojega ona nikada ne bi mogla postati vjerom. U drugom slučaju ideja nikada ne bi mogla prerasti neki metafizički pogled, pa čak, kratko rečeno, ni filozofijsko mišljenje. Napad na dogme po sebi zbog toga je jako sličan borbi protiv općih zakonskih temelja države. I kao što bi njoj bio kraj u potpunoj državnoj anarhiji, tako bi i onoj drugoj kraj bio u bezvrijednom religioznom nihilizmu.

Ali procjena vrijednosti neke religije političarima smije biti manje određena, recimo, njenim pratećim nedostacima, a mnogo više prikladnošću njene vidljivo bolje zamjene. Ali tako dugo dok takva zamjena nedostaje, postojeće mogu razoriti samo luđaci i zločinci.

Dabome, da zbog ovih, ne baš tako zadovoljavajućih religioznih prilika, nisu najmanje krivi oni, koji religiozne predodžbe opterećuju ovozemaljskim stvarima i na taj način često zapadaju u sasvim nepotreban sukob s takozvanom egzaktnom znanošću. Ovdje će pobjeda, iako nakon teške borbe, skoro uvijek pripasti posljednjoj, ali će religija u svih onih koji se nisu u stanju uzdići iznad čisto vanjskog znanja, pretrpjeti velike štete.

Najgora su ipak pustošenja koja nastaju zlorabom religioznog uvjerenja u političke svrhe. Stvarno je nemoguće istupiti dovoljno oštro protiv onih bijednih špekulanata koji u religiji žele vidjeti samo sredstvo koje će im pribaviti političke, bolje rečeno, poslovne usluge. Ti drski lažljivci dreče svojom glasinom, da bi, svakako, i drugi grješnici, širom cijelog svijeta, mogli čuti njihovo uvjerenje, ali ne da bi za njega, ako je potrebno i umrli, već da bi uz pomoć njega mogli bolje živjeti. Za jednu jedinu političku prijevaru odgovarajuće vrijednosti, oni će prodati smisao svog cjelokupnog vjerovanja. Za deset parlamentarnih mandata, povezat će se s marksističkim smrtnim neprijateljima svake religije - a za jednu ministarsku stolicu sklopit će brak i sa samim đavlom, ukoliko ovoga ne bi otjerao još preostali djelić ljudskosti u njemu.

Ako je u predratnoj Njemačkoj religiozni život bio za mnoge neprijatnog ukusa, onda je to trebalo pripisati zlorabi kršćanstva koju je provodila takozvana "kršćanska" stranka, kao i besramnosti s kojom se katoličku vjeru pokušavalo identificirati s političkom strankom.

Ova je podvala bila usud, koji je nizu ništarija donio parlamentarne mandate, a crkvi štetu.

Učinak je ipak trebala snositi cjelokupna nacija, time što su se posljedice na taj način uvjetovanog slabljenja religioznog života, javile upravo u vrijeme u kome se je i bez daljnjeg sve počelo omekšavati i slabiti, a predajom sačuvanim osnovama običaja i morala prijetio je slom.

I to su također bile pukotine i razvaline u našem narodnom tijelu, koje su mogle biti bezopasne tako dugo, dok se ne bi pojavilo neko posebno opterećenje, koje je moralo postati nesrećom, jer je zbog pritiska velikih događaja pitanje unutarnje čvrstine nacije poprimalo odlučujuće značenje.

Isto su tako pažljivom oku bile uočljive i štete nastale u području politike, koje bi, ako u skoro vrijeme ne dođe do poboljšanja ili promjene, smjele i morale značiti nadolazeću propast carstva. Besciljnost njemačke unutarnje i vanjske politike bila je vidljiva svakome tko nije htio biti namjerno slijep. Čini se da je kompromisno gospodarstvo najviše odgovaralo Bismarckovoj izjavi da je "politika umjetnost mogućeg". Ali je ipak između Bismarcka i kasnijih njemačkih kancelara, bila prisutna mala razlika, koja je prvome omogućavala da si dozvoli takvu izjavu o biti politike, dok je isto tako shvaćanje iz usta njegovih nasljednika moralo imati sasvim drugačije značenje. Jer, Bismarck je s ovom rečenicom samo htio reći, da se za ostvarenje nekog određenog političkog cilja mogu primijeniti sve mogućnosti, odnosno, da se može postupati prema svim datim mogućnostima; a njegovi su nasljednici u ovoj izjavi vidjeli svečano oslobođenje od neophodnosti da se uopće politički misli, ili ima ciljeve. A politički ciljevi za vođenje carstva u to vrijeme stvarno još nisu ni postojali. Ovdje je ipak nedostajala nužna osnova određenog svjetonazora, kao i neophodna jasnoća zakona unutarnjeg razvitka političkog života uopće.

Nije bilo malo onih koji su u ovom smjeru sumorno gledali na razvoj i jadikovali zbog nepostojanja plana i promišljenosti u politici carstva, dakle, vrlo rado uviđali svoje unutarnje slabosti i šupljine, ali su to bili samo marginalci u političkom životu: službena vladina mjesta su se prema spoznajama jednoga Houstona Stewarta Chamberlaina, odnosila isto tako ravnodušno, kao, što to čine još i danas. Ti su ljudi preglupi da sami nešto misle i smisle, da od drugih nauče ono neophodno - jedna prastara istina koja je potakla Oxenstierna na uzvik: "Svijetom vlada samo djelić mudrosti", od kojega je djelića opet, naravno, gotovo svaki savjetnik ministarstva otjelovljenje samo jednog atoma. Otkada je Njemačka postala Republikom, ovo doduše više i ne vrijedi - stoga je i Zakonom o zaštiti Republike zabranjeno u tako što vjerovati, ili čak i izgovoriti. Ali za Oxenstierna je bila sreća što je živio tada, a ne danas, u ovoj mudroj Republici.

Kao daleko najslabija točka još i u predratnom vremenu, bila je mnogostruko uočena institucija u kojoj se trebala otjeloviti moć carstva: Parlament, Reichstag. Kukavičluk i nepostojanje odgovornosti ovdje su se sjedinili na najsavršeniji način.

Jedna od besmislica koja se, ne tako rijetko, može čuti i danas je, da je parlamentarizam u Njemačkoj zakazao "već od revolucije". Time se samo polagano pobuđuje utisak, kao da je, recimo, prije revolucije sve bilo drugačije. U stvarnosti, ova institucija ne može uopće drugačije, nego uništavajuće ni djelovati - a ona je to činila, dakako, još i u ono vrijeme, kada je najveći broj njih još nosio oglavinu, ništa nije vidio, ili nije želio vidjeti. Jer zbog toga što je Njemačka srušena, ni najmanjim dijelom ne treba zahvaliti ovoj instituciji; da do katastrofe nije došlo već prije, ne može se pripisati u zasluge Reichstagu, već otporu prema njemu, koji je podupro djelatnost ovog grobara njemačke nacije i njemačkog carstva još u godinama mira.

Od neizmjerno strašnih šteta za koje neposredno ili posredno treba zahvaliti ovoj instituciji, ja želim istaći samo jednu jedinu nesreću, koja najviše odgovara unutarnjem biću ove najneodgovornije institucije svih vremena: užasavajuću polovičnost i slabost političkog vodstva carstva, kako prema unutra, tako i prema van, koju u prvom redu treba pripisati učinku Reichstaga, koji je bio glavni uzrok političkog sloma.

Polovično je bilo sve što je na bilo koji način bilo podčinjeno utjecaju ovog parlamenta, gledalo se na to kako mu drago.

Polovična i slaba bila je politika savezništva carstva prema van. Time što se htjelo održati mir, moralo se neizbježno usmjeravati ka ratu.

Polovična je bila i politika prema Poljskoj. Izazivalo se, a da se nikada nije bilo što ozbiljno poduzimalo. Učinak je bio, niti pobjeda Njemstva, niti smirivanje Poljske, ali zato, neprijateljstvo s Rusijom.

Polovično je bilo i rješenje elsas - lotharingijskog pitanja. Umjesto da se brutalnom šakom, jednom zauvijek, smrvi glava francuskoj hidri, a nakon toga Elsašanima priznaju ista prava, ništa se od oboje nije učinilo. A i nije se uopće ništa ni moglo, jer su u redovima najvećih stranka također sjedili izdajnici zemlje - u Centru npr. gospodin Wetterle.

Sve bi se to, ipak, još i moglo podnijeti, da sveopćoj polovičnosti nije žrtvom pala sila od čijeg je postojanja, konačno, ovisio opstanak carstva: vojska.

Samo ono što je takozvani "Njemački Reichstag" ovdje zgriješio, bilo bi dovoljno da ga njemačka nacija za sva vremena optereti prokletstvom. Iz najbjednijih razloga ove su parlamentarne stranačke propalice naciji ukrale i izbile iz ruku oružje samoodržanja, jedinu zaštitu slobode i nezavisnosti našeg naroda. Kada bi se danas otvorili grobovi flandrijske visoravni, iz njih bi ustali krvavi tužitelji, stotine tisuća najboljih mladih Nijemaca, koji su zbog nesavjesnosti ovih parlamentarnih zločinaca, loše i polovično osposobljeni, bili ubačeni u naručje smrti; Njih i milijune muževa, koji su potonuli u naručju mrtvih, ili postali bogalji, izgubila je domovina, sve u svemu, da bi se nekolicini stotina narodnih varalica omogućile političke prijevare, ucjene, ili čak, da sami unaokolo ponavljaju jedne te iste doktrinarne teorije.

Za vrijeme dok je Židovstvo pomoću svog marksističkog i demokratskog tiska cijelim svijetom širilo laži o njemačkom "militarizmu" i tako svim sredstvima nastojalo opteretiti Njemačku, odbijale su marksističke i demokratske stranke svako širenje obrazovanja njemačke narodne snage. Pri tome je i ogroman zločin koji je time bio počinjen, morao biti odmah jasan svakome, tko je mogao samo i pomisliti, da bi u slučaju dolazećeg rata cijela nacija ipak morala stupiti pod oružje, i stoga su, dakle, zbog ovog mangupluka tih čistih reprezentanata vlastitog takozvanog "narodnog predstavništva", milijuni Nijemaca, loše i polovično izvježbani, bili natjerani pred neprijatelja. Ali, ako se čak izvan razmatranja i ostave posljedice brutalne i čiste nesavjesnosti ovih parlamentarnih slugu, ovaj nedostatak izvježbanih vojnika na početku rata morao je polagano voditi njihovom gubitku, što se baš u velikom svjetskom ratu potvrdilo na tako strašan način.

Gubitak borbe za slobodu i nezavisnost njemačkog naroda, učinak je već u miru iskazane polovičnosti i slabosti privlačenja cjelokupne narodne snage za obranu domovine.

*

Dok je na kopnu bilo izvježbano premalo regruta, jednaka polovičnost na djelu bila je i u pomorskim snagama - oružje nacionalnog samoodržanja, više ili manje, je učinjeno bezvrijednim. Ali je, nažalost, vodstvo mornarice i samo bilo zahvaćeno duhom polovičnosti. Tendencija da se svi brodovi na doku grade uvijek nešto manji nego u isto vrijeme na doku za gradnju položeni engleski brodovi, bila je malo dalekovidna, ali još manje genijalna. Upravo flota koja se već na početku ne može brojčano podići na visinu njenog predviđenog protivnika, mora nedostatak broja nastojati nadomjestiti izvanrednom borbenom snagom pojedinačnih brodova. Radi se o promišljenoj borbenoj snazi, a ne o nekoj bajoslovnoj nadmoći u "kvaliteti". Ustvari, moderna tehnika je tako napredovala, i postigla tako veliku usklađenost u pojedinim kulturnim državama, da je nemoguće brodovima neke sile pripisati bitno veća borbena svojstva nego brodovima iste tonaže neke druge države. A još je mnogo manje shvatljivo, da se može postići nadmoć putem manjih nosivosti brodova.

Ustvari, malo je tonaža njemačkih brodova moglo uslijediti samo na račun brzine i naoružanja. Fraza kojom se pokušavalo opravdati ovu činjenicu, pokazala je, doduše, veoma strašan nedostatak mirnodopske logike nadležnih mjesta. Objašnjavalo se, naime, da je njemački topovski materijal tako uvjerljivo nadmoćan engleskom, da njemačka cijev od 28 cm uopće ne odstupa u učinku hica od britanske cijevi od 30,5 cm?

Upravo je zbog toga sada ipak uvedena obveza da se prijeđe na top od 30,5 cm, jer cilj nije morao biti u dostignuću iste, nego nadmoćne borbene snage. Inače bi, također, uvođenje Merzera od 42 cm u vojsci bilo Suvišno, jer je njemački Merzer od 21 cm bio po sebi daleko nadmoćan tadašnjem francuskom topu okomite paljbe, a tvrđave bi pale žrtvom, svakako, i od Merzera od 30,5 cm. Samo je vodstvo kopnene vojske razmišljalo ispravno, ali, mornarice, nažalost, ne.

Odustajanje od nadmoćnog djelovanja artiljerije, kao i od nadmoćne brzine, temeljilo se je međutim na, u osnovi pogrešnoj, takozvanoj "misli o riziku". Već i oblikom izgradnje flote, vodstvo mornarice se na samom početku odreklo napada i usmjerilo usiljeno na obranu. Ali, time se odustalo i od konačnog uspjeha, koji je oduvijek bio i mogao biti samo u napadu. Brod manje brzine i slabog naoružanja bit će najčešće zbog većeg dometa protivnikova hitca potopljen od bržeg i bolje naoružanog. To je morao osjetiti, na najgorčiji način, cijeli niz naših krstarica. Koliko je u osnovi bilo pogrešno mirovno stajalište vodstva mornarice pokazao je rat, koji je, gdje se to uopće događalo, prisiljavao na prenaoružavanje starih i bolje naoružavanje novih brodova. Da su u pomorskoj bitci kod Skagerraka njemački brodovi imali jednaku tonažu, jednako naoružanje i jednaku brzinu kao engleski, tada bi pod orkanom sigurnijih u pogotku, a učinkovitih njemačkih granata od 38 cm, britanska flota potonula u vodeni grob.

Japan je nekoć vodio drugu politiku flote. Tamo su u principu sve snage usmjerene da se u svakom pojedinom novom brodu postigne nadmoćna borbena moć, koja će pobijediti pretpostavljenog neprijatelja. Tome je tada također odgovarala u tu svrhu ugrađena napadačka oprema flote.

Dok se vodstvo kopnene vojske slobodno držalo po strani od pogrešnih zamisli, duhu parlamenta podlegla je mornarica, iako je, nažalost, "parlamentarno" bila bolje zastupljena. Ona je bila organizirana na polovičnim stajalištima i kasnije je na sličnima ustrojena. Ono što je mornarica do tada postigla na besmrtnoj slavi, treba pripisati dobrom radu njemačkih vojnika, kao i sposobnosti i neusporedivom herojstvu pojedinih časnika i posada. Daje bivše najviše mornaričko vodstvo bilo na razini genijalnosti tog herojstva, žrtve ne bi bile uzaludne.

Tako je možda upravo nadmoćna parlamentarna spremnost vodećih glava mornarice u miru, postala njenom nesrećom, time, što su nažalost i u njenoj izgradnji umjesto usko vojne, odlučujuću ulogu počela igrati parlamentarna gledišta. Polovičnost i slabost, kao i nedostatak logike mišljenja svojstveni parlamentarnoj instituciji, obojila je također i vodstvo flote.

Kopnena vojska se, kao što je već istaknuto, držala povučeno od takvih principijelno pogrešnih razmišljanja. Posebno je Ludendorff, tadašnji pukovnik u Velikom Glavnom stožeru, vodio ogorčenu borbu protiv zločinačke polovičnosti i slabosti, kojom se Reichstag suprotstavljao životnim pitanjima nacije i najčešće ih negirao. Iako je borba koju je tada vodio ovaj časnik ipak bila uzaludna, polovicu je krivice snosio upravo parlament, a drugi dio, koliko je uopće bilo moguće, još bjednije držanje i slabost carskog kancelara Bethmanna Hollwega. Ovo ni najmanje ne sprječava krivce njemačkog sloma, da baš danas žele prebaciti krivicu na onoga, koji se jedini suprotstavio ovom zanemarivanju nacionalnih interesa - prijevara više ili manje, ovim urođenim špekulantima nikada nije bila bitna.

Tko promisli na sve ove žrtve koje su natovarene naciji kažnjivom lakoumnošću ovih najneodgovornijih, tko pred očima ima sve te besciljno žrtvovane milijune zdravih ljudi, kao i beskrajno poniženje i sramotu, neizmjernu bijedu koja nas je pogodila, i zna da je do toga svega došlo samo zbog toga da bi se gomili nesavjesnih štrebera i lovaca na položaje utro put do ministarskih fotelja, taj će razumjeti da se te kreature stvarno mogu nazivati riječima kao što su: nitkov, lupež, odrpanac i zločinac. Inače bi smisao i svrha postojanja ovih izraza u jezičnoj upotrebi bila svakako nerazumljiva. Jer, u usporedbi s ovim izdajicama svoje nacije, svaki je svodnik još častan čovjek.

Sve su stvarne tamne strane stare Njemačke osobito pale u oči tek tada, kada je zbog toga unutarnja čvrstoća nacije morala pretrpjeti štetu. Da, u takvim su slučajevima bile te neprijatne istine čak i izvikivane u široke mase, dok su inače mnoge stvari rade sramno prešućivane, pa čak dijelom i jednostavno poricane. To je bio slučaj, kad se u otvorenom postupku neko pitanje možda još moglo dovesti do poboljšanja. Pri tome nadležna mjesta u vladi nisu baš ništa znala o vrijednosti i biti promidžbe. Da se kroz pametnu i trajnu primjenu promidžbe čak i samo nebo može narodu prikazati kao pakao i obratno, najbjedniji život kao raj, znao je samo Židov, koji je prema tome i djelovao; Nijemac, bolje rečeno njegova vlada, o tome nije imao ni pojma.

Ovo se trebalo najteže osvetiti tijekom rata.

Nasuprot svim ovim nagovještajima i bezbrojnim drugim štetama u njemačkom su predratnom životu, postojale mnoge prednosti. Pri jednom pravednom ispitivanju mora se čak priznati, da su najveći broj naših lomova, najvećim dijelom imenovali kao svoje vlastite i druge zemlje i narodi, i da su nas u tome ostavljali čak daleko u sjeni, s time što oni nisu posjedovali mnoge naše stvarne prednosti.

Na vrhu ovih prednosti može se, pored ostalih, staviti činjenica da je njemački narod skoro među svim europskim narodima još uvijek najviše pokušavao očuvati nacionalni karakter svoga gospodarstva i, usprkos mnogim lošim predznacima, još je ponajmanje podlegao internacionalnoj financijskoj kontroli. Svakako opasna prednost, koja je kasnije bila najveći izazivač svjetskog rata.

Ako se, međutim, ovo i mnogo što drugog ostavi po strani iz bezbroj zdravih izvora naše nacije, moraju se izdvojiti tri institucije, koje su na svoj način bile primjerene, čak i nedostižne.

Kao prvo, državni oblik po sebi, i izražajnost koju je on našao u Njemačkoj novoga vremena.

Ovdje se stvarno mora zanemariti pojedine monarhe, kao ljude podložne svim slabostima, koje je zapala briga za ovu zemlju i njenu djecu - jer, ako bi se ovdje bio popustljiv, moralo bi se uopće inače očajavati zbog sadašnjosti: nisu li ipak predstavnici sadašnje vlasti, upravo promatrane kao ličnosti, duhovno i moralno najskromnije koje se pri dugom razmišljanju uopće može zamisliti. Tko "vrijednost" njemačke revolucije mjeri po vrijednosti i veličini ličnosti koje je ona od studenoga 1918. poklonila njemačkom narodu, on će pokriti svoju glavu od srama pred sudom potomstva, kome više neće moći začepiti usta zaštitnim zakonima itd. i koji će stoga reći ono što, eto, mi svi već danas znamo, naime, da su mozak i vrlina u naših novonjemačkih vođa u obrnutom razmjeru s njihovim brbljanjem i porocima.

Sigurno da je monarhija bila mnogima, prije svega širokoj narodnoj masi, otuđena. To je bila posljedica činjenice, da monarsi nisu uvijek bili okruženi, recimo, najblistavijima, a posebno ne najodanijim glavama. Oni su, nažalost, dijelom više voljeli laskavce nego uspravne prirode i tako su od takvih bili i "poučavani". Vrlo velika šteta u vremenu u kome je svijet u mnogim pogledima trebao pretrpjeti velike promjene, koje, naravno, također nije moglo izdržati shvaćanje mnogih zastarjelih predaja u dvorovima.

Tako pri prijelazu u ovo stoljeće običan muškarac i čovjek nije mogao više izraziti svoje posebno čuđenje princezi koja bi u uniformi jahala uzduž fronta. O učinku takve parade u očima naroda, nije se, čini se, moglo dobiti nikakvu točnu predodžbu, jer inače, do takvih i suviše nesretnih nastupa ne bi nikada ni dolazilo. Isto tako, i ne baš uvijek potpuno prava budalaština o humanosti ovih krugova, djelovala bi prije odbijajuće, nego privlačno. Ako je, na primjer, princeza X blagoizvoljela probati jelo u nekoj narodnoj kuhinji s poznatim učinkom, to je možda prije moglo izgledati potpuno dobro, ali je tada uspjeh bio potpuno suprotan očekivanjima. Pri tome se, bez daljnjega, može pretpostaviti da Visočanstvo nema nikakvog pojma o tome, da je jelo na dan njena kusanja bilo pripremljeno malo drugačije, nego što je inače uobičajeno; samo, bilo je potpuno dostatno, što su to ljudi već znali.

Tako je najbolja moguća namjera bila smiješna, ako ne i razdražujuća.

Opisi uvijek poslovične skromnosti monarha, njegovo prerano ustajanje, kao i njegovo pravo izgaranje na radu sve do kasno u noć, a još k tome uz neprestanu opasnost njegove prijeteće neishranjenosti, izazivali su ipak vrlo sumnjičave izjave. Jer, nitko nije ni želio znati što i koliko je monarh prema sebi milosti; priskrbio bi mu se "dostatan" obrok; uopće se nije ni nastojalo uskratiti mu neophodan san; bilo bi dovoljno samo to, da je on inače kao čovjek i karakter, imenom svoga roda i naciji omogućavao čast i dostojanstvo i kao regent ispunjavao svoje obveze. Pripovijedanje bajki, koristilo je vrlo malo, ali je zato to više štetilo.

To i mnogo sličnoga bile su samo sitnice. Gore je, nažalost, u sve većim dijelovima nacije djelovalo sve veće uvjerenje, da se bez daljnjega vlada odozgo, i da se, stoga, pojedinac nema dakle ni za što dalje brinuti. Sve dokle god je vlada bila stvarno dobra, ili bar htjela najbolje, stvar je nekako i išla. Ali, jao, ako jednom umjesto vlade koja je po sebi htjela dobro, treba nastupiti nova, manje ispravna, tada su bezvoljna prilagodljivost i djetinjasto vjerovanje najteža nevolja kakvu se uopće može i zamisliti.

A svim ovim, i mnogim drugim slabostima stajale su nasuprot nepobitne vrijednosti.

Jednim monarhističkim državnim oblikom uvjetovan je stabilitet cjelokupnog državnog vodstva, kao i izvlačenje pos- ljednjeg državnog namještenja iz vreve špekulacija častoljubivih političara. Nadalje, čast institucija po sebi, kao i već po njoj zasnovani autoritet, isto tako uzdržavanje činovničkog korpusa i posebno vojske iznad razine stranačko - političkih obveza. K tome je još došla prednost osobnog utjelovljenja državnog vrha samim monarhom kao ličnošću i uzorom odgovornosti koju monarh mora teže nositi, nego slučajna gomila neke parlamentarne većine poslovična čistoća njemačke uprave bila je u prvom redu pripisana tome. Konačno, kulturna vrijednost monarhije za njemački narod bila je visoka i mogla je, dabome, izravnati druge nedostatke.

Njemački dvorovi su još uvijek bili gnijezda umjetničkog mišljenja, koje je u našem materijaliziranom vremenu prijetilo izumiranjem. Ono što su njemački kneževi baš u XIX. stoljeću učinili za umjetnost i znanost bilo je uzrono. U svakom se slučaju današnje vrijeme s tim uopće ne može usporediti.

Kao najveći vrijednosni čimbenik u ovom vremenu za početak i sve ubrzaniji raspad našeg narodnog tijela, trebamo spomenuti vojsku. Bila je to najmoćnija škola njemačke nacije i nije se uzalud mržnja svih neprijatelja usmjeravala baš protiv tog zaštitnika nacionalne samouprave i slobode. Ovoj se jedinstvenoj instituciji ne može pokloniti nikakav veličanstveniji spomenik od utvrđivanja istine da je ona bila klevetana od svih manje vrijednih, koji su je mrzili, protiv nje se borili, ali su se je i bojali. To što se niz internacionalnih narodnih eksploatatora iz Versaillesa u prvom redu okrenulo protiv stare njemačke vojske, dopušta ovoj da se samo zbog toga prizna kao gnijezdo slobode našega naroda, pred moći burze. Bez ove upozoravajuće snage smisao Versaillesa prema našem narodu bio bi već odavno sproveden. Ono što njemački narod zahvaljuje njemačkoj vojsci, može se kratko sažeti u jednu jedinu riječ: Sve.

Vojska je odgojila bezuvjetnu odgovornost u vremenu kada je ova osobina postala već vrlo rijetka, a njeno je potiskivanje sve češće bilo na dnevnom redu, počev od slike i prilike svake neodgovornosti Parlamenta; ona je, nadalje, odgajala osobnu hrabrost u vremenu kada je kukavičluk prijetio postati harajuća bolest, a spremnost izložiti se žrtvi za opće dobro smatrana je skoro glupošću. Samo je onaj izgledao mudrim, tko je vlastito "ja" umio najbolje štedjeti i isticati. Ona je bila škola koja je Nijemca pojedinca još poučavala da dobrobit nacije ne treba tražiti u lažljivim frazama internacionalnog bratimljenja Crnaca, Nijemaca, Kineza, Francuza, Engleza, itd., već u snazi i odlučnosti vlastitog narodnog bića.

Vojska je odgojila snagu odlučnosti, kad su već u životu djelovanje ljudi počele određivati neodlučnost i sumnja. Ona je htjela nešto značiti u vremenu kada su ton posvuda davale neznalice, nastojeći visoko poštovati princip, da je bilo kakvo zapovijed bolje od nikakvog. U ovom se principu krije još nepokvareno krepko zdravlje, koje bi se već odavno izgubilo u našem ostalom životu, da se vojska i njen odgoj nisu brinuli za stalno obnavljanje te iskonske snage. Potrebno je, dakako, samo pogledati strašnu neodlučnost našeg sadašnjeg carskog vodstva, koje nije u stanju mobilizirati ni za kakvo djelo, osim ako se ne radi o prinudnom potpisivanju nekog novog dekreta za pljačku naroda; u tom slučaju ono otklanja svaku odgovornost i potpisuje rigidnom spremnošću nekog dvorskog stenografa sve što mu se uopće podmetne - jer je u ovom slučaju lako donijeti odluku; ona mu je, eto, nametnuta.

Vojska je odgojila i idealizam i odanost domovini i njenoj veličini, dok su se u ostalom životu sve više širili lakomost i materijalizam. Ona je odgajala jedinstven narod protiv podjele na klase i ovdje, možda, počinila jedinu pogrešku u instituciji jednogodišnjeg dragovoljstva. Grešku zbog toga, jer je njome narušen princip bezuvjetne jednakosti i obrazovaniji ponovno postavljeni izvan okvira opće okoline, dok bi bilo korisno baš obrnuto. Pri ionako velikoj svjetskoj otuđenosti naših viših slojeva, i sve većeg nastajućeg otuđenja prema vlastitom narodu, baš je vojska mogla djelovati naročito blagodatno, da je bar u svojim redovima izbjegavala svako izdvajanje takozvane inteligencije. Što se to nije učinilo, bila je grješka; samo, koja je to institucija na ovom svijetu bezgrješna? Kod ove je, ipak, bez daljnjega prevladalo ono dobro, tako da je samo mali broj mana ostao daleko ispod prosječnog stupnja ljudske nedostatnosti.

Ali, u najveću zaslugu vojske starog carstva, mora se uračunati što je ona, u vremenu općeg nadglasavanja glava, glavu postavila iznad nadglasavanja. Vojska je prema židovsko - demokratskoj zamisli slijepog poklonstva u brojke, vrlo visoko poštivala vjeru u ličnost. Tako je ona tada odgajala i ono što je bilo najneophodnije potrebno novijem vremenu - muškarce. - U močvari općeg i posvemašnog omekšavanja i poženščivanja, u redovima vojske svake je godine očeličeno 350 tisuća snažnih mladića, koji su u dvogodišnjoj vježbi gubili mekoću mladosti i stjecali čelično - snažna tijela. Mlad čovjek, koji je tijekom vremena učio slušati, mogao je tek potom naučiti zapovijedati. Već se po koraku prepoznavao odsluženi vojnik.

To je bila visoka škola njemačke nacije i nije se uzaludno na nju usmjerila žestoka mržnja onih koji su iz zavisti i pohlepe trebali i željeli nemoć carstva i nezaštićenost njegovih građana. Ono što mnogi Nijemci u zaslijepljenosti ili lošoj volji nisu htjeli vidjeti, spoznao je strani svijet; njemačka vojska bila je najsnažnije oružje u službi njemačke nacije i ishrane njene djece.

Uz državno ustrojstvo i vojsku, kao treći u savezu dolazi neusporedivi korpus činovnika starog carstva.

Njemačka je bila najorganiziranija i najbolje vođena zemlja svijeta. Ma koliko se htjelo njemačkom državnom činovniku zamjeriti birokratska zaostalost, ni u drugim državama u tom pogledu nije bilo bolje, prije - još gore. Ali, ono što druge države nisu imale, bila je izvanredna solidarnost ovog aparata, kao i nepotkupljivo pošteno i časno opredjeljenje njegovih obnašatelja. Bolje iako ponešto zastarjelo, ali vrijedno i vjerno, nego li prosvijećeno i moderno, ali zato manje vrijedno po karakteru, i, kao što se danas često pokazuje, neznalačno i nemoćno: Jer, na to što se sada čini, kao da je predratna njemačka uprava svakako bila birokratski uspješna, ali trgovački loša, može se odgovoriti samo sljedeće: Koja je svjetska zemlja imala bolje voden i organiziraniji trgovački pogon u svom državnom ustojstvu od Njemačke? Tek je revolucija omogućila da ovaj uzorni aparat, toliko dugo razaran dok konačno nije izgledao zreo za oduzimanje iz ruku svoje nacije, bude u smislu osnivača ove republike socijaliziran, što znači, podvrgnut služenju internacionalnom burzovnom kapitalu kao nalogodavcu njemačke revolucije.

Ono što je pri tome posebno odlikovalo njemački činovnički korpus i upravni aparat, bila je njegova nezavisnost od pojedinih vlada, čija politička opredjeljenja nisu mogla imati nikakav utjecaj na položaj njemačkog državnog činovnika. Doduše, poslije revolucije ovo se iz temelja izmijenilo. Na mjesto mača i sposobnosti stupio je stranački stav, čime je samostalan i nezavisan karakter prije ometan, nego li unaprjeđivan.

Zadivljujuća snaga i moć starog carstva temeljila se na državnom ustroju - na vojsci i korpusu činovnika. Oni su u prvom redu bili uzroci svojstva koje današnjoj državi potpuno nedostaje: državnog autoriteta! Oni se nisu temeljili na naklapanjima u parlamentima i zemaljskim skupštinama, kao ni na zakonima za njihovu zaštitu, ili sudskim presudama za zastrašivanje drskih lažljivaca itd., već na općem povjerenju koje se vodstvu i upravi društva smjelo i moglo ukazivati. Ovo je povjerenje opet samo učinak nepokolebljivog unutarnjeg uvjerenja u nesebičnost i vrijednost vlade i uprave neke zemlje, kao i suglasnosti smisla zakona s osjećajem općeg pogleda na moral. Jer se vlade i sustavi trajno ne održavaju putem pritiska sile, već vjerom u njihovu dobrotu i istinitost u zastupanju i isticanju interesa naroda.

Ma kako, dakle, prijetili da su poznate štete predratnog razdoblja teško nagrizale unutarnju snagu nacije, ipak se ne smije zaboraviti, da je i druge države pratio najveći broj ovih bolesti, još više nego Njemačku, a ipak, u kritičnom trenutku opasnosti nisu zakazale ni propale. A kad se još k tome pomisli da su prijeratnim njemačkim slabostima isto tako bile suprotstavljene velike snage, tada se posljednje uzroke sloma može i mora tražiti još i u drugom području: a to je, također, i slučaj.

Najdublji i posljednji razlog propadanja starog carstva, bio je u neprepoznavanju i nepriznavanju rasnog problema i njegova značaja za povijesni razvoj naroda. Jer, sva zbivanja u narodnom životu nisu izražavanje slučaja, nego prirodnih tokova nagona za samoodržanjem i razmnožavanjem vrste i rase, čak. i ako ljudi ne mogu biti svjesni unutarnjih razloga svojih djelovanja.

Glava 11

NAROD I RASA

Ima istina koje tako vidljivo leže na ulici, da ih baš zbog toga običan svijet i ne vidi, pa čak ni ne prepoznaje. On kao slijepac prolazi pored takvih općepoznatih istina koje bodu oči, i tako je jako iznenađen, kada netko iznenada otkrije ono što bi svi morali znati. Na stotine tisuća Kolumbovih jaja leži unaokolo, samo se Kolumbo ipak rjeđe susreće.

Tako ljudi bez izuzetka putuju unaokolo vrtom prirode, uobražavajući se da skoro sve poznaju i znaju i prolaze ipak, uz rijetke izuzetke, kao slijepci pored nekog najistaknutijeg vladajućeg principa: unutarnje zatvorenosti svih vrsta živih bića na ovoj Zemlji.

Već i površan pogled pokazuje kao gotovo nepromjenjivi osnovni zakon svih bezbrojnih izražajnih oblika životne volje prirode, njen u sebi zaokružen ograničeni oblik rasplođivanja i razmnožavanja. Svaka životinja pari se samo sa sudrugom iste vrste. Sjenica ide sjenici, zeba zebi, roda k rodi, poljski miš poljskom mišu, kućni miš kućnom mišu, vuk vučici, itd.

To mogu izmijeniti samo izvanredne prilike, u prvom redu prisila zarobljeništva, kao i neka druga spriječenost parenja u okviru iste vrste. Ali se tada priroda počinje tome opirati svim sredstvima, a njen se vidljivi protest sastoji ili u uskraćivanju dalje sposobnosti razmnožavanja bastardima, ili u ograničenoj plodnosti kasnijih potomaka; u najvećem broju slučajeva, oduzima ona imunitet protiv bolesti i neprijateljskih napada.

To je sve prirodno.

Svako križanje dvaju nejednako visokih bića, daje kao proizvod neko srednje stvorenje, između visina oba roditelja. To, dakle, znači: mladunče će svakako biti više nego rasno niža polovica roditeljskog para, ali ne i tako visoka kao viša polovica roditeljskog para. Shodno tome, ono će kasnije, u borbi protiv ove više, podleći. Ali, takvo se parenje suprotstavlja volji prirode za veće njegovanje života općenito. Pretpostavka za to nije u povezivanju više ili manje vrijednih, nego u beziznimnoj pobjedi onih prvih. Jači mora vladati, a ne miješati se sa slabijima, da bi tako žrtvovao vlastitu veličinu. Samo rođeni slabić može ovo osjećati strašnim, ali je on zato ipak na kraju samo slab i ograničen čovjek; jer, kada ne bi vladao ovaj zakon, bio bi nezamisliv svaki pretpostavljeni viši razvoj svih organskih živih bića.

Posljedica ovoga, u prirodi općevažećeg zakona za čistoćom rase, nije samo oštro vanjsko razgraničenje pojedinih rasa, nego i njihova skladna narav u samima sebi. Lisica je uvijek lisica, guska je guska, tigar je tigar itd., a razlika među njima ponajviše može biti u nejednakoj količini snage, pameti, snalažljivosti, izdržljivosti itd. pojedinih primjeraka. Ali nikada se neće moći naći ni jednu lisicu koja bi po svom unutarnjem svojstvu mogla imati, recimo, neke humane zahtjeve prema guskama, kao što isto tako ne postoji ni jedna mačka prijateljskih sklonosti prema miševima.

Stoga ovdje nastaje međusobna borba, manje, recimo, zbog unutarnje odbojnosti, a više zbog gladi i ljubavi. U oba slučaja priroda mirno, čak zadovoljno, promatra. U borbi za kruh svagdašnji podleći će sve slabo i boležljivo, manje odlučno, dok će borba mužjaka za ženku sačuvati pravu mogućnost oplođivanja samo najzdravijima. Ali, borba je uvijek sredstvo za unaprjeđenje zdravlja i otpornosti vrste, a zatim i uzrok za njihov viši razvoj.

Da je tijek bio drugačiji, prestalo bi svako dalje i više oblikovanje, a nastupilo prije ono suprotno. Jer kako broj manje vrijednih uvijek preteže nad brojem najboljih, kod istih životnih uvjeta i mogućnosti daljeg rasplođivanja, manje vrijedni bi se tako brže razmnožavali, dok konačno, najbolji ne bi neizbježno morali ostati u pozadini. Mora se, dakle, provesti korektura u korist boljega. A nju osigurava priroda, time što slabiji dio podvrgava tako teškim životnim uvjetima, da se već i zbog njih ograničava broj, a ostatak se na kraju više ne prepušta neselektivnom razmnožavanju, nego mu se daje novi bezobziran izbor prema snazi i zdravlju.

Ali, ma koliko ona malo želi parenje slabih pojedinaca s jakima, utoliko manje želi stapanje viših rasa s nižima, jer bi, naravno, u drugom slučaju možda cijeli njen rad na njegovanju viših vrsta, koji možda traje stotinama tisuća godina, bio opet obezvrijeđen jednim udarcem.

Povijesno iskustvo pruža ovdje bezbrojne dokaze. Ono pokazuje sa zastrašujućom jasnoćom, da pri svakom miješanju krvi Arijaca s nižim narodima, kao učinak proizlazi kraj nositelja kulture. Sjeverna Amerika, čije se stanovništvo u daleko najvećem broju sastoji od germanskih elemenata, a koje se samo jako malo miješalo s nižim obojenim narodima, pokazuje neko drugo čovječanstvo i drugu kulturu nego Centralna i Južna Amerika, u kojima su se doseljenici, uglavnom romanskog podrijetla, ponekad u velikom opsegu miješali s urođenicima. Na ovom se primjeru već može jasno i raspoznatljivo spoznati učinak miješanja rasa. Rasno čist i nepomiješani preostali German američkog kontinenta uzdigao se do gospodara; on će ostati gospodar toliko dugo, dokle god ne postane žrtvom - krvnog oskvrnuća.

Učinak svakog rasnog križanja je dakle, sasvim kratko rečeno, uvijek sljedeći:
a) opadanje razine više rase;
b) tjelesni i duhovni nazadak, a time i početak jedne jako polagane, a ipak sigurno napredujuće dugotrajne bolesti. Uvesti takav razvoj ne znači međutim, ipak, ništa drugo, već griješiti protiv volje vječnog Stvoritelja.

Ali kao grijeh, ovaj se čin ipak nagrađuje.

Time što se čovjek pokušava oduprijeti gvozdenoj logici prirode, on upada u borbu protiv osnovnih zakona, kojima on i sam ima zahvaliti svoje postojanje kao čovjeka. Tako njegovo djelovanje protiv prirode mora dovesti i do njegove vlastite propasti.

Ovdje, dakako, nastupa prava židovska drska, ali isto tako glupa primjedba modernih pacifista: "Čovjek upravo nadvladava prirodu!"

Ovu židovsku besmislicu trabunjaju milijuni, i na kraju stvarno uobražavaju, da su i sami neka vrsta nadvladalaca prirode; pri tome im kao oružje ipak ne stoji na raspolaganju ništa drugo do ideje, još k tome tako jadne, da se prema njoj stvarno i ne može predočiti nikakav svijet.

Samo, sasvim nezavisno od toga, što čovjek ni u jednoj stvari nije uspio nadvladati prirodu, nego je u najboljem slučaju pokušao otkopčati jedno ili dva dugmeta njenog ogromnog divovskog vela vječnih zagonetki i tajni, što u stvarnosti ništa ne pronalazi, već sve samo otkriva, on ne savladava prirodu, nego se samo na osnovu spoznaja pojedinih prirodnih zakona i tajni, uzdiže do gospodara onih drugih živih bića kojima to znanje baš nedostaje dakle, sasvim nezavisno od toga, neka ideja ne može *prevladati* osnovu postojanja i opstojnosti čovječanstva, jer ona sama, dakako, ovisi samo od ljudi. Bez ljudi na ovome svijetu ne postoji ni jedna ljudska ideja, stoga je i ideja kao takva ipak uvjetovana postojanjem ljudi, a time i svih zakona koji su stvorili osnove za ovu opstojnost.

I ne samo to! Određene su ideje čak povezane i uz određene ljude. To vrijedi baš za takve misli čiji sadržaj nema svoje porijeklo u nekoj egzaktnoj znanstvenoj istini, već u svijetu osjećaja, ili kao što se danas uobičajilo jasno i lijepo ponavljati, u "unutarnjem doživljaju". Sve ove ideje, koje nemaju ništa zajedničkog s hladnom logikom po sebi, nego su čisto izražavanje osjećaja, etičke predodžbe itd., nerazdvojive su od života ljudi čijoj duhovnoj snazi predodžbi i stvaralaštva one trebaju zahvaliti svoje postojanje. Ali, baš je tada održanje tih određenih rasa i ljudi preduvjet opstojnosti tih ideja. Tko bi, na primjer, stvarno od srca želio pobjedu pacifističkih misli na ovom svijetu, morao bi se svim sredstvima založiti da Nijemci osvoje svijet; jer, ako bi bilo obrnuto, vrlo lako bi s posljednjim Nijemcem izumro i posljednji pacifist, budući da se ostali svijet jedva ikada tako duboko ukopao u ovu prirodi, a i razumu suprotnu besmislicu, kao što je to nažalost slučaj s našim vlastitim narodom. Moralo bi se, sviđalo se to kome ili ne, s ozbiljnijom namjerom odlučiti da se vode ratovi, kako bi se stiglo do pacifizma. To, i ništa drugo, namjeravao je američki svjetski spasitelj Wilson, bar su tako u najmanju ruku vjerovali naši njemački fantasti- čime bi, naravno, svrha bila i postignuta.

Stvarno je pacifističko - humana ideja možda i sasvim dobra, ali tek kada najodgovorniji čovjek sebi prethodno osvoji i pokori svijet u takvom opsegu, koji ga tada učini jedinim gospodarom ove Zemlje. Ali ipak, ovoj ideji nedostaje mogućnost štetnog djelovanja i to baš u onoj mjeri, u kojoj njena praktična primjena postaje rijetko i konačno nemoguća. Dakle, najprije borba, a tek tada možda pacifizam. U drugom je slučaju čovječanstvo prekoračilo vrhunac svoga razvoja, a završetak nije vladavina bilo kakve etičke ideje, nego barbarstvo i njegova posljedica - kaos. Ovdje se tu i tamo netko može i nasmijati, samo, ova je planeta već milijune godina plutala svemirom bez ljudi, i to se opet jednom može dogoditi, ako ljudi zaborave da oni svoj viši život ne zahvaljuju idejama nekih sumanutih ideologija, već spoznaji i bezobzirnoj primjeni čvrstih prirodnih zakona.

Sve čemu se mi danas divimo na ovoj Zemlji - znanosti i umjetnosti, tehnici i pronalazaštvu - samo je stvaralački proizvod malog broja naroda, a možda prvobitno samo jedne rase. Od njih zavisi i trajanje cijele ove kulture. Ako propadnu oni, tada će s njima potonuti u grob i ljepota ove zemlje.

Kako jako, na primjer, na ljude može utjecati tlo, tako i učinak tih utjecaja uvijek može biti različit i s obzirom na rasu. Slaba plodnost nekog životnog prostora može neku rasu podstaći do najviših dostignuća, a drugoj će biti samo uzrok najgorčeg siromaštva i konačno, pothranjenosti sa svim svojim posljedicama. Unutarnja nadarenost naroda uvijek je odlučujuća za način djelovanja vanjskih utjecaja. Ono što jedne dovodi do gladi, druge podstiče na rad.

Sve velike kulture prošlosti propadale su, jer su prvobitne stvaralačke rase izumrle od trovanja krvi.

Posljednji uzrok svake od tih propasti uvijek je bio zaborav da sve kulture ovise od ljudi, a ne obratno, da se, dakle, da bi se očuvala neka određena kultura, mora održati i čovjek stvaratelj.

Ali, ovo održavanje je povezano sa spomenutim čvrstim zakonom nužnosti - prava na pobjedu najboljih i najjačih. Tko želi živjeti, taj se i bori, a tko se neće boriti na ovom svijetu vječitih borbi, ne zavrjeđuje ni život.

Čak kad bi to i bilo teško, to je jedino tako! Zasigurno je ipak daleko najteža ona Sudbina koja pogađa čovjeka koji vjeruje da može savladati prirodu, što je u osnovi uzevši ipak samo njeno omalovažavanje. Neimaština, nesreće i bolesti tada su njen odgovor.

Čovjek koji ne spoznaje i prezire rasni zakon, stvarno si ubija sreću koja će mu zasigurno doći. On propušta posljednji vlak najbolje rase, a time i preduvjet cjelokupnog ljudskog napretka. Slijedom toga on kreće opterećen ljudskom osjećajnošću u područje bespomoćnih životinja.

*

Uzaludan je početak sporiti se oko toga koja je rasa ili koje su rase bile prvobitni obnašatelji ljudske kulture, a time i stvarni osnivači onoga što mi danas sve obuhvaćamo riječju čovječanstvo. Ovo bi se pitanje moglo jednostavnije postaviti za sadašnjost, a ovdje također postoji lagan i jasan odgovor. Ono što mi danas vidimo pred sobom kao ljudsku kulturu, kao učinke umjetnosti, znanosti i tehnike, skoro je isključivo stvaralački proizvod Arijca. I baš ova činjenica ne dozvoljava neosnovani povratni zaključak, da je on sam bio osnivač višeg ljudstva uopće, već da predstavlja arhetip onoga što mi podrazumijevamo pod riječju "čovjek". On je Prometej čovječanstva iz čijeg je svijetlog čela zasjala božanska iskra genija za sva vremena, uvijek ponovno zapaljivana novom vatrom koja je kao spoznaja osvjetljavala noć šutljivih tajni, i tako ljudima osigurala put da zavladaju ostalim bićima ove Zemlje. Isključi li ga se, tada će se gusta tama, možda već poslije nekoliko tisuća godina, ponovno spustiti na Zemlju, a ljudska će kultura propasti, i Zemlja ponovno opustjeti.

Kad bi se čovječanstvo podijelilo u tri kategorije: u utemeljivače, u obnašatelje i rušitelje kulture, tada bi, dabome, kao predstavnik prve došao u obzir samo Arijac. Od njega potječu temelji i zidovi svih kulturnih tvorevina, samo su vanjski oblik i boja, uvjetovani odgovarajućim karakternim crtama pojedinih naroda. On isporučuje golemi građevni materijal i planove za svekoliki ljudski napredak, a samo izvođenje odgovara vrsti bića pojedinih rasa. Za nekoliko će desetljeća, na primjer, cijeli Istok Azije nazvati svojom neku kulturu, čiji će posljednji temelj biti isto tako grčki duh i germanska tehnika, kao što je to slučaj u nas. Samo će *vanjski* oblik - bar dijelom - nositi crte azijatske vrste bića. Nije točno, kao što neki misle, da Japan za svoju kulturu uzima europsku tehniku, nego se europska znanost i tehnika stapa s japanskim osobinama. Osnova stvarnog života nije više posebna japanska kultura, iako ona - jer izvana Europejcu više upada u oči - zbog unutarnje razlike, određuje boju života više nego moćni znanstveno tehnički rad Europe i Amerike, dakle, arijskih naroda. Na tim dostignućima i Istok može isključivo slijediti opći ljudski napredak. Ovo daje osnove borbi za kruh svagdašnji, stvara oružje i oruđe za to, a samo je vanjska izrada postupno prilagođena japanskom biću.

Ako bi od danas izostao svaki dalji arijski utjecaj na Japan, pretpostavimo da su Europa i Amerika propale, tada bi se još kratko vrijeme mogao zadržati današnji uspon Japana u znanosti i tehnici. Samo bi, već kroz nekoliko godina, bunari presušili, Japanska specifičnost bi dobila, ali bi se današnja kultura okamenila i ponovno utonula u san, iz koga se je prije sedam desetljeća trgnula kroz utjecaj arijskog kulturnog vala. Odatle proizlazi da su, baš tako kao što današnji japanski razvoj zahvaljuje svoj život arijskom porijeklu, jednom u široj prošlosti strani utjecaj i strani duh bili pokretači tadašnje japanske kulture. Najbolji je dokaz za to činjenica njenog kasnijeg okamenjenja i potpunog kočenja. Ona kod nekog naroda može nastati samo tada, ako se je izgubila prethodna stvaralačka rasna jezgra, ili je kasnije nedostajalo vanjsko djelovanje koje je dalo poticaj i materijal za prvi razvoj na kulturnom području.

Ali stoji čvrsto, da neki narod prima svoju kulturu u bitnim osnovnim materijalima od stranih rasa, prihvaća je i prerađuje, da bi se kasnije izostankom daljih vanjskih utjecaja, uvijek ponovno okamenjivao, pa se tako rasa svakako može označiti *"kulturno nosećom",* ali nikada *"kulturno stvaralačkom".*

Ispitivanja pojedinih naroda s ovog stajališta pokazuju činjenicu da se gotovo uvijek ne radi o izvornom *kulturno zasnivajućim,* već gotovo uvijek *kulturno nosećim.*

Uvijek se po prilici izražava sljedeća slika njihova razvoja:

Arijska plemena - često i pored svoje stvarno smiješne narodne malobrojnosti - podčinjavaju strane narode, te sada, pobuđeni posebnim životnim uvjetima (plodnost, klimatsko stanje itd.) razvijaju nova područja, te - zbog količine pomoćne snage ljudi niže vrijednosti - pospješuju svoje u sebi drijemajuće povoljne duhovne i organizatorske sposobnosti. Oni, često u malo milenija, čak i stoljeća, ostvaruju kulture koje su prvobitno nosile unutarnje crte njihovih bića, već prilagođene gore objašnjenim posebnim svojstvima tla, kao i pokorenih naroda. Na kraju, porobljivači ipak ogriješe o onaj svoj na početku dogovoreni princip čistoće svoje krvi, te se počinju miješati s pokorenim urođenicima i tako završavaju svoj vlastiti opstanak; jer, za počinjeni grijeh u raju, još uvijek slijedi i istjerivanje iz njega.

Poslije tisuću i više godina, često se pokazuje posljednji vidljivi trag nekadašnjeg vladajućeg naroda u obliku svjetlijeg tona kože, što ga je njegova krv ostavila pokorenoj rasi i u jednoj okamenjenoj kulturi koju je on kao stvaralac zasnovao. Jer, isto tako kao što se u krvi pokorenih izgubio stvarni i duhovni osvajač, isto se tako izgubilo i pokretačko gorivo za baklju ljudskog kulturnog napretka! Kao što boja kože zadržava od krvi bivšeg gospodara tek lakši odsjaj uspomena na njih, isto tako je i noć kulturnog života blago osvjetljena preostalim ostvarenjima nekadašnjih lučonoša. Ona se svijetle kroz sva ponovno dolazeća barbarstva i kod promatrača bez misli, često samo na tren, bude pomisao da pred sobom ima sliku sadašnjeg naroda, dok je ono u što on gleda ustvari samo ogledalo prošlosti.

Tada se može dogoditi, da takav narod tijekom svoje povijesti po drugi puta, pa čak i češće, dođe u dodir s rasom svoga bivšeg kulturnog donositelja, a da više nije ni potrebno postojanje bilo kakvog sjećanja na prijašnje susrete. Ostatak negdašnje gospodarske krvi, nesvjesno će se okrenuti novoj pojavi, te se ono što je bilo moguće tek prisilom, sada može postići vlastitom voljom. Jer će se novi kulturni val održati, a trajat će tako dugo, dok njegovi nositelji ponovno ne potonu u krvi stranih naroda.

Zadaća buduće kulturne i svjetske povijesti bit će usmjeriti istraživanja u tom smislu, a ne da se uguši u prepričavanju vanjskih činjenica, kao što je to u našoj suvremenoj povijesnoj znanosti, nažalost, prečest slučaj.

Već se i iz ove skice razvoja "kulturno nosećih" nacija također pokazuje i slika postojanja, djelovanja i propadanja stvarnih utemeljitelja kulture ove zemlje, Arijaca samih.

Kao što u svakodnevnom životu takozvanom geniju treba poseban povod, često čak formalan poticaj, da bi zablistao, isto je tako genijalna rasa potrebna i u životu naroda. U monotoniji života često puta i značajni ljudi izgledaju beznačajni i jedva strše iznad prosjeka svoje okoline; ali, čim dođu u priliku u kojoj bi drugi klonuli ili se zbunili, iz neupadljivog naizgled prosječnog djeteta izrasta genijalna priroda, ne rijetko na čuđenje svih onih koji su ga do tada viđali u niskosti građanskog života - otuda i prorok također rijetko nešto vrijedi u vlastitoj zemlji. Da bi se to vidjelo nigdje nema više prilika nego u ratu. Iz naizgled bezazlene djece, iznenada, u trenutcima nužde, tamo gdje drugi zakazuju, izrastaju heroji neustrašive odlučnosti i ledene hladnoće prosuđivanja. Da ovaj trenutak provjere nije došao, jedva da bi tko i pomislio da se u golobradom dječaku krije mladi heroj. Gotovo je uvijek potreban nekakav podsticaj, da pozove genija na izvršenje plana. Čekić Sudbine nekoga baca na zemlju, dok kod drugoga iznenada udara u željezo; a razbijanjem ljušture svakodnevnice pred očima začuđena svijeta otkriva se do tada skrivena jezgra. On se tada opire i ne želi vjerovati da je njegova naizgled ista priroda, odjednom drugo biće, koje se ponavlja kod svakog značajnog ljudskog djeteta.

Iako izumitelj, svoju slavu, na primjer, zasniva tek na dan svoga pronalaska, ipak je krivo misliti, da bi i genijalnost po sebi tek u tom trenu ušla u čovjeka - iskra genija je usađena u glavi trenom rođenja istinski nadarena čovjeka. Prava je genijalnost uvijek urođena, a nikada nije navika niti pak naučena.

To vrijedi, kao što je naglašeno, ne samo za pojedine ljude, nego također i za rasu. Stvaralačko djelatni narodi su oduvijek i iz osnove stvaralački nadareni, čak i tada, kada to očima površnog promatrača nije prepoznatljivo. I ovdje je prividno priznanje moguće uvijek samo nakon izvršenih djela, jer ostali svijet nije sposoban prepoznati samu genijalnost po sebi, već vidi jedino njene vidljive pojavnosti u obliku izuma, otkrića, građevina itd., ali i ovdje često puta prođe neko vrijeme, dok se ona ne uspije probiti do spoznaje. Baš kao što u životu značajnog pojedinca genijalna ili pak izvanredna nadarenost teži svom praktičnom ostvarenju tek pokrenuta naročitim povodom, tako i u životu naroda stvarno iskorištavanje stvaralačkih snaga i sposobnosti može često puta uslijediti tek ako za to postoje određene pretpostavke.

To najjasnije možemo vidjeti na *onoj* rasi koja je bila i jest obnašatelj razvoja ljudske kulture - na Arijcima. Čim ih Sudbina dovede u posebne prilike, njihove se postojeće sposobnosti počinju razvijati u sve bržem ritmu, ili se pretaču u opipljive oblike. Kulture koje se zasnivaju na takvim slučajevima skoro se uvijek odlučujuće određuju postojećim tlom, datom klimom - i pokorenim ljudima. Ovo posljednje je svakako uvijek najpresudnije. Što su tehničke pretpostavke za kulturnu aktivnost primitivnije, to je neophodnija nazočnost pomoćnih ljudskih snaga, koje tada, organizacijski okupljene i aktivirane trebaju zamijeniti strojeve. Bez ove mogućnosti korištenja nižih ljudi Arijac nikada ne bi mogao učiniti prve korake ka svojoj kasnijoj kulturi; upravo onako kao što on, bez pomoći pojedinih pogodnih životinja koje je znao pripitomiti, ne bi došao do tehnike koja mu sada omogućuje da mu baš ove životinje postupno više neće biti potrebne. Izreka: "Der Mohr hat seine Schuldigkeit getan, der Mohr kann gehen"(Crnac je izvršio svoju dužnost, crnac može ići), ima, nažalost, svoje najdublje značenje. Stoljećima je konj morao služiti i pomagati čovjeku, da postavi osnove razvoju, koji sada, zbog automobila, samog konja čini suvišnim. Za nekoliko će godina prestati njegov rad, ali bi bez njegove prijašnje pomoći čovjek možda teško došao tamo gdje se nalazi danas.

Tako je za stvaranje viših kultura nazočnost nižih ljudi bila jedna od najhitnijih pretpostavki, jer su samo oni mogli nadomjestiti nedostatak pomoćnih tehničkih sredstava, bez kojih se, međutim, neki viši razvoj ne bi uopće mogao ni zamisliti. Sigurno je da se prva kultura čovječanstva manje temeljila na pripitomljavanju životinja, a više na iskorištavanju nižih ljudi. Tek nakon porobljavanja pobijeđenih rasa, ista je Sudbina zadesila i životinje, a ne obrnuto, kako bi neki htjeli vjerovati. Jer je ispred pluga najprije išao pobijeđeni, - a tek nakon njega konj! Samo pacifističke budale mogu ovo ponovno držati znakom ljudske izopačenosti, a da pri tome ne shvaćaju da se ovakav razvitak baš morao odigrati, kako bi se konačno stiglo do mjesta s koga danas ovi apostoli mogu na vidjelo iznositi svoje brbljarije.

Napredak čovječanstva je poput penjanja po beskrajnim ljestvama; ne staje se na više, ako se prethodno ne prijeđu niže prečke. Tako je Arijac morao ići putem kojeg mu je pokazala stvarnost, a ne onim o kojem sniva mašta modernog pacifiste. Put stvarnosti je, istina, tvrd i težak, ali konačno dovodi do mjesta, odakle ih na žalost ustvari prije udaljuje, no približava.

Nije, dakle, slučajno, da su prve kulture nastale ondje, gdje je Arijac, susrevši se s nižim narodima, ove pokorio i podvrgao svojoj volji. Oni su tada bili prvo tehničko sredstvo u službi kulture u nastanku.

Time je bio jasno naznačen put kojim Arijac treba ići. On je kao porobljivač pokorio niže ljude i uredio njihovu praktičnu djelatnost pod svojim zapovjedništvom, prema svojoj volji i za svoje ciljeve. Ali time što ih je doveo do takve korisne, iako teške, djelatnosti, ne samo da je zaštitio život pokorenih, već im je čak možda dodijelio i bolju sudbinu, nego što je bila njihova prijašnja tzv. "sloboda". Dokle god je bezobzirno održavao položaj gospodara, ne samo da je stvarno ostajao gospodar, već je i održavao i uvećavao kulturu. Jer je ona počivala isključivo na njegovim sposobnostima, a time i njegovom samoodržavanju. Kako su se podanici također počeli uzdizati, te se vjerojatno i jezično približiti poroblјivaču, srušio se zid između gospodara i sluge. Arijac se odrekao čistoće svoje krvi, pa je zbog toga izgubio boravak u raju, kojega je stvorio za sebe. On je potonuo u miješanju rasa i postupno sve više gubio svoju kulturnu sposobnost, dok na kraju nije počeo ne samo duhovno već i tjelesno ličiti više na podanike i prastanovnike, nego na svoje pretke. Neko se je vrijeme još mogao hraniti postojećim kulturnim dobrima, ali je tada došlo do obamrlosti i on je konačno pao u zaborav.

Tako propadaju kulture i carstva, da bi se oslobodilo mjesto za nove oblike.

Miješanje krvi, a time prouzročeni i pad rasne razine, jedini su uzrok odumiranja svih kultura; jer ljudi ne propadaju zbog izgubljenih ratova, već zbog gubitka one sile otpora koja je svojstvena samo čistoj krvi.

Što na ovom svijetu nije dobra rasa, pljeva je.

Cjelokupno svjetsko povijesno zbivanje samo je izražavanje nagona za samoodržanjem rase u dobrom ili lošem smislu.

Na pitanje o unutarnjim uzrocima nadmoćnog značenja Arijstva, može se odgovoriti tako, da ih treba manje tražiti u većoj sklonosti ka nagonu za samoodržanjem po sebi, a mnogo više u posebnom načinu njegova izražavanja. Volja za životom je, subjektivno gledano, svuda podjednako velika, a različita jedino u obliku stvarnog djelovanja.

Kod prvobitnih živih bića nagon za samoodržanjem ne prelazi brigu o vlastitom Ja. Egoizam, kako označavamo ovu strast, ovdje ide tako daleko, da sam obuhvaća vrijeme, pa za trenutak opet traži sve, i ništa ne želi prepustiti budućim trenucima. Životinja na ovom stupnju živi sama za sebe, traži hranu samo za trenutnu glad i bori se samo za vlastiti život. Dokle god se, međutim, nagon za samoodržanjem izražava na ovaj način, nedostaje svaka osnova za stvaranje društva, pa bio to i najprimitivniji oblik obitelji. Većajednica između muškarca i ženke, ne samo radi parenja, zahtijeva proširenje nagona za samoodržanjem, na taj način, što se briga i borba za vlastito Ja okreću i drugom dijelu; mužjak ponekad traži hranu i za ženku, najčešće se, međutim, oboje brinu za prehranu mladih. Skoro uvijek jedan štiti drugoga, tako da se ovdje pokazuje prvi, mada beskrajno jednostavni, oblik požrtvovnosti. Kako se ovaj osjećaj proširuje izvan granica uskog kruga obitelji, osiguravaju se pretpostavke za stvaranje većih saveza, sve do institucionaliziranih država.

Kod najnižih ljudi na zemlji ova je osobina prisutna u vrlo malom opsegu, tako da često ne odu dalje od stvaranja obitelji. Što je spremnost za zapostavljanje osobnih interesa veća, utoliko više raste i sposobnost stvaranja obuhvatnijeg društva.

Ova želja za žrtvovanjem i zalaganjem osobnog rada i, ako je potrebno čak i vlastitog života, za druge, najjača je u Arijaca. Arijac nije najveći zbog svojih duhovnih osobina po sebi, već po mjeri spremnosti da sve svoje sposobnosti stavi u službu zajednice. Nagon za samoodržanjem je u njega dostigao najplemenitiji oblik, time što je vlastito Ja podredio životu cjeline i, ako trenutak to zahtijeva, prinosi ga za žrtvu.

Uzrok sposobnosti stvaranja i izgradnje kulture u Arijaca nije intelektualna nadarenost. Kad bi imao samo i jedino nju, uvijek bi mogao djelovati samo rušilački, a ni u kom slučaju organizatorski; jer najintimnije biće svake organizacije počiva na tome, da se pojedinac suzdrži od zastupanja svog osobnog mišljenja, kao i svojih interesa, i oboje žrtvuje u korist većine ljudi. Upravo zaobilaznim putem dobiva natrag svoj dio. On tu, npr. više ne radi neposredno za samog sebe, već se svojom djelatnošću uključuje u okvir cjeline, ne samo radi vlastite koristi, nego radi koristi svih. Najdivnije tumačenje ovog gledišta nudi njegova riječ "rad", pod kojom on ni u kom slučaju ne podrazumijeva aktivnost za održanje vlastitog života, već jedino stvaranje, koje ne proturječi interesima cjeline. U drugom slučaju, ljudska djelatnost, ukoliko služi nagonu za samo- održanjem, ne obazirući se na dobro suvremenika, označava kao krađu, lihvarenje, otimačinu, provalu, itd.

Ovo uvjerenje koje dopušta da interes vlastitog Ja uzmakne u korist očuvanja zajednice, stvarno je prva pretpostavka svake istinske ljudske kulture. Samo iz nje mogu nastati sva velika djela čovječanstva koja utemeljitelju donose malu nagradu, ali zato potomcima najvrjedniji blagoslov. Da, samo se iz nje može razumjeti, kako mnogi mogu u poštenju podnositi bijedan život koji njima samima nameće samo siromaštvo i skromnost, a cjelini osigurava osnove opstanka. Svaki radnik, svaki seljak, svaki izumitelj, službenik itd. koji stvara, a da pri tome nikada ne može ostvariti sreću i blagostanje, obnašatelj je ove visoke ideje i tada kada mu dublji smisao njegova rada ostane zauvijek skriven.

Ali, ono što vrijedi za rad kao osnovu izdržavanja ljudi i svega ljudskog napretka, još je u većoj mjeri prikladno za zaštitu čovjeka i njegove kulture. Predanost vlastita života opstanku zajednice, kruna je svega požrtvovanja. Jedino se tako sprječava da ono što su ljudske ruke sagradile, ljudske ruke ponovno i ne sruše ili priroda uništi.

Upravo naš njemački jezik ima riječ koja na divan način označava djelovanje u tom smislu: Pflichterfüllung (ispunjenje dužnosti), što znači, ne zadovoljavati samo sebe, već i služiti cjelini.

Principijelno uvjeravanje, iz kojeg izrasta takvo djelovanje, za razliku od egoizma, nazivamo - idealizam. Pod tim podrazumijevamo samo sposobnost žrtvovanja pojedinca za cjelinu, za svoje bližnje.

Koliko je, ipak, samo potrebno uvijek ponovno spoznavati, da idealizam nije neko suvišno izražavanje osjećaja, već je u stvarnosti on bio, jest i bit će pretpostavka onoga što mi označavamo ljudskom kulturom, a on sam obuhvatio tek pojmom "Čovjek".

Tom unutarnjom uvjerenju Arijac zahvaljuje svoje mjesto u ovom svijetu, a svijet mu zahvaljuje za čovjeka; jer je samo on iz čistog duha oblikovao onu stvaralačku snagu, koja iz jedinstvene veze surove šake i genijalnog intelekta stvara spomenike ljudske kulture.

Bez njegovog idealnog uvjerenja bi sve, pa i najblistavije sposobnosti duha, bile samo duh po sebi, vanjski odbljesak bez unutarnje vrijednosti, a nikada stvaralačka snaga.

Ali kako stvarni idealizam nije ništa drugo do podređivanje interesa i života pojedinca cjelini, što je pretpostavka za stvaranje organizacijskih oblika svake vrste, on u najdubljoj osnovi odgovara posljednjoj težnji prirode. On sam dovodi ljude do priznavanja prvenstva moći i snage i pušta ih da postanu zrnca onog poretka koji oblikuje i gradi cijeli univerzum.

Najčistiji idealizam se nesvjesno poklapa s najdubljom spoznajom.

Koliko je to točno i koliko pravi idealizam ima malo veze s maštarijama, može se odmah spoznati, ako se dopusti suditi nepokvarenom djetetu, npr. zdravom dječaku. Isti dječak koji bez razumijevanja i odbijanja stoji nasuprot tiradama nekog "idealnog pacifiste", spreman je odbaciti svoj mladi život za ideal svoje narodnosti.

Ovdje se instinkt nesvjesno pokorava spoznaji dublje neophodnosti očuvanja vrste, ako je potrebno, na račun pojedinca i protestira protiv maštarija pacifističkog brbljivca, koji se u stvari, iako našminkan ipak kukavički egoista, ogrješuje o zakone razvitka; jer je on uvjetovan požrtvovanjem pojedinca u korist cjeline, a ne bolesnim predodžbama plašljivih sveznalica i kritičara prirode.

Baš u vremenima u kojima prijeti nestanak idealnog svjetonazora, odmah ćemo moći prepoznati slabljenje one snage koja formira zajednicu i tako stvara kulturne pretpostavke. I tek što egoizam zavlada nekim narodom, kidaju se lanci reda i u lovu na vlastitu sreću, ljudi se s neba strmoglavljuju pravo u pakao.

Da, čak i potomstvo zaboravlja ljude koji su služili samo svojoj koristi, a slavi heroje koji su se odrekli vlastite sreće.

Najveća suprotnost Arijcu je Židov. Jedva da bi kod kojeg naroda na svijetu nagon za samoodržanjem bio snažnije razvijen nego kao kod takozvanog izabranog. Najbolji dokaz za to je i jednostavna činjenica postojanja ove rase. Gdje je narod koji bi posljednjih dvije tisuće godina bio izložen tako malom broju promjena unutarnje nadarenosti, karaktera itd., kao židovski? Koji je narod, konačno, sudjelovao u svim većim prevratima kao ovaj a ipak je uvijek iz najvećih katastrofa čovječanstva izlazio nepromijenjen? Koja beskrajna žilava volja za životom, za održanjem vrste, vidljivo je već i iz tih činjenica.

Intelektualne osobine Židova školovale su se tijekom stoljeća. On danas vrijedi kao "mudar", a to je u određenom smislu uvijek i bio. Samo što njegov um nije učinak vlastitog razvoja, već preuzimanja tuđinskih svjetonazora. Ni ljudski se duh ne može penjati u visine bez stepenica; za svaki korak u visinu, potreban mu je temelj prošlosti, i to u onom obuhvatnom smislu u kojem se on izražava u općoj kulturi. Svako mišljenje samo neznatnim svojim dijelom počiva na vlastitoj spoznaji, a najvećim dijelom na iskustvima proteklih vremena. Opća kulturna razina snabdijeva pojedinca, a da se on na to ni ne obazire, takvim obiljem predznanja, da on, tako naoružan, dalje može lakše poduzimati vlastite korake. Današnji dječak npr. raste u pravom mnoštvu tehničkih dostignuća posljednjih stoljeća, tako da se na mnogo toga, što je još prije sto godina najvećim duhovima bilo zagonetka, kao na samo po sebi razumljivo više uopće ne osvrće, iako je to za praćenje i razumijeva- nje našeg napredovanja u odgovarajućim područjima za njega od presudnog značaja. Kad bi čak neka genijalna glava iz dvadesetih godina prošloga stoljeća danas iznenada napustila svoj grob, njegovo duhovno snalaženje u sadašnjem vremenu bilo bi mnogo teže, nego prosječno nadarenom petnaestogodišnjaku sadašnjice. Jer bi njemu nedostajalo sve ono beskrajno prethodno obrazovanje koje današnji suvremenik tako reći nesvjesno prima tijekom svog rasta usred pojava dotične opće kulture.

Kako pak Židov - iz razloga koji će biti odmah izneseni nije nikada posjedovao neku vlastitu kulturu, osnove njegovog duhovnog rada su mu uvijek davali drugi. Njegov se intelekt uvijek razvijao u svijetu kultura koji ga je okruživao.

Nikada se nije događalo obratno.

Jer, iako nagon za samoodržanjem židovskog naroda nije bio manji, već prije veći, iako njegove duhovne sposobnosti lako mogu izazvati utisak da su dorasle intelektualnoj nadarenosti ostalih rasa, ipak mu potpuno nedostaje najvažnija pretpostavka kulturnog naroda, idealistički svjetonazor.

Želja za žrtvovanjem kod židovskog naroda ne prelazi goli nagon za samoodržanjem pojedinca. Prividno jak osjećaj pripadnosti zasnovan je na vrlo primitivnom instinktu čopora, kao što se on slično pokazuje kod mnogih drugih bića ovoga svijeta. Vrijedna je pri tome spomena činjenica da nagon čopora uvijek dovodi do međusobnog potpomaganja, dokle god zajednička opasnost to čini neophodnim i neizbježnim. Isti čopor vukova koji baš sada zajednički napada svoj plijen, kad su se nasitili, razdvaja se opet na pojedinačne životinje. Isto važi i za konje, koji se uvijek složno pokušavaju obraniti od napadača, da bi se nakon prevladane opasnosti opet raspršili.

Slično se dešava i kod Židova. Njegova želja za žrtvovanjem je samo prividna. Ona postoji samo dotle, dok opstanak svakog pojedinca to čini neophodnim. Čim je, međutim, zajednički neprijatelj pobijeđen, svaka prijeteća opasnost otklonjena, plijen spašen, prestaje prividna međusobna harmonija Židova, da bi se ponovno dalo mjesta uzročno postojećim sklonostima. Židov se ujedinjuje samo ako ga zajednička opasnost na to primora, ili ga privlači zajednički plijen; ako nestanu oba razloga, do izražaja dolaze svojstva ekstremnog egoizma i od složnog naroda, dok si mahnuo rukom, nastaje krvavo zaraćena gomila štakora.

Kad bi Židovi na ovom svijetu bili sami, ugušili bi se u prljavštini i smeću, kao što se pokušavaju u borbi punoj mržnje međusobno iskoristiti i istrijebiti, ukoliko potpuni nedostatak svake požrtvovnosti koji se odražava u njihovom kukavičluku i ovdje od borbe ne napravi kazalište.

Dakle, potpuno je pogrešno na temelju činjenice o složnosti Židova u borbi, točnije rečeno u pljačkanju njihovih bližnjih, pretpostaviti neku idealnu požrtvovnost u njih.

I ovdje Židova ne vodi ništa drugo do goli egoizam pojedinaca.

Stoga je židovska država - koja treba biti živi organizam za očuvanje i uvećavanje rase - teritorijalno potpuno neograničena. Jer određeno prostorno uokvirenje neke državne tvorbe uvijek pretpostavlja idealističko mišljenje naše države, a naročito pravilno shvaćanje pojma: rad. Upravo u onoj mjeri, u kojoj nedostaje ovaj stav, zakazuje i svaki pokušaj stvaranja, pa čak i održavanja prostora omeđene države. Time otpada i osnova na kojoj jedino može nastati kultura.

Stoga je židovski narod uz sve prividne intelektualne odlike, ipak bez ikakve prave kulture, a posebno bez ikakve vlastite. Jer ono što Židov danas ima od prividne kulture, to je njegovim rukama već uništeno dobro drugih naroda.

Kao značajno obilježje pri procjeni stava Židova prema pitanju ljudske kulture, mora se uvijek imati u vidu, da nikada nije bilo židovske kulture, i da je prema tome nema ni danas, da obje kraljice umjetnosti, arhitektura i glazba, ni za što izvornoga ne mogu zahvaliti Židovima. Ono što su postigli na polju umjetnosti je ili kvarenje, ili duhovna krađa. Uz to Židovu nedostaju ona svojstva, koja odlikuju stvaralačke, a time i kulturno nadarene rase.

Koliko Židov samo uživljavajući se, bolje reći kvareći je, preuzima tuđu kulturu, proizlazi iz toga što ga najčešće možemo naći u onoj umjetnosti koja se najmanje oblikuje po vlastitom izumu - u glumi. On je čak i ovdje samo "komedijant", bolje rečeno, krivotvoritelj; jer mu čak i ovdje nedostaje posljednji zamah stvarne veličine; čak ni ovdje nije genijalni kreator, već površni oponašatelj, pri čemu sve upotrjebljene mjere i trikovi ne mogu prikriti unutarnju beživotnost njegova oblikovanja. Tu židovski tisak pomaže s puno ljubavi, tako što o svakom, pa i najprosječnijem šeprtlji, samo ako je Židov, podiže takvu svetu dreku, da preostali svijet na kraju stvarno pomišlja, kako pred sobom vidi umjetnika, a riječ je, ustvari, o kukavnom komedijantu.

Ne, Židov nema nikakvu kulturnu stvaralačku snagu, jer idealizam, bez kog nema stvarnog višeg razvoja čovjeka, u njega ne postoji i nikada nije ni postojao. Otuda njegov intelekt nikada neće djelovati stvaralački, već rušilački, a u rijetkim slučajevima, možda u najbolju ruku, oponašateljski, a zatim kao prauzor "snage koja uvijek želi zlo, a stalno stvara dobro". Čovječanstvo napreduje ne pomoću njega, već njemu usprkos.

Kako Židov nikada nije posjedovao državu određenog teritorijalnog ograničenja, pa tako nikada neku kulturu nije ni mogao nazivati vlastitom, nastalo je shvaćanje kako se ovdje radi o narodu koji bi se mogao svrstati u red *nomada*. To je, koliko velika, toliko i opasna zabluda. Nomad posjeduje određeni ograničeni životni prostor, ali ga ne obrađuje kao seljak sa stalnom mjestom boravka, već živi od prihoda svojih stada s kojima luta po svojoj zemlji. Vanjski se razlog za to može tražiti u slaboj plodnosti tla, koje jednostavno ne dopušta stvaranje naselja. Dublji uzrok leži u neskladu između tehničke kulture nekog vremena ili naroda i prirodnog siromaštva životnog prostora. Ima područja u kojima Arijac samo svojom tehnikom, koju je razvijao više nego tisuću godina, može zagospodariti u zatvorenim naseljima dalekog prostranstva i iz njega zadovoljiti životne potrebe. Kad ne bi imao ovu tehniku, morao bi se držati podalje od ovih područja, ili kao nomad životariti u neprestanom lutanju, pod pretpostavkom da njegov tisućgodišnji odgoj i naviknutost na sjedilački način života ne učine da mu to bude jednostavno nepodnošljivim. Moramo se prisjetiti da su se u doba otvaranja američkog kontinenta brojni Arijci izborili za svoj život postavljajući kao lovci zamke itd., i to često u većim grupama, sa ženom i djecom, stalno se seleći, tako da je njihov život bio potpuno jednak životu nomada. Ali, čim su njihov sve veći broj i bolja pomoćna sredstva dopustila da iskrče divlja zemljišta i odupru se starosjediocima, u zemlji se dizalo sve više naselja.

Vjerojatno je i Arijac najprije bio nomad, pa se, tijekom vremena, ustalio, ali zbog toga ipak nikada nije bio Židov! Ne, Židov nije nomad; jer je i nomad imao određeni stav prema pojmu "rada", koji je mogao poslužiti kao osnova kasnijeg razvoja., ukoliko su za to postojale neophodne duhovne pretpostavke. Njegovo idealističko shvaćanje ipak postoji, iako beskrajno razvodnjeno, pa je on i po svom cjelokupnom biću možda stran, ali ne i nesimpatičan arijskim narodima. Nasuprot tome, kod Židova ovaj stav uopće ne postoji; stoga on i nije bio nomad, već uvijek samo *parazit* na tijelu drugih naroda. To što povremeno napušta svoj životni prostor, nije u svezi s njegovom namjerom, već je učinak izbacivanja koje s vremena na vrijeme doživi od zloupotrijebljenih naroda u kojih je bio ugošćen. Njegovo je širenje, međutim, tipična pojava za sve parazite; on stalno traži novo plodno tlo za svoju rasu.

To zbog toga nema nikakve veze s nomadima, jer Židov uopće ne razmišlja o tome da očisti područje koje zauzme, već ostaje tamo gdje je, i to tako ukorijenjen, da ga je vrlo teško istjerati i silom. Do njegova širenja u nove zemlje dolazi upravo u onom trenutku, u kojem su tamo stvoreni određeni uvjeti za njegov život, a da on pri tome - kao nomad - ne mijenja dotadašnje boravište. On jest i ostaje vječiti parazit, gotovan, koji se kao štetan bacil sve više širi, sve dok ga na to poziva i samo plodno tlo. Djelovanje njegova bitka je jednako kao gotovanovo: gdje se on pojavi, narod domaćin nakon kraćeg ili dužeg vremena - odumire.

Tako je Židov svih vremena, živio u državama drugih naroda i tamo stvarao vlastitu državu, koja je običavala jedriti maskirana pod oznakom "Religiozna zajednica", tako dugo, dok vanjske prilike nisu dopuštale da se potpuno iskaže njegovo pravo biće. Ako se nekada osjećao dovoljno jakim, da može biti bez zaštitnog plašta, puštao je da koprena padne, i odjednom bi opet postao ono što drugi ranije nisu htjeli vjerovati i vidjeti: Židov.

U životu Židova kao parazita na tijelu drugih naroda i država zasnovano je posebno svojstvo koje je jednom podstaklo Schopenhauera na već spomenutu izjavu, da je Židov "veliki majstor laži". Židova na laž tjera život, i to na neprestanu laž, kao što žitelja na sjeveru tjera na toplije oblačenje.

Njegov život unutar drugih naroda može trajati samo ako mu uspije podstaći shvaćanje, da se kod njega ne radi o narodu, već samo o, iako posebnoj, "Religioznoj zajednici".

To je tek prva velika laž.

Da bi mogao živjeti kao narodni parazit, on mora posegnuti za poricanjem svoje unutarnje naravi. Što je Židov pojedinac inteligentniji, ova mu prijevara više uspijeva. Može doći dotle da veliki dijelovi naroda domaćina konačno ozbiljno povjeruju da je Židov stvarno Francuz ili Englez, Nijemac ili Talijan, ali posebne vjere. Naročito državne službe, koje se uvijek čine nadahnutim povijesnim djelićem mudrosti, najlakše padaju žrtvama ove bestidne prijevare. Samostalno mišljenje u ovim krugovima ponekad se drži pravim grijehom protiv svetog napretka, tako da čovjeka ne smije začuditi, da npr. bavarsko državno ministarstvo ni danas nema ni najmanjeg pojma da su Židovi pripadnici jednog *naroda*, a ne *"vjeroispovijesti"*, iako bi samo jedan pogled na židovski tisak to odmah pokazao čak i najskromnijem duhu. Svakako da "Jüdische Echo" ("Židovski eho") još nije službeni list, i slijedom toga, nenadležan za razum takvog vladinog silnika.

Židovstvo je uvijek bilo narod određenih rasnih osobina, a nikada religija, samo što je njegov napredak već u rano doba tražio sredstvo, koje bi skrenulo neprijatnu pažnju s njegovih pripadnika. A koje bi sredstvo bilo svrsishodnije i istovremeno bezazlenije od ubacivanja pozajmljenog pojma vjerske zajednice? Jer je i ovdje sve pozajmljeno, bolje rečeno, ukradeno - po svom prvobitnom biću Židov ne može imati religiozno uređenje, već i radi toga, što mu nedostaje idealizam u bilo kom obliku, a time mu je potpuno strana i vjera u zagrobni život. A prema arijskom shvaćanju, ne može se zamisliti religija kojoj nedostaje vjera u život poslije smrti u bilo kojem obliku. Ustvari ni Talmud nije knjiga pripreme za zagrobni svijet, već samo za praktičan i podnošljiv ovozemaljski život.

Židovski vjeronauk je u prvom redu uputstvo za održavanje čistoće židovske krvi, te reguliranje međusobnog ophođenja Židova, a još više s ostalim svijetom, dakle sa ne-Židovima. I ovdje se, međutim, nikako ne radi o etičkim problemima, već o izrazito skromnim gospodarskim. O moralnoj vrijednosti židovske vjerske nastave ima danas, a uvijek je i bilo, prilično iscrpnih studija (ne židovskih: naklapanje samih Židova o tome podređeno je, naravno, svrsi), koje su ovu vrstu religije, prema arijskim pojmovima, prikazivale upravo jezivom. Najbolje obilježje ipak daje proizvod ovog vjerskog odgoja - sam Židov. Njegov je život samo ovozemaljski, a duh pravom kršćanstvu unutarnje toliko stran, kao što je i njegovo biće, dvije tisuća godina prije, bilo strano velikom osnivaču tog učenja. On, naravno, nije skrivao svoje mišljenje o židovskom narodu, čak je, kad je to bilo potrebno i posezao za bičem, da bi iz hrama Gospodnjeg istjerao ovog protivnika cijelog čovječanstva, koji je tada, kao i uvijek u religiji vidio samo sredstvo za poslovnu egzistenciju. Zbog toga je tada, naravno, Isus bio stavljen na križ, dok se naše današnje kršćanske stranke ponižavaju i na izborima mole za židovske glasove, a kasnije se pokušavaju s ateističkim židovskim strankama dogovarati oko političkog trgovanja, i to protiv vlastitog naroda.

Na ovoj prvoj i najvećoj laži, da Židovstvo nije rasa, već religija, nužnim slijedom se laži zasnivaju i dalje. U njih spada i laž, koja se tiče židovskog jezika. On njemu nije sredstvo, da izrazi svoje misli, već sredstvo da ih sakrije. Dok govori francuski, misli židovski, a dok tokari njemačke stihove, samo proživljava biće svoga naroda.

Dokle god Židov ne postane gospodarom drugih naroda, on mora, htio to ili ne, govoriti njihovim jezikom; čim bi oni postali njegove sluge, svi bi morali naučiti univerzalni jezik (npr. esperanto), tako da bi i ovim sredstvom Židovi mogli lakše njima zavladati.

Koliko mnogo cjelokupan bitak ovog naroda počiva na trajnoj laži, pokazali su na neusporediv način "Protokoli sionskih mudraca'", koje Židovi tako beskrajno mrze. Oni se zasnivaju na falsifikatu, neprestano stenje "Frankfurter Zeitung" po svijetu, što je najbolji dokaz, da su pravi. Što mnogi Židovi čine nesvjesno, ovdje je razjašnjeno svjesno. O tome se upravo i radi. Potpuno je svejedno iz koje židovske glave potječe ovo otkriće, mjerodavno je, međutim, da oni s upravo jezivom sigurnošću pokazuju biće i djelovanje židovskog naroda i izlažu ga u njegovim unutarnjim odnosima i krajnjim ciljevima. Njihovu najbolju kritiku ipak daje stvarnost Onaj tko povijesni razvoj u posljednjih sto godina ispituje sa stajališta ove knjige, odmah će mu biti razumljiv krik židovskog tiska. Jer kad ova knjiga jednoga dana postane opće dobro naroda, židovska će se opasnost već moći držati slomljenom.

Da bi se upoznalo Židova, najbolje je proučiti njegov put, kojim se stoljećima kreće unutar drugih naroda. Pri tome je, da bi se došlo do neophodne spoznaje, ovo dovoljno pratiti na samo jednom primjeru. Kako je njegov razvitak uvijek i u svako doba bio isti, kao što su i narodi koje je proždirao uvijek isti kod takvog razmatranja je preporučljivo njegov razvoj podijeliti na određene odsječke, koje ja u ovom slučaju radi jednostavnosti obilježavam slovima.

Prvi su Židovi došli u Njemačku tijekom prodora Rimljana, i to, kao i uvijek, kao trgovci. U olujama seoba naroda prividno su opet nestali, pa se tako za početak novog i trajnog požidovljavanja srednje i sjeverne Europe može uzeti vrijeme stvaranja prve germanske države. Započeo je razvoj, koji je uvijek bio isti ili sličan, kad god su Židovi naišli na arijske narode.

a) Osnivanjem prvih stalnih naselja Židov je iznenada "tu". Dolazi kao trgovac i u početku pridaje malo važnosti prikrivanju svog narodnog porijekla. Još je Židov, djelomično možda i zbog toga, što je vanjska rasna razlika između njega i ugošćujućeg naroda prevelika, njegovo jezično znanje još preslabo, a zatvorenost ugošćujućeg naroda još preoštra, da bi se smio usuditi i pojaviti kao nešto drugo, osim kao strani trgovac. Uz njegovu spretnost i neiskustvo ugošćujućeg naroda, ostajanje pri svom židovskom karakteru, za njega nije nedostatak, već prednost: strancima se ljubazno izlazi ususret.

b) Malo po malo, on se počinje polagano aktivirati u gospodarstvu, ne kao proizvođač, već isključivo kao posrednik. Svojom tisućgodišnjom trgovačkom spretnošću, daleko je ispred još uvijek nesnalažljivih ali bezgranično poštenih Arijaca, tako da se već kroz kratko vrijeme javlja prijetnja, da trgovina postane njegovim monopolom. Počinje s pozajmljivanjem novca i to kao i uvijek uz zelenaške kamate. On time, u stvari, uvodi kamatu. Opasnost ove nove institucije u početku nije prepoznata, već zbog trenutnih prednosti čak i pozdravljena.

c) Židov je u cijelosti postao stalno nastanjen, tj. on u gradovima i gradićima naseljava posebne kvartove i sve više gradi državu u državi. Trgovinu, kao i sve novčane poslove, drži svojom osobitom privilegijom koju bezobzirno iskorištava.

d) Novčani poslovi i trgovina bez ostatka su postali njegov monopol. Njegove zelenaške kamate konačno izazivaju otpor, njegova sve više rastuća drskost, pobunu, a bogatstvo zavist. Mjera je bila prevršena, kad je u svoje trgovačko područje uračunao i zemlju i omalovažio je kao robu za prodaju, bolje rečeno, kao robu za cjenjkanje. Kako on sam nikada nije obrađivao zemlju, na koju gleda samo kao na imovinu za iskorištavanje na kojoj seljak može ostati, ali uz najbjedniju ucjenu sadašnjeg gospodara, nenaklonost prema njemu postupno raste, sve do otvorene mržnje. Njegova krvopijska tiranija postaje toliko velika, da se protiv njega javljaju izgredi. Stranca se počinje promatrati iz blizine i otkrivaju se nove odbojne crte i svojstva, dok ponor ne postaje nepremostiv.

U vremenima najgorče nevolje, protiv njega konačno provaljuje srdžba i opljačkane i uništene mase posežu za samoobranom, da bi se obranile od biča Božjeg. Tijekom nekoliko stoljeća su ga upoznali, pa već samo njegovo postojanje osjećaju jednako kao nevolju i kugu.

e) Sada tek Židov počinje otkrivati svoja prava svojstva. S odvratnim ulagivanjem pristupa vlasti, pušta da za njega radi njegov novac i na taj si način ponovno osigurava dozvolu za novu pljačku svojih žrtava. Ako se bijes naroda protiv vječite pijavice i razbukti, njega to ni najmanje ne sprječava da se kroz nekoliko godina ponovno ne pojavi u već napuštenom mjestu i ponovno počne sa starim načinom života. Nikakav progon ga ne može odvratiti od njegova načina iskorištavanja ljudi, nikakav ga istjerati, nakon svakog progona je ubrzo opet tu, i to opet kao onaj stari.

Da bi se spriječilo ono najgore, počinje se sa oduzimanjem zemlje iz njegove zelenaške ruke time, što mu se zakonski jed- nostavno onemogućuje njeno kupovanje.

f) U mjeri u kojoj počinje rasti kneževska vlast, gura im se sve bliže i bliže. Male "dozvole" i "privilegije" koje uz odgovarajuću naknadu rado dobiva od gospode koja je uvijek u financijskim poteškoćama. Ako ga to nešto i stoji, za nekoliko godina on vrati svoj novac kroz kamate i kamate na kamate. Prava pijavica koja zaposjeda tijelo nesretnog naroda i koje se može otresti, samo dok kneževima samima opet ne zatreba novac, pa im oni osobno istoče isisanu krv.

Ova se igra ponavlja uvijek ispočetka, pri čemu je uloga tzv. "njemačkih kneževa" isto toliko žalosna, kao i samih Židova. Oni, ova gospoda, su zaista bili Božja kazna za svoje ljubljene narode, a mogu se usporediti samo s raznoraznim ministrima današnjeg vremena.

Njemačkim kneževima treba zahvaliti, što se njemačka nacija nije mogla konačno osloboditi židovske opasnosti. Ni kasnije se, nažalost, u tome nije ništa promijenilo, tako da im Židovi duguju tisuću puta zasluženu nadnicu za grijehe koje su nekad počinili nad vlastitim narodima. Stupili su u savez s vragom i pristali uz njega.

g) Tako je njegova mreža dovela kneževe do svoje propasti. Polako, ali sigurno, slabi njihov odnos prema narodima u onoj mjeri u kojoj su prestali služiti njihovim interesima, a umjesto toga počinju iskorištavati svoje podanike. Židov točno zna njihov kraj i traži mogućnost njegova ubrzanja. On sam pospješuje njihovu neprestanu financijsku nevolju, tako da ih sve više otuđuje od stvarnih zadataka, puže oko njih uz najpodlije laskanje i time se čini neophodnijim. Njegova spretnost, točnije beskrupuloznost, u svim novčanim poslovima podrazumijeva da se od opljačkanih podanika iznuđuju, čak izrabljuju nova i nova sredstva, koja nestaju u sve kraćem vremenu. Tako svaki dvor ima svoga "dvorskog Židova" - kako se zovu nakaze koje muče dragi narod do očajanja, priređujući neprestano uživanje. Koga bi začudilo, da se ova dika ljudskog roda, konačno i izvana okiti i uzdigne u nasljedni plemićki stalež, pomažući ne samo da se ova institucija izvrgne podsmjehu, nego da se čak i zatruje?

Sada tek, naravno, na pravi način može iskoristiti svoj položaj u korist vlastitog probitka.

Konačno se još samo treba pokrstiti da bi došao u posjed svih mogućnosti i pravo djeteta ove zemlje. Ovaj se posao nerijetko obavlja na radost crkve zbog osvojenog sina, i Izraela zbog uspjele prijevare.

h) U Židovstvu sada dolazi do promjene. Do sada su bili Židovi, tj. nije se pridavala važnost tome da žele izgledati kao nešto drugo, a to se uz toliko izrazita rasna obilježja na obe strane nije ni moglo. Još u vrijeme Friedricha Velikog, ni jednom čovjeku nije padalo ni na pamet da u Židovima vidi nešto drugo osim "stranog" naroda, a još je i Goethe užasnut mišlju da ubuduće brak između kršćana i Židova ne bi trebao biti zakonski zabranjen. Goethe je tada ipak bio samo Got, a ne neki nazadnjak ili čak zelot - vjerski fanatik. Ono što je govorilo iz njega, nije bilo ništa drugo, do glas krvi i razuma. Tako je narod - usprkos svih prljavih radnji dvora - u Židovima instinktivno vidio strano tijelo u vlastitom krilu, i u skladu s time se prema njemu i postavljao.

Sada bi to ipak trebalo biti drugačije. Tijekom više od tisuću godina on je naučio vladati jezikom ugošćujućeg naroda, tako da misli kako se može usuditi da svoje Židovstvo ubuduće manje naglašava, a da u prvi plan više stavlja svoje "Nijemstvo"; jer, ma kako izgledalo smiješnim, u prvom trenutku čak ludim, on sebi dopušta drskost i pretvara se u "Germana", u ovom slučaju, dakle, u "Nijemca". Time počinje jedna od najbesramnijih prijevara koja se uopće može i zamisliti. Kako od Nijemstva nema zaista ništa drugo do vještine natucanja njegova jezika - uz to na strašan način - on se, uostalom, nikad i nije poistovjetio s njim, cijelo njegovo Nijemstvo temelji se samo na jeziku. Ali, rasa nije samo u jeziku, već isključivo u krvi, nešto što nitko ne zna bolje od Židova, koji pridaje vrlo malo važnosti očuvanju svoga jezika, a suprotno tome, svu važnost očuvanju svoje krvi. Čovjek bez daljnjega može promijeniti jezik, tj. služiti se nekim drugim; ali će opet svojim novim jezikom izražavati stare misli; njegovo unutarnje biće se ne mijenja. To najbolje pokazuje Židov koji može govoriti tisuću jezika, a da ipak uvijek ostane Židov. Njegova su karakterna svojstva ostala ista ona, govorio on dvije tisuće godina rimski, kao trgovac žitom u Ostiji ili kao današnji krijumčar brašna zanosi na njemački. On je uvijek jednako Židov. Da ovu očitost ne shvaća normalan ministarski savjetnik ili viši policijski službenik, samo je po sebi, dabome, također razumljivo, ali teško da se uokolo kreće stvar s manje instinkta i duha, nego što je ovaj sluga našeg uzornog državnog autoriteta današnjice.

Razlog zbog kojega Židov odlučuje da odjednom postane "Nijemac" je očigledan. On osjeća kako se vlast kneževa ljulja, pa zbog toga rano pokušava naći tlo pod nogama. Nadalje, njegova je novčana vlast cjelokupnim gospodarstvom već toliko uznapredovala, da on bez posjedovanja svih "građanskih" prava ne može na dulji rok podupirati ogromnu građevinu, u svakom slučaju ne može povećavati svoj utjecaj. Ali on želi oboje; jer, što se više penje, to iz vrela prošlosti sve slabije izlazi njegov stari, nekada obećani mu cilj, i s grozničavom požudom njegove najbistrije glave gledaju kako se san o svjetskoj vlasti opet približava, na dohvatu mu je ruke. Tako je njegova jedina težnja usmjerena na to, da potpuno ovlada "građanskim" pravima.

To je razlog emancipacije iz ghetta.

i) Tako se iz dvorskog Židova, polako razvija narodni Židov, što naravno znači: Židov ostaje kasnije, kao i prije, u blizini visoke gospode, da, on se nastoji još više uključiti u njihov krug, a u isto se vrijeme drugi dio njegove rase prikvačio na ljubljeni narod. Kad se pomisli koliko se tijekom stoljeća ogriješio o masu, kako ju je uvijek ponovno nemilosrdno cijedio i isisavao, kad dalje razmišljamo, kako je narod zbog toga postupno učio mrziti i na kraju u njegovom biću stvarno vidi samo nebesku kaznu za druge narode, može se shvatiti koliko ovaj preokret mora teško pasti Židovu. Da, mučan je posao oderanim žrtvama sebe odjednom prikazivati "prijateljem ljudi".

On najprije u očima naroda nastoji popraviti ono što je do tada zgriješio. Svoju promjenu počinje kao "dobročinitelj" čovječanstva. Kako njegova nova dobrota ima realnu osnovicu, ne može se dobro pridržavati stare biblijske izreke, da ljevica ne treba znati što daje desnica, već se htio, ne htio, mora pomiriti s time da što je moguće većem broju ljudi stavi na znanje, kako osjeća patnje masa i što sve protiv toga on osobno žrtvuje. U ovoj njemu baš urođenoj skromnosti, bubnjem objavljuje ostalom svijetu svoje zasluge, dok ovaj u to ne počne i stvarno vjerovati. Tko u to ne vjeruje čini mu gorku nepravdu. On ubrzo počinje tako izokretati stvari, kao da je do sada samo njemu stalno nanošena nepravda, a ne obratno U ovo posebno vjeruju glupani, i tada im ne preostaje ništa drugo do sažalijevanja sirotog "nesretnika".

Uostalom, ovdje bi još trebalo primijetiti, da Židov uz svu radost žrtvovanja, naravno, osobno nikad nije siromašio. On već zna usporediti; da, njegovo se dobročinsko ponekad, stvarno, može usporediti samo sa gnojem koji se ne posipa po polju iz ljubavi prema njemu, već zbog brige za svoje kasnije vlastito dobro. U svakom slučaju, u razmjerno kratkom roku, svi saznaju daje Židov postao "dobrotvor i čovjekoljubac". Kakav čudan preokret!

Ono što kod drugih, manje ili više, vrijedi kao samo po sebi razumljivo, već zbog toga izaziva krajnje čuđenje, u mnogih čak vidljivo divljenje, što to kod njega upravo nije razumljivo samo po sebi. Tako se događa da se takvo njegovo djelo mnogo više vrednuje nego ostalom čovječanstvu.

I još više: Židov odjednom postaje i liberalan i počinje sanjariti o neophodnom napretku čovječanstva. Polagano postaje zagovornik nekog novog vremena.

Dabome da on sve temeljitije uništava osnove za narod zaista korisnog gospodarstva. Zaobilaznim se putovima dioničarstva uvlači u takve nacionalne proizvodnje i pravi od njih kupovnu, bolje rečeno, pokućarsku trgovinu, i tako poduzećima otima osnove osobnog posjeda. Time dolazi do unutarnjeg otuđenja između poslodavca i posloprimca, što vodi kasnijim političkim klasnim podjelama.

Konačno, židovski utjecaj na gospodarske poslove strašno brzo raste preko Burze. On postaje vlasnikom ili pak kontrolorom nacionalne radne snage.

Radi jačanja svoje političke sigurnosti, on pokušava srušiti rasne i građanske granice, koje ga stežu na svakom koraku. S tim se ciljem cjelokupnom svojom ustrajnošću bori za vjersku toleranciju - a u slobodnom zidarstvu, koje je u cijelosti pod njegovim utjecajem, ima odlično sredstvo za obranu, ali i za širenje svojih ciljeva. Vladajući krugovi, kao i viši slojevi političkog i ekonomskog građanstva kroz slobodnozidarske niti dospijevaju u njegove zamke, a da to ni ne slute.

Samo narod kao takav, ili bolje rečeno, stalež koji se budi i koji je sam izborio svoja prava i slobodu, ne može time biti dovoljno zahvaćen u dubljim i širim slojevima. To je, međutim, neophodnije od svega ostaloga: jer Židov osjeća da mogućnost vlastitog uspona do vladajuće uloge postoji samo ako se pred njim nalazi "onaj koji utire put"; drži da ga može prepoznati u građanstvu i to u njegovim najširim slojevima. Rukavičari i tkalci se ne hvataju finom mrežom slobodnog zidarstva, već se ovdje moraju primijeniti grublja, ali ne i manje uvjerljiva sredstva. Tako kao drugo oružje, uz slobodne zidare, Židovstvu služi tisak. Njegovim posjedovanjem ono je zasnovalo svu svoju ustrajnost i sposobnost. Njim počinje polako obuhvaćati i hvatati u mrežu cjelokupan javni život, voditi ga i gurati tako da je u stanju proizvesti i dirigirati onom moći koja je označena pojmom "javno mnijenje", danas poznatija nego prije samo nekoliko desetljeća.

Pri tome on sebe uvijek prikazuje kao bezgranično željnog znanja, hvali svaki napredak, najviše naravno onaj, koji vodi u propast druge; jer, svako znanje i svaki razvoj procjenjuje samo prema mogućnosti pospješivanja svojega nacionalnog obilježja, a gdje ono nedostaje, on je neumoljivi smrtni neprijatelj svake svjetlosti i mrzi svaku pravu kulturu. Tako sve znanje koje prima u školama drugih, primjenjuje samo u službi svoje rase.

Ovo narodno obilježje sada čuva kao nikada prije. Dok se čini preplavljen "prosvjećenošću", "napretkom", "slobodom čovječanstva", itd. strogo zatvara svoju rasu. Dabome, on svoje žene ponekad daje utjecajnim kršćanima, ali svoje muško pleme u principu uvijek održava čistim. On truje krv drugih, ali čuva svoju vlastitu. Židov se skoro nikada ne ženi kršćankom, nego kršćanin Židovkom. Mješanci se ipak više razvijaju prema židovskoj strani. Naročito potpuno propada dio visokog plemstva. Židov to sasvim točno zna i stoga planski provodi ovu vrstu "razoružavanja" duhovno vodećeg sloja svojih rasnih protivnika. Da bi maskirao hajku i uspavao žrtve, sve više govori o jednakosti svih ljudi bez obzira na rasu i boju kože. A glupani mu počinju vjerovati.

Kako ipak njegovo cjelokupno biće još uvijek na sebi ima previše stranog mirisa, a da bi, posebno široka narodna masa ušla u njegovu mrežu, on kroz svoj tisak daje o sebi sliku koja tako malo odgovara stvarnosti, koliko ona, obratno, služi cilju kojega želi ostvariti. Naročito se u humorističkim listovima trudi prikazati Židove kao bezazlen narod, koji ima svoje osobitosti - baš kao i svi drugi - ali koji ipak u svom ponašanju, koje se, možda, čini nešto stranim, pokazuje znakove moguće komične, ali vrlo poštene i blage duše. Kako se samo uopće trude prikazati ga uvijek više neznačajnim nego opasnim.

Njegov konačni cilj u ovoj fazi je pobjeda demokracije, ili kako on to shvaća, vlasti parlamentarizma. Ona najviše odgovara njegovim potrebama; ipak, isključuje ličnost, - a na njeno mjesto stavlja prevlast gluposti, nesposobnosti, i na kraju kukavičluka.

Krajnji će učinak biti pad monarhije, do koga prije ili kasnije mora doći.

j) Neizmjerni gospodarski razvoj vodi prema promjeni socijalne slojevitosti naroda. Kako mali zanati polagano izumiru, a time i mogućnost osvajanja samostalne egzistencije, ona za radnika postaje sve rjeđa; on se ubrzano proletarizira. Nastaje industrijski "tvornički radnik", čije se bitno obilježje može tražiti u tome da on jedva dolazi u položaj da u kasnijem životu zasnuje vlastitu egzistenciju. On je u najistinskijem smislu riječi bez posjeda, njegova se starost može opisati kao mučenje, a jedva kao život.

Već je jednom prije stvorena slična situacija, koja je zapovijednički nametala rješenje i našla ga. Uz seljaka i obrtnika, kao dalji stalež su polako došli službenik, namještenik - posebno državni. I oni su bili bez posjeda u najistinskijem smislu riječi. Iz tog nezdravog stanja država je konačno našla izlaz, u tome što je preuzela zbrinjavanje državnog službenika, koji se nije mogao osigurati za svoje stare dane i uvela penziju, mirovinu. Ovaj je primjer polagano slijedilo sve više privatnih poduzeća, tako da danas skoro svaki stalno zaposleni intelektualni službenik dobiva kasnije svoju mirovinu, ukoliko je poduzeće već dostiglo ili prekoračilo određenu veličinu. A tek je osiguranje državnog službenika moglo dovesti u starosti do one nesebične revnosti, koja je u predratnom vremenu bila najvažnija osobina njemačkog činovništva.

Tako je cjelokupan stalež, koji je ostao bez vlasništva, na pametan način otrgnut od socijalne bijede i time uključen u cjelinu naroda.

Sada se ovo pitanje ponovno, ali ovaj puta u mnogo većem opsegu, približilo državi i naciji. Nove ljudske mase koje su dostizale milijune, preseljavale su se u veće gradove, da bi kao tvornički radnici u novoosnovanim industrijama zarađivali svoj kruh svagdašnji. Radne i životne prilike novoga staleža bile su gore nego žalosne. Već više ili manje mehaničko prenošenje starijih metoda rada starog zanatlije ili seljaka na nove oblike nikako nije odgovaralo. Djelatnost i jednog i drugog se više nije mogla usporediti s naporima koje mora uložiti industrijski tvornički radnik. U starom je zanatu vrijeme možda igralo manju ulogu, ali je utoliko više ima kod novih metoda rada. Formalno preuzimanje starog radnog vremena u velikoj industriji djelovalo je baš kobno; jer je prijašnji stvarni radni učinak bio mali zbog nedostatka današnjih intenzivnih metoda rada. Ako se prije i mogao izdržati četrnaesto ili petnaestosatni radni dan, sada ga se sigurno nije moglo izdržati u vremenu kad se svaka minuta iskorištava do kraja. Učinak ovog besmislenog prenošenja starog radnog vremena na novu industrijsku djelatnost, bio je nesretan u dva smjera; uništavano je zdravlje i razorena vjera u više pravo. Konačno je za sve to došla i bijedna naknada, s jedne strane, a nasuprot njoj, očigledno toliko bolji položaj, s druge strane.

Na selu nije moglo biti socijalnog pitanja, jer su gospodar i sluga radili isti posao, i prije svega jeli iz iste zdjele. Ali, i to se promijenilo.

Odvajanje posloprimca od poslodavca javljalo se sada u svim područjima života. Koliko je pri tome požidovljenje našeg naroda uznapredovalo, može se vidjeti po slabom poštovanju, ako ne i po prijeziru, prema fizičkom radu. To nije njemačko. Upravo je postrančivanje našega života, koje je u stvarnosti bilo požidovljenje, promijenilo nekadašnje poštovanje zanata u određeni prijezir svakog tjelesnog rada uopće.

Tako ustvari nastaje novi, malo cijenjeni stalež, te će jednoga dana morati uskrsnuti pitanje, da li bi nacija imala snage novi stalež sama ponovno uključiti u opće društvo, ili bi se staleške razlike proširile u klasni raspad.

Jedno je, međutim, sigurno: novi staležu svojim redovima nije imao najgore elemente, već naprotiv, u svakom slučaju najsnažnije. Prefinjenosti takozvane kulture nisu ovdje vršile svoje rastvarajuće i uništavajuće djelovanje. Široka masa novoga staleža još nije bila zatrovana otrovom pacifističke slabosti, već je ostala snažna a, kad je to bilo potrebno, i brutalna.

Dok se građanstvo još uopće nije brinulo o ovom važnom pitanju, već ravnodušno puštalo tijek stvari, Židov shvaća nepredvidivu mogućnost koja se ovdje nudi za budućnost, time što na jednoj strani do posljednje konsekvence primjenjuje kapitalističke metode izrabljivanja ljudi, a s druge se približava samoj žrtvi svoga duha i vlasti i ubrzo postaje vođa njene borbe protiv same sebe. To "protiv same sebe" je, naravno, rečeno samo slikovito. Jer se veliki majstor laganja zna, kao i uvijek, pokazati čistim, a krivicu natovariti drugima. Kako ima drskosti sam voditi masu, ona ne dolazi na pomisao, da bi se uopće moglo raditi o najbesramnijoj prijevari svih vremena.

A ipak je tako bilo.

Jedva da se novi stalež i razvio iz općeg ekonomskog preuređenja, a Židov je pred sobom već jasno vidio novog začetnika svog vlastitog daljeg napretka. Najprije je koristio građanstvo kao mehanizam protiv feudalnog svijeta. Ako je nekada znao u sjenci građanstva lukavstvom osvojiti građanska prava, sada se nadao da će u borbi radnika za život naći put ka svojoj vlasti.

Od sada radnik ima samo zadatak više - boriti se za budućnost židovskog naroda. Nesvjesno je stavljen u službu moći za koju je mislio da je mora suzbijati. Puštaju ga da prividno napadne kapital, jer ga tako najlakše mogu iskoristiti da se bori upravo za njega. Pri tome stalno viču protiv međunarodnog kapitala, a ustvari misle na nacionalno gospodarstvo. Treba ga uništiti, da bi nad njegovim lesom mogla pobjedonosno slaviti međunarodna burza.

Pri tome je postupak Židova sljedeći:

On se približava radniku, licemjerno mu udvara suosjećajući s njegovom Sudbinom, ili se čak buni zbog njegove Sudbine da živi u bijedi i siromaštvu, da bi na taj način zadobio njegovo povjerenje. Trudi se proučiti sve pojedinačne stvarne ili umišljene nepravde njegova života i podstaknuti čežnju za promjenom takvog življenja. Potrebu za socijalnom pravdom koja na bilo koji način drijema u svakom Arijcu, pojačava na beskrajno pametan način, do stvaranja mržnje prema onome koji ima više sreće, a borbi za uklanjanje društvenih nepravdi daje sasvim određeno obilježje, primjereno svjetonazoru. On osniva marksističku znanost.

Time što se prikazuje nerazdvojno povezanim s cijelim nizom socijalno opravdanih zahtjeva, ubrzava njihovo širenje, kao i obratno, nesklonost pristojnog čovječanstva da slijedi zahtjeve koji izneseni u takvom obliku i pratnji, od početka izgledaju nepravednima, čak kao da ih je i nemoguće ispuniti. Jer su pod ovim plaštem čisto socijalnih misli skrivene stvarno đavolske namjere, da, one se u punoj otvorenosti iznose s najdubljom jasnoćom. Ovaj je nauk nerazdvojna mješavina razuma i ljudske ludosti, ali uvijek takva, da samo ludost može postati stvarnost, razum nikada! Kategoričkim odbijanjem ličnosti, a time i nacije i njenog rasnog sadržaja, on razara elementarne osnove cjelokupne ljudske kulture, koja je ovisna baš o ovim čimbenicima. To je prava unutarnja jezgra marksističkog svjetonazora, ukoliko se proizvod zločinačkog mozga smije označiti "svjetonazorom". Rušenjem ličnosti i rase, ruši se značajna prepreka za vlast manje vrijednoga - a taj je Židov.

Smisao ovog učenja nalazi se baš u gospodarskom i političkom besmislu. Jer se njime sprječava svim stvarno inteligentnima staviti se u njenu službu, dok se oni slabije duhovno aktivni i gospodarski loše obrazovani žure k njoj s lepršavim zastavama. Inteligenciju za pokret - jer je za opstanak i ovog pokreta potrebna inteligencija - "žrtvuje" Židov iz svojih redova.

Tako nastaje čvrsti pokret fizičkih radnika pod židovskim vodstvom, koji je nastao samo prividno zbog toga, da bi poboljšao položaj radnika, a u stvari želi porobljavanje, a time i uništenje, svih nežidovskih naroda.

Ono što slobodno zidarstvo uvodi u krugove tzv. inteligencije na općoj pacifističkoj klonulosti nacionalnog nagona za samoodržanjem, prenosi se širokim masama, a prije svega građanstvu, kroz djelatnost, danas još uvijek velikog židovskog tiska. Uz ova oba razorna oružja, kao treće dolazi i daleko najuspješnija organizacija surovog nasilja. Kao jurišna i napadačka kolona, marksizam treba dovršiti ono što je pripremao ukrotiteljski rad prva dva oružja, da bi sazrelo za slom.

Time se izvršava stvarno majstorska zajednička igra, pa se uopće ne treba čuditi, kad nasuprot tome najviše zakažu baš one institucije, koje se uvijek rado žele prikazati kao obnašatelji više ili manje uobraženih državnih autoriteta. U našem visokom i najvišem državnom činovništvu Židov je u svim vremenima (osim nekih izuzetaka), najuslužniji pokretač njihova uništavajućeg rada. Ponizna pokornost prema onima "gore", i arogantna nadmenost prema onima "dolje", prikazuje ovaj stalež isto tako, kao i do neba vapijuću ograničenost, koju ponekad nadmašuje samo povremena upravo začuđujuća uobraženost.

To su, međutim, osobine koje Židov traži od naših vlasti i koje prema tome i voli.

Praktična borba koja sada započinje, protječe, naznačeno samo u grubim crtama, na sljedeći način:

Prema krajnjim ciljevima židovske borbe, koji se ne iscrpljuju samo u ekonomskom porobljavanju svijeta, već zahtijevaju i njegovo političko podčinjavanje, Židov dijeli organizaciju svog marksističkog učenja o svijetu, na dva dijela, koji prividno razdvojeni jedan od drugog, u stvarnosti tvore nedjeljivu cjelinu: na politički i sindikalni pokret.

Sindikalni je pokret primamljiv. On radniku nudi pomoć i zaštitu u njegovoj teškoj egzistencijalnoj borbi, koju mora voditi zbog lakomosti i kratkovidnosti mnogih poduzetnika, a time i mogućnost da izbori bolje životne uvjete. Ne želi li radnik zastupanje svojih životnih prava u vremenu kada se o njemu uopće ne brine organizacija narodne zajednice, država, predati slijepoj samovolji ljudi koji su dijelom malo svjesni odgovornosti, a često i bez srca, on mora obranu tih prava sam uzeti u svoje ruke. Upravo u onoj mjeri u kojoj takozvano nacionalno građanstvo, zaslijepljeno novčanim interesima, ovoj životnoj borbi na put postavlja najteže prepreke, zatim ne samo pruža otpor svim pokušajima za skraćivanjem neljudski dugog radnog vremena, zabranu dječjeg rada, osiguranje i zaštitu žene, popravljanje zdravstvenih prilika u radionicama i stanovima, već ih često i samo stvarno sabotira, pametniji Židov prihvaća tako ugnjetenog. On postupno postaje vodom sindikalnog pokreta, i to tim više, što se kod njega uopće ne radi o stvarnom otklanjanju socijalnih nepravdi u pravom smislu, već samo o stvaranju jedne, njemu slijepo privržene, borbene trupe za rušenje nacionalne gospodarske nezavisnosti. Jer, dok će se vođenje zdrave socijalne politike stalno kretati između smjernica za održavanje narodnog zdravlja, s jedne, i osiguranja nezavisnog nacionalnog gospodarstva, s druge strane, za Židova ne samo da u njegovoj borbi otpadaju oba ova stajališta, već je njihovo uklanjanje njegov životni cilj. On ne želi održanje nacionalnog gospodarstva, već njegovo uništenje. Zbog toga ga nikakva grižnja savjesti ne može spriječiti da kao vođa sindikalnog pokreta postavi zahtjeve koji ne samo da su pretjerani, već je njihovo ispunjenje praktično i nemoguće, ili znak propasti nacionalne ekonomije. On također ne želi pred sobom imati zdrav, stasit naraštaj, već slabunjavo stado, koje se može pokoriti. Ova mu želja ponovno dozvoljava postavljati besmislene zahtjeve, čije je praktično ispunjenje prema njegovom vlastitom znanju nemoguće, koji dakle ne mogu dovesti ni do kakve promjene stvari, već samo do razuzdanog uzbunjivanja mase. Do toga je njemu i stalo, a ne do stvarnog i poštenog poboljšanja njenog socijalnog položaja.

Time se vodstvo Židova u sindikalnim stvarima ne može osporiti tako dugo, dokle god enorman prosvjetiteljski rad ne bude utjecao na široke mase, da ih pouči kako da svoju beskrajnu bijedu dovedu do boljitka, ili dok država ne uništi Židova i njegov rad. Jer, dokle god shvaćanje mase ostane slabo kao i do sada, a država tako ravnodušna kao što je danas, ova će masa uvijek slijediti kao prvoga, onoga tko joj u gospodarskim stvarima prvi ponudi najbestidnija obećanja. A u tome je Židov majstor. Jer se njegova cjelokupna djelatnost ne bi zaustavila nikakvim moralnim razmišljanjima!

Tako on u ovom području u kratkom vremenu prisilno uklanja iz borbe svakog konkurenta, i istovremeno sindikalni pokret usmjerava u skladu sa svojom cjelokupnom unutarnjom gramzivom brutalnošću, na najbrutalniju primjenu sile. Ako se čuje mišljenje suprotno židovskom izazovu, njegov se prkos i osude slamaju terorom. Posljedice takvog djelovanja su strašne.

Ustvari, Židov uz pomoć sindikata, koji bi mogao biti blagoslov nacije, ruši osnove nacionalnog gospodarstva. Usporedo s time, napreduje politička organizacija.

Ona djeluje zajedno sa sindikalnim pokretom utoliko, što on priprema mase za političku organizaciju, čak ih i prisilno gura u nju. On je, nadalje, stalni financijski izvor iz koga politička organizacija hrani svoj enormni aparat. On je kontrolni organ političke aktivnosti pojedinca i kod svih velikih demonstracija političkog karaktera ima ulogu pokretača. Konačno, on se više uopće ne zauzima za gospodarske stvari, već političkoj ideji stavlja na raspolaganje njeno glavno sredstvo borbe, obustavu rada, kao i masovni i generalni štrajk.

Stvaranjem tiskovina čiji je sadržaj prilagođen duhovnom obzoru najslabije obrazovanih ljudi, politička i sindikalna organi- zacija, konačno, dobivaju svoju podsticajnu instituciju, kroz koju najniži slojevi nacije sazrijevaju za najodvažnija djela. Njen zadatak nije izvesti ljude iz gliba niskih svjetonazora i uzdići ih na viši stupanj, već izići ususret njihovim najnižim instinktima. Posao, koliko spekulativan, toliko i unosan u, ne samo lijenoj za razmišljanje, već i drskoj, masi.

Ovaj tisak u upravo fanatičnoj klevetničkoj borbi nasilnički skida sve, a prije svega ono što se može smatrati osloncem nacionalne nezavisnosti, kulturne razine i gospodarske samostalnosti nacije.

On prije svega napada sve karaktere koji se ne žele podvrći židovskoj vlasničkoj drskosti ili čija se genijalna sposobnost Židovu sama po sebi čini opasnošću. Jer, da bi Židov nekoga mrzio, nije neophodno da se bori protiv njega, već je dovoljna sumnja, da bi netko drugi mogao ikada doći na pomisao da se bori protiv njega, ili da na osnovu svoje nadmoćne genijalnosti uveća snagu i veličinu Židovima neprijateljskog naroda.

Njegov instinkt, siguran u tim stvarima, u svakome sluti prvobitnu dušu, a njegovo je neprijateljstvo trajno prema onome, tko nije duh njegova duha. Kako Židov nije napadnuti već napadač, nije mu neprijatelj samo napadnuti, već i onaj tko mu pruža otpor. A sredstvo kojim on pokušava slomiti tako drske ali ponosne duše, ne zove se poštena borba, već laž i kleveta.

Ovdje se ničega ne plaši, i u svakoj je prostoti tako velik, da se nitko ne treba čuditi, što se personifikacija đavla kao obilježja svega zla u našem narodu prikazuje utjelovljenim živim Židovom.

Nespoznavanje unutarnjeg bića Židova u širokim masama i neinstinktivna ograničenost naših gornjih slojeva, dozvoljava da narod postaje lak plijen ovog židovskog rata laži.

Dok se gornji slojevi zbog urođenog kukavičluka okreću od čovjeka koga Židov na taj način napada lažima i klevetama, široke mase, zbog gluposti i zaostalosti vjeruju u sve. Državno tijelo se ili zaogrće šutnjom, ili, što je najučinkovitije, da bi se židovskom ratu tiska pripremio kraj, progone nepravedno napadnutog, što se u očima takvog činovničkog magarca čini zaštitom državnog autoriteta i osiguranje reda i mira.

Strah od marksističkog oružja polagano se spušta kao mora u mozak i dušu pristojnog čovjeka. On počinje drhtati pred strašnim neprijateljem i time postaje njegovom konačnom žrtvom.

k) Židovska vlast u državi čini se tako sigurnom, da se on sada ne samo smije nazvati Židovom, već bezobzirno priznaje i svoja nacionalna i politička razmišljanja. Njegov dio njegove rase već se savim otvoreno priznaje stranim narodom, a da pri tome opet laže. Jer, dok cionizam ostalom svijetu pokušava dokazati, da bi se nacionalno samoodređenje Židova zadovoljilo stvaranjem Palestinske države, Židovi ponovno nadmudruju ne-Židove (Gojim).

Oni uopće ne misle u Palestini osnovati židovsku državu, već samo žele organizacijsku centralu svoje međunarodne svjetske prijevare, koja ima vlastitu suverenu vlast i koja uzmiče postupku drugih država; pribježište dokazanih propalica i sveučilište za nove varalice.

Ali to nije samo znak njihova rastućeg pouzdanja, već također i drski i otvoreni osjećaj sigurnosti u vremenu u kome dio njih lažno oponaša Nijemce, Francuze ili Engleze, a drugi se dokumentira židovskom rasom.

Koliko im je pred očima bliska pobjeda, vidi se iz zastrašujućeg načina što ga poprima njihovo općenje s pripadnicima drugih naroda.

Crnokosi židovski mladić satima vreba, s đavolskom radošću na licu, djevojku koja ništa ne sluti, daje okalja svojom krvlju i tako otme njenom narodu. Svim sredstvima pokušava pokvariti rasne osnove naroda kojeg pokorava. Osim što sam planski kvari žene i djevojke, ne boji se čak ni da u većem opsegu sruši krvne granice i za ostale. Židovi su bili i jesu oni, koji su doveli na Rajnu Crnca, uvijek s jednakom pritajenom mišlju i jasnim ciljem, da tako prisilno nastalim miješanjem unište omrznutu im bijelu rasu, sruše je s njene kulturne i političke visine i sami se uzdignu do njenog gospodara.

Jer, narod čiste rase, koji je svjestan svoje krvi, Židov nikada neće moći pokoriti. On će na ovom svijetu biti vječito samo gospodar bastarda.

Tako on pokušava planirano, stalnim trovanjem pojedinca, sniziti rasnu razinu.

Ali politički, on počinje ideje demokracije zamjenjivati s diktaturom proletarijata.

U organiziranoj masi marksista, on je pronašao oružje koje mu omogućuje odreći se demokracije, a umjesto nje, diktatorski čvrstom i brutalnom šakom, pokoriti narode i njima zavladati.

Planski radi na revolucioniranju u dvostrukom smjeru: gospodarskom i političkom.

Narode koje napadu suprotstave prežestok otpor iznutra, obavija, zahvaljujući svojim međunarodnim utjecajima, mrežom neprijatelja, tjera ih u ratove i konačno, ako je potrebno, još na bojištima zabode zastavu revolucije.

Gospodarski on potresa države tako dugo, dok se državna poduzeća, koja postanu neisplativa, ne odvoje od države i stave pod njegovu financijsku kontrolu.

Politički uskraćuje državi sredstva za njeno samoodržanje, ruši temelje svakog nacionalnog samopotvrđivanja i obrane, uništava vjeru i vodstvo, omalovažava povijest i prošlost i povlaci po blatu sve što je stvarno veliko.

Kulturološki zarazi umjetnost, literaturu, kazalište, zaglupljuje prirodni osjećaj, ruši sve pojmove ljepote i uzvišenosti, plemenitog i dobrog, i umjesto toga, silom odvlači ljude u prisilni krug svoga vlastitog niskog bića. Religija je učinjena smiješnom. Običaji i moral se prikazuju preživjelima, tako dugo dok ne padnu posljednji potpornji naroda u borbi za život na ovom svijetu.

1) Sada počinje velika, posljednja revolucija. Time što Židov osvaja političku vlast, zbacuje sa sebe ono malo pokrivača, što ga još nosi. Od narodnog demokratskog Židova postaje krvni Židov i narodni tiranin. U nekoliko godina pokušava iskorijeniti nacionalne nositelje inteligencije, a time što je narodima oteo njihove duhovne vode, čini ih zrelim za ropsku sudbinu stalnog pokoravanja.

Najstrašniji primjer ove vrste je Rusija, gdje je stvarno sotonskom neobuzdanošću, dijelom u neljudskim mukama, pobio trideset milijuna ljudi ili ih puštao umrijeti od gladi, da bi gomili židovskih književnika i burzovnih bandita osigurao vlast nad mnogoljudnim narodom.

Kraj, međutim, nije samo kraj slobode naroda kojega tlače Židovi, već i kraj samog ovog narodnog parazita. Nakon smrti žrtve, prije ili kasnije umire i vampir.

Ako pustimo da svi uzroci njemačkog sloma prođu ispred naših očiju, kao posljednje i presudno preostaje neprepoznavanje rasnog problema i, posebno, židovske opasnosti.

Porazi na bojnom polju u kolovozu 1918. bi se podnijeli lako, kao u igri. Oni nisu bili ni u kakvoj svezi s pobjedama našeg naroda. Nisu nas srušili oni, već ona sila koja je te poraze pripremila, time, što je desetljećima našem narodu planski otimala političke i moralne instinkte i snage, koje narode tek osposobljavaju za život, a time i opravdavaju.

Time što je staro carstvo nemarno prolazilo pored pitanja održavanja rasnih osnova naše narodnosti, ono je preziralo jedino pravo koje daje život na ovom svijetu. Narodi koji se miješaju, ili dopuštaju da ih miješaju, griješe protiv volje vječne providnosti, pa njihova propast, uzrokovana od jačega, tada nije nepravda koja im se čini, već samo obnova prava. Kad narod više ne želi poštivati svojstva svog bića, koja su mu prirodno data i ukorijenjena u njegovoj krvi, tada se nema pravo žaliti na gubitak svog zemaljskog postojanja.

Sve se na zemlji može popraviti. Svaki poraz može postati ocem kasnije pobjede. Svaki izgubljeni rat uzrokom kasnijeg uspona, svaka nevolja oplođenje ljudske energije, a iz svake pokorenosti mogu proizići snage za novi duhovni preporod - dokle god se krv održava čistom.

Samo izgubljena čistoća krvi zauvijek uništava unutarnju sreću, ruši čovjeka zauvijek, a posljedice se više nikada ne mogu ukloniti iz tijela i duha.

Kad se nasuprot ovom jedinom pitanju istraže i usporede svi drugi životni problemi, tek se tada vidi, kako su oni, u usporedbi s njim, smiješno mali. Svi su oni vremenski ograničeni - pitanje održavanja ili neodržavanja čistoće krvi će, međutim, postojati dok ima ljudi.

Sve stvarno značajne pojave propasti predratnog vremena se u osnovi svode na rasne uzroke.

Bilo da je riječ o pitanju općeg prava, ili o deformacijama gospodarskog života, o pojavama kulturne propasti ili postupcima političke degeneracije, o pitanjima promašenog školskog obrazovanja, ili lošem utjecaju odraslih kroz tisak, itd., uvijek i svuda, najdublja je osnova neuvažavanje rasnih interesa vlastitog naroda, ili neuviđanje strane rasne opasnosti.

Zbog toga su i svi pokušaji reforme, sve ustanove socijalne pomoći i politička nastojanja, sav gospodarski uspon i svako prividno povećanje duhovnog znanja, u svojoj posljednjoj pojavi ipak nevažni. Nacija i njen organizam, koji osposobljava i održava život na zemlji, država, nisu iznutra postale zdravije, već su sve više vidljivo obolijevale. Sav prividni procvat starog carstva nije mogao sakriti unutarnju slabost, a svaki pokušaj stvarnog jačanja carstva propao je uvijek zbog prolaženja mimo značajnog pitanja.

Bilo bi pogrešno vjerovati, da bi pristalice različitih političkih smjerova, koji su diletantski pokušavali liječiti tijelo njemačkog naroda, čak u određenom smislu i vode, bili po sebi loši ili zlonamjerni ljudi. Njihova je djelatnost bila osuđena na neplodnost samo zbog toga, jer su u najboljem slučaju, vidjeli samo pojavne oblike naših općih bolesti i pokušavali ih svladati, slijepo prolazivši pored uzroka. Tko planski prati crtu političkog razvoja starog carstva, mora uz hladnokrvno ispitivanje uvidjeti, da je čak u vrijeme usuglašenosti, a time i uspona njemačke nacije, unutarnja propast već bila u punom zamahu, i da se, usprkos svih prividnih političkih uspjeha i rastućeg ekonomskog bogatstva, opća situacija iz godine u godinu pogoršavala. Čak su i izbori za Reichstag prividnim bujanjem marksističkih glasova najavili sve bliži unutarnji, a time i vanjski slom. Svi uspjesi takozvanih građanskih stranka, bili su bezvrijedni, ne samo zbog toga što nisu mogli spriječiti brojčani porast marksističke bujice, čak i uz takozvane građanske pobjede na izborima, nego zato, što su prije svega u sebi već nosili klice raspada. I nesluteći da je građanski svijet već iznutra bio sam zaražen mrtvačkim otrovom marksističkih predodžbi, a da je njegov otpor potjecao često puta više iz konkurentske zavidnosti ambicioznih vođa, nego od principijelnog odbijanja konačne bitke odlučnih protivnika. Jedan jedini se tih dugih godina borio s nepokolebivom ustrajnošću, a to je bio Židov. Njegova Davidova zvijezda se dizala sve više u istoj onoj mjeri u kojoj se gubila volja za samoodržanjem našega naroda.

Zato u kolovozu 1914., narod riješen da napadne, nije nahrupio na bojno polje, već je slijedio samo posljednji treptaj nagona za nacionalnim samoodržanjem, nasuprot napredujućoj pacifističkoj marksističkoj klonulosti našeg narodnog tijela. Kako ni tih sudbonosnih dana unutarnji neprijatelj nije prepoznat, sav je prirodni otpor bio uzaludan, a proviđenje nije odlikovao pobjedonosni mač, već je slijedilo zakon vječne osvete.

Iz toga unutarnjeg priznanja, trebala su se za nas utvrditi načela i tendencije našeg pokreta, koji su po našem vjerovanju jedino bili sposobni, ne samo zaustaviti propast njemačkog naroda, već i stvoriti granitni temelj na kojem bi se jednom mogla zasnovati država koja narodu nije strani mehanizam gospodarskih poslova i interesa, već narodni organizam koji predstavlja germansku državu njemačke nacije.

GLAVA 12

POČETAK RAZVOJA NACIONALSOCIJALISTIČKE NJEMAČKE RADNIČKE STRANKE

Kad na kraju ovog toma iznesem početni razvoj našeg pokreta i objasnim niz, time uvjetovanih pitanja, ne činim to da bih dao pismeni prikaz duhovnih ciljeva pokreta, jer su njegovi ciljevi i zadaci, toliko snažni da s pravom mogu biti obrađeni u drugom tomu u kojem ću iznijeti programske osnove i načela pokreta i pokušati dati sliku onoga što mi podrazumijevamo riječju "država". Kad kažem "mi", mislim na sve one stotine tisuća, koje u osnovi čeznu za istim, ali ne nalaze prave riječi kojima bi izrazili ono unutarnje, ono što im leži na duši. Jer, vrijedno je spomena svih velikih reformi, da one kao pobornici često imaju jednog jedinog čovjeka, kao nosioci, nekoliko miliona. Njihov cilj, često puta stoljećima nošena unutarnja, goruća želja stotina tisuća, ostvaruje se tek tada, kada se konačno iznjedri navjestitelj jednog takvog općeg htijenja, kojemu se kao nositelju stijega pomaže u ostvarenju starih čežnji u pobjedi nove ideje.

Da svi ti milioni ljudi ovu želju za temeljitom promjenom današnjih odnosa nose u svojim srcima, potvrđuje njihovo duboko nezadovoljstvo zbog kojeg iskreno pate. Tonezadovoljstvo se odražava na tisuću načina; kod nekoga u obeshrabrenosti i beznađu, kod drugoga u gnušanju i gađenju, u srdžbi i negodovanju, kod jednoga u ravnodušnosti, kod drugoga u gnjevnoj pretjeranosti. Među svjedoke ovog unutarnjeg nezadovoljstva, mogu se ubrojiti i oni koji su umorni od glasovanja kao i mnogi poklonici fanatične krajnosti ljevičara.

Stoga mislim da bi se ovaj mladi pokret morao okrenuti i prema takvima. On ne smije oformiti organizaciju zadovoljnih i sitih, nego okupiti i obuhvatiti sve supatnike i nespokojne, nesretnike i nezadovoljne, a prije svega, on ne smije plivati na površini ljudskog bića, nego se mora ukorijeniti u njemu.

Gledano čisto politički, nastade tako 1918. sljedeća slika: Jedan narod rastrgan na dva dijela. Jedan dio, daleko manji, obuhvatio je slojeve nacionalne inteligencije bez pristupa fizičkih djelatnika. On je izvana nacionalan, ali si pod tom riječju ne predstavlja ništa drugo, doli vrlo dosadnu i slabu zamjenu takozvanih dinastičkih državnih interesa. On svoja razmišljanja i ciljeve pokušava braniti duhovnim oružjem koje je toliko šuplje koliko i površno, te redovno zataji kada se radi o brutalnosti prema protivniku. Ova još zakratko vladajuća klasa, bit će srušena do temelja, i to jednim jedinim, ali strašnim udarcem, te će izdahnuti dršćući u svom kukavičluku i najgorem poniženju od strane bezobzirnog pobjednika.

Nasuprot njoj, kao druga klasa, stoji široka masa radnog naroda. Ona je manje ili više združena u radikalnim marksističkim pokretima, čvrsto odlučna pomoću snage nasilja ugušiti svaku duhovnu pobunu. Ona ne želi biti nacionalna, nego svjesno odbija svaki napredak nacionalnih interesa, pa čak daje prednost stranom ugnjetavanju. Ona je i brojčano najjača, ali prije svega, obuhvaća one elemente bez kojih je ponovni uspon nezamisliv i nemoguć.

Nešto, što je već 1918. moralo biti sasvim jasno je to, da svaki put koji vodi ka ponovnom usponu njemačke nacije, mora biti uvjetovan ponovo stečenom vanjskom silom. Pretpostavke za to ostvarenje nisu one o kojima okolo brbljaju naši "državnici", oružje, nego snaga volje, jer oružja je njemački narod imao i više nego dovoljno. On nije izborio slobodu zato što je nedostajala energija nacionalnog nagona za samoodržanjem, volja samoodržanja. I najbolje oružje je samo mrtav, bezvrijedni materijal, ako nedostaje duh koji je spreman i odlučan upotrijebiti ga. Njemačka je bila nemoćna, ne zato što je nedostajalo oružje, nego zato što joj je nedostajala volja, a to je oružje koje najbolje štiti opstojnost jednog naroda.

Kad danas, osobito naši politički ljevičari, ukazuju na nedostatak oružja, kao neizbježan razlog za bezvoljnost i popustljivost, oni zapravo hrle ka izdajničkoj politici usmjerenoj prema van, na što im treba odgovoriti samo jedno: Ne, ispravno je ono suprotno. Vašom antinacionalnom, zločinačkom politikom vi ste jednom izdali zadatke nacionalnih interesa već samom prodajom oružja, pa sada pokušavate razlog vašeg mizernog jadikovanja opravdati njegovim nedostatkom. To je kao i sve ostalo u vašem radu, laž i krivotvorina.

Isti ovaj prigovor odnosi se i na političke desničare zbog čijeg je bijednog kukavičluka i uspjelo vladajućem židovskom ološu 1918. otuđiti naše nacionalno oružje. Prema tome, ni oni nemaju ni osnove ni prava navesti današnji nedostatak oružja kao prisilu na svoj mudri oprez (izgovaraj kukavičluk), nego je nemogućnost obrane posljedica njihove slabosti.

Tako pitanje za ponovno stjecanje njemačke moći ne glasi: Kako proizvodimo oružje?, nego: Kako odgajamo duh koji osposobljava jedan narod za nošenje oružja? Kada je ovaj duh prisutan, volja sama nalazi tisuću putova od kojih svaki završava kod oružja. Međutim, što vrijedi kukavici i deset pištolja, ako ne opali ni jedan hitac. Oni su za nju bezvrjedniji nego za nekog hrabrog čovjeka obična kvrgava batina.

Pitanje ponovnog stjecanja naše političke moći je u prvom redu pitanje ozdravljenja našeg nacionalnog nagona za samoodrža- njem, jer dobro vodena vanjska politika, kao i vrednovanje jedne države, na temelju stečenog iskustva, ravna se manje prema postojećem oružju, nego prema uočenoj ili pak mogućoj moralnoj sposobnosti otpora jedne nacije. Sposobnost narodnog povezivanja ne čine raspoložive mrtve količine oružja, nego jasno postojanje goruće nacionalne volje za samoodržanjem i herojska neustrašivost. Napokon, ni jedan savez ne biva zaključen s oružjem, nego s ljudima. Tako će engleski narod ostati najvjerniji saveznik na svijetu sve dotle, dok njegovo vodstvo i duh naroda budu dopuštali brutalnost i krutost onih narodnih masa koje su odlučne izboriti jednom započetu borbu bez obzira na vrijeme i žrtve, sa svim sredstvima do pobjedničkog kraja, pri čemu trenutno raspoloživa vojna oprema ne mora stajati ni u kakvom odnosu s drugim državama.

Shvaća li se uopće, da je ponovni uspon njemačke nacije pitanje vraćanja izgubljenog, da predstavlja ponovno stjecanje ravnoteže, naše političke volje za samoodržavanjem, a jasno je i to, da time neće biti dovoljan dobitak samo po sebi, nego u najmanju ruku i htijenje za nacionalnim elementima i svjesno nacionaliziranje antinacionalnih masa.

Mladi pokret, koji si za cilj postavlja uspon njemačke države s vlastitim suverenitetom, morat će bezuvjetno svoju borbu usmjeriti ka osvajanju širokih masa. Kako god da je naše tzv. "nacionalno građanstvo" bijedno i kukavno, koliko god da je manjkavo njegovo nacionalno uvjerenje, to je sigurnije da s te strane zasada ne treba očekivati neki ozbiljniji otpor protiv jedne snažne nacionalne unutarnje i vanjske politike. Već ako bi iz poznatih, kratkovidnih i glupih razloga njemačko građanstvo i ustrajalo u pasivnoj rezistenciji kao nekad u doba Bismarcka, kada je na pomolu bio čas oslobođenja, sada se ne treba bojati aktivnog otpora od ovako dokazanog kukavičluka u pravom smislu te riječi.

Drugačije se ponaša masa naših internacionalno orijentiranih sunarodnjaka. Oni ne samo da su svojim primitivnim, samoniklim mislima brutalno nastrojeni, nego je njihovo židovsko vodstvo brutalnije i bezobzirnije. Oni će slomiti svaki pokušaj njemačkog uspona kao što već jednom slomiše kičmu njemačkoj vojsci. Ali prije svega: U ovoj parlamentarno vladajućoj državi oslabit će snaga njezine većine u nacionalnoj vanjskoj politici, a time i značaj njemačke sile i tako isključiti svaku sposobnost povezivanja. Nismo samo mi svjesni slabosti naših petnaest miliona marksista, demokrata i pacifista koji se raspadaju, nego će to spoznati i vanjski političari, pa je vrijednost mogućeg saveza s nama vrlo mala, gotovo ništavna i to upravo zbog ovog opterećenja. Čovjek se ne veže s državom čiji se aktivni dio naroda pasivno odnosi prema odlučnoj vanjskoj politici.

Činjenica je naime, da se vodstvo ove stranke nacionalne izdaje, neprijateljski odnosi prema svakom usponu već i zbog prostora za samoodržavanjem, a i povijesno je jednostavno nezamislivo da bi njemački narod mogao još jednom zauzeti prijašnji položaj, a da se ne obračuna s onima, koji su bili uzrok i povod nečuvene propasti naše države. Pred sudom potomstva, studeni 1918. neće biti ocijenjen kao veleizdaja, nego kao izdaja domovine.

Tako je ponovni uspon i stjecanje njemačke samostalnosti prema van, u prvom redu uvjetovan ponovnim stjecanjem samopouzdanja i buđenjem volje za zajedništvom.

Čisto tehnički gledano, pomisao na njemačko osobođenje u odnosu na vanjske sile, čini se besmislenim sve dotle, dok u službu ovih misli nisu spremne stupiti i široke mase. Čisto vojnički gledano, svakom će oficiru prilikom njegovog razmišljanja biti sasvim jasno da se borba protiv vanjske sile ne može voditi studentskim bataljunima, nego da su za to pored pameti jednog naroda potrebne i šake. Stalno bi trebali imati pred očima činjenicu, da nacionalna obrana koja se oslanja na krugove tzv. inteligencije, nagonski i nerazborito iskorištava nenadoknadivo dobro, jer sjetimo se mlade njemačke inteligencije, koja je kao dragovoljna postrojba izginula u flandrijskoj ravnici 1914. i kasnije nam gorko nedostajala. Ona je bila najveće dobro koje smo imali, a taj gubitak u tijeku rata više nije mogao biti nadoknađen. No, nije samo borba nepredvidiva ako jurišne bojne u svojim redovima ne vide radničke mase, nego nisu izvedive ni pripreme tehničke vrste bez unutarnjeg, voljnog jedinstva našeg narodnog bića. Upravo je naš narod taj koji proživljava dane razoružan i pod budnom paskom tisuća očiju Versailleskog mira, a mogao bi izvršiti tehničke pripreme i izvojevati slobodu i ljudsku neovisnost samo tada, ako bi vojska unutarnjih doušnika bila desetkovana, jer im njihov urođen loš karakter dopušta da za pišljivih trideset srebrnjaka izdaju sve i svakoga. S takvima bi se dakle, već izišlo na kraj. Nesavladivi su svi oni milijuni, koji se iz političkog uvjerenja protive nacionalnom pokretu. Nesavladivi tako dugo, dok razlog njihovog protivljenja ne bude svladan, a to je njihov internacionalni marksistički pogled na svijet, a on im mora biti istrgnut iz srca i mozga.

Dakle, sasvim je svejedno s kojeg gledišta čovjek provjerava mogućnost ponovnog izvojevanja naše državne i nacionalne neovisnosti, da li s onoga o vanjsko političkoj pripravnosti, ili onoga o tehničkoj opremljenosti, ili i same borbe, jer ono uvijek služi kao pretpostavka za ono što prethodi pridobivanju širokih masa našeg naroda i što mu preostaje za ostvarenje njegove želje o nacionalnoj neovisnosti.

Bez ponovnog stjecanja vanjske slobode, svaka unutarnja reforma, čak i u najboljem slučaju, znači samo jačanje sposobnosti održavanja kao kolonije. Viškovi svakog tzv. privrednog napretka, dobro bi došli našim internacionalnim kontrolorima i svaki socijalni boljitak povećao bi na najbolji način njihov radni učinak. Kulturni napredak njemačke nacije ne bi uopće bio zadovoljen, jer je previše povezan s političkom neovisnošću i čašću jednog naroda.

Ako je dakle povoljno rješenje njemačke budućnosti povezano s nacionalnim uvjerenjem širokih masa našeg naroda, tada ono mora biti najviša i najsnažnija zadaća pokreta čija se djelatnost ne smije iscrpljivati zbog zadovoljstva jednog trenutka, nego cijelo svoje djelovanje i rad ima usmjeriti prema mogućim posljedicama u budućnosti.

Tako nam je već 1919. bilo sasvim jasno da novi pokret mora biti proveden u prvom redu kao najviši cilj ka nacionaliziranju masa.

Iz toga je u taktičkom smislu proizašao čitav niz zahtjeva.

1. Da bi se postigao nacionalni uspon masa, nije ni jedna socijalna žrtva teška.

Uspjeh naših radnika na privrednom planu ne odnosi se na uspjeh cijele nacije, kada i pomogne širokim slojevima da im se daruju njihova narodna obilježja. Samo kratkovidna ograničenost.

koju nažalost vrlo često susrećemo u krugovima naših poduzetnika ne može shvatiti da za njih nema privrednog procvata na duže vrijeme, a time ni privredne koristi, ukoliko ne bude uspostavljena unutarnja narodna solidarnost naše nacije.

Da su njemački sindikati u ratu štitili interese radništva od onog najbezobzirnijeg, oni su i sami za vrijeme rata od tadašnjeg poduzetništva gladnog dividende, mogli tisuću puta putem štrajka iznuditi privolu zahtjeva preko svojih radničkih zastupnika. Da su se u obrani nacionalnog interesa ponijeli isto tako fanatično ka svojem Nijemstvu, njemačkoj posebnosti, i da su s istom bezobzirnošću domovini dali ono što domovina jest, rat ne bi bio izgubljen. Ali, svi bi oni ispali smiješni, a posebno najveće privredne koncesije da su stajale nasuprot gorostasnom značenju dobivenog rata!

Tako je pokretu koji namjerava njemačke radnike vratiti njemačkom narodu postalo jasno da privredne žrtve u tom pitanju ne igraju nikakvu ulogu sve dotle, dok uspon i neovisnost nacionalne privrede ne bude ugrožen s njihove strane.

2. Nacionalni odgoj širokih masa može se dogoditi samo zaobilazno, putem socijalnog uspona, budući da su isključivo kroz njega stvorene opće privredne pretpostavke koje omogućuju i pojedincu sudjelovanje u kulturnim dobrima nacije.

3. Nacionalizacija širokih masa nikada ne uspijeva ako je polovična, pomoću slabo naglašene tzv. objektivne točke gledišta, nego samo pomoću bezobzirnog, fanatičnog i jednostranog stava koji vodi davno željenom cilju. To znači da se jedan narod ne može načiniti "nacionalnim" u smislu našeg današnjeg građanstva, dakle, s tim i takvim ograničenjima, nego samo nacionalističkim, sa svom žestinom ekstremnog. Otrov se neutralizira samo protuotrovom i samo neukus građanske naravi može odabrati srednji put, kao put u nebeski raj.

Široka masa naroda ne sastoji se ni od profesora ni od diplomata. Nedostatno apstraktno znanje koje posjeduje, upućuje njezine osjete više u svijet osjećaja. Tamo miruje njihov pozitivan ili negativan stav. Ona je prihvaćena kao prikaz snage u jednoj od ove obje lebdeće polovičnosti. Njezin stav istovremeno uvjetuje i njezinu izvanrednu stabilnost. Teže je uzdrmati vjeru nego znanje, ljubav manje podliježe promjeni od pozornosti, mržnja je trajnija nego odvratnost, a nagon snage ka divovskom prevratu na ovoj zemlji, nalazio se je u svim vremenima, više u masi vladajućih znanstvenih spoznaja, nego u jednom produhovljenom fanatizmu, a ponekad i u težnji za histerijom.

Tko hoće pridobiti široke mase, mora poznavati ključ koji otvara vrata ka njihovim srcima. On se ne zove objektivnost, dakle slabost, nego volja i snaga.

4. Pridobivanje duša naroda, može uspjeti samo ako se pored vodstva političke borbe za vlastite ciljeve, uništi protivnike ovih ciljeva.

Opće se poznato, da narod svih vremena vidi dokaz vlastitog prava samo u bezobzirnom napadu na protivnika, svako odustajanje od uništenja drugog, doživljava kao nesigurnost u odnosu na vlastito pravo, ako ne i kao znak vlastite nepravde. Široka masa je samo dio prirode i njezin osjećaj ne razumije obostrani stisak ruku ljudi koji tvrde da vole suprotnosti.

Sve što ona želi je pobjeda jačega i uništenje slabijega ili bezuvjetno podčinjavanje.

Nacionalizacija naše mase uspjet će, uz svu pozitivnu borbu samo tada, ako internacionalni trovači narodnih duša budu iskori-jenjeni.

5. Sva velika pitanja vremena su pitanja trenutka i predstavljaju samo prikaze posljedica određenih povoda. Uzročno značenje među njima, postavlja samo jedno pitanje, a to je pitanje rasnog održavanja narodnosti. Dokazano je, da u samoj ljudskoj krvi leži i snaga i slabost. Narodi, koji ne poštuju i ne uviđaju značenje i važnost svoga rasnog podrijetla liče lakomislenim ljudima, koji usvajaju osobine hrta, a da ne shvaćaju da brzina hrta kao i učenost pudlice nisu naučene nego su osobine koje leže u rasi. Narodi, koji ne održavaju svoju rasnu čistoću, ne postižu ravnotežu vlastite duše i tijela. Rastrganost njihovog bića je prirodno nužna posljedica rastrganosti krvi i promjene njihove duševne, iscrpne snage, a to djeluje na promjenu njihove rasne podloge.

Tko želi odviknuti njemački narod od njemu izvornih, a danas nebitnih pojmova i loših navika, morat će se prvo riješiti stranih uzročnika ovih pojmova i loših navika.

Bez najjasnijih spoznaja rasnih problema, a time i pitanja Židova, njemačka nacija više neće doživjeti svoj uspon. Rasno pitanje ne daje samo ključ rješenja svjetskoj povijesti, nego i ljudskoj kulturi uopće.

6. Sjedinjavanje širokih masa našeg naroda, koje su danas u internacionalnoj izolaciji, u nacionalnu narodnu zajednicu, ne znači odustajanje od opravdanih interesnih stajališta. Staleški interesi i interesi profesionalaca koji se razilaze, ne liče cijepanju klasa, nego su razumljiv odraz našeg privrednog života. Grupiranje profesija ne stoji ni u kom slučaju na putu jednoj istinskoj narodnoj zajednici jer nju čini jedinstvo narodnih obilježja i to u svim pitanjima koja se tiču te narodne osobitosti.

Asimilacija jednog od klase nastalog staleža u narodnu zajednicu, ali i državu, ne slijedi spuštanjem viših klasa, nego uzdizanjem nižih. Nositelj ovog procesa ne može nikada biti iz više klase, nego iz one koja se bori za svoju jednakost. Današnje građanstvo nije asimilirano u državu pomoću naredbi plemića, nego pomoću vlastite odlučnosti i djelovanja vlastitog vodstva.

Njemački radnik neće biti uzdignut na pravo mjesto zaobilaznim putem ili pomoću blijedih sjenki bratimljenja, nego pomoću svjesnog uzdizanja njegovog socijalnog i kulturnog položaja, tj. tako dugo, dok ne budu premošćene najveće razlike. Pokret, koji si ovakav razvoj postavlja za cilj, morat će svoje sljedbenike tražiti u prvom redu među radništvom. Za inteligencijom može posegnuti samo u toj mjeri, u kojoj je ova bez ostatka, zadojena željenim ciljem. Ovaj proces preokreta i približavanja ne može biti završen za deset ili dvadeset godina, nego prema iskustvu, obuhvaća mnoge generacije.

Teška prepreka približavanja današnjeg radništva ka nacionalnoj narodnoj zajednici ne leži u zamjeni njegovih staleških interesa, nego u njegovom internacionalno neprijateljskom stavu i vodstvu. Kako sindikati, vođeni fanatičkim nacionalnim i političkim, kao i narodnim potrebama, tako i milijuni radnika, činili bi najvrednije spone svoga navodnog obilježja, bez obzira na pojedinačne borbe zbog čisto gospodarskih potreba.

Pokret koji na pošten način želi vratiti njemačko radništvo svome narodu, mora ga otrgnuti od internacionalne zablude, mora na najoštriji način stvoriti front, prije svega u krugu poduzetništva, koje pod pojmom narodne zajednice podrazumijeva bezotpornu gospodarsku predaju radnika poslodavcu i koje u svakom pokušaju zaštite samoopravdanih gospodarskih i egzistencijalnih interesa radnika vidi napad na narodnu zajednicu. Zastupanje ovog shvaćanja predstavlja svjesno zastupanje laži; zajednica naroda ne podliježe obvezama samo prema jednoj strani, nego i prema drugoj. Kako god da se neki radnik gorko ogriješi o duh prave narodne zajednice, ako bez obzira na opće dobro i opstanak nacionalnog gospodarstva, poduprt svojom moći postavlja ucjenjivačke zahtjeve, tako je isto razara poduzetnik, ako na neljudski i izrabljivački način vodstvo njegovog pogona iskorištava nacionalnu radničku snagu i na njihovom znoju lihvari milijune. On tada nema nikakvo pravo prikazivati se nacionalnim, nema pravo govoriti o narodnoj zajednici, nego je sebična propalica koja zbog unošenja socijalnih nemira provocira kasnije borbe, koje su dovoljne za nanošenje nacionalne štete. Izvor, iz kojeg ovaj mladi pokret treba crpsti svoje snage, bit će u prvom redu masa naših radnika. Njih treba otrgnuti od internacionalne zablude, treba ih osloboditi njezine socijalne nevolje, lišiti ih kulturne bijede, pa ih tako ujedinjene i dragocjene kao nacionalno osjećajan i voljan čimbenik uvesti u narodnu zajednicu.

Ukoliko se među nacionalnom inteligencijom nalaze ljudi čija srca kucaju za svoj narod i njegovu budućnost, a ispunjena su najdubljom spoznajom značenja borbe za duše ove mase, oni su u redove ovog pokreta osobito dobrodošli kao dragocjena duhovna potpora. Cilj ovog pokreta nikada ne smije biti dobitak građanskog povjerenja. On bi se u tom slučaju opteretio snagom reklame, koja bi izazvala zasićenost širokih slojeva. Jer, usprkos teoretskoj ispravnosti mišljenja o udruženom vodstvu širokih masa sa svih strana, već u samom okviru pokreta, suprotstavlja se činjenica, da psihološki utjecaj na javnim manifestacijama stvara raspoloženje, šire se pogledi, ali ne i karakterne osobine, ili bolje rečeno, ne gube se loše navike koje su postale i nastale prije mnogo stoljeća. Razlika u odnosu na obostranu kulturnu razinu i obostrani stav po pitanju gospodarskog interesa je trenutno još tako velika, da bi čim prođe opijenost od javnih uličnih manifestacija, bila najveća kočnica pokreta.

Konačno, nije cilj preuzeti jednu smjenu nacionalnog tabora, nego pridobiti antinacionalni. Jedino je takvo stajalište mjerodavno za taktički stav cijelog pokreta.

7. Ovakvo jednostrano, a time i jasno stajalište istaklo bi se i u promidžbi pokreta, a isticat će se, s druge strane, i iz samih promidžbenih razloga.

Ukoliko promidžba želi biti učinkovita za pokret, mora se sama prikloniti jednoj strani, budući da je u drugom slučaju pored različitosti duhovne prednaobrazbe obaju, pripadajući tabor upitan ili zbog nerazumijevanja jedne strane, ili bi s druge, kao sam po sebi razumljiv, a time i nezanimljiv, bio odbijen.

Već sam način formuliranja, kao i ton, ne može biti jednako učinkovit do pojedinosti kod dvije tako ekstremne struje. Ako se promidžba odrekne izvornosti načina izražavanja, neće naći put k osjećajima širokih masa. Upotrijebi li naprotiv u svojim izjavama grube riječi i geste koje vrijeđaju osjećaje mase, bit će sigurno odbijena od strane tzv. inteligencije kao sirova i prosta. Među stotinu takozvanih govornika nalazi se jedva deset, koji bi danas bili jednako učinkoviti i mogli govoriti pred publikom uličnih čistača, bravara, kopača rovova, itd., a sutra održati predavanje sličnih sadržaja pred auditorijem profesora visokih učilišta ili studenata. Među tisuću govornika, nade se možda jedan jedini koji je sposoban govoriti istim načinom i pred bravarima, i pred sveučilišnim profesorima, pa da zajedno s njihovim mogućnostima shvaćanja, ne samo zadovolji, nego da na oba dijela učinkovito utječe i ovu oduševljenu masu uz pohvale i pljesak povuče za sobom. Ipak, treba uvijek imati na umu, da se čak i najljepša misao neke uzvišene teorije, u većini slučajeva, može širiti samo preko malih i najmanjih duša. Ne radi se o tome kakvu ideju genijalni tvorac ima pred očima, nego o načinu i uspjehu s kojima navjestitelj ove ideje predaje širokoj masi.

Jaka, dobro propagirana, snaga socijaldemokracije u čitavom marksističkom pokretu uopće, počivala je najvećim dijelom na zajedništvu, a time i u jednostranosti publike na koju se obraća. Što su očitije bili ograničeni i stegnuti, to su gluplji bili tokovi njihovih misli, pa su lakše bili prihvaćeni od neke mase, čija je duhovna razina bila unaprijed predviđena.

Tako se ovom pokretu pokaza jednostavna i jasna smjernica:

Promidžbu treba oblikom i sadržajem rasprostrijeti među široke mase, a njezinu vjerodostojnost mjeriti isključivo njezinim učinkovitim uspjehom.

Na narodnom skupu širokih slojeva ne govori najbolje onaj govornik koji je duhovno najbliži prisutnoj inteligenciji, nego onaj koji zna zarobiti srca masa.

Neki intelektualac, prisutan masovnom skupu, a koji unatoč vidljivom djelovanju govornika na pridobivene niže slojeve, obzirno prigovara duhovnoj visini govora, dokazuje potpunu nesposobnost svoga razuma i bezvrijednost svoje osobe za ovaj mladi pokret, za kojega dolazi u obzir onaj intelektualac koji zadaću i cilj već tako dobro shvaća da je naučio moć djelovanja promidžbe vrednovati isključivo po njezinom uspjehu, a ne prema utiscima koje ona ostavlja na njega samoga. Promidžba ne služi nacionalno svjesnim ljudima za razgovor, nego za pridobivanje neprijatelja našeg naroda, ukoliko su naše krvi.

Općenito, za mladi pokret trebala bi biti mjerodavna i presudna ona mišljenja o načinu provedbe i objašnjenju njezinog rada, koja sam već sažeto izložio u poglavlju: Ratna promidžba.

Da je bila ispravna, dokazuje njen uspjeh.

8. Cilj političkog reformističkog pokreta nikada neće biti postignut pomoću objašnjenja rada ili utjecaja na vladajuće sile, nego samo pobjedom političke sile. Svaka na svijetu pokrenuta ideja, ne samo da ima pravo, nego i obvezu osigurati ona sredstva koja omogućuju provođenje njezinih težnji. Uspjeh je jedini zemaljski sudac o pravdi ili nepravdi jednog takvog početka, pri čemu pobjedu sile 1918., samu po sebi ne možemo smatrati uspjehom, nego za narod, blagoslovljenom posljedicom. Stoga državni udar ne možemo ocijeniti uspješnim ako razmišljamo kao današnji lakovjerni državni tužioci koji misle da je revolucionarima uspjelo zauzimanje državne

moći samo tada, ako u ostvarenju jednog tak- vog revolucionarnog djelovanja izgubljeni izgledi i ciljevi nacije donesu više sreće nego pod bivšom vlašću. Nešto što se o njemačkoj revoluciji, kako se naziva, ne bi moglo baš tvrditi, je hajdučki udar iz 1918.

Ako je pobjeda političke sile preduvjet za praktičnu provedbu reformatorskih namjera, tada se pokret s reformatorskim namjerama od prvog dana svoga postojanja mora osjećati kao pokret masa, a ne kao literarno društvo u čajnom klubu ili kao malograđansko kuglačko društvo.

9. Mladi pokret je prema svom biću i svojoj organizaciji antiparlamentaran, a to znači, on odbacuje u općem, kao i u svojoj unutarnjoj građi, načelo većine glasova, kojim bi vođa bio degradiran u izvršioca volje i mišljenja drugih. Prema svim svojim načelima pokret mora zastupati bezuvjetni autoritet vođe, praćenog najvećom odgovornošću. Praktične posljedice ovog načela u pokretu su sljedeće: Za prvog predsjednika lokalne zajednice bit će postavljen onaj, koji je po svom uvjerenju najbliži vođi. On je najodgovorniji vođa lokalne zajednice. Svi odbori zajedno podčinjeni su njemu, a ne obratno on njima. Ne postoje odbori koji biraju, nego radni odbori. Radne zadatke daje odgovorni vođa, tj. prvi predsjednik, Isto načelo vrijedi i za najbližu organizaciju, područje, okrug ili župu. Vođa će uvijek biti postavljen odozgo, i odmah će dobiti neograničenu punomoć i autoritet. Samo će vođa cijele stranke biti biran prema ozakonjenim osnovama stranke, u članstvo generalne skupštine. Time on postaje isključivi vođa pokreta. Svi odbori su podčinjeni njemu, a ne on odborima. On zapovijeda i time nosi svu odgovornost na svojim leđima. Članovima pokreta je dopušteno da ga pred izbornim forumom pozovu na odgovornost, da ga liše dužnosti, ako se ogriješi o načela pokreta ili ako je loše služio njegovim interesima. Na njegovo mjesto stupa sposobniji, novi čovjek, ali svakako s istim autoritetom i s istom odgovornošću.

Najviša zadaća pokreta je poštivanje ovog principa, ne samo unutar vlastitih redova, nego i u cijeloj državi.

Tko želi biti vođa, stiče najneograničeniji autoritet, ali i posljednju i najtežu odgovornost.

Tko za to nije sposoban ili je za podnošenje posljedica svoga djelovanja prevelika kukavica, taj ne može biti vođa. Za takvo nešto pozvan je samo heroj.

Napredak i kultura stanovništva nisu proizvod većine, nego isključivo počivaju na genijalnosti i snazi djelovanja izgrađene ličnosti.

Uzgojiti takve i dati im njihova prava je jedan od preduvjeta za oživljavanje, veličine i moći naše narodnosti.

Time je pokret antiparlamentaran i njegovo sudjelovanje u nekoj parlamentarnoj instituciji, ima smisla samo ako ono vodi raspadu i uklanjanju te institucije u kojoj bi se mogla nazrijeti jedna od najtežih propasti čovječanstva.

10. Pokret odbija svako zauzimanje stajališta o pitanju koje leži izvan okvira njegovog političkog djelovanja ili ono za njega nije od načelnog značenja. Njegova zadaća nije religiozna reformacija, nego politička reorganizacija našeg naroda. Ona priznaje obje religije i u njima vidi jednako vrijedne oslonce za opstanak našeg naroda i bori se protiv onih stranka, koje ovaj temelj etičko - religiozne i moralne tvorevine našeg narodnog tijela žele poniziti i iskoristiti kao sredstvo njihovih stranačkih interesa.

Konačno, pokret svoju zadaću ne vidi u oživljavanju nekog određenog državnog oblika ili kao borbu s jednim drugim oblikom, nego u stvaranju onih načelnih temelja, bez kojih na duže vrijeme ne bi mogla opstati ni republika ni monarhija. Njegova misija nije stvaranje monarhije ili učvršćivanje republike, nego osnivanje germanske države.

Pitanje vanjskog oblika ove države, dakle njezino krunjenje, nije od osnovnog značenja, ali će biti uvjetovano pitanjima praktične svrsishodnosti.

Kod naroda koji je tek shvatio velike probleme i zadaće svog postojanja, pitanja vanjskih formalnosti neće više voditi unutarnjim borbama.

11. Pitanje unutarnje organizacije pokreta je pitanje svrsishodnosti, a ne principa.

Najbolja organizacija nije ona koja među vodstvom pokreta veliča pojedine članove, nego ona koja uključuje i najniži pos- rednički aparat. Jer, zadaća organizacije je posredovanje jedne određene ideje, koja u prvom redu izvire iz glave pojedinca da bi se predala mnoštvu ljudi, i sačuvala za provedbu u stvarnosti.

Organizacija je time u svakom pogledu samo nužno zlo. Ona je u najboljem slučaju sredstvo za ostvarenje svrhe, u najgorem, sama je sebi svrhom.

Budući da svijet češće stvara mehaničke prirode, nego idealne, čini se da je lakše stvarati oblike organizacije, nego ideje same po sebi.

Put svakog ostvarenja željene ideje, posebno one reformatorskog karaktera je u grubim crtama sljedeći:

Bilo koja genijalna zamisao nastaje u mozgu jednog čovjeka, koji se osjeća pozvanim da svoju spoznaju prenese ostalom čovječanstvu. On propovijeda svoje zamisli i tako postupno pridobiva određeni krug pristalica. Ovaj postupak neposredne i osobne predaje ideje nekog čovjeka drugim suvremenicima je najidealniji i najprirodniji. Zbog naglog porasta pristalica novog učenja, javljaju se kod nositelja ideje, teškoće daljeg osobnog ili neposrednog djelovanja, kao i nemogućnost vođenja i upravljanja. Upravo u mjeri, u kojoj bi zbog porasta zajednica bio isključen neposredni i najkraći put komunikacije, dolazi do nužnosti povezanog raščlanjivanja. Time će idealno stanje biti završeno, a na njegovo mjesto stupit će nužno zlo organizacije. Formirat će se malene podgrupe, koje će u političkom pokretu, primjerice kao mjesni odbori, predstavljati klice buduće organizacije.

Do ove podjele smije doći samo ako se ne izgubi jedinstvo učenja, a autoritet duhovnih osnivača i po njima osnovanih škola, bude bezuvjetno priznat. Geopolitičko značenje centralnog središta pokreta, pri tome ne smije biti precijenjeno. Samo postojanje takvog mjesta koje ima magičnu privlačnost, kakvom zrače Mekka i Rim, može trajno pokretu podariti snagu koja počiva na unutarnjem jedinstvu i priznanju jedinstva reprezentativnog vrha.

Pri stvaranju prve organizacijske klice nikada se ne smije gubiti iz vida važnost izvornog ishodišta ideje, koja ne samo što sadržava značenje, nego ga i znatno nadrasta. Ovo nadrastanje moralne i stvarne nadmoći ideala je polazna i vodeća točka pokreta koja se mora razvijati u ravnomjernom odnosu, u kojem bezbrojni začeci pokreta zahtijevaju nova ujedinjenja i organizatorske oblike.

Jer, kao što porast pojedinih pristalica i nemogućnost daljeg neposrednog odnosa s njima vodi ka gubljenju preglednosti, tako i bezbrojno umnožavanje ovih najnižih oblika organizacije prisiljava stvaranje većih udruga, koje politički možemo nazvati recimo kotarom ili okrugom.

Možda je još uvijek lako održavati autoritet izvorne centrale prema najnižim mjesnim odborima, ali će biti teško sačuvati stajališta viših organizacijskih oblika. Ovo je međutim uvjet za jedinstveno djelovanje i trajnost pokreta, a time i za provođenje bilo koje ideje.

Kad su konačno i ove veće međupodjele novih organizacijskih oblika objedinjene, javlja se i dalje teškoća, već i zbog bezuvjetno vodećeg karaktera izvornog mjesta utemeljenja, osigurati njegovu školu, itd.

Zbog toga, mehanički oblici jedne organizacije smiju biti izgrađeni samo u ravnomjernim odnosima, u kojima su duhovni ideali i autoriteti centrale bezuvjetno jasno vidljivi. Kod političkih tvorevina može se ovo jamstvo često prikazati samo kao praktična sila.

Iz svega ovoga mogu se dati sljedeće smjernice unutarnje izgradnje pokreta:

a) Koncentracija cjelokupnog djelovanja mora biti na jednom jedinom mjestu: Münchenu. Izgradnja (stvaranje) zajednice bezuvjetno odanih pristalica i otvaranje škole koja će kasnije širiti ideje. Pridobivanje nužno potrebnog autoriteta za kasnije, po mogućnosti vidljivije uspjehe baš na ovome mjestu.

Da bi pokret i njegov vođa postali poznati, bilo bi potrebno, ne samo snažno uzdrmati vjeru u nepobjedivost marksističkog učenja na mjestu koje je vidljivo za svakoga, nego i protivničkom pokretu pokazati i dokazati svoju moć.

b) Tvorba mjesnih grupa tek onda, kada autoritet centralnog vodstva u Münchenu bude bezuvjetno priznat.

c) Tvorba oblasti, kotara ili lokalnih udruga ne nastaje kao potreba sama po sebi, nego zbog postizanja sigurnosti bezuvjetnog priznavanja centrale.

Dalje, je tvorba organizacijskih oblika ovisna je o raspoloživim glavama koje dolaze u obzir za vodu. Za to postoje dva puta:

a) Pokret raspolaže neophodnim novčanim sredstvima potrebnim za odgoj i obrazovanje najsposobnijih glava koje bi kasnije upravljale vodstvom. Tako dobiveni materijal on planski koristi prema stajalištima taktičkih i svih ostalih svrsishodnosti.

Ovaj put je lakši i brži, ali on ipak traži velika novčana sredstva, jer je takav materijal za vođu sposoban voditi pokret samo ako je plaćen.

b) Zbog nedostatka novčanih sredstava, pokret nije u mogućnosti namjestiti činovničkog vodu nego je ovisan o volonterima.

Ovaj put je polaganiji i teži.

Vodstvo pokreta mora pod određenim okolnostima ostaviti neobrađena velika područja, dok se među pristalicama ne nađe glava, sposobna i voljna staviti se na raspolaganje vodstvu, i organizirati, voditi pokret u određenim područjima.

Može se međutim dogoditi, da se u velikim područjima ne nađe nitko takav, naprotiv u drugim manjim područjima dvojica ili čak trojica približno sličnih sposobnosti, pa je teškoća koja leži u takvom razvitku velika i može biti svladana tek nakon više godina.

Glavni uvjet za tvorbu organizacijske forme, uvijek je bila i ostala sposobna glava.

Kao što je bez časnika bezvrijedna svaka vojska u svim njezinim organizatorskim oblicima, isto je tako bezvrijedna i politička organizacija bez odgovarajućeg vođe.

Za pokret je bolje ako ne dođe do osnivanja mjesne grupe, nego neuspjeh do kojeg bi dovela osoba nesposobna za vođenje i unapređivanje.

Za samo vođenje nije bitna samo volja, nego i sposobnost, pri čemu i volji i sposobnosti treba pridavati veći značaj nego genijalnosti samoj po sebi, no najvrjednije od svega je kad se nađu na okupu: sposobnost, snaga, odlučnost i ustrajnost.

12. Budućnost pokreta će biti uvjetovana fanatizmom i nesnošljivošću koje njegove pristalice zastupaju kao jedine i ispravne i žele ih sprovesti u djelo unatoč drugim tvorevinama slične vrste.

Najveća je grješka vjerovati da snaga pokreta raste ujedinjenjem s jednim slično stvorenim. Svako uvećanje u tom smislu znači prije svega dobitak na vanjskom opsegu i na snazi, a time i u očima površnih promatrača, a u stvarnosti on preuzima samo klicu kasnijeg stvarnog unutarnjeg slabljenja.

Jer, što god da se govori o istovrsnosti dvaju pokreta, ona u stvarnosti nikada nije postojala. Jer, u drugom slučaju, praktično ne bi bila dva, nego samo jedan pokret. Sasvim je svejedno u čemu su te razlike, pa i tada, kada bi bile objašnjene samo različitom sposobnošću - one su tu. Prirodnom zakonu svakog razvitka ne odgovara spajanje dvaju nejednakih tvorevina, nego pobjeda jačeg i time dobivena borba omogućila bi naduzgoj snage i moći pobjednika.

Moguće je, da spajanjem dviju politički bliskih stranačkih tvorevina porastu trenutne prednosti, no gledano na duže, ipak je svaki, na ovaj način stvoreni uspjeh razlog kasnije nastale unutarnje slabosti.

Veličina pokreta bit će isključivo zajamčena nesputanim razvojem slobodne unutarnje snage i trajnim usponom do konačne pobjede nad svim konkurentima.

Da, može se reći da njegova snaga, a time i njegovo životno pravo, općenito treba biti shvaćeno kao dobitak, sve dok načela borbe budu priznata kao pretpostavka njegovog postojanja,a da je u istom trenutku prekoračio vrhunac svoje snage čija se potpuna pobjeda pripisuje njegovoj strani.

Pokretu može samo koristiti ova žudnja za pobjedom i to u nekom obliku koji vremenski ne vodi trenutačnom uspjehu, nego ka jednom koji uz bezuvjetnu nesnošljivost ovoj drugoj borbi poklanja i trajni napredak.

Pokreti, koji svoj porast zahvaljuju takozvanom udruživanju sličnih tvorevina, dakle njihovoj snazi kompromisa, slični su stakleniku za uzgoj biljaka. One bujaju, ali im nedostaje snaga, da mogu prkositi stoljećima opirući se jakim olujama.

Veličina svake goleme organizacije kao utjelovljenju neke ideje na ovome svijetu, nalazi se u religioznom fanatizmu u kojem se nestrpljivo i snažno probija između svih ostalih, fanatično uvjerena u vlastito pravo. Ako je jedna ideja sama po sebi dobra i kada je tako dobro i opremljena i kao takva vodi borbu na ovoj zemlji, ona je nepobjediva i svaki njezin progon samo će voditi ka njezinoj unutarnjoj snazi.

Snaga kršćanstva nije bila u pokušaju dogovora ravnopravnih, a otprilike sličnih filozofskih mišljenja antike, već u nemilosrdnoj najavi i zastupanju vlastitog nauka.

Prividna prednost pokreta postignuta udruživanjem, bit će bogato nadoknađena stalnim porastom snage jednog trajno nezavisnog, samoizborenog nauka i njegove organizacije.

13. Pokret mora tako odgojiti svoje članove, da oni borbu ne vide kao nešto komotno i razmaženo, već kao nešto samo poželjno. Oni se dakle ne smiju bojati neprijateljstva protivnika, nego to doživljavati kao pretpostavku vlastitog prava na postojanje. Oni se ne smiju plašiti mržnje neprijatelja prema našem narodu, našeg svjetonazora i njegovih očitovanja, oni moraju za tim čeznuti. Izražavanju ove mržnje pripadaju laž i klevetanje.

Tko u židovskim novinama ne bude pobijan, dakle, neoklevetan i neodgovoran, nije ni čestit, ni pravi Nijemac ni istinit nacionalsocijalist.

Najbolje mjerilo vrijednosti njegovog mišljenja je odanost svom uvjerenju, a snaga njegove volje je neprijateljstvo, koje će mu biti uzvraćeno od smrtnog neprijatelja našeg naroda.

Pristalice pokreta, a u širem smislu i cijeli narod, mora se neprestano podsjećati na to, da Židov u svojim novinama stalno laže, i da je čak i poneka istina napisana samo zbog skrivanja neke veće krivotvorine, pa tako sama po sebi postaje opet željena laž. Juda je veliki majstor laži, a laž i prevara i jesu njegovo oružje u borbi.

Svako židovsko klevetanje i svaka židovska laž je ožiljak časti na tijelima naših boraca. Koga najviše kleveću, taj nam je najbliži, a koga najsmrtnije mrze, taj je naš najbolji prijatelj.

Tko ujutro uzme u ruke židovske novine, a u njima se ne nađe oklevetan, nije jučerašnji dan korisno upotrijebio; jer kad bi tako bilo, Židovi bi ga proganjali, klevetali, ogovarali, grdili i prljali. I samo onaj koji se ovom smrtnom neprijatelju našeg naroda i svake arijske ljudskosti i kulture najučinkovitije suprotstavi, može očekivati klevetanja ove rase, a time i borbu ovog naroda usmjerenu protiv sebe.

Kad ova načela prožmu krv i meso naših pristalica, naš će pokret biti nepokolebljiv, postojan i nepobjediv.

14. Pokret mora svim sredstvima unapređivati pozornost prema osobi; on nikada ne smije zaboraviti da se u osobnoj vrijednosti nalazi vrijednost čitavog čovječanstva, da je svaka ideja i svako ostvarenje učinak stvaralačke ljudske snage i da je divljenje veličini ne samo dužna zahvalnost koju ona predstavlja, već i svojevrsna vrpca koja obavija zahvalnog.

Osoba nije zamjenjiva; to ona pogotovo nije onda, kada ne mehanički, već kulturno otjelovljuje stvaralački element. Kao što teško može biti zamjenjiv neki znameniti majstor, da bi njegovo dopola dovršeno djelo preuzeo neki drugi slikar, isto tako ne može biti zamjenljiv ni veliki pjesnik i mislilac, veliki državnik ili vojskovođa. Njihovo djelovanje uvijek počiva na području umjetnosti, ona nije data mehaničkim odgojem, nego urođena božjom milošću.

Najveći prevrati i tekovine ove Zemlje, njezina najveća kulturna dostignuća, besmrtna djela na polju državne umjetnosti itd., su neodjeljivo vječno spojena s jednim imenom i ono ih reprezentira. Odustajanje od iskazivanja počasti nekom velikom duhu, znači gubitak neizmjerne snage koja struji iz imena svih velikih muškaraca i žena.

To najbolje zna Židov. Upravo on, čije su veličine velike samo u razaranju čovječanstva i njegove kulture, brine o njegovom božanskom divljenju. Tako on poštovanje naroda prema svojim vlastitim duhovnim veličinama pokušava nečasno predstaviti i žigosati ih kao "kult ličnosti".

Čim se neki narod ponaša kukavički pa podlegne židovskoj drskosti i bezobrazluku, odriče se goleme snage koju posjeduje; jer ova ne počiva na časti mase, nego na poštovanju genija i na njegovom usponu i moralnoj izgradnji.

Kad se lome ljudska srca i zdvajaju ljudske duše, iz sumraka prošlosti veliki pobjednici nevolje i zla, sramote i poniženja, duhovne stege i tjelesne prisile tada gledaju na njih dolje i pružaju tim zdvojnim smrtnicima svoje vječne ruke!

Teško narodu koji se stidi da ih uhvati!

U prvo vrijeme postojanja našeg pokreta, ni zbog čega nismo toliko patili kao zbog beznačajnosti i anonimnosti našega imena. Najteže je bilo, što se često puta skupilo tek pet, šest, sedam ili osam glava, da bi slušale riječi govornika. U ovom najmanjem krugu bilo je vjere u buđenje i održavanje goleme i svijetle budućnosti pokreta.

Može se pomisliti, da se tih šest, sedam muževa, sve samih bezimenih jadnika, sastalo s namjerom da stvore pokret kojemu je jednom trebalo uspjeti ono, što do sada nije uspjelo snažnim, velikim stranačkim masama, a to je ponovni uspon njemačkog carstva osnažene sile i uzvišenog sjaja.

Da su nas tada napali, da, da su nas bar samo ismijali, mi bismo u oba slučaja bili sretni. Jer poniženje je i bilo samo u potpunom neuvažavanju koje smo tada doživjeli i zbog kojeg sam tada najviše patio.

Kada sam pristupio krugu od par muškaraca, nije moglo biti ni govora o nekoj stranci niti o nekom pokretu. Moje utiske o ovom prvom susretu s ovom malom tvorevinom, već sam iznio. U tjednima koji su slijedili imao sam vremena i prilike prostudirati ovu nemoguću pojavu takozvane stranke. Slika je bila istinski bog, tjeskobni, depresivni bog. Nije bilo ničega, ali baš ničega na raspolaganju. Ime stranke čiji je odbor praktički predstavljao cjelokupno članstvo, pokušavao je izboriti ovo ili ono bio je parlament u malom. I ovdje je vladao običaj glasovanja, i dok su si veliki parlamenti zbog većih problema mjesecima derali grla, u ovom malenom kutku vodili su se već beskrajni dijalozi i diskusije oko odgovora na neko sretno pristiglo pismo.

Naravno, javnost o tome nije ništa znala. Niti jedan čovjek u Münchenu nije čuo za ime ove stranke, osim njezinih pripadnika i ponekog znanca.

Sastanak tzv. odbora, održavao se svake srijede u jednoj münchenskoj kavani. Bila je to neka vrsta govornih večeri. Kako je u odboru "Pokreta" bilo cijelo članstvo, osobe su naravno uvijek bile iste. Moralo se raditi na tome, kako da se konačno razbije taj maleni kružok, kako da se pridobiju novi članovi, ali prije svega i pod svaku cijenu, kako objaviti ime pokreta.

Pri tome smo se poslužili sljedećom tehnikom: Svakog mjeseca, kasnije svaki četrnaest dana, pokušali smo održati "Skupštinu". Pozivnice smo otiskali pisaćom mašinom, a djelomično i rukom na ceduljama koje smo u početku i sami dijelili, odnosno raznosili. Svaki od nas se obraćao krugu svojih poznanika, da bi ovoga ili onoga nagovorio da dođe na neku od ovih predstava.

Uspjeh je bio jadan i kukavan.

Još se i danas sjećam kako sam u početku raznosio negdje oko osamdesetak ovakvih cedulja i kako smo navečer čekali narodne mase koje su trebale doći. S jednosatnim zakašnjenjem "predsjednik" je konačno otvorio "Skupštinu". Bilo nas je opet sedmorica, starih sedam!

S vremenom samo nadošli na to, da ove pozivnice damo tiskati i umnožavati u jednoj münchenskoj trgovini pisaćeg pribora. Uspjeh je bio u tome, što smo na sljedećoj skupštini imali nekoliko slušatelja više. Tako se broj postupno penjao sa 11 na 13, zatim na 17, pa na 23 i konačno na 34 slušatelja.

Pomoću malih novčanih priloga nas sirotana iz kruga, skupilo se toliko novca, da smo ipak mogli tu našu "Skupštinu" najaviti u tada nezavisnom "Münchener Beobachteru" (Münchenskom promatraču) u Münchenu. Ovoga puta uspjeh je u svakom slučaju bio začuđujući. Održali smo skupštinu u münchenskom "Hofbräuhauskeller - u" (nemojte zamijeniti sa münchenskom Hofbräuhausfestsaal), dvoranici za oko stotinu tridesetak ljudi. Meni osobno, učinila se ova prostorija kao velika dvorana i svaki od nas je strahovao hoće li nam dotične večeri uspjeti ovu "ogromnu" zgradu ispuniti ljudima.

U sedam sati bilo je nazočno 111 osoba i skupština je otvorena.

Glavno izvješće je održao jedan münchenski profesor, a ja sam, kao drugi, po prvi puta trebao javno govoriti.

Tadašnjem prvom predsjedniku stranke, gospodinu Harreru, učinila se ova stvar velikim pothvatom. Taj, inače sigurno pošteni gospodin bi uvjeren, da ja vjerojatno svašta znam i mogu, ali ne i govoriti. Od ovog mišljenja ga se nije moglo odvratiti ni u budućnosti.

Ali, stvar se okrenula drugačije. Za moj govor na ovoj prvoj skupštini, dano mi je dvadesetak minuta vremena.

Ja sam govorio tridesetak minuta, i što sam osjećao već prije, a da toga nisam bio svjestan, bilo je dokazano i u stvarnosti. Mogao sam i znao govoriti! Nakon tih tridesetak minuta, ljudi su u tom malom prostoru već bili naelektrizirani, a oduševljenje se vidjelo i po tome, što se na moj poziv na spremno podnošenje žrtava prisutnih, skupilo 300 maraka dragovoljnog priloga. Time smo se riješili velike brige. Financijsko ograničenje je u to vrijeme bilo tako veliko, da nismo imali mogućnosti tiskati čak ni upute, a kamoli dijeliti letke. No, početna suma je bila dovoljna za osnivanje jednog malog fonda iz kojega se smjelo otrgnuti za ono najnužnije i najpotrebnije.

Osim toga, ovaj prvi uspjeh je bio značajan i u drugom pogledu.

Tada sam počeo u odbor uvoditi i svježe, mlade snage. Za vrijeme mojeg dugogodišnjeg vojnog razdoblja, stekao sam veliki broj vjernih drugova, koji su polako na moj nagovor počeli prilaziti pokretu. To su bili bistri odlučni mladi ljudi, naviknuti na disciplinu i svojom službom potpuno dorasli našim načelima. Ništa nije nemoguće, sve se može, ako čovjek hoće.

Već nakon nekoliko tjedana suradnje, spoznao sam koliko nam je dobro došla ova svježa krv.

Tadašnji prvi predsjednik, gosp. Harrer je uostalom bio novinar, i kao takav sigurno dobro obrazovan. Ipak kao vođa stranke imao je jedno teško opterećenje: nije bio govornik za mase. Kako god da je, vrlo pomno, savjesno i točno obavljao svoj posao ipak mu je nedostajao - možda zbog nedostatka govorničke nadarenosti - i veći zanos. Gospodin Drexler, tadašnji predsjednik mjesne münchenske grupe, bio je obični radnik, kao govornik sasvim beznačajan, također i kao vojnik. On nikada nije služio vojsku, ni za vrijeme rata nije bio vojnik, tako da je cijelim svojim bićem po sebi bio slabić i nesiguran. Jedino što mu je moglo pomoći bila je škola, koja je iz nesigurnih mekušaca mogla stvoriti muškarce. Tako nijedan od ove dvojice muškaraca nije bio načinjen od istog drveta koje bi ih osposobilo, ne samo da u svojim srcima nose fanatičnu vjeru u pobjedu pokreta, nego i nepokolebljivu energiju želje, da ako treba, i sa najbrutalnijom bezobzirnošću odstrane otpore koji bi se mogli postaviti na put ostvarenja ove nove ideje. Za to su bila podobna samo ona bića, u čijoj su duši i tijelu sjedinjene vojničke vrline, koje je možda najbolje ovako prikazati: Okretan kao hrt, žilav kao koža i tvrd kao Kruppov čelik.

Tada sam još i sam bio vojnik. Moje tijelo i duša, bili su izoštravani skoro šest godina, pa su me u ovom krugu isprva gledali kao stranca, iako sam i ja već zaboravio riječi: To ne ide, ili to neće ići; za to se ne smije odvažiti, to je još preopasno itd.

Stvar je naravno i bila opasna. Tada, 1920. u mnogim njemačkim krajevima nije postojao niti jedan nacionalni skup koji bi se usudio otvoreno pozvati široke mase na okupljanje. To je naprosto bilo nemoguće. Sudionici nečeg takvog, bili su krvavo premlaćeni i rastjerani. Razumije se, za takav čin nije bila potrebna velika umjetnost; bilo je već sasvim uobičajeno da tuce komunista takve velike takozvane građanske skupove rastjera i rastrga kao i psi zečeve. Ipak, koliko god su malo iz novina znali o tim građanskim, nazovi klubovima, čiju su unutarnju bezazlenost, a time i bezopasnost bolje poznavali, ipak su bili odlučni, naš pokret koji su držali opasnim, ugušiti svim raspoloživim sredstvima. Najučinkovitiji su u takvim slučajevima bili teror i sila.

Marksističkim narodnim varalicama bili su ipak najomraženiji oni skupovi čiji je osobiti cilj bio pridobivanje masa koje su isključivo služile internacionalno marksistički orijentiranim Židovima i burzovnim udrugama. Već je sam naslov "Njemačka radnička stranka" djelovao uzbudljivo. Tako se lako može predočiti da će pri prvoj odgovarajućoj prilici doći do sukoba s tada još pobjedom opijenim marksističkim goničima. U užem krugu tadašnjeg pokreta od takve je borbe postojao određeni strah. Trebalo je po mogućnosti što manje istupati u javnosti, zbog straha da se ne dobije batina. U duši se već nazirala zabrana okupljanja, čime bi pokret zauvijek bio ugušen. U ovom teškom položaju shvatio sam da se od ove borbe ne smije bježati, nego joj se treba oružano suprotstaviti, jer jedino oružje jamči zaštitu od nasilja. Teror se ne slama duhom, nego terorom. Uspjeh prvog okupljanja učvršćivao je moj stav u tom pravcu. Tako se dobila hrabrost za nešto drugo, nešto snažnije.

Negdje u listopadu 1919. organizirali smo u Eberlbräukelleru drugi veći skup. Tema: Brest - Litowsk i Versailles. Nastupila su četiri govornika. Ja sam govorio skoro jedan sat, a uspjeh je bio veći nego na prvom zboru. Broj posjetitelja se popeo na preko 130 ljudi. Pokušaj ometanja ugušili su moji drugovi već na samom začetku. Kavgadžije pobjegoše niz stube razbijenih glava.

Četrnaest dana kasnije okupili smo se u istoj dvorani. Broj posjetitelja popeo se na preko 170 duša - dobro popunjen prostor. Opet sam govorio i opet je uspjeh bio veći nego na prošlom skupu.

Borio sam se za veću dvoranu. Konačno smo pronašli jednu u "Deutschen Reich" na drugom kraju grada u Dachauer Strasse. Prvi skup u novom prostoru bio je slabije posjećen nego prethodni: Knap -140 ljudi. U odboru se ponovno gubila nada, a vječiti sumnjičavci vjerovali su da je razlog slabog odaziva, prečesto održavanje naših "zborova". Došlo je do snažnih prepirki i razilaženja mišljenja, raspravljanja i razračunavanja u kojima sam zastupao stajalište, da grad koji ima sedamsto tisuća stanovnika, ne samo da može podnijeti manifestaciju svakih četrnaest dana, nego bi morao podnijeti tjedno i po deset takvih skupova, da se radi jednog protuudarca ne smije dopustiti vođenje u krivom smjeru, ići u bespuće, da je naš zacrtani put ispravan i da će se dosadašnjom ustrajnošću morati, prije ili kasnije, doći do uspjeha. Općenito, cijelo to vrijeme, zimi 1919-1920. vodila se jedna jedina borba koja je jačala vjeru u pobjedničku silu mladog pokreta i na svaki način pojačavala fanatizam, koji je kao uvjerenje mogao valjati i brda.

Sljedeći skup u istoj dvorani dao mi je za pravo. Broj posjetitelja popeo se na preko dvjesto, pa je sve blistalo kako vanjštinom, tako i financijskim uspjehom.

Tražio sam da se odmah zakaže sljedeća priredba. Ona se održala nakon jedva četrnaest dana, a mnoštvo slušatelja popelo se na dvjestasedamdeset glava.

Dva tjedna kasnije pozvali smo pristalice i prijatelje po sedmi puta, a ista dvorana jedva da je mogla primiti sve te ljude, jer ih je bilo preko četiristo.

Došlo je vrijeme unutarnjeg oblikovanja mladog pokreta. U užim krugovima dolazilo je ponekad do manje ili više snažnih rasprava i razilaženja. Sa raznih strana - kao uostalom i danas, tako već i tada - mladi je pokret bio podcjenjivački nazivan strankom. Na takva shvaćanja sam uvijek gledao kao na dokaz praktične nesposobnosti i duhovne sitničavosti. Uvijek je bilo i bit će ljudi koji nisu znali razlikovati vanjsko od unutarnjega, pa su vrijednost pokreta pokušali procijeniti po pretjerano zvučnom imenu, pri čemu, uz svu nesreću mora ispaštati govorno blago naših predaka.

Tada je bilo teško objasniti ljudima, da se svaki pokret sve dok ne postigne pobjedu svoje ideje, a time ostvari i svoj cilj, naziva strankom, pa makar i tisuću puta uzeo neko drugo ime.

Kada bilo koji čovjek odvažnih misli, čije ostvarenje misli i interesa donosi korist njegovim bližnjima, želi te svoje misli provesti u praktično izvršenje, mora prije svega naći pristalice koji su spremni zastupati njegove namjere, pa čak i tada, kada bi se te namjere sastojale samo u tome, da se privremeno uništi postojeću stranku, završi njeno cijepanje; tada bi zastupnici ovog nazora i navjestitelji ove odluke i sami bili stranka, i to sve dotle dok nije postignut cilj i izvojevana pobjeda. Prava je opsjena i zavaravanje, kada neki zaostali pučki teoretičar, čiji praktični uspjesi stoje u suprotnom odnosu s njegovom mudrošću, sebi uobrazi da karakter stranke koji ima i svaki pokret, treba promijeniti pomoću promjene njezina imena.

Baš suprotno.

Ako je nešto nenarodno, tada je to upravo ovo razbacivanje posebnim starogermanskim izrazima koji nisu ni prikladni za ovo današnje vrijeme, niti predstavljaju neku posebnost, nego lako mogu dovesti do toga da se značenje pokreta izvanjski poistovjećuje s govornim bogatstvom. To je prava nepodopština, koju danas možemo uočiti bezbroj puta.

Uopće, ja sam tada, pa tako i u sljedećem razdoblju morao upozoravati na njemačko pučko vrludanje, čiji je pozitivni učinak uvijek bio ravan nuli; ali čiju je uobraženost teško bilo nadjačati. Mladi pokret morao je i mora se čuvati dotoka ljudi čija jedina preporuka ponajviše leži u njihovom hvalisanju da su se oni borili za istu ideju već prije trideset ili čak četrdeset godina. No, tko četrdeset godina zastupa neku takozvanu ideju bez i najmanjeg osobnog doprinosa koji bi vodio uspjehu ili spriječio pobjedu suprotnog, zaslužio je dokaz istine vlastite nesposobnosti za četrdesetogodišnji rad. Opasnost je prije svega u tome što ljudi takve prirode ne žele postati članovi i uključiti se u pokret, nego bulazne o vodećim krugovima, u kojima se na osnovu njihovog pradjelovanja okreću prema odgovarajućem mjestu koje bi im omogućilo zaštitu i dulji rad. Teško nama kada bi ovaj mladi pokret izručili takvim ljudima! Kao što trgovac, koji je u četrdesetogodišnjem poslovanju ustrajno uništavao veliku trgovinu ne može biti sposoban za osnivača jedne nove tvrtke, tako ni jedan narodni

Metuzalem koji je u istom vremenu uništio i pretvorio u krš neku veliku ideju, ne može postati vođa jednog novog, mladog pokreta.

Uostalom, malobrojni su oni koji prilaze pokretu da bi mu služili ili koristili ideje novog nauka. U najvećem broju slučajeva dolaze radi toga, da bi pod njegovom zaštitom i mogućnostima koje nudi, svojim vlastitim idejama još jednom unesrećili ovaj narod. Kakve su te njihove ideje, teško se može prikazati.

Za ovakve je prirode karakteristično, da se oduševljavaju starogermanskim junaštvom, crnom prošlošću, kamenim sjekirama, kopljem i štitom, a u stvarnosti su najveće kukavice koje si čovjek može zamisliti. Isti ljudi, koji sa brižno načinjenim staronjemačkim krivotvorinama britkih čela lamataju po zraku, sa prepariranim medvjeđim krznom i bikovskim rogovima prebačenim preko bradatih glava, propovijedaju borbu sadašnjice samo duhovnim oružjem i bježe što najbrže mogu od svake komunističke gumene palice. Potomstvo će malo što naslijediti, pa će se junaštvo ovih opijenih brada veličati u nekim novim epovima.

Ja sam predobro upoznao ovakve ljude, a da ne bih zbog njihovih bijednih igra osjetio duboko gađenje. Širokim masama ovakve kreature djeluju smiješno, pa Židov ima veliki razlog štititi ove narodne komedijaše, čak ih pretpostaviti istinskim pobornicima i braniteljima buduće njemačke države. K tome, ovi su ljudi beskrajno uobraženi pa se unatoč svim dokazima svojih nesposobnosti u sve petljaju, sve znaju bolje, zbog toga su velika pošast za ispravno usmjerene i poštene borce, kojima se herojstvo iz prošlosti ne čini toliko vrijednim poštovanja, nego se trude da sliku vlastitog herojstva ostave sljedećim generacijama.

Mora se međutim priznati, da je ponekad teško razlučiti, tko se od ovih ljudi tako ponaša zbog unutarnje gluposti ili nesposobnosti, a tko iz određenih razloga. Posebno sam kod takozvanih vjerskih reformatora na starogermanskoj osnovi, imao stalno neki osjećaj kao da su poslani od nekih sila koje ne žele ponovni uspon našeg naroda. Njihovo cjelokupno djelovanje ipak je udaljavalo narod od zajedničke borbe protiv zajedničkog neprijatelja, Židova, da bi umjesto nje svoju snagu trošio kako u besmislenim tako i kobnim unutarnjim vjerskim svađama. Upravo iz ovih razloga neophodno je ojačati snažnu centralnu silu s bezuvjetnim autoritetom vođe pokreta. Samo ona može zabraniti takvim pokvarenim elementima da učine nešto štetno. U ovom nazovi narodnom djelokrugu nalaze se i najveći neprijatelji našeg ispravno vođenog pokreta. Oni u pokretu mrze snagu koja sprječava njihove nepodopštine. Nije mladi pokret tek tako izradio program u kojem se ne koristi riječ "narodni" Zbog svoje apstraktne neograničenosti, pojam "narodni" nije osnova ni mjerilo za pripadnost pokretu. Što je ovaj pojam praktički neodređeniji, to je više i opširnije njegovo značenje, a time i veća mogućnost da se na njega pozove.

Ubacivanje takvog neodređenog i mnogostrano raspoloživog pojma u političku borbu, vodi slabljenju stabilne borbene postrojbe, budući da ona ne želi određenje vlastitog uvjerenja i volje prepustiti samo pojedincu.

Upravo je sramotno što se sve danas pod riječju "narodni" potuca pod kapom nebeskom i koliko ljudi uopće ima vlastito mišljenje o ovom pojmu. Jedan poznati profesor u Bavarskoj, znameniti borac duhovnim oružjem, i osnažen duhovnim maršem prema Berlinu, izjednačava pojam "narodni" s monarhističkim stavom. Učena glava zacijelo je do sada zaboravila pobliže objasniti sličnost naše njemačke monarhije iz prošlosti sa današnjim narodnim shvaćanjem. Bojim se, da bi tom gospodinu to teško moglo uspjeti. Naime, nešto nenarodnije od većine njemačkih monarhističkih tvorevina uopće se ne može zamisliti. Kad ne bi bilo tako, oni nikada ne bi nestali, ili bi njihov nestanak bio dokaz netočnosti narodnog svjetonazora.

Ovaj pojam dakle, objašnjava svatko onako kako ga razumije. Ali kao podloga za politički borbeni pokret, takva raznolikost mišljenja ne može doći u obzir.

Izvan svake je stvarnosti, nepoznavanje ljudske duše ove narodne Ivane Orleanske dvadesetog stoljeća, na što se neću obazirati. Ona će dovoljno biti obrađena i ismijana od onih s lijeva. Dozvoli joj se brbljati, a potom se je ismije.

Tko na ovome svijetu ne bude omražen kod svojih prijatelja, ne čini mi se baš dragocjenim prijateljem. Prijateljstvo ovih ljudi bilo je za naš pokret i bezvrijedno i štetno, pa je to i bio glavni razlog zašto smo isprva izabrali ime "stranka" - mogli smo se nadati da bi već time mogli potjerati natrag ovaj čopor narodnih mjesečara - i drugo, zato smo se mogli prozvati **Nacionalsocijalističkom njemačkom radničkom strankom**.

Prvi je izraz otklonio od nas zanesenjake starog vijeka, ljude riječi i brbljavce "mudrih" izreka tzv. "narodne ideje", drugi nas je oslobodio cijele opreme vitezova "duhovnog mača", svi ti strašljive! koji "duhovno oružje" drže ispred svog stvarnog kukavičluka.

Samo se po sebi razumije, da smo u vremenu koje je slijedilo, bili najsnažnije napadani baš od ovih posljednjih, ne stvarno, nego perom, što je od jednog takvog narodnog guščjeg pera bilo i za očekivati. Za njih je naše načelo: "Tko nas napadne silom, protiv njega se branimo silom", sadržavalo već samo po sebi nešto strašno i jezivo. Nisu nam predbacivali samo surovo obožavanje gumene palice, nego i uvjerljivo pomanjkanje duha. Jednog takvog šarlatana ni najmanje ne uzbuđuje činjenica, da na narodnom skupu jedan Demosten može biti primoran na šutnju samo zbog pedeset idiota poduprtih vlastitim njuškama i šakama, koji mu ne dopuštaju govoriti. Zbog svoga urođenog kukavičluka takav i ne može dospjeti u opasnost. Jer on ne radi "vičući" i "nasrćući", nego u "tišini".

Još i danas ne mogu dovoljno upozoriti naš mladi pokret na to da se čuva i ne upadne u mrežu tih takozvanih "tihih radnika". Oni nisu samo kukavice, nego i neznalice i neradnici. Čovjek koji poznaje stvar, prepoznaje opasnost i vlastitim očima vidi mogućnost pomoći, ima prokletu obvezu i osjećaj krivnje ako radi "tiho", on treba nastupiti pred cijelom javnošću i boriti se protiv ovog zla do njegovog izlječenja. Ako ne radi tako, on je nemarni, bijedni slabić koji zakazuje bilo radi kukavičluka ili iz lijenosti i vlastite nesposobnosti. Najveći dio ovih "tihih radnika" čini to, bog bi ga znao zašto - kao tobože: Ništa oni ne znaju, ali svojom umjetnošću pokušavaju zavarati cijeli svijet; bijedni su, ali svojom tvrdnjom o "tihom" radu ostavljaju utisak, kako enormnog tako i marljivog rada. Kratko i jasno, oni su varalice i politički prevaranti, kojima je pošten rad drugih, jednostavno mrzak. Čim se jedan takav narodni noćni leptirić poziva na vrijednost "tišine" možemo se mirno okladiti na tisuću prema jedan, da on u toj "tišini" ništa ne pridonosi, nego krade, krade plodove tuđeg rada. K tome su još i arogantni i uobraženi te zloćom kojom se ove u praksi lijene i zaslijepljene vucibatine ustremljuju na rad drugih, sitničare i prigovaraju našem radu u svim njegovim strukama i na taj način potpomažu smrtnog neprijatelja našeg naroda.

Stoga i zadnji agitator koji ima hrabrosti, muški i jasnog pogleda, zastupati pokret stojeći uz kavanski stol naših protivnika, pridonosi više, nego tisuću ovih lažnih šunjala. Takav će agitator zasigurno ponekog privući i obratiti u korist našega pokreta. Njegova će sposobnost biti utvrđena i po uspjehu njegovog djelovanja. Samo kukavne varalice koje cijene svoj "tihi" rad i tako se skrivaju pod zaštitnim ogrtačem od nas prezrene anonimnosti, nisu ni za što sposobne, pa ih u ovom ponovnom usponu našeg naroda slobodno smijemo nazvati trutovima i to u pravom smislu te riječi.

Početkom 1920. navaljivao sam na održavanje prvog velikog masovnog okupljanja. Pojavila su se razna mišljenja. Neki vodeći članovi stranke, držali su ovu stvar kao namjeru zavođenja a time i kobnu u svom djelovanju. Crveni tisak se već počeo baviti s nama, no mi smo bili dovoljno spretni da malo po malo pobijedimo njihovu mržnju. Počeli smo nastupati i na drugim skupovima kao diskutanti. Naravno da je svaki od nas bio u trenu nadvikan. Ali, neki uspjeh je bio ipak ostvaren. Upoznali su nas, a u krugu mase u kojem se ova spoznaja i produbila, rasla je protiv nas odbojnost i srdžba, pa smo se na našem prvom velikom skupu mogli nadati posjeti naših "prijatelja" iz crvenog tabora, i to u najvećem broju.

Bilo mi je i samom jasno da će vrlo vjerojatno doći do velike eksplozije. Treba izdržati već i samu borbu, pa ako ne sada, ono za nekoliko mjeseci. Sve je ovisilo samo o nama, i to već od prvoga dana. Trebalo je ovjekovječiti naš pokret, unatoč njihovom slijepom i bezobzirnom djelovanju. Predobro sam poznavao mentalitet pristalica crvene strane, a da ne bih znao, da otpor do samoga kraja, ne samo da pojačava utisak, nego povećava i broj pristaša. Za ovaj se otpor mora biti odlučan.

Tadašnji prvi predsjednik stranke gosp. Harrer nije vjerovao da bi mogao pomoći mojim stavovima o snazi dolazećeg trenutka, pa je kao ponosan i častan čovjek podnio ostavku. Na njegovo je mjesto stupio gosp. Anton Drexler. Za sebe osobno zadržao sam organizaciju promidžbe i bezobzirno je provodio.

Kao termin održavanja tog prvog velikog narodnog skupa ovog još uvijek nepoznatog pokreta, određen je 24. veljače 1920.

Osobno sam vodio sve pripreme. Bile su vrlo kratke. Općenito, cijeli je aparat bio podešen za trenutačno donošenje odluka. Aktualna pitanja vezana uz skup, morala su biti riješena u roku 24 sata. Objavu održavanja istog trebalo je oglasiti plakatima i letcima, čija je težnja bila određena stajalištima, a koja sam u grubim crtama već prikazao u raspravi o promidžbi: Djelovanje na široke mase, usredotočenje na mali broj točaka, neprestano ponavljanje istih, samopouzdano i samosvjesno svladavanje teksta u obliku neoborive tvrdnje, najjača ustrajnost u širenju i - strpljenje u očekivanju uspjeha.

Za boju smo svjesno izabrali crvenu, jer ona najžešće šiba, a i trebala bi naše protivnike najviše zgroziti i uzbuditi da nas na sve načine upoznaju i zadrže u sjećanju.

U nastupajućem vremenu, došlo je i u Bavarskoj do unutarnjeg bratimljenja Marksizma i Centra u političku stranku. Odmah se pokazalo da je najveća briga ove vladajuće stranke, oslabiti utjecaj plakata na crvene radničke mase, kao i pokušati ih potpunog zaustaviti. Kako policija nije mogla naći ni jedan drugi razlog zbog kojega bi se umiješala, našla je izgovor u nemogućnosti odvijanja prometa, a istovremeno je pružala pomoć pritajenim "tihim", crvenim saveznim drugovima i njima za ljubav potpomagala takozvanu njemačku nacionalnu stranku, koja bi u stotinama tisuća internacionalno nahuškanih i zavedenih radnika, potpuno zatrla njemačko biće. Ovi plakati, priloženi prvom i drugom izdanju ove knjige mogu najbolje potvrditi snažno hrvanje kojim je ovaj mladi pokret morao izvojevati pobjedu. Oni će služiti i kao svjedodžbe budućem svijetu o htijenju i ispravnosti našeg uvjerenja te kao dokaz samovolje i bezobzirnosti takozvane nacionalne vlasti u zaustavljanju njima neugodnog nacionaliziranja a time i ponovnog pridobivanja širokih masa našeg narodnog obilježja.

Oni će pomoći i u pobijanju mišljenja kako se u Bavarskoj nalazila nacionalna vlast, pa će budućim naraštajima dokumentirati da nacionalna Bavarska u godinama 1919., 1920., 1921., 1922., i 1923., nije bila rezultat nacionalne vlasti, nego je tomu bila prisiljavana te je morala imati obzira i prema postupno nacionalno osviještenom narodu.

Same vlasti su činile sve, da bi prekinule i onemogućile ovaj proces ozdravljenja. Od toga se moraju izuzeti samo dva čovjeka:

Tadašnji šef policije gosp. *Ernst Pöhner* i njegov vjerni savjetnik, vrhovni činovnik *Frick*, bili su jedini viši državni činovnici, koji su već tada imali hrabrosti, biti prvo Nijemci, pa tek onda činovnici. Na najodgovornijem mjestu bio je gosp. Ernst Pöhner, koji nije morao moliti za milost masa, nego se svome narodnom biću osjećao odgovornim i spremnim za ponovni uspon voljenog njemačkog naroda, pa ako treba, bio je spreman proigrati i žrtvovati i vlastiti opstanak. On je bio dosadni trn u oku svim potkupljivim činovničkim kreaturama, kojima nije stalo do interesa vlastitog naroda i do njegove neophodne slobode, nego do zapovjedi hranitelja kruhom, propisane zakonom tržišta, bez obzira na dobrobit njima povjerenih nacionalnih dobara.

Prije svega, on je pripadao onim prirodama ljudi, koji se, za razliku od većine naših čuvara takozvanih državnih autoriteta, ne boje narodnih i zemaljskih izdajnika, nego u njima traže preostalo dobro pristojnog čovjeka. Mržnja Židova i marksista, sva njihova borba puna laži i klevetanja bili su za njega jedina sreća usred bijede našeg naroda.

Čovjek granitne čestitosti, antičke skromnosti i njemačke pouzanosti i točnosti, za kojega uzrečica "Lieber tot als Sklave!" (Bolje grob, nego rob!) nije bila fraza, nego je utjelovljenje njegovog cijelog bića.

On i njegov suradnik dr. Frick bili su u mojim očima, jedini od svih ljudi na državnom položaju, koji su imali pravo zvati se suosnivačima nacionalne Bavarske.

No, prije nego što smo prišli održavanju našeg prvog masovnog skupa, morali smo pripremiti promidžbeni materijal kao i načela koja su tek trebala biti data u tisak.

Smjernice koje su nam prilikom sastavljanja programa posebno lebdjele pred očima, temeljito ću objasniti u drugom tomu. Ovdje želim samo napomenuti da nam je uspjelo ne samo dati oblik i sadržaj našem pokretu, nego i na razumljiv način njihove ciljeve približiti širokim masama.

U krugovima takozvane inteligencije, bilo je na naš račun viceva i poruga, a također i pokušaja kritike. No, djelovanje ovog programa, potvrdilo je ispravnost našeg tadašnjeg shvaćanja.

Tih sam godina doživio nastanak mnogih novih pokreta, ali svi su oni bez traga nestali i zameteni. Osta jedan jedini: Nacionalsocijalistička njemačka radnička stranka. I danas sam, više nego ikada, čvrsto uvjeren da se tu stranku može suzbijati, da je može pokušati zakočiti, da mali stranački ministri mogu zabraniti govor i riječ, ali nikada više neće moći spriječiti pobjedu našega mišljenja.

Ako od ukupnog današnjeg državnog ustroja i njegovih predstavnika ne ostane čak ni sjećanje na ime, osnove nacionalsocijalističkog programa postat će temelji buduće države.

Četveromjesečni rad na pripremi skupa prije siječnja 1920., priskrbio nam je neka mala novčana sredstva koja su nam dobro došla za tiskanje naših prvih letaka, prvih plakata i našeg programa.

Kad za završetak ovog toma uzimam prvi masovni skup pokreta, činim to zato, jer je pomoću njega probijen uski okvir jedne male udruge, a na njenom mjestu stvorena je stranka koja je po prvi puta naređivački djelovala na moćnog čimbenika našeg vremena - javno mišljenje.

Ja sam osobno tada imao jednu jedinu brigu: Hoće li dvorana biti puna ili ćemo govoriti pred praznom koja zjapi. Bio sam čvrsto uvjeren da će, ako ljudi dođu, ovaj dan biti veliki uspjeh mladog pokreta. Tako sam u strahu očekivao večer.

Otvorenje je trebalo biti u 19,30. U svečanu dvoranu Hofbräuhausa na trgu u Münchenu, ušao sam u 19,15. Od velike radosti umalo da mi ne puče srce! Ogromna dvorana, koja mi se tada učini još većom, bila je prepuna ljudi, glava do glave, rame do ramena, masa od skoro dvije tisuće ljudi. A prije svega, došli su baš oni, kojima smo se i htjeli obratiti. Više od pola dvorane zauzeli su komunisti i neopredijeljeni. Došli su da bi naš prvi veliki skup čim prije dokrajčili.

No, sve se odigralo drugačije. Nakon što je završio prvi govornik, uzeo sam riječ ja. Samo nekoliko minuta kasnije, pljuštale su upadice i dobacivanja. U dvorani nastadoše snažni sukobi. Šaka vjernih ratnih drugova i ostali članovi potukoše se sa izazivačima nereda i malo po malo počeše uspostavljati red. Mogao sam opet govoriti dalje. Nakon jedno pola sata, čuli su se već poklici odobravanja, vika i urlanje.

Brzo sam uzeo program i počeo ga po prvi puta tumačiti.

Ubrzo su dobacivanja prestala. Čuli su se još samo odobravajući poklici. Kad sam konačno pročitao svih 25 teza, točku po točku, zamolio sam cijelu tu masu ljudi, da o njima sami presude i daju svoje mišljenje. Jedan za drugim su počeli sve jače i jače oduševljeno klicati, jednoglasno su prihvatili do tada objašnjene teze, i kad je i posljednja teza našla put u njihova srca, preda mnom je stajala dvorana puna ljudi združenih istim uvjerenjem, novom vjerom i novom željom.

Kada se nakon skoro četiri sata dvorana počela prazniti, a masa se, rame uz rame, poput polagane rijeke, počela gurati, kotrljati, tiskati prema izlazu, znao sam da su se temelji našeg pokreta upili u njemački narod i da više nikada neće biti bačeni u zaborav.

Bila je zapaljena vatra iz čijeg se žara mora iskovati mač, koji će germanskom Siegfridu ponovno vratiti slobodu, a njemačkoj naciji život.

I pored nadolazećeg uspona, osjetio sam božicu neumoljive Osvete kako dolazi sa krivokletstvom od 9. studenoga 1918.

Dvorana se polagano ispraznila. Pokret je započeo svoju trku.

Drugi tom
Nacionalsocijalistički pokret

GLAVA 1

SVJETONAZOR I STRANKA

Prva velika javna manifestacija našeg mladog pokreta održana je 24. veljače 1920. U svečanoj dvorani münchenskog Hofbräuhausa, mnoštvu od skoro dvije tisuće nazočnih, podastrijeto je dvadeset i pet teza programa nove stranke i svaka točka je usvojena i prihvaćena s velikim oduševljenim odobravanjem.

Time su bila data prva načela i smjernice borbe, koja je trebala srediti i ukloniti čitavu hrpu nereda, zastarjelih predodžbi i pogleda koji vode nejasnim i štetnim ciljevima. U taj kukavni i lijeni građanski svijet, kao i u pobjednički vlak marksističkog osvajačkog vala, trebala se pojaviti nova snaga, da bi u zadnjem trenutku zaustavila kola zlog udesa.

Bilo je samo po sebi razumljivo da se novi pokret smio samo nadati da će zadobiti nužno potrebni značaj i odgovarajuću snagu za ovu divovsku borbu samo onda, ako mu od prvoga dana uspije u srcima svojih pristalica probuditi sveto uvjerenje da se njime političkom životu ne nameće jedna nova izborna parola, nego im se predstavlja jedan novi svjetonazor principijelnog značenja.

Može se lako zamisliti od kakvih je jadnih stajališta bio sklepan taj takozvani stranački program, koji je s vremena na vrijeme bio prečišćavan ili premodificiran. Moralo se staviti pod povećalo pokretačke motive, posebno ovih građanskih "Programskih komisija" da bi se steklo nužno razumijevanje za vrednovanje ovih programskih nakaza.

Uvijek postoji jedna jedina briga, koja, ili pokreće novu postavu programa, ili izmjenu postojećeg; briga o sljedećem izbornom rezultatu. Kako se u glavama ovih parlamentarnih državnih umjetnika običava buditi pojava, da je dragi narod opet revoltiran i želi izmigoljiti iz zaprege starih stranačkih kola, oni običavaju nanovo podmazati rudo. Tada nastupaju zvjezdoznanci i stranački astrolozi, takozvani "iskusni" i "mudri", najčešće stari parlamentarci, koji se iz svog "bogatog političkog obrazovanja" sjećaju analognih slučajeva, dok konačno ne potrgaju sve konce narodnog strpljenja i ponovno se osjete ugroženima. Tada posežu za starim isprobanim receptima, formiraju "komisiju", okolo prisluškuju što misli dragi narod, njuškaju po tiskovnim tvorevinama i tako polako omirišu što bi drage široke mase naroda rado željele, od čega ziru i čemu se nadaju. Svaka grupa zanimanja, da, čak svaka službenička vrsta, biva najdetaljnije prostudirana, da bi bile istražene i njihove najtajnije želje. Naravno, i najobičnije natuknice opasne opozicije postaju iznenada zrele za preispitivanje i nerijetko izranjaju, na veliko čudo njihovih izvornih pronalazača i širitelja, sasvim bezopasne, same po sebi razumljive, kao znanstveno blago starih stranka.

Nakon toga, sastaje se komisija i "kontrolira" stari program i izdaje novi (gospoda pri tom mijenjaju svoja uvjerenja kao vojnik košulju na bojišnici, naime, uvijek tada, kad je stara sva ušljiva!), pri čemu svatko dobiva svoje. Seljak dobiva zaštitu svoga poljoprivrednog imanja, industrijalac zaštitu svoje robe, potrošač zaštitu svoje kupovine, učiteljima budu povišene plaće, činovnicima poboljšane mirovine, o udovicama i siročadi se treba pobrinuti država u najširem opsegu, promet biva pokrenut, tarife, a pogotovo porezi, trebaju biti sniženi, ako već ne potpuno, ono skoro ukinuti. Ponekad se dogodi da se zaboravi neki sloj ili se ne čuje nešto od narodnih želja. Tada se hitno umeće što još može stati, i to sve dotle, dok se mogu čiste savjesti nadati, da su umirili i zadovoljili svu tu vojsku običnih malograđana, skupa sa njihovim ženama. Tako dakle može, naoružan iznutra, s vjerom u dragoga Boga i nepokolebljivom glupošću izborno sposobnih građana započeti borba kako se to već kaže, za "novo oblikovanje carstva".

No, kad prođe dan izbora, a parlamentarci održe posljednju narodnu skupštinu za sljedećih pet godina, tada se odmaraju od dresure plebsa, da bi se mogli okrenuti prema ispunjenju svojih ugodnijih i uzvišenijih zadataka.

Programska komisija se ponovno raspada, a borba za obnovu stvari poprima ponovno oblike borbe za dragi kruh svagdašnji: tako naime parlamentarci nazivaju svoje dnevnice.

Svakog jutra odlazi gospodin narodni zastupnik u visoki dom, ako baš ne i unutra, ono barem do predvorja u kojem se nalaze liste nazočnih. U žaru službe narodu, tamo upisuje svoje ime i uzima čiste savjesti kao zasluženu plaću, malu odštetu za nastavljene iscrpljujuće napore.

Nakon četiri godine ili općenito u kritičnim tjednima, kada se razrješenje parlamentarnih tijela sve više bliži, gospodu iznenada obuzima neki neukrotivi i nesavladivi poriv. Budući da ovi ograničeni jadnici ništa drugo ne znaju, osim preobraziti se u hrušta, napuštaju ove parlamentarne gusjenice veliko, zajedničko lutkarsko kazalište i izlijeću obdarene krilima napolje ka dragom narodu. Oni se ponovo obraćaju svojim biračima, pričaju o vlastitom napornom radu i zlonamjernoj tvrdokornosti drugih, ali od nerazumljive mase, umjesto zahvalnog pljeska, dobivaju ponekad surove, pa i omražene izraze neposredno u glavu. Kad ova narodna nezahvalnost dostigne određeni stupanj, tada može pomoći samo jedno jedino sredstvo: stranka mora zasjati novim sjajem, programu je potreban ispravak, komisija ponovno oživljava, i prijevara počinje ispočetka. Ne treba se čuditi uspjehu, kad se poznaje tvrdoglava glupost našeg naroda. Vođena svojim tiskom i zabljesnuta novim primamljivim programom, vraća se, kako "građanska", tako i "proleterska" biračka stoka ponovno u zajedničku štalu i bira svoje stare prevarante.

Tako se narodni čovjek i kandidat vladajućeg sloja, ponovno pretvara u parlamentarnu gusjenicu koja se prežderava i deblja na državnim jaslama, da bi se nakon četiri godine ponovno preobrazila u leptira prelijevajući se u svim bojama.

Teško da postoji nešto deprimirajuće od promatranja ove u trijeznoj stvarnosti opetovane prijevare, koju je čovjek prisiljen gledati.

Iz takvog duhovno plodnog tla u građanskom sloju ne crpi se, dabome, snaga da bi se izvojevala borba s organiziranom moći marksizma. Na takvo što gospoda nikada ne gledaju ozbiljno. Uza svu priznatu ograničenost i duhovnu inferiornost ovih parlamentarnih medicinara bijele rase, ne mogu si ni oni sami ozbiljno umišljati da će se putem zapadne demokracije izboriti protiv nauka za kojeg je ta demokracija skupa sa svim što tu spada, u najboljem slučaju, samo sredstvo koje opravdava svrhu, a koje čovjek koristi da bi ukrotio protivnika i vlastitom djelovanju omogućio slobodan put. Ako naime i samo jedan dio marksizma trenutno na vrlo pametan način pokuša zavarati i razoriti neraskidivu vezu s osnovama demokracije, tada ipak ne bi trebalo zaboraviti, da su se u kritičnim trenutcima sva ova gospoda o odluci većine, prema zapadnom demokratskom shvaćanju, brinula kao o lanjskom snijegu. To je bilo u vrijeme kada su građanski parlamentarci sigurnost carstva vidjeli u nadmoći brojne mase, dok je marksizam pomoću hrpice uličara, dezertera, stranačkih funkcionara i židovskih literata na brzinu zgrabio moć, a demokraciji takve vrste s podsmjehom opalio vruću pljusku. Tome pripada i uvjerljiva ćud jednog takvog parlamentarnog čarobnog maga građanske demokracije, koji sluti da bi sada ili u budućnosti brutalna odlučnost zainteresiranih i nositelja ove svjetske kuge mogla biti jednostavno svladana pomoću čarobne riječi zapadnog parlamentarizma.

Marksizam će marširati s demokracijom tako dugo, dok mu ne uspije posrednim putem, za svoje zločinačke ciljeve dobiti čak i potporu određenog nacionalnog duhovnog svijeta koji su baš oni odlučili iskorijeniti. Kada bi danas došlo do uvjerenja, da bi iz ovog opasnog kotla naše parlamentarne demokracije iznenada mogla nastati većina, koja bi - ako bi postojala makar samo na osnovi njezine za zakonodavstvo opravdane brojnosti - marksizmu ozbiljno došla glave, bio bi to kraj parlamentarnog opsjenjivanja. Nosioci prokletstva crvene internacionale, tada bi, umjesto da usmjere svoj apel na demokratsku savjest, uputili gorući poziv proleterskim masama, i njihova bi se borba jednim udarcem iz ustajalog zraka dvorana za sjednice našega parlamenta prenijela u tvornice i na ulice. Time bi s demokracijom istog časa bilo svršeno, i sve što nije uspjelo duhovnoj pokretljivosti narodnih apostola u parlamentima, uspjelo bi munjevitom brzinom razjarenoj masi proletera, točno kao u jesen 1918. Oni bi građanskom svijetu jednim udarcem pokazali kako je ludo umisliti si, pomoću sredstva zapadne demokracije, suprotstaviti se židovskom osvajanju svijeta.

Kao što već rekoh, za to je svakako potrebna uvjerljiva narav, da bi se prema jednom takvom igraču vezali za pravila koja stoje na raspolaganju samo za obmanjivanje ili vlastitu korist, a koja se bacaju preko ograde onog časa, kada više ne pridonose njegovoj prednosti.

Budući da se kod svih takozvanih građanskih nazora čitava politička borba u stvari sastoji samo u političkom hrvanju oko pojedinih parlamentarnih stolica, pri čemu se stavovi i načela, već prema svrsishodnosti, bacaju preko ograde kao hrpa pješčanog balasta, tako su naravno i njihovi programi prilagođeni toj svrsi i - obrnuto - time su odmjerene i njihove snage.

Njima nedostaje velika magnetska snaga privlačnosti koju široke mase gotovo uvijek slijede samo pod prisilnim utiskom većih, nadmoćnijih nazora, koji im dokazanom moći bezuvjetnog povjerenja u sebe same, a udruženi, jamče fanatičnom borbenom hrabrošću.

Ali, u vremenu u kojem jedna strana, pa i tisuću puta zločinačkog svjetonazora, naoružana s najboljim oružjem, krene na juriš protiv nekog stabilnog poretka, druga strana može pružati otpor u nedogled, samo ako se i sama zaodjene u formu nekog novog, u našem slučaju političkog, djelovanja, a parole slabe i kukavičke obrane zamijeni s bojnim poklikom i hrabrim i brutalnim napadom. Ako bi zbog toga netko našem pokretu, posebno od strane takozvanih nacionalno - građanskih ministara, uputio srčani prigovor zbog bavarskog Centra, da on radi na "prevratu", takvom se politizirajućem kržljavcu može dati samo jedan odgovor: Dabome, mi pokušavamo nadoknaditi sve ono, što ste vi vašom zločinačkom glupošću svjesno propustili. Vi ste načelima vaše par- lamentarne govedarske trgovine pripomogli rušenju nacije do temelja; ali ćemo mi, i to u obliku napada, pomoću uspostave novog svjetonazora i fanatičkom, nepokolebljivom obranom iz njegovih temelja, izgraditi našem narodu stube, kojima će se jednog dana ponovno popeti do hrama slobode.

Tako je u vremenu osnivanja našega pokreta, naša prva briga uvijek bila usmjerena na sprječavanje da se od boraca iz vojske, osnuje novo udruženje uzvišenijeg uvjerenja, koje bi moglo poslužiti podupiranju parlamentarnih interesa.

Prva preventivna mjera bila je priprema programa, čiji je bio cilj pospješiti razvoj, koji je već svojom unutarnjom veličinom bio sposoban uplašiti male, slabašne duše naših današnjih stranačkih političara.

Koliko je točno bilo naše shvaćanje o nužnosti ključnih točaka programa, najoštrijeg sadržaja, pokazalo se u onim sudbonosnim trenutcima čiji su nedostatci doveli do propasti Njemačke.

Zbog takvih iskustava, bilo je jasno da se mora formirati novo državno shvaćanje, koje će samo ponovno biti bitni sastojak novog shvaćanja svijeta.

*

Već sam se u prvom tomu pozabavio riječju "narodni", kad sam morao utvrditi da je ova oznaka premalo pojmovno ograničena, da bi dopustila formiranje jedne zatvorene borbene postrojbe. Pod šifrom "narodni", potuca se sada sve moguće, što pod nebeskim svodom o svemu bitnome širi svoje poglede. No, prije nego li s toga prijeđem na ciljeve i zadaće Nacionalsocijalističke njemačke radničke stranke, želim dati jasno određenje pojma "narodni", kao i njegovog odnosa prema stranačkom pokretu.

Pojam "narodni" izgleda neodređeniji mnogostranim objašnjenjem i bezgraničnom praktičnom uporabom nego možda riječ "religiozan". Pod tim se pojmom teško može precizno predstaviti i smisao njegovog misaonog shvaćanja a i praktičnog djelovanja. Pojam "religiozan" biva shvatljiv tek u trenutku, u kojem se spaja s određenim okvirnim formama svoga djelovanja. Jako je lijepo, iako često puta jeftino objašnjenje, kada se biće nekog čovjeka označi "duboko religioznim". Možda bi se našlo i takvih malobrojnih, koji tim sasvim općim pojmom zadovoljavanju sami sebe, da, kojima on čak daje jednu određenu, manje više jasnu sliku duševnog stanja. Kako se međutim velika masa ljudi ne sastoji niti od filozofa niti od svetaca, bit će da takva opća religiozna ideja, nekom pojedincu služi samo za oslobađanje njegovih misli i djela, bez da vodi nekom učinku koji u datom trenutku pobuđuje unutarnju religioznu čežnju, pa da se iz čisto metafizičkih, beskrajnih ukupnih predodžbi, oblikuje jasno ograničeno vjerovanje. Sigurno je da to nije svrha po sebi, nego samo sredstvo svrhe; ipak, to je neosporno potrebno sredstvo, da bi se svrha uopće mogla postići. Ova svrha nije samo idealna nego, u krajnjem, eminentno praktična. Kao što mora biti jasno, da najvišim idealima uvijek odgovaraju najdublje životne potrebe, točno tako kao što se kod plemića uzvišena ljepota nalazi u krajnjem u logičnoj svrsishodnosti.

Time što vjera pomaže ljudima da se uzdignu iznad razine životinjskog životarenja, ona u stvarnosti pridonosi učvršćivanju i sigurnosti njihove egzistencije. Uzmimo današnje čovječanstvo koje bi potaknuto odgojem religiozno - umjerenog vjerovanja, ali u praktičnom značenju čestitih - moralnih načela, odbacivanjem religioznog odgoja i njegovim nenadomještanjem s nečim istovrijednim, prouzročilo kod čovjeka teški stres, a temelji njihovog postojanja bili bi snažno uzdrmani. Može se dakle zaključiti, da čovjek ne živi samo zato da bi služio višim idealima, nego i obrnuto, da su ovi viši ideali, pretpostavka njegovog postojanja kao čovjeka. Tako se krug zatvara.

Naravno, već se i u samom općem pojmu "religiozan" nalaze pojedine osnovne misli ili uvjerenja npr. ona o besmrtnosti duše, o vječnosti njezinog postojanja, postojanju jednog višeg bića itd. Već same ove misli, makar one bile za pojedinca itekako uvjerljive, podliježu praktičnoj provjeri ovog vlastitog, a time i kolebljivog odobrenja ili negiranja, sve dok ga potpuno ne preuzmu osjećaj slutnje ili zakonska snaga apodiktičkog vjerovanja. Ovo je prije svega borbeni čimbenik, koji priznanju religioznih osnovnih načela probija otvor kroz koji vodi slobodan put.

Bez jasnog ograničenja vjere, religioznost bi u svojoj nejasnoj mnogolikosti za ljudski život, bila ne samo bezvrijedna, nego bi vjerojatno pridonijela općem rastrojstvu.

Slično pojmu "religiozan" ophodi se i s pojmom "narodni". I u njemu se nalaze pojedine osnovne spoznaje. One su ipak iako eminentnijeg značenja, prema svom obliku isto tako nejasno određene, da bi se uzdigle iznad vrijednosti jednog više manje priznatog mišljenja, tek tada, kad bi bile obuhvaćene okvirom političke stranke kao osnovni elementi. Jer ostvarenju ideala umjerenog svjetonazora po sebi i iz njega izvedenih zahtjeva, ne slijedi iz čistih osjećaja ili unutarnjeg htijenja ljudi, nego podsjećanja na slobodu pomoću opće čežnje za njom. Ne, tek kada idealni poriv za neovisnošću u obliku vojnih sredstava moći poprimi izgled borbene organizacije, može se goruća želja naroda pretvoriti u predivnu stvarnost.

Svaki svjetonazor, pa bio on i tisuću puta pravilan i od najveće koristi za čovječanstvo, ostat će tako dugo beznačajan u praktičnom životu naroda, dok njegova načela ne postanu sastavnim dijelom borbenog pokreta, koji će opet tako dugo biti stranka dok se njezino djelovanje ne upotpuni pobjedom njezinih ideja, a njezine stranačke dogme ne stvore nova državna načela zajednice jednog naroda.

Međutim, ako opća duhovna predodžba želi dolazećem razvitku biti temeljem, tada je prvi preduvjet stvaranje bezuvjetno jasne slike o biću, vrsti i opsegu ove predodžbe, jer se pokret može stvoriti samo na takvoj osnovici, na kojoj unutarnja homogenost njegova uvjerenja može razviti nužno potrebnu snagu za borbu. Iz općih predodžbi mora biti oblikovan politički program, a iz općeg svjetonazora političko vjerovanje. Ovo će, budući da njegov cilj mora biti praktično ostvarljiv, ne samo služiti ideji po sebi, nego će morati uzeti u obzir i borbena sredstva, koja moraju biti raspoloživa i primjenjiva za postignuće pobjede ove ideje. Apstraktno pravoj duhovnoj predodžbi koju je ponudio programer, mora se pridružiti praktično znanje političara. Tako ideal, koji je zvijezda vodilja jednog naroda, mora, nažalost, vječito uzimati u obzir i miriti se sa slabostima ovog čovječanstva, da i zbog ljudskih nedostataka ne bi od samog početka bio osuđen na propast. Istraživaču istine, mora se pridružiti i poznavatelj ljudske psihe, da bi i iz redova vječitih istina i ideala, mogao izvući ono ljudski moguće, kako bi i mali smrtnici mogli postati likovi.

Provođenje ovog općeg svjetonazora i njegovog idealnog oblika u točno ograničeno, strogo organizirano, duhovno i voljno jedinstvo političkog vjerovanja i borbenog zajedništva od najveće je važnosti, jer samo od njegovog sretnog rješenja ovisi mogućnost pobjede ideje. Ovdje mora iz vojske milijuna ljudi, koji manje više jasno i određeno naslućuju ove istine, djelimično ih možda i shvaćaju, istupiti jedan i apokaliptičkom snagom iz klimave predodžbe svijeta u širokim masama, formirati granitna načela i preuzeti borbu za pravdu tako dugo, dok se iz igre valova svijeta slobodnog mišljenja ne uzdigne stijena časnog ujedinjenja vjere i volje.

Opće pravo za jedno takvo djelovanje je utemeljeno u njegovoj neophodnosti osobnog prava na uspjeh.

Ako iz riječi "narodni" pokušamo izvući unutarnju smisaonu jezgru, dolazimo do sljedećeg zaključka:

Naše današnje dugoročno političko shvaćanje svijeta počiva općenito govoreći na predodžbi, da državi po sebi doduše odgovara iscrpljujuća kulturno - obrazovna snaga, i da ona nema ništa zajedničkog s rasnim pretpostavkama, već je prije svega proizvod gospodarske nužnosti, u najboljem slučaju prirodni rezultat političkog prodora moći. Ovo temeljno gledište u svojoj logički dosljednoj daljoj izvedbi vodi ne samo ka krivom shvaćanju rasnih iskonskih snaga, nego i poniživanju osobe. Jer poricanje različitosti pojedinih rasa u odnosu na njihove opće kulturološke snage, mora nedvojbeno ovu najveću zabludu prenijeti i na procjenu pojedinca. Prihvaćanje jednakosti rasa, postaje osnovicom jednakog načina gledanja naroda, a nadalje i pojedinaca. Otuda dolazi i sam internacionalni marksizam, posebno preko Židova Karla Marxa, koji već dugo prenosi i širi svjetonazore uređenja i shvaćanja u obliku određenih političkih vjerovanja i vjeroispovijesti. Bez podloge jednog takvog opće poznatog raspoloživog otrova, začuđujući politički uspjeh ovog učenja ne bi nikada bio moguć. Karl Marx je stvarno bio jedan među milijunima, koji je u glibu lagano tonućeg svijeta, sigurnim pogledom vizionara prepoznao glavne otrovne tvari; zgrabio ih i poput mađioničara donio u obliku koncentriranog rješenja za brzo uništenje neovisnog bića slobodnih nacija na ovoj Zemlji. Sve to u službi svoje rase.

Tako je marksističko učenje, duhovni ekstrakt i sažetak, današnjeg opće važećeg svjetonazora. Već samo zbog toga, svaka je borba našeg takozvanog građanskog svijeta protiv njega nemoguća, da, čak smiješna, jer je ovaj građanski svijet u biti prožet ovim otrovima i odan svjetonazoru koji se od marksističkog razlikuje samo u stupnjevima i osobama. Građanski svijet je marksistički, ali vjeruje u mogućnost vladavine određenih grupa građana (Građanstvo), dok marksizam teži da i sam svijet planski preda u ruke Židovstvu.

Nasuprot tome, narodni svjetonazor prepoznaje značaj čovječanstva u njegovim rasnim praelementima. On u principu u državi vidi samo sredstvo za postizanje svrhe, a svrha je održanje rasnog bića čovjeka. Time on ni u kom slučaju ne vjeruje u jednakost rasa, već u njihovoj različitosti razaznaje njihovu višu ili nižu vrijednost i osjeća se zbog tih spoznaja obvezatnim prema vječitoj volji, koja vlada univerzumom da unapređuje pobjedu boljih i jačih, te zahtijeva podčinjenost lošijih i slabijih. Time je u principu odan osnovnim aristokratskim zakonima prirode i u principu vjeruje u valjanost tih zakona do posljednjeg pojedinca. Ne vidi samo različitu vrijednost rasa, već i različitu vrijednost pojedinaca. Iz mase se po njemu izdvaja značaj osobe i tako djeluje nasuprot neorganiziranom marksizmu, organizirano. On vjeruje u nužnost idealiziranja čovječanstva, jer samo u tome vidi pretpostavku za njegov opstanak. Samo ono može nepriznati pravo egzistencije etičkoj ideji sve dok ona predstavlja opasnost za rasni život nositelja više etike; jer bi u jednom iskriženom i pocrnčenom svijetu, svi pojmovi ljudskih ljepota i uzvišenosti kao i sve predodžbe idealizirane budućnosti našeg čovječanstva bili za njih zauvijek izgubljeni.

Ljudska kultura i civilizacija na ovom dijelu Zemlje nerazdvojivo su vezane za postojanje Arijaca. Njihovim izumiranjem ili propašću, kugla zemaljska bi opet utonula u tamni veo bezkulturnog vremena.

Pokapanje postojanja ljudske kulture uništenjem njenih nositelja čini se u očima narodnog svjetonazora najprokletijim zločinstvom. Tko se usudi staviti ruku na svetu sliku Gospodina, ogrješava se o dobrotu Stvoritelja ovog čuda i pomaže progonu iz raja. Baš takav svjetonazor odgovara unutarnjoj volji prirode, jer ona obnavlja i preporađa svaku slobodnu igru snaga, koje moraju voditi k trajnom obostranom uzvišenom odgoju, do konačnog najboljeg čovječanstva, osvajanjem posjeda ove Zemlje i dobivanjem slobodnog puta za rad na područjima koja će ležati dijelom iznad, dijelom izvan nje.

Svi mi predviđamo, da bi se u dalekoj budućnosti čovječanstvo moglo susresti s problemima, za čije će prevladavanje biti pozvana samo najbolja rasa kao vladajuća, poduprta sredstvima i mogućnostima cijele kugle zemaljske.

Stoga je razumljivo, da jedan takav opći zaključak u smislu sadržaja narodnog svjetonazora može voditi ka tisućostrukom tumačenju. Činjenica je, da jedva možemo naći i jedno od naših novijih političkih utemeljenja, koje se nije nekako pozvalo na ovakvo shvaćanje svijeta. Jer ono upravo svojom vlastitom egzistencijom u odnosu na mnoge druge, dokazuje različitost svojih shvaćanja.

Tako pred jednu jedinstvenu vrhunsku organizaciju vodenu marksističkim svjetonazorom istupa metež nazora, koji su prema zatvorenom neprijateljskom frontu već idejno slabo dojmljivi. Sa slabim oružjem ne mogu se izvojevati pobjede! Tek kad se - politički vodenom kroz organizirani Marksizam - internacionalnom svjetonazoru suprotstavi jedan isto tako jedinstveno organizirani i voden narodni svjetonazor, tek će se tada, uz istu borbenu energiju, uspjeh preliti na stranu vječne istine.

Organizacijsko shvaćanje nekog svjetonazora, može se vječno održati samo na osnovi određene formulacije istog, i ono što vjeri predstavljaju dogme, to su za izgrađenu političku stranku stranačka načela.

Tako narodnom svjetonazoru mora biti pronađeno sredstvo, koje mu daje mogućnost snažnog borbenog zastupanja, slično kao što marksistička stranačka organizacija omogućuje slobodan put internacionalizmu.

Ovaj cilj slijedi Nacionalsocijalistička njemačka radnička stranka.

Da je jedno takvo stranačko određenje narodnog pojma pretpostavka pobjede narodnog svjetonazora, najbolje potvrđuje činjenica, da je on priznat, pa makar i posredno, i to od protivnika ove naše stranačke povezanosti. Upravo oni koji su naglašavali da neće biti umorni, da narodni svjetonazor ni u kom slučaju nije "nasljedni najam" pojedinca, nego drijema ili "živi" u srcima sam Bog zna koliko milijuna, potvrđuju činjenicu općeg postojanja predodžbi o pobjedi neprijateljskog svjetonazora koji je, uostalom, zastupljen klasično, stranačko - politički, a kojega baš oni nisu htjeli ni najmanje ometati ili sprječavati. Da je bilo drugačije, tada bi njemački narod morao već danas izvojevati divovsku pobjedu, a ne stajati na rubu ponora. Ono stoje internacionalnom shvaćanju svijeta podarilo uspjeh, bilo je njegovo zastupanje putem jedne olujno borbene organizacije političke stranke; ono što je pokorilo suprotni svjetonazor, bio je dotadašnji nedostatak jedinstveno oblikovanog njegovog zastupanja. Jedan se svjetonazor može boriti i pobjeđivati, ne neograničenom slobodom tumačenja nekog općeg nazora, već samo ograničenim, a time i sadržajnim oblikom političke organizacije.

Zbog toga sam svoju vlastitu zadaću vidio naročito u tome, da iz opširne i nakaradne materije općeg svjetonazora izvučem bitne ideje, da ih izlijem u više - manje dogmatske oblike, koji su u svojim jasnim okvirima sposobni jedinstveno sabrati i obuhvatiti sve ljude koji se na to obvezuju. Drugim riječima: *Nacionalsocijalistička njemačka radnička stranka, preuzima iz osnovnih misaonih smjerova jedne opće narodne predodžbe o svijetu, bitne crte, a imajući u vidu praktičnu stvarnost, vrijeme i raspoloživi ljudski materijal, tenjihove slabosti, iz njih stvara političko vjerovanje, koje je sada sa svoje strane u tako omogućenom strogo organizacijskom opsegu, pretpostavka velikim narodnim masama da izvojuju pobjedonosnu bitku ovoga svjetonazora.*

GLAVA 2

DRŽAVA

Već je u godinama 1920/21. našem je mladom pokretu, iz krugova današnjeg preživjelog građanskog svijeta neprestano predbacivano, da je naš stav prema današnjoj državi odbojan, zbog čega je stranačko - političko zatucano viteštvo svih smjerova, najavu suzbijanja borbe protiv ove mlade neugodne pojave novog svjetonazora navijestilo svim sredstvima. Naravno, namjerno je zaboravljeno, da si današnji građanski svijet ni sam ne može pod pojmom Države predočiti jedinstvenu sliku te države, da ne postoji jedna jedinstvena definicija i daje ne može ni biti. Predavači naših visokih državnih učilišta, često su u ulozi državno - pravnih učitelja, čija je najveća zadaća bila da za postojeću manje više sretnu egzistenciju, svojim milostivim hraniteljima, nadu objašnjenja i tumačenja. Što je nemogućnije stvorena neka država, to su nejasnije umjetne i nerazumljive definicije svrhe njezina postojanja. Što bi trebao npr. jedan carsko - kraljevski sveučilišni profesor pisati o smislu i svrsi države u zemlji, čije je državno postojanje zasigurno najveća nakaza utjelovljena za sva vremena. Teška zadaća, kad se zna, da su današnji učitelji, što se tiče državno pravnih stvari, manje obvezni istini, a mnogo više vezi s određenom svrhom. A ta svrha glasi: Ovog monstruma ljudskog mehanizma, sada zvanog država, treba stanovito vrijeme održati i to pod svaku cijenu. Tada me čudi, kada se pri raspravi o ovom problemu, realna načela po mogućnosti izbjegavaju, da bi se umjesto toga zakopalo u metež "'etičkih", "običajnih", "moralnih" i drugih idealnih vrijednosti, zadaća i ciljeva.

Općenito uzevši razlikuju se tri shvaćanja: a) Grupa onih, koji u državi vide jednu više manje *dragovoljnu zajednicu ljudi, počinjenu sili vlasti*.

Ova je grupa najbrojnija. U njezinim se redovima nalaze udvarači našem današnjem principu legitimiteta. U njihovim očima volja ljudi u cijeloj ovog stvari ne igra nikakvu ulogu. U činjenici postojanja države nalaze zasnovanost svete neranjivosti. Da bi se štitila ova glupost ljudskog mozga, potrebno je upravo hinduško obožavanje takozvanog *državnog autoriteta*. U glavama takvih ljudi dok mahneš rukom iz sredstva nastaje konačna svrha. Država više nije tu da bi služila ljudima, već su ljudi tu, da bi obožavali državni autoritet, kojeg obuhvaća posljednji, kakav takav, činovnički duh. Da se stanje ovih tihih, zanesenih i oduševljenih obožavalaca ne bi pretvorilo u nemire, tu je državni autoritet, da sa svoje strane održava red i mir. Ni on sada više nije ni svrha ni sredstvo. Državni autoritet se ima brinuti o redu i miru, i obrnuto, mir i red opet imaju zadatak omogućiti opstojnost državnog autoriteta. Unutar ovih dvaju polova mora se odvijati cjelokupan život.

U Bavarskoj će jedno takvo shvaćanje zastupati u prvom redu državni umjetnici bavarskog Centra, nazvanog "Bavarska narodna stranka"; u Austriji su to bili crno - žuti Legitimisti, u čijim su redovima nažalost često takozvani konzervativni elementi, čija se predodžba o državi kreće istim kolosijekom.

b) Druga grupa ljudi je nešto malobrojnija, jer se njoj moralo pribrojiti one koji za postojanje države barem postavljaju i uvjete. Oni ne žele samo jedinstveno upravljanje, nego po mogućnosti i *isti jezik* pa makar samo zbog općih upravno - tehničkih stajališta. Državni autoritet nije više jedina i isključiva svrha države, već tu pripada i poboljšanje dobrobiti podčinjenih. Misli o "slobodi", često krivo shvaćene vrste, uvlače se u shvaćanje ovih krugova u državi. Oblik vlasti ne čini se više nedodirljivom činjenicom njegovog postojanja po sebi, već se preispituje njegova svrhovitost. Svetost starosti ne štiti od kritike sadašnjosti. Uostalom, vlada mišljenje da se od države prije svega očekuje da štiti gospodarski život pojedinca, koji se prosuđuje s općih stajališta gospodarskog rentabiliteta. Glavne zastupnike ovih pogleda susrećemo u krugovima našeg normalnog njemačkog građanstva, naročito u onima iz naše liberalne demokracije.

c) Treća grupa je brojčano najmanja.

Ona je u državi odmah vidjela sredstvo za ostvarenje često nejasno predstavljenih tendencija političke moći, jednog govorno uobličenog i jedinstvenog državnog aparata. Želja za jedinstvenim državnim jezikom ne izražava pri tome samo nadu, da se time ovoj državi stvore samo čvrsti temelji za vanjski porast moći, nego ne manje - uostalom u osnovi krivo - mišljenje, da se jednom tako određenom smjeru omogući i provođenje nacionalizacije.

U posljednjih sto godina, bila je prava tuga i nevolja biti prisiljen gledati, kako se u ovim krugovima, ponekad u najboljoj namjeri poigravalo riječju "germanizirati". I sam se sjećam kako se u mojoj mladosti ova oznaka tumačila u potpuno nevjerojatnim krivim predodžbama. Čak se i u staronjemačkim krugovima tada moglo čuti mišljenje, da bi s austrijskim Nijemstvom uz pojačanu pripomoć vlasti, mogla vrlo dobro uspjeti germanizacija austrijskog Slavenstva, pri čemu nije bilo ni najmanje jasno, da germanizacija može biti provedena samo na tlu, nikada na ljudima. Jer ono što se uopće podrazumijevalo pod tom riječju, bilo je samo prisilno vanjsko prihvaćanje njemačkog jezika. Najveća je misaona pogreška vjerovati, to kažemo mi, da bi od jednog Crnca ili Kineza mogao nastati Nijemac, zato što uči njemački i što je i ubuduće spreman govoriti njemačkim jezikom, a možda čak i dati svoj glas nekoj njemačkoj političkoj stranci. Da je svaka takva germanizacija, ustvari, degermanizacija nije našem građanskom nacionalnom svijetu nikada bilo jasno. Jer ako danas nametanjem jedinstvenog jezika budu premoštene i konačno izbrisane razlike među narodima, koje vidljivo upadaju u oči, to onda znači početak kvarenja vrste, a time, u našem slučaju, ne germaniziranje, već uništenje germanskog elementa. U povijesti se prečesto događa, da vanjskim sredstvima moći osvajač doduše uspijeva podčinjenima nametnuti svoj jezik, ali da se i nakon tisuću godina govori jezik drugoga naroda, a pobjednici ustvari postaju pobijeđeni.

Kako se narodno obilježje, bolje reći rasa, ne nalazi u jeziku nego u krvi, moglo bi se o nekoj generaciji govoriti tek kada bi se uspjelo promijeniti krv pokorenih. Ali, to je nemoguće, jer se dešava da uslijed miješanja krvi, dolazi do promjene koja znači samo opadanje razine krvi više rase.

Krajnji učinak takvog procesa bio bi dakle, uništenje upravo onih svojstava, koja su jednom osvajački narod osposobila za pobjedu. Kulturne snage bi naročito nestale zbog parenja s nižom rasom, pa već i tada, kad bi ovako nastala mješavina i tisuću puta govorila jezikom prijašnje više rase. Još će se neko vrijeme održavati borbeno hrvanje različitih duhova, pa se može dogoditi, da narod koji polako sve dublje tone, svojim zadnjim usponom, iznese na vidjelo iznenađujuće kulturne vrijednosti. Ipak, to mogu biti samo pojedinačni elementi koji pripadaju višoj rasi, ili križanci, kod kojih je nakon prvog križanja prevagnula bolja krv koja se pokušava probiti; ali to nikada ne mogu biti konačni proizvodi miješanja. U ovima će se uvijek nazirati kulturni nazadak.

Danas se mora smatrati srećom da je izostala germanizacija u smislu Josipa II. u Austriji. Njezin bi uspjeh vjerojatno održao austrijsku državu, ali bi govorno zajedništvo dovelo do pada rasne razine njemačke nacije. Tijekom stoljeća iskristalizirao bi se određeni nagon stada, pa bi čak i samo stado postalo manje vrijedno. Možda bi bio rođen državotvorni narod, ali bi kulturni narod, bio izgubljen.

Za njemačku naciju je bilo bolje da je ovaj proces miješanja izostao, ako ne zbog plemenite uviđavnosti, ono bar zbog kratkovidne ograničenosti Habsburgovaca. Daje bilo drugačije, njemački bi se narod danas jedva moglo nazvati kulturnim čimbenikom.

Ali, ne samo u Austriji, nego su i u Njemačkoj postojali, a postoje i sada, takozvani nacionalni krugovi koji pokreću slična kriva razmišljanja. Toliko od mnogih tražena politika prema Poljskoj u smislu germanizacije Istoka, temeljila se nažalost, skoro uvijek na pogrešnom zaključku. I ovdje se također vjerovalo da se germanizacija Poljskog elementa može provesti čisto jezičnim ponijemčivanjem. I ovdje bi rezultat bio koban: Narod tuđe rase, koji na njemačkom jeziku izriče svoje tuđe misli, kompromitirajući uspon i čast našeg narodnog bića putem svoje vlastite manje vrijednosti.

Kako je već danas nesagledive šteta, koja je posrednim putem nanesena našem Nijemstvu time, što je njemački zaneseno Židovstvo stupanjem na američko tlo, radi neznanja mnogih Amerikanaca, pripisano na njemački račun! Nitko neće prozrijeti, zbog čisto vanjske činjenice, da ovi ušljivi narodni preobraćenici, doseljeni s Istoka, najčešće govore njemački, kao dokaz svoga njemačkog podrijetla i narodne pripadnosti.

Ono što je u povijesti bilo korisno germanizirano, bilo je tlo koje su naši petci stekli mačem i naselili njemačkim seljacima. Kako su oni pri tome našem narodnom tijelu dodali tuđu krv, time su djelovali na rasulo našeg unutarnjeg bića, koje je time - nažalost mnogostruko, čak i kod onih, samo poškropljenih - urodilo njemačkim nadindividualizmom.

I u ovoj trećoj grupi država u određenom smislu još se uvijek kao samosvrhovitost, zadržava državotvornost kao najvišu zadaću ljudskog postojanja. Sažeto se može zaključiti sljedeće: Ni jedan od ovih nazora, nema svoje najdublje korijene u spoznaji da kulturnotvorne i vrijednosnotvorne snage u biti počivaju na rasnim elementima, i da država, dakle smisleno kao svoju najvišu zadaću, mora vidjeti održavanje i uspon rase, toga temeljnog uvjeta svega ljudskog kulturnog razvitka.

Vanjski zaključak svakog krivog shvaćanja i pogleda na biće i svrhu države može se pokazati na Židovu Karlu Marxu: Dok je građanski svijet napustio državno shvaćanje rasnih obveza, a da istovremeno nije uspio formulirati neko drugo, utrlo si je samo put učenje koje negira državu po sebi.

Već na ovom području, svaka borba građanskog svijeta protiv marksističke Internacionale, mora glatko zakazati. On je već davno žrtvovao same temelje, koji bi bili nezaobilazno potrebni kao potpora vlastitog idejnog svijeta. Njegov rastrgani protivnik, brzo je uočio slabosti njegove vlastite građevine, i napao ga oružjem koje mu je on sam, iako nevoljko, isporučio bez velikog otpora.

Zato je prva obveza novog pokreta, koji je izrastao na tlu narodnog svjetonazora, brinuti se da shvaćanje o biću i svrsi postojanja države poprimi jedinstven i jasan oblik.

Tada je načelna spoznaja, da država ne predstavlja svrhu, nego sredstvo. Ona je svakako pretpostavka za izgradnju više ljudske kulture, a nikako njen uzrok. Ona se, štoviše nalazi isključivo u postojanju jedne za kulturu sposobne rase. Na Zemlji bi moglo postojati i stotine uzornih država, ali u slučaju izumiranja nosilaca arijske kulture, ne bi ni bilo nikakve kulture, koja bi odgovarala duhovnoj visini sadašnjeg najuzvišenijeg naroda. Može se ići i dalje i reći, da činjenica postojanja ljudske državne tvorevine, ni najma- nje ne bi isključila mogućnost uništenja ljudskog roda, ukoliko bi nadmoćna duhovna sposobnost i elastičnost, bila izgubljena zbog nedostataka rasnih nositelja spomenutih vrijednosti.

Kada bi na primjer danas površina Zemlje zbog nekog tektonskog događaja bila uznemirena, a iz plime oceana se izdigla nova Himalaja, bilo bi to uništenje ljudske kulture jednom jedinom stravičnom katastrofom. Ne bi više postojala ni jedna država, bile bi uništene veze svih poredaka, uništeni i razbacani dokumenti tisućgodišnjeg razvitka, ostalo bi jedno ogromno vodom i muljem poplavljeno polje leševa. Ali, ako bi se iz tog kaosa strahote održao makar i mali broj ljudi određene kulturno nadarene rase, time bi se nakon tisuću godišnjeg trajanja zemljinog smirenja i oporavka, sačuvali dokazi ljudske stvaralačke snage. Zemlju bi potpuno opustošilo samo uništenje zadnje kulturno nadarene rase i njezinih pojedinačnih obnašatelja. Obrnuto, vidimo i sami na primjerima sadašnjice, da državne tvorevine u svojim plemenskim počecima, kod nedovoljne genijalnosti njihovih rasnih nosilaca, nisu mogle biti sačuvane od propasti. Kao što su se u prošlosti mnoge životinjske vrste morale ukloniti drugima i nestati bez traga, tako se mora ukloniti i čovjek, ako mu nedostaje određena duhovna snaga koja mu sama dopušta naći nužno oružje za samoodržanje.

Nije država po sebi ta, koja održava određenu kulturnu visinu, ona može održati samo rasu, koja ovu uvjetuje. U drugom slučaju, može država kao takva postojati i stoljećima, dok kao posljedica razmnožavanja rase, koje ona ničim nije sprječavala, ne uništi sposobnost, koja uvjetuje opću životnu sliku jednog naroda, i već davno doživljava promjenu i svoj duboki pad. Današnja država primjerice, može kao formalni mehanizam vrlo dobro, i tako. i tako, dugo obmanjivati svoje postojanje, ali rasno trovanje našeg narodnog tijela, svakako dovodi do kulturne propasti, koja već sada zastrašujuće dolazi do izražaja.

Tako pretpostavka za održavanje višeg čovječanstva nije država, nego narodno obilježje koje je zato sposobno.

Ova će sposobnost, u načelu uvijek postojati, ali na praktično djelovanje mora biti potaknuta samo putem odgovarajućih vanjskih uvjeta. Kulturno i stvaralački nadarene nacije, ili bolje rase, nose ove sposobnosti prikrivene u sebi, čak i kada trenutno nepovoljne vanjske prilike ne dopuštaju njihovo ostvarenje. Otuda i nevjerojatna glupost, Germane pretkršćanskog vremena označavati "nekulturnima" ili čak "barbarima". Oni to nikada nisu bili. Razvitak njihovih stvaralačkih snaga, sprječavala je surovost njihovog nordijskog zavičaja. Da su se, bez bilo kojeg antičkog svijeta, našli u povoljnijem širokom južnom prostranstvu, i da su imali u materijalu nižih ljudskih rasa prvu tehničku pomoć, bili bi se, uz svoje skrivene kulturnotvorne sposobnosti, razvili u najblistavije cvjetove, kao što je npr. slučaj s Helenima. Samo, ova kulturno stvaralačka urođena snaga ne izvire sama samo iz njihove nordijske klime. Laponac, doveden na jug, kulturno bi djelovao tako malo, kao otprilike Eskim; Ne, ova predivna stvaralački oblikovna sposobnost je udijeljena upravo Arijcu, a hoće li je on nositi usnulu u sebi, ili će je darovati u budnom stanju, ovisi od toga jesu li mu to dopuštale okolnosti ili gaje spriječila neka negostoljubiva priroda.

Iz toga proizlaze sljedeće spoznaje:

Državajesredstvozaostvarivanjesvrhe.

Njenajesvrhaodržavanjeiunaprjeđivanjedruštvenezajednicefizičkiiduhovnoi stovrsnih ljudskih bića. Samo ovo održavanje obuhvaća u prvom redu rasno postojanje i dopušta slobodni razvoj svih snaga koje drijemaju u ovoj rasi. Jedan njihov dio u prvom će redu služiti održanju fizičkog života, a tek drugi unaprjeđivanju daljnjeg duhovnog razvoja. U stvarnosti, uvijek će jedno biti pretpostavka drugome.

Države koje ne služe toj svrsi su prave nakaze, da, izrodi. Činjenica njihovog postojanja to jako malo mijenja, kao otprilike uspjeh jedne gusarske družine, koja odobrava razbojništvo.

Mi nacionalsocijalisti, kao pobornici novog svjetonazora, nikada se ne smijemo postaviti na ono znamenito "tlo - k tome krivih - činjenica". U tom slučaju mi više ne bismo bili pobornici jedne nove, velike ideje, nego kulisa današnjih laži. Mi oštro razlikujemo državu kao posudu i rasu kao njen sadržaj. Ova posuda ima svoj smisao samo tada, ako može zadržati i štititi sadržaj; u drugom je slučaju bezvrijedna.

Prema tome, najviša svrha narodne države je briga za održanjem onih rasnih praelemenata, koji kao kulturni davaoci, daju ljepotu i dostojanstvo uzvišenom čovječanstvu. Mi Arijci, možemo, dakle, u jednoj državi predstavljati samo živi organizam naroda, koji ne samo da osigurava održanje ovog narodnog obilježja, nego daljom duhovnom i idejnom nadogradnjom svojih sposobnosti vodi ka najvišoj slobodi. Ono što nam se danas ipak pokušava nametnuti kao država, je najčešće izrod najdublje ljudske prijevare, čija je posljedična pojava - neizreciva tuga.

Mi nacionalsocijalisti znamo da ćemo s ovim shvaćanjem u današnjem svijetu biti držani revolucionarima i kao takvi žigosani. Već samo naše mišljenje i djelovanje ne smije ni u kom slučaju biti određeno odobravanjem ili odbojnošću našega vremena, nego vezano obvezom prema istini, koju smo prepoznali. Tada smijemo biti uvjereni, da će pronicljivi pogled potomstva, naš današnji postupak, ne samo razumjeti, nego će biti potvrđen kao pravilan i oplemenjen.

Za nas nacionalsocijaliste iz toga proizlazi i mjerilo za vrednovanje države. Ova će vjernost biti relativna sa stajališta pojedinca narodnog bića i apsolutna za čovječanstvo po sebi. To drugim riječima znači:

Kakvoća jedne države ne može biti vrednovana prema kulturnoj razini ili prema njenoj moći u okviru ostalog svijeta, već isključivo samo po stupnju kakvoće ove institucije, ako narodno biće ikada dođe u pitanje.

Država može biti vrednovana kao vrijednosni uzor, ne samo ako odgovara životnim uvjetima jednog od nje zastupanog narodnog obilježja, nego ako se ovo narodno obilježje i praktično održava na životu upravo vlastitom egzistencijom - sasvim je svejedno, koje će opće značenje pripasti ovoj tvorevini u okviru ostalog svijeta. Jer nije zadaća države proizvoditi sposobnosti, nego samo one, koje raspoloživim snagama krče i osiguravaju slobodan put. *Dakle, obratno, država može biti označena lošom ako ona uza svu kulturnu visinu obnašatelja ove kulture, upropasti njihov rasni sastav.* Time ona praktično razara pretpostavku za dalji nastavak ove kulture, koju nije stvorila država, nego je ona plod kulturno stvaralačkog narodnog bića, osiguranog postojećim državnim okvirom. Država čak ne predstavlja sadržaj, nego samo oblik. Postoji, dakle, *dotična kulturna razina nekog naroda, a ne vrijednosno mjerilo o valjanosti države u* kojoj on živi. Jako je shvatljivo, da kulturno visoko nadaren narod daje vrjedniju sliku, nego crnačko pleme; a ipak, državni organizam prvoga promatran prema ispunjenju svoje svrhe može biti lošiji nego onaj Crnčev. Premda najbolja država i najbolji državni sustav nisu u stanju iz jednog naroda izvući sposobnosti koje jednostavno ne postoje i nikada nisu postojale, tako je isto neka država sigurno u stanju pomoću od nje same dopuštenog ili podržavanog uništenja urođeno postojećih sposobnosti rasnih kulturnih nositelja dovesti u budućnosti do njihova izumiranja.

Prema tome, procjena vrijednosti države, može biti u prvom redu određena relativnim koristima koje ona posjeduje za određeno narodno biće, a ni u kom slučaju značajem koji joj po sebi pripada u svijetu.

Ovaj relativni sud može biti donesen dobro i brzo, ali sud o apsolutnoj vrijednosti - vrlo teško, budući da ovaj apsolutni sud ne donosi država, nego ga mnogo češće određuje vrijednost i uzvišenost dotičnog naroda.

Kada se dakle govori o višoj misiji države, ne smije se zaboraviti, da se viša misija uglavnom nalazi u narodnom obilježju, kojem država putem organske snage svoje opstojnosti treba omogućiti slobodan put.

Ako dakle postavimo pitanje, kako treba biti stvorena država, koju mi Nijemci trebamo, tada prvo trebamo jasno znati, koji će ona narod obuhvaćati i kojoj će svrsi služiti.

Naše njemačko narodno biće nažalost više ne počiva na jednoj jedinstvenoj rasnoj jezgri. Proces stapanja različitih prasastojaka još nije daleko uznapredovao, da bi se moglo govoriti o nekoj novonastaloj rasi. Suprotno: krvno trovanje koje je pogodilo naše narodno tijelo već od tridesetogodišnjeg rata, nije vodilo samo ka rastvaranju naše krvi, nego se slično dogodilo i s našom dušom. Otvorene granice naše domovine, prislanjanje na ne - germansko strano tijelo uzduž graničnih područja, ali prije svega, brzi priliv strane krvi u nutrinu samog carstva, ne ostavlja zbog stalnog obnavljanja, ni malo slobodnog vremena za apsolutno stapanje. Od toga neće biti skuhana nikakva nova rasa, nego će rasni sastojci ostati jedni uz druge, s posljedicom, da će naročito u kritičnim trenucima kada se stado običava skupljati, rastjerati njemački narod na sve strane svijeta. Osnovni rasni elementi nisu samo teritorijalno različito utaboreni, nego i pojedinci, u okviru istog područja. Pored nordijskog naroda, istočni, pored istočnog, dinarski, pored oba zapadni, a između, mješanci. S jedne strane, to je veliki nedostatak: Njemačkom narodu nedostaje svaki sigurni instinkt stada, koji je zasnovan jedinstvom krvi i štiti naciju u posebno prijetećim momentima, ukoliko se kod takvih naroda odmah ne izgube sve male razlike, pa se zajedničkom neprijatelju suprotstave stvorivši zatvoreni front jedinstvenog stada. Na našim preostalim nepomiješanim rasnim elementima najrazličitijih vrsta, koji su ostali živjeti jedni pored drugih, utemeljeno je ono što se u nas označava riječju "nadindividualnost". U mirnodopskom vremenu ona nam ponekad može pružiti dobre usluge, ali sve u svemu uzevši, prikratila nam je put do vladanja svijetom. Da je njemački narod u svom povijesnom razvoju imao osjećaj jedinstva stada, kao što je ono dobro došlo drugim narodima, tada bi njemačko carstvo danas bilo gospodar zemaljske kugle. Svjetska bi povijest uzela drugi zamah, i nitko ne zna bi li se ovim putem moglo ostvariti ono, čemu se danas zaslijepljeni pacifisti nadaju, da će isprositi plakanjem i preklinjanjem: *Mir poduprt, ne mahanjem palminim granama uplakanih ojađenih pacifističkih žena, nego utemeljen pobjedničkim mačem vladajućeg naroda, koji se stavio u službu Svijeta.*

Činjenica nepostojanja krvno istovjetnog narodnog bića, donijela nam je neizrecivu tugu. Ona je mnogim malim njemačkim vlastodršcima darovala rezidencije, a njemačkom narodu oduzela pravo gospodara.

Naš narod još i danas pati od ove unutarnje rastrganosti, i već samo to, što nas je unesrećilo u prošlosti i sadašnjosti, može nam ubuduće donijeti blagoslov. Jer kako god s jedne strane bilo štetno da je izostalo potpuno miješanje naših izvornih rasnih sastojaka, time je s druge strane kao sretna okolnost bio spriječen nastanak jedinstvenog narodnog tijela, te je bar dio naše najbolje krvi ostao čist i time izbjegnuto bezuvjetno rasno potonuće.

Sigurno je, da bi prilikom potpunog miješanja naših rasnih praelemenata, nastalo samo jedno zaokruženo narodno tijelo, koje bi bilo, kao što svako rasno križanje potvrđuje, ispunjeno neznatnijim kulturnim sposobnostima, nego što je zadržalo najviše moguće prapočetne sastojke. To je blagoslov izostanka potpunog miješanja, zbog kojeg još i danas u našem njemačkom biću postoje veliki ne izmješani dijelovi nordijsko germanskog čovječanstva, u kojem se nalazi najvrednije blago naše vidljive budućnosti. U tmurnim vremenima nepoznavanja svih rasnih zakona o ravnopravnom odnosu, u kojem se čovjek pojavljuje samo kao čovjek, mogla je nedostajati jasnoća o različitim vrijednostima pojedinih izvornih elemenata. Danas znamo da bi nam potpuno miješanje sastavnih dijelova narodnog obilježja u smislu jedinstvene cjeline možda darovalo vanjsku moć, ali bi ipak najviši cilj čovječanstva ostao nedostižan, jer bi se jedini obnašatelj, kojega je Sudbina očito pred- vidjela za ovo dovršenje, ugušio u općoj rasnoj kaši jedinstvene narodne cjeline.

Ono što je bez našeg djelovanja spriječila dobrostiva Sudbina, moramo danas još ispitati i vrednovati sa stajališta naše konačne spoznaje.

Tko na ovoj Zemlji govori o poslanju njemačkog naroda, mora znati, da se ono može sastojati samo u stvaranju države, koja svoju najvišu dužnost vidi u održanju i unaprjeđivanju nepovredivosti preostalih najplemenitijih sastojaka našeg naroda, da, koje vidi cijelo čovječanstvo.

Time si je država po prvi puta postavila najuzvišeniji unutarnji visoki cilj. Nasuprot smiješnim parolama o osiguranju mira i reda, zbog mirnog omogućavanja uzajamnog lopovluka, dobrotom Svemogućega ove Zemlje postavljena je zadaća održanja i unaprjeđivanja poklonjenog najvišeg čovječanstva, kao stvarno plemenito poslanje.

Iz jednog mrtvog mehanizma koji postoji, samo da postoji, treba biti oblikovan živ organizam s isključivom svrhom: služiti uzvišenoj ideji.

Njemačko carstvo kao država treba obuhvatiti sve Nijemce sa zadaćom, da se iz ovog naroda ne samo ujedine i održe svi najvredniji sastojci izvornih rasnih elemenata, nego da ih se polako i sigurno uzdigne do vladajućeg položaja.

Time na mjesto jednog u biti okamenjenog položaja nastupa borbeno razdoblje.

Ipak, kako to već uvijek biva u svemu na ovome svijetu, i ovdje treba zadržati svoje značenje izreka: "Wer rastet - rostet" ("Tko se odmara - taj hrđa"), i nadalje, daje pobjeda uvijek u napadu.

Što je pri tome veći borbeni cilj, koji nam lebdi pred očima i što je manje razumijevanja širokih masa u tom trenutku, to su prema iskustvima svjetske povijesti gorostasniji ovi uspjesi - i njihov značaj, ako je cilj pravilno shvaćen i borba provedena nepokolebljivom ustrajnošću.

Za mnoge današnje državne činovnike upravljače bit će umirujuće djelovati na održavanju datog stanja, nego ih prisiljavati na borbu za jedno dolazeće. Oni će u državi mnogo lakše osjetiti mehanizam koji je tu samo zato, da bi sebe samog održao na životu, kao što i njihov život "pripada državi", kako to oni običavaju izraziti. Kao da bi stvorenje narodnog bića logički moglo služiti nečemu drugom, a ne narodnom biću, ili da bi čovjek mogao djelovati za nekoga drugoga, a ne opet za čovjeka. Naravno da je, *kaoštojerečeno, lakše u državnom autoritetu vidjeti formalni mehanizam organizacije, nego suvereno utjelovljenje nagona za samoodržanjem naroda na Zemlji.* U jednom slučaju je ovaj slabi državni duh, isto kao i državni autoritet, svrha po sebi, a u drugom samo moćno oružje u službi velike i vječne životne borbe za opstanak, oružje koje svakome služi, jer ono nije formalno mehaničko, nego izraz zajedničke želje za održavanjem života.

Otuda ćemo i u borbi za naše novo shvaćanje, koje sasvim odgovara vjekovnom smislu stvari, u društvu naći malo borbenih sljedbenika koji su ne samo tjelesno, nego nažalost i duhovno često puta zastarjeli. Samo će izuzetci, starci mlada srca i svježe održanog duha, doći k nama iz tih slojeva, nikada oni koji u održavanju zatečenog stanja vide zadnji smisao svog životnog zadatka.

Nama nasuprot, stoji beskrajna vojska manje zlonamjerno štetnih, nego sporo razmišljajućih ravnodušnih, zainteresiranih za održavanje današnjeg stanja. Već se upravo u ovom prividnom beznađu našeg snažnog hrvanja nalazi veličina naše zadaće, a također i zasnovanost uspjeha. Bojni poklič, koji će sitne duše od početka ili preplašiti, ili uskoro dovesti do očaja, postat će signalom okupljanja istinskih borbenih priroda. Pri tome treba biti jasno: *Kada se u narodu pojavi određena količina najviše energije i odlučnosti" one se ujedine sa zajedničkim ciljem, konačno nestaje tromost širokih masa; tada ti mali postotci izrastaju u gospodare sveukupnog broja. Svjetsku povijest čine manjine kada se u njima otjelovi volja i odlučnost većine.*

Ono što se danas mnogima može činiti otežavajućim, u stvarnosti je pretpostavka naše pobjede. Upravo se u veličini i teškoćama naše zadaće nalazi vjerojatnost, da će se za njezinu borbu naći samo najbolji borci. U ovom se odabiru i nalazi garancija uspjeha.

Uostalom, već i sama priroda odlučuje i korigira određenu rasnu čistoću zemaljskih bića. Ona jako malo voli mješance. Posebno prve proizvode takvih križanja, dok već treće, četvrto, peto koljeno gorko pati. Ne samo da im se oduzima značaj najviših izvornih cjelina križanja, nego im zbog nedostatnog krvnog jedinstva, nedostaje i jedinstvo volje i odlučnosti, inače potrebnih za život. U svim kritičnim trenutcima, u kojima rasno jedinstvena bića donose, doduše, jednoglasne odluke, postat će rasno rastrgani, nesigurni, tj. poduzimat će polovične mjere. Zajedno uzevši, to ne znači samo određenu potčinjenost rasno rastrganih u odnosu na rasno čiste, nego u praksi i mogućnost njihovog bržeg nestanka. *U bezbrojnim slučajevima, u kojima je rasa postojana, križanac se lomi.* Tu se vidi korektura prirode. Ali ona često ide i dalje, pa ograničava mogućnost daljeg rasploda. Tako potpuno sprječava dalju plodnost takvog križanca i dovodi ga do izumiranja.

Ako bi dakle npr. u jednoj određenoj rasi došlo do veze s pojedinim subjektom rasno niže razine, tada bi rezultat bio prije svega pad te razine po sebi, i dalje, slabljenje potomstva, nasuprot rasno neizmješanoj okolini. Kod potpunog izostanka daljeg dodavanja krvi najviše rase, kod trajnog uzajamnog križanja, miješalici bi zbog svoje prirodno osiromašene snage, ili izumrli, ili bi tijekom mnogih tisućljeća stvorili neku novu mješavinu kod koje bi izvorni elementi, tisućostrukog križanja i bezostatnog miješanja, bili neprepoznatljivi. Tako bi nastalo neko novo narodno biće određene obrambene sposobnosti stada, nasuprot onom kod kojeg je prvim križanjem djelovanje najviše rase u njezinom duhovno - kulturnom značenju, bitno smanjeno. Ali i u ovom posljednjem slučaju u uzajamnoj borbi za opstanak, propadao bi upravo ovaj proizvod mješavine, i to sve dotle, dok kao protivnici postoje neizmješane preostale rasne cjeline. Sve osobine stada, stvorene tijekom tisućgodišnje zatvorenosti ovog novog narodnog tijela, ne bi zbog općeg pada rasne razine i time uvjetovane smanjenosti duhovnog elasticiteta i stvaralačke sposobnosti, bile dovoljne za pobjedonosnu borbu s jednom isto takvom, ali duhovno i kulturno mnogo naprednijom rasom.

Na osnovi svega toga, može se postaviti sljedeća valjana tvrdnja:

Svako rasno križanje vodi, prije ili kasnije, bezuvjetnoj propasti proizvoda miješanja, dokle godpostoji uzvišeniji dio ovogkriženja ubilo kojoj čistoj rasnoj cjelini. Opasnost za križanca je otklonjena tek u trenutku križanja posljednjeg najviše postojećeg elementa rasne čistoće.

U tome se nalazi zasnovanost, iako polaganijeg, prirodnog procesa regeneracije koji malo po malo opet rastavlja rasno trovanje, sve dok ne nastane osnovni stup rasno čistih elemenata i dok svako daljnje miješanje konačno ne prestane.

Jedan takav slijed može se dogoditi sam od sebe, kod živih bića s jakim rasnim instinktom, ako u posebnim prilikama ili nekoj posebnoj prisili budu izbačeni s puta normalnog čistokrvnog razmnožavanja. Čim ova prisila prestane, onaj još preostali čisti dio odmah će težiti parenju sa sebi sličnima i tako zaustaviti proces miješanja. Proizvodi miješanja gurnuti su time opet u pozadinu, ukoliko se njihov broj već nije tako beskrajno uvećao, da im preostali čistokrvni ostatci više ne bi mogli pružiti otpor.

čovjek koji je jednom izgubio instinkt i svoje reakcije u nužnoj situaciji, ne smije se nadati prirodnoj korekturi tako dugo, dok svoj izgubljeni instinkt ne vidi sam i vrati ga vlastitom spoznajom; tada je na njoj da obavi neophodan popravni rad. Ipak, postoji velika opasnost, da čovjek koji je jednom postao slijep, sve više razara rasne zapreke, i tako izgubi i zadnji ostatak svoga najboljeg dijela. Tada preostaje samo višak izmiješane kaše, koja našim današnjim famoznim svjetskim popravljačima ovog vremena i lebdi kao ideal pred očima; on bi u najkraćem vremenu protjerao sve ideale svijeta. Dabome: *tako bi moglo biti stvoreno veliko stado; moguće smiješati i predvodnika stada. No, nikada se ne javlja kao križanac čovjek koji je kulturni nositelj, ili još bolje, kulturni osnivač i graditelj ili kulturni stvaratelj. Misija čovječanstva mogla bi time biti smatrana završenom.*

Tko ne želi da Zemlja ide ususret ovom beznadnom stanju, mora shvatiti da je prvi zadatak, prije svega germanskih država, brinuti se da se potpuno zabrani svako dalje miješanje rasa.

Samo se po sebi razumije da će generacija naših današnjih notornih slabića odmah protestirati i gunđati, tužeći se kako je to napad na najsvetija ljudska prava. *Ne, postoji samo jedno najsvetije ljudsko pravo, a to je pravo istovremeno i najsvetija obveza, naime: brinuti za to da krv ostane čista i da čuvanjem najboljeg ljudskog obilježja, ova bića dobiju mogućnost najplemenitijeg razvoja.*

Narodna će država tako najprije uzdići brak sa razine trajne rasne sramote, da bi joj mogla dati blagoslov institucije koja je po- zvana, začeti vjernu sliku Gospodnju, a ne nakazu između čovjeka i majmuna.

Prosvjedu iz takozvanih *humanitarnih* razloga, prokleto se opire vrijeme, koje s jedne strane svakom degeneriku daje mogućnost razmnožavanja čime se i samim takvim proizvodima, kao i njihovim suvremenicima nanosi neizrecivu bol i breme tuge, dok s druge strane dopušta slobodnu prodaju kontracepcijskih sredstava namijenjenih i najgrešnijim roditeljima, u svakoj drogeriji, pa čak i uličnim prodavačima. U ovoj današnjoj državi mira i reda u očima njezinih predstavnika, ovaj hrabri građansko - nacionalni svijet, čini zločin, jer sprječava mogućnost začeća kod sifilističara, tuberkuloznih, nasljedno opterećenih, bogalja i kretena, dok, naprotiv, u praktičnom prekidanju sposobnosti začeća kod milijuna najboljih od najboljih, ne vide ništa loše i ne ogrješuju se o dobre običaje ovog licemjernog društva, nego to mnogo više koristi njegovom kratkovidnom i usporenom mišljenju. Jer bi si, u drugom slučaju, morali neprestano razbijati glavu, kako stvoriti pretpostavke za prehranu i uzdržavanje onih bića, koja kao zdravi obnašatelji našeg roda moraju privređivati na što ih obvezuje budući dolazeći naraštaj.

Kako je samo beskrajno neidealan i neplemenit ovaj cijeli sustav! Nitko se više i ne trudi uzgojiti najbolje potomstvo, nego pušta stvari da idu, onako kako već idu. Čudno je, da se čak i naše crkve ogrješuju o vjerno oličenje Gospodnje, jer upravo one naglašavaju njegovo značenje, ali slijede pravac današnjeg djelovanja koji stalno govori o duhu i njegovim nositeljima, a dopušta degeneraciju ljudi u propale proletere. I onda se još s glupim izrazom lica čudimo slabom djelovanju kršćanske vjere u vlastitoj zemlji, o stravičnoj "bezbožnosti" ovog tjelesno osakaćenog, a time naravno i duševno otrcanog bijednog klateža, koji uspješno okrivljujući Hottentotte i Zulukafere, traži blagoslov oproštenja od crkve. Dok naši europski narodi, Bogu budi slava i hvala, propadaju u stanju tjelesne i moralne gube, luta pobožni misionar u centralnu Afriku i osniva crnačke misije gdje će naša "viša kultura", od zdrave, iako primitivne i potonule, božje djece načiniti lijena legla mješanaca. Smislu najplemenitijih na ovome svijetu, više bi odgovaralo kad bi obje naše kršćanske crkve, umjesto što Crnce opterećuju misijama koje oni niti žele niti razumiju, dobrostivno ali ozbiljno poučavale naše europsko stanovništvo da je bogu ugodno i milo djelo, kada se nezdravi roditelji smiluju zdravom jadnom siročetu i daruju mu oca i majku, nego da sami donesu na svijet jedno bolesno, koje će i njima i ostalom svijetu donijeti samo jad i nesreću.

Narodna država treba nadoknaditi sve ono, što je na ovome području do danas propušteno. *U središte općeg života, ona treba postaviti rasu. Ona treba brinuti o održavanju njezine čistoće. Dijete treba proglasiti najdragocjenijim dobrom naroda. Mora vo- diti brigu da samo zdravi ljudi začinju djecu; da postoji samo jedna sramota: kod vlastite bolesti i nedostatka donositi djecu na svijet; ali je i najviša čast: toga se odreći. I obratno, treba se označiti opakim; suzdržavati se od rađanja zdrave djece naciji. Država mora nastupiti kao čuvar tisućgodišnje budućnosti, a ne odustati i pokleknuti pred željom sebičnih pojedinaca. Ona mora sva najmodernija liječnička pomoćna sredstva staviti u službu ove spoznaje.* Ona će sve što je na neki način bolesno ili nasljedno opterećeno a time i nadalje ostaje teret, označiti nesposobnim za rađanje i praktično provesti u djelo. Obrnuto, ona se mora brinuti da plodnost zdrave žene ne bude ograničena financijskim lešinarskim gospodarstvom državnog aparata, koji blagoslov djece pretvara u prokletstvo roditelja. Ona mora iskorijeniti svaku lijenu, da, zločinačku ravnodušnost, kojom se danas odnosi prema socijalnim prilikama mnogočlanih obitelji i biti pokrovitelj ovog najdragocjenijeg blagoslova. Njezina briga više pripada djetetu nego odraslima.

Tko nije tjelesno i duševnozdrav, i dostojan, ne smije svoj jad ovjekovječiti u tijelu svoga djeteta. Narodna država u ovo treba uložiti ogromni odgojni rad. Njezino bi djelo snažnije odjeknulo, nego što su odjeknuli najpobjedonosniji ratovi našeg današnjeg građanskog stoljeća. Pojedinačnim odgojem treba poučavati, da nije sramota nego nesretna okolnost, biti bolestan ili slab, ali da je zločinstvo, a istovremeno i sramota, ovu nesreću obeščastiti vlastitim egoizmom, kojim se ponovno opterećuje nevino biće; ali da je suprotno tome, plemenitost najvišeg moralnog shvaćanja i najvrjednijeg divljenja čovječanstva, kadanedužni bolesnik, odricanjem navlastito dijete, svoju ljubav i nježnost daruje nekom nepoznatom, siromašnom, mladompupoljku svoga naroda, koji svojim zdravljem obećava da će jednoga danaodnjegapostati snažni član, snažne zajednice. Odgojni rad koji je čisto duhovno dopunjavanje svoje praktične djelatnosti, treba preuzeti država. Ona mora djelovati u tom smislu, bez obzira na razumijevanje ili nerazumijevanje, odobrenje ili zabranu.

Samo 600 godišnjim sprječavanjem sposobnosti rađanja i oplođivanja tjelesno degeneriranih i duševno oboljelih, ne samo da bi čovječanstvo bilo oslobođeno neizmjerne nesreće, nego bi to pridonijelo ozdravljenju, koje je danas jedva zamislivo. Kada bi takvim svjesnim planskim unaprjeđenjem plodnosti bila ostvarena plodnost najzdravijih nastavljača čovječanstva, rasni bi učinak napokon, u najmanju ruku, uništio klicu našeg današnjeg tjelesnog, a time i duhovnog pada.

Tek kada narod i država jednom prekorače ovaj put, tada će se pozornost sama od sebe usmjeriti upravo prema rasno najvrjednijoj jezgri naroda i podizat će se njezina plodnost, da bi konačno čitavo čovječanstvo sudjelovalo u blagoslovu visoko uzgojenog rasnog dobra. Put za to je prije svega u tome, da država ne smije naseljavanje u osvojene nove zemlje prepustiti slučaju, nego mora postaviti posebne norme. Vlastito formirane rasne komisije imaju dužnost svakom pojedincu izdati naseljeničku potvrdu. Ova je opet povezana s određenom utvrđenom rasnom čistoćom. Tako će malo pomalo, biti formirane granične kolonije, čiji su stanovnici isključivi nositelji najveće rasne čistoće, a time i najviše rasne vrijednosti. Oni su time i najdragocjenije nacionalno blago svekolikog naroda; njihov rast mora s ponosom i radosnim pouzdanjem ispuniti svakog sunarodnjaka, jer u njima leži klica zadnjeg velikog budućeg razvoja vlastitog naroda, da, za spasenje čovječanstva.

Narodnom svjetonazoru u narodnoj državi mora konačno uspjeti prijeći u ono plemenito stoljeće, u kojem ljudi svoje brige više neće vidjeti u uzgoju plemenitih pasa, konja i mačaka, već u uzdizanju samih ljudi; stoljeće, u kojem se jedan šuteći svjesno odriče, a drugi radosno žrtvuje i daje.

Ne treba zanijekati, da je to moguće u svijetu u kojem se stotine i stotine tisuća ljudi dragovoljno podvrgava celibatu, ničim obvezani osim crkvenom zapovijedi.

Ne bi li isto odricanje moglo biti moguće, kad bi na njegovu mjestu stajala opomena, koja bi konačno prekinula trajno naslijeđen grijeh rasnog trovanja, kako bi svemogući Stvoritelj dobio onakva ljudska bića, kakvim ih je stvorio?

Naravno, bijedna vojska naših današnjih malograđana ovo nikada neće razumjeti. Oni će se samo nasmijati ili će slegnuti svojim grbavim ramenima i odjadikovati svoj vječni izgovor: "Da,to bi bilo po sebi, sasvim lijepo, ali to se ne može učiniti!" S vama se to dabome ne može učiniti, vaš svijet za to nije podoban! Vi poznajete samo *jednu* brigu:Vaš osobni život, i samo *jednoga* Boga: vaš novac! Samo se mi nećemo obratiti vama, već velikoj vojsci onih, koji su presiromašni da bi im njihov osobni život mogao značiti najveću sreću na svijetu; onima, koji namjesnike svoje opstojnosti ne vide u zlatu, nego vjeruju u druge bogove. Prije svega, mi se oslanjamo na snažnu vojsku naše njemačke mladeži. Ona izrasta u vremenu velikog preokreta i ono što je sagriješila tromost i ravnodušnost njihovih očeva, silit će njih same na borbu. Njemačka će mladež jednom biti ili graditelj nove narodne države, ili će kao posljednji svjedok potpune propasti, doživjeti kraj građanskog društva.

Jer, kada jedna generacija pati zbog pogrešaka kojih je svjesna, čak ih i priznaje, i unatoč tome se zadovoljava jeftinim izgovorima, kao što se to danas događa od našeg građanskog svijeta, tada se tu više ništa ne da učiniti, jer je takvo društvo osuđeno na propast. Karakteristično je za naš građanski svijet upravo to, što ovaj nedostatak po sebi, više i ne pokušavaju poreći. On mora priznati da je mnogo što trulo i loše, ali se više ne odlučuje na pobunu protiv ovoga zla, jer mu treba prikupiti snagu šezdeset ili sedamdeset milijunskog naroda zadrte energije i tako se suprotstaviti opasnosti. Baš suprotno: ako se to dogodi drugdje, tada će se još trgati oko glupih novinarskih bilješki i pokušati, bar iz daljine, dokazivati teoretsku nemogućnost postupka, a uspjeh proglasiti nezamislivim. Ni jedan razlog nije dovoljno naivan, da bi služio kao potpora vlastitoj niskosti i duhovnom usmjerenju. Kada, na primjer, jedan cijeli kontinent konačno objavi borbu protiv trovanja alkoholom, da bi narod riješio okova ovog uništavajućeg tereta, tada našem europskom građanskom svijetu ne preostaje ništa drugo do tupog zurenja i klimanja glavom, jedan neugodan osmijeh - koji se kod ovog najsmješnijeg društva posebno dobro doima. Ali, ako ništa ne koristi i nadmoćnom i nedodirljivom nemaru se nitko na svijetu ne suprotstavi i to uspješno, tada mora, kako je već rečeno, u najmanju ruku *ovaj* biti pokoleban i potučen, pri čemu se ne treba plašiti, građansko - moralna načela uključiti u borbu, koja zahtjeva iskorjenjivanje najvećega nemorala.

Ne, tu se nikako ne smijemo dati prevariti: naše trenutno građansko biće je postalo jednostavno bezvrijedno i nesposobno za izvršavanje bilo koje odgovorne zadaće čovječanstva jer je nekvalitetno i suviše loše - što se mene tiče - manje zbog *voljne* slabosti, a mnogo više zbog nevjerojatne indolencije i svega što joj odgovara. Zato i neki politički klubovi koji se prikrivaju pod zajedničkim imenom "Građanske stranke", već duže vrijeme nisu ništa drugo već profesionalne zajednice i klasni slojevi, a njihova je najuzvišenija zadaća: najbolje zastupati svoje egoistične interese. Da je jedno takvo ispolitizirano "buržujsko udruženje", prije spremno na sve nego na borbu, odmah se vidi; posebno po tome, što se suprotna strana ne sastoji od vrećice bibera, već od proleterskih masa koje su dobro podjarene i spremne na sve, pa i ono posljednje.

Ako kao prvu zadaću države u službi i za dobro njezinog naroda prepoznamo održanje, njegu i razvoj njenih najboljih rasnih elemenata, tada je prirodno da se ova briga ne proteže samo do rođenja dotičnog mladog i rasnog sunarodnjaka, nego se iz nježne mladice mora odgojiti vrijedan član za kasnije razmnožavanje.

Upravo tako, kako nam, općenito uzevši, preduvjeti diktiraju duhovnu i radnu sposobnost rasne kvalitete raspoloživog ljudskog materijala, tako se mora i u pojedinačnom odgoju ponajprije imati pred očima i unaprjeđivanje tjelesnog zdravlja, jer masovno uzevši, zdravi snažni duh će se naći samo u zdravom, snažnom tijelu. Činjenica da su genijalci ponekad slabije tjelesne grade,da, čak i bolesna bića, ništa ne govori protiv toga. Ovdje se radi o izuzetcima, koji - kao i uvijek - samo potvrđuju pravilo. No, ako se jedan narod masovno sastoji od degenerika, tada će se iz toga blata jako rijetko uzdići neki stvarno veliki duh. Njegovoj se djelatnosti ni u kom slučaju neće moći pripisati veliki uspjeh. Potonula, smrdljiva klatež, ili ga uopće neće razumjeti, ili će voljno biti toliko oslabljena, da više neće moći slijediti visoki let jednoga takvog orla.

Narodna država, poučena ovom spoznajom, ne smije, u prvom redu, čitav odgojni rad usmjeriti na upumpavanje golog znanja, nego na odgoj potpuno zdravog tijela. Tek u drugom redu dolazi obrazovanje duhovnih sposobnosti. Ovdje je opet primaran razvoj karaktera, naročito unaprjeđivanje snage volje i odlučnosti, vezane odgojem odgovornosti, i tek kao zadnje, znanstveno školovanje.

Narodna država mora pri tome polaziti od pretpostavke, da je netko, doduše znanstveno manje izobražen, ali tjelesno zdrav čovjek, jakog karaktera, ispunjen čvrstom odlučnošću i snagom volje, vrjedniji narodnoj zajednici, nego neki duhom bogati slabić. Narod učenih, ako su ovi tjelesno degenerirani, slabe volje i kukavni pacifisti, nikada ne može osvojiti nebesa, čak si ni na ovoj Zemlji ne može osigurati vlastitu opstojnost. U teškoj, sudbonosnoj borbi, rijetko stradava onaj koji najmanje zna, nego uvijek onaj, koji zbog svoga znanja snosi najgore posljedice pa ih na najkukavniji način stavlja u pogon. Konačno, i ovdje mora postojati određena harmonija. Gnjilo tijelo nemožeseprosvjetljenjem duhaninajmanje učiniti estetskim, da, ni najviše duhovno obrazovanje se ne može opravdati, ako bi njegovi nositelji istovremeno bili tjelesno upropašteni i obogaljeni, slabog karaktera, nepostojani i kukavni subjekti. Ono što je grčki ideal ljepote načinilo besmrtnim je čudesni spoj najveličanstvenije tjelesne ljepote, blistavog duha i najplemenitije duše.

Ako maltska izreka: "Trajnu sreću ima samo marljivi", ima neko značenje, tada je to zasigurno odnos tijela i duha: I duh će, ako je zdrav, u pravilu trajno stanovati samo u zdravom tijelu.

Tjelesno jačanje u narodnoj državi zato nije samo stvar pojedinca, a nije ni stvar koja se u prvom redu tiče roditelja ili tek u drugom ili trećem redu javnosti, već je to zahtjev samoodržanja narodnog obilježja zastupanog i štićenog od države. Što se tiče čisto znanstvenog obrazovanja, država već danas zadire u pojedina prava vlastitog odlučivanja, zamjenjujući zajedničke cjeline, te bez pitanja o pristanku ili ne pristanku roditelja, dijete podjarmljuje školskoj obvezi; zato narodna država mora u mnogo većoj mjeri provoditi svoj autoritet unatoč nepoznavanju ili nerazumijevanju pojedinca po pitanju odgoja narodnog bića. Svoje odgojne mjere ona mora raspodijeliti tako, da s malim bićima bude svrhovito postupalo već u najranijem djetinjstvu, kako bi za kasniji život stekli nužnu čvrstoću. Ona se prije svega mora brinuti da se nipošto ne odgoji ni jedna generacija zapećkara.

Ovu njegu i odgojni rad treba usaditi već mladoj majci, tako da se, ako je moguće, tijekom desetljetnog brižnog rada otklone mogućnosti infekcije pri porodu, a dječju se groznicu svede na najmanju mjeru. Temeljitom izobrazbom medicinskog osoblja i majki, posebno u prvim godinama djetetova života, treba provoditi preventivu, koja će ujedno biti odlična podloga za kasniji razoj.

Škola kao takva, mora u narodnoj državi osigurati beskrajno više vremena za tjelesno jačanje. Nije potrebno mlade mozgove opterećivati balastom, od kojeg će prema iskustvu, ostati samo mali dio, pri čemu će se najčešće umjesto bitnog, zadržati sporedno, budući da mlado biće razumnu srž ulivenogznanja i ne želi zadržati. Kad se zna da je tjelovježba u programu srednjih škola zastupljena samo dva sata tjedno i to neobavezno i prepušteno svakom pojedincu, onda je to, uspoređeno s čistim duhovnim obrazovanjem, čisti nesporazum. Ne bi smio proći niti jedan dan, u kojem mladi čovjek ne bi prije podne i navečer, barem po sat vremena, bio tjelesno školovan i to u svim vrstama sporta i tjelovježbe. Ovdje se ne bi smjelo zaboraviti i izostaviti jedan naročiti šport koji je toliko mnogo "narodni", a važi kao sirov i nečastan: Boks.

Nevjerojatno je, kolika su kriva mišljenja raširena u krugovima "obrazovanih". Da mladi čovjek uči mačevati pa se pri tome sav izudara, to je samo po sebi časno, a da boksa, to treba biti surovo! Zašto? Nema ni jednog športa koji kao ovaj, istom mjerom pospješuje i unapređuje duh napada, zahtijeva strelovitu odlučnost, tijelo odgaja čeličnom gipkošću i spretnošću. Nije ništa surovije kada dva mlada čovjeka različitost svoga mišljenja izbore borbom šaka, nego jednim izbrušenim komadom željeza. Također nije neplemenito, ako napadnuti svoga napadača raspali šakom, umjesto da pobjegne pozivajući pomoć zaštitnika. Prije svega, mladi zdrav dječak mora znati izdržati udarce. To bi naravno u očima naših današnjih duhovnih boraca moglo izgledati divlje. Ipak, zadatak narodne države nije odgoj kolonije mirnih estetičara i tjelesnih bogalja. Ona ne vidi svoj ljudski ideal u časnom malograđaninu ili krjeposnoj usidjelici, nego u tvrdokornoj muškoj snazi i ženi, koja ponovno može na svijet donijeti muškarca.

Šport ne postoji samo zato da bi pojedince načinio jakim, vještim i odvažnim, nego da ih očvrsne i pouči kako podnijeti nepravdu.

Da naš cjelokupni gornji sloj nije jednom bio tako isključivo odgojen uglednom ponašanju, učio bi umjesto toga boksanje, a tada nikada ne bi bila moguća njemačka revolucija svodnika, dezertera i sličnih vucibatina; jer ono što joj je podarilo uspjeh, nije bila jaka i hrabra odlučnost njezinih revolucionarnih vođa, nego kukavna i bijedna neodlučnost onih, koji su vodili državu i za nju bili odgovorni. Čak je i naše ukupno vodstvo više bilo "duhovno" odgojeno, pa je u datom trenutku bilo bez obrane, dok je na protivničkoj strani umjesto duhovnog oružja u akciju stupila željezna poluga. Sve je to bilo moguće zato što naše više školstvo u načelu nije obrazovalo muškarce, već mnogo češće činovnike, inženjere, tehničare, kemičare, pravnike i pisce, a da ova duhovnost ne izumre, i profesore.

Naše duhovno vodstvo uvijek je imalo sjajan učinak, dok je ono umjerene volje najčešće doživljavalo kritike.

Sigurno da se odgojem, čovjeka sklonog kukavičluku, ne može načiniti hrabrim, kao što će neki ne baš neodvažan, ali sputan u procvatu svojih osobina nedostacima odgoja tjelesne snage i sputanosti, od samog početka, podleći nečem drugom. Koliko uvjerenje o tjelesnoj snazi unaprjeđuje vlastito samopouzdanje i budi duhovni poriv, može se najbolje utvrditi u vojci. Ni ondje nisu bili sve sami junaci, nego široki prosjek. Već sama nadmoćna obuka njemačkih vojnika u mirno doba, ucijepila je čitavom divovskom organizmu ono sugestivno vjerovanje u vlastitu nadmoć i to u onom obuhvatu koga nisu držali mogućim čak ni naši protivnici. Jer ono, što je u svim mjesecima sredinom ljeta i jeseni 1914. ostvareno napredovanjem njemačke vojske u besmrtnom duhovnom porivu i hrabrosti za napad, bio je učinak onog neumornog odgoja, koji je u dugim, dugim godinama mira iz često slabašnih tijela izvukao najnevjerojatniji uspjeh i usadio samopouzdanje koje nije izgubljeno ni u strahotama najžešćih bitaka.

Zato upravo njemački narod, koji danas slomljen dobivenim udarcem leži na milost i nemilost pod svjetskim nogama, treba svaku uvjerljivu snagu koja se nalazi u samouvjerenju. Ali, ovo samouvjerenje mora biti usađivano od malih nogu pa sve do stasanja ovih naših mladića. Njegov cjelokupni odgoj i obrazovanje mora počivati na tome, da mu se stvori uvjerenje da je moćniji od drugih. On mora svojom tjelesnom snagom i spretnošću, ponovno steći vjeru i nepobjedivost čitavog njemačkog naroda. Jer ono što je nekada njemačku vojsku vodilo pobjedi, bila je sveukupnost povjerenja svakoga u sebe sama i svih skupa u svoje vodstvo. Ono što će njemački narod ponovno podići, je uvjerenje o mogućnosti ponovne pobjede slobode. Ovo uvjerenje može predstavljati konačni proizvod istog osjećaja milijuna pojedinaca.

Ni tu se ne treba prepustiti prijevari:

Neizmjerna je bila propast našega naroda, kao što će morati biti i neizmjeran napor, da se jednoga dana ova nevolja završi.

Tko vjeruje da naš narod svoju snagu za održanje reda i mira dobiva sadašnjim građanskim radnim odgojem, i da će jednoga dana današnji svjetski poredak, koji znači našu propast, rastrgati okove lanaca našega ropstva i baciti ih protivniku u lice, taj se gorko vara. Samo prekomjerna nacionalna snaga volje i žed za slobodom i najviša strast, opet će biti ujedinjene, što nam je nekada nedostajalo.

I odjeća mladeži mora biti prikladna ovoj svrsi. Prava je nevolja morati gledati kako je već naša mladež podložna modnoj gluposti koja tako dobro pripomaže smislu stare poslovice "Odjeća čini ljude" u svom štetnom izokretanju.

Upravo u mladeži i odjeća mora biti stavljena u službu odgoja. Mladić, koji usred ljeta tumara u dugim hlačama, umotan sve do vrata, već svojom odjećom gubi pogonsko sredstvo svoga tjelesnog čeličenja. Častoljublje, a recimo slobodno i taština, moraju mu biti bliske. Ne taština prema lijepoj odjeći, koju si ne može svatko kupiti, nego taština prema lijepom, skladnom tijelu, čijem oblikovanju svatko može pomoći.

A što je svrhovito i za kasnije. Djevojka mora upoznati svoga viteza. Kada danas tjelesna ljepota ne bi od ovih hvalisavih modnih spodoba bila potpuno potisnuta u pozadinu, ne bi bilo moguće ni da ova krivonoga židovska kopilad zavede na stotine tisuća djevojaka. U interesu je nacije i da se pronađu najljepša tijela i time pripomogne pokloniti narodnom biću novu ljepotu.

To bi nam danas bilo najnužnije, jer nedostaje vojnički odgoj, a time je isključen i jedini ustroj koji je u miru bar djelomično nadoknadio ono što je ostalim odgojem bilo propušteno. I tamo je uspjeh samo u izgradnji pojedinca po sebi, a ne u utjecaju koji je izvršio u međusobnom odnosu oba spola. Mlada je djevojka dala prednost civilnom licu pred vojnikom.

Narodna država mora tjelesno osposobljavanje provoditi i kontrolirati, ne samo u regularnim školskim godinama, nego mora o tome voditi brigu i nakon školovanja, da, sve dotle dok je mladić u procesu razvoja, da bi ovaj razvoj bio zaodjenut blagoslovom. Besmisleno je vjerovati da završetkom školske dobi pravo države da promatra svoje mlade građane iznenada prestaje, da bi se obnovilo dolaskom vremena vojne obveze. Ovo je pravo i obveza i kao takvo mora uvijek postojati. Današnja država koja za zdravog čovjeka nema interesa, ovu obvezu zapostavlja na zločinački način.

Ona dopušta propast današnje mladeži na ulicama i u bordelima, umjesto da ih zauzda i dalje tjelesno obrazuje sve dok jednoga dana iz njih ne izraste zdrav muškarac i zdrava žena.

U kojem će obliku država ovaj odgoj dalje provoditi, danas je svejedno, bitno je da to čini, da traži putove koji tome koriste. Narodna će država morati isto tako kao i duhovni odgoj, tretirati i tjelesno izgradnju nakon završenog školovanja, kao državnu zadaću, i provoditi je putem državnih ustanova. Pri tome, ovaj odgoj u grubim crtama može služiti kao predobrazovanje u kasnijoj vojnoj službi. Vojska više ne mora kao do sada, pokazivati mladom čovjeku osnovne zahvate najjednostavnijih vojnih vježbi, ona neće dobiti ni regrute u današnjem smislu, nego mnogo češće tjelesno besprijekorno pripremljene i uvježbane mlade ljude, samo više preobražene u vojnike.

U narodnoj državi, dakle, više ne mora pojedinačno počinjati sve iz početka, već ona mora biti zadnja i najviša škola domovinskog odgoja. Mladi novak mora u vojsci steći potrebno znanje o oružju, a istovremeno treba i dalje biti oblikovan za svoj uobičajeni kasniji život. Na samom vrhu vojnog odgoja mora biti sve ono što je već i staroj vojsci moralo biti uračunato u najviše zasluge. U ovoj školi dječak mora biti preobražen u muškarca, u toj školi ne treba učiti samo poslušnost, već kroz sve to steći i uvjete za kasnije naredbe. On mora znati šutjeti, ne samo kada je s pravom kažnjen, nego treba učiti šuteći podnijeti i *nepravdu*.

On dalje treba, ojačan vjerom u svoju vlastitu snagu, prožet snagom zajedničkog duha vojne postrojbe, steći uvjerenje o nepo- bjedivosti svoga naroda.

Nakon završetka vojne službe, svakome se moraju izdati dva dokumenta: *diploma o državljanstvu*, koja mu kao pravni dokument dozvoljava obavljanje javne službe, i *zdravstveno uvjerenje*, kao potvrdu o tjelesnoj sposobnosti za brak.

Analogno odgoju dječaka, zbog istih razloga, narodna država treba provoditi i odgoj djevojčica. I tu treba glavno težište usmjeriti, prije svega, na tjelesnu izgradnju, potom na unaprjeđivanje duševnog, i tek na kraju stvaranju umnih vrijednosti. *Cilj* ženskog odgoja mora biti nepokolebljivo buduće majčinstvo.

✻

Tek u drugom planu narodne države treba biti unaprjeđivanje izgradnje *karaktera u svakom slučaju.*

Sigurno je da su glavna karakterna svojstva u svakom pojedincu u cijelosti predodređena; egoistični poriv jest i ostat će jednom zauvijek, točno tako kao što će idealist u osnovi svog bića uvijek biti idealist. Samo se, između potpuno prekaljenih karaktera, nalaze ipak i milijuni nejasnih i neodređenih. Rođeni zločinac će biti i ostati zločinac, ali bezbrojni ljudi, kod kojih postoji i samo naznaka sklonosti ka zločinstvu, mogu pravilnim odgojem postati vrijedni članovi društva; dok obrnuto, lošim odgojem iz labilnog karaktera, mogu izrasti samo stvarno loši elementi.

Kako li su se samo u ratu često čule optužbe da naš narod tako malo zna *šutjeti*,i kako je samo zbog toga od neprijatelja bilo teško sakriti čak i važne tajne! Čovjek se i sam pita: "Što je to prije rata učinio njemački odgoj da bi pojedinca naučio diskreciji?" Nije li nažalost već u školi mali *hvalisavac* ponekad više cijenjen od njegovog šutljivog vršnjaka? Nije li, i neće li, hvalisanje biti viđeno kao hvaljena "otvorenost", a diskrecija kao slabunjava zatucanost? Je li se uopće trudilo šutljivost ubrojiti u vrijednu mušku krijepost? Ne, jer su to u očima našeg današnjeg školskog odgoja, tričarije. Samo što ove tričarije koštaju državu nebrojene milijune sudskih troškova, jer je devedeset posto svih uvreda i sličnih procesa, nastalo samo radi pomanjkanja diskrecije. Neodgovorno date izjave, bit će isto tako lakomisleno izbrbljane dalje; naše narodno gospodarstvo bit će stalno lakoumna žrtva zbog odavanja važnih tvorničkih proizvodnih metoda itd.,da, čak i sve tihe pripreme za obranu zemlje postat će uzaludne, budući da narod nije naučio šutjeti, već sve ispriča dalje. Ovo brbljanje može u ratu dovesti do gubitka bitke, i tako bitno pridonijeti nesretnom ishodu borbe.

Ovdje se treba biti uvjeren da se ono, što u mladosti nije bilo uvježbano, u starosti ne zna. Ovdje također pripada i to, da učitelj, na primjer, ne treba svoja temeljna iskustva stjecati odgojem glupih mladenačkih ludorija i gadljivog hvalisanja. Mladež ima svoju državu za sebe, a prema odraslima se odnosi s određenom zatvorenom solidarnošću, što je i razumljivo. Veza desetogodišnjaka s njegovim vršnjacima je prirodnija i snažnija, nego ona prema odraslima. Dječak koji oda svoje drugove čini *izdaju* i time potvrđuje mišljenje, koje oštro izrečeno i uveličano, točno odgovara izdajniku Zemlje.

Jedan takav dječak ne može ni slučajno biti smatran *"dobrim, pristojnim"* djetetom, nego dječakom s malo vrijednim karakternim svojstvima. Učiteljima mora biti prikladno za podizanje svog autoriteta, poslužiti se sličnim nepodopštinama, ali će time u mlado srce biti položena klica onog nazora koji bi kasnije mogao djelovati kobno. Već više nego jednom, iz malog je hvalisavca postao veliki nitkov.

Ovo je samo jedan od mnogih primjera. Danas je svjesni razvoj boljih, plemenitijih karakternih osobina u školi, ravan nuli. To jednom mora dobiti sasvim drugu težinu. *Vjernost, spremnost na žrtvu i diskrecija* su krijeposti, koje jedan veliki narod nužno treba i čiji su preodgoj i obrazovanje u školi, važniji nego ponešto od onoga, što trenutno ispunjava naše školske planove. Ovom području pripada i odučavanje od jadikovanja, kukanja i zapomaganja, od bolnih urlanja itd. Kada se odgoj zaboravi pobrinuti za to već kod djeteta, da ovo jednom mora naučiti šuteći podnositi patnje i nepravde, ne smije se čuditi, kada kasnije u kritičkim trenutcima, npr. na frontu, poštanski promet služi jedino međusobnoj razmjeni kuknjava i ucviljenih pisama. Daje našoj mladeži u narodnim školama bilo uliveno nešto manje znanja, ali zato više samosavlađivanja, bilo bi to bogato nagrađeno u godinama 1915/18.

Tako narodna država u svom odgojnom radu, pored tjelesnog, treba usmjeriti najveću pozornost upravo na izgradnju karaktera. Bezbrojna moralna razbojstva, koja današnje narodno tijelo nosi u sebi, treba, ako već ne potpuno ukloniti, bar znatno ublažiti.

Od najveće je važnosti obrazovanje snage volje i odlučnosti, kao i njegovanje osjećaja odgovornosti.

Ako je nekada u vojsci važilo načelo, da je svako zapovijed uvijek bolje od nikakvog, tada to za mladež prije svega treba značiti: bilo kakav odgovor je bolji od nikakvog. Ne dati odgovor iz straha da se ne kaže što krivo, mora biti sramotnije, od netočno datog odgovora. Treba se osloboditi ovih primitivnih načela i mladež odgojiti tako, da joj se usadi hrabrost za djelovanje.

Tijekom studenog i prosinca 1918. stalno su se čule pritužbe kako su zakazala sva mjesta, da od monarha pa sve do dolje, do posljednjeg divizionara, nitko više nema hrabrosti samostalno donijeti neku odluku. Ova užasna činjenica je pravo opasno upozorenje našem odgoju, jer se u toj strašnoj katastrofi, u ogromnoj, izobličenoj mjeri, istaknulo ono, što je općenito prisutno u malom. Ono što nas danas čini nesposobnima za pružanje pravog, istinskog otpora, nije nedostatak oružja, nego nedostatak volje. On je nazočan u cjelokupnom našem narodu, sprječava svaku odluku koja je povezana s rizikom, kao da se veličina nekog pothvata ne sastoji upravo u smionosti. To je bez sumnje djelo njemačkog generala, koji je za ovaj kukavički nedostatak volje izmislio klasičnu formulu: "Ja djelujem samo ako s pedeset i jedan posto vjerojatnosti mogu računati na uspjeh." U ovih pedeset i jedan posto zasnovano je objašnjenje tragedije njemačke propasti: tko od Sudbine traži jamstvo za uspjeh, time sam odriče značaj herojskom djelu. Stvar i jest u tome, da se poduzima korak koji možda vodi uspjehu, svjestan njegove opasnosti. Bolesnik od raka, čija je smrt izvjesna, ne treba računati tek sa pedeset i jedan posto, da bi se odlučio za operaciju. Ako mu se obeća i pola posto vjerojatnoće izlječenja, hrabri će se čovjek odlučiti za nju, jer u protivnom ne smije jadikovati za životom.

Zaraza današnjom kukavičkom voljom i odlučnošću je uzevši sve u svemu, uglavnom rezultat našeg u osnovi promašenog odgoja mladeži, čije se uništavajuće djelovanje prenosi u kasniji život, te nalazi svoj konačni završetak i posljednje krunjenje u nedovoljnoj civilnoj hrabrosti vodećih državnika.

U istoj je ravni i današnji narastajući kukavičluk pred odgovornošću. I ova se pogreška već u odgoju mladeži, proteže kroz čitav javni život, te svoju besmrtnu savršenost nalazi u parlamentarnim vladajućim institucijama.

Već se i u školi više polaže na "pokajničko" priznanje i "pokunjeno" odricanje malog grješnika, nego na njegovo hrabro, iskreno priznanje. Ovo posljednje, čini se ponekom današnjom narodnom oblikovatelju čak najočiglednijim sredstvom nepopravljivog predbacivanja, pa tako, nevjerujući nekom mladiću, budu predskazana vješala radi osobina, koje bi bile od neprocjenjive vrijednosti kad bi bile zajedničko dobro čitavog naroda.

Kako je narodna država već jednom posvetila najveću pozornost odgoju volje i snage odlučnosti, tako mora već od malih nogu usaditi u srca mladih i osjećaj za odgovornost i vjersku hrabrost. Tek kad shvati ovu neophodnost u njenom punom značenju, ona će konačno, nakon stoljeća dugog obrazovnog rada, kao rezultat održati narodno tijelo, koje više neće podleći onim slabostima koje danas tako kobno pridonose našoj propasti.

Znanstveno školsko obrazovanje u kojem se danas zbrda zdola sastoji čitav državni odgoj, moći će u narodnoj državi biti preuzeto sa samo malim promjenama. Ove se promjene tiču triju područja:

Prvo, mladi se mozak ne smije opteretiti stvarima koje on u devedeset i pet posto slučajeva neće trebati i zbog toga će ih ponovno zaboraviti. Posebno nastavni plan narodnih i srednjih škola predstavlja danas hermafrodita; u mnogim slučajevima pojedinih nastavnih predmeta, gradivo za učenike je toliko nabujalo, da samo djelić od toga ostaje u glavama pojedinaca, te se od tog izobilja malo može iskoristiti, dok s druge strane, to znanje nije ni od kakve koristi, da bi nekom zaposleniku u određenom području pomoglo zarađivati svoj kruh. Uzmimo na primjer normalnog državnog činovnika sa svršenom gimnazijom ili višom realkom u njegovoj 35. ili 40 - toj godini života i preispitajmo njegovo mukom stečeno školsko znanje. Koliko je malo od sve te utuvljivane materije još ostalo! Naravno da će se dobiti odgovor:" Da, količina tada naučene grade nije, razumije se, imala samo za cilj kasnije posjedovanje mnogostrukog znanja, već i školovanje duhovne sposobnosti; vježbanja mišljenja i naročito snage opažanja mozga". To je djelomično točno. Ipak, u tome leži opasnost, da mladalački mozak bude zapljusnut bujicom utisaka, čije pojedine elemente prema njihovoj većoj ili manjoj važnosti, neće moći ni sagledati ni vrednovati, a da pri tome ne bude zaboravljeno i žrtvovano ono nevažno, nego češće ono važno. Tako je ponovno izgubljena glavna svrha ovog prevelikog učenja; jer nije cilj u tome da se odmjerenim gomilanjem nastavne grade mozak učini sposobnijim za učenje, nego u tome da se kasnijem životu daruje ono bogatstvo znanja koje je nužno pojedincu, a time koristi i općem dobru zajednice. Ovo će međutim biti iluzorno, ako je čovjek u mladosti obilno pretrpan gradivom, ovo kasnije ili više uopće ne zna, ili zaboravi upravo ono najvažnije. Ne može se npr. shvatiti, zašto milijuni ljudi tijekom godina moraju učiti dva ili tri strana jezika, koje će moći iskoristiti samo u vrlo malom dijelu, dok će veći dio i tako i tako zaboraviti, jer od stotinu tisuća učenika, koji na primjer uče francuski, jedva da će dvije tisuće, ova znanja kasnije moći i ozbiljno upotrijebiti, dok 98 tisuća u cijelom svom daljem životu neće više ni doći u situaciju da jednom naučeno i praktično primijene. Tako su oni u svojoj mladosti posvetili tisuće i tisuće sati jednoj stvari, koja kasnije za njih nema nikakvu vrijednost ni značenje. Ni prigovor da ova grada pripada općoj izobrazbi također nije točan, jer se to može kasnije zastupati samo kad bi ljudi time mogli raspolagati kroz čitav život. Zato zbog samo dvije tisuće ljudi, kojima će znanje jezika biti korisno, mora biti mučeno i žrtvovano vrijeme devedeset i osam tisuća ljudi.

U ovom slučaju radi se o jeziku, za koji se ne može reći da služi školovanju oštrog logičkog mišljenja, kao što je to, recimo, slučaj s latinskim. Bilo bi puno svrhovitije, kada bi mladom studentu jedan takav jezik bio predavan samo u općim okvirima ili bolje rečeno u njegovom unutarnjem planu, dakle znanjem o istaknutim osobama ovog jezika, možda uvođenjem u osnove njegove gramatike i izgovora, tvorbe rečenica itd. i objašnjenjima na oglednim primjerima. To bi bilo dovoljno za opću potrebu jer bi bilo i preglednije i upamćeno, a time i vrjednije nego današnje bubanje cijelog jezika koji se doista ne može svladati, a kasnije će ga i tako opet zaboraviti. Kako bi mladi čovjek mogao dobiti ono znanje koje je vrijedno pamćenja, trebao bi razlučiti vrijedno od nevrijednog, čime bi bila spriječena opasnost da od obilja prekomjernog gradiva slučajno ostanu u pamćenju samo pojedini nepovezani djelići.

Tako prenesene zajedničke osnove, morale bi većini biti dovoljne i za njihov daljnji život, dok bi onima drugima koji će ovaj jezik kasnije doista trebati, dale mogućnost da na njemu dalje grade i da se slobodnim izborom posvete naučenom.

Na taj bi način u nastavnom planu bilo dobiveno potrebno vrijeme za tjelesno čeličenje, kao i za zahtjeve na prethodno spomenutim područjima.

Osobito se moraju poduzeti mjere za promjenu dosadašnje nastavne metode u nastavi povijesti. Jedva da bi ijedan narod smio više naučiti iz povijesti nego njemački, ali teško da će se naći narod, koji će to znanje lošije primjenjivati od našeg. Ako je politika buduća povijest, tada naš povijesni odgoj treba biti usmjeren prema našem političkom priznanju. Ni ovdje ne treba gunđati o bijednim rezultatima naših političkih učinaka, ako čovjek nije odlučan brinuti se o boljem političkom odgoju. Rezultat naše današnje nastave povijesti je otužan u devedeset i devet posto slučajeva. Sve što preostaje su poneki datumi, datumi rođenja, i imena, dok potpuno izostaje jasno određen smjer. Sve što je bitno, o čemu se uostalom i radi, uopće se ne poučava, nego je prepušteno manje više genijalnoj sposobnosti pojedinca, da iz bujice datuma i redoslijeda događaja sam otkriva unutarnje pobude za rad. Protiv ovog se gorkog zaključka može opirati koliko se hoće, ali ako se o političkim problemima, recimo o vanjsko - političkim pitanjima tijekom jednog jedinog periodičnog zasjedanja naše parlamentarne gospode, pažljivo sluša govornika, čovjek će pri tome pomisliti kako se ovdje - barem se tako čini - radi o eliti njemačke nacije, i da je svakako jedan veliki dio ovih ljudi žuljao klupe naših srednjih škola, djelomično bio čak i u visokim školama, pa se iz svega toga može tako dobro vidjeti, kako je bilo potpuno nedovoljno povijesno obrazovanje ovih ljudi. Da čak i nisu studirali povijest, već samo posjedovali zdrav instinkt, bilo bi to bitno bolje, a za naciju od mnogo veće koristi.

Upravo se u nastavi povijesti mora skratiti opseg gradiva. Glavna je vrijednost prepoznavanje velikih razvojnih pravaca. I što je nastava na to više ograničena, utoliko je veća nada, da će pojedinci od svoga znanja imati veću korist, koja će se zbrojiti i za dobro svih. Jer se povijest ne uči da bi se znalo što je bilo, nego zbog toga, da bi se u njoj našlo učiteljicu za budućnost i za održanje daljeg opstanka vlastitog narodnog bića. To je *svrha*, a nastava povijesti je samo *sredstvo* za to. Ali, danas je ovdje i sredstvo postalo svrhom, a svrha je potpuno isključena. Ne kaže se da temeljiti povijesni studij koji se bavi ovim pojedinačnim podacima čak traži, da se, eto, samo iz njega mogu utvrditi osnovni pravci. Ovo utvrđivanje je zadatak stručne znanosti. Ali normalan, prosječan čovjek nije profesor povijesti. Za njega je povijest u prvom redu zato tu, da bi mu u nekoj mjeri pružila uvid koji je neophodan za njegovo vlastito stajalište o političkim događajima vlastitog naroda. Tko želi postati profesor povijesti, mora se kasnije tome studiju najtemeljitije posvetiti. Samo se po sebi razumije, da se tada mora posvetiti svima, čak i najsitnijim detaljima. Tome naša današnja nastava ne zadovoljava, jer je ona za normalne prosječne ljude preobuhvatna, a za stručno obrazovane je previše ograničena.

Uostalom, zadatak narodne države je i jest voditi brigu o tome, da konačno bude napisana svjetska povijest u kojoj bi rasno pitanje bilo uzdignuto na glavno mjesto.

*

Ukratko: Narodna država će općeznanstvenu nastavu svesti na skraćeni, ali sveobuhvatni oblik. Iz toga proizlazi mogućnost ponude najtemeljitijeg stručno - znanstvenog obrazovanja. Bit će dovoljno da pojedinac u općim crtama stekne postojeće znanje kao osnovu, a samo na području koje će mu odrediti kasniji život prepustit će se najtemeljitijem stručnom i pojedinačnom obrazovanju. Opće obrazovanje bi pri tome moralo u svim strukama biti obvezno, dok bi poseban izbor ostao prepušten pojedincu.

Ovako postignuto skraćenje nastavnog plana i broja nastavnih sati, dobro bi došlo obrazovanju tijela, karaktera, voljne snage i snage odlučnosti.

Koliko je nevažna naša današnja školska nastava, posebno u srednjim školama za kasnije zvanje u životu, najbolje će dokazati činjenica, da danas na iste položaje dospijevaju ljudi iz tri sasvim različito usmjerenih škola. Odlučujuće je stvarno samo opće obrazovanje, a nikako utuvljeno specijalno znanje. A tamo gdje je, kao što je već rečeno, stvarno neophodno specijalno znanje, to, unutar nastavnog plana naših današnjih srednjih škola, samo se po sebi razumije, nije moguće steći.

Takvim polovičnostima narodna država mora jednom stati na kraj.

Druga promjena znanstvenog nastavnog plana u narodnoj državi mora biti sljedeća:

U smislu je današnjeg materijaliziranog vremena, da se znanstveno obrazovanje sve više okreće samo realnim predmetima, dakle matematici, fizici, kemiji itd. Kako god da je to nekom vremenu u kojem vladaju tehnika i kemija, a njihova najvidljivija značenja su predstavljena u svakodnevnom životu, potrebno, isto je toliko i opasno, ako se opće obrazovanje nacije temelji isključivo na njima. Ono, baš naprotiv, stalno mora biti idealno. Ono treba više odgovarati humanističkim predmetima i nuditi samo osnove za kasnije stručno - znanstveno dalje obrazovanje. Inače se čovjek odriče snaga, koje su za održanje nacije još uvijek važnije nego sve tehničko i ostalo znanje. Posebno se u nastavi povijesti ne smije dozvoliti udaljavanje od studija antike. Rimska povijest, točno obuhvaćena u jako općim crtama, jest i ostaje najbolja poučavateljica, ne samo za danas, nego sigurno za sva vremena. Također moramo održati i helenistički kulturni ideal s njegovom uzornom ljepotom. Ne smije se ni dopustiti da se zbog različitosti pojedinih naroda dopusti raskidanje veće rasne zajednice. Borba koja danas bjesni tiče se jako velikih ciljeva: kultura se bori za svoj opstanak, i tisućljećima u sebi zajedno spaja i obuhvaća i helenizam i germanizam.

Treba uspostaviti oštriju razliku između općeg i posebnog stručnog obrazovanja. Ovo posljednje, upravo danas sve više prijeti da potone u službu čistog boga Novca. Opće obrazovanje mora, bar kao protuteža, zadržati svoj više idealni položaj. I ovdje se mora ustrajno utvljivati načelo, *da industrija i tehnika, trgovina i obrt, mogu cvjetati tako dugo, dok idealistički obdarena narodna zajednica nudi nužno potrebne pretpostavke. Ali se one ne nalaze u materijalnom egoizmu, već u voljnom odricanju spremnom za žrtvovanje.*

Današnje obrazovanje mladeži ima uglavnom prvi cilj upumpavanje znanja mladim ljudima koja će im u kasnijem životu pomoći da se sami brinu o svom napretku. To se ističe ovako: "Mladić mora prije svega, postati koristan član ljudskog društva". A pod tim se podrazumijeva njegova sposobnost da jednoga dana pošteno zarađuje svoj kruh svagdašnji. Površno građansko obrazovanje, koje uz to ide, stoji već od samoga početka na klimavim nogama. Budući da država po sebi predstavlja samo oblik, vrlo je teško na tome odgojiti ili čak obvezati mlade ljude. Oblik se može vrlo lako raspasti. Ali, danas pojam "država" - kako smo vidjeli - nema jasan sadržaj. Tako nam ne preostaje drugo, nego uobičajeni "patriotski" odgoj. U staroj je Njemačkoj njegovo glavno uporište bilo u jednom često ne baš pametnom, ali većinom vrlo dosadnom obožavanju malenih i najmanjih silnika, čija se gomila od samog početka prisiljavala na odricanje stvarnih veličina našega naroda. Rezultat toga u našim širokim masama bio je jako slabo poznavanje njemačke povijesti. I ovdje su nedostajale opće smjernice.

Da se na takav način nije moglo stvoriti nacionalno oduševljenje, jasno je kao na dlanu. Našem je odgoju nedostajala umjetnost, da iz povijesnog postanka našeg naroda uzdigne nekoliko imena i proglasi ih zajedničkim dobrom cijele njemačke nacije, i sa istim znanjem i istim oduševljenjem ih obavije slavom. Nije bilo razumijevanja da se doista najznačajnije ljude našeg naroda u očima sadašnjice prikaže kao veličanstvene heroje, da se na njih usmjeri opća pozornost, i time postigne jedinstveno raspoloženje. Iz različitog nastavnog gradiva nije se htjelo iznad razine stvarnog značenja uzdići ono nacionalno najslavnije i tako slavnim primjerima rasplamsati narodni ponos. To bi se u ono vrijeme moglo činiti zlim šovinizmom, koji je u takvom obliku bio manje obljubljen. Čestiti dinastički patriotizam činio se ugodnijim i lakše izdržljivijim nego zapjenjena uzbudljiva strast najvišeg nacionalnog ponosa. Njoj se je uvijek bilo spremno služiti, i ona je jednog dana mogla postati gospodaricom. Monarhistički patriotizam završio je u klubovima veterana; nacionalnu strast bi bilo teško usmjeriti njenim putovima. Ona je kao plemeniti konj koji ne nosi svakoga u svome sedlu. Nije nikakvo čudo da se od te opasnosti radije uzdržalo! Da bi jednoga dana moglo doći do rata, koji bi u plamenu bubnjeva i zagušljivih plinova, mogao poduzeti temeljiti ispit unutarnje opstojnosti stranačkog mišljenja, nitko nije držao mogućim. No, kad je on ipak bio tu, osvetio se nedostatak najviše nacionalne strasti na najstrašniji način. Ljudi su jako malo bili oduševljeni umrijeti za svoju carsko - kraljevsku gospodu, a "nacija" je većini bila nepoznata.

Od kada je revolucija ušla u Njemačku, a monarhistički patriotizam bio ugašen, svrha nastave povijesti je stvarno bila još samo obična sklonost znanju. Ovoj državi nije trebalo nacionalno oduševljenje, a ono što je ona jako željela, nikada neće dobiti. Bilo je malo ono što je dinastički patriotizam zadnjom obrambenom sposobnošću mogao dati u jednom stoljeću da zavlada nacionalni princip, a još manje republikansko oduševljenje za stvaranjem republike: Ipak, iz toga ne treba ni najmanje posumnjati, da bi njemački narod pod geslom: "Za Republiku!", ostao na bojištu još četiri i pol godine: Najmanje bi ostali baš oni, koji su stvorili ovo čudovište.

Stvarno, ova republika svoje neostriženo postojanje zahvaljuje samo svestrano osiguranom spremnošću dragovoljnog preuzimanja svakog danka, i potpisu svakog odricanja od tla. U ostalom, ona je ostala svijetu simpatična; kao što će svaki slabić biti ugodniji i miliji onima koji ga trebaju, nego neki koščati muškarac. Dabome, da se uovoj naklonosti neprijatelja premabašovakvomdržavnom obliku skriva i najništavnija kritika tih oblika. Njemačku se Republiku voli i pušta da živi, jer se boljeg saveznika za izrabljivanje našeg naroda nije moglo naći. Samo ovoj činjenici zahvaljuje ova veličanstvena tvorevina svoje današnje postojanje. Stoga se ona i može odreći svakog stvarnog nacionalnog odgoja i zadovoljiti se s uzvikom "Živio!" stjegonoša carske zastave, koji bi, uostalom, kada bi ovaj stijeg trebalo zaštititi svojom krvlju, pobjegli kao zečevi.

Narodna država će se morati boriti za svoj opstanak. Ona se Dawesovim potpisima neće moći ni održati, niti će moći braniti svoje postojanje. Za svoje postojanje i za svoju zaštitu, trebat će baš ono, čega se sada, kako se vjeruje, spremno odriče. Sto su oblik i sadržaj neusporediviji i vredniji, to su također veći i zavist i otpor protivnika. Najbolju zaštitu tada neće pružiti njeno oružje, nego njeni građani; neće je štititi nasipi oko tvrđava, nego živi zidovi muškaraca i žena ispunjenih najuzvišenijom domovinskom ljubavlju i fanatičnim nacionalnim oduševljenjem.

Kao treće, što se kod znanstvenog odgoja mora uzeti u obzir je:

Narodna država nalazi i u znanosti pomoćno sredstvo za podizanje nacionalnog ponosa. Ne samo svjetska povijest, nego i ukupna kulturna povijest mora biti poučavana s tog stajališta. Pronalazač se ne smije pojaviti velikim samo kao veliki pronalazač, nego se mora poja viti još veći, kao sunarodnjak. Divljenje svakom velikom djelu mora biti pretočeno u ponos na sretnog izvršitelja samog, kao pripadnika vlastitog naroda. Iz mnoštva svih velikih imena njemačke povijesti treba izdvojiti najznačajnija i prikazati ih mladeži na tako uvjerljiv način, kako bi i oni postali potporni stupovi jednog nepokolebljivog nacionalnog osjećaja.

S ovog stajališta, nastavno je gradivo planski izgrađeno, planski je oblikovan i odgoj, kako mladi čovjek nakon završetka školovanja ne bi postao polovičan pacifist, demokrat ili bilo što drugo, nego *potpuni Nijemac*.

Da bi ovaj nacionalni osjećaj od samog početka bio pravi, a ne samo kao prazan privid, treba već u ranoj mladosti, u još obrazovno - sposobne glave ukovati željezni princip: *Tko voli svoj narod, dokazuje svoju ljubav jedino žrtvovanjem, na koje je u svakom trenutku spreman. Nacionalni osjećaj, koji se temelji samo na dobitku - ne postoji. Nacionalizam, koji obuhvaća samo klase, postoji isto toliko malo. Uzvik: "Hura!" ne potvrđuje ništa i nema pravo nazivati se nacionalnim, ako iza njega ne stoji velika, draga briga za održanjem zajedničkog, zdravog narodnog tijela. Razlog za ponos na svoj narod postoji tek tada, kada se on više ne mora stidjeti svoga položaja. Ali narod čija je jedna polovina bijedna i žalosna ili čak propala, odaje tako ružnu sliku, da na nju nitko ne može biti ponosan. Tek tada, kada je narodno biće, sa svim svojim članovima, tjelesno i duhovno zdravo, može se osjetiti radost njegovog pripadnosti, i punim pravom gajiti uzvišeni osjećaj koji mi nazivamo nacionalnim ponosom. Ovaj uzvišeni ponos, osjetit će samo onaj koji poznaje veličinu svog narodnog obilježja.*

Unutarnji spoj nacionalizma i osjećaja socijalne pravde, treba usaditi u još mlada srca. Tako će jednom nastati narod državljana, koji će biti međusobno povezani i skovani zajedničkom ljubavlju i ponosom, nepokolebljivi i nepobjedivi zauvijek.

Strah našeg vremena od šovinizma je znak njegove impotencije. Kako joj nedostaje, ne samo uzavrela snaga nego se ona čak čini neugodnom, nemoguće je od nje više predvidjeti i očekivati neko veliko djelo Sudbine. Najveći preokreti na ovoj Zemlji ne bi bili zamislivi, kada bi umjesto fanatičnih, da, histeričnih strasti, njihove pogonske snage bile građanske krijeposti: mir i red.

Ali je sigurno, da ovaj svijet ide ususret jednom velikom preokretu. I može postojati samo jedno pitanje: Hoće li on pridonijeti spasu arijskog čovječanstva ili koristiti vječnom Židovstvu.

Narodna država će stoga morati voditi brigu o odgovarajućem odgoju mladeži, da bi kod zadnjih i najvećih odluka na ovoj kugli zemaljskoj održala zreli naraštaj.

Pobijedit će narod koji prvi zakorači na ovaj put.

*

Svekoliki obrazovno - odgojni rad narodne države mora naći krunu uspjeha u tome, da rasni smisao i rasni osjećaj, instinktivno i savjesno usadi u srce i mozak povjerene mu mladeži. Ni jedan dječak ili djevojčica ne smiju napustiti školu bez konačne spoznaje o nužnosti i važnosti čistoće krvi. Time će biti stvoren preduvjet za održanje rasnih temelja našeg narodnog obilježja, a njime i sigurnost preduvjeta za kasniji kulturni razvitak. Jer bi cjelokupno tjelesno i duhovno obrazovanje, u krajnjem, ipak ostalo bezvrijedno, kad ne bi dobro došlo biću, koje je u osnovi spremno i odlučno, održati sebe i vlastitu vrstu.

U drugom bi se slučaju dogodilo ono, na što se mi Nijemci već sada moramo naveliko optuživati, iako opseg ove velike tragedije do sada možda i nije sasvim shvaćen: *da ćemo i ubuduće ostati samo kulturno gnojivo, ne samo u smislu ograničenog shvaćanja današnjeg građanskog nazora koji u pojedinom izgubljenom sunarodnjaku vidi samo izgubljenog sunarodnjaka, nego u smislu najbolnije spoznaje, da je tada, unatoč svom našem znanju i htijenju, našoj krvi ipak namijenjeno sniženje vrijednosti. Time što se mi stalno parimo s drugim rasama, podižemo ih s njihove dosadašnje razine na viši stupanj od prethodnog, a naš vlastiti, zauvijek spuštamo s ove visine.*

Uostalom, ovaj odgoj, mora sa rasnog stajališta dobiti svoje konačno ispunjenje u vojnoj službi, kao što uostalom vrijeme služenja vojske i treba biti završetak normalnog odgoja prosječnog Nijemca.

Kao što će u narodnoj državi veliki značaj imati način tjelesnog i duhovnog odgoja, isto tako će biti važan i ljudski odabir po sebi, za njega samoga. Danas se to čini lakim. Općenito uzevši, to su djeca bolje stojećih, trenutno dobro situiranih roditelja, za koju su oni izabrali više obrazovanje držeći ga časnim. Pitanja nadarenosti pri tome imaju drugorazrednu ulogu. Konačno, nadarenost po sebi, može uvijek imati samo relativnu vrijednost. Jedan seljački sin može biti daleko nadareniji od djeteta roditelja iz obitelji koja generacijama uživa visoki životni standard, iako općim znanjem zaostaje za građanskim djetetom.

Njegovo veće znanje nema po sebi nikakve veze s većom ili manjom nadarenošću, nego s njegovom ukorijenjenošću u znatno većem opsegu utisaka koje dijete slijedeći svoj mnogostrani odgoj i bogatu životnu okolinu neprekidno prima. Kada bi talentirani seljački dječak rastao od malena u istoj takvoj okolini, njegova bi duhovna radna sposobnost bila sasvim drugačija. Danas možda postoji jedno jedino područje na kojem manje odlučuje podrijetlo, a mnogo više vlastita urođena nadarenost: područje umjetnosti.

Ovdje, gdje čovjek ne mora samo "učiti", nego je već sve izvorno urođeno, a kasnije podliježe manje više povoljnom razvoju u smislu mudrog njegovanja i unapređivanja postojeće sklonosti, novac i dobra roditelja skoro da i nisu bitni: time se najbolje potvrđuje da genijalnost nije vezana ni s višim slojevima niti s bogatstvom. Najveći umjetnici nerijetko potječu iz siromašnijih obitelji. I poneki mali seljačić kasnije postane mnogostrani majstor.

Nekorištenje ovih saznanja u duhovnom životu, ne bi se baš moglo nazvati dubokom mudrošću vremena. Misli se, da ono što se ne može poreći u umjetnosti, ne pogađa takozvane realne znanosti. Bez sumnje, određene se mehaničke sposobnosti mogu ljudima dati odgojem, kao što se spretnom dresurom neku bistru pudlicu, može naučiti najnevjerojatnijoj vještini.

Isto tako kao što pri dresiranju životinje, ka uspjehu vježbi ne vodi razum životinje sam po sebi, tako je i kod ljudi. Bez obzira na neku drugu nadarenost i ljudi se mogu poučiti određenim znanstvenim vještinama, ali proces tada ostaje jednako beživotan, iznutra bezdušan, kao kod životinje. Ustrajanim duhovnim drilom moguće je nekom prosječnom čovjeku utuviti u glavu čak i nadprosječna znanja; samo što to ostaje mrtvo i na kraju neplodno znanje. Ono daje čovjeka, koji je živi leksikom, ali će unatoč tome, u svim posebnim situacijama i odlučujućim životnim trenutcima, bijedno zakazati; on će i za najskromnije zahtjeve, prvo morati biti uvježban, što dalje znači, da neće biti u stanju dati ni najmanji doprinos daljem obrazovanju čovječanstva. Jedno takvo mehanički uvježbano biće, može u najboljem slučaju biti sposobno za preuzimanje današnjih državnih službi.

Razumljivo je da će se u ukupnom broju stanovništva nacije naći talenti za sva moguća područja svakodnevnog života. Isto je tako razumljivo, da će vrijednost znanja biti veća, što će mrtvo znanje više biti poticano odgovarajućim talentom pojedinca. *Stvaralački učinci mogu nastati samo tada, ako znanje i sposobnost tvore skladan brak.*

Kako čovječanstvo u ovom smjeru bezgranično griješi, pokazuje i ovaj primjer: S vremena na vrijeme, pojavljuje se u ilustriranim časopisima namijenjenim zavođenju očiju njemačkih malograđana, vijest da je tu i tamo, po prvi puta, neki Crnac, postao odvjetnik, učitelj, čak i svećenik, da, i junački tenor, ili nešto slično. Dok priglupo građanstvo takvu čudovišnu dresuru iznenađeno prima na znanje, s puno poštovanja prema tako čarobnom rezultatu današnje odgojne umjetnosti, dotle Židov, vrlo lukavo iz toga izvlači novi dokaz o istinitosti njegove, narodu utuvljene, iskonstruirane teorije o *jednakosti ljudi*. Ovom propalom građanskom svijetu ne sviće, da se ovdje radi o grijehu prema svakom razumu; da je zločinačko bezumlje, rođenog polumajmuna, dresirati tako dugo, dok se ne povjeruje, da će se od njega načiniti advokata, a za to vrijeme, milijunima pripanika najviše kulturne rase preostaju nečasne pozicije; daje grijeh prema volji vječnog stvaratelja, da se stotine i stotine tisuća njegovih najdarovitijih bića pušta propadati u proleterskom blatu, dok se Hottentotte i ostale Zulukafere dresira za duhovna zanimanja. Ovdje se doista radi o dresuri, isto kao kod pudlice, a ne o nekom znanstvenom "obrazovanju". Ulaganjem jednakog napora i skrbi kod inteligentnijih rasa, osposobili bi svakog pojedinca i tisuću puta brže uz iste učinke.

Kako god ovo stanje bilo neizdrživo iako se pri tome radi, više nego o izuzetcima, pogotovo je neizdrživo stanje, koje ne dopušta da talent i nadarenost dobiju mogućnost višeg obrazovanja. Svakako, da je neizdrživa pomisao da su stotine tisuća netalentiranih ljudi svake godine počašćene vrsnim obrazovanjem, dok drugih sto tisuća, najnadarenijih ostaje bez svakog višeg obrazovanja. Gubitak koji time trpi nacija je neprocjenjiv. To što je posljednjih desetljeća bogatstvo značajnih pronalazaka, posebno u Sjevernoj Americi izvanredno poraslo, svakako nije samo zbog toga, što tamo veći broj talenata iz najnižih slojeva dobiva veću mogućnost višeg obrazovanja, kao što je to slučaj u Europi.

Za pronalaske nije dostatno utuvljeno znanje, nego ono što je nadahnuto talentom. Tome se u nas, međutim, ne pridaje vrijednost; dovoljna je dobra ocjena. Ona čini sve.

I ovdje će narodna država morati umiješati svoje prste. Njoj nije zadaća jamčiti utjecaj nekoj postojećoj društvenoj klasi, već joj je zadaća, da izmasesvih sunarodnjaka izdvoji sposobnije glave i privede ih službi i časti. Ona nije samo obvezna prosječnom djetetu u narodnoj školi dati određeni odgoj, nego joj je i dužnost osloboditi talentu put koji mu pripada. Ona prije svega kao svoju najvažniju zadaću mora razmotriti i otvoriti vrata viših državnih učilišta svakom talentiranom, potpuno je svejedno iz kojih krugova potiče. Ona mora ispuniti ovu zadaću, jer samo tako, iz skupa reprezentanata mrtvog znanja, može izrasti genijalno nacionalno vodstvo.

Ali, narodna država i iz jednog drugog razloga mora voditi brigu u tom smjeru, da naši duhovni slojevi koji su, posebno u Njemačkoj, u sebi okamenjeni i zatvoreni u sebe, i nedostaje im životna povezanost s donjim slojevima. To se dvostruko osvećuje: prvo, jer im nedostaju razumijevanje i osjećaj za široke mase. Oni su već predugo otrgnuti od ove povezanosti, da bi još mogli posjedovati nužno razumijevanje naroda. Postali su otuđeni od naroda. I drugo, tim gornjim slojevima nedostaje i psihološki potrebna voljna snaga. Jer, ona je, začahurena u krugovima inteligencije, uvijek slabija, nego u masi primitivnog naroda. Nama Nijemcima, istiniti Bože, nikada nije nedostajalo znanstvenog obrazovanja, već puno više obrazovanja snage volje i odlučnosti. Što su "produhovljeniji" bili npr. naši državnici, tim slabiji je bio njihov stvarni uspjeh. Ne samo političke pripreme, nego i tehnička opremljenost za svjetski rat nisu bile nedovoljne, što su recimo našim narodom upravljale *manje obrazovane* glave, nego upravo zato što su upravljači bili *preobrazovani* ljudi, pretrpani znanjem i duhom, ali bez ikakvog zdravog instinkta, lišeni svake energije i smjelosti. Bio je to zao udes, da se naš narod pod vladavinom carskih filozofirajućih slabića, morao izboriti za svoje postojanje. Da smo na mjestu jednog Bethmann Hollwega za vodu imali nekog robusnog čovjeka, ne bi uzalud tekla junačka krv običnih grenadira. Jednako je tako bio pretjeran i čisti duhovni visoki odgoj našeg materijala za vođe, najboljeg saveznika revolucionarnih propalica iz studenog. Ova je duhovnost povjereno joj nacionalno dobro na najsramotniji način zadržala za sebe, umjesto da ga je cjelokupno i potpuno stavila u pogon i tako pridonijela kao pretpostavku pobjede ovih drugih.

Ovdje nam kao ogledni poučni primjer može poslužiti katolička crkva. U zabrani braka njezinih svećenika, utemeljena je nužna potreba, da se svećenički pomladak umjesto iz vlastitih redova, stalno mora uzimati iz širokih narodnih masa. Upravo ovo značenje celibata nisu uočili mnogi. On je i razlog nevjerojatno krepke snage, koja se nalazi u ovoj prastaroj instituciji. Time što se ova ogromna vojska duhovnih nosilaca časti, neprekidno nadopunjava iz najnižih narodnih slojeva, održava crkva ne samo instinktivnu vezu s osjećajnim svijetom narodnog bića, nego si osigurava i veliku količinu energije i snage djelovanja, koja će u ovom obliku vječno postojati samo u širokim narodnim masama. Otuda potječe zadivljujuća mladost, duhovna prilagodljivost i čelična snaga volje ovog divovskog organizma.

Zadaća narodne države je vođenja brige da se unutar nastavnog procesa uvede trajno obnavljanje postojećih duhovnih slojeva, dovođenjem svježe krvi odozdo. Država, ima dužnost da s najvećom pozornošću i točnošću iz ukupnog broja sunarodnjaka, prosije vidno sposoban ljudski potencijal i upotrijebi ga za službu zajedništva. Država i državnici nisu tu samo zato, da pojedinim klasama priskrbe skrovište, nego da zadovolje i njihove pripadajuće im zadaće. To će biti moguće, samo ako se za njihove obnašatelje odgoje samo sposobne i voljno snažne ličnosti. Ovo ne važi samo za sva činovnička mjesta, nego i za duhovno vodstvo nacije uopće na svim područjima. I u tome se sastoji čimbenik veličine jednog naroda, da mu uspije obrazovati najsposobnije glave i to za područja kojima su skloni, te ih staviti u službu narodne zajednice. Kada dva naroda, koja su po sebi jednako dobro nadarena, međusobno konkuriraju, pobjedu će odnijeti onaj kojeg u svom ukupnom duhovnom vodstvu zastupaju najbolji talenti, a bit će podčinjen onaj, čije su vodstvo samo jedne velike zajedničke jasle određenih položaja ili klasa, bez obzira na urođene sposobnosti pojedinih njegovih obnašatelja.

Naravno da se to u našem današnjem svijetu čini nemogućim. Odmah će se predbaciti, da se od sinčića, na primjer, jednog višeg državnog činovnika, ipak ne bi smjelo zahtijevati, recimo, da postane obrtnik, jer se bilo koji drugi, čiji su roditelji bili obrtnici, čine za to sposobnijima. Možda je to s obzirom na današnje vrednovanje fizičkog rada i točno. Zbog toga će i narodna država jednom morati doći do principijelno drugačijeg stava prema pojmu *rad. Morat će čak, ako bude neophodno, i stogodišnjim odgojem, prekinuti s glupošću zanemarivanja tjelesnog rada.* Ona u osnovi ni jednog čovjeka neće vrednovati po vrsti njihovog rada, nego po izgledu i kakvoći njegovog učinka. To se može činiti strašnim onima, koji više cijene kolone pisara bez duha samo zbog toga što oni rade s perom, nego najinteligentnijeg preciznog mehaničara. Ova kriva procjena, kao što je rečeno, nije u prirodi stvari, nego je stečena umjetnim odgojem i ranije nije postojala. Sadašnje neprirodno stanje počiva svakako na opće bolesnom izgledu našeg prematerijaliziranog vremena.

Načelno je vrijednost svakoga rada dvostruka: *jednaječistomaterijalna, adrugaidealna.* Materijalna vrijednost se sastoji u značaju i to na materijalnom značaju rada za život zajedništva. Što sunarodnjaci izvlače više koristi iz određenog učinka, neposredno i posredno, to je materijalna vrijednost bolje procijenjena. Ova procjena nalazi svoj plastični izraz u materijalnoj nagradi koju pojedinac prima za svoj rad. Nasuprot ovoj čisto materijalnoj vrijednosti, stoji idealna. Ona se ne zasniva na materijalnom značenju izmjerene vrijednosti izvršenog rada, nego na njegovoj nužnosti po sebi. Sigurno je da materijalna korist jednog otkrića može biti veća, nego jedne podređene pomoćne službe, ali je isto tako sigurno, da je ukupna cjelina ovisna i o ovoj maloj službi isto kao o svakoj većoj. Može se naći razlika u vrednovanju koristi pojedinog rada u sveukupnoj cjelini, a može mu se kroz određenu naknadu dati i značenje; ali ona mora utvrditi realnu jednakost svega u ovom trenutku, u kojem se svaki pojedinac trudi na svom području - koje god ono bilo - i daje od sebe sve najbolje. Na tome se treba temeljiti vrednovanje čovjeka, a ne na naknadi.

Kako se u razumnoj državi mora voditi briga o tome da se svakom pojedincu odredi ona djelatnost koja odgovara njegovoj sposobnosti, ili drugačije rečeno, sposobne glave obrazovati za one poslove koji im leže, a da ove sposobnosti ne smiju biti stečene odgojem, nego moraju biti urođene, kao dar prirode, a ne zasluga čovjeka, pa se tako opće građansko vrednovanje ne može ravnati prema, na neki način, izvršenom poslu. Jer ovaj posao pada na račun njegovog rođenja kao i time potaknutog obrazovanja koje je primio od naroda. Vrednovanje ljudi mora biti zasnovano na način na koji mu je narod povjerio zadaću. Djelatnost koju pojedinac obavlja nije svrha njegovog postojanja, nego samo sredstvo. Štoviše, on se kao čovjek za to treba i dalje obrazovati i oplemenjivati, ali se to može samo u okviru njegove kulturne sredine, koja uvijek mora počivati na temeljima države. Za održavanje ovog temelja i on mora dati svoj prilog. Oblik ovog priloga određuje priroda; od njega zavisi samo da marljivošću i poštenjem vrati narodnoj zajednici ono što mu je ona sama dala. Tko ovako radi, zaslužuje najviše priznanje i najviše poštovanje. *Materijalna nagrada može biti odobrena čim čiji učinak zajednici donese određenu korist, idealna se mora sastojati u procjeni vrijednosti koju svatko može zatražiti, ako snagu koju mu je dala priroda, a narodna zajednica omogućila obrazovanje, posvećuje službi svog narodnog bića.* Tada više nije sramota biti čestiti obrtnik, ali je sramota, kao nesposoban činovnik, dragom Bogu krasti dane, a dobrom narodu kruh. Tada je samo po sebi razumljivo da se takvom čovjeku ne mogu dodijeliti dužnosti, kojima od samog početka nije dorastao.

Uostalom, takva djelatnost pruža i jedino mjerilo pravde kod općih jednakih pravnih građanskih zanimanja.

Današnje vrijeme se samo razgrađuje: Ono uvodi opće biračko pravo, brblja o jednakim pravima, a za isto ne nalazi obrazloženje. Ono u materijalnoj nagradi vidi izraz ljudske vrijednosti i razbija si podlogu najplemenitije jednakosti koju uopće može dati. Ali jednakost ne počiva i nikada neće počivati na učincima pojedinaca po sebi, već je ona moguća u obliku, u kojem svatko ispunjava svoje posebne obveze. Samo će time pri procjeni ljudi slučajnost prirode biti isključena, a svaki će pojedinac biti kovač svoje sreće.

Danas, kada se čitave grupe ljudi međusobno cijene još samo prema platnom razredu, nema se za to - kako je već rečeno - nikakvo razumijevanje. To posebno nama ne smije biti razlog da se odreknemo zastupanja našeg mišljenja. Baš nasuprot: *tko želi liječiti ovo iznutra bolesno i trulo vrijeme, mora najprije skupiti hrabrost i objasniti razloge ove nevolje. To treba biti briga nacionalsocijalističkog pokreta, daleko od svega malograđanstva, iz našeg narodnog bića, skupiti i postrojiti one snage koje će biti osposob- ljene za prvoborce novog svjetonazora.*

Svakako, bit će prigovora, da će se općenita idealna procjena teško moći odvojiti od materijalne, da, da će potonula vrijednost fizičkog rada prouzročiti umanjene naknade. Sama ova umanjena naknada je opet razlogom ograničenja sudjelovanja pojedinih ljudi u kulturnim dobrima svoje nacije. Time će se upravo nauditi idealnoj kulturi čovjeka, koji u toj djelatnosti po sebi, nema potrebe što raditi. Strah od tjelesnog rada trebao je biti utemeljen upravo u tome, daje uslijed lošijih naknada kulturna razina fizičkih radnika potisnuta, a time opravdana i njena općenito niska procjena.

U tome ima jako puno istine. Upravo će se zbog toga ubuduće morati štititi od prevelike razlike novčanih naknada. Ne misli se da bi time izostao učinak. To bi bio najtužniji znak propasti jednog vremena, kad bi se radni elan sastojao samo u višem dohotku. Da je ovo gledište do sada važilo na ovom svijetu, čovječanstvo nikada ne bi dobilo svoja najveća znanstvena i kulturna dobra. Jer najveći pronalasci, najveća otkrića, znanstveni radovi, koji su preokrenuli sliku svijeta, predivni spomenici ljudske kulture, nisu dati svijetu zbog poriva za novcem. Naprotiv, njihovo rađanje nerijetko je značilo odricanje od sreće zemaljskog bogatstva.

Moguće je da je zlato danas postalo isključivi vladar života, ipak, jednom će se čovjek ponovno klanjati višim bogovima. Mnogo toga danas može svoje postojanje zahvaliti samo žudnji za novcem i imanjem, ali je sigurno malo istine u tome, da je njihovo neposjedovanje ljude učinilo siromašnijima.

I to je zadaća našega pokreta, da već danas za neko vrijeme objavi, da će svakom pojedincu biti dato ono što mu je potrebno za život, ali da se pri tom visoko cijeni načelo da čovjek ne živi isključivo za volju materijalnog zadovoljstva. To na neki način treba svoj odraz nalaziti u obliku ograničenog stupnja zarade, koji i zadnjem zaposlenom u svakom slučaju omogućava istinski čestito postojanje kao sunarodnjaka i čovjeka.

Ne bi trebalo reći, da bi to bilo idealno stanje koje ovaj svijet praktično ne bi podnio i stvarno nikada neće dosegnuti.

Ni mi nismo tako ograničeni da vjerujemo, da bi stoljeće ikada moglo proći bez pogrešaka. Samo to ne oslobađa od obveza suzbijanja uočenih pogrešaka i prevladavanja slabosti u težnji ka idealnom. Opora stvarnost će sama od sebe stvarati prevelika ogra- ničenja. Upravo zato čovjek mora pokušati služiti konačnom cilju, a promašaji ga nipošto ne smiju odvratiti od njegove namjere i odricanja prava, samo zato jer su mu se potkrale pogreške, kao što rijetko tko odbacuje lijekove samo zato, jer će ionako bolesti uvijek postojati.

Čovjek se mora štititi od preniske procjene snage ideala. Tko je u ovom pogledu danas malodušan, toga želim, ukoliko je nekada bio vojnik, podsjetiti na vrijeme čije je junaštvo predstavljalo veličanstveno priznanje snage idealnih motiva. Jer ono zbog čega su ljudi tada umirali, nije bila briga za kruh svagdašnji, nego ljubav prema domovini, vjera u njezinu veličinu, opći osjećaj nacionalne časti. I tek tada, kada se njemački narod udaljio od ovih ideala, da bi slijedio realna obećanja revolucije i oružje zamijenio naprtnjačom, došao je umjesto u zemaljski raj, u čistilište potpunog prijezira i, ne manje, opće nevolje.

Zbog toga je baš neophodno dobre matematičare sadašnje *realne Republike* postaviti nasuprot vjeri u *idealno Carstvo*.

GLAVA 3

DRŽAVNI PRIPADNIK I DRŽAVLJANIN

Općenito uzevši, tvorevina danas pogrešno nazvana državom, poznaje samo dvije vrste ljudi: državljane i strance. Državljani su svi oni koji su državno građansko pravo stekli ili rođenjem, ili kasnijim podržavljenjem; stranci su svi oni koji isto pravo uživaju u nekoj drugoj državi. Između ovih postoje još kometama slične pojave, takozvani apatridi ili apoliti. To su ljudi koji nemaju čast pripadati ni jednoj od današnjih država, dakle nigdje nemaju državno građansko pravo.

Državno građansko pravo se danas, kako je već spomenuto, stječe u prvom redu rođenjem unutar granica neke zemlje. Rasa ili narodna pripadnost pri tome ne igraju nikakvu ulogu. Crnac koji je nekada živio na području njemačke zaštitne zone, sa sadašnjim mjestom stanovanja u Njemačkoj, donosi na svijet dijete koje time postaje "njemačkim državljaninom". Isto tako može svako židovsko ili poljsko, afričko ili azijatsko dijete, biti bez daljnjega, proglašeno njemačkim državljaninom.

Osim podržavljenja putem rođenja, postoji još mogućnost i kasnijeg podržavljenja. Ono je povezano s raznim preduvjetima na primjer, time, da neki kandidat, koji je uzet u obzir, ako je ikako moguće, nije provalnik ili svodnik, da je nadalje politički neporočan, to znači, bezopasni politički glupan koji neće pasti na teret svom novostečenom zavičaju. U ovom realnom stoljeću, time se naravno misli samo na financijsko opterećenje. Da, to čak važi kao posebna preporuka, predstaviti nekoga, vjerojatno dobrog budućeg poreznog obveznika i tako ubrzati njegovo stjecanje državljanstva.

Rasna razmišljanja pri tome uopće ne igraju nikakvu ulogu.

Čitav proces stjecanja državljanstva ne odvija se puno drugačije nego onaj, na primjer, pri učlanjenju u Auto klub. Čovjek napiše svoje podatke, oni se provjere i stručno ocijene i jednog dana bude mu, na običnom listiću, dato na znanje da je postao državljanin, pri čemu je sve ovo još umata i u jedan duhovito - šaljivi oblik. Dosadašnjem Zulukaferu, koji je došao u obzir, još se, naime, priopćava: "Ovime ste postali Nijemac!"

Ovaj bajkovit igrokaz dovršava sam predsjednik države.

Ono što ne može stvoriti ni sam Bog, to pretvara počinovničeni Theophrastus Paracelsus dok mahneš rukom.

Najobičnijim potezom pera iz mongoloidnog kretena odjednom je nastao pravi "Nijemac".

Ne samo da se ne vodi briga o rasi takvog novog državljanina, nego se ne vodi računa ni o njegovom tjelesnom zdravlju. Jedan takav klipan može biti požderan sifilisom koliko god hoće, za današnju državu, on je kao građanin dobrodošao, dokle on, kako je već rečeno, ne znači financijsko opterećenje i političku opasnost.

Tako ova tvorevina zvana državom, svake godine u sebe usisava otrove, koje će jedva moći svladati.

Sam državljanin razlikuje se od stranca samo po tome što mu je slobodan put ka svim javnim službama, eventualno mora zadovoljiti vojnu obvezu i nadalje, aktivno i pasivno sudjelovati na izborima. Sve u svemu, to je sve. Zaštitu osobnih prava i osobnu slobodu, uživa isto tako i stranac, nerijetko čak i višu; u svakom slučaju, tako je to u našoj današnjoj njemačkoj republici.

Ja znam da se sve ovo nerado čuje; Samo, nešto bezumnije, da, lude, nego što je naše današnje državno građansko pravo teško je igdje naći. Ipak, trenutno postoji jedna država u kojoj su primjetljivi barem slabi pokušaji boljeg shvaćanja. Naravno da to nije naša uzorna njemačka republika, nego Sjedinjene Američke Države, gdje se trude, barem djelimično izvući savjet razuma. S tim, da Sjedinjene Američke Države zdravstveno lošijim elementima u principu ne dozvoljavaju useljenje, podržavljenje se određenim rasama jednostavno onemogućuje, priznajući tako shvaćanju koje je od samih početaka svojstveno pojmu narodne države.

Narodna država svoje stanovnike dijeli u tri klase: državljanine, državne pripadnike i strance.

Rođenjem se načelno stječe samo državna pripadnost, koja kao takva još ne daje pravo vođenja javnih službi, ni pravo političkog djelovanja u smislu sudjelovanja na izborima, ni u aktivnom, ni u pasivnom smislu. Osnovno je, da se za svakog državnog pripadnika točno utvrdi rasa i nacionalnost. Svaki državni pripadnik slobodno se može u svako vrijeme odreći svoje državne pripadnosti i postati državljanin one zemlje koja odgovara njegovoj nacionalnosti. *Stranac* se od državnog pripadnika razlikuje samo po tome, što ima državnu pripadnost u nekoj stranoj državi.

Mladi državni pripadnik njemačke nacionalnosti je obavezan proći školsko obrazovanje koje je propisano svakom Nijemcu. On se tako podvrgava odgoju rasno i nacionalnosvjesnog sunarodnjaka. Kasnije mora udovoljiti tjelesnim vježbama koje propisuje država i konačno stupiti u vojsku. Obrazovanje u vojsci je opće; ono mora obuhvatiti svakog pojedinog Nijemca i odgojiti njegovu tjelesnu i duhovnu sposobnost za moguću vojnu uporabnu primjenu. Besprijekorno čestitom zdravom mladom muškarcu, bit će u povodu završetka njegove vojne obveze, na najsvečaniji način dodijeljena potvrda o državnom građanskom pravu. To je najvrjednije priznanje za njegov cjelokupan zemaljski život. On time dobiva sva prava državljanina. Zato država mora povući oštru razliku između onih, koji su kao sunarodnjaci nosioci razloga svoga postojanja i svoje veličine, i onih koji svoj boravak unutar države dobivaju samo kao "zaslužni" elementi.

Uručivanje državno - građanskog priznanja je povezano sa svetom zakletvom prema narodnoj zajednici i državi. Ovim priznanjem, sve provalije i ponori moraju biti premošćeni zajedničkom svečanošću. *Morabitivećačastbitigrađaninovoga carstva kao ulični čistač, nego biti kralj u nekoj stranoj državi.*
Državljanin je pretpostavljen strancu. On je gospodar carstva. Ali ova visoka čast i obavezuje. Jednom nečasnom i bezkarakternom prostom zločincu, izdajniku domovine itd. ova čast može u svako vrijeme biti i oduzeta. On time ponovno postaje državnim pripadnikom. Njemačka djevojka je državna pripadnica, a tek udajom postaje građankom. Ipak, građansko pravo može biti dodijeljeno i zaposlenim ženskim njemačkim državnim pripadnicama.

GLAVA 4

LIČNOST I NARODNA DRŽAVNA MISAO

Ako narodna nacionalsocijalistička država svoju glavnu zadaću vidi u *obrazovanju i uzdržavanju obnašatelja države*, tada nije dovoljno samo unaprjeđivati rasne elemente kao takve, odgojiti ih i konačno obrazovati za praktičan život, nego je neophodno s ovom zadaćom dovesti u sklad i svoju vlastitu organizaciju.

Bilo bi to bezumlje, htjeti vrijednost čovjeka procjenjivati prema njegovoj rasnoj pripadnosti, i time marksističkom stajalištu: *Čovjek je jednak čovjeku*, objaviti rat, ukoliko ne bi postojala odlučnost snositi i krajnje posljedice. Krajnja posljedica priznavanja značaja krvi, dakle rasne podloge uopće, je prenošenje ove procjene na pojedinačne osobe. Kao što ja moram općenito vrednovati različite narode na osnovi njihove rasne pripadnosti, tako se isto mora činiti s pojedincima, unutar narodne zajednice. Zaključak da svaki narod nije narod, prenosi se tada na pojedince unutar narodne zajednice, otprilike u tom smislu, da glava ne mora uvijek biti glava, jer su i ovdje krvni sastojci u općim crtama jednaki, ali u pojedinačnom podliježu tisućstrukim najfinijim razlikama.

Prva posljedica ove spoznaje je istovremeno ova, da se izrazim grublje, to je naime pokušaj prepoznavanja i unaprjeđivanja posebno vrijednih rasnih elemenata unutar narodne zajednice i vođenje posebne brige za njihovo razmnožavanje.

Ova zadaća je grublja zbog toga, što mora biti izvršena i riješena skoro mehanički. Teže je iz ukupnosti prepoznati i odabrati doista duhovno i idealno najvrjednije glave i prepustiti ih, ne samo svakom utjecaju nadmoćnijeg duha po sebi, nego prije svega onom koji je koristan za naciju. Ovo prosijavanje po sposobnosti i valjanosti ne može biti provedeno mehanički, nego je to posao, koji se neprekidno obavlja u svakodnevnoj borbi za život.

Svjetonazor koji i pored neprihvaćanja demokratskog masovnog mišljenja, teži ovu Zemlju dati najboljem narodu, dakle, najuzvišenijem ljudstvu, mora se po logici stvari, unutar ovog naroda, ponovno podvrći istom aristokratskom principu, te najboljim glavama osigurati vodstvo i najviši utjecaj u dotičnom narodu. Time se on ne gradi na mišljenju većine, nego na svjetonazoru ličnosti.

Tko danas vjeruje da bi se narodna nacionalsocijalistička država razlikovala od drugih država samo čisto mehanički, po boljoj konstrukciji svoga gospodarskog života, dakle po boljem izjednačavanju bogatstva u siromaštva ili po većem pravu samoodlučivanja širih slojeva u gospodarskom procesu, ili u pravednijoj naknadi putem uklanjanja velikih razlika u plaćama, taj je u najočiglednijem zaostajanju i nema blagog pojma o tome, što mi zapravo podrazumijevamo svjetonazorom. Sve ovo, upravo izneseno, ne nudi ni najmanju sigurnost trajnog postojanja, a još mnogo manje zahtjeva veličine. Narod koji bi ostao na zajamčenim vanjskim reformama, ne bi u ovom općem narodnom hrvanju dobio ni najmanje jamstvo za svoju pobjedu. Pokret koji sadržaj svog poslanja vidi samo u opće izjednačujućem i sigurno pravednom razvitku, ustvari neće provesti ništa snažno ni stvarno, jer to ne vodi dubokim reformama postojećih stanja, budući da njegovo cjelokupno djelovanje na kraju ostaje zakočeno već u svojoj vanjštini, jer to, mogu gotovo reći, narodu ne gradi unutarnju okosnicu, koja će s neizbježnom sigurnošću prevladati sve slabosti od kojih mi danas patimo.

Da bi se ovo lakše razumjelo, možda je svrhovito baciti još jedan pogled na stvarne početke i razloge razvitka ljudske kulture.

Prvi korak koji je izvana vidljivo udaljio ljude od životinja bio je onaj prema pronalasku, A pronalazak sam,izvorno počiva na lukavštinama i podvalama, čija je primjena olakšavala borbu za život s drugim bićima, a ponekad dopustila i povoljan ishod. Ovi najprimitivniji pronalasci ne razjašnjavaju još dovoljno jasno osobi ove pojave, jer kasnijem, ili bolje, današnjem čovjeku promatraču dolaze naravno do svijesti tek kao masovna pojava. Određene varke i lukava pravila ponašanja, koja na primjer čovjek može vidjeti kod životinja, čine se na prvi pogled kao sažete, uopćene činjenice, te on više nije u stanju utvrditi ili istražiti njihov postanak, nego si pripomaže jednostavno time, da takve postupke označi "instinktivnim".

Ova zadnja riječ nam u našem slučaju ne kazuje gotovo ništa. Jer tko vjeruje u viši razvoj bića, mora priznati, da je svaki izraz njegovog životnog i borbenog poriva morao jednom imati svoj početak: da će jedan subjekt time početi i da će takav postupak sve češće ponavljati i širiti, dok konačno ne priđe u podsvijest svih pripadnika određene vrste, te bude prikazan kao pojava instinkta.

To je lakše razumjeti i vjerovati kod čovjeka. Njegovi prvi lukavi postupci u borbi sa ostalim životinjama su prema svom postanku i izvršavanju, sigurno bile radnje posebno sposobnog subjekta. I ovdje je već ličnost bila bezuvjetnim uzrokom odlučivanja i izvođenja, koje je kasnije, kao samo po sebi razumljivo, preuzelo od čitavo čovječanstvo. Upravo tako, kao bilo koje vojno samopodrazumijevanje koje je danas, po meni, postalo osnovicom svake strategije, izvorno stvorenoj zahvaljujući sasvim određenoj glavi; i tek je nakon mnogih, možda čak tisuća godina, počela vrijediti kao sama po sebi razumljiva.

Ovaj prvi osjećaj, čovjek je dopunio drugim: naučio je staviti druge stvari i bića u službu svoje borbe za opstanak: i time počinje ljudsko pronalazaštvo koje danas tako jasno imamo pred očima. Ovi materijalni pronalasci, koji su proizišli od primjene kamena kao oružje za pripitomljavanje životinja, preko umjetnog stvaranja vatre nastale čovjekovom vještinom i tako dalje, sve do višestrukih začuđujućih pronalazaka naših dana, daju nam sve jasnije naslutiti da je nositelj svih ovih ostvarenja upravo ličnost, pa su nam stoga bliži pojedini značajniji i dojmljiviji današnji pronalasci. U svakom slučaju znamo sljedeće: Svi materijalni pronalasci koje vidimo oko sebe su rezultati stvaralačke snage i sposobnosti pojedinačne osobe. Svi ovi pronalasci svojim posljednjim razlogom pomažu sve većem uzdizanju čovjeka iznad razine životinjskog svijeta, da bi ga konacno od njega i udaljili. Oni time svojim najdubljim razlogom služe trajnom napredovanju ka višem očovječenju. Ali ono što je već samo prvotno bila najjednostavnija varka koja je prašumskom čovjeku lovcu olakšala borbu za opstanak, pomaže i u obliku produhovljenih znanstvenih spoznaja sadašnjeg vremena, kao i borbi čovječanstva da olakša svoje postojanje i iskuje oružja za buduću borbu. Sve ljudsko mišljenje i pronalasci služe u svojim posljednjim učincima u prvom redu životnoj borbi ljudi na ovoj planeti, čak i kada takozvane realne koristi nekog pronalaska ili otkrića ili dubokog znanstvenog uvida u bit stvari, trenutno nisu vidljive. Time što sve zajedno pomaže čovjeku da sve više i više izađe iz okvira bića koja ga okružuju, on jača i učvršćuje svoj položaj tako, da bi u svakom pogledu izrastao u dominirajuće biće na ovoj Zemlji.

Svi pronalasci su dakle rezultat stvaranja jedne osobe. Sve su ove osobe, htjelo se to ili ne htjelo, više ili manje veliki dobročinitelji svih ljudi. Njihovo djelovanje kasnije daje milijunima, da, milijardama ljudskih bića, pomoćna sredstva za kasnije olakšanje vođenja njihove životne borbe.

Kada mi u prošlosti današnje materijalne kulture kao pronalazače vidimo samo pojedinačne osobe koje se uzajamno nadopunjavaju i jedan gradi na drugome, tada ove izmišljene i otkrivene stvari pronalazača moraju biti točno izvedene i provedene. I ukupni proizvodni procesi su po svom porijeklu novi pronalasci i stoga trebaju točno odgovarati početnim pronalascima, a to znači da i dalje ovise od osobe. I čisto teorijski zamišljen posao, koji u pojedinostima uopće nije mjerljiv, ipak je pretpostavka svim daljnjim materijalnim pronalascima, te se ponovno javlja kao isključivi proizvod pojedinca. Ne pronalazi masa, i ne organizira ili misli većina, nego je u svemu uvijek samo pojedinac, čovjek, ličnost.

Ljudska je zajednica samo onda dobro organizirana, ako po mogućnosti izlazi u susret stvaralačkim snagama, i na neki im način olakšava korisno primijeniti obavljen rad za cjelokupnu zajednicu. Najvrjednije na samom pronalasku, bilo da se sastoji u materijalnom ili u svijetu misli, je prije svega pronalazač kao osoba.

Prvi i najveći zadatak organizacije neke narodne zajednice je iskoristiti ga za sveukupnost. Da, sama organizacija mora biti samo izvršenje ovog načela. Time će biti oslobođena prokletsva mehanizma i postat će nešto učinkovito. *Ona u sebi samoj mora biti utjelovljenje težnje da se glava uzdigne iznad mase, a ova se time podčini glavi.*

Prema tome, organizacija ne samo da ne smije izbjegavati izdizanje glava iz mase, nego naprotiv, ovo omogućiti i olakšati u najvećem stupnju vlastitog bića. Ona mora polaziti od načela da se ljudski blagoslov nikada nije nalazio u masi, nego je počivao u njezinim stvaralačkim glavama, koje su se u stvarnosti iskazivale kao dobročinitelji ljudskog roda. U interesu je cjeline da joj se osigura najmjerodavniji utjecaj i olakša njeno djelovanje. Ovaj interes sigurno neće biti zadovoljen i neće služiti ni vlasti nemarnih i nepromišljenih, ali ni u kom slučaju nije spreman imati samilosti prema masi, već će služiti jedino onom vodstvu koje je priroda obdarila posebnim sposobnostima.

Pronalaženje ovih glava osigurava, kao što je već rečeno, prije svega sama teška životna borba. Puno toga puca i propada, ne dokazuje se kao posljednje i odlučujuće i samo se malo njih konačno javlja među izabranima. Na području mišljenja, umjetničkog stvaranja, da, čak i u gospodarstvu, događa se ovaj proces odabira i dan danas, iako je on naročito u posljednjem već izložen teškom opterećenju. Uprava države, a isto tako i moć otjelovljena u organiziranoj snazi nacije, rukovode se također ovim mislima. Ovdje još posvuda dominira ideja ličnosti, čiji autoritet sam po sebi opada, a odgovornost prema višoj osobi raste. Samo je politički život potpuno napustio ovaj najprirodniji princip. Dok je čitava ljudska kultura samo rezultat stvaralačke djelatnosti pojedinaca, u čitavoj državi, a prije svega u najvišem vodstvu narodne zajednice, javlja se kao odlučujući princip vrednovanja većine i počinje odozgo prema dolje trovati gotovo cjelokupan život, što u stvarnosti znači - raspad.

A i destruktivne posljedice djelovanja Židovstva u drugim narodnim tijelima, treba u osnovi pripisati samo njegovom vječitom pokušavanju da podruje značenje ličnosti kod svojih ugošćujućih naroda, i zamijeni ga značajem mase. A time na mjesto organizatorskog principa arijskog čovječanstva stupa židovski destruktivni. On time postaje "fermentom" neusklađenosti naroda i rasa, i u daljem smislu, uništavač ljudske kulture.

A marksizam predstavlja pokušaj, kao i pokušaj Židova u čistoj kulturi, da se na svim područjima ljudskog života isključi nadmoćan značaj ličnosti i zamijeni ga brojnošću mase. Njemu politički odgovara nadmoćan parlamentarni oblik vlasti čije nezdravo djelovanje vidimo počevši od najmanjeg zametka zajednice, pa sve do vodstva cjelokupnog carstva i u gospodarskom sustavu sindikalnih pokreta, koji ne služi stvarnim interesima posloprimaca, već isključivo razornim namjerama internacionalnog svjetskog Židova.

U istoj mjeri u kojoj je gospodarstvu uskraćeno djelovanje principa ličnosti, a na njegovo mjesto stavljen utjecaj i djelovanje mase, mora se izgubiti sve ono što je u službi postojećeg i za sve vrijedne radne sposobnosti, da bi gotovo dovelo do sigurnog nazatka. Pojedine organizacije tvorničkih savjeta, koje umjesto da istinski spoznaju interese radnika i službenika, pokušavaju postići utjecaj na samu proizvodnju, služeći istoj razornoj svrsi. Oni nanose štetu cjelokupnoj proizvodnji, a time u stvari i pojedincu. Jer se trajno zadovoljstvo pripadnika narodnog tijela ne održava isključivo slušajući glupe teorijske fraze, već mnogo više, putem dodjeljivanja dobara pojedincima za dnevne životne potrebe i time proisteklim uvjerenjem, da narodna zajednica, svojim ukupnim učinkom zastupa i interese pojedinca.

Uopće nije bitno, je li marksizam na temelju svoje teorije masa uopće sposoban preuzeti trenutno prostojeće gospodarstvo i dalje ga voditi. Kritika o točnosti ili netočnosti ovog principa neće biti odlučena opravdanjem svojih sposobnosti da s postojećim upravlja za budućnost, nego isključivo mogućim dokazom vlastitog stvaranja jedne takve kulture.

Marksizam bi mogao i tisuću puta preuzeti današnje gospodarstvo i dalje ga pod svojim vodstvom pustiti da radi, ali ipak neće moći dokazati uspjeh ove djelatnosti u odnosu na činjenicu, da nije bio u stanju primjenom svog principa, sam stvoriti ono, što već danas preuzima kao gotovo.

I za to je marksizam donio praktični dokaz.

Ne samo da on nigdje nije mogao stvaralački objasniti stvaranje neke kulture ili bar gospodarstva, nego on stvarno nije bio ni u stanju zasnovati i dalje voditi ni one utemeljene na vlastitim principima, te je već nakon kratkog vremena putem koncesija morao posegnuti ka razmišljanju o povratku principa ličnosti, upravo onako, kao što i u vlastitoj organizaciji nije mogao odstupiti od ovog načela.

I u tome se narodni svjetonazor principijelno mora razlikovati od marksističkog, da ne spozna samo vrijednost rase, nego i značaj ličnosti, i time je odredi temeljnim potpornjem svoje cjelokupne građevine. To su glavni čimbenici njegova shvaćanja svijeta.

Kada, posebno nacionalsocijalistički pokret, ne bi shvatio fundamentalno značenje ove principijelne spoznaje, već umjesto nje krpario vanjski izgled današnje države, ili čak masovno stajalište shvaćao svojim, tada bi u stvarnosti predstavljao samo konkurentsku stranku marksizmu; i tada ne bi posjedovao pravo nazivati se svjetonazorom. Kad bi se socijalni program pokreta sastojao samo u tome, da se izgura ličnost, a na njeno mjesto stavi masa, tada bi nacionalsocijalizam već i sam bio nagrizen otrovom marksizma kao što je to već svijet naših građanskih stranaka.

Narodna država mora brinuti o dobrobiti svojih građana time, što svemu i svakomu priznaje značenje vrijednosti ličnosti i tako na svim područjima uvodi najvišu mjeru proizvodne radne sposobnosti, koja će pojedincu u najvećoj mjeri zajamčiti njegov udio.

I narodna država, a naročito njeno najviše političko vodstvo, je, prema tome, u cjelini potpuno oslobođena parlamentarnog principa većinskog, dakle masovnog, odlučivanja, na čije mjesto je postavljeno neograničeno pravo pojedinca.

Iz toga proizlaze sljedeća spoznaje:

Najbolji državni ustav i državni oblik je onaj koji najprirodnijom sigurnošću dovodi na vodeći položaj najpametnije glave narodne zajednice i osigurava im vodeći utjecaj.

Ali, kako se u gospodarskom životu sposobnost ljudi ne određuje odozgo, nego se oni moraju probijati sami, pa kako ovdje postoji beskrajno školovanje za vođenje od najmanje trgovine do najvećeg poduzeća i svatko mora polagati određene ispite, naravno da ne mogu biti sasvim iznenada "otkrivene" sposobne političke glave. Geniji posebne vrste nemaju obzira prema normalnom čovječanstvu.

Država u svojoj organizaciji mora počevši od najmanje stanice, općine, pa do najvišeg vodstva cjelokupnog carstva uspostaviti princip ličnosti.

Ne postoje većinske odluke, nego samo odgovorne osobe, a riječ "Savjet" će ponovo biti uvedena u svom prvobitnom značenju. Uz svakog čovjeka stajat će savjetnik, *ali odluku donosi čovjek.*

Načelo, koje je prusku vojsku svoga vremena učinilo najdivnijim sredstvom njemačkog naroda, u prenesenom značenju, mora jednom biti načelo izgradnje našeg svekolikog državnog uređenja: *Spustiti autoritet svakog vode, a podići njegovu odgovornost.*

Ni tada se neće oskudijevati na korporacijama koje danas nazivamo parlamentom. Čak će i njihovi savjeti stvarno savjetovati, ali odgovornost mora i smije uvijek posjedovati samo jedan nositelj, a time, samo on sam, i autoritet i pravo zapovijedanja.

Parlamenti po sebi su neophodni, jer prije svega jedino u njima glave imaju mogućnost laganog uzdizanja, pa im kasnije mogu biti povjerene posebne odgovorne zadaće.

Time nastaje sljedeća slika:

Narodna država, počevši od općine pa sve gore do vodstva carstva, ne smije imati niti jedno zastupničko tijelo koje nešto odlu- čuje većinom glasova, nego samo savjetodavna tijela koja stoje na raspolaganju izabranom vodi, koji im i dodjeljuje poslova, a po potrebi na određenim područjima i sami preuzimaju bezuvjetnu odgovornost, upravo onakvu kakvu u velikom imaju vođa ili predsjednik dotične korporacije.

Narodna država nipošto ne trpi, da bez posebne potrebe, na primjer, gospodarske naravi, za savjet ili sud budu pitani ljudi koji se prema svom odgoju ili djelatnosti u tu stvarne mogu razumjeti. Ona zbog toga već od početka stvara svoja zastupnička tijela u *političkim i strukovnim staleškim komorama.*

Kao podupiruće dopuštenje zajedničkog djelovanja obaju, stoji iznad njih, kao izabranik, jedan poseban senat.

Ni u jednoj komori i ni jednom Senatu nikada ne smije, bilo kada doći do glasovanja. Oni su radne ustanove, a ne glasačke mašine. Pojedini član ima savjetodavni glas, ali nikada odlučujući. Taj glas pripada isključivo odgovornom predsjedniku.

Ovo načelo bezuvjetne povezanosti apsolutne odgovornosti sa apsolutnim autoritetom, uzgojit će jednog nadvođu, što je u današnjem stoljeću neodgovornog parlamentarizma potpuno nezamislivo.

Time će državno uređenje nacije biti dovedeno u sklad sa svakim zakonom kojem ono već na kulturnom i gospodarskom području zahvaljuje svoju veličinu.

Što se tiče mogućnosti provođenja ovih spoznaja, molim da se ne zaboravi, da princip demokratskog većinskog odlučivanja većine ni u kom slučaju nije vladao otkad je svijeta i vijeka, već se, nasuprot, nalazi samo u kratkim povijesnim razdobljima, koja su uvijek bila razdoblja propasti naroda i država.

Svakako da se ne smije vjerovati kako bi se čisto teoretskim mjerama jedna takva promjena mogla provesti od gore do dolje, jer ona po logici stvari ne smije prestati ni kod državnog ustava, niti kod cjelokupnog preostalog zakonodavstva; da, ova primjena mora prožeti i opći građanski život. Jedan takav preokret može se, i dogodit će se, samo pomoću pokreta, koji je već sam izgrađen u duhu ovih misli i time već u samom sebi nosi nadolazeću državu. Zato se nacionalsocijalistički pokret može već danas potpuno uživjeti u ove misli, i privesti ih praktičnom djelovanju unutar vlastite organizacije, koja će jednom državi ne samo predočiti iste smjernice, nego joj također spremno staviti na raspolaganje već gotova tijela svoje vlastite države.

GLAVA 5

SVJETONAZOR I ORGANIZACIJA

Narodna država, čiju sam opću sliku pokušao skicirati u grubim crtama, neće biti ostvarena samo spoznajama o onome što joj je potrebno, a po sebi je neostvarljivo. Nije dovoljno znati kako ona treba izgledati. Mnogo je važniji problem njezina postanka. Ne smije se očekivati da će današnje stranke, koje su u prvom redu korisnici sadašnje države, sami od sebe prihvatiti ovakvo preuređenje, te iz vlastitih pobuda provoditi promjene sadašnjeg stanja. To je utoliko manje moguće, što su njihovi stvarni vodeći elementi uvijek samo Židovi i opet samo Židovi. Kad bi se razvoj, kroz koji trenutno prolazimo, i dalje nesmetano odvijao, jednoga bi dana završio na svežidovskom proročanstvu - Židov bi doista požderao ljude na Zemlji i postao njenim gospodarem.

Tako ona, nasuprot milijunima njemačkih "buržuja" i "proletera" najvećim dijelom proizišlih iz kukavičluka sparenog s nehajem i glupošću, koji teškim korakom srljaju u propast, slijedi s najvišom svjesnošću svoga budućeg cilja, bezuvjetno zacrtani put. Stranka koja je vodi, ne može se zauzimati za druge interese osim za svoje, a to sa interesima arijskog naroda nema ništa zajedničkoga.

Ako se dakle želi pokušati idealnu sliku narodne države dokazati u realnoj stvarnosti, tada se mora, neovisno o dosadašnjim silama javnog života, tražiti jednu novu snagu koja je voljna i sposobna preuzeti borbu za ostvarenje takvog ideala. Jer ovdje se doista radi o borbi, ukoliko prva zadaća ne glasi: stvaranje novog shvaćanja državnog uređenja, nego prije svega: uklanjanje postojećeg židovskog. Kao što je u povijesti često slučaj, nije glavna teškoća u obliku novog stanja, nego u oslobođenju mjesta za njega. Predrasude i interesi spojeni u falangu pokušavaju svim sredstvima spriječiti pobjedu njima neugodne ili prijeteće ideje.

Zbog toga je borac za novi ideal, na žalost budi Bogu, prisiljen, uz sve pozitivno naglašavanje istog, u prvom redu izvojevati negativni dio borbe koja treba ukloniti trenutno postojeće stanje.

Novo učenje je od golemog i novog principijelnog značenja, jer će morati, koliko god se to pojedincu činilo neugodnim, biti primijenjeno kao prvo oružje sondiranja kritike i to u svoj oštrini.

Ne pokazuje se baš dubokim uvidom u povijesni razvoj, što danas takozvani *Narodni* sve više pridaju vrijednost tome da se osigura, da ih se ni u kom slučaju ne povezuje s *negativnom kritikom*, već samo sa *nadograđujućim radom;* jedno dječje - glupo, koliko i pravo "narodno" mucanje i dokaz kako je u tim glavama pored njih, bez traga, prohujala i povijest vlastitog vremena.

I *marksizam* je imao cilj, i on također poznaje *nadograđujuću djelatnost* (već i onda ako se pri tome radi samo o utemeljenju despocije internacionalnog financijskog svjetskog Židovstva!); pa je i on, unatoč svemu, *sedamdesetdugih godina uvježbavao kritiku*, i to onu uništavajuću, razornu kritiku i uvijek kritiku, tako dugo, dok nije ovom vječito nagrizajućom kiselinom rastočio staru državu i doveo je do ruševine. Tek tada je počela njegova takozvana "nadogradnja". I to je bilo samo po sebi razumljivo i logično. Postojeće stanje neće biti uklonjeno praznim naglašavanjem i zastupanjem dolazećeg. Jer nije izvjesno, da će se pristalice ili čak zainteresirani trenutno postojećeg stanja, samo radi zaključka o nužnosti novog, htjeti se bezostatno okrenuti novom. Baš suprotno, lako se može dogoditi, da u tom slučaju nastanu i ostanu dva stanja, jedno pored drugoga, pa da tako takozvani *svjetonazor* postane *strankom*, iz čijeg se okvira više neće moći ponovno uzdići, jer je svjetonazor netrpeljiv i ne može se zadovoljiti ulogom "stranke pored stranke", nego zapovjednički zahtijeva svoje vlastito, isključivo i bezostatno priznanje, kao i potpunu promjenu svekolikog javnog života po njegovim nazorima. On dakle ne može trpjeti istovremeno postojanje i dalje zastupanje ranijeg stanja.

To isto važi i za religije.

Ni kršćanstvo se nije moglo zadovoljiti time da izgradi svoj vlastiti oltar pored drugih, nego je nužno moralo prići prisilnom razaranju mnogobožačkih oltara. Samo se iz ove fanatične nesnošljivosti moglo izgraditi apodiktičko vjerovanje; Ova nesnošljivost je čak bila njegova bezuvjetna pretpostavka.

Može se uputiti i vrlo dobar prigovor, da se kod takvih pojava u svjetskoj povijesti, najčešće radi o tako specifično židovskom načinu razmišljanja; da, da, takav način nesnošljivosti i fanatizma upravo je utjelovljen u židovskoj naravi. To može i tisuću puta biti točno, a može se zbog te činjenice i duboko žaliti, i s pravom nelagodnošću njezinog pojavljivanja u povijesti čovječanstva štošta zaključiti, jer mu je takvo stanje do tada bilo strano - to ipak ništa ne mijenja, jer je ovo stanje danas ponovno tu. Muškarci koji naš njemački narod žele osloboditi današnjeg stanja, ne trebaju si razbijati glavu time, kako bi bilo lijepo, da nije bilo ovo ili ono, nego moraju pokušati iznaći kako ukloniti sadašnje. Svjetonazor, koji je ispunjen paklenim nestrpljenjem, bit će razbijen samo novom idejom tjeranom istim duhom, obuzetim jednako najjačom voljom, ali u sebi čistom i istinitom potpuno novom idejom.

Netko danas s bolom može zaključiti, daje u slobodni antički svijet s pojavom kršćanstva stigao i prvi duhovni teror, i neće moći pobiti činjenicu, da je svijet od tada pritisnut i svladan silom, i da se sila razara samo silom, a teror samo terorom. Samo tako može biti izgrađeno i stečeno novo stanje.

Političke stranke su sklone kompromisima, svjetonazori nikada. Političke stranke računaju s protivničkim igračima, svjetonazori proklamiraju svoju nepogrješivost.

I političke stranke su prvobitno gotovo uvijek imale namjeru doći do samostalne despotske vlasti; u njima se skoro uvijek nalazi slabi nagon ka nekom svjetonazoru. Ipak, skučenost njihovog programa otima im herojstvo koje zahtijeva svaki svjetonazor. Popustljivost njihove volje dovodi im sitne i slabašne duhove, s kojima se ne mogu voditi križarski ratovi. Tako i ostaju prerano zakočene u svojoj vlastitoj bijednoj niskosti. Tada borbu zamjenjuju svjetonazorom i umjesto nje, pokušavaju pomoću takozvane "pozitivne suradnje", čim prije zauzeti zgodno mjestašce na postavljenim jaslama postojećeg poretka i, po mogućnosti, što duže na njima ostati. To je sva njihova težnja. I ako bi ih ikada neki, brutalnosti sklon, izgladnjeli konkurent odgurnuo s ovih zajedničkih jasala, tada će njihova pohota i težnja biti usmjerena samo na to, da se silom ili lukavstvom, u čoporu također gladnih, ponovno probiju naprijed i konačno se, stajalo ih to i njihovog najsvetijeg uvjerenja, okrijepe na omiljenom izvoru hrane. Politički šakali!

Kako jedan svjetonazor nikada nije spreman dijeliti s drugim, tako ne može biti ni spreman, surađivati na postojećem stanju kojega osuđuje, nego osjeća obvezu, ovo stanje i cjelokupni protivnički idejni svijet suzbiti svim sredstvima, što znači, pripremiti njegovo rušenje.

Ne samo da se ova čisto razorna, iako pozitivna, borba, čiju opasnost svi drugi odmah uoče, sudara sa zajedničkom obranom, nego se vodi radi provođenja vlastitih novih predodžbi o svijetu, pa zahtijeva i odlučne borce. I tako će svjetonazor svoje ideje dovesti do pobjede samo onda, ako u zajedničke redove udruži najhrabrije i najodrješitije elemente svoga stoljeća i svoga naroda i uvede čvrste oblike jake borbene organizacije. Pri tome je svakako potrebno, da on, s obzirom na ove elemente, iz svoje opće slike svijeta izvuče određene misli, i uobliči ih tako, da se pojave ujedinjene u kratkoj preciznoj krilatici, da bi poslužile novoj zajednici ljudi kao vjeroispovijest. Dok je program jedne, samo političke stranke, recept za sljedeće zdrave izborne rezultate, program nekog svjetonazora znači formulaciju objave rata protiv postojećeg poretka, protiv postojećeg stanja, ukratko, protiv postojećeg shvaćanja svijeta uopće.

Pri tome nije neophodno da svaki pojedinac koji se bori za ovaj svjetonazor dobije potpuni uvid i točne spoznaje do zadnje ideje i tokova misli vođe pokreta. Puno je važnije da mu budu pojašnjene poneke značajnije točke stajališta pokreta i da mu neizbrisivo budu urezane u svijest najvažnije smjernice i neophodnost njihovog bezostatnog provođenja, kako bi bio potpuno prožet nužnošću pobjede svoga pokreta i njegova učenja. Ni pojedini vojnik ne smije svoje misli posvetiti višoj strategiji, već, štoviše, mora biti odgojen u strogoj disciplini i fanatičnom uvjerenju o pravu i snazi svoje stvari i u potpunom povjerenju, isto se to mora dogoditi i s pojedinim pristašama pokreta velikih razmjera, velike budućnosti i najsnažnije volje.

Kao što bi malo vrijedila vojska, čiji bi svi vojnici bili generali, bilo to zbog njihovog obrazovanja ili uviđavnosti, isto tako malo vrijedi politički pokret kao zastupnik svjetonazora, ako bi htio biti samo bazen za skupljanje "domišljatih" ljudi. Ne, on treba i primitivne vojnike, jer inače ne bi bilo moguće postići unutarnju disciplinu.

Uostalom, bit je *organizacije* da može postojati samo onda, ako služi najvišem duhovnom vodstvu jedne široke, više osjećajno usmjerene mase. Odred od dvije stotine duhovno sasvim jednako sposobnih ljudi bilo bi na duže vrijeme teže disciplinirati, nego jedan takav od stodevedeset duhovno manje sposobnih i deset više obrazovanih.

Iz ove je činjenice, socijalna demokracija jednom izvukla velike koristi. Ona je otpuštene iz vojske i tamo već disciplinski odgojene pripadnike širokih slojeva našeg naroda, zgrabila i uzela pod svoju isto tako strogu stranačku disciplinu. I njihova je organizacija predstavljala vojsku časnika i vojnika. Iz vojske otpušteni *njemački fizički radnik, postao je vojnik, židovski intelektualac časnik;* Njemačke sindikalne činovnike, moglo se viđati kao dočasnike. Ono što je naše građanstvo promatralo kimajući glavom, bile su činjenice da su marksizmu uvijek pripadale samo takozvane neobrazovane mase, u stvarnosti su to bile pretpostavke njegova uspjeha. Jer dok su građanske stranke u svojoj jednostranoj duhovnosti predstavljale nesposobnu, nediscipliniranu bandu, marksizam je od svojeg manje duhovnog ljudskog materijala stvorio vojsku stranačkih vojnika, koji su se slijepo pokoravali svakom židovskom dirigentu, kao nekada njemačkom časniku. Njemačko građanstvo koje se nikada nije brinulo o psihološkom problemu, iako u tome visoko nadmoćno, nije ni sada nalazilo za shodnim razmisliti i prepoznati dublji smisao, kao i potajnu opasnosti ove činjenice. Baš naprotiv, vjerovalo se da će politički pokret formiran samo iz krugova "inteligencije", već zbog toga razloga biti vrjedniji i zahtjevniji, te da postoji više vjerojatnosti, da će dospjeti do vlasti, nego neka neobrazovana masa. *Nije se nikada shvatilo, da se snage političke stranke nipošto ne nalaze u po mogućnosti većoj i samostalnijoj duhovnosti pojedinih članova, nego mnogo više u discipliniranoj poslušnosti, kojom njeni članovi slijede svoje duhovno vodstvo.* Odlučujuće je samo vodstvo. Kada se međusobno bore dvije vojne postrojbe, neće pobijediti ona, čiji je svaki pojedinac dobio najviše strategijsko obrazovanje, nego ona, koja ima najpromišljenije vodstvo i istovremeno najdisciplinarnije, slijepo pokorne i najbolje uvježbane vojne čete.

To je temeljna spoznaja koja svjetonazor pretvara u djelo, koju treba uvijek imati u vidu kod provjere svih mogućnosti.

Ako dakle želimo pobjedu našeg svjetonazora, onda ga moramo preobratiti u borbeni pokret, čiji program, logično, mora uzeti u obzir ljudski materijal koji mu stoji na raspolaganju. Što su konačni ciljevi i vodeće ideje bliži, to genijalniji i psihološki pravilniji mora biti reklamni program primjeren dušama onih, bez čije bi pomoći i najljepša ideja vječno ostala idejom.

Ako narodna ideja od današnjeg nejasnog htijenja, želi postići uspjeh, tada mora iz svojega svijeta misli izvući određena načela koja su po svom biću i sadržaju sposobna obavezati šire mase ljudi i to one koji sami jamče borbu za svjetonazor ove ideje. To je njemačko radništvo.

Zbog toga je program novog pokreta sveden na nešto manje, ukupno, *dvadeset i pet načela*. Ona su, u prvom redu, kao gruba *skica zahtjeva* pokreta namijenjena čovjeku iz naroda, Ona su na neki način politička vjeroispovijest, koja s jedne strane propagira pokret, a s druge se osposobljava povezati pridobivene putem zajednički preuzetih obveza.

Pri tome nikada ne smijemo izgubiti iz vida, da takozvani *program pokreta*, iako za svoj konačnom cilj bezuvjetno pravilan, u formulaciji mora uzeti u obzir i psihološke momente, da bi u vrlo kratkom vremenu bio u stanju zadobiti povjerenje, pa određena načela mogu biti i drugačije obrađena, obuhvaćena i bolje formulirana. Međutim, svaki se takav pokušaj može pokazati sudbonosnim. Jer se time nešto, što bi trebalo biti čvrsto i nepokolebljivo, prepušta diskusiji u kojoj se, ako se pobija i jedina točka i ne predlaže ništa novije i bolje, gubi vjerodostojnost dogmatskog tvrđenja, a beskrajne rasprave vode ka općoj zbrci i pomutnji. U takvom slučaju preostaje samo odvagnuti, što je bolje: jedna nova sretnija formulacija, koja uzrokuje nesuglasice u pokretu, ili jedan trenutno možda ne baš i najbolji oblik, ali koji predstavlja zatvoren nepokolebljiv, iznutra jedinstveni organizam. Svaki istraživač će priznati da treba više cijeniti ovo zadnje. A kako se kod preinaka uvijek radi samo o vanjskim oblicima, takve će se korekture činiti uvijek mogućim i poželjnim. *Konačno, zbog površnosti ljudi postoji velika opasnost, da u ovoj čisto vanjskoj formulaciji programa uoče samo važnije zadaće pokreta*. Time se voljne snage za provođenje ideje povlače u pozadinu, a aktivnost, koju je trebalo poduzeti prema van, gubi se u unutarnjim programskim borbama.

Kod jednog učenja stvarno velikih razmjera, manje je štetno zadržati stav, pa ako on baš sasvim i ne odgovara stvarnosti, nego da se poboljšanje, prethodno važećeg granitne čvrstine, izloži diskusiji sa svim njenim najgorim posljedicama. To nije moguće, prije svega, tako dugo, dok se pokret sam još bori za pobjedu. Jer kako se može ljude koji slijepo vjeruju uvjeriti u točnost jednog učenja, ako se stalnim izmjenama na fasadi građevine širi nesigurnost i sumnja?

Ono najvažnije se ne smije tražiti u vanjskom obliku, nego uvijek u unutarnjem smislu. A taj je nepromjenljiv; i samo se u njegovom interesu može željeti da se pokret, drži podalje od svih razornih i nesigurno začetih procesa i tako, zadrži nužno potrebnu snagu za svoju obranu.

I ovdje se može učiti od katoličke crkve. Iako njena učena građevina u nekim točkama, djelomično i sasvim suvišnim, dolazi u koliziju s egzaktnom znanošću i istraživanjem, ona ipak nije spremna žrtvovati ni slog svojih pravila i poučaka. Ona je točno shvatila da se snaga njezina otpora ne nalazi u većem ili manjem prilagođavanju nekim znanstvenim rezultatima, koji se u stvarnosti vječito kolebaju, već, mnogo više, u čvrstom pridržavanju jednom utvrđenih dogmi koje svemu tome i pridaju karakter vjere. Tako je danas jača nego ikada. Može se čak i proreci, da će u masi, koja, pri pojavama bijega, bježi od prikaza, ona sama uvijek izvojevati slijepu privrženost i pokazati se mirnom lukom.

Tko dakle stvarno i ozbiljno želi pobjedu narodnog svjetonazora, taj ne mora samo shvatiti da je za zadobivanje takvog uspjeha, kao prvo, podoban samo borbeno sposoban pokret, nego i, kao drugo, da će on ustrajati samo onda, ako kao temelj bude imao nepokolebljivu sigurnost i čvrstoću svoga programa. On se ne smije usuditi, dotičnom duhu vremena, svojom formulacijom davati koncesije, nego mora, jedan zadovoljavajuće nađeni oblik zadržati zauvijek, u svakom slučaju dotle, dok se ne okruni pobjedom. Prije toga, svaki pokušaj razilaženja oko provođenja i svrhovitosti jedne ili druge točke programa, razbija zaokruženost i borbenu snagu pokreta u masi, u kojoj njezine pristalice sudjeluju u unutarnjoj raspravi. Time nije rečeno, da jedno danas provedeno "poboljšanje", ne bi već sutra moglo biti podvrgnuto kritičkim provjerama, da bi se prekosutra možda ponovno našla bolja zamjena. Tko ovdje jednom prekorači granice, otvara slobodan put čiji je početak poznat, ali se završetak gubi u beskraju.

Ovo važna spoznaja, morala je naći svoju primjenu u mladom nacionalsocijalističkom pokretu. Nacionalsocijalistička njemačka radnička stranka, prihvatila je svojim programom dvadeset i pet teza kao osnovicu koja mora biti postojana i nepokolebljiva. Zadatak današnjih i budućih članova našega pokreta ne smije se sastojati u kritičkoj obradi ovih načela, već više u njihovoj obveznosti. Inače bi sljedeća generacija, istim pravom, mogla trošiti svoju snagu na čisto formalnom radu u stranci, umjesto da pokretu privede nove pristalice, a time i nove snage. Za veliki broj pristalica se bit našeg pokreta manje sastoji u slovima naših načela, a mnogo više u smislu kojeg smo im u stanju dati.

Za sve ove spoznaje mladi pokret zahvaljuje ponajprije svojem imenu, a tek nakon njega dobro sastavljenom programu, na čemu je i utemeljen način njegova širenja. Da bi se narodnim idejama pomoglo da pobjede, mora biti osnovana narodna stranka, stranka koja se ne sastoji samo iz intelektualnih vođa, nego također i od fizičkih radnika.

Svaki bi pokušaj za ostvarenja narodnih zamisli bez jedne takve snažne organizacije bio neuspješan, kao što je bio u prošlosti, kao što je danas i kao što će biti u budućnosti. Ali time pokret dobiva ne samo *pravo* nego i *dužnost*, osjećati se prethodnicom a time i reprezentantom ove ideje. Koliko god da su *osnovne* zamisli nacionalsocijalističkog pokreta bile narodne, toliko su istovremeno i *narodne zamisli nacionalsocijalističke.* Ako Nacionalsocijalizam želi pobijediti, mora bezuvjetno i isključivo priznati sve ove odredbe. On ovdje, u svakom slučaju, nema samo pravo, nego i dužnost, najoštrije naglašavati činjenicu, da je svaki pokušaj zastupanja narodne ideje izvan okvira Nacionalsocijalističke njemačke radničke stranke (NSDAP-a) nemoguć, a u najvećem broju slučajeva počiva i na prijevari.

Ako danas netko pokretu predbacuje, da se ponaša kao da je *"zakupio"* narodnu ideju, na to postoji samo jedan jedini odgovor:

Ne samo zakupio, nego stvorio za praksu!

Jer, ono što se do sada shvaćalo po tim pojmom, nije ni najmanje bilo podobno utjecati na sudbinu našega naroda, jer je svim tim idejama nedostajala jasna jedinstvena formulacija. Radilo se uglavnom samo o pojedinačnim nepovezanim spoznajama, s manjom ili većom točnošću, koje su nerijetko međusobno bile proturječne i ni u kom slučaju nisu međusobno bile unutarnje povezane. Da je ova povezanosti postojala, one u svojoj slabosti nikada ne bi uspjele na tome zasnovati i izgraditi pokret.

Ato je ostvario samo nacionalsocijalistički pokret.

Kada danas sve moguće udruge i udrugice, grupe i grupice, a što se mene tiče i "velike stranke", svojataju riječ "narodni" već je i to slijed djelovanja *nacionalsocijalističkog pokreta*. *Bez njegova rada, svim ovim organizacijama riječ "narodni", nikada nebipalačakninapamet.* Oni njome ne bi mogli ništa ni predočiti, a naročito njihove vodeće glave ne bi prema toj riječi bile ni u kakvom odnosu. Tek je NSDAP ovom pojmu dao sadržajnu težinu, zbog koje je danas u usta uzimaju svi mogući ljudi; ona je, prije svega, svojom uspješnom promidžbom dokazala i pokazala snagu narodnih misli, tako da vlastita gramzljivost drugih prisiljava da i oni žele činiti nešto slično.

Kao što su do sada sve stavljali u službu svojih majušnih izbornih špekulacija, tako je za ove stranke i izraz "narodni" postao samo vanjska šuplja krilatica, kojom pokušavaju izjednačiti promidžbenu snagu nacionalsocijalističkog pokreta s vlastitim članstvom. Jer samo ih brige za vlastiti opstanak, kao i strah od napredovanja našeg pokreta nošenog novim svjetonazorom čije sveopće značenje oni shvaćaju kao isključenje, prisiljava da stavljaju u usta riječ koju prije osam godina nisu poznavali, prije sedam godina je ismijavali, prije šest prikazivali kao budalaštinu, prije pet suzbijali, prije četiri mrzili, prije tri proganjali, da bi je sada, konačno, prije dvije godine i sami prisvojili i, združenu s njihovim ostalim govornim blagom, koristili kao borbeni ratni poklič.

Još se i danas mora neprekidno dokazivati da svim tim strankama nedostaje bilo kakav pojam što *njemačkom narodu nužno činiti*. Najbolji dokaz za to je njihova površnost kojom riječ "narodni" uzimaju u svoje labrnje.

Nimalo pri tome nisu neopasniji svi oni koji se okolo povlače kao prividno narodni, kuju fantastične planove koji se najčešće ne oslanjaju ni na što, osim na neku fiksnu ideju, koja bi po sebi mogla biti dobra, ali u svojoj izoliranosti ona je beznačajna za osnivanje jedne velike jedinstvene borbene zajednice, a ni u kom slučaju nije podobna izgraditi jednu takvu. Ovi ljudi, koji, dijelom svojim mislima, dijelom iz pročitanoga, smiješaju program, često su opasniji nego otvoreni neprijatelji narodne ideje. Oni su u najboljem slučaju neplodni teoretičari, a najčešće čak pustopašni hvalisavci koji nerijetko vjeruju, da će uzavrelim bradama i pragermanskim prenemaganjem maskirati duhovnu i misaonu šupljoglavost svog djelovanja i svojih mogućnosti.

Usprkos svim tim neprikladnim pokušajima, dobro je vratiti se u sjećanjima vremenu u kojem je mladi nacionalsocijalistički pokret počeo svoju borbu.

GLAVA 6

PRVE BORBE - ZNAČENJE GOVORA

Od prvog velikog skupa održanog 24. veljače 1920. u Hofbräuhausfest dvorani nismo se još ni ohladili, a već su počele pripreme sljedeće. Dok je do tada u gradu kao što je München, bilo jedva moguće, održati mali skup jedanput mjesečno ili čak svakih četrnaest dana, sada je trebalo svakih osam dana, dakle jednom tjedno održati veliki masovni skup.

Ne moram vam ni reći da nas je pri tome neprekidno mučila jedina briga: Hoće li doći ljudi, hoće li nas slušati?, iako sam osobno već tada bio nepokolebljivo uvjeren, da će, kad su već tu, onda i ostati, i pratiti govor.

U to vrijeme poprimila je Münchener Hofbräufest dvorana za nas Nacionalsocijaliste skoro posvećeno značenje. Svaki tjedan skup, skoro uvijek u ovoj dvorani i svaki puta je bila sve popunjenija, a ljudi pažljiviji! Polazeći od "ratne krivnje", o kojoj se tada više nitko nije brinuo, pa sve do mirovnih ugovora, bilo je skoro obrađeno sve što bi na bilo koji način koristilo agitatorskoj ili idejnoj svrhovitosti. Posebno je velika pozornost bila poklanjana samim mirovnim ugovorima. O tome što je sve mladi pokret masama neprekidno proricao i kako se to sve do sada skoro i ostvarilo. Danas se o tim stvarima može lako govoriti ili pisati. Tada je javno, masovno okupljanje, u kojem se nisu nalazili malograđani, nego razjareni proleteri na temu "Versailleski mir" značilo napad na Republiku i oznaku reakcionarne, ako ne i monarhističke spodobe. Već kod prve rečenice, koja se bavila kritikom Versaillesa, mogle su se čuti stereotipne upadice: "A Brest - Litowsk?, Brest - Litowsk?". Tako je masa urlala i urlala sve dok nije promukla, ili je referent konačno odustao od pokušaja uvjeravanja. Da čovjek od očaja zbog takvog naroda lupa glavom o zid! Nisu htjeli slušati, nisu htjeli razumjeti, da je Versailles sramota i poniženje, čak ni to, da ovaj diktat znači nečuvenu pljačku i izrabljivanje našeg naroda. Marksističko razorno djelovanje i neprijateljski otrovna promidžba, doveli su ove ljude izvan svakog razuma. Uz to, nije ih se smjelo ni tužiti. Kako je bila neizmjerno velika krivnja druge strane! I što je građanstvo poduzelo da bi učinilo kraj ovom strašnom raspadu, suprotstavilo mu se i oslobodilo put boljem, temeljitijem objašnjenju istine? Ništa, i opet ništa! Nisam ih tada nigdje vidio, sve ove velike današnje narodne apostole. Možda su oni razgovarali na posijelima, na čajankama ili u krugovima istomišljenika, ali tamo gdje bi morali biti, među vukovima, tamo se nisu usudili; osim kad bi se pružila prilika da s njima mogu zavijati.

Meni osobno je tada bilo jasno da bi u maloj bazi koju je isprva osnovao pokret, moralo bezuvjetno biti raščišćeno pitanje ratne krivnje i to raščišćeno u smislu povijesne istine. Kako je pokret već prenio širokim masama istinu o mirovnom ugovoru, bila je to već pretpostavka za njegov budući uspjeh. Tada, kad su u ovom miru još svi vidjeli uspjeh demokracije, moralo se stvoriti suprotni front, da bi se u ljudske mozgove ovaj ugovor zauvijek usadio kao neprijatelj, da bismo kasnije, kad bude otkrivena gorka istina ovog prevarantskog lažnog posla i njegova gola neuljepšana mržnja, podsjećajući na naše tadašnje stajalište, stekli njihovo potpuno povjerenje.

Već u to vrijeme, zauzeo sam stajalište, da u svim važnim principijelnim pitanjima, u kojima je čitavo javno mišljenje zauzima- lo krivo držanje, osnujem suprotni front, bez obzira na popularnost, mržnju ili borbu protiv njega. NSDAP nije smio postati sudski stražar javnog mnijenja, već je trebao postati njegov gospodar. Ne sluga mase, nego njen gospodar.

Naravno da postoji, a posebno za svaki još slabi pokret, visoko iskušenje u trenutcima, u kojima je nadmoćnom protivniku uspjelo, svojim umijećem zavođenja, natjerati narod jednom bezumnom odlukom ili krivim držanjem, da sudjeluje i uzvikuje, osobito onda kad za to postoje razlozi - pa makar i samo prividni protiv uvažavanja načela mladog pokreta. Ljudski kukavičluk će revno tražiti takve razloge, i skoro uvijek će nešto naći, što će mu dati potvrdu prava i na "vlastito stajalište" iz kojega će rado načiniti zlodjelo.

Nekoliko puta sam doživio takve slučajeve u kojima je bila potrebna najjača energija, da brod pokreta ne ude u umjetno izazvanu opću struju ili bolje, da ga ona ne povuče za sobom. Posljednji je puta našem paklenom tisku, koji je za egzistenciju njemačkog naroda bio Hekuba, uspjelo južnotirolsko pitanje uzdići do značenja, koje je njemačkom narodu moralo postati kobno. Bez razmišljanja za čiju službu skrbe, mnogi su se takozvani "nacionalni" ljudi, stranke i udruge priključili židovskom kukavičkom javnom mišljenju i larmi i tako bezumno pripomogli potpori borbe protiv sustava, koji smo mi Nijemci u ovom današnjem stanju, upravo osjetili kao svijetli trenutak ovog propalog svijeta. Dok nam je internacionalni židovski svijet, polako ali sigurno, stezao grkljan, urlali su naši takozvani domoljubi protiv čovjeka i sustava, koji se usudio barem na jednom mjestu ove Zemlje spriječiti židovsko slobodno - zidarsko opkoljavanje i ovom internacionalnom otrovu suprotstaviti nacionalni otpor. Za slabe karaktere je bilo lako i privlačno, okrenuti jedro prema vjetru i kapitulirati pred povicima javnog mišljenja. Radilo se o kapitulaciji! Iako to ljudi zbog svoje unutarnje pokvarenosti i zloče neće priznati, možda čak ni samima sebi, pa ostaje istina da su samo kukavičluk i strah kojim je Židov kod naroda postigao raspoloženje za ustankom, pridonijeli njihovoj suradnji. Svaka druga objašnjenja su bijedne isprike krivice svjesnog malog grješnika.

Bilo je Neophodno potrebno željeznom šakom razbiti pokret, da bi ga se očuvalo od pokvarenosti ovih nakana. Pokušati takav preokret svakako nije jako popularno u trenutku kad javno mnijenje, gonjeno svim snagama, raspiruje vatru samo u jednom smjeru: da, on je i za hrabre ponekad smrtno opasan. No, nemali broj ljudi u povijesti, postao je baš u takvim trenutcima krševito čvrst, pa je potomstvo imalo dobar povod da im zahvaljuje na koljenima.

A pokret mora računati s tim, a ne s trenutnim oduševljenjem današnjice. Može biti da će se u takvim trenutcima ponetko i uplašiti; samo, on nikada ne smije zaboraviti, da nakon svakog takvog trenutka dolazi i izbavljenje, i da pokret, koji želi obnoviti svijet, ne služi trenutku, nego budućnosti.

Pri tome se može zaključiti, da su najveći i najtrajniji uspjesi u povijesti bili uglavnom oni koji su na samom početku naišli na razumijevanje, jer su se oštro suprotstavili stavovima i volji općeg javnog mnijenja.

To smo tada mogli iskusiti već prvog dana našeg javnog nastupanja. Mi stvarno nismo moljakali "naklonost masa" nego smo se svuda suprotstavljali ludilu ovog naroda. Skoro je uvijek bilo tako, kada sam tih godina stupao pred skupove ljudi, koji su vjerovali u suprotnost onoga što sam htio reći, a htjeli su suprotno i od onoga u što sam vjerovao ja. Morao sam riješiti zadatak da u dva sata vremena, udarom na udar, izvučem iz dvije, tri tisuće ljudi njihovo dosadašnje uvjerenje, srušim temelje njihovih pogleda, te ih konačno prevedem na tlo našeg uvjerenja i našeg svjetonazora.

Tada sam u vrlo kratkom vremenu naučio nešto važno, naime, *neprijatelju treba izbiti oružje, njegove odgovore, iz ruke trenutnim uzvraćanjem*. Uskoro će se primijetiti da naši protivnici, posebno oni u obliku diskutirajućih govornika, nastupaju sasvim određenim "repertoarom" u kojem su uvijek spomenute ponavljane zamjerke protiv našeg pokreta, tako da istovjetnost ovog postupka upućuje na svjesno ciljano jedinstveno školovanje. Tako je i bilo. Tu smo mogli upoznati nevjerojatnu discipliniranost promidžbe naših protivnika pa se još i danas ponosim, da sam našao sredstvo, ne samo da ovu promidžbu onesposobim, nego da s njom potučem i njezine stvaratelje. Dvije godine kasnije, bio sam gospodar ove umjetnosti.

Bilo je jako važno, da si prije svakog govora razjasnim mogući sadržaj i oblik rasprave kao i očekivane suprotne prigovore, koje bezostatno moram temeljito kritizirati već u vlastitom govoru. Pri tome je bilo svrhovito da moguće prigovore i sam iznesem, i dokažem njihovu neodrživost; tako je lakše pridobiti slušatelja, inače iskrena srca koji je prepunjen naučenim prigovorima i već ukorijenjenim mišljenjima, ako se njegovom mozgu odmah unaprijed kaže rješenje, do kojeg on sam, tako prepariran, ne bi mogao doći. Utuvljena mu stvar, bude opovrgnuta sama od sebe, a pozornost mu se sve više usmjerava na predavanje.

Toje bio razlog, zbog kojega sam već nakon svoga prvog predavanja o "Versailleskom mirovnom ugovoru", kojega sam još kao takozvana "obrazovna osoba" držao vojnicima, predavanje izmijenio pa sam od tada češće govorio o "mirovnim ugovorima u Brest - Litowsku i Versaillesu". Jer sam nakon vrlo kratkog vremena, već u tijeku govora o ovom mom prvom predavanju, mogao zaključiti , da ljudi o mirovnom ugovoru u Brest - Litowsku ustvari ništa i ne znaju, jer je spretnoj promidžbi njihovih stranka uspjelo, upravo ovaj ugovor prikazati kao najsramniji akt silovanja na svijeta. Samo ustrajnosti kojom se širokoj masi neprestano prenosila ova laž treba pripisati da su milijuni Nijemaca u Versailleskom ugovoru vidjeli više osvetu za naše počinjene zločine u Brest - Litowsku, čime je svaka stvarna borba protiv Versaillesa primana kao nepravedna, a u mnogo slučajeva izazivala je i najiskrenija moralna razočarenja.

I to je bio dodatni razlog, da se u Njemačkoj mogla udomaćiti isto toliko bestidna kao i strašna riječ "reparacija". Ovo lažno licemjerstvo činilo se milijunima nahuškanih sunarodnjaka doista kao izvršenje više pravde. Užasno, ali tako je bilo! Najbolji je dokaz za to bio uspjeh promidžbe koju sam uveo protiv mirovnog Versailleskog ugovora, a koji sam unaprijed razjasnio ugovorom o Brest - Litowsku. Usporedio sam oba ugovora, točku po točku i pokazala se bezgranična humanost jednog, nasuprot neljudske strahote drugog i učinak je bio potpun. O toj sam temi tada govorio na skupovima pred dvije tisuće ljudi između kojih su me često pogađali pogledi tri tisuće i šesto neprijateljskih očiju. Tri sata kasnije, imao sam pred sobom uzburkanu masu punu najsvetije pobune i neizmjernog gnjeva. Ipak je iz srca i mozgova gomile, koja je brojila na tisuće ljudi, iščupana velika laž i umjesto nje, usađena istina.

Oba predavanja, naime ono o "Stvarnim razlozima svjetskog rata" i o "Mirovnim ugovorima u Brest - Litowsku i Versaillesu" držao sam najvažnijim, tako da sam ih uvijek u novoj obradi ponavljao na tucete, dok barem o toj temi među ljudima nije bilo prošireno određeno jasno i jedinstveno shvaćanje, iz čega je pokret dobio i svoje prve članove.

Ovi su skupovi meni samom bili vrijedni, jer sam se polako izgradio u govornika masovnih skupova, pa su mi se izvještili i držanje i geste koji su zahtijevali veći prostor koji može primiti na tisuće ljudi:

U to vrijeme, kako sam već naglasio, osim u uskim krugovima, nisam vidio razjašnjenje u tom smjeru u strankama, kojima su danas puna usta zasluga, kao da su oni pridonijeli promjeni javnog mnijenja. Ako je neki takozvani nacionalni političar negdje i održao predavanje u tom smjeru, tada je to bilo samo u krugovima, koji su već bili njegova uvjerenja i kojima je izneseno predstavljalo možda samo učvršćenje već postojećeg vlastitog mišljenja. Tada se, međutim, nije radilo o tome, nego isključivo o tome da se prosvjećivanjem i promidžbom pridobiju ljudi koji su i do sada svojim odgojem i razumom stajali na suprotnoj strani.

U službu ovog prosvjećivanja stavljen je i naš letak. Već sam u vojnoj grupi sastavio letak uspoređujući međusobno mirovni ugovoru *Brest - Litowsku* s *Versailleskim*, koji je tiskan u dovoljno velikoj nakladi namijenjenoj raspačavanju. Kasnije sam otuda preuzeo zalihe i za stranku, pa je i ovdje učinak bio izvrstan. To su pokazali i prvi skupovi jer su stolovi bili prekriveni svim mogućim letcima, novinama, brošurama itd. Ipak, glavno težište je bilo na izgovorenoj živoj riječi. Istina je, da je jedino ona u stanju načiniti velike preokret i to iz općih psiholoških razloga.

Već sam u prvom tomu istaknuo, da su svi veliki svjetski prevrati nastali ne putem pisane, nego putem izgovorene riječi. Otuda se u dijelu tiska povela i duža rasprava, u kojoj su, naravno, naše građanske mudre glave, zastupale posebno oštro stajalište protiv takve tvrdnje. Već sâm razlog, zbog kojeg se to dogodilo, prokazuje skeptika. Jer građanska inteligencija protestira protiv takvog shvaćanja, da, samo zato, jer njoj samoj vidljivo nedostaje snaga i sposobnost za masovni utjecaj putem izgovorene riječi, budući se sve više bacila na čisto pisanu djelatnost i izbjegava pravi agitatorski govor. Takav običaj, s vremenom, bezuvjetno vodi tome, što naše građanstvo danas i odlikuje, naime gubljenju psihološkog instinkta za masovno djelovanje i masovni utjecaj.

Dok govornik iz gomile u kojoj on govori, prima stalne korekture svog predavanja, tako, što na licima svojih slušatelja može izmjeriti u kojoj mjeri oni razumiju njegovo izlaganje i da li utisak i djelovanje njegovih riječi vodi željenom cilju, dotle pisac uopće i ne poznaje svoje čitatelje. Zbog toga on već od početka neće moći računati na gomilu ljudi, koja mu se nalazi pred očima, nego će svoje zaključke držati vrlo uopćenima. On time do određenog stupnja gubi na psihološkoj finoći, a zatim i na uglađenosti. Stoga će, općenito govoreći, sjajni govornik biti još bolji pisac, nego sjajni pisac govornik, osim, ako se u ovoj umjetnosti trajno ne uvježbava. Zna se, da je ljudska masa po sebi lijena, tromo se zadržava na kolosijeku starih navika i sama od sebe vrlo nerado poseže za nečim napisanim, ako joj nije preporučeno ono što čovjek i sam vjeruje i ne donosi ono, čemu se i ne nada. Zato će neki rukopis, s određenom namjerom, najčešće pročitati oni ljudi, koji su i sami tako usmjereni. Samo letak ili plakat, mogu zbog svoje kratkoće računati da će im i neki neistomišljenik posvetiti trenutak pozornosti. Mnogo veće izglede ima slika, i to u svim oblicima, čak sve do filma. Ovdje ne treba uložiti puno umnog rada; dovoljno je gledati, eventualno čitati kratke tekstove, i zato će mnogi biti prije spremni primati slikovne predstave, nego čitati poduže štivo. Slika u puno kraćem vremenu, skoro bife rekao jednim udarcem, donosi razjašnjenja, do koga čovjek iz napisanog dolazi tek nakon dugotrajnog čitanja.

Najhitnije u svemu tome je, što zapis nikada ne zna u čije će doći ruke, a ipak mora zadržati svoj oblik. Djelovanje će biti općenito uzevši, utoliko veće, što će više odgovarati razini i ćudi njegovih čitatelja. Knjiga koja je namijenjena širokim masama.

mora zato od početka, pokušati stilom i tonom djelovati drugačije, nego djelo namijenjeno višim intelektualnim slojevima. Samo se u ovoj vrsti sposobnost prilagodbe napisane riječi približava izgovorenoj. Govornik može, što se mene tiče, obraditi istu temu kao i knjiga, on će ipak rijetko kada, ako je velik i genijalan narodni govornik, jedva dva puta isti prigovor ili istu materiju ponoviti u istom obliku. On će si uvijek dozvoliti da ga ponese široka masa, da mu odatle riječi poteku prema osjećanju koje mu je potrebno, da bi svojim dotičnim slušateljima govorio u srca. Pogriješi li još i malo, pred njim je uvijek djelotvorna korektura. Kako sam već rekao, on mora pročitati s lica svojih slušatelja, prvo, razumiju li što govori, drugo, može li ga mnoštvo pratiti, i treće, koliko li ih je uvjerio u istinitost iznesenog.

Vidi li, prvo, da ga ne razumiju, njegovo objašnjenje mora biti tako primitivno i jasno da ga mora shvatiti i posljednji; osjeća li, drugo, da ga ne mogu pratiti, gradit će svoje misli polagano i oprezno sve dok i najslabiji od svih više ne bude zaostajao; i treće, ako mu se učini da sve ono što je ispredavao baš i nije uvjerljivo, to često mora ponoviti, uvijek ponovno u novim primjerima; njihove prigovore koji nisu izgovoreni, ali ih on osjeća, sam iznijeti i tako dugo pobijati, opovrgavati i slamati dok i posljednja opozicijska grupa svojim držanjem i izrazom lica, ne kapitulira pred ovim dokaznim postupkom.

Nerijetko se u takvim slučajevima kod ljudi radi o svladavanju predrasuda, koje nisu utemeljene u njegovom razumu, nego su većinom nesvjesno poduprte osjećajem. Svladati ove zaprjeke instinktivne odvratnosti, osjećaja mržnje ili predrasuda odbojnosti, tisuću je puta teže, nego ispravak pogrešnog i zbrkanog znanstvenog mišljenja. Krivi pojmovi i loše znanje se mogu ukloniti poučavanjem. Otpore osjećaja nikada. Na ove tajnovite snage može djelovati samo apel sam; a taj jedva da može ikada postići pisac, već gotovo jedino i samo govornik.

Najuvjerljiviji dokaz za to je činjenica, da unatoč vrlo dobro opremljenom građanskom tisku, koji u nečuvenim milijunskim nakladama preplavljuje naš narod, on nije mogao spriječiti široke mase, da postanu najžešći neprijatelj ovog građanskog svijeta. Cijela bujica novina i sve knjige koje godinu za godinom stvara intelektualizam, otklizale su u milijune najnižih slojeva, kao voda s nauljene kože. To može biti dvojaki dokaz: Ili se to zbiva zbog netočnosti sadržaja ovog čitavog učinka našeg građanskog svijeta, ili nemogućnošću da se samo putem književnosti prodre u srca širokih masa, u svakom slučaju pogotovo onda, ako je ta književnost psihološki bezbojna, kakva je upravo ova.

Oni ne žele priznati (kao što su to pokušale jedne velike njemačke nacionalne novine u Berlinu) da upravo marksizam, i to posebno djelovanjem osnovnog Marxovog djela daje protudokaz ovoj tvrdnji. Jedan rijetko krivi nazor nije mogao biti površnije poduprt. Ono što je marksizmu dalo začuđujuću moć nad širokim masama, nipošto nije formalno pismeno djelo židovskog misaonog rada, nego mnogo više gnjusni govornički promidžbeni valovi, koji su se tijekom dugih godina dokopali širokih masa.

Od sto tisuća njemačkih radnika, djelo ovog u prosjeku još ne poznaje ni sto. Tisuću su ga puta više studirali intelektualci, a naročito Židovi, nego prave pristalice pokreta iz nižih slojeva. Ovo djelo nije ni napisano za široke mase, nego isključivo za intelektualno vodstvo židovskog osvajačkog svjetskog stroja. Njih se napaja drugim gorivom: tiskom. A ono što marksistički tisak razlikuje od našega građanskog, to je što *marksistički tisak pišu agitatori, a građansku bi agitaciju rado provodili putempisara*. Socijaldemokratski lokalni redaktor, koji u redakciju dolazi gotovo uvijek iz skupštinske sale, poznaje svoj šljam kao nitko drugi. Ali građansko piskaralo, koje iz svoje pisarnice izlazi pred široku masu, razboli se već i od njenog vonja, pa je svojom pisanom riječju pred njom nemoćan.

Ono što je marksizmu privuklo milijune radnika, manje je način pisanja marksističkih crkvenjaka, već, mnogo više, neumoran i stvarno ogroman promidžbeni rad desetaka tisuća neumornih agitatora, počevši od velikog apostola - huškača, pa sve do malih sindikalnih činovnika, povjerenika i govornika - diskutanata; to su stotine tisuća skupova na kojima su u prepunim gostionicama stojeći na stolovima, ovi narodni govornici udarali po masama i predobro znali kako izručiti svoja basnoslovna znanja ovom ljudskom materijalu, a što ih je stavilo u priliku da izabere najbolje oružje za napad na tvrđavu javnog mnijenja. Osim toga, bile su tu i gigantske masovne demonstracije, povorke malih ljudi kojima su upečatili ponosno uvjerenje da je i mali crv članak velikog zmaja, pred čijim će plamenim dahom omrznuti građanski svijet nestati u ognju i plamenu, a diktatura proletarijata slaviti posljednju, konačnu pobjedu.

Pod utjecajem takve promidžbe, izašli su ljudi koji su bili spremni i pripremljeni za čitanje socijalno demokratskog tiska, koji nije bio pisan, nego govoren. Jer dok u građanskom taboru profesori, i priučeni pisci, teoretičari i pisari svih vrsta, ponekad pokušavaju i govoriti, u marksizmu govornici ponekad i pišu! I upravo će Židov, koji ovdje posebno dolazi u razmatranje, snagu svoje pokvarene dijalektičke vještine i gipkosti, više upotrijebiti kao agitatorski govornik, nego kao pismeni stvaratelj.

To je razlog, što građanski novinski svijet (bez obzira što je i sam i to većim dijelom požidovljen i nema ni interesa za stvarno poučavanje širokih masa) ni najmanje ne utječe na stvaranje stavova širokih slojeva našeg naroda.

Kako je teško uništiti osjetljive predrasude, raspoloženja, osjećaje itd. i nadomjestiti ih drugim, o kojima jedva da ovise mjerljivi utjecaji i uvjeti uspjeha! To može izmjeriti tankoćutni govornik, jer zna, da čak i doba dana držanja izlaganja može imati presudni utjecaj na njegovo djelovanje. Isto izlaganje, isti govornik ista tema, djeluju sasvim različito u deset sati prije podne, u tri sata poslije podne ili navečer. I ja sam tako kao početnik sazivao skupove za prije podne i sjećam ga se, posebno stoga, što smo ga održali kao protest "protiv ugnjetavanja njemačkih područja" u münchenskom

"Kindl Kelleru". Bila je to tada najveća münchenska dvorana i činilo se, veliki poduhvat. Da bi se posebno olakšao dolazak pristalicama pokreta i ostalim, koji su trebali doći, zakazao sam skup u nedjeljno prije podne u deset sati. Rezultat je bio poražavajući, ali istovremeno i poučan. Dvorana puna, utisak stvarno veličanstven, a raspoloženje ledeno hladno; nitko se nije zagrijao, a ja kao govornik, osjećao sam se duboko nesretan, nedostaje povezanost, nisam mogao uspostaviti ni najmanji kontakt sa slušateljima. Bio sam uvjeren da nisam lošije govorio nego inače, samo, učinak je bio ravan nuli. Potpuno nezadovoljan, iako bogatiji zajedno iskustvo, napustio sam skup. Probe koje sam i kasnije poduzimao na isti način, vodile su istom rezultatu.

To međutim, nikoga ne smije čuditi. Pođe li se u kazalište pogledati predstavu u tri sata poslije podne i na isti komad s istom postavom navečer u osam sati, bit ćete začuđeni različitošću djelovanja i utisaka, čovjek finih osjećaja i sposobnosti uočavanja, moći će si sam ovo raspoloženje objasniti time, da utisak poslijepodnevne izvedbe nije tako snažan kao onaj večernje. To je važno zbog toga, što se za kazalište može reći, da se glumac popodne možda ne trudi toliko kao tijekom večeri. Isto važi i za film. Ali film nije drugačiji poslije podne od onog navečer u devet sati.

Ne, vrijeme samo proizvodi određeni učinak, kao što na mene isto tako utječe prostor. Ima prostora koji stvaraju dojam hladnoće iz razloga koje je teško prozrijeti, i čini se kao da svakom stvaranju raspoloženja nešto pruža jaki otpor nekim snažnim suprotstavljanjem. I tradicionalna sjećanja koja se nalaze u ljudima, omogućuju mjerenje utiska. Tako će izvedba "Parsifala" u Bayreuthu sasvim drugačije djelovati na gledatelja, nego ista predstava negdje drugdje na svijetu. Tajnovita privlačnost kuće na Festspiel brežuljku staroga Markgrafenstadta, ne može vanjštinom ničim biti zamijenjena ili bar nadoknađena.

U svim se ovim slučajevima, radi o umanjenju vrijednosti slobode volje ljudi. To naravno najviše važi za skupove na koje dolaze ljudi sa suprotnim voljnim stavovima, i koji, štoviše, od sada moraju steći novo htijenje! Čini se da se ujutro, a posebno tijekom dana, voljne ljudske snage opiru još većom energijom protiv pokušaja silom nametane tuđe volje i tuđih mišljenja. Nasuprot tome, navečer lakše podliježu nekoj vladajućoj snazi jače volje. Stvarno, svaki takvi skup predstavlja borbu dviju suprotstavljenih snaga. Nadmoćnoj govorničkoj umjetnosti jednog vladajućeg apostola, lakše će biti privoljeti ljude novoj volji, ako je i sam iskusio slabost svoje otporne snage na najprirodniji način, nego onaj koji je potpuno sačuvao svoju duhovnu voljnu čvrstinu.

Istoj svrsi služi i umjetno stvoreni tajanstveni sumrak katoličke crkve, tinjajuća svjetla, dim tamjana, kandila itd.

U ovoj govornikovoj borbi s protivnikom koji odgovara, govornik malo po malo stječe čudesnu osjetljivost potrebnu za psihološke uvjete promidžbe, koja piscima gotovo uvijek nedostaje. Zato napisano u svom ograničenom djelovanju općenito više služi održavanju, učvršćivanju i produbljivanju jednog već postojećeg shvaćanja ili pogleda. Svi stvarno veliki preokreti nisu izvedeni pisanom riječju, nego su uglavnom njome bili popraćeni.

Ne treba vjerovati da bi ikada došlo do Francuske revolucije samo putem filozofskih teorija, a da ona nije našla vojsku huškača predvođenu demagozima najvećeg stila, koja je razjarila strasti izmučenog naroda, dok konačno nije uslijedila strašna provala vulkana koji je zaprepastio cijelu Europu. Isto tako, ni najveći revolucionarni preokret najnovijeg vremena, boljševička revolucija u Rusiji, nije uslijedila zbog Lenjinovog pisanja, nego zbog uzavrele mržnje stvorene govorničkom djelatnošću nebrojenih najvećih i najmanjih apostola huškanja.

Nepismeni narod za komunističku revoluciju nije oduševila teoretska lektira jednog Karla Marxa, nego tisuće agitatora, koji su svi u službi jedne ideje, uvjerili narod i obećavali mu svijetla nebesa!.

Tako je uvijek bilo i vječno će ostati.

To potpuno odgovara našoj njemačkoj inteligenciji, bez pravog odnosa prema stvarnosti, vjerovati da bi pisac morao bezuvjetno biti nadređen duhu govornika. Ovo shvaćanje je bilo kritizirano u jednim već spomenutim nacionalnim novinama, gdje je na sjajan način bilo ilustrirano, kako se čovjek često razočara, kada govor nekog priznatog govornika nenadano ugleda u tisku. To me podsjeća na jednu drugu kritiku, koju sam tijekom rata dobio u ruke; ona je govor Lloyda Georgesa, tada još ministra oružanih snaga, uzela pod sramotno povećalo, da bi došla do duhovitog zaključka, kako se kod ovog govora, između ostalog, isključivo radi o duhovno i znanstveno manje vrijednom, to jest, banalnom, samom po sebi razumljivom proizvodu.

I tada u malom zavežljaju dobih u ruke nekoliko ovih govora, i morao se slatko nasmijati, znajući da ova psihološka remek djela njemačkog viteza tinte, neće postići ni duhovni masovni utjecaj, ni razumijevanje. Ovaj čovjek je govore procijenio isključivo po utisku koji su ostavili na njegovu vlastitu blaziranost, dok se veliki engleski demagog prilagođavao masi svojih slušatelja, a u širem smislu i cijelom nižem sloju engleskog naroda, kako bi izazvao što snažnije djelovanje. Gledajući s tog stajališta govore ovog Engleza, bili su to predivni uspjesi, koji su svjedočili o upravo začuđujućem poznavanju duša širokih narodnih slojeva. Njihovo djelovanje je bilo doista probojno.

Usporediti s time bespomoćno natucanje jednoga Bethmanna Hollwega! Njegovi su se govori doduše činili domišljatima, ali su u stvarnosti pokazivali samo nesposobnost ovoga čovjeka da govori svom narodu, što on u stvarnosti nije znao. Unatoč tome, ovom prosječnom vrapčijem mozgu njemačke znanosti, naravno, visoko obrazovanom piskaralu, uspjelo je procijeniti i prosuditi duhovnost engleskog ministra i njegove govore, ciljane masovnom djelovanju, i prema svojem ovapnjenom znanju, usporediti ga s govorom nekog njemačkog državnika čije je duhovno blebetanje postavio na prihvatljivo tlo.

Da je Lloyd Georges svojom genijalnošću ne samo jednako vrijedan jednom Bethmannu Hollwegu, nego je i tisuću puta nadmoćniji, dokazano je time, što je on u svojim govorima našao načine i izraze koji su mu pomogli otvoriti srca svoga naroda i omogućili da taj narod konačno potpuno služi njegovoj volji. Upravo u primitivnosti ove stvari, izvornosti njezinih izražajnih oblika i upotrebi lako razumljivih, najjednostavnijih primjera, nalazi se dokaz o nadmoćnoj političkoj sposobnosti ovog Engleza. *Govor državnika svom narodu, ne mjeri se prema utisku koji ostavlja na sveučilišnog profesora, već po djelovanju koje postiže u narodu. Samo je to mjerilo genijalnosti govornika.*

Začuđujući razvitak našeg pokreta koji je osnovan ni od čega, tek prije par godina, a danas već cijenjen, iako najoštrije proganjan od svih vanjskih i unutarnjih neprijatelja našeg naroda, treba pripisati trajnom obziru i primjeni ovih spoznaja.

Koliko god da je važan naš pisani rad pokreta, ipak će u našem današnjem položaju veće značenje imati jedinstveni i isti odgoj viših i nižih vođa, nego pridobivanje protivnički raspoloženih masa. Jer samo će si u rijetkim slučajevima neki uvjereni socijaldemokrat ili fanatički komunist dozvoliti nabavku neke nacionalsocijalističke brošure ili čak knjige, pročitati ih i iz toga steći uvid u naš svjetonazor ili prostudirati njegovu kritiku. Čak su rijetko čitane i novine ako na početku ne nose štambilj stranačke pripadnosti. To bi uostalom malo koristilo, jer je ukupna slika jednog jedinog broja novina toliko zbrkana i razbijena da se jednokratnim uzimanjem u ruke, ne smije očekivati nikakav utjecaj na čitatelja. Ne smije se i ne treba ni od koga, gdje već i pfennig igra neku ulogu, zahtijevati da se samo iz nagona prema objektivnom razjašnjenju trajno pretplati na protivničke novine. To će učiniti jedva jedan od deset tisuća. Tek kad se priključio pokretu i postao organ stranke i to kao tekuća izvještajna služba svoga pokreta, bit će trajno čitan.

Sasvim je drugačije s već rečenim letkom. Njega će uzeti u ruke i jedan i drugi, posebno zbog toga što ga dobije besplatno, i k tome, ako je već u naslovu plastično najavljena tema o kojoj svi govore. Nakon manje ili više temeljitom pregledu, možda će se takvim letkom moći ukazati na nova stajališta i usmjerenja, da, možda i skrenuti pozornost na neki novi pokret. Time će se i u najpovoljnijem slučaju učiniti samo lagani pomak, ali nikada se neće nekoga staviti pred gotov čin. I letak može samo nešto pobuditi ili na nešto ukazati, no, njegovo će djelovanje imati pravi učinak tek ako je povezan s kasnijim temeljnijim poučavanjem i objašnjenjem svojim čitateljima. To je i ostat će uvijek masovni skup.

Masovni skup je neophodan već i zbog toga, što je u njemu pojedinac, koji se prije svega kao budući pripadnik mladog pokreta osjećao usamljenim i plašio biti sam, po prvi puta dobio sliku veće zajednice, što na većinu ljudi djeluje okrepljujuće i ohrabrujuće. Isti će čovjek u okviru odreda ili bataljuna, okružen svim svojim drugovima, lakšeg srca poći na juriš, nego onaj, koji je potpuno prepušten sam sebi. U čoporu se osjeća još uvijek nešto sigurniji, iako u stvarnosti protiv toga govori tisuću razloga.

Ali zajedništvo velikih zborova ne jača samo pojedinca, nego povezuje i pomaže izgradnji zajedničkog duha. Muškarac koji je kao prvi zagovornik novog učenja, u svom poduzetništvu ili radionici, izložen teškim nevoljama, nužno treba pojačanje, a ono se nalazi u uvjerenju da treba biti član i borac velikog sveobuhvatnog borbenog tijela. Dojam ovog borbenog tijela dobiva on po prvi puta samo na zajedničkom masovnom zboru. Jer kad on iz svoje male radionice ili velikog pogona u kojima se osjeća sasvim malenim po prvi puta pristupi jednom masovnom skupu i oko sebe vidi tisuće i tisuće ljudi istog mišljenja i bude kao pripadnik privučen ogromnim djelovanjem sugestivne opijenosti i oduševljenja tri do četiri tisuće drugih, koji mu potvrđuju vidljivi uspjeh i ispravnost novog učenja, to pobuđuje sumnju u istinitost njegova dosadašnjeg uvjerenja i tada i sam potpada magičnom utjecaju onoga što označavamo riječju masovna sugestija. U svakom se pojedincu akumulira volja, čežnja i snaga tisuća drugih. Čovjek koji takvom okupljanju pristupa sa sumnjom i kolebljivošću, napušta ga ojačan iznutra. Postao je član jedne zajednice.

Nacionalsocijalistički pokret nikada to ne smije zaboraviti, a pogotovo ne smije potpasti pod utjecaj građanskih glupana, koji sve znaju bolje, pa ipak su proigrali jednu veliku državu zajedno s vlastitom egzistencijom i gospodstvom njihove klase. Da, oni su neizmjerno lukavi, mogu sve, razumiju svakog - samo nisu razumjeli jedno, naime, izbjeći da njemački narod ne padne u naručje marksizmu. Tu su zakazali samilosno i jadno, tako da je njihova sadašnja uobraženost samo nadmenost, koja, poznata kao ponos, uvijek dobro uspijeva zajedno s glupošću, na istom drvetu.

Kad ovi ljudi danas izgovorenoj riječi ne pridaju neku naročitu vrijednost, čine to, uostalom, zbog toga, jer su se, budi Bogu hvala i slava, i sami uvjerili u neučinkovitost svojih vlastitih govora.

GLAVA 7

HRVANJE S CRVENIM FRONTOM

Godine 1919/20, a također i 1921. osobno sam bio nazočan takozvanim građanskim skupovima. Na mene su ostavljali uvijek isti utisak, slično kao u mojoj mladosti zapovjeđena žlica ribljeg ulja. Treba ga uzeti jer je dobro, iako ima odvratni okus. Kad bi se njemački narod povezalo konopcem i silom dovelo na "zbor" i kad bi se do kraja svake ovakve predstave zaključala sva vrata i nikoga se ne bi pustilo napolje, moglo bi se možda za nekoliko stoljeća postići i uspjeh. Uostalom, moram otvoreno priznati, da se vjerojatno više ne bih veselio životu i da tada radije ne bih želio biti Nijemac.

Kako to, budi Bogu hvala i slava, ne može biti, ne treba se čuditi da zdrav nepokvaren narod izbjegava "građanske masovne skupove" kao vrag svetu vodicu.

Ja sam upoznao ove proroke građanskog svjetonazora i stvarno se i ne čudim, već razumijem, zašto govornoj riječi nisu pridavali nikakav značaj. Tada sam posjećivao skupove Demokrata, Njemačke nacionale, Njemačke narodnjake, a također i Bavarske narodnjake (Bavarski centar). Ono što odmah upada u oči je homogena zatvorenost slušatelja. Bili su to skoro uvijek pripadnici stranke koji su bili nazočni na svakom takvom zboru. Sve je to, bez ikakve discipline, više ličilo nekom kartaškom skupu, nego narodnom skupu, koji baš sada proživljava svoju najveću revoluciju.

Da bi se održalo ovo mirno raspoloženje, referenti su poduzimali sve što se uopće moglo poduzeti. Govorili su, ili bolje, dalo se uglavnom govoriti, stilom nekog duhovitog novinskog članka ili znanstvenog rada; izbjegavale su se sve jake riječi, tu i tamo bi se ubacio kakav slabi profesorski vic, pri kojem se časno predsjedništvo obvezatno smijalo, ako ne glasno, ono bar tiho, dražesno, tako prefinjeno prigušeno i uzdržano.

I uopće, ovo predsjedništvo!

Jednom sam vidio skup u Wagner dvorani u Münchenu; bio je to javni masovni zbor u povodu uspomene na dane narodne bitke kod Leipziga. Govor je držao, ili čitao, jedan uvaženi stariji gospodin, profesor nekog sveučilišta. Na podiju je sjedilo predsjedništvo. Lijevo monokl, desno monokl, a između njih jedan bez monokla. Sva trojica u tamnim frakovima, tako da se dobio utisak ili dojam suda koji prijeti vješanjem, ili svečanih krstitki, u svakom slučaju, neki više religiozni čin posvete. Takozvani govor, koji bi da je tiskan možda i lijepo djelovao, ali je ovako njegov učinak bio užasan! Već nakon tričetvrt sata sav skup je lijepo drijemao, tu i tamo prekidan izlaskom ponekog čovječuljka ili ženice, brbljanjem konobarica, ili zijevanjem sve brojnijih slušatelja. Tri radnika, koja su bila nazočna skupu, bilo iz radoznalosti, ili zbog zaduženja, a iza kojih sam se smjestio, pogledavala su se s vremena na vrijeme, teško suzdržavajući grimase, i bocnuvši se konačno laktovima potpuno tiho napustiše dvoranu. Vidjelo se na njima, da ni pod koju cijenu ne žele smetati. To ovom društvu i nije bilo potrebno. Konačno se činilo da se približava kraj skupa. Nakon što je profesor, čiji je glas bio sve tiši i tiši, zaključio svoje predavanje, podiže se onaj između dva monokla, voditelj skupa, i zaori svom snagom "njemačkim sestrama" i "braći", kako je velika njegova zahvalnost i njegovo osjećanje za jedinstveno i predivno predavanje kojim ih je upravo podario gospodin profesor X, ovim bogatim užitkom kao i temeljitim i dubokim sadržajnim djelom, a koje je u pravom smislu riječi bilo djelo "unutarnjeg doživljaja"; da, djelo! Bilo bi pravo nepoštivanje ovog svečanog trenutka, da se nakon ovog sjajnog objašnjenja, htjelo nastaviti raspravom, i on je u ime nazočnih zamolio da se odustane od rasprave i umjesto toga da zajednički zapjevaju "Mi smo složna narodna braća", itd. I konačno je za rastanak pozvao na pjevanje njemačke himne.

I onda su pjevali, a meni se činilo kao da su glasovi već kod druge strofe bili nešto tiši, kod refreina su opet snažno nabujali, a kod treće se strofe pojačao moj osjećaj da svi baš i nisu sigurni u tekst.

Ali to ne mijenja na stvari, kad takva pjesma iz punih pluća i srca njemačke nacionalne duše zvoni do neba.

Nakon toga, skup se raspršio, tj. svatko je jurio da čim prije iziđe van, jedni na pivo, drugi na kavu, a ostali na svježi zrak.

Dabome, van na svježi zrak, samo van! To je bila i moja jedina želja. I to treba služiti slavljenju junačkih borbi stotina tisuća Prusa i Njemaca? Fuj, vraže i opet fuj vraže!

Dabome, da vlast voli takve stvari. To je, naravno, "miroljubiv skup". Ministar reda i mira doista se ne mora plašiti da bi valovi oduševljenja mogli iznenada preskočiti dopuštenu mjeru građanske pristojnosti, da bi ljudi u opijenosti oduševljeno mogli požuriti, ne u kafeteriju, u gostionicu, nego ujednačenim korakom marširati u četveroredima ulicama grada uz poklike "Živjela njemačka čast!", te policiji, željnoj mira, time prirediti neugodnosti.

Ne, s takvim se državljanima može uistinu biti zadovoljan.

Nasuprot tome, nacionalsocijalistički skupovi nipošto nisu bili "miroljubivi" skupovi. Tu su se valovi dvaju svjetonazora sudarali jedan s drugim i oni nisu završavali dosadnom, uvijek istom lirom neke patriotske pjesme, nego fanatičnom provalom narodne i nacionalne strasti.

Već od početka je bilo važno da se na našim skupovima uvede slijepa disciplina i bezuvjetno osiguranje autoriteta vodstva skupa. Jer to o čemu smo mi govorili nije bilo nemoćno brbljanje građanskih referenata nego ono čijim smo oblikom i sadržajem mogli izazvati protivnikov odgovor! A na našem skupu ih je bilo! Često su ulazili u velikom mnoštvu, pojedinci među njima bili su izazivači, a na svim njihovim licima odražavalo se uvjerenje: Danas ćemo svršiti s vama!

Da, često su doslovce ulazili u kolonama, ti naši prijatelji crvene boje, s prethodno točno dobivenom zadaćom: večeras porazbijati ovu starudiju i završiti priču. Često je sve stajalo na oštrici mača i samo bezobzirna energija vodstva našeg skupa i brutalna neuviđavnost naše zaštite, mogla je uvijek ponovno spriječiti protivničke namjere.

Imali su sve razloge biti uzrujani.

Već ih je i crvena boja naših plakata privlačila u naše dvorane. Normalno građanstvo je bilo zaprepašteno zbog toga što smo i mi posegnuli za boljševičkim crvenim i u tome je vidjelo dvosmislenu stvar. Njemački nacionalni duhovi došaptavali su si tiho sumnju da smo mi u osnovi samo jedna vrsta marksističke igre, možda čak i prikriveni marksisti ili bolje socijalisti, jer razliku između socijalizma i marksizma, nisu ove glave shvatile ni do danas. Naročito kad se još i otkrilo da se mi na našim skupovima ne obraćamo s: "Dame i gospodo", nego samo: "Narodni drugovi i drugarice", a među sobom govorimo samo o stranačkim drugovima, što je mnogim našim protivnicima bio dokaz marksističke slabosti. Koliko li smo se samo puta tresli od smijeha zbog ovih jednostranih plašljivih građanskih zečeva, posebno u pogledu duhovitog rješenja zagonetke o našem podrijetlu, našim namjerama i našim ciljevima.

Crvenu boju plakata izabrali smo nakon točnog i temeljitog razmišljanja kako bismo time razdražili i izazvali Ljevicu, doveli je do negodovanja i tako ih namamili da dođu na naše skupove, čak da ih i razore, jer smo bar na taj način mogli razgovarati s ljudima.

Bilo je zabavno sve ove godine pratiti zbunjenost, čak i bespomoćnost naših protivnika s njihovom vječno klimavom taktikom. Najprije su od svojih pristalica zahtijevali da se na nas ne obaziru, a naše skupove izbjegavaju.

To su uglavnom i slijedili.

Kako su međutim tijekom vremena pojedinci ipak dolazili, a njihov se broj polagano, ali sve više, uvećavao, a utisak našeg učenja bio vidljiv, postale su njihove vođe malo po malo sve nervozniji i nemirniji, tvrdoglavo uvjereni da se ovaj razvoj neće smjeti vječito gledati, nego mu terorom treba pripremiti kraj.

Nakon toga su stigli i zahtjevi "klasno svjesnom proletarijatu" da se na naše skupove ide masovno, kako bi "monarhističko reakcionarne huškače" pogodila šaka proletarijata utjelovljenog u njihovim zastupnicima.

Odjednom su naši skupovi i tričetvrt sata prije početka bili ispunjeni radnicima. Ličili su bačvi baruta, koja je svakog trena mogla odletjeti u zrak, jer je na njoj već bio upaljeni fitilj. Ali ipak, bilo je drugačije. Ljudi su ulazili unutra kao naši neprijatelji, a izlazili, ako već ne kao naše pristalice, ono ipak zamišljeni, da, postali su kritički preispitivači ispravnosti vlastitog nauka. Na kraju je ispalo tako, da su nakon mog trosatnog predavanja i pristalice i protivnici bili stopljeni u jednu jedinstvenu oduševljenu masu u kojoj je svaki signal za rastjerivanjem bio uzaludan. Sada su se vode dobro uplašile i sve se opet okrenulo prema onima, koji su se protivili ovoj taktici ukazujući na ispravnost njihovog stava da je jedino bilo ispravno, radnicima strogo zabranili dolazak na naše skupove.

Od tada, ili više nisu dolazili, ili ipak manje. Samo, nakon kratkog vremena, cijela je igra je počela ispočetka.

Nisu se držali zabrane, drugovi su dolazili sve više, i konačno su opet pobijedile pristalice radikalne taktike. Trebali smo biti rastjerani.

Kad se nakon dva, tri, često i osam ili deset skupova pokazalo da je o rastjerivanju lakše govoriti nego ga provesti i da je rezultat svakog pojedinog skupa značio odronjavanje crvene borbene postrojbe, iznenada se pojavila druga parola: "Proleteri, drugovi i drugarice! Izbjegavajte skupove nacionalsocijalističkih huškača!".

Ista, vječno klimava taktika mogla se također naći i u crvenom tisku. Uskoro su nas pokušali ušutkati jer su se uvjerili u nesvrhovitost svih ovih pokušaja, te su posegnuli za suprotnim. Svakodnevno nam je nekako bilo "spomenuto", da objasnimo, i to najviše radnicima, potpunu neizvjesnost i smiješnost naše egzistencije. Nakon nekog vremena morala su gospoda osjetiti da nam to, ne samo ne šteti, nego, baš suprotno, koristi, jer su se mnogi pojedinci ipak pitali, zašto se nekoj pojavi poklanja toliko riječi, kad je već toliko smiješna! Ljudi su bili radoznali. Stoga su se iznenada zaokrenuli i jedno su vrijeme prema nama počeli ponašati kao prema istinskim sveopćim zločincima čovječanstva. Članak za člankom u kojima su naše zločinaštvo razjašnjavali i uvijek za njega donosili nove dokaze, a skandalozne priče koje su od A do Ž isisavali iz prsta, trebale su učiniti ostalo. Ali su se nakon kratkog vremena uvjerili u besmislenost ovih napada. U osnovi uzevši, sve nam je to samo pomoglo da se opća pozornost više usmjeri na nas.

Tada sam zauzeo stajalište: Sasvim je svejedno, ismijavaju li nas ili grde, predstavljaju li nas lakrdijašima ili zločincima. Najvažnije je da nas spominju, da se neprestano nama bave i da se, malo po malo, u očima radnika samih, stvarno javljamo kao sila s kojom se trenutno dolazi do razmirica. Tko smo stvarno i što stvarno hoćemo, pokazat ćemo jednog lijepog dana židovskoj tiskovnoj rulji.

Razlog zbog kojega tada nije došlo do rastjerivanja naših skupova bio je svakako i nevjerojatan kukavičluk vođa naših protivnika. U svim kritičnim slučajevima, slali su na razbijanje skupa malog Hansića, očekujući, za svaki slučaj, rezultat razjurivanja izvan dvorane.

O njihovim smo namjerama, skoro uvijek, bili unaprijed obaviješteni. Ne samo stoga, što smo u crvene formacije podmetnuli mnoge stranačke drugove, nego što su tajni crveni pokretači i sami bili napadnuti i to jednom, u ovom slučaju za nas vrlo korisnom brbljarijom, što se u našem njemačkom narodu nažalost vrlo često događa. Oni nisu mogli šutjeti! Kad bi nešto smućkali, većinom bi počeli kokodakati prije nego bi snijeli jaje. Tako smo sve češće poduzimali najopsežnije pripreme, a da crveni komandosi razarači nisu imali pojma koliko im je blizu izbacivanje.

Takva situacija nas je primoravala da zaštitu naših skupova uzmemo u vlastite ruke; na službenu zaštitu se nikada nije moglo računati; baš nasuprot, ona je prema iskustvu uvijek dobro dolazila izazivačima. Jedini stvarni uspjeh službenih operacija, čak i policijskih, bio je najčešće raspuštanje skupa, dakle, njegovo zatvaranje. A to je i bio jedini cilj i namjera političkih izazivača.

Uostalom, u policiji se uvriježila praksa, koja predstavlja najgoru nezakonitost koju si čovjek može zamisliti. Naime, ako vlast dočuje za opasnost razbijanja nekog skupa, tada ne uhićuje one koji prijete, nego kažnjava druge, nevine. Zbog ove se mudrosti policijski duh još i kolosalno uobrazio. Oni to zovu: "Zaštitne mjere za sprječavanje nezakonitosti".

Odlučni bandit može dakle u svako doba držati u šaci časne i poštene ljude i onemogućiti njihovo političko djelovanje. U ime mira i reda, saginje se državni autoritet pred banditom pa istražuje druge, da ovoga ne bi izvolijevao provocirati. Ako su dakle nacionalsocijalisti htjeli održavati skupove na određenim mjestima, a sindikati objasnili da bi to moglo voditi pobuni njihovih članova, tada policija ni za živu glavu nije htjela strpati u zatvor ucjenjivačke klipane, nego nam je zabranila skup. Da, ovi organi zakona su bili nevjerojatno besramni; pa su nam te bezbrojne zabrane priopćavali i pismeno.

Tko se hoće zaštititi od takvih eventualnosti, mora se brinuti da svaki takav pokušaj ometanja uništi već u zametku.

Ovdje treba dodati još i sljedeće: *Svaki skup kojega štiti isključivo policija, u očima širokih masa diskreditira organizatore.* Okupljanje, čije je održavanje zagarantirano samo velikim policijskim uredovanjem, ne djeluje promidžbeno, ukoliko to nisu pretpostavke za pridobivanje nižih slojeva naroda kao vidljivo prisutnih snaga.

Kao što će hrabar muškarac lakše zarobiti žensko srce nego kukavica, tako će i junački pokret prije zadobiti srca naroda nego neki kukavni, koji se održava na životu samo policijskom zaštitom.

Zato mlada stranka, posebno zbog ovih posljednjih razloga, mora brinuti da sama osigura svoju egzistenciju, da se sama štiti i da sama slama protivnički teror.

Zaštita skupa se izgrađuje:
1. na energičnom i psihološki ispravnom vođenju skupa;
2. na organiziranoj redarskoj postrojbi.

Kada smo mi Nacionalsocijalisti uto vrijeme održavali skup, mi smo bili njegovi gospodari i nitko drugi! I mi smo pravo gospodara neprekidno najoštrije naglašavali svake minute. Naši protivnici su točno znali, da onaj koji bi tada provocirao, bezobzirno leti van, i da nas je bilo samo tucet, a njih pola tisuće. Na tadašnjim skupovima, naročito izvan Münchena, dolazilo je na petnaest, šesnaest nacionalsocijalista i do petsto, šesto, sedamsto i osamsto protivnika. Samo mi i tada ne bismo trpjeli provokacije, a posjetitelji našeg skupa su vrlo dobro znali, da da bi se mi radije dali ubiti nego , kapitulirali. Nije se samo jednom dogodilo da se šaka stranačkih drugova junački borila protiv napasne i očite crvene nadmoći.

Sigurno da bi u takvim slučajevima ovih petnaest, dvadeset muškaraca na kraju bilo savladano. Samo, i drugi su znali, da bi prije toga bar dvostruki ili trostruki broj njih imao razbijene lubanje, a to baš nisu htjeli rado riskirati.

Ovdje smo pokušali učiti iz studija marksističke i građanske tehnike okupljanja, i naučili smo.

Marksisti su oduvijek bili slijepo disciplinirani, tako da misao o razbijanju marksističkog skupa, posebno sa građanske strane, nipošto nije dolazila u obzir. Tim su se više crveni bavili takvim namjerama. Ne samo da su na ovom području malo po malo stigli do virtuoznosti, nego su konačno išli tako daleko, da su na velikom području carstva nemarksističke skupove po sebi, već proglašavali izazivanjem proletarijata, posebno onda, kad su tajni pokretači slutili da bi na skupu možda mogao biti nabrojen registar njihovih vlastitih grijeha, te bi se otkrila podlost njihove lažne prevarantske djelatnosti protiv naroda. Čim je ovakav skup bio najavljen, podigao je cjelokupan crveni tisak bijesnu viku, pri čemu su se ovi principijelni podcjenjivači zakona, nerijetko prvi obraćali vlastima s isto toliko hitnom koliko i prijetećom molbom, da smjesta spriječi ovu "provokaciju proletarijata", kako bi se "izbjeglo ono najgore". Razgovor su birali prema veličini činovničke teleće glave i postizali uspjeh. Ali, ako bi se na takvom mjestu zatekao pravi njemački činovnik, a ne počinovničena kreatura i odbio bestidni zahtjev, tada bi slijedio poznati zahtjev, da se jednu takvu "provokaciju" proletarijata ne smije trpjeti, nego se naći u masi na tom i tom skupu, da bi se "pomoću žuljevitih šaka proletera, pokazalo građanskim kreaturama kako se izvodi ručni rad".

Treba jednom vidjeti neki građanski skup, i s njima doživjeti njihovo vođenje u svojoj potpunoj bijedi i njihovom strahu! Radi takvih prijetnji, njihov je skup vrlo često bio bez pola muke odmah otkazan. Njihov je strah bio toliko velik, da su umjesto u osam, rijetko počinjali prije tričetvrt devet ili devet sati. Predsjedavajući se trudio da s devedeset i devet komplimenata objasni prisutnoj "gospodi iz opozicije" kako se i on i drugi nazočni iskreno raduju (čista laž!) posjeti ljudi koji još nisu bili na njihovom tlu, te su se međusobnim pozdravima (koji su odmah na početku svečano izgovoreni) približili shvaćanju suprotne strane, približili međusobne odnose, i uspostavili mostove zajedničke suradnje. Pri čemu je usput potvrdio da namjera skupa nije odvraćanje ljudi od njihovog dosadašnjeg shvaćanja. Ne, nipošto, svatko treba biti zadovoljan svojom dušom, ali i drugima dopustiti isto zadovoljstvo i zato najsrdačnije moli da se referentima dopusti da svoja izlaganja, koja će slijediti, a neće dugo trajati, dovedu do kraja, da se svijetu a ni ovom skupu ne pokaže unutarnja sramna igra njemačke bratske mržnje, molim ....Brrr.

Bratski narod s lijeva za to nije imao razumijevanja, pa se, prije nego što je referent i započeo, popraćen najrazvratnijim grdnjama i povicima, morao spakirati, a nerijetko je i stekao dojam da je zahvalan Sudbini zbog skraćenja mučne procedure. S ogromnim spektaklom napuštali su ovi toreadori građanskih skupova arenu, ukoliko nisu letjeli niz stube razbijenih glava, što je bio čak češći slučaj.

Zato je za marksiste, u svakom slučaju,bila novost kad smo mi Nacionalsocijalisti naše prve skupove i produžavali, a posebno, kako smo ih produžavali. Dolazili su uvjereni da će igricu, koju su tako često odigrali, sasvim sigurno ponoviti i u nas. "Danas ćemo svršiti s vama!". Mnogi su tako ulazeći u dvoranu jedva stigli otvoriti svoje velike labrnje i dobaciti drugu ovu upadicu, a već su, brzinom munje, prije nego su je uspjeli i ponoviti, sjedili pred vratima dvorane.

Prvo, vođenje skupa u nas je bilo drugačije. Mi nismo prosili da nam se milostivo dopusti držati predavanje, niti smo od samog početka dopuštali beskrajne pozdrave, nego smo kratko i jasno zaključili da smo mi gospodari skupa, da smo mi, slijedom toga, domaćini, i da će svatko, tko se usudi i jednom ubaciti upadicu, nemilosrdno izletjeti tamo otkuda je i došao. Za takve smo klipane odbili preuzeti odgovornost, pa ako bi ostalo vremena, a nama je odgovaralo, dopustili smo raspravu, a ako ne, tada nismo, a sada ima riječ gosp. referent, poštovani gospodin taj i taj.

Već su se i zbog toga iznenadili.

Drugo, raspolagali smo jakom, strogo organiziranom zaštitom dvorane. Građanske su stranke imale zaštitu dvorane, ili bolje, redarstvo, koje se najčešće sastojalo od gospode koja su vjerovala da zbog svoje starosti uživaju pravo autoriteta i poštovanja. Kako se razjarena marksistička rulja nije ni najmanje osvrtala na starost, autoritet, ni respekt, ova je građanska zaštita dvorane bila praktično, tako reći ‚ukinuta.

Ja sam već od samog početka našega masovnog djelovanja uveo organiziranu zaštitu dvorane - *redarsku službu*, koja je u osnovi bila sastavljena uglavnom od mladih momaka. Dijelom su to bili drugovi koje sam poznavao još iz vojske, dijelom tek pridobiveni mladi stranački drugovi, koji su od početka bili poučeni i tako odgojeni da se teror lomi terorom, da je na ovoj Zemlji uvijek pobjeđivao hrabar i odlučan, da mi branimo snažnu ideju, tako veliku i moćnu, koja zaslužuje da bude zakriljena i štićena i zadnjom kapljom krvi. Bili su prožeti učenjem, da je, kad utihne razum, a zadnja odluka prepuštena sili, napad najbolja obrana, i da je naša redarska služba zvanje, a ne debatni klub, jer samo tako možemo postati, već izvana, krajnje odlučna borbena zajednica.

I kako onda ova mladost ne bi čeznula za jednom takvom parolom!

Kako je samo ova generacija ratnih vojnih pohoda morala biti razočarana i gnjevna, puna gađenja i gnusobe zbog građanske mlohavosti i tromosti!.

Tada je postalo jasno da je revolucija bila moguća zahvaljujući samo uništenom građanskom vodstvu našeg naroda. Šake koje su trebale štititi njemački narod, još bi se i našle, ali su nedostajale lubanje, koje bi se za to založile. Kako su me tada često zabljesnule oči mojih mladića, kad sam im obrazlagao nužnost njihove misije, te ih uvjeravao i uvjeravao da je sve znanje na ovoj Zemlji beskorisno, ako u njegovu službu ne stupi snaga, koja natkriljuje i štiti, da blaga božica mira može boraviti samo na strani boga rata, i da svako veliko djelo mira, zaštite i pomoći treba snagu. Tako im je slika vojne obveze prikazana na puno živopisnijem obliku. Ne u okoštalom smislu starih okoštalih činovničkih duša, u službi totalnog autoriteta, totalne države, nego u životnoj spoznaji dužnosti predajom života pojedinca za opstojnost njegovog naroda, sa potpunom predajom u svako vrijeme, na svakom mjestu, svakom trenutka.

Kako su samo nastupali ovi mladići!

Slični roju stršljenova navaljivali su na uznemiravače naših skupova ne osvrćući se na njihovu nadmoć, pa bila ona još i veća, ne osvrćući se na rane i krvave žrtve, potpuno ispunjeni velikim mislima o svetom poslanju koje će našem pokretu prokrčiti slobodan put.

Već u kasno ljeto 1920. poprimila je redarska postrojba, malo po malo, određene oblike, da bi se u proljeće 1921, potpuno izgradila u satnije, od stotinu ljudi, a one se dalje dijelile u manje grupe.

To je bilo prijeko potrebno jer je održavanje skupova bilo sve učestalije. Još se i sada sastajemo u münchenskoj Hofbräuhausfest dvorani, ali još češće u većim gradskim dvoranama. U jesen i zimi 1920/21. doživljavali su Bürgerbräufest dvorana i münchenski Kindl - Keller sve veće i silnije masovne skupove, a slika je uvijek bila ista: *Zborove Nacionalsocijalističke njemačke radničke stranke (NSDAP) je već tada gotovo otpočetka policija zatvarala zbog pretrpanosti.*

Organizacija naše redarske postrojbe, riješila je i jedno vrlo važno pitanje. Pokret do tada nije imao ni stranačku oznaku ni zastavu. Nepostojanje takvih simbola nije bio samo trenutni nedostatak, već je bio nepodnošljiv i za budućnost. Šteta se sastojala prije svega u tome, što je stranačkim drugovima nedostajao bilo kakav vanjski znak zajedničke pripadnosti, dok za budućnost nije smjelo biti podnošljivo odreći se znaka, koji bi mogao imati karakter simbola jednog pokreta i kao takav se mogao suprotstaviti Internacionali. Kakvo psihološko značenje ima takav simbol, imao sam priliku spoznati sam, ne jedanput, već u svojoj mladosti, a i osjećajno sam ga razumio. Nakon rata, u Berlinu pred Kgl. dvorcem i Lustgartenom, doživio sam jedan veliki marksistički masovni zbor. More crvenih zastava, crvenih vrpci i crvenog cvijeća, davalo je ovom zboru, na kojem je sudjelovalo otprilike najmanje sto i dvadeset tisuća sudionika, već izvana veličanstven prizor. Mogao sam i sam osjetiti i razumjeti zašto čovjek iz naroda tako lako podliježe sugestivnoj čaroliji ovako veličanstvenog prizora.

Građanstvo, koje stranačko politički ne predstavlja ili zastupa uopće nikakav svjetonazor, zbog toga nema ni vlastitu zastavu. Ono se sastoji od "patriota", pa okolo hoda u bojama carstva. Da su one bile simbol nekog svjetonazora, tada bi se moglo razumjeti da posjednici države ovim zastavama također reprezentiraju i svoj svjetonazor, da, svakako, simbol njihovog svjetonazora postala je državno i carska zastava.

No, stvari nisu stajale tako.

Carstvo je bilo tesano bez potpore njemačkoga građanstva, a sama se zastava rodila u krilu rata. Time je ona bila stvarno samo državna zastava i nije imala nikakav značaj u smislu nekog posebnog svjetonazorskog poslanja.

Samo je na jednom mjestu njemačkog govornog područja postojalo nešto kao građanska stranačka zastava, u njemačkoj Austriji. U kojoj je jedan dio tamošnjeg nacionalnog građanstva izabrao boje četrdesetosmih godina: crno – crveno – zlatnu, za svoju stranačku zastavu, pa je stvoren simbol, koji je svjetonazorski gledano bio bez ikakvog značaja; državno politički, je ipak imalo revolucionarni karakter. *Najoštriji neprijatelji ove crno – crveno - zlatne zastave su bili - to se danas nipošto ne smije zaboraviti - tadašnji Socijaldemokrati i Kršćansko - socijalni, odnosno Klerikalci.* Upravo su oni psovali, kaljali i prljali ove boje, upravo onako, kako su kasnije, 1918., bacali u jarak crno – bijelo - crvenu. U svakom slučaju, crno – crveno - zlatna su bile boje njemačkih stranka stare Austrije iz 1848., dakle, jednog vremena koje je moglo biti fantastično, posebno u pojedinim poštenim njemačkim dušama kao njihovim zastupnicima, iako je u nevidljivoj pozadini, kao tajni pokretač, stajao Židov. Dakle, tek što su izdali domovinu, a zatim se bestidno cjenkali s njemačkim narodom i njemačkim dobrom, učinili su simpatičnom marksističku zastavu i Centar marksizma, te ih danas poštujemo kao najviše božanstvo, da bi ih potom popljuvali zbog zaštite od onoga što su nekada sami stvarali.

Tako do 1920. stvarno nije bilo marksizmu suprotstavljene zastave koja bi po svjetonazoru, u odnosu na njega, bila utjelovljena polarna suprotnost. Da se njemačko građanstvo, koje je bilo prekomotno, sa svojim boljim strankama, poslije 1918. i htjelo zauzeti za ponovno otkrivenu crno – crvenu - zlatnu carsku zastavu i preuzeti je kao vlastiti simbol, nije se moglo suprotstaviti programom daljeg razvitka u budućnosti, nego u najboljem slučaju, razmišljanjem o rekonstrukciji prošlog carstva.

I upravo ovom razmišljanju zahvaljuje crno – bijela - crvena zastava starog carstva svoje uskrsnuće kao zastave naših takozvanih nacionalnih građanskih stranka.

Jasno je kao na dlanu, da bi sada simbol jednog vremena kojega je marksizam mogao svladati pod manje časnim okolnostima i njihovim popratnim pojavama, takomalo značio kao znak podkojim bimarksizam opet trebao biti uništen. Ovestare jedinstvene lijepe boje u svojoj mladenački svježoj zajedničkoj postavi, svakomčestitom Nijemcumorajubiti tako svete i dragocjene, jer se podnjimaborio i vidio tako mnogo žrtava, ali ova zastava tako malo vrijedi kao simbol jedne borbe budućnosti.

Uvijek sam u našem pokretu, za razliku od građanskih političara, zastupao stajalište, da je za njemačku naciju prava sreća što je ova stara zastava bila izgubljena. To što republika čini pod ovom zastavom, potpuno nam je svejedno. Ali iz dubine srca zahvaljujemo Sudbini što je bila milostiva i sačuvala najproslavljeniju ratnu zastavu svih vremena, da nije korištena kao plahta najsramotnije prostitucije. Današnje carstvo, koje prodaje i sebe i svoje građane, nikada ne bi smjelo uvesti crno – bijelo - crvenu, časnu i junačku zastavu. Sve dok traje sramota studenoga, mora nositi i svoju vanjsku ljušturu, a ne da i ovo pokušava ukrasti od čestitije prošlosti. Naši bi građanski političari morali biti svjesni, da onaj, koji za državu želi crno – bijelo – crvenu zastavu, čini bezočnu krađu naše prošlosti. Ova je jedinstvena zastava, tako stvarno odgovarala samo jedinstvenom carstvu, kao što, Bogu budi slava i hvala, Republici odgovara ova koju je sama izabrala.

To je i bio razlog što mi Nacionalsocijalisti, izvlačenjem stare zastave nismo u njoj našli izražajniji simbol naše vlastite djelatnosti, jer mi ne želimo probuditi mrtvo carstvo, s njegovim nedostatcima, nego izgraditi novu državu.

Pokret koji se danas u tom smislu bori s marksizmom, mora već u svojoj zastavi nositi simbol nove države.

Pitanje nove zastave tj. njezina izgleda, tada nas je jako zaokupljalo. Sa svih su strana stizali prijedlozi, nažalost, češće bolje smišljeni, nego ostvarivi. Nova je zastava morala isto tako biti i simbol naše vlastite borbe, a s druge strane i pokazivati snažno plakatno djelovanje. Tko se i osobno bavio masom, taj zna da se u ovim neznatnim sitnicama kriju vrlo velike stvari, jer učinkovita oznaka će dati u sto tisuća slučajeva prvi poticaj zanimanja za pokret.

Iz tih razloga smo morali odbiti sve prijedloge sa strane, da se bijelom zastavom identificiramo sa starom državom ili točnije, s nekim slabim strankama, čiji je jedini politički cilj bio ponovno uspostavljanje proteklih stanja. Osim toga, bijela boja nije privlačna. Ona odgovara krjeposnim djevičanskim udruženjima, a nikako pokretima prevrata revolucionarnog vremena.

Bilo je predloženo i crno: po sebi je to odgovaralo današnjem vremenu, ali u sebi nije predstavljalo jasnu žudnju volje našeg pokreta. Konačno ni ova boja nije dovoljno privlačna.

Bijelo - plavo je isključeno unatoč estetskoj privlačnosti, kao boja jedinstvene njemačke države, nažalost ne baš na dobrom glasu, postojećeg političkog stava s posebnom uskogrudnošću. Uostalom, i ovim bi se teško moglo naći neko upozorenje na naš pokret. Isto je važilo i za crno - bijelo.

Crno – crveno - zlatno, samo po sebi nije dolazilo u obzir.

Također ni crno-bijelo - crveno, iz već spomenutog razloga, u svakom slučaju ne u dosadašnjem smislu. Što se tiče djelovanja, ovaj se sastav boja nalazi visoko iznad svih ostalih. Jer to je najzvučniji akord koji uopće postoji.

Osobno sam se zauzimao za stare boje, ne samo zato što su mi kao vojniku najsvetije od svih, nego i zato što njihov estetski izgled snažnije djeluje na moja osjećanja. Ipak sam bezbrojne nacrte i modele koje su mi slali, unoseći u staru zastavu kukasti križ, odbio bez izuzetka. I ja sam - kao vođa - imao svoj model, ali, nisam htio s njim istupiti pred javnost, jer je bilo moguće da bi netko drugi mogao donijeti isto tako dobar, a možda i bolji. I zaista, jedan je zubar iz Starnberga poslao ne tako slab nacrt, koji je bio prilično sličan mome, no imao je jedan nedostatak: kukasti križ savinutih krakova bio je, naime, ukomponiran u bijelom krugu.

Nakon bezbrojnih pokušaja osobno sam izradio konačni oblik Zastava crvene podloge s jednim bijelim krugom, u čijoj je sredini bio crni kukasti križ. Nakon dugog traženja, našao sam također određeni odnos između veličine zastave i veličine bijelog kruga, kao i oblik i snagu kukastog križa.

I na tome je ostalo.

U istom smislu odmah je zapovjeđeno da se izrade trake za rukave redarske postrojbe, na čijem će se crvenom povezu, u bijelom krugu nalaziti crni kukasti križ.

Po sličnim smjernicama, stvoren je i stranački znak: bijeli krug na crvenoj podlozi s kukastim križem u sredini.

Münchenski zlatar Füs isporučio nam je prvi upotrebljivi model, kojega smo i zadržali.

Nova je zastava prvi puta prikazana javnosti sredinom ljeta 1920. Odlično se slagala s našim mladim pokretom. Bila je mlada i nova kao i on. Nitko je do sada nikada nije vidio; djelovala je tada kao baklja. Kad je jedna vjerna stranačka drugarica zastavu prvi puta izvela po nacrtu i isporučila nam je, svi smo se radovali kao djeca. Već nekoliko mjeseci kasnije imali smo ih

mi u Münchenu pola tuceta, i sve više i više, čemu su pridonijele redarske postrojbe koje su se prihvatile zadatka širenja novih simbola pokreta.
A to je bio uistinu simbol! Ne samo zbog jedinstvenih žarko voljenih nam boja, koje su njemačkom narodu nekada izvojevale toliko časti, i čime će biti posvjedočeno ne samo strahopoštovanje prošlosti, nego je on bio i utjelovljenje najsnažnije volje pokreta. Svi Nacionalsocijalisti, svi mi, u našoj zastavi vidimo i naš program. U crvenom vidimo socijalne ideje pokreta, u bijelom nacionalsocijalističke, u kukastom križu, misiju borbe za pobjedu arijskog čovječanstva, a istovremeno s njim i pobjedu ideje stvaralačkog rada, koji je sam vječno bio antisemitski, a antisemitski će i ostati.

Dvije godine kasnije, kad je već davno od redarskih postrojbi nastali jurišni odredi od nekoliko tisuća ljudi, bilo je nužno da se ovoj obrambenoj organizaciji mladog svjetonazora dade i poseban simbol pobjede: barjak. I za njega sam načinio nacrt i dao ga na izradu starom vjernom stranačkom drugu, majstoru zlataru Gahru. Od tada je ovaj barjak znamenje i znak postrojbi nacionalsocijalističke borbe.

Djelatnost na organiziranju skupova, koja je 1920. sve više rasla, vodila je konačno tome, da smo nekih tjedana održavali i po dva skupa. Ljudi su bili opčinjeni našim plakatima, najveće gradske dvorane su bile uvijek pune, a desetine tisuća zavedenih marksista, našle su put svojoj narodnoj zajednici da bi postali borci za buduće slobodno njemačko carstvo. Münchenska javnost nas je upoznala. O nama se govorilo, a riječ "Nacionalsocijalist" bila je prepoznatljiva, i označavala je već i program. Neprekidno su rasle čete pristalica i broj samih članova, tako da smo već zimi 1920/21. mogli u Münchenu nastupiti kao jaka stranka.

Osim marksističkih stranaka, nije bilo niti jedne, prije svega niti jedne nacionalne, koja bi mogla izazvati interes za tako masovne zborove kao naša. Münchenski Kindl - Keller mogao je primiti pet tisuća ljudi, ne jednom je bio prepun. Postojao je još samo jedan prostor u koji se nismo usudili ući - Cirkus Krone.

Krajem siječnja 1921. u Njemačkoj su opet narasle teške brige. Pariška nagodba na temelju koje se Njemačka obvezala isplatiti bezumnu sumu od sto milijardi maraka u zlatu, trebala se ostvariti prema londonskom diktatu.

Neka münchenska, dugo postojeća Zajednica rada takozvana Narodna udruga, htjela je tim povodom pozvati na veliki zajednički prosvjed. Vrijeme je pritiskivalo, a ja sam sam s obzirom na vječito skanjivanje i oklijevanje provođenja donesenih odluka, bio nervozan. Najprije se govorilo o masovnom zboru na Königsplatzu, ali se od toga opet odustalo zbog straha da bi mogli biti rastjerani od crvenih, pa se planirao prosvjedni zbor pred

Feldherrnhallom. I od toga se opet odustalo, pa je konačno predložen zajednički skup u münchenskom Kindl - Kelleru. Međutim, prolazio je dan za danom, velike stranke se uopće nisu sjetile ovog užasnog događaja, a sama Zajednica rada nikako da se odluči konačno odrediti čvrsti datum za održavanje skupa.

U utorak 1. veljače 1921. zahtijevao sam bezuvjetno konačnu odluku. Bio sam utješen sa srijedom. U srijedu sam bezuvjetno zahtijevao jasnu obavijest, hoće li se i kada skup održati. Obavijest je ponovno bila neodređena i izbjegnuta i glasila je "namjerava" se oglasiti zbor Zajednice rada za srijedu sljedećeg tjedna.

Time su popucale sve niti moga strpljenja, te odlučih sam organizirati protestni zbor. U srijedu u podne, izdiktirao sam plakat za deset minuta i dao rezervirati dvoranu Girkus - Kronea za sljedeći dan, četvrtak 3. veljače.

To je tada bio veliki pothvat. Ne samo da je bilo upitno popunjenje divovske dvorane, nego je postojao i strah od razbijanja.

Naše redarske postrojbe nisu ni iz izbliza bile dovoljne za ovaj veliki prostor. Ni sam nisam imao pravu predodžbu o mogućem događanju u slučaju razbijanja. Držao sam to puno opasnijim u cirkuskoj zgradi, nego u normalnoj dvorani. Ipak, bilo je, kako se kasnije ispostavilo, upravo obratno. U ogromnoj je dvorani stvarno puno lakše držati pod nadzorom razorne odrede, nego u usko građenim dvoranama.

Sigurno je, međutim, bilo samo jedno. Svaki neuspjeh bi nas mogao jako unazaditi. Jedno jedino uspješno razbijanje, razorilo bi i uništilo naš ugled jednim udarcem, a protivnike bi ohrabrio da jednom ostvarene planove ponovno pokušaju i ubuduće. To bi moglo voditi sabotaži naše daljnje djelatnosti na organiziranju skupova, što mi moglo biti prevladano tek nakon više mjeseci i to najtežom borbom.

Za plakatiranje smo imali samo jedan dan, naime, samo četvrtak. Nažalost, već je od jutra padala kiša, pa je bio opravdan strah, neće li po takvom vremenu mnogi ljudi radije os'tati kod kuće, umjesto da po kiši i snijegu jure na nekakav skup na kojem bi moglo biti i mrtvih i ubijenih.

U četvrtak dopodne odjednom me uhvatio nekakav strah da prostor možda neće biti ispunjen (bila bi to velika blamaža pred Zajednicom rada), tako da sam hitno izdiktirao i dao tiskati masu letaka koji su trebali biti razaslani još poslije podne. Naravno da su sadržavali zahtjev za dolazak na skup.

Dva kamiona, koja sam dao unajmiti, omotana sva u crveno, k tome nekoliko naših istaknutih zastava, u svakom po petnaest do dvadeset stranačkih drugova: oni su dobili naredbu, da vozeći po gradu, marljivo bacaju letke, ukratko da propagiraju večerašnji masovni skup. To je bilo po prvi puta, da su gradom prolazili kamioni sa zastavama, u kojima nisu bili marksisti. Građanstvo je zabezeknuto, otvorenih labrnja, buljilo u crveno dekorirane i ukrašene kamione na kojima su se vijorile zastave s kukastim križevima, dok su se kroz to vrijeme u vanjskim gradskim četvrtima, dizale stisnute šake, čiji su vlasnici izgarali od bijesa zbog najnovije "provokacije proletarijata". Jer, samo je marksizam zadržavao pravo vožnje kamionima po gradu prilikom održavanja svojih skupova.

U sedam sati navečer cirkus još nije bio baš popunjen. Svakih deset minuta, sam bio telefonski obavještavan i prilično uznemiren; jer u sedam sati ili četvrt nakon sedam, bile su ostale dvorane većinom dopola, a ponekad i potpuno ispunjene. To se ubrzo i objasnilo. Nisam računao s ogromnim dimenzijama novog prostora: tisuću osoba u Hofbräufest sali činilo se sasvim lijepom popunjenošću, dok su u Cirkus Krone jednostavno bili progutani. Jedva da ih se vidjelo. Kratko iza toga stigle su ipak povoljnije vijesti, a u tričetvrt osam bilo je popunjeno tri četvrtine prostora, a još su velike mase ljudi stajale pred blagajnama. Na to sam jurnuo tamo.

Dvije minute iza osam stigao sam pred cirkus. Još uvijek je pred njim stajala gomila ljudi, dijelom zbog radoznalosti, a među njima i mnogi protivnici, koji su događaje htjeli promatrati izvana.

Kad sam ušao u moćnu dvoranu, obuzela me jednaka radost kao kod prvog skupa prije godinu dana u münchenskoj Hofbräufest sali. Tek kad sam se probio kroz ljudske zidove i stigao do visoko uzdignutog podija, vidio sam uspjeh u svoj njegovoj veličini. Kao neka ogromna školjka, ova se dvorana, pružala preda mnom, ispunjena tisućama i tisućama ljudi. Čak je i jahaonica bila potpuno zaposjednuta. Bilo je izdano preko pet tisuća šest stotina karata, i ako bi priračunali broj nezaposlenih, siromašne studente i naše redarske postrojbe, moglo se ovdje nalaziti oko šest i pol tisuća osoba.

Tema je glasila: "Budućnost ili propast". Srce mi je klicalo od radosti zbog uvjerenja da budućnost leži tu dolje preda mnom.

Počeo sam govoriti, i govorio sam već dva i pol sata, a osjećaj mi je govorio, već nakon prvih pola sata, da bi ovaj skup mogao imati veliki uspjeh. Bila je uspostavljena veza sa svim ovim tisućama. Nakon prvog sata počele su upadice u sve većim spontanim izljevima oduševljenja, da bi nakon dva sata ponovno splasnulo i prešlo u neku svetu tišinu, koju sam kasnije u ovoj istoj dvorani tako često doživljavao i koja će svakom pojedincu ostati u nezaboravnom sjećanju. Jedva da se išta čulo osim daha ove ogromne gomile i tek kad sam izgovorio i posljednju riječ, buknulo je iznenada ponovno, da bih uz, s najvišim žarom otpjevanom "Njemačkom pjesmom", završio ovaj naš skup.

Još sam neko vrijeme pratio kako se polako počinje prazniti ogromna dvorana, a nepregledno more ljudi gotovo dvadeset minuta, probija ka velikim srednjim izlaznim vratima. Tek sam tada i sam, presretan, napustio svoje mjesto i uputio se kući.

O ovom prvom skupu u Cirkusu Krone u Münchenu, načinjeni su i snimci. Oni bolje od riječi prikazuju veličinu skupa. Građanski listovi su objavili fotografije i bilješke, spomenuvši samo da bi se moglo raditi o "nacionalnom" zboru, prešutjevši, kao i obično, tko je skromni organizator.

Time smo po prvi puta izišli iz okvira jedne obične dnevne stranke. Više nas se nije moglo zaobići. Da se ne bi dobio utisak, da se u uspjehu ovog skupa radi samo o jednodnevnom životu noćnog leptirića, smjesta sam za sljedeći tjedan u Cirkusu zakazao drugi zbor, a uspjeh je bio isti. Ogromna dvorana ponovno je bila popunjena do zadnjeg mjesta, pa sam odlučio da naredne nedjelje, i po treći puta, u istom stilu održim skup. I po treći je puta divovski Cirkus bio ispunjen ljudima od dolje do gore.

Nakon ovog uvoda godine 1921. naša je djelatnost organiziranja skupova u Münchenu još više rasla. Išao sam i preko toga, pa sam nekih tjedana održavao ne samo jedan, već i po dva masovna skupa, a ljeti i u kasnu jesen, bilo ih je pokatkad i po tri. Okupljali smo se sada uvijek u Cirkusu i na naše veliko zadovoljstvo, sve su naše večeri bile jednako uspješne.

Učinak je bio, sve veći porast broja pristalica pokreta i veliki porast članova.

Takvi uspjesi nisu, naravno, dali mira ni našim protivnicima.

Nakon što su sa svojom klimavom taktikom bili sve slabiji i javljali se sad terorom, sad mrtvom šutnjom, odlučili su se posljednjim snagama za teroristički čin, kako bi na bilo koji način spriječili i uništili daljnji razvoj pokreta. Kao vanjski povod za akciju iskoristili su vrlo tajnovit atentat na poslanika Zemaljske skupštine, izvjesnog Erharda Auera. Rečeni Erhard Auer je navečer trebao biti ustrijeljen. Što znači, nije stvarno ustrijeljen, ali je bilo pokušaja da se na njega puca. Čudesna domišljatost duha kao i poslovična hrabrost Socijaldemokratskog vođe stranke, ne samo da su ovaj napad spriječili, nego su opakim ubojicama i sramotno omogućili bijeg. Oni su pobjegli tako brzo i daleko, da im ni policija nije mogla ući u trag. Ovaj tajnoviti događaj iskoristio je organ Socijaldemokratske stranke u Münchenu, da bi na neumjesni način mogao huškati protiv pokreta, a k tome je već poznatom brbljavošću upozoravao što bi se sve moralo dogoditi.

On se trebao pobrinuti da naša stabla ne izrastu do neba, nego da ih se pravovremeno skreše proleterskim šakama. Nekoliko dana kasnije, dan napada bio je već tu.

Za konačni obračun je izabran dan kada sam trebao govoriti na skupu u münchenskom Hofbräufest sali,

4. studenog poslijepodne, između šest i sedam sati, primio sam prvu potvrdnu vijest da će skup sigurno biti razoren, a u tu se svrhu, posebno iz nekoliko crvenih pogona namjeravalo poslati veliku masu radnika.

Bila je nesretna okolnost da ovu obavijest nismo primili već ranije. Naime, istoga smo dana predali naš stari počasni ured u Sterneckergasse u Münchenu i preselili u novi, što znači, iz starog smo izašli, a u novi nismo potpuno ušli, jer se u njemu još radilo. Kako je telefon u starom već bio istrgnut, a u novi još nije uveden, brojni su telefonski pozivi ljudi koji su nam htjeli javiti o planiranom razaranju, bili uzaludni.

To je imalo za posljedicu da je skup bio štićen samo vrlo slabom redarskom postrojbom, tj. samo satnijom od svega četrdeset i šest ljudi. Alarmni uređaj još nije bio ugrađen, da bismo uvečer tijekom jednog sata mogli dovesti potrebno pojačanje. Tome još treba dodati, da smo već nebrojeno puta čuli takve alarmirajuće glasine, a da se ništa posebno nije dogodilo. Stara izreka, da najavljene revolucije najčešće izostaju, pokazala se i do sada, još uvijek i nama točnom.

Tako se danju, također iz tog razloga, možda nije dogodilo sve što se moglo dogoditi, te se s brutalnom odlučnošću razaranje moglo osujetiti.

Konačno, münchensku Hofbräufest salu i nismo držali prikladnim za razaranje. Bojali smo ga se više u velikim dvoranama, posebno u Cirkusu. Utoliko nam je ovaj dan bio dobar nauk. Kasnije smo danima proučavali sva pitanja, čak bih rekao, studirali znanstvenom metodikom i došli do rezultata koji su toliko bili nevjerojatni, koliko i interesantni, te su za organizacijsko i taktičko vodstvo našeg jurišnog odjela postali od osnovnog značaja za budućnost.

Kad sam utričetvrtosam stigao u predvorje Hofbräuhausa, nestala je svaka dilema o postojećoj namjeri. Dvorana je bila prepuna i zbog toga ju je policija zatvorila da se u nju više nije moglo ulaziti. Protivnici su već bili u dvorani, a naše pristalice većim dijelom vani. Mala zaštitna postrojba me je očekivala u predvorju. Dao sam zaključati vrata velike dvorane i pozvao svojih četrdeset i pet ili četrdeset i šest ljudi da nastupe. Rekao sam momcima da moramo ostati vjerni pokretu, orilo - gorilo, i da ni jedan od nas ne smije napustiti dvoranu; osim ako nas mrtve iz nje ne iznesu; ja ću sam ostati u dvorani i ne vjerujem da će me tko od vas napustiti; ali ako i jednoga vidim da se kukavički ponaša, osobno ću mu strgnuti traku s ruke i oduzeti značku. Tada sam im naredio da i pri najmanjem pokušaju razdora, istog trenutka jurnu, jer najbolje se brani, ako se napada.

Trostruki "Živio", koji je ovaj puta bio hrapaviji i promukliji, bio je jedini odgovor.

Tada sam ušao u dvoranu i mogao vlastitim očima steći uvid u pravo stanje. Sjedili su zbijeni jedan uz drugoga pokušavajući me probosti očima. Okretali su svoja bezbrojna zajedljiva, mržnjom ispunjena lica, dok su ostali opet prijezirnim grimasama uzvikivali poznate upadice. "Danas ćemo s vama završiti", neka pazimo naša crijeva, konačno će nam začepiti gubicu i slične lijepe izreke. Bili su svjesni svoje nadmoći, pa su se tako i ponašali.

Skup je ipak bio otvoren i ja sam počeo govoriti.

U Hofbräufest sali sam uvijek stajao na najdužoj strani dvorane, a kao podij mi je služio pivski stol. Našao sam se, dakle, stvarno usred mnoštva. Možda je i ta okolnost pridonijela općem raspoloženju kakvo nisam osjetio u drugim dvoranama.

Preda mnom, naročito lijevo od mene, sjedili su ili stajali sve sami protivnici. Bili su to skroz naskroz snažni muškarci i momci većim dijelom iz tvornice Maffei, od Kustermanna, iz Isariazähler pogona itd. Uz lijevi zid, uzduž dvorane primakli su se, čvrsto zbijeni, čak do mog stola, pa su počeli skupljati ispijene pivske vrčeve, tj. naručivali su sve više piva, a ispijene krigle, odlagali pod stolove. Tako su nastale čitave kanonade, i bilo bi pravo čudo, kad bi ovo danas završilo dobro.

Nakon otprilike sat i po - tako dugo sam, unatoč upadicama mogao govoriti - činilo se, da bih mogao zagospodariti situacijom. Činilo se da je vođa razbijačke grupe to i sam osjetio. Postajali su sve nemirniji, izlazili su često van, pa ponovno ulazili unutra, nervozno su razgovarali sa svojim ljudima.

Mala psihološka pogreška koju sam počinio uzvraćanjem na jednu upadicu i koja mi je, tek što sam izgovorio riječ, došla do svijesti, dala je signal za početak njihove razorne tuče. Nekoliko gnjevnih uzvika i upadica i jedan je čovjek skočio na stol te počeo rikati po dvorani: *"Sloboda!"*, i borci za slobodu su na taj signal započeli svoj rad.

Za nekoliko sekundi cijela je dvorana bila ispunjena ljudskom gomilom koje je rikala i vikala, a iznad koje su letjeli nebrojeni pivski vrčevi kao granate haubice; između toga lomovi nogu stolica, prskanje pivskih krigli, vika, galama, dernjava i zapomaganja.

Bio je to glupi spektakl.

Ostao sam na svom mjestu i mogao promatrati kako moji momci do kraja vjerno izvršavaju svoju dužnost. Da mi je bilo vidjeti građanski skup!

Ples još nije započeo, kad je napao moj jurišni odjel - tako su se prozvali od toga dana. Bacali su se kao čopor vukova, njih po osam do deset, na svoje protivnike i jednog za drugim istresali iz dvorane. Već nakon pet minuta jedva da sam i vidio nekoga od njih koji nije bio obliven krvlju. Mnoge od njih sam tek tada pravo upoznao; na vrhu moj hrabri Maurice, moj današnji privatni osobni tajnik Hess i mnogi drugi, koji su, iako i sami teško povrijeđeni, stalno napadali, dokle god su mogli stajati na nogama. Paklena buka trajala je dvadeset minuta, a tada su protivnici, njih oko sedamsto, osamsto, bili izbačeni iz dvorane ili potjerani stubištem, i to od mojih ni pedeset ljudi. Samo se u stražnjem lijevom kutu zadržavala još jedna velika skupina koja je pružala ogorčeni otpor. Od ulaza prema unutrašnjosti iznenada su ispaljena dva hica iz pištolja. Započe divlja pucnjava. Skoro da mi je klicalo srce osvježavajući stare ratne doživljaje.

Tko je pucao, od sada se više nije moglo utvrditi. Moglo se zaključiti samo jedno, da je u trenu bijes mojih mladića postao žešći dok konačno nisu nasilno izbacili iz dvorane i posljednjeg izazivača.

Prošlo je otprilike dvadeset i pet minuta, dvorana je izgledala kao da ju je pogodila granata. Mnoge moje pristalice bile su upravo zavijene, neki su morali biti odvezeni, ali smo samo mi ostali gospodari situacije. Hermann Esser, koji je ove večeri preuzeo vođenje skupa, objasnio je: *"Skup se nastavlja. Riječ ima referent"*, i ja sam opet govorio.

Nakon što smo već i sami zaključili skup, upao je u dvoranu iznenada neki uzbuđeni policijski časnik i divlje mlatarajući ru- kama zakukurikao: "Skup je raspušten".

Zbog ovog naknadnog događaja nehotice sam se morao nasmijati; prava policijska uobrazija. Što su manji, to se bar moraju činiti većima.

Tu smo večer doista puno naučili, a i naši protivnici dobivenu pouku, koju su sami zaradili, nikada nisu zaboravili. Do jeseni 1923. "Münchener Post" nije nam više najavljivao proleterske šake.

GLAVA 8

SNAŽNI JE NAJMOĆNIJI SAM

Već sam prethodno spomenuo postojanje *Zajednica rada njemačkih narodnih udruga*, i na ovome mjestu želim jako kratko raspraviti njihov problem.

Zajednicom rada općenito se smatraju grupe udruga koje zbog olakšanja svoga rada stupaju u međusobni odnos, s više ili manje nadležnosti biraju zajedničko vodstvo, a provode i zajedničke akcije. Iz toga proizlazi, da bi se ovdje moralo raditi o društvima, udrugama ili strankama, čiji se ciljevi i putovi znatno ne razlikuju. Utvrđeno je da je to uvijek slučaj. Normalnom prosječnom građaninu djeluje ujedno i ugodno i umirujuće kad spozna da je u takvoj zajednici konačno otkrio "ono što spaja", a odbacio "ono što razdvaja". Pri tome vlada uvjerenje, da se takvim udruženjem dobiva na enormnom porastu moći, i da su se, inače slabe grupice, iznenada pretvorile u moćnu silu.

To je ipak najčešće krivo!

Zanimljivo je, i u mojim očima važno za objasniti, kako uopće može doći do osnivanja zajednica, udruga i sličnog, kad svi oni tvrde da žele slijediti isti cilj? Bilo bi logično, da se jedno udruženje zauzima za jedan cilj, a po zdravom razumu, za njih i po sebi, ne sva udruženja za isti cilj. Bez sumnje, svaki je cilj najprije pred očima imala jedna udruga. Neki čovjek objavi neku istinu na bilo kojem mjestu, pozove na rješenje određenih pitanja, postavi svoj cilj i osnuje pokret, koji mora služiti ostvarenju njegovih namjera.

Tako se osnuje udruga ili stranka koja, ovisno o svom programu, ili želi otkloniti postojeće poteškoće ili postići boljitak u budućnosti.

Kad takav pokret zaživi, on praktično stječe i određeno *pravo prioriteta*. Uostalom, bilo bi razumljivo samo po sebi, da se svi ljudi, koji se zauzimaju za jednake ciljeve, udruže u takav pokret, i time ojačaju njegovu snagu, da bi on bolje služio njihovom zajedničkom radu. Svaka duhovno bistra glava, morala bi svojim učlanjenjem stvoriti pretpostavku za stvarni uspjeh zajedničke borbe. Ipak moralo bi biti razumnije i poštenije, (o kojem, kako ću poslije i dokazati, zavisi vrlo mnogo) da postoji samo jedan pokret.

Dva su razloga zašto to nije tako. Jednoga od njih mogao bih čak označiti tragičnim, a drugog bijednim i treba ga tražiti u samoj ljudskoj slabosti. U najdubljoj osnovi u oba ova razloga vidim samo činjenice sposobne za podizanje volje po sebi, energije i njihovog intenziteta, i u višem odgoju ljudske djelotvorne snage radi omogućavanja konačnog rješenje postojećih problema o kojima se radi.

Tragični razlog, zbog kojeg se za rješavanja određene zadaće najčešće ne ostaje na jednoj jedinoj udruzi je sljedeći: Svako djelo velikog stila na ovoj Zemlji općenito je ispunjenje davno postojeće želje milijuna ljudi. Da, može se dogoditi, da će se stoljećima s čežnjom priželjkivati rješenje određenog pitanja, jer određene prilike dovode do neizbježne patnje, a da ipak ne dođe do ispunjenja ovih općih želja. Narodi koji za izlazak iz takve nevolje ne mogu naći herojsko rješenje, mogu se označiti impotentnima. Mi vidimo dokazanu neoborivu životnu snagu naroda koja mu jamči životnu Sudbinu izbavljenja od velike prisile, uklanjanja velike nevolje, zadovoljenja svoje nemirne, nesigurne duše, Sudbinu koja mu poklanja bogatstvo nadarenog čovjeka koji donosi davno željeno ispunjenje.

Ovdje se u biti radi o takozvanim velikim pitanjima vremena, na čijem rješavanju rade tisuće, od kojih se mnogi osjećaju pozvanima, jer ih je predložila sama Sudbina, da sada slobodnom igrom snaga omoguće pobjedu jačeg i vrjednijeg i povjere mu konačno rješenje problema.

Tako može biti, da stoljeće nezadovoljno oblikom svoga religioznog života počne čeznuti za obnovom, i da zbog ovog dušev- nog nagona predloži tucete i više ljudi, koji se na osnovu svojih pogleda i znanja osjećaju pozvanima riješiti ovu religioznu nevolju i javljaju se kao proroci jednog novog učenja ili bar kao borci protiv postojećeg.

I ovdje je sigurno da za ispunjenje velikog poslanja snaga prirodnog poretka određuje najjačega; samo, Spoznaja koja je čak jedina isključivo pozvana, običava drugima doći tek vrlo kasno. A oni se, nasuprot tome, svi vide jednakima i pozvanima za rješenje zadaće. Suvremeni svijet uspijeva ponajmanje razlikovati tko je od njih - jer je samo jedan sposoban za najveće - jedini koji zaslužuje njegovu potporu.

Tako tijekom stoljeća unutar istog vremenskog razdoblja nastupaju različiti ljudi, osnivaju pokrete da bi branili ciljeve, koji su kako oni tvrde jednaki, ili ih barem velika masa nalazi jednakima. Sam narod gaji neodređene želje i ima općenita uvjerenja, a da mu nisu jasni stvarna bit cilja, ili vlastite želje, ili bar mogućnosti njihova ispunjenja.

Tragedija je u tome što neki ljudi sasvim različitim putovima, teže istom cilju, a da se i ne poznaju, pa se u čistom vjerovanju u svoje vlastito poslanje, ne osvrćući se na druge, osjećaju obveznim kročiti vlastitim stazama.

Kako takvi pokreti, stranke i religijske grupe nastaju potpuno neovisno jedni od drugih, samo iz opće volje vremena i djeluju u istom smjeru, tragična je činjenica što se više ne priklanjaju uvjerenju koje bi raspršene snage moralo spojiti u jednu, te brže i sigurnije doći do stvaranja cilja. To, međutim, nije slučaj. Jer sama priroda, svojom neumoljivom logikom, donosi odluku, koja dopušta međusobno natjecanje i hrvanje različitih grupa do pobjedničkog lovorovog lišća, te sigurno vodi pokret ka cilju najvidljivijim najbližim i najsigurnijim izabranim putem.

Uostalom, kako izvana uopće može biti procijenjena pravilnost ili nepravilnost odabranog puta, ako se ne da slobodan prolaz igri snaga da uskrate važnost doktrinarnih odluka ljudskih sveznalica, da bi nesumnjivim dokazima izručile uspjeh koji će na kraju nekom djelovanju uvijek dati posljednje priznanje.

Dakle, različite grupe marširaju odvojenim putovima prema istom cilju, sve dok u postojećim sličnim nastojanjima ne dobiju znanja koja će način njihova puta temeljitije preispitati i po mogućnosti ga skratiti, te svojom cjelokupnom energijom pokušati postići cilj.

Ovim natjecanjem dobit će se najbolji odabir pojedinačnih boraca, a čovječanstvo će za svoje uspjehe nerijetko biti zahvalno učenju koje je izvučeno iz ranijih neuspjelih pokušaja.

Tako možemo u činjenici koja se na prvi pogled čini tragičnim, već na početku, bez svjesnog opterećenja u pojedinačno postojećoj rascjepkanosti, prepoznati sredstva, koja se konačno mogu usmjeriti prema najboljim postupcima.

U povijesti je vidljivo, da su prema shvaćanju većine za rješenje njemačkog pitanja mogla biti udarna oba puta, da su se složili predstavnici Austrije i Pruske, Habsburgovci i Hohenzollerni, te od početka udružili snage prema vlastitim pogledima jednih ili drugih. Tada bi manje značajnom putu bio kraj; austrijski put, ipak ne bi vodio prema njemačkom carstvu.

I tako je nastalo carstvo jačeg njemačkog jedinstva upravo iz onoga, što su milijuni Nijemaca prihvatili krvarećeg srca kao posljednji i najstrašniji znak naše bratske nesloge: njemačka carska kruna je uistinu donesena s bojnog polja Königgritza, aneuborbamapred Parizom, kako se kasnije mislilo.

Tako osnivanje njemačkog carstva po sebi nije bilo rezultat bilo kakve zajedničke volje, zajedničkih putova, nego mnogo više, učinak svjesnog, ponekad i nesvjesnog hrvanja nakon prevlasti, iz kojega su Prusi izišli kao pobjednici. I kome u stranačko - političkoj zaslijepljenosti nije zakazala istina, taj će morati potvrditi da takozvana mudrost čovječanstva nikada ne bi donijela istu mudru odluku, kao što ju je donijela životna mudrost, što znači, da se slobodne igre snaga, konačno, pustilo da postanu stvarnost. Tko bi u njemačkim zemljama prije dvjesto godina ozbiljno povjerovao da bi hohenzollernski Prusi jednom mogli biti začetnici, osnivači i učitelji novog carstva, a ne Habsburzi?! Danas nitko ne bi ni htio poricati da je Sudbina bolje odlučila; jer tko bi si danas uopće mogao predstaviti jedno njemačko carstvo, nošeno načelima gnjile i propale dinastije.

Ne, prirodni razvitak je uvijek, iako nakon stogodišnje borbe, ipak konačno na mjesto najboljeg doveo onoga, kojem ono i pripada.

Tako će uvijek biti, vječno će tako ostati, kao što je i do sada bilo.

Zato se ne treba tužiti kada razni ljudi kreću na put da bi stigli do istog cilja: na ovaj će način biti prepoznati i postati pobjednici.

Postoji još i drugi razlog što se u narodnom životu često događaju pokreti prividno iste vrste i istih ciljeva, a ipak dospijevaju na različite putove. Ovaj razlog nije samo tragičan, nego upravo jadan. On se nalazi u žalosnoj mješavini zavisti, ljubomore, ambicije i lopovskog uvjerenja, koji su nažalost u nekim subjektima čovječanstva često udruženi.

Naime, kao što postupa čovjek koji je duboko spoznao nevolju svoga naroda i nakon toga si potpuno razjasnio bit bolesti, da bi je ozbiljno pokušao otkloniti, ako je fiksirao cilj i izabrao put koji može voditi ovom cilju, iznenada će se probuditi sitni i najsitniji duhovi te revno i pažljivo slijediti i pratiti rad tog čovjeka koji je pobudio pozornost javnosti. Baš kao vrapci, prividno sasvim nezainteresirano a u stvarnosti vrlo napeto, promatraju ti ljudi sretnijeg druga koji je našao komadić kruha, kako bi mu ga u nepromišljenom trenutku iznenada oteli. Dovoljno je da samo jedan krene novim putem, a već će mnogi besposlenjaci nanjušiti bilo kakav isplativi zalogaj, koji bi se mogao naći na kraju ovog puta. Čim oni otkriju gdje je on nešto našao, žurno će skočiti na noge, da bi do cilja došli nekim drugim, ako je moguće, bržim putem.

Kad je novi pokret već osnovan i usvojio je određeni program, tada dolaze neki ljudi i tvrde da zastupaju isti cilj; nipošto ne; umjesto da se čestito uključe u njegove redove i priznaju njegove prioritete, oni pokradu program i osnivaju vlastitu stranku. Oni su pri tome dovoljno bestidni da nepromišljenim suvremenicima jamče kako su već dugo prije toga željeli baš to, kao i drugi i nerijetko im uspijeva prikazati se tako u dobrom svijetlu, umjesto da budu pravedno prezreni. Nije li velika drskost, zadaće koje je ucrtao drugi u svoj stijeg, zapisati na vlastitu zastavu, posuditi njegove programske teze kao da ih je sam stvorio, pa ići svojim vlastitim putem? Ova drskost se pokazuje posebno u tome, da isti elementi, čije se novoosnovane tvorevine ipak raspadnu, iznenada počnu govoriti o nužnoj jednakosti i slozi čim primijete da prednost pro- tivnika više ne može biti dostignuta.

Takav postupak treba zahvaliti tzv "narodnoj rascjepkanosti".

Svakako da osnivanje čitavog niza grupa, stranki itd. 1918/ 1919., koje su nazvane "narodnim" nije proizišlo od potpuno nedužnih osnivača, nego iz prirodnog razvitka stvari. Između sviju njih, već u godini 1920., kao pobjednica, polako se iskristalizirala Nacionalsocijalistička njemačka radnička stranka (NSDAP). Temeljna čestitost svakog pojedinog osnivača mogla je sada biti potvrđena sjajnim istinskim odlukama dostojnim divljenja, jačeg pokreta, koji one, vidno manje uspješne, žrtvuje, to jest, ukida ih ili bezuvjetno priključuje.

To se posebno odnosi na Njemačku socijalističku stranku (DSP), Juliusa Streichera u Nürnbergu. Nacionalsocijalistička rad- nička stranka (NSDAP) i Njemačka socijalistička stranka imale su iste krajnje ciljeve, a ipak su nastale potpuno neovisno jedna od druge. Glavni pobornik DSP je bio, kao što je rečeno, tadašnji učitelj u Nürnbergu, Julius Streicher. I on je u početku bio sveto uvjeren u poslanje i budućnost svoga pokreta. Ali kada je mogao jasno i nedvojbeno uočiti veću snagu i snažniji porast NSDAP-a, zahvalio se na svojoj dužnosti u Njemačkoj socijalističkoj stranci i pogonskom udruženju, a svojim pristalicama preporučio da se pridruže krugu pobjedničke NSDAP i da se u njezinim redovima i nadalje zauzimaju za zajednički cilj. To je bila osobno koliko teška, toliko i čestita odluka.

Od tih prvih početaka pokreta u njemu nije bilo ne samo rascjepkanosti, nego je stalno voden snažnom voljom tadašnjih ljudi prema uspješnom završetku. Ono što danas označavamo riječju "narodna rascjepkanost", zahvaljuje svoje postojanje - kao što je već naglašeno - razlogu: ambicioznim ljudima koji prije toga nisu imali vlastito mišljenje, još manje vlastite ciljeve, osjećali su se pozvanim u trenutku u kojem su uočili uspjeh i zrelost Nacionalsocijalističke njemačke radničke stranke.

Iznenada su nastajali programi koji su bili bezostatno prepisani iz naših, ideje koje su nam ukrali bile su pomiješane, uspostavljeni su ciljevi za koje smo se mi već godinama borili, izabrani putovi na koje je NSDAP već odavno stupio. Svim se sredstvima pokušavalo obrazložiti zašto su osnivane sve ove nove stranke, unatoč davno postojećem NSDAP-u, i što su više podmetali plemenite motive, to su netočnije bile njihove fraze.

Ustvari, postojao je jedan jedini mjerljivi razlog: osobna ambicija osnivača koji su željeli igrati neku ulogu koja vlastitim patuljastim prikazama nije ništa donosila osim velike smjelosti preuzimanja tudih misli, što se inače u običnom građanskom životu naziva krađom.

Tada nije bilo ni jedne predodžbe ili ideje drugih, koje takav politički kleptoman ne bi u najkraćem vremenu skupio za svoj novi dućan. To su činili oni isti ljudi, koji su kasnije suznih očiju teško žalili zbog "narodne rascjepkanosti", i neprekidno govorili o "nužnosti jedinstva", potiho se nadajući, da će druge konačno daleko nadmudriti, i da će oni umorni od vječitog zapomaganja, provođenje ukradenih ideja najradije povjeriti lopovskim pokretima.

Ako im to ipak ne uspije, a novi poduhvati, zahvaljujući pomanjkanju duhovne širine njihovih vlasnika i onoga što su oni sami obećali, ne mogu zadržati uspješnost koja se od njih očekuje, tada bi se zadovoljili nečim jeftinijim i bili sretni da su mogli dospjeti u neku takozvanu Zajednicu rada.

Takvim se Zajednicama rada priključivalo sve što tada nije moglo stajati na vlastitim nogama; valjda se polazilo od vjerovanja, da bi osam, jedan na drugoga oslonjenih, kljakavaca, moglo sigurno proizvesti jednoga gladijatora. Ako bi se među kljakavima našao i jedan zdravi, trebala mu je sva njegova snaga, da bi ostale druge održao na nogama, pa bi konačno i sam okljakavio. Na priključenja u takozvane Zajednice rada, gledali smo uvijek kao na pitanje taktike; no nikada se ne smijemo odvojiti od sljedeće temeljne spoznaje:

Osnivanjem Zajednice rada, slaba se udruženja nikada neće pretvoriti u jaka, ali će zato jače udruženje zbog njih nerijetko postati slabije. Mišljenje, da bi udruživanjem slabijih grupa morali nastati snažni subjekti, nije točno, jer će većina u bilo kojem obliku, pod bilo kojim uvjetima, prema iskustvu, uvijek biti reprezentant gluposti i kukavičluka, čime će i svako mnoštvo udruženja upravljano samoizabranim mnogočlanim vodstvom biti izručeno kukavičluku i slabostima. Takvim udruživanjem bit će sputana i slobodna igra snaga koja će obustaviti borbu za odabir najboljeg, čime će zauvijek spriječiti nužnu konačnu pobjedu zdravijeg i jačeg. Dakle, takva su udruživanja neprijatelji prirodnog razvoja, jer ona većinom sprječavaju rješenje problema za koje se borilo, daleko više nego što ih unapređuje.

Može se dogoditi da se iz čisto taktičkog prosuđivanja, najviše vodstvo nekog pokreta, koje gleda u budućnost, za neko kratko vrijeme i udruži sa sličnim udrugama, radi obrade nekih pitanja, kako bi se možda poduzeli zajednički koraci. Samo, to nikada ne smije voditi ovjekovječenju takvih stanja, jer se sam pokret neće odreći svog oslobodilačkog poslanja. Ako bi se konačno i upleo u takvo ujedinjenje, izgubio bi mogućnost, a također i pravo, prirodnog razvoja svoje vlastite snage, te ne bi mogao svladati protivnike i kao pobjednik dohvatiti ponuđeni cilj.

Ne smije se nikada zaboraviti da sve što je doista veliko na ovome svijetu, nije izboreno koalicijama, nego je to uvijek bio uspjeh jednog jedinog pobjednika. Koalicijski uspjesi već vrstom svog podrijetla nose u sebi klicu budućeg osipanja,da, gubitka već dostignutog. Stvarno velike svjetske revolucije, pokreti duhovne vrste, su jedino zamislive i ostvarive samo kao gorostasne borbe pojedinačnih tvorbi, a nikada kao koalicijski poduhvat.

Tako ni narodna država nikada neće biti stvorena kompromisnom voljom neke narodne Zajednice rada, nego samo čeličnom voljom jednog jedinog pokreta koji se probio iznad svih.

GLAVA 9

OSNOVNE MISLI O SMISLU I ORGANIZACIJI JURIŠNOG ODJELA (SA)

Snaga bivše države počivala je na tri stupa: monarhijskom državnom obliku, upravnim tijelima i vojsci. Revolucija iz 1918. je ukinula državni oblik razgradila vojsku, a upravna tijela isporučila stranačkoj korupciji. Time su bili srušeni glavni potpornji takozvanog državnog autoriteta. Ovaj, po sebi, uvijek počiva na tri elementa, koja su načelno uzeta kao temelj svakog autoriteta.

Prvi temelj za stjecanje autoriteta uvijek nudi popularnost. Ipak, autoritet koji počiva samo na ovom temelju, izvana je još slab, nesiguran i klimav. Svaki obnašatelj jednog takvog autoriteta utemeljenog na čistoj popularnosti, mora stoga poboljšati svoju osnovicu i osigurati ga izgradnjom moći. Dakle, *drugu podlogu svakog autoriteta vidimo u moći, dakle u sili.* Ona je već bitno stabilnija, sigurnija, iako ne uvijek snažna kao prva. *Udruže li se popularnosti sila, i uspiju li se neko određeno vrijeme održati zajedno, tada će se autoritet održati na još čvršćoj podlozi - autoritetu tradicije. Kad se konačno spoje popularnost, snaga i tradicija, takav se autoritet može držati postojanim.*

Ovaj posljednji slučaj potpuno je isključen revolucijom. Da, više ne bi bilo ni autoriteta tradicije. Propašću starog carstva, uklanjanjem starog državnog oblika, uništenjem nekadašnjih amblema državne vlasti i carskih simbola, tradicija je naglo uništena. Posljedica svega, bio je najjači potres državnog autoriteta.

Više nije postojao ni drugi stup državnog autoriteta, nije više postojala sila. Da bi se revolucija uopće mogla provesti, moralo se raspustiti organiziranu snagu i silu državne sile, naime, vojsku; da, moralo se izjedene dijelove vojske same upotrijebiti kao revolucionarne borbene elemente. I da vojskama s fronta ovaj raspored nije pripao u ne baš jedinstvenoj mjeri, one bi ipak bile, što su više iza sebe ostavljale proslavljena mjesta svojih četiri i po godišnjih junačkih borbi, nagrizene i ostavljene u kaljuži dezorganizacije zavičaja i prišli bi stvorenim demobiliziranim organizacijama te završili čak i u zbrci takozvane dragovoljne poslušnosti epohe Vojnih savjeta.

Na ovim, vojnom službom u smislu osamsatnog radnog vremena, obuhvaćenim nezadovoljnim vojnim gomilama, nije se moglo poduprijeti bilo kakav tek uspostavljeni autoritet. Tako je i drugi element, onaj koji i jamči učvršćivanje autoriteta, također bio uništen, a revolucija je stvarno zadržala samo ono najizvornije, *popularnost,* da bi na njoj mogla izgraditi autoritet. Baš je ova osnovica bila osobito nesigurna. Ipak, revoluciji je uspjelo jednim jedinim snažnim zamahom razbiti staru državnu građevinu, ali samo zato, što je normalna ravnoteža unutar strukture našeg naroda bila već uklonjena ratom.

Svako narodno tijelo može biti raščlanjeno na tri klase: na jednoj je strani ekstremno najbolje ljudstvo, u smislu svih vrlina koje se posebno ističu u hrabrosti i požrtvovnosti, s druge strane je ekstremno najlošiji ljudski izrod, loš u smislu posjedovanja svih sebičnih nagona i poroka. Između obe krajnosti, kao treća klasa, nalazi se veliki široki srednji sloj u kojem nije utjelovljeno ni blistavo junaštvo ni opako zločinačko uvjerenje.

Razdoblja uspona nekog narodnog tijela odlikuju se, da, samo postojanjem apsolutnog vodstva ekstremno najboljeg dijela.

Razdoblja normalnog, ravnomjernog razvoja ili postojanog stanja, odlikuju se vidnom dominacijom elemenata sredine, pri čemu obe krajnosti, jedna nasuprot drugoj, održavaju ravnotežu, odnosno, ravnomjerno se uzdižu.

Razdoblja sloma nekog narodnog tijela, bit će određena prevladavajućim djelovanjem najlošijih elemenata.

Vrijedno je pri tome spomenuti, da široka masa, kao srednja klasa, kako ću je označiti, nastupa kao zamjetna pojava samo onda, ako oba krajnja dijela veže obostrano hrvanje, a ukoliko pobjedi jedan ekstrem, ona će mu se uvijek dragovoljno podrediti. U slučaju dominacije najboljih, široka će ih masa slijediti, a u slučaju uzdizanja najlošijih, ona im se ni najmanje neće suprotstaviti; ali masa sredine sama, nikada se neće boriti.

Rat je u svoje četiri i pol godine krvavih događaja toliko uništio ravnotežu ovih triju klasa, da se - i pored najviših priznanja žrtvama Sredine - ipak mora utvrditi, da je vodio skoro potpunom iskrvarenju ekstremno najboljega ljudstva. Jer tijekom ovih četiri i po godine prolivena, nenadomjestiva njemačka junačka krv doista je ogromna. Zbroje li se sve stotine tisuća pojedinačnih slučajeva u kojima je uvijek značilo: *dragovoljci* za front, *dragovoljci* u izvidnicu, *dragovoljci* za vezu, *dragovoljci* za telefonske postrojbe, *dragovoljci* za gradnju mostova, *dragovoljci* za podmornice, *dragovoljci* za zrakoplove, *dragovoljci* za jurišne bataljune itd. - uvijek neprestano dragovoljci, i tako četiri i pol godine za tisuće potreba, dragovoljci i samo dragovoljci - i uvijek se postiže isti rezultat: golobradi mladić ili zreo muškarac, obojica ispunjena uzavrelom domovinskom ljubavlju, velikom osobnom hrabrošću i sviješću dužnosti. Oni su se javljali. Takvih je slučajeva bilo na desetke, na stotine tisuća, ali ovo ljudstvo malo po malo bilo sve rjeđe i rjeđe. Što nije poginulo, postalo je invalidima, ili se, malo po malo, rasulo u malom broju preostalih. Ali prije svega treba znati, da su 1914. od takvih dragovoljaca nastajale svekolike vojske, koje zahvaljujući zločinačkoj nesavjesti naših parlamentarnih ništarija, nisu dobile pravu mirnodopsku obuku, pa su sada nenaoružane, kao topovsko meso, bile izložene na milost i nemilost neprijatelju. Četiristo tisuća onih koji su tada, u Flandriji, izginuli ili postali invalidi, nije se više moglo nadomjestiti. Njihov je gubitak bio mnogo veći, nego što se može iskazati golom brojkom.

Njihova je smrt ubrzala, da se vaga premalo opterećena na Dobroj strani, počela dizati uvis, a prevagu dobivati raniji elementi prostaštva, nitkovluka i kukavičluka, ukratko, masa ekstremno loših.

K tome se još pojavilo:

Ne samo da su na bojnim poljima tijekom četiri i pol godine patili ekstremno najbolji, nego su se time na najčarobniji način održali ekstremno loši. Sigurno, da je pogodilo svakog dragovoljno prijavljenog junaka, koji će se nakon svete smrti žrtve uzdići u vječna nebesa, što se, dok se on borio, za to vrijeme zabušant, koji je oprezno okretao leđa smrti, manje ili više korisno zapošljavao u zavičaju.

Tako se na kraju rata pokazala sljedeća slika: Srednji, široki sloj nacije, platio je svoj dužni krvavi danak; ekstremno najbolji žrtvovali su se, gotovo bezostatno, uzoritim junaštvom; a ekstremno loši su, podržani s jedne strane besmislenim zakonima, a s druge, neprimjenom ratnog članka, ostali nažalost bezostatno sačuvani.

Tada je ovaj dobro sačuvani talog našeg narodnog tijela, podigao revoluciju, a mogao ju je podići, jer mu se više nisu suprotstavljali krajnje najbolji elementi - nisu više bili živi.

Time je njemačka revolucija od samog početka bila uvjetno popularna stvar. Ovo bratoubilaštvo nije sagriješio njemački narod po sebi, nego kukavna plašljiva klatež dezertera, svodnika itd.

A muškarac na frontu, on je pozdravio kraj krvavog hrvanja, bio je sretan što opet može zakoračiti u zavičaj, ponovno smije vidjeti ženu i dijete. Ali s revolucijom samom, nije ga vezalo ništa: nije je volio, a još je manje volio njene izvazivače i organizatore. U četiri i pol godišnjoj teškoj borbi, zaboravio je na stranačke hijene i sve su mu njihove svađe postale stranima.

Revolucija je stvarno bila popularna samo u malom dijelu njemačkog naroda: naime, u svim klasama njezinih pomagača, među svim počasnim građanima ove nove države, koji su kao znak prepoznavanja izabrali naprtnjače. Oni nisu voljeli revoluciju zbog samih sebe, kako to neki još i danas pogrešno vjeruju, nego zbog njezinih posljedica.

Na samoj popularnosti ovih marksističkih gusara, uistinu se teško mogao izgrađivati trajni autoritet. A ipak, mlada ga je Republika trebala pod svaku cijenu, ako nije željela nakon kratkog kaosa biti iznenada progutana s preostalim elementima dobre strane našeg naroda udruženih u snage odmazde.

Oni se tada nisu bojali, svaki nositelj prevrata, da će u vrtlogu svoje vlastite zbrke i sami izgubiti tlo pod nogama te, iznenada, obujmljeni časnom šakom života, koja u takvim vremenima češće nego jednom izrasta iz naroda, biti premješteni na neko drugo tlo. Republika se pod svaku cijenu morala učvrstiti. Stoga je, gotovo trenutno, bila prisiljena, pored klimavog stupa svoje slabe popularnosti, opet stvoriti organizaciju nasilja, da bi joj ona mogla učvrstiti autoritet.

Kad su matadori revolucije zimi 1918/1919. osjetili nesigurno tlo pod nogama, dali su se u potragu za ljudima koji bi bili spremni, slabu poziciju, stvorenu ljubavlju njihovog naroda, ojačati silom oružja. Antimilitaristička Republika je trebala vojnike. Ali, kako se prvo i jedino uporište njenog državnog autoriteta - naime, njena popularnost - ukorijenilo u društvu svodnika, lopova, provalnika, dezertera, zabušanata, itd., dakle, u onom dijelu naroda koji moramo označiti krajnje lošim, bila je svaka potraga za ljudima koji bi bili spremni žrtvovati vlastiti život u službi novog ideala, u ovim krugovima, uzaludni ljubavni pijev. *Noseći sloj revolucionarnog mišljenja i provoditelji revolucije nisu još bili ni sposobni, ni spremni radi njene zaštite postajati vojnici. Jer ovaj sloj nipošto nije želio organizaciju republičkog državnog tijela, već dezorganizaciju postojećeg, zbog boljeg zadovoljenja svojih vlastitih instinkta. Njihova parola nije glasila: Red i izgradnja njemačke Republike, već, štoviše - njena pljačka.*

Zato je poziv za pomoć, za kojom su vapile tisuće uplašenih, u ovom sloju ostao bez odaziva, a izazvao je suprotno - odbijanje i ogorčenje. U jednom takvom početku osjećao se slom vjernosti i vjerovanja, jer se nisu temeljili na samoj popularnosti, već na autoritetu poduprtim silom, i početku borbe protiv, za ove elemente jedino mjerljive, revolucije, protiv prava na kradu i neodgojenog vladanja onih koji su pobjegli iza zatvorskih zidova i oslobodili se lisičina, horde lopova i pljačkaša, ukratko - najgorih vucibatina.

Narodni su opunomoćenici mogli zvati koliko su htjeli, nitko nije napustio svoje redove, a sam odaziv: "izdajnici", dao im je na znanje koliko su popularni njihove vode.

Tada se po prvi puta našlo bezbroj mladih Nijemaca koji su bili spremni, u službi "mira i reda", kako su mislili, još jednom zakopčati vojnički šinjel, preko ramena prebaciti karabin i pušku i navučenom čeličnom kacigom suprotstaviti se uništenju domovine. *Kao dragovoljci, uključili su se u slobodne odrede i započeli, iako su je silno mrzili, i sami braniti revoluciju, a time je nesvjesno i učvršćivati.*

Činili su to u najboljoj vjeri.

Pravi organizator revolucije i njen stvarni pokretač, internacionalni Židov, točno je procijenio tadašnju situaciju. Njemački narod još nije bio zreo da bi mogao biti uvučen u boljševičko krvoproliće, kako je to uspjelo u Rusiji. Razlog je, najvećim dijelom, bio u još uvijek vrlo velikoj rasnoj jednakosti između njemačke inteligencije i njemačkog fizičkih radnika. Nadalje, široki narodni slojevi bili su prožeti obrazovnim elementima kao što je to bilo i u drugim zapadnim zemljama, a što je Rusiji potpuno nedostajalo. Tamošnja inteligencija većim dijelom i nije bila ruske nacionalnosti ili bar slavenskog rasnog karaktera. Tanki intelektualni gornji sloj tadašnje Rusije mogao je biti uništen svakog trena, jer nije bilo potpune povezanosti s među dijelovima mase mnogoljudnog naroda, a čija je, kako duhovna, a također i moralna, razina bila začuđujuće niska. Stoga je u Rusiji uspjelo lako nahuškati neobrazovanu gomilu široke mase protiv gornjeg tankog intelektualnog sloja, koji s njima nije imao nikakve odnose ni veze, pa je to i odlučilo sudbinu ove zemlje revolucijom: ruski nepismenjak, učinjen je time nemoćnim robom svojih židovskih diktatora, koji su sa svoje strane bili dovoljno mudri da ovu diktaturu provedu pod geslom "narodne diktature".

U Njemačkoj se k tome pojavilo i sljedeće: revolucija je mogla uspjeti samo u slučaju raspada vojske, utoliko sigurnije, što stvarni izvršitelj i nije bio vojnik s fronta, nego više manje plašljivi klatež, koji se ili povlačio po zavičajnim garnizonima ili je kao "prijeko potrebnu" službu obnašao negdje u gospodarstvu. Ova je vojska k tome bila pojačana i desetcima tisuća dezertera, koji su bez ikakvog rizika mogli frontu okrenuli leđa. Prava se kukavica svih vremena, naravno, ničega ne boji više od smrti. A smrt na frontu svakodnevno bi imao pred očima u tisuće njenih oblika. *Ako se htjelo slabe, kolebljive ili čak kukavičke derane upozoriti na njihovu dužnost, tada oduvijek postoji samo jedna mogućnost: Dezerter mora znati da njegovo dezertiranje donosi sobom baš ono što on želi izbjeći. Na frontu čovjek može umrijeti, kao dezerter mora umrijeti. Samo se takvom drakonskom prijetnjom za svaki pokušaj bijega iz vojske, može postići zastrašujuće djelovanje ne samo na pojedinca, nego i na cjelinu.*

Eto, u tome se sastojao smisao i svrha ratnog članka.

Bilo je to lijepo vjerovanje, da se velika borba za opstojnost naroda može izvojevati poduprta samo spoznajom o nužnosti i od tuda rođene i održavane *dragovoljne* vjernosti. Dragovoljnom ispunjenju dužnosti uvijek su pristupali samo najbolji u svom djelovanju, a ne prosječni. Zato su takvi zakoni neophodni, kao na primjer i oni protiv krađe; oni ne postoje zbog poštenih, nego u osnovi zbog prevrtljivih, slabih elemenata. Takvim se zakonima zastrašuju slabi; oni sprječavaju razvoj stanja u kojem pošteni više ne bi bili promatrani kao gluplji, pa bi se dolazilo do zaključka, da se je svrhovitije baviti krađom, nego ostati praznih ruku ili čak biti okraden.

Zato je bilo krivo vjerovati, da bi u jednoj borbi, koja bi prema svem ljudskom predviđanju mogla bjesniti i godinama, smjela nedostajati pomoćna sredstva koja će po stoljetnom, čak tisućljetnom, iskustvu u ozbiljnim vremenima i trenutcima teških nervnih napora, prisiliti slabe i nesigurne ljude na ispunjenje svoje dužnosti.

Samo se po sebi razumije da za junačke dragovoljce nije potreban ratni članak, ali je on potreban zbog kukavičkog sebičnjaka koji u trenutku nevolje svoga naroda više cijeni svoj život, nego živote cjeline. Takav se beskarakterni slabić može zaustaviti samo uporabom najstrože kazne, da bi popustio njegov kukavičluk. Jer, kad se ljudi trajno hrvaju sa smrću i tjednima neumorno valjaju u blatnom rovu, najčešće jako loše opskrbljeni, ne može se od nesigurnog topnika očekivati da će ga na crti bojišnice zadržati prijetnja zatvorom, ili kaznionicom; zadržat će ga se samo bezobzirnom primjenom smrtne kazne. Jer on u takvim vremenima zatvor doživljava još uvijek tisuću puta ugodnijim mjestom, nego bojno polje, tim više, što mu u zatvoru ni najmanje nije ugrožen njegov neprocjenjivo vrijedan život. Kako je u ratu smrtna kazna praktično ukinuta, ratni članak je ustvari stavljen izvan snage. I to se užasno osvetilo. Razlila se vojska dezertera, posebno 1918., po gori i dolu i pripomogla osnivanju zločinačke organizacije koju smo iznenada ugledali pred sobom kao glavnog pokretača revolucije, 7. studenoga 1918.

Sam front nije s tim imao baš ništa. Svi su njegovi pripadnici, naravno, osjećali čežnju za mirom. I u toj se činjenici krila velika opasnost za revoluciju. Jer kad su se po završetku borbi, njemačke vojske počela približavati domovini tadašnji revolucionari su si postavljali uvijek ista zastrašujuća pitanja: *Što će sada učiniti postrojbe na frontu? Hoće li ratna groznica to trpjeti?*

U ovim tjednima morala se revolucija u Njemačkoj, bar *izvana*, prikazivati umjerenom, ako nije htjela doći u opasnost da iznenada bude munjevito ugušena samo s nekoliko njemačkih divizija. *Jer da je samo jedan jedini divizionar donio odluku, da sa svojom, njemu odanom divizijom, strgne crvene dronjke i na zid pribije "upute" i mogući otpor slomi minobacačima i ručnim granatama, tada bi ova divizija, za nepuna četiri tjedna, nabujala u vojsci od šezdeset divizija.* A od toga su tajni židovski drotari drhtali više nego od bilo čega drugoga. I da bi se baš to spriječilo, revolucija se do određene mjere morala obuzdavati, nije se smjela izroditi u boljševizam, nego se morala, kako su stvari stajale, ulagivati "miru i redu". Otuda potiče i veliki broj koncesija i apela starom činovničkom staležu i starim vojničkim zapovjednicima. Još su neko vrijeme bili potrebni, i tek kad su "Crnci" skrivili, smjelo im se dati dolično nogom u stražnjicu i Republiku preuzeti iz ruku starih državnih slugu, a klaune izručiti revolucionarnim lešinarima.

Samo se tako moglo namagarčiti stare generale i državne činovnike i nadati se, da bi se njihov eventualni otpor, moglo skršiti već na početku prividnom bezazlenošću i dobroćudnošću novog stanja.

Koliko je to uspjelo, pokazala je praksa.

Samo, revoluciju nisu podigli elementi mira i reda, već, štoviše, pobunjenici, lopovi i pljačkaši. A njima nije odgovarao ni razvoj revolucije, niti im se iz taktičnih razloga moglo razjasniti tijek ni veličinu zalogaja.

S postupnim porastom socijalne demokracije, ova je sve više gubila karakter brutalne revolucionarne stranke. Ne zato što bi misaono bila više odana nekom drugom, a ne revolucionarnom cilju, ili što bi njezine vode imale neke drugačije namjere, nipošto ne. Jer ono što je konačno preostalo, bila je samo namjera i za njeno provođenje više nego jedno neodgovarajuće tijelo. *Uz desetmilijunsku stranku, nije se više mogla dizati nikakva revolucija.* U jednom takvom pokretu, pred sobom se više nema aktivnost ekstremnih, već širokih masa sredine, dakle, one koje nose.

U toj spoznaji Židovi su još tijekom rata izazvali poznati raskol socijaldemokracije, tj. dok je Socijaldemokratska

stranka u skladu sa snagom svojih masa visjela kao olovni uteg na nacionalnoj obrani, iz nje su se izdvojile radikalno aktivni elementi i formirali u posebno snažne udarne odrede. *Nezavisna stranka i Spartakov savez bili su jurišni bataljuni revolucionarnog marksizma.* Oni su sve stavili pred gotov čin, na čije su tlo mogle stupiti desetljećima pripremane mase Socijaldemokratske stranke.

Marksizam je vrlo dobro procijenio plašljivo građanstvo i odnosio se prema njemu s prijezirom, "en - canaille". Na njega se uopće nije obazirao, znajući da pseća podložnost političkih tvorevina stare islužene generacije nikada ne bi bila sposobna za otpor.

Kako je revolucija uspjela, a glavna potpora stare države se mogla držati slabom, vojska koja se povlačila s fronta, izranjala je kao zagonetna sfinga, pa je prirodni razvoj revolucije morao biti zakočen; snaga socijaldemokratske vojske zaposjela je osvojeni položaj, a Nezavisni i Spartakovski udarni bataljuni gurnuti su u stranu.

To ipak nije išlo bez borbe.

Aktivističke jurišne revolucionarne formacije bile su nezadovoljne i osjećale su se prevarenima, htjele su dalje udarati. Neobuzdanim bukačima pokretača revolucije to je bilo poželjno, jer jedva što je prevrat bio izvršen, stvorila su se dva tabora: naime, Stranka mira i reda i Grupa krvavog terora. Što je moglo biti prirodnije, nego da se naše građanstvo lepršajućim zastavama odmah ugura u tabor mira i reda? Sada je odjednom ovim milostivim organizacijama data mogućnost djelovanja, kod kojeg su, a da nisu morale ništa ni reći, ipak opet osjetile mirno tlo pod nogama, i našle neku solidarnost s vlašću koju su mrzili, ali se je još uvijek svojski bojali. Političko njemačko građanstvo ipak je zadržalo svoju visoku čast, da bi samo tako smjelo, sa tri puta prokletim marksističkim vođama, sjesti za isti stol radi suzbijanja boljševizma.

Tako je već u prosincu 1918. i siječnju 1919. nastalo sljedeće stanje:

Revoluciju je podigla manjina najlošijih elemenata, iza koje su se odmah postavile svekolike marksističke stranke. Sama revolucija se prividno dojmila umjereno, što joj je donijelo neprijateljstvo fanatičnih ekstremista. Oni su počeli okolo bacati ručne granate, puškarati strojnicama i zauzimati državne ustanove, ukratko, prijetiti umjerenoj revoluciji. Da bi se zaustavile dalje strahote, zaključeno je primirje između obnašatelja novoga stanja i pristalica staroga, a kako bi mogli povesti zajedničku borbu protiv ekstremista. Rezultat je, da su neprijatelji Republike, zapravo zaustavili borbu protiv Republike kao takve, i pomogli svladati one koji su bili također njeni neprijatelji, iako zbog sasvim drugih razloga. Daljnji je rezultat bio, da je utihnula borba između pristalica stare države i predstavnika novog stanja.

Ovo je vrlo teško pratiti i shvatiti. Jer samo onaj koji shvati, razumjet će, kako je sve to bilo moguće u jednom narodu, čijih devet desetina nije sudjelovalo u revoluciji, sedam ju je desetina otklanjalo, šest mrzilo i, konačno, jedna desetina na nju bila prisiljena.

Malo po malo, iskrvarili su Spartakovski borci na barikadama s jedne strane, a nacionalistički fanatičari i idealisti s druge, a u razini snaga s kojima su se tukla oba ekstrema, pobijedila je kao i uvijek - masa sredine. Građanstvo i marksizam, našli su se na tlu svršenog čina, a republika se počela "konsolidirati". Ono što građanske stranke još neko vrijeme, posebno prije izbora, nisu mogle spriječiti, bilo je citiranje monarhističkih misli i pomoću duhova prošlog vremena prizivanje i zaklinjanje malim duhovima svojih pristalica.

To nije bilo pošteno. Svi su oni u svojoj nutrini već davno raskinuli s monarhijom, a prljavština novog stanja počela je svoje zavodničko djelovanje prenositi i na građanske stranačke tabore. Obični građanski političar, danas se kudikamo bolje osjeća u korupcijskom blatu Republike, nego u čistoj krutosti bivše države koja mu je još ostala u sjećanju.

Kao što je već rečeno, nakon raspada stare vojske, revolucija je bila prisiljena, radi jačanja svog autoriteta, stvoriti novi čimbenik moći. Kako su stajale stvari, mogla ih je naći među pristalicama jednog stvarno suprotstavljenog svjetonazora. Iz njega samog postupno je moglo nastati novo vojno tijelo, koje je zbog vanjskog ograničenja uvjetovanog mirovnim ugovorom, moralo tijekom vremena biti preoblikovano u sredstvo novog državnog shvaćanja.

Ako se pita, kako to - bez obzira na sve stvarne pogreške stare države, koje su bile uzroci - da je revolucija mogla uspjeti kao akcija, onda dolazimo do rezultata:
1. zbog okoštalosti naših pojmova o ispunjenju dužnosti i poslušnosti, i
2. zbog kukavne pasivnosti naših takozvanih državotvornih stranaka.

Uz to treba reći i sljedeće:

Razlog okoštalosti naših pojmova o ispunjenju dužnosti i poslušnosti, ima svoj posljednji razlog u našem potpunom anacionalnom i uvijek samo čistom državnom odgoju. Iz toga proizlazi neshvaćanje sredstava i svrhe. Svijest o dužnosti, ispunjenju dužnosti i poslušnost, su svrhe po sebi, jednako tako malo kao što je država svrha po sebi. Svi oni moraju biti sredstva zajednice duhovno i fizički jednakih živih bića, čiju egzistenciju treba omogućiti i osigurati na ovoj Zemlji. U trenutku očitog propadanja nekog narodnog tijela, koje je u svim pogledima izručeno najtežim pritiscima, zahvaljujući postupcima nekih spletkara, poslušnost i ispunjavanje dužnosti ovih, nasuprot doktrinarnom formalizmu, znači čistu glupost, dok bi, s druge strane, odbijanjem poslušnosti i ispunjavanja dužnosti bio onemogućen spas naroda od svoje propasti. Prema našem današnjem građanskom državnom shvaćanju, divizionar koji je svojevremeno odozgo dobio zapovijed da ne puca, postupio je po dužnosti, a time i pravilno, ako nije pucao, jer je građanskom svijetu bila vrjednija besmislena formalna poslušnost nego život vlastitog naroda. Prema nacionalsocijalističkom shvaćanju, u takvim trenutcima ne stupa na snagu poslušnost prema slabom pretpostavljenom, nego poslušnost prema narodnoj zajednici. U takvom trenutku obveza vlastite odgovornosti postaje obvezom prema cijeloj naciji.

Da je živo shvaćanje ovih pojmova u našem narodu, ili bolje u našoj vladi, bilo izgubljeno i uzmaklo pred čisto doktrinarnim i formalnim, to je i bio razlog uspjeha revolucije.

Uz drugu točku bi se moglo primijetiti sljedeće: Dublji razlog kukavičluka "državotvornih" stranka je prije svega isključenje iz njihovih redova aktivnog, pozitivno nastrojenog dijela našeg naroda, koji je iskrvario na bojištu. S obzirom na to,da su naše građanske stranke, koje možemo prikazati kao jedine političke tvorevine, održane na tlu stare države, uvjerene da svoje nazore smiju zastupati isključivo duhovnim putem i duhovnim sredstvima, uporaba fizičkih, pripala je samo državi. Ne samo da se u jednom takvom shvaćanju postupno odražavao samo znak dekadentne slabosti, nego je to bilo i besmisleno u vremenu u kojem je politički protivnik davno napustio ovo stajalište i umjesto njega, kad je mogao, javno naglašavao, da će svoje političke ciljeve zastupati i silom. U trenutku nastanka svjetske građanske demokracije, u kojem je kao njena posljedica iznio marksizam, njihov apel za vođenjem borbe "duhovnim oružjem" bio je besmislica, koja se jednoga dana morala strahovito osvetiti. I sam je marksizam oduvijek zastupao mišljenje, da se samo primjenom oružja uspješno brani svrhovitost načela, pri čemu se pravo uvijek nalazi u uspješnosti.

Koliko je ovo shvaćanje bilo točno, dokazalo se u danima od 7. do 11. studenog 1918.god. Tada se marksizam ni najmanje nije brinuo za parlamentarizam i demokraciju, nego je u obe, pomoću urlajućih i pucajućih gomila zločinaca ispalio smrtonosni metak. Da su građanske blebetave organizacije u isto vrijeme bile nenaoružane i nejake, samo se po sebi razumije.

Nakon revolucije, i opet iznenada, izronile građanske stranke, promijenivši, naravno, svoje nazive, izvukle su svoje hrabre vođe iz skrivenosti mračnih podruma i zračnih ambara, a s njima i sve zastupnike takve stare tvorevine, ne zaboravljajući svoje stare grješke, ali i ništa ne naučivši iz svega. Isto tako, njihov je cilj ipak bio, ako je moguće, sudjelovati u novom stanju, a njihovo jedino oružje je pri tome ostalo isto kao i prije - njihove riječi.

I nakon revolucije, građanske su stranke na žalostan način, svaki puta kapitulirale na Ulici.

Premda je Zakon o zaštiti Republike trebao biti donesen, za to, prije svega, nije postojala većina. Ali, pred dvjesto tisuća demonstrirajućih marksista građanske "državnike" je uhvatio takav strah, da su i protiv svojih uvjerenja usvojili zakon u blagotvornom strahu, da bi ih u protivnom, pri izlasku iz Reichstaga, bijesna masa namrtvo premlatila, što je, nažalost, zbog usvajanja zakona izostalo.

Tako je razvitak nove države ipak išao svojim tijekom, kao da nacionalna opozicija uopće nije postojala.

Jedine organizacije koje bi u ovo vrijeme imale hrabrosti i snage suprotstaviti se marksizmu i njegovoj razjarenoj rulji, bile su prije svega slobodni odredi, kasnije samozaštitne organizacije, lokalna obrana itd. i konačno tradicionalne udruge.

Zašto i njihovo postojanje nije u razvoju njemačke povijesti dovelo do nekog zamjetljivog preokreta, bio je u sljedećem:

Kao što takozvane nacionalne stranke nisu imale nikakvog utjecaja zbog nedostatka prijeteće sile, na ulici, tako nisu mogle imati utjecaja, ni takozvane obrambene udruge zbog pomanjkanja političkih ideja, a prije svega pravog političkog cilja.

Ono što je jednom marksizmu donijelo uspjeh, bila je potpuna zajednička uigranost političke volje i aktivističke brutalnosti. Ono što je nacionalnu Njemačku potpuno isključilo od svakog političkog razvitka, bio je nedostatak zaključene zajedničke suradnje brutalne sile i genijalne političke volje.

Da su "nacionalne" stranke i željele neku vrstu volje, one nisu imale ni najmanje snage ovu volju obraniti, a najmanje na ulici.

Obrambene udruge su imale svu moć, bile su gospodari i ulice i države, ali nisu imale političku ideju ni cilj za koje bi ova moć mogla biti upotrjebljena, ili morala biti upotrjebljena, u korist nacionalne Njemačke.

U oba je slučaja to bila židovska lukavost, kojom su uspjeli putem razboritih nagovaranja i uvjeravanja, pridonijeti formalnom ovjekovječenju u svim slučajevima rastućeg produbljivanja ovog nesretnog udesa.

Židov je bio taj, koji je putem svoga tiska neprekidno slao misli "nepolitičkog karaktera", koje je umio isporučiti Obrambenim udrugama, dok je opet politički život isto tako lukavo uvijek slavio i unaprjeđivao, kao "čistu duhovnost" borbe. Milijuni njemačkih budala, blebetalo je o ovoj gluposti, a da nisu imali blijedog pojma, da su se sami razoružali i dragovoljno isporučili u židovske ruke.

No, i za to, opet, dabome, postoji prirodno razjašnjenje: Pomanjkanje nove velike ideje značilo je ograničenje borbene snage za sva vremena. Uvjerenje o pravu na uporabu najbrutalnijeg oružja, stalno je povezano s postojanjem fanatičnog vjerovanja u nužnost pobjede novog prevratničkog poretka na ovoj Zemlji.

Pokret koji se ne bori za takve najviše ciljeve i ideale, nikada zbog toga neće posegnuti za posljednjim oružjem.

Dokazivanje nove ideje je bila tajna uspjeha Francuske revolucije; ideji zahvaljuje i ruska pobjeda, a i fašizam je samo pomoću ideje održao moć, da na blagoslovljeni način podvrgne narod sveobuhvatnom novom poretku.

Građanske stranke nisu za to sposobne.

Ne samo da građanske stranke nisu vidjele svoj politički cilj u restauraciji prošlosti, već to nisu ni Obrambene udruge, ako su se uopće i bavile političkim ciljevima. U njima su oživjela stara ratna udruženja i obalne straže, pa su još i pomogli da se uništi najubojitije oružje koje je nacionalna Njemačka tada imala dozvolivši da propadne u ropstvu zemaljske službe. Da su pri tome oni sami imali najbolje namjere i, prije svega, radili u najboljoj vjeri, ni najmanje ne mijenja ovo nesretno bezumlje tadašnjih zbivanja.

Malo pomalo, marksizam je pomoću oporavljene državne obrane i potpore sile učvrstio svoj autoritet i počeo logično i dosljedno razgrađivati već opasne nacionalne Obrambene udruge kao nepotrebni višak. Pojedine, posebno drske vođe, prema kojima se nije imalo povjerenja, pozvani su na sud, i stavljeni iza "švedskih zavjesa". Svaki je izvukao sreću za koju je sam bio kriv.

Osnivanjem NSDAP-a, prvi puta se pojavio pokret čiji cilj nije sličio cilju građanskih stranka, koji se sastojao u mehaničkoj restauraciji prošlosti, nego u težnji da na mjestu današnjeg besmislenog državnog mehanizma uspostavi organsku narodnu državu.

Mladi je pokret pri tome od prvoga dana polazio sa stajališta, da će njegova ideja biti duhovno zastupana, ali će zaštita, ovog zastupanja, ako bude potrebno, morati biti osigurana i fizičkim sredstvima. Ogromni značaj vjernosti prema novom učenju, razumljiv je sam po sebi, kao i uvjerenje da za ostvarenje cilja nijedna žrtva ne smije biti prevelika.

Već sam upozorio na momente, da se pokret koji želi pridobiti srca naroda, obvezuje preuzeti obranu od protivničkih terorističkih pokušaja. Ova obrana mora biti formirana u vlastitim redovima. I to je vječno iskustvo svjetske povijesti, da teror koji je zastupan svjetonazorom, nikada ne može biti slomljen formalnom državnom silom, nego uvijek samo podvrgnut novom smionom i odlučnom drugom svjetonazoru. To će zasigurno biti neugodno osjećaju počinovničenih državljana svih vremena, a da time neće biti riješene svjetske istine. Državna vlast može garantirati red i mir samo tada, ako se država sadržajno pokrije određenim vladajućih svjetonazorom, tako da nasilni elementi dobiju karakter pojedinih zločinačkih priroda, a ne da se čine zastupnicima nekog, krajnje suprotnog, državnog nazora. U takvom slučaju država može protiv prijetećeg joj terora i stoljećima poduzimati najoštrije mjere nasilja, a na kraju ga ipak neće moći uništiti, već će mu podleći.

Tako će i marksizam najžešće navaliti na njemačku državu. Ona u svojoj sedamdesetgodišnjoj borbi nije mogla spriječiti pobjedu ovog svjetonazora, nego je unatoč tisuća godina, zatvora i zatvorskih prijetnji, kao i krvavih mjera provedenih u bezbroj slučajeva nad borcima koji su nametali ovaj prijeteći marksistički svjetonazor, bila prisiljena na skoro potpunu kapitulaciju. (I ovo je normalni građanski državni vođa htio zatajiti, a da i sam u to nije bio uvjeren.).

No, država koja je 9. studenog 1918. pred marksizmom bezuvjetno pala i uspuzala na križ, neće sutra iznenada uskrsnuti kao njezin nasilnik, nego nasuprot: šupljoglavi građani na ministarskim stolicama već danas trabunjaju o nepotrebnom vladanju radnika, pri čemu im pod pojmom "radnik" pred očima lebdi marksizam. Ali, ako njemačkog radnika poistovjećuju s marksizmom, ne čine samo, kako kukavičko tako i lažljivo, krivotvorenje istine, nego svojim motivima pokušavaju prikriti vlastiti krah pred marksističkom idejom i organizacijom.

Ali, što se tiče činjenice bezostatne podčinjenosti današnje države marksizmu, nacionalsocijalistički pokret preuzima pravo dužnosti pripremiti, ne samo pobjedu svojih ideja, već i sam preuzeti obranu od terora pobjedom opijene Internacionale.

Već sam opisao kako se iz praktičnog života našeg mladog pokreta polako stvarala zaštita skupova, kako je ona postupno dobivala karakter redarskih postrojbi i težila nekom organizacijskom obliku.

Što su nastale tvorevine više nastojale ličiti takozvanoj obrambenoj udruzi, to su se s njom manje mogle uspoređivati.

Kao što je već istaknuto, njemačke obrambene organizacije nisu imale određena politička uvjerenja. One su doista bile samozaštitne udruge s više ili manje svrhovitim ustrojstvom i organizacijom, tako da su zapravo predstavljale ilegalnu dopunu tadašnjeg legalnog državnog sredstva moći. Njihov dragovoljački karakter bio je utemeljen vrstom obrazovanja i stanjem tadašnje države, ali im nipošto ne pripada titula slobodne formacije za borbu za slobodno vlastito uvjerenje. Ovo nisu mogle dobiti unatoč opozicijskom držanju pojedinih vođa i svih udruženja protivnih republici; *Jer, nije dovoljno biti uvjeren u manju vrijednost postojećeg stanja i govoriti o nekom uvjerenju višeg smisla, već je ovo ukorijenjeno samo u spoznaji novog stanja i njegovom unutarnjem izgledu, čije se ostvarenje osjeća kao nužnost i drži najvišom životnom zadaćom.*

To bitno razlikuje redarsku postrojbu tadašnjeg nacionalsocijalističkog pokreta od svih obrambenih udruga, da ona ni najmanje nije sluškinja revolucijom stvorenih stanja, nego se, što više, bori isključivo za jednu novu Njemačku.

Ova je redarska postrojba u početku svakako imala karakter zaštite skupova. Njena je prva zadaća bila ograničena: ona se sastojala u omogućavanju održavanja skupova, da ih ne bi spriječili protivnici. Bila je već tada odgojena za slijepo izvođenje napada po zapovijedi, ali ne zato što je, kako se u glupim njemačkim narodnim klubovima brbljalo, cijenila gumenu palicu kao najvišu duhovnost, nego zato, što je shvatila da veliki duh može biti isključen, ako njegov nositelj bude pretučen gumenom palicom, što se u povijesti nerijetko događalo najznačajnijim glavama, da skončaju pod udarcima bijednih robova. Ona nije željela nasilje postaviti za svoj cilj, već navjestitelja duhovnog cilja silom zaštititi od nevolje. I ona je pri tome shvatila da nije obvezatna uzeti u zaštitu državu, koja ne osigurava zaštitu naciji, već, naprotiv, da treba preuzeti zaštitu nacije od onih koji prijete uništenjem i naroda i države.

Nakon boja u münchenskom Hofbräuhausu, dobila je redarska postrojba jednom zauvijek, za trajno sjećanje na junačke jurišne podvige tadašnjih malobrojnih, naziv - *Sturm Abteilung (SA) - Jurišni odjel*. Kao što već ova oznaka i kaže, on predstavlja samo jedan *odjel* pokreta. On je njegov član isto kao što je to promidžba, tisak, znanstveni instituti i ostali slobodni članovi koji tvore stranku.

Koliko je njegovo osnivanje bilo potrebno, mogli smo vidjeti ne samo na ovom spomena vrijednom skupu, nego i pri našim pokušajima da pokret iz Münchena malo po malo proširimo i na ostale dijelove Njemačke. Čim smo se učinili opasni marksizmu, ovaj nije propustio ni jednu priliku da svaki pokušaj nacionalsocijalističkog pokreta uguši već u samom začetku, odnosno, da njegov opstanak spriječi razaranjem. Pri tome je bilo samo po sebi razumljivo, da su sve naznake svake takve namjere i svaki takav događaj marksističke stranačke organizacije promišljeno prikrivale u predstavničkim tijelima. A što reći o građanskih strankama, koje i same samljevene od marksizma, u mnogim mjestima nisu smjele svojim govornicima dozvoliti ni javni nastup, a ipak su s nekim glupim nerazumljivim zadovoljstvom, pratili za nas bilo koju nepovoljno završenu borbu protiv marksizma. Oni su bili sretni kad toga koga nisu mogli svladati oni, a koji je štoviše svladao njih, nismo mogli svladati ni mi. Što reći državnom činovništvu, šefovima policije pa čak i ministrima koji su se nedostojnim besmislicama u javnosti rado predstavljali kao "nacionalni ljudi", a u svim međusobnim sukobima, koje smo mi nacionalsocijalisti imali s marksistima, oni su im najsramnije pružali svoje pomoćne službe! Što reći o ljudima koji su u svojoj poniznosti išli tako daleko, da su zbog jed- ne bijedne pohvale u židovskom tisku, bez daljnjeg progonili ljude čijem junačkom,hrabrom podvigu djelomično zahvaljuju i vlastiti život, ukoliko ih crvena rulja već ranije nije povješala na stupove ulične rasvjete kao raskomadane leševe.

Sve su to bile tužne pojave koje je nezaboravni preminuli predsjednik Polmer u svojoj krutoj ali ispravnoj čestitosti mrzio kao poltrone kako to samo i može čovjek iskrena srca svojom zanosnom izrekom: "U svom cijelom životu nisam želio biti ništa drugo već prvo Nijemac, pa državni činovnik i nikada ne želim biti izjednačen s nekim nakazama koje se kao činovničke kurve prostituiraju sa svakim tko trenutno izigrava gospodina!"

Bio je pri tome posebno tužan, što je ova vrsta ljudi zgrabila pod svoju vlast, ne samo desetke tisuća najpoštenijih i najmarljivijih njemačkih državnih dužnosnika, nego je svojom vlastitom glupošću polako zarazila i poštene, te su ih u svojoj razjarenoj mržnji progonili i konačno protjerali s vlasti i položaja, dok su pri tome sebe licemjernom pokvarenošću prikazivali kao "nacionalne" ljude.

Od takvih se ljudi nikada ne smijemo nadati bilo kakvoj podršci, a i dobili smo je u rijetkim slučajevima. Konačno je izgradnjom vlastite zaštite osigurano djelovanje pokreta, ali je istovremeno izazvalo javnu pozornost i opće poštovanje, što joj je dalo dozvolu da se, ako bude napadnuta, i sama brani.

Kao misao vodilja pri unutarnjoj organizaciji ovog Jurišnog odjela, uvijek je prevladavala namjera, pored cjelokupnog tjelesnog očvršćivanja, izgraditi ga u nepokolebljivog, uvjerenog zastupnika nacionalsocijalističke ideje i, konačno, učvrstiti njegovu disciplinu u najvećim mogućim razmjerima. Oni nisu imali nikakvog posla s nekim Obrambenim organizacijama građanskog nazora, a pogotovo ne sa tajnim organizacijama.

Zašto sam već u to vrijeme najoštrije odbijao da se Jurišni odjel NSDAP-a izgradi kao takozvana Obrambena udruga, imalo je svoj razlog u sljedećoj prosudbi:

Realno uzevši, obrambena izobrazba nekog naroda ne može biti provedena u privatnim udruženjima, osim uz pomoć ogromnih državnih sredstava. Svako drugo uvjerenje počiva na velikom precjenjivanju vlastitih mogućnosti. Potpuno je isključeno, da se s takozvanom "dragovoljnom disciplinom", mogu stvoriti organizacije koje će posjedovati vojni značaj iznad nekog određenog obuhvata. Ovdje nedostaje najvažnija potpora zapovjedne vlasti, naime kaznena vlast. Dobro, bilo je moguće ujesen, ili bolje, još u proljeće 1919. osnivati takozvane "dragovoljačke odrede", ali ne samo zato što su tada u školi stare vojske imali najvećim dijelom borce s fronta, već je oblik dužnosti, nametnut pojedincu, ovoga podvrgavao, bar u ograničenom roku, isto tako bezuvjetnoj vojnoj poslušnosti.

To potpuno nedostaje današnjoj dragovoljnoj "obrambenoj organizaciji": Što je njihovo udruženje veće, to je slabija disciplina, to manji smiju biti zahtjevi koji se mogu postaviti pojedincu, pa to sve više poprima karakter starih apolitičkih ratnih i veteranskih udruga.

Slobodni odgoj za vojnu službu nikada neće biti proveden u velikim razmjerima, ako ne bude osigurana bezuvjetna zapovjedna sila. Uvijek će samo rijetki biti spremni dragovoljno se podvrći prisili poslušnosti, što je u vojsci samo po sebi razumljivo i prirodno.

Nadalje, obuka ne može biti provedena zbog smiješno malih sredstava koja za jedan takav cilj stoje na raspolaganju obrambenim organizacijama. A najbolja i najpouzdanija izobrazba bi morala biti upravo glavna zadaća jedne takve institucije.

Od rata je proteklo osam godina, a otada se ni jedno godište njemačke mladeži nije planski školovalo. Ne može biti zadaća obrambene udruge da obuhvati već školovana godišta i da im se matematički proračuna kada će i zadnji njegov član napustiti ovu korporaciju. Gak će i najmlađi vojnik iz 1918. za dvadeset godina biti borbeno nesposoban, a tome se trenutku približavamo nezamislivom brzinom. Zato će svaka takozvana obrambena udruga, htjela ili ne, sve više poprimati karakter stare ratničke udruge. To, međutim, ne može biti smisao ustanove koja se ne označava ratnom, nego obrambenom udrugom, i koja već svojim imenom želi izraziti, da ona svoje poslanje ne vidi u održavanju tradicije i međusobne pripadnosti bivših vojnika, nego u izgradnji obrambene misli i u praktičnom zastupanju ovih misli, dakle, u stvaranju tijela sposobnog za obranu.

Ova zadaća ipak bezuvjetno zahtijeva izobrazbu do sada vojno neuvježbanih elemenata, a to je u praksi stvarno nemoguće. Sa tjednom izobrazbom od jednog ili dva sata, nije moguće stvoriti vojnike. Uz današnje enormno povećane zahtjeve koje ratna služba postavlja pred pojedinca, dvogodišnji je vojni rok možda i dostatan da bi se neizobraženog mladog čovjeka pretvorilo u školovanog vojnika. Svi smo mi na bojištu vidjeli strašne posljedice kod mladih u ratnim pripremama nedovoljno izobraženih vojnika. Dragovoljne formacije koje su drilane petnaest i dvadeset tjedana, čeličnom odlučnošću i samoprijegorom, na frontu nisu bile ništa drugo do topovsko meso. Samo dodijeljeni redovima iskusnih starih vojnika, mogli su mladi, nakon četiri do šest mjeseci, kao i školovani novaci, postati korisni članovi i biti predani regimenti. Ovdje su ih vodili "stari", pa su malo pomalo mogli dorasti svojoj zadaći.

Kako tome nasuprot bezizgledno djeluje pokušaj, bez jasne zapovjedne vlasti i sveobuhvatnih sredstava, da se tjednom takozvanom izobrazbom po sat ili dva odgoji odred. Time se možda može osvježiti znanje starih vojnika, ali se od mladih ljudi tako nikada ne mogu načiniti vojnici.

Kako bi potpuno bezvrijedni bili rezultati jednog takvog procesa može se naročito dokazati činjenicom, da je u isto vrijeme, u kojem je takozvana dragovoljna obrambena udruga, jedva jedvice, teškom mukom i nevoljom izobrazila ili pokušala osposobiti par tisuća spremnih dragovoljaca (do drugih i nije mogla doći) u vojnoj misli, dotle je sama država, na pacifističko - demokratski način svog odgoja, milijunima i milijunima mladih ljudi doslovno ukrala prirodni instinkt, zatrovala njihovo logično domoljubno mišljenje i postupno ih, nasuprot svakoj bezobzirnosti, pretvarala u strpljivo stado ovnova.

Koliko su samo smiješni, u usporedbi s ovim, svi napori obrambenih udruga, koje svoje misli žele prenijeti na mladež.

Ali, gotovo je još važnije sljedeće stajalište koje me već davno tjera da zauzmem čvrsti stav protiv svakog pokušaja, da takozvano vojno osposobljavanja za oružje preuzmu dragovoljne udruge: Pretpostavimo da bi usprkos već spomenutim teškoćama nekoj udruzi ipak uspjelo, godinu za godinom, određeni broj Nijemaca, muškaraca, odškolovati da budu spremni za oružje i to kako u pogledu njihova uvjerenja, tako i njihove tjelesne sposobnosti i vojnog školovanja. Rezultat bi ipak bio ravan nuli, u državi koja ni jednim djelićem svoga bića čak ne želi takvo osposobljavanje za oružje, čak ga direktno i mrzi, jer potpuno proturječi unutarnjem cilju njenih čelnika - pokvarenjaka ove države.

U svakom slučaju, takav bi pokazatelj bio bezvrijedan pod vlašću koja je ne samo djelom dokazala, da joj vojna sila nacije ništa ne znači, već ne bi ni htjela pozvati ovu snagu, ako bi trebalo, osim za potporu svoje vlastite razorne opstojnosti. Je li to ipak tako i danas? Ili, nije li smiješno u sumraku sumraka, vojno izobraziti desetke tisuća ljudi za regimentu, kad je država samo nekoliko godina ranije, osam i pol milijuna najosposobljenijih vojnika sramotno predala na milost i nemilost, ne zato jer joj više nisu služili, već ih je u znak zahvalnosti za njihove žrtve čak izložila općoj pogrdi! Hoće dakle izobražavati vojnike za državnu regimentu, na koje se nekoć pljuvalo, kojima su časna odličja trgana s grudi, oduzimano znakovlje, gažene zastave, i obezvrjeđivani njihovi učinci? Ili je možda ova današnja državna regimenta ikada poduzela i jedan korak da bi čast starih vojski bila vraćena na zasluženu visinu? Je li njezine razarače i psovače ikada pozvala na odgovornost? Ni najmanje od toga! Baš nasuprot: Ove posljednje možemo vidjeti ustoličene u najvišim državnim službama - kako se u Leipzigu govorilo: "Pravo ide sa silom". Kako ipak danas sila leži u rukama istih ljudi, koji su već jednom izveli ovu revoluciju i s njom najsramniju izdaju zemlje, da, najbjednije huljsko djelo koje uopće postoji u njemačkoj povijesti, ne može se naći niti jedan razlog zbog kojeg bi moć upravo ovih karaktera, izobrazbom novih mladih vojski, mogla biti povećana. Svi razumni razlozi u svakom slučaju govore protiv toga.

Ono što se pripisuje vrijednosti ove države, i nakon revolucije 1918., je vojno jačanje njezine pozicije, a što je jasno i nedvosmisleno vidljivo iz njenog stajališta prema tadašnjim velikim samozaštitnim organizacijama. Dok su nastupale kao osobna zaštita plašljivih revolucionarnih nakaza, nisu bile nedobrodošle. Ali kada se, zahvaljujući postupnom osiromašenju našeg naroda, činilo da je otklonjena opasnost, a postojanje organizacija značilo nacionalno političko jačanje, one su postale suvišne i činilo se sve da ih se razoruža, a ako je moguće i rastjera.

Povijest spominje samo rijetke primjere zahvalnosti kneževima. Ali na zahvalnost revolucionara, palikuća, pljačkaša i nacionalnih izdajica može računati samo novograđanski patriot Kad se radi o ocjeni problema stvaranja dragovoljnih obrambenih udruga, ne mogu, a da ne postavim pitanja: Za koga izobražavam mlade ljude? U koju će svrhu biti upotrijebljeni i kada trebaju biti pozvani? Odgovori na ta pitanja daju najbolje smjernice vlastitom ponašanju.

Ako bi današnja država ikada posegnula prema ovoj vrsti izučenih postrojbi, tada to nikada ne bi bilo zbog zaštite vanjskog nacionalnog interesa, nego uvijek samo kao zaštita unutarnjeg silovatelja nacije, to znači, samo onda, ako bi se jednoga dana razbuktala opća srdžba prevarenog, izdanog i prodanog naroda. Jurišni odjel NSDAP-a već iz tog razloga ne bi smio imati baš ništa s vojnom organizacijom. On je bio zaštitno i odgojno sredstvo nacionalsocijalističkog pokreta i njegovi su se zadaci nalazili na sasvim drugom području, nego takozvane obrambene udruge.

On isto tako ne bi smio predstavljati ni tajnu organizaciju. Svrha tajnih organizacija može biti samo protuzakonita. Time je opseg djelovanja jedne takve organizacije ograničen sam od sebe. Posebno zbog brbljavosti njemačkog naroda nije ni moguće izgraditi organizaciju neke veličine, a istovremeno je prema van držati tajnom ili bar zastrijeti njezine ciljeve. Svaka takva namjera bila bi tisućstruko spriječena. Ne samo zato, što našoj policijskoj službi danas stoji na raspolaganju stožer svodnika, i sličnog klateža, koji za židovsku plaću od 30 srebrnjaka izdaju sve i svakoga, i pronalaze koga bi i što mogli izdati, nego ne bi bilo moguće ušutkati ni vlastite pristalice u slučaju kakve neizbježne tajne. Samo bi posve male grupe, koje su godinama pripremane i uvježbavane, mogle poprimiti karakter stvarno tajnih organizacija. No, već bi i mali broj takvih tvorevina mogao podići vrijednost nacionalsocijalističkog pokreta. *Ono što smo mi trebali i što trebamo, bilo je i jest, nešto ili dvjesto drskih zavjerenika, negostotine i stotine tisuća fanatičnih boraca zanašsvjetonazor. Netrebaraditi u tajnim grupama, negou ogromnim masovnim povorkama, i pokretu ne treba stvarati slobodni put otrovom i strijelom ili pištoljem, nego osvajanjem ulice. Marksizmu smo pokazali, da je budući gospodar ulice Nacionalsocijalizam, kao što će jednom biti i gospodar države.*

Opasnost od tajnih organizacija je danas još i u tome, što članovi često potpuno krivo shvaćaju veličinu svoje zadaće, te se stvara mišljenje, da bi umjesto nje sudbina naroda u povoljnom smislu, iznenada mogla biti odlučena jednim jedinim umorstvom. Takvo mišljenje može imati i svoje povijesno opravdanje, naime, ako neki narod stenje pod tiranijom nekog genijalnog ugnjetavača o kojem se zna, da jedino njegova nadmoćna ličnost omogućuje unutarnju strogoću i užas neprijateljskog pritiska. U takvom slučaju može se u narodu iznenada naći za žrtvu spreman čovjek koji će zabosti nož u grudi omrznutog pojedinca.

I samo će republikanska narav, krivnje svjestan mali odrpanac, jedan takav čin držati dostojnim gnušanja, dok će najveći pjesnici slobode našega naroda, u svom nastupu, takvom djelu odati svu slavu.

U godinama 1919. i 1920. postojala je opasnost da će se pripadnici tajnih organizacija, poučeni uzorima iz povijesti i prožeti beskrajnom nesrećom domovine, pokušati osvetiti zavičajnim pokvarenjacima, u vjeri da će tako načiniti kraj nevolji svoga naroda.

Ali bi svaki takav pokušaj bio besmislen, jer marksizam nije pobijedio zahvaljujući nadmoćnoj genijalnosti i osobnom značaju pojedinca, nego štoviše zato, jer je zakazao beskrajno bijedni i kukavni građanski svijet. Najokrutnija kritika koju se može uputiti našem građanstvu je zaključak, da sama revolucija nije proizvela ni jednu jedinu veliku glavu među veličinama i njoj se podčinila. Još je nekako razumljivo da se kapitulira pred jednim Robespierreom, Dantonom ili Maratom, ali je uništavajuće kad se puže prema križu mršavog Scheidenmanna, gojaznog gospodina Erzbergera i jednog Friedricha Eberta, i pred nebrojenim političkim kržljavcima. Doista, nije tu bila ni jedna glava, u kojoj bi se moglo uočiti genijalnog čovjeka revolucije, a time i nesreće domovine, nego su tu bile mnoge revolucionarne stjenice, ruksak - Spartakovci, en gros, und en detail, u velikom i malom. Bilo bi potpuno beznačajno, bilo koga od njih maknuti s puta, jer bi uspjeh možda bio u tome, što bi nekoliko isto tako velikih i žednih krvopija zauzelo njihovo mjesto.

Nekih se godina nije moglo dovoljno oštro istupiti protiv shvaćanja koja su imala svoja opravdanja u doista velikim povijesnim pojavama, ali se to nikako nije slagalo s trenutnim patuljastim vremenskim razdobljem.

Jednako se razmišljalo i u povodu *uklanjanja takozvanih državnih izdajnika*. Smiješno je i nelogično ubiti derana koji je izdao položaj nekog topa, dok pored nas, na najvišim počasnim mjestima sjede oni koji su prodali svekoliko Carstvo za uzaludne žrtve dva milijuna mrtvih, koji su morali biti odgovorni za milijune bogalja, a pritom mirne savjesti obavljaju svoje republikanske poslove. Besmisleno je ukloniti sitne državne izdajnike, u državi čija vlada sama oslobađa izdajnike od svake kazne. I tako se može dogoditi, da jednoga dana poštenog idealistu, koji smakne pokvarenog vojnog izdajnika, pozove na odgovornost veliki državni izdajnik I tu se postavlja važno pitanje: Treba li dozvoliti da beznačajnu izdajničku kreaturu smakne druga takva kreatura, ili da to učini idealist? U prvom slučaju uspjeh je dvojben, a ponovna izdaja skoro sigurna; u drugom slučaju, bit će smaknut mali pokvarenjak, a time život jednog, možda nenadomjestivog idealista, stavljen u pitanje.

Uostalom, mišljenja sam, po ovom pitanju, da ne treba vješati sitne lopove, da bi se ostavilo na slobodi velike, nego da već jednom njemački

Nacionalni sud, prvo mora osuditi i smaknuti nekih deset tisuća organiziranih, a time i odgovornih zločinaca izdaje iz studenoga, i svega što tu pripada. Takav će primjer, jednom zauvijek, biti tada neophodna pouka i najmanjem vojnom izdajici.

Sva su me ova razmatranja potaknula da neprestano zabranjujem stvaranje tajnih organizacija, a sam Jurišni odjel sačuvam od karaktera takve organizacije. Nekih godina držao sam NSDAP podalje od eksperimenata čiji su izvršitelji bili predivno idealistički nastrojeni mladi Nijemci, koji su sami postali žrtvom svoga djela, jer sudbinu domovine ni najmanje nisu mogli popraviti.

Ako Jurišni odjel nije smio biti ni vojna obrambena organizacija ni tajna udruga, iz toga su morale proizići sljedeće posljedice:

1. njegova izobrazba ne smije slijediti vojno stajalište, nego svrhovito, stranačko.

Koliko god da su članovi pri tome tjelesno očeličeni, glavna vrijednost ne smije biti vojna uvježbanost, nego mnogo više bavljenje športom. Boks i Jiu-Jitsu, uvijek su mi se činili važnijim, nego neko loše, polovično, vježbanje u gađanju. Kad bi se njemačkoj naciji dalo šest milijuna športski besprijekorno istreniranih tijela, prožetih fanatičnom domovinskom ljubavlju i odgojem u najvišem napadačkom duhu i nacionalna će država ako bude potrebno, u nepune dvije godine iz njih stvoriti vojsku, ako za to postoji neki određeni razlog. Ona u današnjim odnosima može biti samo carska vojska, a nikako jedna polovična zaostala obrambena udruga. Tjelesno čeličenje mora pojedincu ucijepiti uvjerenje o njegovoj nadmoći i dati mu svako pouzdanje koje oduvijek leži u svijesti vlastite snage; k tome ga treba poučiti i svim sportskim vještinama koje za obranu pokreta služe kao oružje.

2. da bi se od početka spriječio svaki tajni karakter Jurišnog odjela, on mora, zbog svoje svima prepoznatljive odjeće i veličine svogapostojanja, samodabratiputkojićekoristitipokretu i biti poznatsvelikoj javnosti. On ne smije čučati u tajnosti, nego slo -bodno marširati pod vedrim nebom i time jasno voditi djelovanju koje konačno uništava sve legende o "tajnoj organizaciji." Da bi se njegovu aktivnost duhovno oslobodilo od svih pokušaja zavjereničke aktivnosti, on mora od samog početka biti potpuno upućen u velike ideje pokreta i imati zadaću, zastupati ove ideje i biti bezostatno učen da si od početka širi obzore, a pojedinac svoje poslanje ne smije vidjeti u uklanjanju nekih manjih ili većih varalica, da, i lopova, nego u samoprijegornom radu na uspostavi nove nacionalsocijalističke narodne države.

Time će se borba protiv postojeće države uzdići iz atmosfere malih osveta i urotničkih akcija ka veličini uništavajućeg rata svjetonazora protiv marksizma i njegovih tvorevina.

3. organizacijsko oblikovanje Jurišnog odjela, kao i njegova odora i oprema odabrane su smisleno, ne prema uzorima stare ar- mije, već prema njegovoj svrhom određenoj zadaći.

Ovi nazori koji su me vodili 1920. i 1921. i koje sam pokušao ucijepiti mladoj organizaciji, imali su uspjeha, tako da smo do sredine ljeta 1922. raspolagali s pristojnim brojem odreda, koje smo u kasnu jesen 1922. sve više i više opremili i prepoznatljivim odorama. Za daljnje stvaranje i oblikovanje Jurišnih odreda bila su beskrajno važna tri događaja:

1. velike opće demonstracije svih domovinskih udruga protiv Zakona o zaštiti Republike u kasno ljeto 1922. na Königsplatzu u Münchenu.

Münchenske domovinske udruge tada su obznanile javni proglas koji je pozivao na veliki masovni zbor u Münchenu, protiv Zakona o zaštiti Republike. Na njemu je trebao sudjelovati i nacionalsocijalistički pokret. Jedinstvenu stranačku povorku je predvodilo šest Münchenskih odreda SA, a njih su slijedile sekcije političke stranke. U samoj povorci, marširale su i dvije glazbene kapele, a nošeno je otprilike i petnaest zastava. Pristizanje Nacionalsocijalista na još polovično popunjen trg, na kojemu inače nije bilo zastava, izazvalo je neizmjerno oduševljenje. Ja sam osobno, kao jedan od govornika, imao čast govoriti pred gomilom ljudi, koja je brojila oko šezdeset tisuća glava.

Uspjeh priredbe je bio veličanstven posebno zato, jer se po prvi puta dokazalo, unatoč svih crvenih prijetnji, da i nacionalni München smije marširati ulicama. Crvene republikanske zaštitare, koji su pokušali navaliti na kolonu terorom, SA odredi su rastjerali u svega nekoliko minuta, razbijenih i okrvavljenih lubanja. Nacionalsocijalistički pokret tada je prvi puta pokazao svoju odlučnost, uzeo si za budućnost pravo postavljati zahtjeve na ulici i time ovaj monopol otpuhnuo iz ruku internacionalnih narodnih izdajnika i neprijatelja domovine.

Uspjeh toga dana, bio je neoborivi dokaz psihološke i organizacijske ispravnosti naših shvaćanja o izgradnji Jurišnog odjela.

On je sada, na uspješnoj podlozi, energično proširivan, tako da smo već nekoliko tjedana kasnije u Münchenu oformili dvostruki broj odreda.

2. *Vlak za Koburg*, u listopadu 1922.

Narodna udruženja, namjeravala su u Koburgu održati takozvani "Njemački dan". I sam sam primio pozivnicu s napomenom, da bi bilo poželjno povesti i nešto pratnje. Ovaj zahtjev koji sam primio u ruke prije podne u 11 sati, bio mi je vrlo drag. Već nakon jednog sata izdana su sve zapovijedi za posjet ovim "Njemačkim danima". Kao "pratnju" sam odredio osamsto ljudi SA koji su u otprilike četrnaest odreda iz Münchena do navedenog bavarskoga gradića trebali stići posebnim vlakom.

Nacionalsocijalističkim SA odredima koji su u međuvremenu trebali organizirati takve odrede na drugim mjestima izdane su odgovarajuće zapovjedi.

Bilo je to po prvi puta da je Njemačkom vozio jedan takav posebni vlak. Na svim mjestima u kojima su ulazili novi SA ljudi, transport je izazivao najveću javnu pozornost. Mnogi još nikada prije nisu vidjeli naše zastave; pa je i njihov dojam bio tim jači.

Kad smo stigli na koburški kolodvor primila nas je delegacija svečanosti "Njemački dani", koja nam je predala nešto kao "sporazum", kako je nazvana zapovijed tamošnjih sindikata, odnosno Neovisnih i Komunističke stranke, iz čijeg se sadržaja vidjelo da nam se zabranjuje ulazak u grad sa razvijenim zastavama, i s glazbom (poveli smo kapelu od četrdeset i dva glazbenika), te zabranjuje nastupati u jedinstvenoj povorci.

Smjesta sam glatko odbio ove sramotne uvjete i nazočnoj gospodi delegiranih izrazio svoje veliko zaprepaštenje, jer su s ovim ljudima obavljeni razgovori i s vodstvom ove manifestacije postignuta nagodba. Objašnjeno im je, da će Jurišni odjel već ovoga trena krenutii sa svojim odredima, zvonkom glazbom i lepršavim zastavama i umarširati u grad. To se i dogodilo.

Već na kolodvoru nas je dočekala gomila od više tisuća ljudi koja se tukla, urlala: "Ubojice", "Banditi", "Razbojnici", "Zločinci"; to su bila omiljena imena kojima su nas ljubazno obasuli uzorni utemeljitelji njemačke Republike. Mladi Jurišni odjel, uzorno je održavao red, njihovi su se odredi formirali na trgu pred kolodvorom, ne obazirući se na ove prostakluke. Plašljivi policijski organi nisu našu kolonu pristiglu u, svima nama, nepoznati grad, vodili na naše odredište, jednu streljanu na periferiji Koburga, kako je dogovoreno, nego u Hofbräuhauskeller, nedaleko centra. Lijevo i desno od kolone sve je više rastao bijes pratećih narodnih masa. Jedva da je i posljednji odred skrenuo u dvorište podruma, kad je velika masa uz zaglušnu buku pokušala provaliti. Da bi to spriječila, policija je zatvorila podrum. Kako je ovo stanje bilo neizdrživo zapovjedio sam uredovanje Jurišnih odjela; kratko sam ih posavjetovao, a zatim od policije zahtijevao da trenutno otvore vrata. Nakon dužeg oklijevanja, popustili su mojoj zapovijedi.

Uspjelo nam je. Marširali smo sada putem kojim smo došli, pa opet natrag do našeg odredišta. Tu je konačno morao biti uspostavljen front. Nakon što uvredljivim upadicama i povicima nisu mogli poremetiti mir odreda, zastupnici istinskog socijalizma, jednakosti i bratstva posegnuli su za kamenjem. Time je našem strpljenju došao kraj i desetak minuta je ubojito pljuštalo i lijevo i desno. Nakon četvrt sata, više se ništa crvenog nije moglo vidjeti na ulicama.

I noću je dolazilo do teških okršaja. Patrole Jurišnih odreda nalazile su Nacionalsocijaliste, koji su pojedinačno napadnuti, u užasnom stanju. Zato se s protivnicima postupalo po kratkom postupku. Već sljedećeg jutra, crveni je teror, od kojega je Koburg patio godinama, bio potpuno potučen.

Poznatim marksističko - židovskim lažima pokušalo se pomoću promidžbenih letaka "drugova i drugarica internacionalnog proletarijata", izvrtanjem činjenica, još jednom nahuškati masu na ulicu, pa se potpuno iskrivljenim činjenicama tvrdilo, kako su naše " bande ubojica" započele "istrebljujući rat protiv mirnog radništva" u Koburgu. Oko pola dva trebale su se održati velike "narodne demonstracije", na koje je, kako su se nadali, trebalo doći nekoliko tisuća radnika iz cijele okolice. Čvrsto odlučan da konačno završim sa crvenim terorom, u dvanaest sati je nastupio Jurišni odjel. Njihov je broj narastao na skoro tisuću i pol ljudi. Marširao sam s njima do tvrđave Koburg gdje su se na velikom trgu trebale održati crvene demonstracija. Htio bih vidjeti hoće li nas se usuditi još jednom uznemiravati. Kad smo stupili na trg, tamo se umjesto najavljenih nekoliko tisuća, okupilo jedva nekoliko stotina ljudi, koji su se u našoj nazočnosti počeli ponašati mirno, a djelomično su i bježali. Samo su nas na nekim mjestima počeli ponovno izazivati crvene trupe koje su u međuvremenu stizale izvana. Ali dok bi mahnuo rukom, ova bi im radost prisjela. I sada se moglo primijetiti, kako se do tada prestrašeno stanovništvo polako počelo buditi, dobivati hrabrost, čak se usudilo pozdraviti nas poklicima, a navečer, prilikom našeg odlaska, na mnogim je mjestima izbijalo spontano oduševljenje.

Iznenada, na željezničkom kolodvoru, željezničko nam je osoblje objasnilo, da naš vlak neće krenuti. Nekim sam kolovođama tada poručio da ću u tom slučaju smlaviti sve crvene budže koje mi samo dopadnu šaka, da ćemo čak sami voziti vlak, s tim što namjeravamo i u lokomotivi i u tenderu, i u svakom vagonu, povesti sa sobom nekoliko tuceta internacionalne solidarne braće. Također nisam propustio gospodi pažljivo pripomenuti, da bi vožnja s našim vlastitim snagama, naravno, mogla biti krajnje rizični pothvat i da nije isključeno da svi skupa polomimo kosti i vratove. Ali, jako bi nas radovalo da na onaj svijet ne odemo sami, nego u bratstvu i jedinstvu sa crvenom gospodom.

Tako je vlak krenuo točno na minutu, pa smo se sljedećeg jutra ponovno našli u Münchenu.

Time je u Koburgu, po prvi puta od godine 1914. uspostavljena jednakost državljana pred zakonom. Kada se danas neki zatupljeni viši državni činovnik uzoholi tvrdnjom, da država štiti život svojih građana, onda je to laž, jer se to nikada nije dogodilo; građani su se u svim vremenima morali braniti od predstavnika današnje države.

Značaj ovoga dana i njegove posljedice uopće nisu mogle biti potpuno ocijenjene. Ne samo zato, što nam je pobjednički SA u svom pouzdanju i vjerovanju u ispravnost vodstva, izvanredno podigao moral, nego se nama i okolina počela podrobnije baviti, a mnogi su u nacionalsocijalističkom pokretu po prvi puta vidjeli instituciju, koja je po svemu sudeći pozvana pripremiti odgovarajući kraj marksističkom ludilu.

Samo su Demokrati jadikovali što nismo dali da nam se mirno razbiju lubanje, već smo u jednoj demokratskoj Republici izvršili brutalni napad šakama i kolcima, umjesto da smo uzvratili pacifističkim pjesmama.

Građanski je tisak, općenito govoreći, bio, kao i uvijek, dijelom bijedan, dijelom prostački, a samo su neke iskrene novine pozdravile, što se bar na jednom mjestu konačno spriječio ručni rad marksističkih drumskih razbojnika.

U Koburgu samom se ipak jedan dio marksističkog radništva, koje se uostalom i samo moralo držati zavedenim, poučeno šakama nacionalsocijalističkih radnika, naučilo uviđati da se i ovi radnici bore za ideale i da se prema iskustvu, za ono što se voli i u što se vjeruje, mora ponekad i tući.

Najviše je koristi imao svakako Jurišni odjel sam. On je vrlo brzo napredovao, tako daje na Dan stranke, 27. siječnja 1923.,na posveti nove zastave, moglo sudjelovati oko šest tisuća ljudi, pri čemu su prvi odredi bili potpuno odjeveni u svoje nove odore.

Iskustva iz Koburga su pokazala koliko je to nužno, ne samo zbog jačanja tjelesnog duha, nego da bi se izbjegle zamjene, a suprotne strane spriječilo uvođenje jedinstvenih odora Jurišnog odjela. Do tada su na rukavu nosili samo trake, a sada su dobili vjetrovke i k tome poznate kape.

Iskustva iz Koburga imala su i daljnji značaj, da smo od tada išli za tim da u svim mjestima u kojima je crveni teror godinama sprječavao svaki skup neistomišljenika, ovog planski slomimo i tako uspostavimo slobodu okupljanja. Od tada su u takva mjesta uvijek dopremani nacionalsocijalistički bataljuni pa su u Bavarskoj, kao žrtve nacionalsocijalističke promidžbe, crvene tvrđave padale jedna za drugom. Jurišni odjel je sve više urastao u svoju zadaću i sve se više udaljavao od karaktera besmislenog životno nevažnog obrambenog pokreta, prerastajući u živu borbenu organizaciju za uspostavu nove njemačke države.

Do ožujka 1923. čuvalo se ovaj logični razvoj. Tada se zbio događaj, koji me prisilio da pokret skrenem s njegova dosadašnjeg puta i preustrojim ga.

3. U prvim mjesecima godine 1923. došlo je do francuske *okupacije Ruhrskog područja*, koja je u sljedećem razdoblju imala veliki značaj za razvoj Jurišnog odjela.

Još ni danas nije moguće, a zbog nacionalnih interesa ni posebno svrhovito, o tome govoriti ili pisati u javnosti. Mogu se osvrnuti samo toliko, koliko je o ovoj temi obznanjeno u javnosti.

Okupacija Ruhrskog područja koja nas nije iznenadila, dala je naznjeti utemeljenu nadu, da je konačno slomljeno kukavičko političko povlačenje, čime bi i obrambenim udrugama pripale sasvim određena zadaće. Ni Jurišni se odjel, koji je tada obuhvaćao mnoge tisuće mladih, zdravih muškaraca, nije tada smio povući od službe naciji. U proljeće i sredinom ljeta 1923.g. uslijedilo je njegovo preustrojstvo u vojno borbenu organizaciju. Njemu je najvećim dijelom i pripisan kasniji razvoj 1923., koji je pogodio naš pokret. Kako ovaj razvoj 1923. obrađujem u širim crtama na drugom mjestu, ovdje samo zaključujem, da se preustroj tadašnjeg Jurišnog odjela uz pretpostavke koje su mu prethodile, a koje se nisu ostvarile, dakle preuzimanje aktivnog otpora protiv Francuske, sa stajališta pokreta bio štetan.

Završetak godine 1923. kako god se na prvi pogled činio strašnim, promatran s uzvišenijeg mjesta, bio je skoro potrebniji, nego što je držanjem njemačke carske vlade bio prikazan. Za pokret štetan preustroj Jurišnog odjela, koji je završio jednim udarcem, ipak je stvorio mogućnost da se jednoga dana ponovno izgradi tamo, gdje se moralo napustiti pravi put.

U 1925., novoutemeljena Nacionalsocijalistička njemačka radnička stranka, morala je svoj Jurišni odjel opet uspostaviti po početnim nazorima, te izobraziti i organizirati svoje zaštitno odjeljenje. Ona se time morala vratiti prvobitnim, zdravim nazorima, a svoju najvišu zadaću vidjeti u tome, da svoj Jurišni odjel stvori kao sredstvo zastupanja i jačanja borbe za svjetonazor pokreta.

Ona ne smije dozvoliti da se Jurišni odjel sroza na neku vrstu obrambene udruge ni tajne organizacije; više se mora truditi da od njega stvori gardu od sto tisuća Nacionalsocijalista, a time i najpotpunije ostvari narodnu ideju.

Glava 10

FEDERALIZAM KAO MASKA

Zimi 1919., a još više u proljeće i ljeto 1920., mlada stranka je bila prisiljena zauzeti stajalište u vezi s pitanjem, koje se već u ratu uzdiglo do izvanrednog značaja. Već sam u prvom tomu, u kratkom prikazu, ukazao na meni osobno vidljive znakove prijeteće njemačke propasti, na posebnu vrstu promidžbe, koja se, kako od strane Engleza, tako i Francuza, sastojala u otvaranju stare provalije između sjevera i juga. U proljeće 1915. pojavili su se prvi sistematski huškački letci protiv Prusa kao jedinih ratnih krivaca. Do 1916. ovaj je sustav potpuno izgrađen, koliko spretno, toliko i podlo. Računajući na najpodlije instinkte huškanja južne protiv sjeverne Njemačke, počelo je ono već nakon kratkog vremena donositi plodove. To je prigovor kojega se mora uložiti protiv tadašnjeg mjerodavnog mjesta, kako u vladi, tako i u vrhovnoj vojnoj komandi - bolje - u bavarskim komandnim mjestima, kako ga se ovi ne bi otresli, te božjom zaslijepljenošću zaborava dužnosti, protiv njega nužnom odlučnošću posredovali. Ništa nije učinjeno! Naprotiv, na raznim se mjestima na to, čini se, nije baš nerado gledalo, ili im je bilo dovoljno glupo misliti, da bi se putem takve promidžbe, jedinstvenom razvoju njemačkog naroda ne samo zaprla vrata, nego da bi se time automatski moralo i došlo do jačanja federativnih snaga. Jedva da se je ikada u povijesti jedan takav propust zlobnije osvetio. Slabost za koju se vjerovalo da je nanesena Prusima, pogodila je cijelu Njemačku. A njezina posljedica je bilo ubrzanje propasti, koja nije srušila samo Njemačku, nego u prvom redu, upravo pojedinačne države same.

U gradu u kojem je bjesnila najsnažnija umjetno stvorena mržnja protiv Prusa, najprije je izbila revolucija protiv nasljedne kraljevske kuće.

Samo, bilo bi svakako krivo vjerovati, da bi se samo neprijateljskoj promidžbi moglo pripisati ovo antiprusko raspoloženje i da ne bi postojali razlozi za ispriku prema od nje napadnutom narodu. Nevjerojatan način organizacije našeg ratnog gospodarstva, koje je upravo bezumnom centralizacijom svekolikog carstva stavilo pod starateljstvo i izvaralo cijelo carstvo, bio je glavni razlog nastanka svakog antipruskog stava. *Jer za običnog malog čovjeka, bila su ratna društva, koja su odjednom imala svoje centrale u Berlinu, istoznačna s Berlinom, a sam Berlin istoznačan s Prusima.* Da organizatori ovog lopovskog instituta nazvanog Ratne udruge, nisu ni Berlinčani ni Prusi, već uopće nisu bili Nijemci, jedva da je pojedincu dolazilo do svijesti. On je vidio samo grube pogreške i trajne napade ove omrznute institucije u glavnom carskom gradu i sada je, samo se po sebi razumije, svu svoju mržnju prenio na ovaj grad, a istovremeno i na Pruse, tim više, što s određene strane ne samo da ništa protiv toga nije poduzeto, nego je takvo tumačenje čak pozdravljeno, tiho, sa smiješkom.

Židov je bio prepametan, da već tada ne bi shvatio da ovaj podli pljačkaški pohod, kojeg je on poduzeo pod okriljem Ratnih udruga i organizirao protiv njemačkog naroda, i ne bi mogao, čak morao, izazvati ustanak protiv njemačkog naroda. Sve dok mu ovaj sam nije skočio za vrat, nije ga se trebao bojati. Da bi spriječio eksploziju očaja i užasa uzavrele mase u tom smjeru, nije se mogao naći bolji recept nego to, da svoj bijes razbuktaju na drugi način i tako ga istroše.

Mogla se Bavarska mirno prepirati s Prusijom i Prusija s Bavarskom, što žešće, to bolje! Njihova najljuća međusobna borba, Židovu je značila najsigurniji mir. Time je opća pozornost bila potpuno otklonjena od internacionalnog žderača naroda, činilo se, da se na njega i zaboravilo. I kada se činilo da opasnost izranja, razboriti su elementi, kojih je u Bavarskoj bilo bezbroj, opominjali na razumijevanje, odricanje i suzdržanost, a što je prijetilo stišavanju ogorčene borbe. Židov u Berlinu je na scenu trebao izvesti samo novu provokaciju i pričekati uspjeh. Na svaki takav događaj trenutno su nahrupili svi, da se okoriste svađom između sjevera i juga, i puhali su tako dugo dok iz žara pobune nije buknuo veliki plamen.

Bila je to spretna, rafinirana igra kojom se Židov tada bavio, kako bi stalno zapošljavajući i odvraćajući pozornost pojedinih njemačkih rodova ove, kroz to vrijeme, mogao što temeljitije opljačkati.

Tada je izbila revolucija.

Ako 1918. ili bolje rečeno, do studenoga te godine, prosječan čovjek, posebno nižeobrazovani malograđanin i radnik, nije mogao prepoznati stvarni tijek događaja i neizbježne posljedice međusobnih prepirki njemačkih rodova, prije svega u Bavarskoj, tada je to na dan izbijanja revolucije morao shvatiti barem samonazvani "nacionalni" dio. Jer jedva što je akcija uspjela, već su u Bavarskoj vođe i organizatori postali zastupnici "bavarskih" interesa. *Internacionalni Židov Kurt Eisner, započeo je igrati svoju igru - Bavarska protiv Prusije.* Bilo je ipak samo po sebi razumljivo, da bi on, isključivi Orijentalac, koji se kao novinarski izvjestitelj neprekidno povlačio kojegdje, po čitavoj Njemačkoj, bio posljednji koji bi bio pozvan štititi bavarske interese, i da je upravo prema Bavarskoj mogao biti najravnodušniji na cijelom božjem svijetu.

Time što je Kurt Eisner revolucionarnoj Bavarskoj dao sasvim svjesno prvo mjesto u odnosu na preostalo carstvo, on ni najmanje nije bio zastupnik bavarskih stajališta, nego samo opunomoćenik Židovstva. On je iskoristio postojeće instinkte i odbojnost bavarskog naroda, kako bi mogao lakše razoriti središta njihove Njemačke. Razrušeno je carstvo postalo laki plijen boljševizma.

Politika koju je primjenjivao nastavljena je i nakon njegove smrti.

Marksizam, koji je upravo pojedinačne države i njihove kneževe u Njemačkoj stalno polijevao najkrvavijim prijezirom, odjednom je, kao "Neovisna stranka", apelirao samo na osjećaje i instinkte onih, koji su u kneževinama i pojedinačnim državama imali najdublje korijenje.

Borba Sovjetske republike protiv nadolazećih oslobodilačkih kontigenata, bila je u prvom redu promidžbeno smišljena kao "borba bavarskih radnika" protiv "pruskog militarizma." Samo se iz toga može razumjeti, zašto u Münchenu, za razliku od drugih njemačkih područja, rušenje Sovjetske republike nije dovelo od osviještenja širokih masa, nego, štoviše, do još većeg ogorčenja i zagrižljivosti protiv Prusije.

Umjetnost kojom su boljševički agitatori znali uklanjanje Sovjetske republike postaviti kao "prusko - militarističku" pobjedu protiv "antimilitaristički" i "antipruski" nastrojenog bavarskog naroda, donijela je bogate plodove. Dok Kurt Eisner još prilikom izbora u zakonodavni bavarski parlament u Münchenu nije mogao pribaviti ni deset tisuća pristalica, a komunistička stranka, ostala čak ispod tri tisuće, obje su se stranke nakon rušenja Republike popele na blizu sto tisuća birača.

Već u to vrijeme, počeo sam svoju osobnu borbu protiv bezumnog međusobnog huškanja njemačkih rodova.

Vjerujem da u svom životu nikada nisam započeo nepopularniju stvar, nego što je bio moj tadašnji otpor protiv huškanja na Pruse. U Münchenu su se već u sovjetskom razdoblju održavali prvi masovni skupovi na kojima se mržnja protiv preostale Njemačke, a posebno protiv Prusije, raspirivala do takve točke vrijenja, da biti nazočan takvom skupu nije bilo povezano sa smrtnom opasnošću samo sjevernom Nijemcu, nego je kraj takvih skupova najčešće završavao sasvim otvorenom besmislenom drekom: "Dalje od Prusa!" - "Dolje s Prusima!" - "Rat protiv Prusa!", dakle raspoloženjem, koje je jedan sjajni zastupnik bavarskih suverenih interesa u njemačkoj parlamentu sročio u borbeni poklič: *"Lieber bayerisch sterben, als preussisch verderben."*, *Radije umrijeti po bavarski, nego propasti po pruski.*

Trebalo je doživjeti tadašnje skupove, da bi se razumjelo što su oni značili za mene samog, kada sam se po prvi puta, okružen šakom prijatelja na skupu u Löwenbräukelleru u Münchenu morao braniti od ove besmislice. Bili su to moji ratni drugovi, koji su mi tada pomogli, i možda se teško može shvatiti osjećaj kada je jedna nerazumna masa urlala protiv nas i prijetila da će nas potući, a koja se za vrijeme dok smo mi branili domovinu, daleko najvećim dijelom, kao dezerteri i kukavice, potucala po stanicama ili po zavičaju. Za mene su, dabome, ovi nastupi značili sreću, jer se krug mojih privrženika baš sada povezao sa mnom i uskoro mi prisegnuo na život i smrt.

Ove borbe, koje su se stalno ponavljale i provlačile kroz cijelu 1919., činile su se odmah početkom 1920. još jačima. Bilo je skupova - posebno se sjećam jednoga u Wagner dvorani u Sonnen Strasse u Münchenu - u kojima je moja u međuvremenu povećana grupa vodila najteže borbe, koje nisu rijetko završavale s tim, da su na tucete mojih pristalica bili zlostavljani, pretučeni, gaženi nogama, i konačno, više mrtvi nego živi, izbačeni iz dvorana.

Borba, koju sam u početku poduzimao kao pojedinac, poduprt samo mojim ratnim pratiocima, bila je, mogu skoro reći, sveta zadaća, koju je nastavio voditi mladi pokret.

Još se i danas ponosim, da mogu reći, da smo tada - skoro isključivo ovisni o našim bavarskim pristalicama - ovoj mješavini gluposti i izdaje, polako ali sigurno ipak pripremili kraj. Kažem *gluposti i izdaje* zbog toga što ja, pored svog uvjerenja, po sebi, doista mislim da dobroćudno glupoj masi sljedbenika, organizatorima i začetnicima, takva ograničenost ne može dobro doći.

Držao sam ih, a držim ih još i danas za od Francuske, potkupljene i potplaćene izdajnike. U jednom slučaju, u slučaju Dorten, povijest je zbog toga već izrekla svoju presudu.

Ono što je stvar tada posebno činilo opasnom, bila je spretnost, kojom je znao prekriti prave težnje, čime su federalističke namjere, kao jedini povod za ovu hajku, stavljene u prvi plan. Da podjarivanje mržnje Prusa nema ništa s federalizmom, jasno je kao na dlanu. Neobičnim se doima i "federativna djelatnost" koja to pokušava razriješiti ili podijeliti s nekom drugom saveznom državom. Jer jedan pošteni federalist kojemu citiranje Bismarckovih državnih zamisli ne predstavlja lažnu frazu, ne bi u istom dahu, iz Bismarcka stvorenoj ili pak završnoj pruskoj državi, smio zaželjeti, odvajati dijelove, ili čak otvoreno podupirati takve separatističke težnje. Kako bi se u Münchenu samo derali, kada bi neka konzervativna pruska stranka pospješivala otcjepljenje Franačke od Bavarske, ili čak tražila i podupirala otvorenu državnu akciju! Treba žaliti što se uz tolike, stvarno samo poštene federalističke prirode, nije prozrelo ovu opaku lopovsku igru; jer su, u prvom redu, one bile prevarene.

U tome, što je federalističko mišljenje takve vrste bilo opterećeno, kopale su mu grob njegove vlastite pristalice. Ne može se propagirati nikakvi federalni oblik carstva, ako netko bitni članak jedne takve državne strukture, naime Pruse, sam ponizi, psuje i prlja, ukratko, kao saveznu državu, ako je moguća, čini nemogućom. Ovo je bilo tim neshvatljivije, kada se borba takozvanih federalista okrenula upravo protiv *one* Prusije, koja najmanje može biti dovedena u vezu s demokracijom iz studenoga. Jer, nisu se pogrde i napadi tih takozvanih "federalista" usmjeravali protiv očeva Weimarskog ustava, koji su uostalom i sami najvećim dijelom bili južni Nijemci ili Židovi, nego protiv zastupnika stare konzervativne Prusije, dakle, antipoda Weimarskog ustava. Da se, pri tome, posebno čuvalo doticati Židova, ne smije čuditi, ali možda daje ključ rješenja čitave zagonetke.

Kao što je Židov prije revolucije znao otkloniti pozornost sa svojih ratnih udruga, ili bolje, od samoga sebe, a masu, posebno bavarskog naroda, znao okrenuti protiv Prusa, tako je on nakon revolucije morao nekada prikriti nove, sada i deset puta veće pljačkaške pohode. I opet mu je uspjelo, u ovom slučaju takozvane "nacionalne elemente", u Njemačkoj, nahuškati jedne protiv drugih: *konzervativno nastrojene Bavarce, protiv isto tako konzervativno mislećih Prusa*. I opet je to činio na lukav način, s tim što je sve konce i sudbinu carstva držao u svojim rukama, izazivajući grube i netaktične zahvate, tako da je krv dotičnog pogođenog naroda morala uzavrijeti. No, nikada protiv Židova, uvijek protiv njemačkog brata. *Bavarska nije vidjela Berlin od četiri milijuna vrijednih zaposlenih, marljivih, radinih ljudi, nego lijeni, raslojeni Berlin najnevaljanijeg zapada! Ipak, njena se mržnja nije okrenula protiv toga zapada, nego protiv "pruskog" grada.*

Često je bilo stvarno za očajavati.

Ovu židovsku spretnost, da javnu pozornost otkloni sa sebe i zaposli drugu stranu, može se ponovno studirati još i danas.

U 1918. nije moglo biti ni govora o nekom planskom antisemitizmu. Još se sjećam teškoća na koje se nailazilo čim bi se samo izustila riječ Židov. Čovjeka bi se ili krivo pogledalo, ili bi doživio najžešći otpor. Naši prvi pokušaji da javnosti razotkrijemo pravog neprijatelja, činili su se tada skoro bezizgledni. Ali su stvari sasvim polako počele ići na bolje. Koliko god da je *"Savez zaštite"* i *"Savez prkosa"* u svojem organizacijskom pristupu bio promašen, toliko je bila veća, ne manje važnija, njegova zasluga oko ponovnog pokretanja Židovskog pitanja, kao takvog. U svakom slučaju, zimi 1918/ 19. započinjalo je lagano puštati korijenje nešto poput antisemitizma. Kasnije se, svakako, nacionalsocijalistički pokret, sasvim drugačije bavio Židovskim pitanjem. Njemu je prije svega uspjelo, uzdići ga kao problem iz uskih ograničenih krugova gornjih i donjih građanskih slojeva i pretvoriti ga u pokretački motiv velikog narodnog pokreta. No, jedva što je njemačkom narodu uspjelo ovom pitanju pokloniti velike jedinstvene borbene misli, a Židov je već stupio u protuobranu. Posegnuo je za svojim starim sredstvom. Čudesnom je brzinom u narodni pokret osobno ubacio baklje svađe i posijao razdor. *Potezanjem ultramontanskog pitanja i iz toga poraslih međusobnih borbi* između katoličanstva i protestantizma, uspio je kao jedinu mogućnost dovesti do odnosa kakvi su već bili, i time javnu pozornost zaposliti drugim problemima, te tako spriječiti usredotočen napad na Židovstvo. Ljudi koji su baš ovo pitanje ubacili među naš narod, toliko su se o njega ogriješili, da to više neće moći popraviti. Židov je u svakom slučaju postigao željeni cilj; katolici i protestanti vodili međusobni veseli rat, a smrtni neprijatelj arijskog čovječanstva i cijelog kršćanstva smije im se u brk.

Dok se jednom nije shvatilo, javno mnijenje se godinama zapošljavalo borbom između federalizma i unitarizma i u tome se istrošilo, dok se Židov, naprotiv, cjenjkao oko slobode nacije i našu domovinu izdao internacionalnim financijskim moćnicima; tako mu je i sada ponovno uspjelo snažno međusobno uzburkati dvije njemačke vjeroispovijesti jednu protiv druge, dok su oba temelja bila podrovana i nagrizena otrovom internacionalnog svjetskog Židovstva.

Pred očima su nam pustošenja koja nam svakodnevno čini židovski izrod i razmišlja se da će ovo trovanje krvi iz našeg narodnog tijela biti otklonjeno nakon više stoljeća, a možda i nikada; dalje se razmišlja, kako rasno razbijanje povlači nadolje zadnje arijske vrijednosti našeg njemačkog naroda, često ga čak i uništava, tako da naša snaga kulturnog nositelja nacije, na očigled, sve više i više uzmiče, a mi upadamo u opasnost, barem u našim velikim gradovima, i dolazimo tamo gdje se danas upravo nalazi južni dio Italije. Ovu će zarazu naše krvi, pored koje kao slijepci prolaze stotine tisuća naših ljudi, danas Židov planski provoditi. Ti crni narodni paraziti planski obeščašćuju naše neiskusne mlade plave djevojke i time razaraju nešto što se na ovom svijetu više ne može nadomjestiti. Obe, dabome, obe, kršćanske vjeroispovijesti nehajno promatraju ovo oskvrnuće i uništenje jednog, božjom milošću Zemlji danog plemenitog i jedinstvenog bića. Za budućnost zemlje značenje nije u tome, da li protestanti pobjeđuju katolike ili katolici protestante, nego u tome, hoće li se arijski čovjek održati ili će izumrijeti. Ipak obe se vjeroispovijesti danas ne bore protiv uništavača ljudi, nego se pokušavaju uništiti same međusobno. Upravo bi narodni namještenik morao imati najsvetiju dužnost, da se svaki u svojoj vjeroispovijesti brine, *da se o božjoj volji ne govori stalno samo izvana, nego da se božja volja stvarno i ispunjava i da se ne dopušta oskvrnuće djela božjeg.* Jer božja volja je ljudima dala prvo njihov oblik, njihovo biće i njihove sposobnosti. Tko razara njegovo djelo, navješćuje time stvoritelju gospodinu, božjoj volji, rat. Zato svatko treba raditi i to izvoljeti u svojoj vjeroispovijesti i svaki to osjećati kao svoju prvu i najsvetiju dužnost, te zauzeti određeno stajalište prema onome, koji svojim djelovanjem, govorom ili radom iskače iz okvira zajednice svoje vjere i pokušava zametnuti svađu u drugoj. Jer suzbijanje bitnih osobina jedne vjeroispovijesti unutar našeg već jednom izvršenog religioznog raskola, vodi Njemačku bezuvjetnom, uništavajućem ratu između obih vjeroispovijesti. Naši odnosi ovdje, nažalost, ne dopuštaju nikakvu usporedbu s, recimo, Francuskom, ili Španjolskom, ili čak Italijom, U sve tri se zemlje, može, na primjer, propagirati borbu protiv klerikalizma ili ultramontanizma, bez opasnosti da će se ovim pokušajem raspasti francuski, španjolski ili talijanski narod kao takav. U Njemačkoj se to ne smije, jer bi se uz jedan takav početak umiješali protestanti. Time bi obrana ipak odmah poprimila karakter napada protestantizma protiv katoličanstva, dok bi to negdje drugdje bila obrana katolika od svakog zadiranja političke prirode vlastitog vrhovnog pastira. Što se od pripadnika vlastite vjeroispovijesti, pa ako je i nepravedno, još uvijek podnosi, ono što potiče od pripadnika jedne druge vjeroispovijesti, već na početku nailazi na trenutnu najoštriju odbojnost. To ide tako daleko da su čak ljudi, koji bi se po sebi, bez daljnjega, bili spremni isključiti iz vidno lošeg stanja vlastite vjerske zajednice i trenutno iz nje otići, okrenuli svoj otpor prema van, kao što je i s nekog mjesta koje ne pripada njihovoj zajednici takva korektura bila preporučena ili čak zahtijevana. Oni to osjećaju isto toliko nepravednim, koliko i nedopuštenim, da, nepoštenim pokušajem, miješati se u stvari koje se dotičnoga ne tiču. Takvi pokušaji nisu ni tada opravdani ako su obrazloženi i višim pravom interesa nacionalne zajednice, jer su danas religiozni osjećaji dublji nego sve nacionalne i političke svrhovitosti. I ništa se neće promijeniti ako se obe vjeroispovijesti tjeraju u najogorčeniju međusobnu borbu, nego bi trebalo biti sasvim drugačije, da obostranom snošljivošću daruju naciji budućnost, koja bi svojom veličinom i na ovom području postupno djelovala u smjeru pomirenja.

Ne ustručavam se objašnjavati, da ja u ljudima koji danas narodni pokret uvlače u krizu religioznih prepirki, vidim veće neprijatelje moga naroda, nego u internacionalno najnastrojenijim komunistima. Jer je za preobražaj ovih pozvan nacionalsocijalistički pokret. Ali tko ove izvuče iz njihovih vlastitih redova i otkloni od njihova stvarna poslanja, djeluje najpokvarenije. On je, svjesno ili nesvjesno, nije važno, borac za židovske interese. A židovski je interes danas, da u trenutku religiozne borbe, narodni pokret iskrvari čim Židovu počne postajati opasan. Ja izričito naglašavam riječ - *iskrvari;* jer samo si jedan povijesno sasvim neobrazovan čovjek može predstaviti da ovim pokretom može danas riješiti pitanje na kojemu su stoljećima bili slamani i veliki ljudi.

Uostalom, činjenice govore za sebe. Gospoda koja su 1924. iznenada otkrila, da je najviše poslanje narodnog pokreta borba protiv "ultramontanizma", nisu razbila ultramontanizam, ali su slomili narodni pokret. Moram se čuvati i od toga, da i u redovima narodnog pokreta nekakva nezrela glava ne pomisli da može ono, što nije mogao ni sam Bismarck Uvijek će biti najviša dužnost vodstva nacionalsocijalističkog pokreta stvoriti najoštriji front protiv svakog pokušaja koji nacionalsocijalistički pokret stavlja u službu takvih borbi, a zagovornike takvih namjera trenutno ukloniti iz svojih redova. Činjenica je, da je to do jeseni 1923., bezostatno uspijevalo. U redovima našeg pokreta mogao je mirno sjediti *najreligiozniji protestant pored najreligioznijeg katolika,* bez i najmanjeg konflikta savjesti svojih religioznih uvjerenja. Zajednička silovita borba koju su obojica vodila protiv razarača arijskog čovječanstva, baš ih je poučila suprotno,da se međusobno poštuju i cijene. Pri tome je upravo u tim godinama pokret poduzimao najoštriju borbu protiv Centra, svakako nikada iz religioznih, nego isključivo iz nacionalnih, rasnih i gospodarsko političkih razloga. Uspjeh je za nas tada značio upravo onoliko, koliko danas svjedoči protiv sveznalica.

Posljednjih se godina išlo tako daleko, da narodni krugovi u bezbožnoj sljepoći svojih religioznih prepirki i ludosti svojih postupaka, čak nisu spoznali da su ateističke marksističke novine po potrebi iznenada postajale odvjetnici religioznih vjerskih zajednica i nošeni amo - tamo, ponekad stvarno glupim izjavama, opteretili jednu ili drugu stranu, i time raspirivali najžešću vatru.

Upravo će narodu kao stoje njemački, koji je u svojoj povijesti već često dokazao da je u stanju voditi fantomske ratove do iskrvarenja, biti smrtno opasan svaki takav borbeni zov. Tako naš narod nikada nije dobio odgovor na realna pitanja svoje opstojnosti. Dok smo se mi proždirali religioznim prepirkama, ostali je svijet bio podijeljen. I dok narodni pokret razmišlja je li ultramontanizam veća opasnost od židovske ili obrnuto, Židov razara rasne temelje naše opstojnosti i *tako naš narod uništava zauvijek*. Što se tiče ove vrste "narodnih" boraca, nacionalsocijalističkom pokretu, a time i njemačkom narodu, mogu samo najiskrenije, od srca, poželjeti: "Gospodine, sačuvaj ih od takvih prijatelja, a s neprijateljem ćete već i sami tada izaći na kraj."

U godinama 1919/20/21. i nadalje, Židovi su na tako lukav način propagirali borbu između federalizma i unitazirma, da je i nacionalsocijalistički pokret i pored njena odbijanja, k tome opterećen svojim vlastitim problemima, bio prisiljen zauzeti određeno stajalište. Treba li Njemačka biti savezna ili unitarna država i što se praktički pod jednom i drugom podrazumijeva? Drugo pitanje mi se činilo važnijim, jer ono nije samo osnova za razumijevanje cjelokupnog problema, nego je i jasnije i ima pomirljiviji karakter.

Što je savezna država?

Pod saveznom državom podrazumijevamo savez suverenih država, koje se spajaju vlastitom voljom, snagom svoga suvereniteta, i pri tome odstupaju onaj dio pojedinačne suverene vlasti zajedništvu, koji omogućava i jamči egzistenciju cjelokupnog saveza.

Ova teoretska formulacija u današnjoj praksi ne pogađa bezostatno ni jednu postojeću saveznu državu na Zemlji. Najmanje u američkom savezu u kojemu u najširem dijelu pojedinačnih država, o nekom izvornom suverenitetu uopće ne može biti govora, nego su mnoge od njih tek tijekom vremena takoreći ucrtane u cjelokupnu površine saveza. Pri tome se kod pojedinačnih država američkog saveza, u većini slučajeva više radi o manjim ili većim državama, stvorenim iz upravno – tehničkih razloga ravnalom razgraničenim teritorijima, koje prije toga nisu imale vlastiti državni suverenitet, niti su ga mogle imati. Jer savez nisu stvorile ove države, nego je tek savez uspostavio veći dio takvih takozvanih država. Prepuštene, ili bolje, obećane najšire samouprave ne odgovaraju samo cijelom biću ovoga državnog saveza, nego prije svega i veličini njegove površine, njegovim velikim dimenzijama, koje su svojom veličinom gotovo jednake razmjerima nekog kontinenta. Zato se kod država američkog saveza ne može govoriti o njihovoj suverenosti, nego samo o njihovim razumno postavljenim zajamčenim ustavnim pravima ili možda točnije, ovlaštenjima.

Gornja formulacija nije potpuno ni sasvim točna ni za Njemačku. Iako su u Njemačkoj bez sumnje, prije postojale pojedinačne države, s time što su doista postojale kao države, pa je iz njih stvoreno carstvo. Ni samo stvaranje carstva nije slijedilo na osnovi slobodne volje ili jednake potpore pojedinačnih država, nego kao učinak hegemonije jedne države među njima - Prusije. Već i čisto velika teritorijalna razlika njemačkih država ne dopušta usporedbu sa stvaranjem, na primjer, američkog saveza. Razlika u veličini između pojedinih najmanjih njemačkih saveznih država i većih, ili čak savezne najveće, dokazuje nejednakost učinaka, ali i nejednako veliki udio u stvaranju carstva, u oblikovanju savezne države. Činjenica je da se kod većine ovih država nije moglo govoriti o nekom stvarnom suverenitetu, osim ako izraz državni suverenitet, ne bi imao neko drugo značenje, osim službene fraze. U stvari, nije samo prošlost, nego i sadašnjost uklonila ove brojne takozvane "suverene države" i time najjasnije dokazala slabost ove "suverene" tvorevine.

Ovdje ne treba biti utvrđeno kako su se povijesno stvarale pojedine države, ali svakako, da skoro ni u jednom slučaju nisu odgovarale rodovskim granicama. One su čisto političke tvorevine i svojim korijenima najčešće dopiru do najtužnijeg vremena nemoći njemačkog carstva, koje ih je uvjetovalo, kao i obratno, što je opet dovelo do raskola naše njemačke domovine.

To bar, djelomično, ide na račun ustava starog carstva, time što saveznom vijeću pojedinih država nije dat isti broj zastupničkih mjesta, nego ih je stupnjevao prema veličini i stvarnom značenju kao i prema učinku pojedinačnih država prilikom stvaranja carstva.

Dragovoljna odstupanja od suverene vlasti pojedinačnih država, kako bi se omogućilo stvaranje carstva, najmanjim su dijelom bila učinak vlastite volje, a većim dijelom te države praktično nisu ni postojale, ili su pod pritiskom pruske nadmoći jednostavno bile prisiljene ući u savez. Svakako da Bismarck pri tome nije polazio od načela da se carstvu dade sve, što se bilo kako moglo oduzeti pojedinačnim državama, nego da se od pojedinačnih država traži samo ono, što carstvo bezuvjetno treba. Jedno isto toliko umjereno koliko i mudro načelo, koje je s jedne strane uzimalo u obzir običaje i tradiciju, a s druge, od samog početka, novom carstvu osiguravalo ogromnu količinu ljubavi i radosne suradnje. Osnovna je pogreška ovu Bismarckovu odluku pripisivati njegovom uvjerenju, da bi carstvo na taj način za sva vremena zadržalo dovoljno suverene vlasti. Bismarck nipošto nije bio toga uvjerenja; baš naprotiv, on je samo htio prepustiti budućnosti ono, što bi trenutno bilo teško provesti ili održati: On se nadao u polagano djelovanje vremena i pritiska samog razvitka kojemu je na duže vrijeme povjerio više snage, nego jednom pokušaju, koji bi trenutačne otpore pojedinačnih država odmah slomio. Time je najbolje pokazao i dokazao veličinu svoje državničke mudrosti. Jer je u stvari suverenost carstva trajno rasla na račun suverenosti pojedinačnih država. Vrijeme je ispunilo ono što je Bismarck od njega i očekivao.

Padom Njemačke i uništenjem monarhijskog državnog oblika, ovaj je razvitak nužno ubrzan. Kako su pojedinačne njemačke države svoj opstanak manje pripisivale rodovskim osnovama, kao čisto političkim razlozima, morao je značaj ovih pojedinačnih država trenutno potonuti u ništa, čime su najhitnija otjelovljenja političkog razvitka ovih država, monarhijskim državnimoblikominjihovomdinastijom,bile isključene. Čitav niz ovih "državnih tvorevina" izgubio je tako svoj unutarnji oslonac, pa su se time same od sebe odrekle daljnjeg opstanka i priključile se iz čisto svrhovitih razloga s drugima, ili slobodnom voljom urasle u veće; Najjači dokaz za izvanrednu slabost stvarne suverenosti ovih malih tvorevina su niske procjene na koje su sami našli kod vlastitog građanstva.

Uklanjanje monarhijskog državnog oblika i njihovih obnašatelja, već je zadalo snažni udarac državno - saveznom karakteru carstva, a još više preuzimanje obveza koje su proizišle iz "mirovnog" ugovora.

Kako je dosadašnje novčarsko poslovanje samostalnih država nestalo u carstvu, bilo je u istom trenutku prirodno i samo po sebi razumljivo, da je carstvo izgubljenim ratom podleglo novčanim obvezama, koje bez pojedinačnih doprinosa zemalja nikada ne bi mogle biti pokrivene. I daljnji koraci koji su vodili preuzimanju pošte i željeznice, koje bi vodilo carstvo, bili su nužne posljedice proizišle iz mirovnih ugovora, i svakako su vodili putu porobljavanja našega naroda. Carstvo je bilo prisiljeno ponovno zadirati u vrijednosti zatvorenog posjeda, kako bi moglo udovoljiti obvezama u slijedu nastupa daljih prisilnih iznuđivanja.

Koliko su često biti besmisleni oblici putem kojih se obavljalo podržavljenje, toliko je bio logičan i po sebi razumljiv sam postupak. Krivicu su snosile stranke i ljudi koji nisu učinili sve, kako bi pobjedonosno završili rat. Posebno su za to bile krive stranke u Bavarskoj, koje su radi svojih egoističnih ciljeva odustale od državnog mišljenja u tijeku rata, što su nakon njegova gubitka morale i deseterostruko nadoknaditi. Osvetnička priča! Rijetko nebeska kazna stiže tako brzo, kao u ovom slučaju. Te iste stranke, koje su još samo prije par godina, interese svojih samostalnih država - i to posebno u Bavarskoj – stavile iznad interesa carstva, morale su, eto, doživjeti, daje pod pritiskom događaja interes carstva ugušio egzistenciju samostalnih država. Sve zbog njihove vlastite sukrivice.

Licemjerstvo je bez premca, tužiti se masi birača (jer se samo po njima ravna agitacija današnjih stranaka), za gubitak suverene vlasti pojedinačnih zemalja, dok su se sve ove stranke bez izuzetka međusobno nadmetale u izvršnoj politici, koju su zadnjim posljedicama naravno duboko zahvatile i vodile ka unutarnjim promjenama Njemačke. Bismarckovo carstvo, bilo je prema inozemstvu slobodno i nevezano. To carstvo nije snosilo tako dalekosežne, a pri tome potpuno neproizvodne financijske obveze, kakve danas snosi Dawes - Njemačka, već je u tuzemstvu u svojim kompetencijom bilo bezuvjetno ograničeno na male i samo neophodne potrebe. Tako se vrlo lako moglo odreći vlastite financijske samostalnosti i živjeti od doprinosa zemalja, i potpuno je razumljivo da su s jedne strane zaštita vlastitog posjeda i s druge, relativno mala davanja carstvu, pridonosila radosti zemalja prema carstvu. Ali je ipak netočno, mislim čak, danas i nepravedno, praviti promidžbu tvrdnjom, da tadašnji nedostatak ljubavi prema carstvu treba pripisati samo *financijskoj poslušnosti* zemalja prema carstvu. Ne, tako stvari zaista ne stoje. *Nedostatak ljubavi prema mišljenju države ne treba pripisivati gubitku suverene vlasti zemalja, nego mnogo više rezultatu bijede žalosnog predstavništva, koju je njemački narod dugo vremena iskusio od svoje države.* Unatoč svim carskim barjacima i državnim svečanostima, ostalo je današnje carstvo u srcima naroda svih slojeva strano, a Zakon o zaštiti Republike može samo zastrašivati zbog vrijeđanja republičkih ustanova, ali nikada zadobiti ljubav niti jednog jedinog Nijemca. *U prevelikoj brizi, da Republiku štiti od vlastitih građana paragrafima i zatvorima, nalazi se najuništavajućija kritika rušenja i cjelokupne institucije.*

Već je iz jednog drugog razloga, od određenih stranka, danas iznesena tvrdnja, da gubljenje oduševljenja prema carstvu treba pripisati njegovim zahvaćanjem u određeni suverenitet država. Pretpostavimo da carstvo nije naumilo proširiti svoje ovlasti, pa ipak se ne može vjerovati, da bi tada ljubav pojedinačnih zemalja prema carstvu bila veća, ako bi uza sve to ukupni izdaci morali ostati isti kao sada. Baš suprotno: Ako bi pojedinačne zemlje snosile troškove u iznosu koje carstvo treba za ispunjenje diktata porobljavanja, mržnja prema carstvu bi bila beskonačno mnogo veća.

Doprinose zemalja prema carstvu ne bi samo bilo teže prikupiti, nego bi oni morali biti utjerani prisilnom pljenidbom. Jer kako Republika već stoji na tlu mirovnih ugovora, a nema ni hrabrosti ni neke namjere da ih raskine, mora računati sa svojim obvezama. *Svakako da su ponovno krive stranke koje nestrpljivoj masi birača samo neprekidno propovijedaju o nužnoj samostalnosti zemalja, a pri tome podupiru politiku carstva koja neizbježno mora voditi uklanjanju i posljednjeg elementa takozvane "suverenosti vlasti".*

Kažem neizbježno, zbog toga, jer današnjem carstvu i ne preostaje druga mogućnost, nego da snosi svoj teret opake unutarnje i vanjske politike. I ovdje jedan klin izbija drugi i svaka nova krivica koju država svojim zločinačkim zastupanjem njemačkih interesa prema van priziva k sebi, mora prema unutra biti izjednačena jednako jakim pritiskom, koji opet, nadalje, sa svoje strane postupno zahtijeva gubitak ukupne suverenosti pojedinačnih država kako se u njima ne bi začela klica otpora, ili dozvolilo njeno postojanje.

Uopće, mora biti utvrđena karakteristična razlika današnje državne politike u odnosu na onu nekadašnju: Staro carstvo je prema unutra davalo slobodu, a prema van dokazivalo snagu, dok Republika pokazuje slabost prema van, a iznutra ugnjetava građane. U oba slučaja jedno uvjetuje drugo: snažna nacionalna država treba prema unutra manje zakona kako bi pridobila više ljubavi i privrženosti svojih građana, jer internacionalno porobljena država može samo silom zadržati svoje podanike pod tlakom. Najbestidnija je drskost današnjih regimenti kad govore o "slobodnim građanima". Takve je imala samo stara Njemačka. Republika kao robovska kolonija inozemstva nema građane, nego, u najboljem slučaju, samo podanike. Zbog toga nema ni nacionalne zastave, nego samo neki odlukom uvedeni i zakonskim odredbama ogledni zaštitni znak. Ovaj, kao Gesslerov pronađeni šešir, simbol njemačke demokracije, ostat će i zbog toga u srcu našeg naroda uvijek stran. Republika koja je bez svakog osjećaja za tradiciju i bez svakog strahopoštovanja prema veličini prošlosti čiji je simbol bacila u blato, jednom će se čuditi kako se podanici odnose površno prema njenim vlastitim simbolima. Ona se je sama označila samo jednim intermezzom u povijesti.

Tako je ova država zbog vlastite volje postojanja, primorana suverenost pojedinačnih država, sve više i više podrezivati, ne samo zbog opće materijalnih, nego i zbog idealnih stajališta. Jer kad svojom ucjenjivačkom politikom isisa i zadnju kap krvi svojim građanima, mora im neizbježno uzeti i zadnja prava, ako neće da opće nezadovoljstvo jednoga dana izbije u pravi ustanak.

Izokretanjem zadnje rečenice postavlja se za nas Nacionalsocijaliste sljedeće temeljno pravilo: Snažno nacionalno carstvo koje interese svojih građana prema van uzima ozbiljno i najsveobuhvatnije štiti, mora prema unutra nuditi slobodu, a da se ne mora bojati za stabilnost države. Inače, možesnažnanacionalnavlastpoduzetiivelikezahvateuslobodipojedincaizemal ja, adanenaneseineodgovaraza štetu nanesenu državnom mišljenju, ako građanin pojedinac u takvim mjerama prepozna sredstvo veličine svoga narodnog bića.

Sigurno da sve države svijeta, svojom unutarnjom organizacijom idu ka određenom ujednačavanju. Ni Njemačka ovdje neće biti iznimka. Već je danas besmisleno govoriti o "državnoj suverenosti" pojedinačnih država, koja ustvari nije data čak ni smiješnom veličinom ove tvorevine. Kako na prometnom, tako i na upravno - tehničkom području, značaj pojedinačne države bit će sve više pritiskivan. Moderni promet i moderna tehnika sve više približavaju udaljenosti i prostore. Nekadašnja država danas zapravo predstavlja sve više provinciju, a sadašnje države sliče prije kontinentima. Teškoća upravljanja jednom državom kao stoje Njemačka, mjerena čisto tehnički, nije veća od teškoće upravljanja provincijom kao što je Brandenburg prije sto i dvadeset godina. Svladavanje udaljenosti od Münchena do Berlina danas je lakše, nego one od Münchena do Starnberga prije sto godina. I svekoliko današnje carsko područje je u odnosu na tadašnju tehniku prometa, manje, nego bilo koja srednje velika savezna država u doba Napoleonovih ratova.

Onaj koji se jednom isključi iz slijeda rezultirajućih činjenica, zaostat će u vremenu. Ljudi koji to čine, i uvijek su činili u svim vremenima, činit će to i u budućnosti. Oni kolo povijesti jedva da mogu usporiti, ali nikada zaustaviti.

Mi Nacionalsocijalisti ne smijemo slijepo prolaziti pored posljedica ovih istina. Ni ovdje se ne smijemo uloviti na *fraze* naših takozvanih nacionalnih građanskih stranka. Koristim riječ fraze radi toga, što ni same ove stranke ozbiljno ne vjeruju u mogućnost provođenja svojih namjera, i drugo, jer su one krivci, glavni krivci, današnjeg razvoja. Posebno je u Bavarskoj povika za razgradnju centralizma stvarno samo stranačka obmana bez ozbiljnih primisli. U svim trenutcima, kad su ove stranke iz svojih fraza morale stvarati zbilju, bez razlike su bijedno zakazale. Svaka takozvana "krađa suverenosti" bavarske države od strane carstva, bez obzira na odvratno lajanje, bila je praktično oduzeta bez otpora. *Da, ako bi se netko i usudio stvoriti ozbiljan front protiv ovog ludog sustava, tada je bio osuđivan i proklinjan od istih tih stranka, kao "netko tko ne stoji na tlu današnje države" i tako dugoproganjan dokmunebizačepili usta ili zatvorom ili protuzakonitom zabranomgovora.* Upravo iz tih razloga naše pristalice moraju prepoznati unutarnje licemjerje ovih takozvanih federalnih krugova. Tako, kako dijelom i religija, i federativna im je državna zamisao samo sredstvo za njihove često prljave stranačke interese.

Koliko god se dakle ujednačenost, posebno na području prometa, činila prirodnom, toliko ipak za nas nacionalsocijaliste postoji dužnost zauzimanja najoštrijeg stajališta protiv takvog razvitka u današnjoj državi, naime tada, kada sredstva imaju svrhu omogućivanja i prikrivanja zlokobne vanjske politike. Upravo zato što današnje carstvo takozvanim podržavljenjem željeznice, pošte, novčarstva itd., to podržavljenje nije poduzelo iz viših nacionalnih interesa, nego samo zato da bi u ruke dobilo sredstva i plijen za beskrajnu izvršnu politiku, moramo mi Nacionalsocijalisti činiti sve što se ikako čini raspoloživim, onemogućiti provođenje takve politike, a po mogućnosti je i spriječiti. Ali, tu je potrebna pobuna protiv današnje centralizacije životno važnih ustanova našeg naroda,koja će biti poduzeta samo da bi za milijarde doprinosa i zaplijenjene objekte mogli dobiti gotovinu za našu poslijeratnu politiku prema inozemstvu.

Iz ovog razloga je i nacionalsocijalistički pokret zauzeo stajalište protiv takvih pokušaja.

Drugi razlog koji nas je naveo da se odupremo takvoj vrsti centralizacije je, da je time mogla biti učvršćena snaga vladajućeg sustava iznutra, koji je svojim cjelokupnim djelovanjem nanio najveću nesreću našoj njemačkoj naciji. *Današnja židovsko - demokratska država, koja je za njemačku naciju postala pravo prokletstvo, traži krivicu pojedinačnih država koje još nisu potpuno prožete duhom ovog vremena, želi ih učiniti nedjelotvornima, njihovim obaranjem do potpune beznačajnosti.* Nasuprot tome, mi Nacionalsocijalisti imamo dovoljno povoda da pokušamo opoziciji pojedinačnih država dati ne samo osnovu za uspješno obećanu državnu snagu, nego i za njihovu borbu protiv centralizacije uopće, za isticanje viših nacionalnih općih njemačkih interesa. Dok dakle *Bavarskanarodnastrankazbogmalodušno- partikularnih stajališta želi održati "posebnaprava"bavarskedržave, mi smo taj posebni položaj stavili u službu jednog postojećeg, današnjoj demokraciji iz studenoga protivnog, višeg nacionalnog interesa.*

Treći razlog koji nas dalje potiče na borbu protiv tadašnje centralizacije je uvjerenje, da veliki dio takozvanog podržavljenja ustvari nije ujednačenje a ni u kom slučaju pojednostavljenje, nego da se u mnogima slučajevima radi samo o tome, da se državnim institucijama zemalja oduzme suverenitet, kako bi se njihova vrata otvorila interesima revolucionarnih stranaka. Nikada u njemačkoj povijesti nije bio vođen besramniji protekcionizam, nego u demokratskoj Republici. *Veliki dio današnjeg bijesa zbog ove centralizacije, pada na račun onih stranaka, koje su nekada obećavale slobodan put vrijednima, da bi pri zauzimanju ureda i pošta imale u vidu samo stranačku pripadnost.* Od postanka Republike posebno su Židovi u nevjerojatnim količinama preplavili, carstvom zgrnute proizvodne pogone i upravne aparate, tako da je oboje danas postalo domenom židovske djelatnosti.

Prije svega, ovo treće razmišljanje, mora nas iz taktičkih razloga obvezati da se najstrože preispita i ako je potrebno protiv nje zauzme potrebno stajalište, primjena svake dalje mjere na putu centralizacije. Pri tome, *naše stajalište uvijek morabiti više nacionalno - političko, a nikada sitničarsko - partikularno.*

Posljednja primjedba je neophodna, da naše pristalice ne pomisle kako mi, Nacionalsocijalisti, ne bismo državi po sebi prepustili pravo utjelovljenja većeg suvereniteta carstvu, nego pojedinačnim državama. O tome pravu ne treba i ne može u nas biti nikakva dvoumljenja. *Kako je država za nas u biti samo jedan oblik, najvažniji je, svakako, njen sadržaj, nacija, narod; jasno je dadasenjenomsuverenitetu sve drugomorapodčiniti. Posebnonijednoj državi unutar nacije, nemožemodozvoliti njeno zastupanje političke moći carskog suvereniteta i državnog vrhovništva.* Nered pojedinih saveznih država, takozvanog zastupanja u inozemstvu i međusobnog podržavanja mora prestati i jednom će prestati. Dok je ovo moguće ne smijemo se čuditi, ako strane zemlje još uvijek sumnjaju u čvrstinu našeg carskog poretka i prema tome se i ponašaju. Nered ovih zastupanja je to veći, što im se pored šteta ne može pripisati ni najmanja korist. Interesi jednog Nijemca u inozemstvu, koji ne mogu biti zajamčeni putem carskih poslanika, mogu biti još mnogo manje istinski uzeti u obzir putem poslanika jedne, u okviru današnjeg svjetskog poretka, smiješno male državice. U tim malim saveznim državicama može se zapaziti samo stvarne točke napada, a posebno od jedne države koja još uvijek teži vanjskom i unutarnjem raspadu njemačkog carstva. Mi Nacionalsocijalisti ne smijemo imati razumijevanja ni za to, da bilo koja starošću onemoćala plemićka loza, na već gotovo suhoj grani, novom poslaničkom odorom dobije plodno tlo. Naša diplomatska predstavništva u inozemstvu bila su još u vrijeme starog carstva tako bijedna, da su suvišna daljnja objašnjenja tada stečenih iskustava.

Značaj pojedinačnih zemalja bit će ubuduće bezuvjetno više prebačen na kulturno - političko područje. Monarh, koji je najviše učinio za ugled Bavarske nije bio neki poremećeni, antinjemački nastrojeni partikularist, nego mnogo više isto toliko njemački ozračen kao i umjetnički nadaren Ludwig I. Time što je državne snage upotrijebio u prvom redu za izgradnju kulturne pozicije Bavarske, a ne za jačanje političke moći, stvorio je bolje i trajnije, nego što bi to ikada više bilo moguće. Time što je München tada uzdigao iz okvira jedne manje značajne provincijske rezidencije do formata velike njemačke metropole umjetnosti, stvorio je duhovno središte, koje još i danas za ovaj grad veže raznorodne Franke. Uzmimo da je München ostao ono što je jednom bio, ponovio bi se u Bavarskoj isti postupak kao u Sachsenu, samo s razlikom, što bavarski Leipzig, Nürnberg, ne bi bio bavarski nego bi postao franački grad. München nisu načinili velikim vikači "Dolje s Prusima", nego je značaj ovom gradu dao kralj, koji je njime njemačkoj naciji htio pokloniti umjetnički dragulj, koji je morao biti i viđen i cijenjen, i bio je i viđen i cijenjen. I u tome je pouka za budućnost. *Značaj pojedinačnih država ubuduće uopće više neće počivati napodručju državne i političke moći; ja je vidim ili na izvornom ili nakulturno - političkom području.* I ovdje će vrijeme djelovati nivelirajuće. Lakoća modernog prometa dovodi ljude u takvu zbrku, da će rodovske granice polako ali stalno biti brisane, a kulturna slika će se početi postupno izjednačavati.

Posebno oštro od svakog utjecaja pojedinačnih država treba udaljiti vojsku. Buduća nacionalsocijalistička država ne smije ponoviti grješku iz prošlosti i vojsci podmetnuti zadaću koja ona nema i uopće ne smije imati. *Njemačka vojska nije tu zato da bude škola za održavanje rodovskih osobitosti, nego mnogo više, da bude škola međusobnog razumijevanja i prilagođavanja svih Nijemaca.* Sve što inače u životu nacije može biti razdvajajuće, mora kroz vojsku poprimiti spajajuće djelovanje. Nadalje, mladog čovjeka treba uzdići iz uskog obzora svoje zemljice, i postirati ga u njemačku naciju. On mora poznavati granice svoje domovine, a ne samo svog zavičaja; jer će ove jednom i štititi. Stoga je i besmisleno ostaviti mladog Nijemca u njegovom zavičaju, svrhovitije je, za vrijeme služenja njegova vojnog roka, pokazati mu Njemačku. Danas je to utoliko nužnije, jer mladi Nijemac više ne putuje pješice kao nekada, da bi proširio svoj obzor. Nije li stoga glupo mladog Bavarca, ako je moguće, opet ostaviti u Münchenu, Franka u Nürnbergu, Badenca u Karlsruheu, Wirttemberžanina u Stuttgartu itd., i nije li razumnije, mladom Bavarcu jednom pokazati Rheinu i jednom Sjeverno more, Hamburžaninu, Alpe, Istočnom Prusu, njemačko srednje gorje, i tako dalje. Seljački karakter treba ostati u trupi, a ne u garnizonu. Svaki pokušaj centralizacije možemo osuditi, ali vojni nikada. Baš nasuprot, ako ne bismo htjeli pozdraviti ni jedan takav pokušaj, jednom ovakvom bismo se trebali veseliti. Bez obzira na to što bi zbog veličine carske vojske, održavanje dijela trupa pojedinačnih država bilo apsurdno, vidimo u nastupajućem izjednačenju carske vojske korak, od kojega ni u budućnosti kod ponovnog uvođenja narodne vojske nikada više ne smijemo odustati.

Uostalom, mlada pobjednička ideja, morat će odbaciti svako sputavanje, koje bi moglo paralizirati njezinu aktivnost u unapređivanju njenog mišljenja. Nacionalsocijalizam mora temeljito postaviti zahtjev prava, koji cjelokupnoj njemačkoj naciji, bez obzira na dosadašnje savezne granice, nameće svoje principe i odgaja ih prema svojim idejama i svom mišljenju. Kao što se ni crkvene osjećaju vezanima ni ograničenima političkim granicama, još se manje nacionalsocijalistička ideja, osjeća vezana područjima pojedinačnih država naše domovine.

Nacionalsocijalističko učenje nije sluškinja političkih interesa pojedinačnih saveznih država, već jednom treba postati gospodarom njemačke nacije. Ono mora odrediti život jednoga naroda, i urediti ga na novi način; stoga mora zapovjednički, ne obazirući se ni na što, postaviti pravo zahtjeva na granice koje poprima razvoj kojeg smo već otklonili.

Što će biti potpunija pobjeda njegovih ideja, to će biti veća sloboda u pojedinostima, koju ona nudi svojom nutrinom.

GLAVA 11

PROMIDŽBA I ORGANIZACIJA

Godina 1921. je u višestrukom pogledu za mene i za pokret imala posebno značenje.

Nakon moga stupanja u Njemačku radničku stranku, odmah sam preuzeo vođenje promidžbe. Ovaj sam predmet držao trenutno najvažnijim. Manje mi je bilo važno razbijati si glavu s organizacijskim pitanjima, nego samu ideju prenijeti velikom broju ljudi. Promidžba je morala puno prije prethoditi organizaciji, kako bi joj predala već obrađen ljudski materijal. I ja sam, također, neprijatelj prebrzog i prepedantnog organiziranja, jer iz toga većinom ispada mrtvi mehanizam, a rijetko djelotvorna organizacija. Jer, organizacija je nešto, što organskom životu, organskom razvoju, zahvaljuje svoje postojanje. Ideje, koje su obuhvatile određeni broj ljudi, uvijek će težiti nekom određenom redu čijem se unutarnjem uređenju pridaje velika vrijednost. I ovdje treba računati na ljudske slabosti, koje navode pojedince da se barem u početku instinktivno opiru nadmoćnijoj glavi. Čim organizacija postane od gore do dolje mehanički ustrojena, postoji velika opasnost, da jedna, nekad namještena, samo još uvijek nedovoljno poznata, a možda i manje sposobna glava, zbog ljubomore počne ometati i sprječavati napredne marljive elemente unutar pokreta. Šteta koja nastane u jednom takvom slučaju može, posebno kod mladog pokreta, biti od sudbonosnog značenja.

S toga je stajališta svrhovitije da se ideja barem neko vrijeme, promidžbeno širi iz jedne centrale, kako bi postupno prikupljen ljudski materijal mogao biti pomno pregledan i provjeren, te iz njega pronađene i provjerene sposobne vodeće glave. Ponekad će se pri tome ispostaviti da su po sebi, naoko neugledni ljudi, ništa manje nego rođeni vođe.

Bilo bi, svakako, potpuno krivo, u obilju teorijskih spoznaja tražiti karakteristične dokaze svojstava vođe i sposobnosti za vođu.

Često se susreće baš suprotno.

Veliki teoretičari su samo u vrlo rijetkim slučajevima i veliki organizatori, jer se veličina teoretičara i programera nalazi, u prvom redu, u spoznaji i utvrđivanju apstraktno točnih zakona, dok organizator, u prvom redu, mora biti psiholog. On čovjeka uzima onakvim kakav on jest i zbog toga ga mora poznavati. On ga isto tako, ne smije ni premalo poštivati u masi. Baš naprotiv, on treba pokušati uzeti u obzir i slabosti i bestijalnost, da bi imajući u vidu sve čimbenike, stvorio tvorevinu koja će kao djelotvoran organizam biti ispunjena najjačom i najtrajnijom snagom, tako sposobnu da može nositi ideju i oslobađati put do uspjeha.

Veliki teoretičar je još rjeđe i veliki vođa. Mnogo će prije to biti agitator, što mnogi koji samo znanstveno obrađuju to pitanje nerado žele čuti; a to je razumljivo. *Agitator*, koji pokaže sposobnost da ideju posreduje u širokoj masi, uvijek mora biti psiholog, čak ako bi bio i demagog. On će još uvijek biti pogodniji za vođu, nego ljudima strani i daleki teoretičar. *Jer voditi znači: moći pokrenuti mase.* Nadarenost za stvaranje ideja, nema ništa zajedničkog sa sposobnošću vođenja. Pri tome se je uzaludno svađati oko toga što je značajnije, postaviti ideale i ciljeve čovječanstva, ili ih ostvariti. I ovdje je tako kao, često, i u životu: jedno bi bilo potpuno besmisleno bez drugoga. I najljepša teorijska zamisao postaje nesvrhovita i bezvrijedna, ako vođa ne pokrene masu ka njezinom ostvarenju. I obratno, što bi značila sva genijalnost i polet vođe, da domišljati teoretičar nije postavio ciljeve za ljudsko hrvanje? Ali, spoj teoretičara - organizatora i vođe u jednoj osobi je nešto najrjeđe, što se može naći na ovoj Zemlji; ovakvo jedinstvo čini velikog čovjeka.

Prvo vrijeme moje djelatnosti u pokretu, kako je već napomenuto, posvetio sam promidžbi. Njoj je moralo uspjeti da se i najmanja ljudska jezgra postupno ispuni novim učenjem, i tako obrazuje materijal, koji će kasnije predočiti organizaciji prve elemente. Pri tome je cilj promidžbe ponajčešće važniji od cilja organizacije.

Ako neki pokret ima namjeru srušiti neki svijet i na njegovom mjestu izgraditi novi, tada u redovima njegovog vlastitog vodstva, moraju potpuno vladati sljedeći nazori: *Svaki će pokret u pridobivenome ljudskom materijalu prvo uočiti dvije velike grupe: pristalice i članove.*

Zadaća promidžbe je pridobiti pristalice, a zadaća organizacije osvojiti članove. Pristalica nekog pokreta je onaj tko se izjašnjava za njegove ciljeve; član je onaj koji se za njih bori.

Pristalica se priklanja pokretu putem promidžbe. Člana potiče organizacija da sam sudjeluje u pridobivanju novih pristalica, iz kojih se opet mogu izgraditi članovi.

Kako je sljedbeništvo uvjetovano samo pasivnim priznanjem ideje, dok članstvo zahtijeva aktivno zastupanje i obranu, na deset pristalica susreće se najviše jedan do dva člana.

Sljedbeništvo je ukorijenjeno samo u spoznaji, članstvo u hrabrosti sam spoznati, zastupati i dalje širiti.

Spoznaja u svom pasivnom obliku odgovara većini čovječanstva koje je tromo i plašljivo. Članstvo uvjetuje aktivno uvjerenje i time odgovara samo manjini čovječanstva.

Prema tome, promidžba će se neumorno brinuti za to da ideja namami pristalice, dok organizacija mora dobro razmisliti kako bi od sljedbeništva primila u članstvo samo najvrjednije. Promidžba si stoga ne mora razbijati glavu o značaju ili karakteru svakog pojedinca kojeg je poučila o podobnosti, znanju i razumu, dok organizacija ove elemente najbrižnije prikuplja iz mase, što u stvarnosti omogućuje pobjedu pokreta.

Promidžba pokušava određeno učenje nametnuti svekolikom narodu, a organizacija svojim okvirom obuhvaća samo one koji, iz psiholoških razloga, neće kočiti dalje širenje ideje.

Promidžba obrađuje sveukupni smisao jedne ideje, i priprema je za vrijeme pobjede, dok organizacija postiže pobjedu trajnim ujedinjavanjem organskih i borbeno sposobnih pristalica, koji su voljni i sposobni voditi borbu do pobjede.

Pobjeda neke ideje će biti sigurnija tim prije, što promidžba sveobuhvatnije obradi ljude i što isključivija, stroža i čvršća bude organizacija, koja vodi praktičnu borbu.
Otuda proizlazi da broj pristalica ne može biti dovoljno velik, dok je broj članova bolje prevelik nego premalen.

Kada promidžba prožme idejom svekoliki narod, organizacija može sa šakom ljudi izvući posljedice. Promidžba i organizacija, tj. pristalice i članovi, stoje time u jednom određenom međusobnom odnosu. Što je promidžba uspješnije radila, organizacija može biti manja; što je veći broj pristalica, to manja može biti organizacija, što je veći broj pristalica, to je odlučniji broj članova i obratno, što je lošija promidžba, to mora biti veća organizacija, a što je manje sljedbeništva jednog pokreta, tim obuhvatnije mora biti članstvo, ako uopće želi računati na uspjeh.

Prva zadaća promidžbe je pridobivanje ljudi za kasniju organizaciju; prva zadaća organizacije je pridobivanje ljudi za dalje provođenje promidžbe. Druga zadaća promidžbe je razgradnja postojećeg stanja i prožimanje ovog stanja novim učenjem, dok druga zadaća organizacije, mora biti borba za moć da bi se putem nje postigao konačni uspjeh ovog učenja.

Najpotpuniji uspjeh jedne svjetonazorske revolucije bit će izvojevan uvijek tek onda, kada, ako je neophodno, novi svjetonazor bude u mogućnosti poučiti sve ljude, ako je kasnije potrebno, i silom, dok organizacija ideje, dakle pokret, treba obuhvatiti samo toliko njih, koliko ih je bezuvjetno potrebno za zapovijedanje nervnim centrima države, koja je u pitanju.

To drugim riječima znači sljedeće:

U svakom stvarno velikom pokretu za promjenu svijeta, promidžba najprije mora proširiti ideju ovoga pokreta. Ona će dakle neumorno pokušavati drugima objasniti nove tijekove razmišljanja i privesti ih na njeno tlo, ili ih čak učiniti nesigurnima u njihovim dosadašnjim uvjerenjima. Kako sada širenje jednog učenja, dakle promidžba, mora imati čvrsti oslonac, to će si jačanjem morati stvoriti i čvrstu organizaciju. Organizacija prima svoje članove iz općeg, promidžbom pridobivenog, sljedbeništva. Ono će rasti tim brže, što će promidžba biti intenzivnije vodena, a ova će opet biti uspješnija, što jača i snažnija bude organizacija koja iza nje stoji.

Zato je najviša zadaća organizacije brinuti se, da ne dođe do bilo kakve unutarnje nejednakosti među članstvom pokreta, koja bi vodila razdoru, a time i slabljenju rada u pokretu; nadalje, da ne izumre odlučni napadački duh, nego da se trajno obnavlja i učvršćuje. Broj članova ne mora time rasti u beskraj, naprotiv: samo je djelić čovječanstva obdaren energijom i odvažnošću, pa bi pokret čija se organizacija beskrajno povećava, bio jednoga dana bezuvjetno oslabljen. *Dakle, organizacije čije članstvo naraste iznad određenog broja, postupno gube svoju borbenu snagu i više nisu sposobne promidžbu jedne ideje na odlučan i napadački način podupirati, odnosno, iskoristiti. Što je neka ideja veća i iznutra revolucionarnija, to će njeno članstvo postati aktivnije, jer je slabljenje snage učenja povezano s opasnošću za njene obnašatelje, koji moraju biti sposobni, držati od nje podalje sitne kukavičke malograđane. Oni će se u tišini osjećati kao pristalice, ali to u javnosti poriču priznati. Ali time organizacija jedne stvarno prevratničke ideje zadržava samo najaktivnije promidžbom pridobivene pristalice ili članove.* Upravo se u toj, prirodnim odabirom zajamčenoj aktivnosti članstva pokreta, nalazi pretpostavka za njegovo isto tako daljnje propagiranje, kao i za uspješnu borbu na ostvarenju njegove ideje.

Najveća opasnost koja može prijetiti nekom pokretu je, zbog brzog uspjeha, abnormalno naraslo članstvo. Jer koliko god se pokret, dok vodi ogorčenu borbu, nastojao klonuti prije svega svih kukavica i sebičnih ljudi, oni ipak nastoje ući u njegovo članstvo, pogotovo ako im se čini da bi stranka u svom razvitku mogla postići uspjeh, ili je on već ostvaren.

Tome treba pripisati, zašto mnogi pobjedonosni pokreti iznenada zastanu pred samim uspjehom, ili bolje rečeno, prije konačnog ispunjenja svojih htijenja, iz neobjašnjivih unutarnjih slabosti obustave borbu i konačno odumru. Zbog prve pobjede u njegovu su organizaciju došli mnogi loši nečasni i posebno plašljivi, manje vrijedni, elementi, koji su konačno uspjeli prevagnuti nad borbeno jakima, te prisilili pokret staviti u službu svojih vlastitih interesa, koje su uspjeli spustiti na razinu svojih vlastitih junaštava i ne činiti ništa da bi pobijedile izvorne ideje. Time je fanatični cilj izbrisan, borbena snaga oslabljena, ili kako građanski svijet u takvom slučaju vrlo točno zna reći: "Vino je razvodnjeno." I tada svakako jablani više neće dosegnuti nebo.

Zbog toga je jako nužno, da pokret iz čistog nagona za samoodržanjem, dok je uspjeh na njegovoj strani, odmah prestane primati nove članove, a dalje samo s najvećom pažnjom i nakon temeljitog ispitivanja donosi odluku o povećanju svoje organizacije. Ona će samo tako jezgru pokreta moći održati neiskvareno svezom i zdravom. *Ona se mora brinuti za to, da pokret dalje vodi isključivo ova sama jezgra, što znači da promidžba odlučuje kako treba voditi pokret prema njegovom sveopćem priznanju, a kao posjednica moći, preuzima radnje neophodne za praktično ostvarenje njegovih ideja.*

Iz osnove starog pokreta, ona ne samo da mora zaposjesti sve važnije položaje u zaposjednutim područjima, nego i izgraditi cjelokupno vodstvo. I to sve dotle, dok dosadašnja načela i pravila stranke ne postanu temelj i sadržaj nove države. Tek tada, kada se iz njena duha rodi poseban ustav ove države, mogu joj se polako dati uzde u ruke. To se najčešće opet događa samo u međusobnom hrvanju, jer jedva da postoji neko pitanje, koje se tiče ljudskih pogleda, a da nisu u igri snage koje su potpuno poznate od samog početka, ali se njima ne može vječno upravljati.

Svi veliki pokreti, bili oni religiozne ili političke prirode, svoje ogromne uspjehe mogu pripisati samo spoznaji i primjeni ovih načela, a posebno, bez uzimanja u obzir ovih zakona, nisu zamislivi svi trajni uspjesi.

Kao vođa stranačke promidžbe, jako sam se trudio pripremiti ne samo tlo za veličinu kasnijeg pokreta, već da se s jednim vrlo radikalnim shvaćanjem u tom radu postigne, da organizacija sačuva samo najbolji materijal. Jer što je radikalnija i udarnija bila moja promidžba, to su sve više uzmicali slabići i zajedljive prirode, pa je tako spriječen njihov prodor u jezgru naše organizacije. Oni su možda i ostali pristalice, ali zasigurno nisu bili od nekog značenja, posebno zbog bojažljivog prešućivanja ove činjenice. Kolike me samo tisuće nisu uvjeravale, da su oni, po sebi, sa svime bili sporazumni, ali unatoč svemu tome, ni pod kojim uvjetom ne bi mogli postati članom. Pokret je bio tako radikalan da bi se zbog članstva u njemu pojedinac izložio najoštrijim zamjerkama, čak i opasnostima, tako da se čestitim, miroljubivim građanima ne bi smjelo zamjeriti, što se drže po strani, iako su svim srcem potpuno pripadali stvari.

I to je bilo u redu.

Da su svi ovi ljudi, koji se u svojoj nutrini nisu slagali s revolucijom, tada svi došli u našu stranku i to kao članovi, danas bi nas se držalo pobožnim bratstvom, a ne više mladim borbenim pokretom.

Životni i lakoumno smion oblik koji sam tada dao našoj promidžbi učvrstio je i zajamčio radikalnu tendenciju našega pokreta, pa su od sada samo stvarno radikalni ljudi - ne gledajući na izuzetke - bili spremni za članstvo.

Pri tome je ova promidžba djelovala tako,da su nam već nakon kratkog vremena, one stotine tisuća intimno, ne samo dali za pravo, nego su i željeli našu pobjedu, iako su osobno bili kukavice da bi za to prinijeli i svoju vlastitu žrtvu, ili nam čak pristupili.

Do sredine 1921. mogla je ova čisto promidžbena djelatnost još i zadovoljiti i biti od velike koristi pokretu. Ali su, posebni događaji sredinom ljeta ove godine, dali naslutiti da će se nakon polaganog vidnog uspjeha promidžbe, tome prilagoditi i organizacija i stabilizirati se.

Pokušaj jedne grupe narodnih zanesenjaka da iskazivanjem podrške dotadašnjem predsjedniku stranke sami preuzmu njeno vodstvo, doveo je do sloma ove male intrige, te mi na generalnom zboru članstva, jednoglasno predano čitavo vodstvo pokreta. Istovremeno je slijedilo i prihvaćanje novog statuta kojim je prvom predsjedniku pokreta prenesena puna odgovornost, zaključci odbora su potpuno ukinuti, a umjesto njih je uveden sustav podjele rada, koji se od tada sačuvao na blagoslovljeni način.

Od 1. kolovoza 1921. poduzeo sam unutarnju reorganizaciju pokreta i pri tome naišao na podršku niza odličnih snaga koje držim potrebnim spomenuti još u jednom posebnom dodatku.

Pri pokušaju da učinke promidžbe sada organizacijski primijenim i time potvrdim, morao sam ukinuti čitav niz dosadašnjih navika i uvesti temeljni princip kojeg nije imala ili nije priznavala ni jedna postojeća stranka.

U godinama 1919. do 1920. imao je pokret kao svoje vodstvo zakonom propisani odbor, koji je izabran na skupštini članova. Odbor se sastojao od prvog i drugog blagajnika, prvog i drugog zapisničara i prvog i drugog predsjednika. Tu su još bili jedan čuvar, šef promidžbe i različiti dopredsjednici.

Ovaj je odbor utjelovio, koliko god to bilo smiješno, upravo ono, što je pokret najoštrije suzbijao, naime parlamentarizam. Bilo je samo po sebi razumljivo da se pri tome radi o principu, koji je od najmanje mjesne grupe, preko kasnijih kotara, župa, pokrajina i tako sve do parlamenta, utjelovljivao isti sustav pod kojim smo svi patili, a patimo još i danas.

I ovdje je jednoga dana bilo neophodno potrebno hitno provesti promjenu, da se pokret zbog loših osnova unutarnje organizacije, ne bi trajno pokvario i time postao nesposoban jednom zadovoljiti svoje visoko poslanje.

Sjednice odbora na kojima je voden i protokol i na kojima se i glasovalo po većinskom sustavu i donosile odluke većinom, predstavljale su u stvarnosti parlament u malom. I ovdje je nedostajala svaka osobna odgovornost i opravdanje. I ovdje je vladala ista besmislenost i jednaka nerazboritost kao i u našim velikim državnim predstavničkim tijelima. I za ovaj odbor su imenovani: zapisničar, blagajnici, ljudi za članstvo, ljudi za promidžbu i bog dragi zna za što sve ne, pa su se tada o svakom pitanju zauzimala zajednička stajališta, o čemu se onda odlučivalo glasovanjem. Dakle, čovjek zadužen za promidžbu, glasovao je za neku stvar koja se ticala čovjeka zaduženog za financije, ovaj opet za nešto što se ticalo organizacije, a ovaj opet za neku stvar o kojoj je trebao brinuti samo zapisničar, itd., itd.

Zašto je određen poseban čovjek za promidžbu, ako rizničar, čuvar protokola, čuvari članstva itd., trebaju odlučivati o tekućim pitanjima, činilo se zdravom razumu toliko neshvatljivim, kao što bi bilo neshvatljivo kada bi nekom velikom tvorničkom pogonu, uvijek morali odlučivati odbornici ili konstruktori iz drugih odjeljenja i drugih grana, o pitanjima koja nemaju baš ništa s njihovim poslovima.

Nisam se pokorio ovoj gluposti, nego sam već poslije kratkog vremena izostao sa sjednica. Vodio sam svoju promidžbu i baš me nije bilo briga, što me je prva neznalica na tom području, koja bi naišla pokušavala učiti pameti. Upravo tako kao što se ja, obratno, nisam miješao u tuđe stvari.

Kada mi je prilikom preuzimanja novog statuta i moga imenovanja na mjesto prvog predsjednika poklonjen potreban autoritet i odgovarajuće pravo, ovim je glupostima odmah bio kraj. Umjesto odborničkih odluka uveden je princip apsolutne odgovornosti.

Prvi je predsjednik bio odgovoran za ukupno vođenje pokreta. On raspoređuje podčinjene snage odbora, kao i još neophodne suradnike na koristan rad. Svaki od ove gospode je bezostatno odgovoran za izvršenje na njih prenesenih zadataka. On je podčinjen samo prvom predsjedniku koji se brine za zajedničko djelovanje svih, odnosno, izborom osoba i izdavanjem općih smjernica, mora ovaj zajednički rad sam provesti unutar propisanih okvira.

Ovaj zakon principijelne odgovornosti unutar pokreta, postao je sam po sebi razumljiv, bar što se tiče stranačkog vodstva. U najmanjim mjesnim zajednicama, a možda i u župama i u kotarevima, trajat će godinama dok se ova načela probiju, jer će se, naravno, plašljivi zečevi i neradnici stalno boriti protiv njih; i sama odgovornost u poduzeću uvijek im je neugodna; osjećaju se slobodnije i ugodnije, ako se pri svakoj težoj odluci budu prikrivali većinom takozvanog odbora. Čini mi se neophodnim, da protiv svakog takvog uvjerenja, treba zauzeti posebno strogo stajalište, koje kukavičluku neće dati koncesiju pred odgovornošću, a time makar i nakon dužeg vremena, usmjeriti se prema shvaćanju o dužnosti vođe i njegovim mogućnostima te za vođe dovoditi isključivo one, koji su za to doista pozvani i izabrani.

U svakom slučaju, pokret koji želi svladati parlamentarnu besmislicu, mora se i sam od nje osloboditi, Samo na takvim osnovama on može steći snagu za svoju borbu.

Pokret koji uvremenugospodstva većinskog principa u svemu i svačemu, samsebiuspostavi princip mišljenja vođe i otuda uvjetuje odgovornost, jednoga će dana matematičkom sigurnošću prevladati prethodno stanje i izići kao pobjednik.

Ovo mišljenje unutar pokreta, vodilo je njegovoj temeljitoj reorganizaciji, a u svojem logičkom učinku i vrlo oštroj podjeli između poslovnog pogona pokreta i općeg političkog vodstva. Pojam odgovornosti protezao se na sve stranačke poslove i vodio bezuvjetnom ozdravljenju u onoj mjeri, u kojoj je oslobođen političkog utjecaja, bio organiziran na čisto gospodarskim stajalištima.

Kada sam u jesen 1919. pristupio tadašnjoj šesteročlanoj stranci, ona nije imala ni poslovno sjedište ni namještenike, čak ni formulare ili štambilj, ništa tiskano. Sastajalište odbora je bila tek jedna gostionica u Herrnstrasse, a kasnije kavana na Gasteigu. Bilo je to nemoguće stanje. Ubrzo sam se dao u pokret i pretražio bezbrojne münchenskim restorane i gostionice, te u namjeri da nađem za iznajmljivanje posebnu sobu ili neki pogodni prostor za stranku, pronašao u bivšem Sterneckerbräuu u Talu, mali nadsvođeni prostor, koji je nekad služio carskom savjetu za Bavarsku kao neka vrsta točionice. Bio je taman i mračan,i točno odgovarao nekadašnjoj, kao što je malo odgovarao sada zamišljenoj namjeni. Uličica na koju je gledao jedini prozor, bila je tako uska, da je i usred najsunčanijeg ljeta soba bila tmurna i mračna. To je bio naš prvi radni prostor. Kako je mjesečna najamnina iznosila samo pedeset maraka (za nas u ono vrijeme ogromna suma!), nismo smjeli postavljati velike zahtjeve, niti se tužiti kada su prije našeg useljenja poskidali sa zidova lamperiju, tako da je prostorija više ličila na grobnicu nego na ured.

To je ipak bio ogroman napredak. Polako smo dobili i električno svjetlo, još polaganije i telefon; unutra smo postavili stol s nekoliko posuđenih stolaca, konačno jednu otvorenu policu, malo kasnije i ormar; dva kredenca koja su pripadala gostioničaru, trebala su služiti za čuvanje letaka, plakata, itd.

Dotadašnji pogon, to jest, vodstvo pokreta, koje je jednom tjedno održavalo sjednice odbora, na duže se vrijeme nije moglo sastajati. Trajno poslovanje mogao je jamčiti samo od pokreta plaćeni činovnik.

To je tada bilo vrlo teško. Pokret je imao premalo članova, pa je bila prava umjetnost između njih naći sposobnog čovjeka koji bi skromnim osobnim potrebama mogao zadovoljiti mnogostrane zahtjeve pokreta.

Nakon duže potrage, našao se vojnik, moj nekadašnji drug, Schüssler, prvi stranački činovnik Dolazio je u naš novi biro u početku svakog dana između šest i osam sati, kasnije između pet i osam sati, konačno, svakog popodneva, a kratko vrijeme nakon toga, bio je prezauzet i vodio svoju službu od jutra do kasno u noć. Bio je isto toliko marljiv koliko i pošten, temeljit čovjek, koji si je osobno dao truda, a bio je i privržen pokretu. Schüssler je sa sobom donio mali pisaći stroj marke – Adler, koji je bio njegovo vlasništvo. Bio je to prvi takav instrument u službi našega pokreta. Kasnije mu ga je stranka otplatila na rate. Činilo se da nam je neophodna mala kasa, kako bismo kartoteku i članske knjižice sačuvali od krađe. Nije nam dakle trebala da bi u nju deponirali veliki novac, kojega tada nismo imali. Baš nasuprot, sve je bilo beskrajno siromašno, pa sam davao priloge od svojih malih ušteđevina.

Nakon godinu i pol, poslovni prostor je bio premalen, pa smo se uspjeli preseliti u novi prostor u Corneliusstrasse. Opet je to bila gostionica, u koju smo uselili, ali tu nismo imali samo jednu golu prostoriju, nego čak tri, i k tome jedan veliki šalterski prostor. To nam se tada činilo već puno. Tu smo ostali do studenog 1923.

U prosincu 1920. slijedila je kupnja lista "Völkischer Beobachter", Narodnog promatrača. Ovaj list koji je već svojim imenom općenito odgovarao narodnim potrebama i interesima, trebao je biti pretvoren u organ NSDAP-a. Izlazio je u početku tek dva puta tjedno, početkom 1923. je postao dnevni list, a krajem kolovoza 1923. pojavio se u svom poznatom velikom formatu.

Tada sam bio potpuni početnik na području novinstva, pa sam morao plaćati za mene ponekad i zlu školarinu.

Na samoj činjenici da nasuprot golemom židovskom tisku, jedva da postoji jedan jedini stvarno značajan narodni list, trebalo se zamisliti. Ovo je bilo, kao što sam u praksi već nebrojeno puta sam mogao vidjeti, velikim dijelom uzrokovano samo slabom poslovnošću takozvanog narodnog poduzetništva. Previše su vođeni nazorima, da uvjerenje treba biti prije ostvarenja. Sasvim krivo stajalište ako nema vanjski smisao, nego svoj najljepši izraz nalazi u ostvarenju. Tko za svoj narod stvara nešto vrijedno, time potvrđuje i isto tako vrijedno uvjerenje, dok netko drugi, koji hini uvjerenje, a da u stvarnosti ne koristi svome narodu, stvarni je štetočinja. On svojim mišljenjem samo opterećuje zajednicu.

I "Völkische Beobachter" je bio, kao što mu i samo ime govori, takozvani "narodni" organ sa svim prednostima i s još više pogrešaka i slabosti, koje su prianjale za narodne ustanove. Koliko je častan bio njegov sadržaj, toliko je trgovački nemoguće bilo upravljanje poduzećem. I kod njega je propalo mišljenje da bi narodne novine morao uzdržavati narod umjesto onih, koji su se konkurentskom borbom borili s drugima, te da je nepošteno propuste i pogreške poslovodstva poduzeća pokrivati prilozima dobrodušnih domoljuba.

Ja sam se u svakom slučaju trudio da ovo stanje, čiju sam sumnjivost brzo otkrio, otklonim, pri čemu mi je pripomogla i sreća, što mi je dopustila da upoznam čovjeka, koji otada nije bio samo urednik novina, nego je i kao poslovoditelj stranke beskrajno mnogo učinio za pokret. Upoznao sam ga 1914., dakle na bojištu (tada još kao svoga pretpostavljenog), današnjeg generalnog poslovoditelja stranke, Maxa Amanna. Tijekom četiri ratne godine, imao sam priliku gotovo stalno promatrati izvanrednu sposobnost, marljivost i poniznu savjesnost moga kasnijeg suradnika.

Ljeti 1921., kada se pokret nalazio u teškoj krizi, i kad više nisam mogao biti zadovoljan određenim brojem činovnika, da, čak sam od jednoga doživio najgorče iskustvo, obratio sam se jednom mojem drugu iz regimente, kojega mi je doveo slučaj, s molbom da bude poslovoditelj pokreta. Nakon dugog oklijevanja - Amann je imao položaj s dobrim izgledima - konačno je pristao, ali pod izričitim uvjetom, da nikada neće biti sudski stražar za bilo kakve nepoznate odbore, nego isključivo priznavati jednog jedinog gospodara.

To je bila neizbrisiva zasluga ovoga trgovački zaista sveobuhvatno obrazovanog prvog poslovoditelja pokreta, koji je u stranačke poslove uveo red i urednost. Otada su oni ostali uzorni i nisu mogli biti dostignuti, a kamo li prestignuti, ni od jednog dijela pokreta. Kao i uvijek u životu, prevelika marljivost je često povod ljubomori i zavisti. To se, naravno, i u ovom slučaju moglo očekivati i strpljivo podnositi.

Već 1922. postojale su čvrste smjernice kako za poslovnu tako i za čisto organizacijsku izgradnju pokreta. Postojala je već potpuna centralna kartoteka, koja je obuhvaćala sve pripadajuće članove. Isto je tako i financiranje pokreta dovedeno na zdravu podlogu. Tekući su izdaci morali biti pokriveni tekućim prihodima, izvanredni prihodi korišteni su samo za izvanredne izdatke. Unatoč teškim vremenima, pokret je time bio, ne obazirući se na manje tekuće račune, gotovo bez dugova, da, čak je uspio trajno povećati svoje vrijednosti. Radilo se kao u privatnom pogonu: namješteno osoblje se isticalo učinkom, i nije se moglo ni u kom slučaju pozivati na poznato "uvjerenje". Uvjerenje svakog Nacionalsocialiste dokazuje se ponajprije u njegovoj spremnosti, njegovoj marljivosti i znanju za uspjeh od narodne zajednice povjerenog mu posla. Tko ovdje ne ispuni svoju obvezu, ne smije se hvaliti svojim uvjerenjem, protiv koga on ustvari griješi. Novi stranački poslovoditelj je unatoč svim mogućim utjecajima s najvećom energijom zastupao stajalište, da stranački pogoni ne smiju biti nikakve sinekure za lijene pristalice ili članove. Pokret koji se tako oštrim načinom bori protiv stranačke korupcije našeg današnjeg upravnog aparata, mora svoj vlastiti aparat održavati čistim od takvih poroka. Dogodilo se da je u upravu tiska namješteno nekoliko službenika, koji su prema svojem prijašnjem uvjerenju pripadali Bavarskoj narodnoj stranci, a koji su se prema svom učinku pokazali vrlo kvalificiranima. Rezultat ovoga pokusa uopće je bio odličan. Upravo ovim otvorenim i iskrenim priznanjem stvarnog učinka pojedinca, osvojio je pokret srca ovih namještenika, brže i temeljitije, nego što bi to inače bilo moguće. Kasnije su postali dobri Nacionalsocijalisti i to su ostali, ne samo na riječima, već su to i potvrdili savjesnim, urednim i iskrenim radom, koji su ostvarili u službi novoga pokreta. Razumljivo je stoga da je dobro kvalificirani stranački drug, više cijenjen od isto tako dobro ocijenjenog nestranačkog druga. Ipak, nitko nije bio namješten samo na osnovu svoje stranačke pripadnosti. Od- lučnost kojom je poslovoditelj zastupao i postupno provodio ove stavove, unatoč svim otporima, bila je kasnije za pokret od velike koristi. Samo je tako bilo moguće, da se u teškim inflacijskim vremenima, kada su desetci tisuća poduzeća propadala, a tisuće novinarskih kuća se moralo zatvoriti, poslovodstvo pokreta ne samo održalo i udovoljavalo svojim zadacima, nego se "Volkische Beobachter" sve više i više izgrađivao. Dospio je u redove najvećih novina.

Godina 1921. bila je nadalje značajna i po tome, što mi je zbog mog položaja predsjednika stranke polako uspjelo i u pojedinim stranačkim postrojbama mnogim članovima odbora oduzeti pravo kritike i prigovora o svemu i svačemu. To je bilo važno, jer se jednu stvarno stručnu glavu ne može pridobiti za neku zadaću, ako joj neznalice stalno nešto prigovaraju, sve najbolje razumiju, ustvari iza sebe ostavljaju nezdravu zbrku. Nakon toga se ove sveznalice najčešće skromno povlače, da bi, za svoje kontrolno i inspirativno djelovanje, špijunirale na nekom drugom području. Bilo je ljudi, koji su bili opsjednuti bolešću formiranja; iza svega i svačega bi nešto iznalazili i stalno bili obuzeti odličnim planovima, mislima, projektima i metodama. Njihov je najidealniji i najviši cilj bio formiranje odbora, koji bi kao kontrolni organ stručno njuškao po tuđem poštenom radu. Tim odbornicima ne dolazi do svijesti koliko je to uvredljivo i nenacionalistički, kada se ljudi koji se ne razumiju u neku stvar neprekidno upliću u rad pravim stručnjacima. U svakom slučaju, držao sam svojom dužnošću, da ovih godina sve poštene i odgovorne snage pokreta zaštitim od takvih elemenata, te da im i ubuduće zajamčim slobodno polje rada i da im zaštitim leđa.

Najbolje je sredstvo da se takvi odbornici, koji nisu ništa radili već praktično samo mućkali i kuhali neprovedive odluke, učine neškodljivima, bilo je svakako, da im se povjeri neki stvarni posao. Bilo je smiješno kako su tada nečujno ishlapili iz jedne takve udruge i iznenada postali nepronalažljivi. Sjetio sam se pri tome takve naše najviše institucije - Reichstaga. Kako bi samo svi brzo isparili kada bi im čovjek umjesto govora povjerio neki stvaran posao i to posao prema kojem bi svaki ovaj hvalisavac morao pokazati osobnu odgovornost.

Već sam tada stalno zahtijevao da se, kao uostalom i u privatnom životu i u pokretu, za pojedine pogone mora tražiti tako dugo, dok se ne nađe sposobne i poštene činovnike, upravitelje ili voditelje. Ovima onda treba dati bezuvjetni autoritet i slobodu djelovanja nad podređenima, a nametnuti bezostatnu odgovornost prema nadređenima, pri čemu je svatko podčinjen autoritetu, ukoliko sam nije bolji poznavatelj rada o kojem je riječ. Tijekom dvije godine, uspio sam provesti svoje poglede, pa su oni danas u pokretu, bar što se tiče najvišeg vodstva, već same po sebi razumljive.

Očigledan uspjeh ovoga stava pokazao se 9. studenog 1923.; Kada sam prije četiri godine prišao pokretu, nije bilo ni štambilja. A kada je 9. studenog 1923. došlo je do raspada stranke i pljenidbe njenog imetka, njegova se vrijednost, uključujući vrijedne objekte i novine, popela na sto sedamdeset tisuća maraka u zlatu.

GLAVA 12

SINDIKALNO PITANJE

Brzi rast pokreta prisilio nas je da 1922. zauzmemo stajalište po pitanju koje još ni danas nije potpuno riješeno.
Pri našim pokušajima da proučimo one metode, kojima bismo najbrže i najlakše pridobili srca širokih masa, nailazili smo uvijek na prigovor da nam radnici neće potpuno pripadati sve dok se zastupanje interesa stručnog i gospodarskog područja nalazi u rukama neistomišljenika i njihovih političkih organizacija.

Ovaj je prigovor govorio sam za sebe. Radnik zaposlen u nekom pogonu, prema općem mišljenju, uopće nije mogao opstati ako nije bio član sindikata. Ne samo da su time bile zaštićene njegove stručne potrebe, nego mu se kao pripadniku sindikata, podrazumijevalo i njegovo stalno radno mjesto. U sindikalnim se podružnicama našla većina radnika. One su se općenito borile za njegovu plaću i sklapale tarifne ugovore, koji su radnicima osiguravali određeni prihod. Bez sumnje, da su rezultati ove borbe dobro došli svim radnicima pogona. Poštenog je čovjeka, međutim, morala gristi savjest, kad je plaću, koju je izborio sindikat, stavio u džep, a on se sam isključio iz borbe.

S normalnim građanskim poduzetnicima, o tom se problemu teško moglo razgovarati. Oni nisu imali razumijevanja (ili ga nisu htjeli imati) ni za materijalnu stranu pitanja, a ni za moralnu. Konačno, i njihovi tobožnji gospodarski interesi govore već od početka protiv svakog organiziranog zaključka kojeg im podmeće podčinjena radna snaga, tako da već iz tog razloga većina teško može donijeti neki nepristrani sud. Ovdje je dakle, kao što je često tako, neophodno obratiti se nekome izvana, koji ne podliježe kušnji, da od puno drveća vidi šumu. Oni će uz dobru volju imati puno više razumijevanja za prilike koje i tako i tako pripadaju među najvažnije u našem današnjem i budućem životu.

Već sam se u prvom tomu izjasnio o biti i svrsi i o nužnosti sindikata. Tamo sam zauzeo stajalište, da sve dok se ili državnim mjerama (koje su najčešće jalove) ili općim novim odgojem, ne promijeni stav poslodavca prema posloprimcu, ovom ne preostaje ništa drugo, nego da, pozivajući se na svoje pravo jednakosti ugovornih strana u gospodarskom životu, sam štiti svoje interese. Dalje naglašavam, da je takvo zapažanje nazočno u mislima cijele narodne zajednice i da bi socijalne nepravde, koje bi vodile teškim oštećenjima svekolikog zajedništva jednog naroda, morale biti spriječene. Želim objasniti nadalje, da se nužda mora držati nametnutom sve dok među poduzetnicima ima ljudi, koji ne samo da sami od sebe nemaju osjećaja za socijalne obveze, nego, ne jednom, ni za najprimitivnija ljudska prava. Iz toga izvlačim zaključak: kada se jedna takva samoobrana može shvati nužnom, njen se oblik po smislu može održati samo u sporazumu poslodavca na sindikalnim osnovama.

Ovo opće shvaćanje, nisam promijenio ni 1922. No, za postavljenje ovog problema, morala je biti nađena jasna i određena formulacija. To nije značilo da se i dalje treba zadovoljiti jednostavno spoznajama, nego je bilo nužno iz toga izvući praktične zaključke:

Radilo se o odgovorima na sljedeća pitanja:

1. Jesu li sindikati nužni?

2. Treba li NSDAPi sama sindikalno djelovati ili svoje članove privesti nekom sličnom obliku djelovanja?

3. Koje bi vrste nacionalsocijalistički sindikat morao biti? Što su naši zadaci, i njegovi ciljevi?

4. Kako ćemo doći do takvih sindikata?

Vjerujem da sam na *prvo pitanje* već dovoljno odgovorio. Kako stvari stoje danas, po mom se uvjerenju, ne bismo smjeli odreći sindikata. Baš naprotiv, on spada među najvažnije institucije gospodarskog života nacije. Njegov značaj se ne nalazi samo na sociopolitičkom području, nego mnogo više, na općem nacional - političkom. Jer narod čije široke mase zadovoljavaju svoje životne potrebe, a istovremeno se i odgajaju u pravom sindikalnom pokretu, zahtijeva tako izvanredno jačanje svoje otporne snage u borbi za svoju opstojnost.

Sindikati su prije svega neophodni kao kamen temeljac budućeg gospodarskog parlamenta, odnosno staleških komora.

Na *drugoje pitanje*, svakako, još lakše odgovoriti. Ako je sindikalni pokret važan, tada je jasno, da i Nacionalsocijalizam mora zauzeti ne samo teorijski, nego i praktični stav prema njemu. Ali je, svakako, teže objasniti kakav. Nacionalsocijalistički pokret, koji kao cilj svoga djelovanja pred očima ima nacionalsocijalističku narodnu državu, ne smije sumnjati u to da sve buduće institucije te države moraju jednom izrasti iz samog pokreta. Najveća je pogreška misliti da se iznenada iz ničega, može poduzeti određena reorganizacija, ako ne postoji jezgra već u to uvjerenih ljudi. I ovdje važi pravilo, da je od vanjskog oblika, koji se brzo mehanički stvori, važniji duh koji ispunjava jedan takav oblik. U zapovjednom smislu, nekom se državnom organizmu može vrlo dobro nakalemiti diktatorski princip vode. Ovaj će moći biti oživotvoren samo onda, ako se od prvih početaka postupno razvijao sam i obrazovao se trajnom selekcijom, koju je neprekidno nametala gorka životna stvarnost, i ako je tijekom mnogih godina stekao potrebni materijal za vođe.

Ne smije se pomisliti da će se iznenada iz aktovke na svjetlo dana izvući nacrt novog državnog ustava i "uvesti" ga odozgo, putem zapovijedi. Tako se nešto može pokušati, ali rezultat sigurno neće biti sposoban za život, već je to mrtvo novorođeno dijete. To me jako podsjeća na Weimarski ustav i na pokušaj da se njemačkom narodu novim ustavom daruje i nova zastava, koja nije bila ni u kakvoj unutarnjoj vezi s doživljavanjem našeg naroda u zadnjih pola stoljeća.

I nacionalsocijalistička država se mora čuvati takvih eksperimenata. Ona može izrasti samo iz već dugo postojeće organizacije. Ova organizacija mora u sebi sadržavati izvorni nacionalsocijalistički osjećaj, kako bi na koncu mogla stvoriti djelotvornu nacionalsocijalističku državu.

Kako je već naglašeno, zametci gospodarskih komora u različitim stručnim područjima moraju se prije svega nalaziti u sindikatima. Ako ova staleška predstavništva i centralni gospodarski parlament kasnije trebaju predstavljati nacionalsocijalističku instituciju, tada i ovi važni zametci moraju biti obnašatelji nacionalsocijalističkog uvjerenja i shvaćanja. Institucije pokreta treba održavotvoriti, iako država ne može ni iz čega, odjednom, uspostaviti odgovarajuće institucije, ako ne želi ostati potpuno beživotna tvorevina.

Već zbog ovog najvišeg uvjerenja, nacionalsocijalistički pokret mora priznati nužnost vlastitog sindikalnog djelovanja.

On to, nadalje, mora i zbog toga, što stvarni nacionalsocijalistički odgoj, kako poslodavca tako i posloprimca, u smislu obostrane prilagodbe zajedničkim okvirima narodne zajednice, ne uspijeva teorijskim poučavanjima, pozivima ili opomenama, nego borbom za život svakidašnji. U njemu i kroz njega, pokret mora odgojiti pojedinačne velike gospodarske grane i zbližiti ih zajedničkim uvjerenjima. Bez jedne takve predradnje, svaka nada za uskrsnuće jedne jedinstvene istinske narodne zajednice, samo je blijeda iluzija. Samo visoki svjetonazorski ideal za kojega se pokret zauzima, može polako izgrađivati opći stil koji stvara novo vrijeme, kao stvarno iznutra zasnovano a ne samo izvanjsko.

Tako se pokret mora postaviti potvrdno ne samo prema zamisli o sindikatu kao takvom, već mu mora pripasti u dio, da velikom broju svojih članova i pristalica, u praktičnom djelovanju, dade odgovarajući odgoj za nadolazeću nacionalsocijalističku državu.

Odgovor na *treće pitanje* nalazi se u prethodno rečenom.

Nacionalsocijalistički sindikat nije organ klasne borbe, nego organ predstavljanja zaposlenika. Nacionalsocijalistička država ne poznaje "klase" nego u političkom smislu samo građane s potpuno istim pravima i njima odgovarajućim, također istim dužnostima, a pored njih i državne pripadnike, koji su s državno političkog gledišta potpuno obespravljeni.

Sindikat u nacionalsocijalističkom smislu nema zadaću da sažimanjem određenih ljudi unutar narodnog tijela, ove postupno pretvori u klasu, kako bi s njom poduzeo borbu protiv drugih, slično organiziranih tvorevina, unutar narodne zajednice. Ovu zadaću nikako ne možemo pripisati sindikatu po sebi, jer mu je bila nametnuta u trenutku u kojem je postao borbeni instrument marksizma. *Sindikat nije "klasno borben", nego je marksizam iz njega načinio instrument za svoju klasnu borbu.* On je stvorio ekonomsko oružje, koje je internacionalni Židov upotrijebio za uništenje gospodarskih temelja slobodnih, neovisnih, nacionalnih država, njihove nacionalne industrije i njihovog nacionalnog djelovanja, a time je stvorio oružje za porobljavanje slobodnih naroda u službi naddržavnog svjetskog financijskog Židovstva.

Nacionalsocijalistički sindikat mora, prema tome, organizacijskim sažimanjem određenih grupa sudionika u nacionalnom gospodarskom procesu, sam povećati sigurnost nacionalnog gospodarstva i jačati njegovu snagu, korigirajući je uklanjanjem onih loših stanja, koja svojim posljedičnim pojavama destruktivno djeluju na nacionalno narodno tijelo ikoja štete djelotvornoj snazi narodne zajednice, a time štete i državi, a na kraju i samom gospodarstvu, privodeći ih nesreći i propasti.

Zato nacionalsocijalističkim sindikatima štrajk nije sredstvo za razbijanje i potresanje nacionalne proizvodnje, nego je njegov uspon i napredak u suzbijanju svih onih loših stanja koja zbog svog asocijalnog karaktera onesposobljavaju učinkovitost gospodarstva, a time ometaju i egzistenciju cjelokupnosti. Jer učinkovitost pojedinca stalno stoji u uzročnoj povezanosti s općim pravnim i socijalnim stavom, kojega on preuzima u proizvodnom procesu, a koji u rezultirajućoj spoznaji o nužnosti napredovanja ovog procesa stiče vlastitu prednost.

Nacionalsocijalistički posloprimac mora znati da procvat nacionalnog gospodarstva znači i njegovu vlastitu materijalnu sreću.

Nacionalsocijalistički poslodavacmoraznati, da je sreća i zadovoljstvo njegovih posloprimaca pretpostavka zaegzistenciju i razvoj njegove vlastite gospodarske veličine.

Nacionalsocijalistički posloprimac i nacionalsocijalistički poslodavac su obojica opunomoćenici i odvjetnici svekolike narod- ne zajednice. Veliku mjeru osobne slobode koja je data njihovom djelovanju, objašnjava činjenica, da se prema iskustvu, učinkovitost pojedinca više povećava širim jamčenjem slobode, nego pritiskom odozgo, pa je lakše izbjeći da nešto prekine prirodni proces odabira najsposobnijih, najstručnijih i najmarljivijih, kojeg treba unaprjeđivati.

Za nacionalsocijalistički sindikat je zato štrajk sredstvo, koje se smije a i mora koristiti samo tako dugo, dok ne postoji nacionalsocijalistička narodna država. On, dabome, mora umjesto masovne borbe obih velikih grupa - poslodavaca i posloprimatelja - (koja svojim posljedicama, smanjenjem proizvodnje, trajno šteti svekolikoj narodnoj zajednici), preuzeti pravnu brigu i pravnu zaštitu svih. A sama *gospodarska komora* će preuzeti obvezu održavanja nacionalnog gospodarstva i ukloniti štetne nedostatke i pogrješke. Ono što je danas izdvojeno borbom milijuna, mora naći svoje rješenje u *staleškim komorama* i u *centralnom gospodarskom parlamentu.* Tako između poduzetnika i radnika neće više bjesniti međusobna borba zbog nadnica i tarifa, koja nanosi štetu gospodarskoj egzistenciji i jednih i drugih, nego će se ove probleme rješavati zajednički na višem mjestu, kojem prije svega treba stalno lebdjeti pred očima dobro narodne zajednice i države.

I ovdje kao putokaz vrijedi čvrsto načelo, da je prva domovina, a tek onda stranka.

Zadatak nacionalsocijalističkog sindikata je odgoj i priprema za ovaj cilj, koji tada glasi: Zajednički rad svih na održavanju i osiguranju našeg naroda i njegove države, koji odgovara prirođenim i putem narodne zajednice odškolovanim sposobnostima i snagama pojedinca.

Na *četvrto pitanje:* Kako doći do takvih sindikata? činilo se svojevremeno da je daleko najteže odgovoriti.

Općenito govoreći, lakše se je latiti nekog utemeljenja na neobrađenoj zemlji, nego na starom području, koje već ima slična utemeljenja. U mjestu u kojem nema još ni jedne trgovine određene vrste, takvu će biti lakše osnovati. Teže je ako već postoji slično poduzeće, a najteže ako se postavljaju uvjeti po kojima može napredovati samo jedno. Ovdje osnivači stoje pred odlukom, ne samo uvesti novi vlastiti posao, nego, da bi opstali, moraju uništiti onaj već prije postojeći.

Nacionalsocijalistički sindikat poreddrugih sindikata je besmislen. Jer se i on mora osjećati prožet zadaćom svoga svjetona- zora i zbog urođene dužnosti nepodnošljivosti prema drugoj sličnoj ili čak neprijateljski nastrojenoj tvorevini, mora nužno naglašavati potrebu vlastitoga Ja. Ni ovdje nema međusobnog samorazumijevanja ni kompromisa srodnih težnji, već ustrajanje na apsolutnom samo jednom pravu.

Postoje samo dva puta da se dođe do takvog razvoja:

1. može se osnovati vlastiti sindikat i tada se postupno boriti protiv internacionalnih marksističkih sindikata, ili bi se moglo

2. prodrijeti u marksističke sindikate i ispuniti ih novim duhom, odnosno, preoblikovati ih u instrumente novog svijeta misli.

Protiv prvog puta govore sljedeća razmišljanja: Naše novčane teškoće bile su u to vrijeme još vrlo velike, sredstva koja su nam stajala na raspolaganju sasvim beznačajna. Sve veća i Veća inflacija otežavala je situaciju i time, što se u tim godinama o nekoj opipljivoj koristi članova od sindikata jedva moglo govoriti. S toga stajališta pojedini radnik nije tada imao nikakvog razloga plaćati sindikat. Već su i postojeći marksistički bili skrhani, dok im genijalnom Ruhr- akcijom gospodina Cunoa nisu iznenada u krilo pali milijuni. Ovoga takozvanog "nacionalnog" kancelara može se označiti spasiteljem marksističkih sindikata.

S takvim financijskim mogućnostima mi tada nismo mogli računati; a nije bilo ni primamljivo stupiti u neki novi sindikat, koji zbog svoje financijske nemoći ne bi mogao ponuditi ni najmanje. S druge strane, morao sam se bezuvjetno braniti od toga da u jednoj takvoj novoj organizaciji osiguram na silu mjestašce za više ili manje velikog duha.

Pitanje osoblja je općenito igralo najveću ulogu. Nisam imao ni jednu jedinu glavu kojoj bih mogao povjeriti ovu ogromnu zadaću. Onaj koji bi u ono vrijeme razbio marksističke sindikate, da bi na mjesto te institucije uništavajuće klasne borbe pomogao pobjedi nacionalsocijalističke sindikalne ideje, pripadao bi najvećim ljudima našeg naroda i njegova bi bista, koja bi zbog toga stajala u Walhalli u Regensburgu, morala biti posvećena potomstvu.

Nisam poznavao ni jednu glavu koja bi odgovarala takvom postolju.

Potpuno je krivo dati se zavesti činjenicama da i internacionalni sindikati raspolažu bistrim prosječnim glavama. To ustvarnosti ne govori baš ništa; jer kad su neki od njih bili osnivani, nije bilo ničega. Danas se nacionalsocijalistički pokret mora boriti protiv jedne davno postojeće i do u pojedinosti izgrađene divovske organizacije. Ali, osvajač mora uvijek biti genijalniji od onoga koji se brani, ako ga želi pokoriti. Marksistička sindikalna kula može biti vođena i običnim stranačkim glavešinom, ali će seje moći razoriti samo divljom energijom i genijalnom sposobnošću nadnaravne veličine s druge strane. Ako se takav ne nađe, besmisleno je huliti na zlu Sudbinu, a još besmislenije nedostojnom zamjenom prisiljavati na tu stvar. Ovdje važi pravilo, da je ponekad u životu bolje pustiti neku stvar na miru, nego nedostatnim snagama započinjati polovično i loše.

K tome pripada i jedno drugo razmatranje koje ne bi trebalo označiti demagoškim. Tada sam bio, a još sam i danas, čvrsto uvjeren, da je opasno veliku političku borbu svjetonazora prerano povezivati s gospodarskim stvarima. To posebno važi za naš njemački narod. Jer bi ovdje u jednom takvom slučaju gospodarsko hrvanje smjesta oduzelo energiju političkoj borbi. Čim bi ljudi stekli uvjerenje da bi štednjom mogli doći do neke kućice, odmah bi se posvetili toj zadaći, pa im ne bi preostalo vremena za političku borbu protiv onih, koji im i tako i tako jednoga dana misle oduzeti ušteđene groše.

Umjesto hrvanja u političkoj borbi za pobjedu stava i uvjerenja, se sad više bave svojim mislima o "naselju", i na kraju većinom ostaju sjediti između dvije stolice.

Nacionalsocijalistički pokret se danas nalazi na početku svog hrvanja. Najvećim dijelom mora tek oblikovati i završiti sliku svog svjetonazora. On će se svakim dijelom svoje energije morati boriti za provođenje svojih velikih ideala, a uspjeh je zamisliv tek onda ako sve svoje snage bezostatno stavi u službu ove borbe.

Koliko mnogo bavljenje samo s gospodarskim problemima može oslabiti aktivnu borbenu snagu, vidimo upravo danas na jednom klasičnom primjeru:

Revoluciju u studenom 1918. nisu podigli sindikati, nego se ona uperila protiv njih. A njemačko građanstvo nije vodilo političku borbu za njemačku budućnost, jer su mislili da im je izgradnjom gospodarstva ona dovoljno osigurana.

Na takvim primjerima moramo učiti; jer ni u nas ne bi bilo drugačije. Što više cjelokupne snage našega pokreta uložimo u političku borbu, to prije smijemo računati na uspjeh u svim smjerovima, a što se više budemo *prijevremeno* opterećivali sindikalnim, stambenim i sličnim problemima, to će, uzevši u cjelini, biti manja korist za našu stvar. Jer koliko god bile važne sve ove potrebe, one u velikim razmjerima mogu biti ispunjene tek onda, kada budemo u stanju, u službu ovih misli staviti i javnu silu. Do tada bi ovi problemi pokret to više kočili, što bismo se njima prije bavili, pa bi i volja *svjetonazora* bila znatno smanjena. *Mogloi bi lako doći i do toga, da sindikalni momenti skrenu politički pokret, umjesto da svjetonazor prisili sindikat na njegove putove.*

Stvarna korist za pokret, kao i za naš narod, može uopće porasti iz jednog nacionalsocijalističkog sindikata tek onda, kada on svjetonazorski bude tako jako prožet našim nacionalsocijalističkim idejama, da više ne predstavlja opasnost da bi u njemu mogli ostati marksistički tragovi. Jer nacionalsocijalistički sindikat koji svoje poslanje vidi samo u konkurenciji s marksističkim, bio bi gori nego nikakav. On svoju borbu protiv marksističkog sindikata mora najaviti, ne samo protiv organizacije, već, prije svega, protiv ideje.

On u njemu mora pogoditi vjesnika klasne borbe i klasnog mišljenja i, umjesto toga, postati zaštitnik strukovnih interesa njemačkih građana.

Svi ovi nazori govorili su tada, a govore još i danas, *protiv* osnivanja *vlastitih* sindikata, ukoliko se iznenada ne bi pojavila glava koju je poslala Sudbina da riješi upravo ovo pitanje.

Postojale su dakle samo dvije mogućnosti: ili poručiti vlastitim stranačkim drugovima da iziđu iz sindikata, ili ostati u dosadašnjim i tamo, po mogućnosti, djelovati destruktivno.

Preporučio sam tada, općenito, ovaj posljednje spomenuti put.

To je posebno, bez daljnjega, bilo moguće učiniti u godinama 1922/23., jer su financijske koristi sindikata, koje bi se mogle podmazivati ne baš brojnim članstvom našeg mladog pokreta u vrijeme inflacije, bile ravne nuli. Njihova štetnost bi bila daleko veća, jer su nacionalsocijalistički pojedinci bili najžešći kritičari tih sindikata, a time i njegovi unutarnji razarači. Odbio sam tada sve eksperimente koji su od samog početka u sebi nosili neuspjeh. Držao sam zločinom oduzeti radniku tako i tako od njegove bijedne zarade za instituciju o čijoj korisnosti za njene članove nisam bio intimno uvjeren.

Ako neka nova stranka jednoga dana opet nestane, jedva da bi to bila šteta, već skoro uvijek korist, i nitko zato nema pravo kukati, jer ono što pojedinac pridonese političkom pokretu, daje bespovratno, a fond perdú. Ali, tko uplaćuje u sindikat, ima pravo na ispunjenje zajamčene mu protuusluge. Ako se ovome ne položi račun, tada su maheri takvog sindikata varalice ili bar lakoumni ljudi koji za to moraju snositi odgovornost.

    Prema ovakvim se shvaćanjima 1922. postupalo i s nama. Drugi su, čini se, to shvatili bolje i osnivali sindikate. Nama su predbacivali vidljive znakove našeg krivog i ograničenog pogleda. Samo, to nije trajalo dugo, a ove su tvorevine ubrzo nestale same, tako da je krajnji rezultat bio isti kao i naš. Samo s jednom razlikom, što mi nismo prevarili ni sebe ni druge.

GLAVA 13

NJEMAČKA POLITIKA SAVEZNIŠTVA NAKON RATA

Rastrojenost carskog vanjskopolitičkog vodstva u postavljanju temeljnih smjernica svrhovite savezne politike, nije se nakon revolucije samo nastavila, već je bila još i nadmašena. Jer ako je prije rata, u pivom redu, općepolitička pojmovna zbrka, mogla važiti kao razlog našeg promašenog vanjskopolitičkog državnog vodstva, tada je to nakon rata bio nedostatak istinskog htijenja. Bilo je prirodno da krugovi, koji su revolucijom konačno svoje destruktivne ciljeve vidjeli postignutim, nisu mogli imati interesa za saveznu politiku čiji je krajnji rezultat morao biti ponovna uspostava slobodne njemačke države. Ne samo da bi se jedan takav razvoj protivio unutarnjem smislu krvoprolića iz studenoga, ne samo da bi internacionalizacija njemačkog gospodarstva i radne snage bila prekinuta ili čak zaustavljena, nego bi i posljedice unutarnje političkog djelovanja kao posljedice vanjskopolitičke osloboditeljske borbe za čelnike današnje državne sile bile kobne za budućnost. Ne može se zamisliti uspon jedne nacije bez njene prethodne nacionalizacije, kao i obratno, svaki ogromni vanjskopolitički uspjeh bezuvjetno izaziva retroaktivno djelovanje u istom smislu. Svaka osloboditeljska borba, vodi, prema iskustvu, usponu nacionalnih osjećaja, samosvijesti, a time i jačoj osjetljivosti prema antinacionalnim elementima i isto takvim težnjama. Stanja i osobe koje se u mirnodopskim vremenima podnose, da, često se i ne osvrću, a u periodu uzburkanog nacionalnog oduševljenja ne osjećaju samo odbojnost nego i otpor koji im nerijetko biva koban. Sjetimo se samo, na primjer, sveopćeg špijuniranja koje izbijanjem ratova iznenada izaziva vrijenje ljudskih strasti i vodi najbrutalnijim, ponekad čak nepravednim progonima, iako si svatko zna reći, da će opasnost od špijuniranja u dugim mirnodopskim vremenima biti veća, iako oni iz prirodnih razloga neće pokloniti opću pozornost u istom opsegu.

Fini instinkt državnih parazita koji su isplivali na površinu u događajima iz studenoga, već iz tih razloga predosjeća da bi jedna mudra savezna politika koja podržava osloboditeljski pokret našega naroda i time uvjetovano razbuktavanje nacionalnih strasti, mogla dovesti do uništenja njihova zločinačkog bića.

Zato će biti shvatljivo zašto su od 1918. mjerodavna vladina mjesta zakazivala na vanjskopolitičkom pitanju, a državno se vodstvo skoro uvijek odvraćalo od stvarnih interesa njemačke nacije. Jer ono što se na prvi pogled moglo činiti neplanskim, pokazalo se, kad se bliže pogleda, samo dosljednim praćenjem puta kojim je revolucija iz studenoga 1918. po prvi puta zakoračila u javnost.

Dabome da se ovdje mora razlikovati odgovorne vođe naših državnih poslova, ili bolje "one koji trebaju biti odgovorni" prosjeku naših parlamentarnih politikanata, od velikog stupidnog ovnovljeg krda, našeg ovčije strpljivog naroda.

Jedni znaju što hoće. Drugi surađuju, bilo zbog toga što znaju, ali su kukavice bezobzirno se suprotstaviti prepoznatom kao štetnom. Ostali se pokoravaju zbog neznanja i gluposti.

Tako dugo, dok je Nacionalsocijalistička njemačka radnička stranka obuhvaćala samo mala i slabo poznata udruženja, mogli su vanjskopolitički problemi u očima nekih pristalica imati podređeni značaj. Ovo posebno zbog toga, jer je upravo naš pokret uvijek temeljito zastupao shvaćanje i mora ga zastupati, da vanjska sloboda ne pada s neba, niti se na dar dobiva zemaljskim silama, nego je, mnogo više, samo plod unutarnjeg razvoja snaga. *Samo uklanjanjem uzroka naše propasti, kao i uništenje njegovih korisnika samih, može biti pretpostavka za oslobodilačku borbu prema van.*

Može se dakle razumjeti, što je zbog takvih nazora u prvo vrijeme mladog pokreta, vrijednost vanjskopolitičkih pitanja u odnosu na značaj njegovih unutarnjih reformatorskih namjera, bila potisnuta.

Tek što je okvir malene beznačajne udruge proširen i konačno razoren, a mlada tvorba dobila značenje velikog udruženja, pojavila se odmah i potreba da i ono zauzme stajalište u vezi s pitanjem vanjskopolitičkog razvoja. Vrijedilo je utvrditi smjernice koje ne samo da neće proturječiti temeljnim pogledima našeg shvaćanja svijeta, nego će čak predstavljati ishodište ovog načina promatranja.

Upravo zbog nedostatnog vanjskopolitičkog školovanja našeg naroda javlja se dužnost za mladi pokret da kod pojedinih vođa kao i kod širokih masa širokogrudnim smjernicama prenose oblik vanjskopolitičkog mišljenja, koje je uvjet za svako praktično provođenje vanjskopolitičkih priprema te radu za ponovni povratak slobode našeg naroda kao i stvarnog suvereniteta carstva.

Glavni razlog i načelo koje nam uvijek mora lebdjeti pred očima pri rasuđivanju o ovom pitanju je taj, da je vanjska politika samo sredstvo svrhe, a svrha je isključivo unaprjeđivanje našeg vlastitog narodnog bića. Ni jedno vanjskopolitičko razmatranje se ne može voditi nekim drugim gledištem, nego tim: *Koristi li našem narodu sada i u budućnosti? Hoće li mu štetiti?* To je jedino sveobuhvatno mišljenje koje smije važiti kod obrade ovog pitanja. Stranačka, politička, religiozna, humanistička, uopće sva ostala gledišta, bezostatno su isključena.

*

Ako je prije rata zadaća njemačke vanjske politike bila osiguranje prehrane našeg naroda i njegove djece na ovoj kugli zemaljskoj, pripremanje putova koji bi mogli voditi ovom cilju, kao i stjecanje pri tome potrebnih pomoćnih snaga u obliku svrhovitih saveznika, onda je ona danas jednaka, samo s tom razlikom: *Prije rata je značilo služiti održanju njemačkog narodnog bića, uzimajući u obzir postojeću snagu neovisne državne sile, danas to znači ponovno vratiti narodu snagu u obliku slobodne moćne države, koja je pretpostavka za kasniju provedbu praktične vanjske politike u smislu održavanja, unaprjeđivanja i prehrane našeg naroda u budućnosti.*

Drugim riječima: *Cilj njemačke vanjske politike danas, mora biti priprema za ponovno postizanje slobode za sutra.*

Pri tome se odmah mora imati pred očima temeljni princip: *Mogućnost da narodno biće ponovno izbori neovisnost nije apsolutno povezana sa zaokruženošću državnog područja, nego mnogo više s postojanjem makar i tako malog ostatka toga naroda i države, koji, ako ima potrebnu slobodu, nije samo obnašatelj duhovnog zajedništva ukupnog narodnog bića, već i onaj koji može biti pripremitelj oružane borbe za oslobođenje.*

Kada narod od sto milijuna ljudi, koji želi sačuvati cijelovitost države, trpi zajednički robovlasnički jaram, onda je to gore, nego kad bi takva država i takav narod bili uništeni i kad bi preostao samo jedan potpuno slobodni dio. Dabome, pod pretpostavkom da je ovaj zadnji ostatak ispunjen svetim poslanjem, i ne samo da stalno proklamira duhovnu i kulturnu nerazdvojivost, nego da vrši aktivnu vojnu pripremu za konačno oslobođenje i ponovno pripojenje nesretno potlačenih dijelova.

Dalje, treba misliti da je pitanje ponovnog povrata izgubljenih dijelova područja jednog naroda i države uvijek, u prvom redu, pitanje ponovnog povratka političke moći i neovisnosti domovine, kod kojega u takvom slučaju interesi za izgubljenim područjima moraju biti bezobzirno potisnuti, nasuprot jedinom interesu - ponovnom povratu slobode glavnom području. Jer se oslobođenje i ponovni povratak podčinjenih odvojenih krhotina narodnog bića ili pokrajina carstva, događa, ne na osnovi želje ili protesta preostalih, nego sredstvima sile, koja je više ili manje suveren preostalih dijelova nekadašnje zajedničke domovine.

Time je pretpostavka za ponovni povrat izgubljenih područja, intenzivno unaprjeđivanje i jačanje preostalih državnih dijelova kao i onih u srcima tinjajuće, nepokolebljive odluke koja time u datom trenu stvorene nove snage stavlja i posvećuje u službu oslobađanja i ujedinjenja čitavog narodnog bića: dakle, *potiskivanje* interesa za odvojena područja, prema jedinom interesu, preostalom ostatku, izvojevati onu mjeru političke moći i snage, što je jedini uvjet za korekturu želje neprijateljskog pobjednika. *Jer, podčinjene zemlje neće biti vraćene u krilo zajedničkog carstva pomoću vatrenih protesta, nego pomoću udarne snage mača.*

Iskovati ovaj mač, zadaća je unutarnjepolitičkog, a osigurati kovanje i tražiti saveznike u oružju, vanjskopolitičkog vodstva naroda.

U prvom tomu ovog djela pozabavio sam se polovičnošću naše politike savezništva prije rata. Od četiri puta za buduće održanje našeg narodnog bića i njegovu prehranu, izabran je četvrti i najnepovoljniji. Umjesto zdrave europske postojane politike, posegnulo se za kolonijama - i trgovinskom politikom. Bilo je to utoliko pogrešnije no što se mislilo, da bi se time mogli izbjeći oružani sukobi. Rezultat ovog pokušaja sjedenja na dvije stolice bio je poznati slučaj među istima, a svjetski je rat carstvu ispostavio samo zadnji račun zbog pogrešnog vodstva prema van.

Pravi put bi već tada bio treći: *Jačanje kontinentalne moći dobivanjem novoga tla u Europi*, pri čemu bi se upravo kolonijalna područja kasnije dopunila u granice prirodno mogućeg. Ova bi politika doduše bila provediva samo u savezu s Engleskom, ili abnormalno pojačanim sredstvima vojne sile, da bi na četrdeset ili pedeset godina kulturni zadaci bili potpuno potisnuti u zalede. Na ovo bi se dalo vrlo dobro odgovoriti. Kulturni značaj jedne nacije je skoro uvijek povezan s političkom slobodom i njenom neovisnošću, pri čemu je opet pretpostavka opstojnost, ili bolje, nastanak prve. Zbog toga ni jedna žrtva za sigurnost političke slobode ne može biti prevelika. Ono što će biti uskraćeno općim kulturnim potrebama zbog prekomjernih zahtjeva vojnih sredstava države, kasnije će opet moći biti najbogatije nadomješteno. Da, može se reći, da nakon tako zgusnutih napetosti, samo u smjeru održavanja državne neovisnosti, slijedi određeno opuštanje ili izjednačenje često upravo iznenađujućim procvatom do tada zanemarenih kulturnih snaga narodnog bića. Iz nevolje perzijskog rata izrastao je cvijet periklovog razdoblja, a iz briga punskih ratova, počelo se rimsko državno biće posvećivati službi jedne uzvišene kulture.

Svakako da se jedna takva bezostatna podređenost svih ostalih potreba narodnog bića i priprema za jedinu zadaću dolazećeg oružanog pohoda za kasniju sigurnost države, ne može povjeriti snazi odluke većine parlamentarnih glupana i nesposobnjakovića. Pripremiti oružani pohod, zapostavljajući sve ostalo, mogao je samo otac jednog Friedricha Velikog, ali očevi našega demokratskog parlamentarnog besmisla židovskog kova, to ne mogu.

Već je, dakle, i iz tog razloga u predratno vrijeme oružana priprema za stjecanje europskog tla mogla biti samo osrednja, tako da je bilo teško prosuditi svrhovitost podrške saveznika.

Kako se o nekom planskom pripremanju rata uopće ništa nije htjelo znati, odreklo se stjecanja zemlje u Europi, a umjesto toga se okrenulo kolonijalnoj i trgovinskoj politici; zbog inače mogućeg saveza sa Engleskom, ali bez logičke potpore Rusije, konačno se posrnulo, napušteni od svih, osim od habsburške nasljedne nevolje, i ušlo u svjetski rat.

Mora se reći, da je karakteristika naše današnje vanjske politike, u tome što uopće ne postoji bilo kakva vidljiva ili bar razumna smjernica. Ako se prije rata zabludom kročilo na četvrti put i njime doduše išlo samo do pola, onda od Revolucije put nije više prepoznatljiv ni najoštrijem oku. Plansko razmišljanje nedostaje još više nego prije rata, a bilo bi to ono o pokušaju razbijanja i posljednje mogućnosti ponovnog uspona našega naroda.

Hladna provjera današnjih odnosa europskih snaga, vodi sljedećem rezultatu:

Već je tristo godina povijest našega kontinenta mjerodavno određivala Engleska pokušavajući si preko uravnoteženih zaobilaznica međusobno povezanih odnosa snaga europskih država, osigurati nužno zalede za velike britanske svjetske političke ciljeve.

Tradicionalna tendencija britanske diplomacije koja se u Njemačkoj hoće suprotstaviti izručenju pruske vojske, od vladavine kraljice Elizabete, odvija se planski protiv svakog uspona velike europske velesile izvan okvira općeg reda o veličini i nastoji ga spriječiti svim sredstvima, a ako je potrebno, prekinuti i vojnim poduhvatima. Sredstva moći koja je Engleska u ovom slučaju upotrebljavala, bila su različita, već prema postojećem položaju ili postavljenom zadatku; ali su odlučnost i voljna snaga za njegovo izvršenje uvijek bile iste. Da, što je tijekom vremena položaj Engleza bio teži, to se činilo potrebnijim održavanje stanja britalnog državnog vodstva, u slučaju suprotne konkurentske veličine pojedinih europskih sila. Političko razrješenje bivših sjevernoameričkim kolonijalnih područja, vodilo je tijekom vremena još većem održanju bezuvjetnog europskog pokrića. Tako se snaga engleskih zemalja, nakon uništenja Španjolske i Nizozemske kao velikih pomorskih sila, koncentrirala prema velikoj težnji Francuske, dok konačnim padom Napoleona I., opasnost hegemonije ove najopasnije vojne sile za Englesku, nije bila slomljena.

Polako dolazi do preokreta britanske državne politike prema Njemačkoj; ne samo zbog toga što, prvo, zbog nedostatka njemačkog nacionalnog jedinstva za Englesku nije postojala opasnost, nego što je ona promidžbeno, za određenu državnu svrhu, zavedeno javno mnijenje htjela polako usmjeriti ka novim ciljevima.

Trijezna spoznaja državnika ovdje je, čini se, pretvorena u osjećajne vrijednosti koje ne samo da su sadašnjim svojim djelova- njem izdržljivije, nego su i stabilnije u odnosu na njihovu trajnost. Prema tome, državnik se nakon postizanja svojih namjera, bez daljnjega, okreće novim ciljevima, a masa će samo polaganijim, promidžbenim radom moći biti preoblikovana u osjetljivi instrument novih pogleda na svoj život.

Svoj novi položaj Engleska je u tome učvrstila već 1870/71. Zbog svjetskog gospodarskog značaja Amerike, kao i razvoja političke snage Rusije, dolazilo je nekoliko puta do poremećaja i ljuljanja koje Njemačka, nažalost, nije iskoristila, tako da su se sve više učvršćivale prvobitne tendencije britanske državne mudrosti.

Engleska je u Njemačkoj vidjela silu, čiji trgovački, a time i svjetsko politički značaj raste svojim prijetećim opsegom, ne samo zbog njene enormne industrijalizacije, da je već moglo doći do odmjeravanja snaga obje države na istim područjima. "Miroljubivo gospodarsko" osvajanje svijeta, koje se našim državnim upravljačima činilo najvišim činom mudrosti, bilo je engleskim političarima razlog za organizaciju otpora protiv toga. Da se ovaj otpor odjenuo u oblik jednog sveobuhvatno organiziranog napada, potpuno je odgovaralo biću državne mudrosti, čiji ciljevi nisu bili na održavanju upitnog svjetskog mira, nego u učvršćivanju britanskog gospodarenja svijetom. Da se Engleska pri tome koristila kao saveznicima svim državama, koje su vojno uopće mogle doći u obzir, odgovara isto toliko njenom tradicionalnom oprezu u procjenjivanju protivničkih snaga, koliko i uvidu u trenutne vlastite slabosti. To se ne može označiti "beskrupuloznošću", jer jedna tako obuhvatna ratna organizacija nije za prosuđivanje sa herojskih stajališta, već sa stajališta svrhovitosti. *Diplomacija se mora brinuti za to da narod ne propadne herojski, već da se praktično održi. Svaki put koji tome vodi je tada svrhovit, a njegovo neprovođenje mora biti označeno zločinom zanemarivanja dužnosti.*

U revolucioniranju Njemačke i prijetećoj germanskoj svjetskoj hegemoniji, britanska je zabrinutost našla oslobađajući završetak engleske državne politike.

Nakon toga i Engleska gubi interes za potpunim brisanjem Njemačke sa europske zemljopisne karte. Baš suprotno, upravo strašni lom koji se dogodio u studenom 1918. stavio je britansku demokraciju pred jedan novi isprva nemoguće održivi položaj:

Četiri i pol godine, britansko svjetsko carstvo zauzimalo se za slom navodne nadmoći jedne kontinentalne sile. Iznenada je nastupio strašni pad, koji je. čini se, ovu silu potpuno uklonio s obzora. Pokazao se takav nedostatak čak i najprimitivnijeg nagona za samoodržanjem, da je europska uravnoteženost takvim činom u roku od jedva četrdeset i osam sati bila ulovljena udicom: *Njemačka uništena, a Francuska postala prvom europskom kontinentalnom političkom silom.*

Enormna promidžba koja je u ovom ratu održavala ustrajnost britanskog naroda, neumjereno huškala, prekopavala po svim prainstinktima i strastima, morala je olovnom težinom teretiti odluke britanskih državnika. Kolonijalno – gospodarsko - trgovinskim uništenjem Njemačke, bio je postignut britanski ratni cilj, a ono što je iz toga proizišlo bilo je zakidanje engleskih interesa. Brisanjem njemačke državne moći u kontinentalnoj Europi na dobitku su mogli biti samo engleski neprijatelji. Ipak, u danima studenoga 1918. i do kasnog ljeta 1919. više nije moglo doći do obrata engleske diplomacije, koja je u ovom dugom ratu, više neko ikada prije, trebala osjećajne snage širokih masa, što više nije bilo moguće. One nisu bile moguće zbog jednom već nametnutog stajališta vlastitom narodu, a ni s obzirom na utaborivanje vojnih odnosa sila. Francuska je sama raskinula zakon o trgovini i mogla je diktirati drugima. Jedina snaga, koja je ipak u ovim mjesecima cjenjkanja i trgovine mogla unijeti neku promjenu, Njemačka sama, nalazila se u trzajima unutarnjeg građanskog rata i kroz usta svojih takozvanih državnika najavljivala sve veću spremnost za preuzimanje svakog diktata.

Kada u životu naroda neke nacije zbog potpunog pomanjkanja vlastitog nagona za samoodržanjem prestane postojati mogući "aktivni" sunarodnjak, prijeti joj pad u ropstvo, a njenoj zemlji pripada sudbina kolonije.

Upravo stoga, da se Francuskoj ne bi dozvolio prevelik porast moći, sudjelovanje Engleske, u njenoj pljačkaškoj žudnji, bilo je jedini mogući oblik vlastite trgovine.

Ustvari, Engleska i nije postigla svoj ratni cilj. Uspon jedne europske sile iznad odnosa snaga kontinentalnog državnog sustava Europe, ne samo da je bio omogućen, nego je u najvećoj mjeri bio i utemeljen.

Kao vojna država, Njemačka je u 1914. bila uklještena između dvije zemlje, od kojih je jedna raspolagala jednakom, a druga jačom silom. K tome je došao i nadmoćniji engleski pomorski značaj. Francuska i Rusija sprječavale su same preprekama i otporima svaki pretjerani razvitak njemačke veličine. Izvanredno nepovoljan vojno - geografski položaj carstva, bio je u biti dodatni koeficijent sigurnosti protiv prevelikog porasta moći ove zemlje. Posebno su obalne površine, malene i uske, s vojnog motrišta bile nepovoljne za borbu protiv Engleske, a zemaljski front, njemu nasuprot, preširok i preotvoren.

Drugačiji je položaj današnje Francuske: vojno prva sila bez ozbiljnog takmaca na kontinentu; na svojim južnim granicama prema Španjolskoj i Italiji skoro sasvim zaštićena; prema Njemačkoj osigurana zbog nemoći naše domovine; na svojoj obali utaborena dugačkom frontom od životne srži britanskog carstva. Isplativi ciljevi uništenja engleskih životnih centara nisu bili samo za avione i topovske baterije, nego bi i djelovanjem podmornica bila zaustavljena britanska trgovina. Podmornički rat, poduprt dugom atlantskom obalom, kao i ne puno kraćom dužinom francuskih rubnih područja Sredozemnog mora u Europi ili sjevernoj Africi, vodio bi kobnom učinku.

Tako je plod borbe protiv razvitka njemačke sile, političko provođenje francuske hegemonije na kontinentu. Vojni rezultat: učvršćenje Francuske kao prve nadmoći na kopnu, i priznavanje unije kao jednako jake pomorske sile. Privrednopolitički: predaja najvećih engleskih interesnih područja bivšim saveznicima.

Toliko, koliko su engleski tradicionalni ciljevi željeli i trebali sigurnu balkanizaciju Europe, točno su toliko oni francuski željeli balkanizaciju Njemačke.

Engleska želja jest i ostaje spriječiti pretjerani uspon jedne kontinentalne sile svjetskog političkog značaja, to znači, održavati određenu ravnotežu međusobnog odnosa snaga europskih država, jer se to čini pretpostavkom britanske svjetske hegemonije.

Francuska želja jesti ostaje spriječiti nastanak zaokružene njemačke moći, održavati sustav njemačkih, u odnosima snaga iz- jednačenih, malih država bez jedinstvenog vodstva, uz okupaciju lijeve obale Rheine, kao pretpostavke za ostvarenje i sigurnost njene hegemonijskog položaja u Europi.

Posljednji cilj francuske diplomacije uvijek će biti u suprotnosti s posljednjom namjerom britanske državne politike.

Tko s gornjeg stajališta želi preispitati današnje *mogućnosti njemačkog savezništva*, mora doći do uvjerenja da kao posljednje providivo povezivanje preostaje samo oslonac na Englesku. Jer koliko god strašne bile i jesu posljedice engleske ratne politike, ne smije se izgubiti iz vida, da danas više ne postoji neizbježni interes Engleske za uništenjem Njemačke, da, suprotno engleskoj politici iz godine u godinu, sve više mora doći do kočenja pretjeranog francuskog hegemonijalnog nagona. Samo, savezna politika neće biti provođena sa stajališta prošlih nesklada, nego mnogo više oplođena spoznajom prošlih iskustava. Iskustvo nas je trebalo poučiti da savezništva za provođenje *negativnih* ciljeva boluju od unutarnje slabosti. *Narodne sudbine bivaju čvrsto skovane samo izgledom na zajednički uspjeh u smislu zajedničkog stjecanja i osvajanja, ukratko, obostranim proširenjem moći.*

Koliko je naš narod vanjskopolitički lakomislen, može se najjasnije vidjeti iz tekućeg izvještavanja dnevnog tiska o izjavama ovog ili onog stranog državnika o većoj ili manjoj "njemačkoj srdačnosti", pri čemu se iz ovog sumnjivog stava takvih ličnosti o našem narodnom biću, uviđa posebno jamstvo za bogatu političku pomoć prema nama. To je sasvim nevjerojatna besmislica, špekulacija besprimjerne naivnosti normalno politizirajućeg njemačkog malograđanina. Nema ni jednog engleskog ni američkog ili talijanskog državnika, koji bi ikada bio *"pro-njemački"* nastrojen. Svaki će Englez kao državnik, naravno, tim više biti Englez; svaki Amerikanac, *Amerikanac;* i nijedan se Talijan neće naći spremnim voditi neku drugu politiku osim *pro-talijanske.* Tko dakle vjeruje da može izgraditi savezništvo sa stranim nacijama, u *pro-njemačkom* opredjeljenju tamošnjih vodećih državnika, ili je magarac ili lažljivac. Pretpostavka da se postane karika u lancu narodnih slojeva, nikada se ne može objasniti međusobnim poštovanjem ili naklonošću, nego predviđanju svrhovitosti za obe ugovorne strane. To dakle znači: Koliko god da će, recimo, jedan engleski državnik uvijek rado voditi pro - englesku politiku, a nikada *pro-njemačku,* toliko jako mogu sasvim određeni interesi ove *pro-engleske* politike iz najrazličitijih razloga sličiti *pro-njemačkim* interesima. To naravno treba biti slučaj samo do jednog određenog stupnja, pa se jednoga dana može okrenuti u čistu suprotnost; *sama mudrost vodećeg državnika pokazuje se baš u tome, da za provođenje vlastitih potreba, u određenim vremenskim razdobljima, traži upravo one partnere koji zbog zastupanje svojih interesa, moraju ići istim putem.*

Praktična korisna primjena za sadašnjost može time proizići samo iz odgovora na sljedeća pitanja: *Koje države trenutno nemaju životni interes za to, da potpunim isključenjem Njemačke iz srednje Europe na njeno mjesto uspostave francusku gospodarsku i vojnu moć do bezuvjetno vladajućeg hegemonijskog položaja? Da, koje će države zbog razloga svojih vlastitih uvjeta opstojnosti i svog dosadašnjeg tradicionalnog političkog vodstva, u takvom razvoju uočiti prijetnju vlastitoj budućnosti?*

Jer, to konačno mora postati potpuno jasno: Neumoljivi smrtni neprijatelj njemačkog naroda jest i ostaje Francuska. Sasvim je svejedno tko je u Francuskoj vladao ili će vladati, Bourboni ili Jakobinci, pristalice Napoleona ili građanski demokrati, klerikalni republikanci ili crveni boljševici: krajnji cilj njihove vanjsko - političke djelatnosti uvijek će biti pokušaj zaposjedanja rheinske granice, i osiguranja ove rijeke za Francusku putem zbrisane i razrušene Njemačke.

Engleska ne želi Njemačku kao svjetsku silu, Francuska nikakvu silu koja se zove Njemačka: koje li bitne razlike! Mi se danas ne borimo za položaj svjetske sile, nego se hrvamo za opstojnost naše domovine i jednakost naše nacije iza kruh svagdašnji za našu djecu. Ako s ovog stajališta gledamo na europske saveznike, preostaju samo dvije države: Engleska i Italija.

Engleska ne želi Francusku čija vojna šaka, zakočena ostalom Europom, želi preuzeti zaštitu jedne politike, koja će jednoga dana i tako i tako ukrsnuti s engleskim interesima. Engleska nikada ne može željeti jednu Francusku koja je u posjedu ogromnih zapadno - europskih rudnika željeza i ugljena, čime dobiva pretpostavke za opasno prijeteći gospodarski svjetski položaj. I Engleska, nadalje, nikada ne može željeti Francusku, čiji se kontinentalni politički položaj, zahvaljujući rušenju preostale Europe, čini tako sigurnim, da je ponovno osvajanje većih pravaca francuske svjetske politike ne samo omogućeno, nego upravo iznuđeno. Svake su noći odjednom mogli proizvesti na tisuće Cepelin bombi; francuska vojna nadmoć teško pritišće srce velikobritanskog svjetskog carstva. Ali ni Italija neće i ne može željeti dalje učvršćivanje francuske prevlasti u Europi. Talijanska budućnost bit će uvijek uvjetovana razvitkom koji se područno grupira oko sredozemnog morskog bazena. Ono što je Italiju gurnulo u rat sigurno nije bila želja uvećati Francusku, nego mnogo više, namjera, omrznutom jadranskom rivalu zadati smrtni udarac. Svako daljnje kontinentalno jačanje Francuske, znači ipak kočenje talijanske budućnosti, pri čemu, se nikada ne treba zavaravati da rodbinski odnosi među narodima ni u kom slučaju ne mogu isključiti rivalitet.

Pri najtreznijem i najhladnijem razmišljanju, danas su u prvom redu ove obe države, *Engleska i Italija*, čiji se najprirodniji interesi ne suprotstavljaju egzistencijalnim pretpostavkama njemačke nacije, barem ne u najhitnijima, da, čak se u određenoj mjeri s njima i identificiraju.

Pri razmišljanju o mogućnosti takvog savezništva, svakako ne smijemo previdjeti tri faktora. Prvi je u nas, a oba druga u samim državama koje su i same u pitanju.

Može li se s današnjom Njemačkom uopće povezivati? Može li se neka sila, koja u savezu želi vidjeti pomoć za provođenje vlastitih *ofenzivnih* ciljeva, povezati s jednom državom čije vodstvo već godinama nudi sliku bijedne nesposobnosti, pacifističkog kukavičluka i čiji veći dio naroda u svojoj demokratsko marksističkoj zaslijepljenosti izdaje interese vlastite zemlje, da se zavapi do neba. Može li se danas ijedna sila nadati uspostavljanju vrijednih odnosa sa zemljom, u vjeri da će jednom zajedničke interese zajednički i zastupati, ako ova država nema ni hrabrosti ni želje, čak ni pomaknuti prstom, da bi obranila vlastiti goli život? Hoće li se ikoja sila za koju savez mora biti nešto više od zajamčenog ugovora za održavanje jednog stanja polaganog truljenja, sličnog smislu uništenog trojnog saveza, obvezati jednoj državi u dobru i zlu, čije se karakteristične životne navike sastoje u poltronskoj poniznosti prema van i grješnom tlačenju nacionalnih vrlina prema unutra; jednoj državi koja više nema veličinu, jer je zbog svoga cjelokupnog ponašanja više ne zavrjeđuje; s vlastima koje se nipošto ne mogu resiti ukazanom čašću svojih građana, tako da inozemstvo nikako ne bi prema njoj moglo izražavati svoje divljenje.

Ne, sila koja drži do svog ugleda i od savezništva očekuje više od provizija plijena gladnih parlamentaraca, neće se povezati sa današnjom Njemačkom, da, ona to ne može! *U našoj današnjoj nesposobnosti za savezništvo, nalazi se najdublji i posljednji razlog za solidarnost neprijateljskih razbojnika.* Kako se Njemačka nikada ne brani, osim s nekoliko vatrenih "prosvjeda" naše parlamentarne elite, ostali svijet nema razloga boriti se za našu zaštitu, a dragi bog u principu ne oslobađa plašljive narode - zbog upućenih mu naricanja naših domoljubnih udruga - tako državama koje nemaju neposredni interes za naše potpuno uništenje ne preostaje uopće ništa drugo, nego da sudjeluju u razbojničkim pohodima Francuske, pa bilo to makar iz razloga da takvom pratnjom i sudjelovanjem u pljački bar donekle spriječe isključivo jačanje Francuske.

Drugo, ne smije se previdjeti teškoća u koju su nas uvukle današnje neprijateljske zemlje putem masovne promidžbe u određenom smjeru, kako bi utjecale na velike slojeve naroda. Ne može se jedno narodno biće godinama prikazivati "hunskim", "razbojničkim", "vandalskim" itd., da bi se iznenada, preko noći, otkrila suprotnost i nekadašnjeg neprijatelja preporučilo za sutrašnjeg saveznika.

Još više pozornosti treba ipak pokloniti trećoj činjenici, koja će biti od važnog značaja za stvaranje predstojećih europskih saveza.

Koliko god sa britanskog državnog stajališta bili slabi interesi Engleske za daljnjim uništenjem Njemačke, to je za ovakav razvoj veći interes internacionalnog burzovnog Židovstva. Raskorak između službenog, ili bolje rečeno, tradicionalnog britanskog državnog umijeća i masovnih židovskih burzovnih snaga, nigdje se ne pokazuje bolje, nego u različitim gledištima u vezi s pitanjima engleske vanjske politike. *Financijsko Židovstvo želi, suprotno interesu britanskog državnog dobra, ne samo bezostatno gospodarsko uništenje Njemačke, nego i njeno potpuno političko porobljavanje.* Internacionalizacija našeg njemačkoga gospodarstva, znači predaja njemačke radne snage u posjed židovskih svjetskih financija, može se bezostatno provesti samo u politički boljševičkoj državi. Treba li marksistička borbena trupa internacionalnog židovskog burzovnog kapitala konačno slomiti vrat njemačkoj nacionalnoj državi, onda se to može dogoditi samo uz srdačnu pripomoć iz vana. Francuske vojske moraju tako dugo jurišati na njemačku državnu tvorevinu, dok unutarnje krhko carstvo ne podlegne boljševičkoj borbenoj trupi internacionalnog svjetskog Židovstva.

Tako je danas Židov veliki huškač za bezostatnim rušenjem Njemačke. Gdje god da u svijetu čitamo o napadima na Njemačku, njihovi su izvoditelji Židovi, kako u miru, tako i u ratu. Židovski burzovni i marksistički tisak planski podjaruje mržnju protiv Njemačke, tako dugo, dok država za državom nije predala svoju neutralnost, i odričući se pravih narodnih interesa, stupila u službu svjetske ratne koalicije.

Židovska razmišljanja su pri tome bila jasna. Boljševizacija Njemačke, to znači zatiranje nacionalne narodne njemačke inteligencije, i time omogućavanje cijeđenja njemačke radne snage pod jarmom židovskih svjetskih banaka, zamišljena je samo kao predigra za daljnje širenje ovih židovskih težnji za osvajanjem svijeta. Kako je samo često Njemačka u svojoj povijesti bila glavno poprište silovitih hrvanja. Budu li naš narod i naša država žrtve krvožednog novčarskog pohlepnika židovskog narodnog tiranina, potonut će cijela Zemlja u krakovima ovog polipa; oslobodi li se

Njemačka iz ovog zagrljaja, smije se držati, da je ova najveća narodna opasnost slomljena za cijeli svijet.

Sigurno je, dakle, da će Židovstvo koristiti svoje spletkarenje, kako bi neprijateljstvo nacija prema Njemačkoj, ne samo održalo, nego ga po mogućnosti i još više pojačalo, tako se sigurno ova djelatnost pokriva samo malim dijelom stvarnim interesima time zatrovanih naroda. *Općenito uzevši, Židovstvo će se s pojedinim narodnim tijelima uvijek boriti onim oružjem, koje će se na osnovu prepoznatog mentaliteta ovih nacija činiti najučinkovitijim i obećava najveći uspjeh.* U našem krvno izvanredno razorenom narodnom biću usađene su zbog toga, više ili manje, "svjetsko građanske", pacifističko - ideološke misli, ukratko, internacionalne tendencije, kojima se Židovstvo služilo u svojoj borbi za moć; u Francuskoj se služi prepoznatim i pravilno procijenjenim šovinizmom, u Engleskoj gospodarskim i svjetsko političkim stajalištima; ukratko, uvijek se služi najhitnijim svojstvima, koja predstavljaju mentalitet jednog naroda. Tek kad je takvim putem izvojevalo bujanje utjecaja u gospodarskom i političkom osjećaju sile, skida okove ovog svevladajućeg oružja i u ravnini ove mjere ističe stvarne unutarnje namjere svoje volje i svoje borbe. Ono razara sve brže, dok tako, jednu po jednu državu ne pretvori u polje ruševina, na kojem treba biti uspostavljen suverenitet vječnog židovskog carstva.

U Engleskoj kao i u Italiji raskol stajališta o postojanijoj i boljoj državnoj mudrosti i htijenju židovske burze je toliko jasan da ponekad grubo upada u oči.

Samo u Francuskoj, danas više nego ikada, postoji unutarnje *opće slaganje* između *burzovnih namjera vodećih Židova i želja šovinistički nastrojene nacionalne državne politike.* Upravo se u tom identitetu nalazi neizmjerna opasnost za Njemačku. Upravo iz toga razloga Francuska jest i ostaje nadaleko najstrašniji neprijatelj. *Ovaj posebi sve više pocrnčavanju sklon narod, svojom vezom sa ciljevima židovskog vladanja svijetom, predstavlja vrebajuću opasnost za opstojnost bijele rase Europe.* Jer zaraza crnačkom krvlju na Rheini, u srcu Europe, odgovara isto tako dobro sadističko - perverznoj želji za osvetom ovog šovinističkog nasljednog neprija- telja našega naroda, kao i ledeno hladnom židovskom razmišljanju na tome putu da miješanje rasa počne stavljati u središte europskog kontinenta, i tako bijeloj rasi zarazom s nižim ljudstvom oduzeti osnovu veličanstvene nezavisne egzistencije.

Ono što Francuska podbodena vlastitom osvetom, pomoću Židova, planski pro vodi u Europi je grijeh protiv opstojnosti bijelog čovječanstva ina taj će narod jednom biti na huškanje sviosvetnički duhovi jednog rodau kojem je, urasnoj sramoti, prepoznao nasljedni grijeh čovječanstva.

Za Njemačku francuska opasnost ipak znači dužnost, uz potiskivanje svih osjećajnih momenata, pružiti ruku svakome tko, isto toliko ugrožen kao i mi, ne želi trpjeti i podnositi francusku težnju za prevlašću.

U Europi će u doglednoj budućnosti za Njemačku preostati samo dva saveznika: Engleska i Italija.

*

Tko se danas potrudi i osvrne na njemačko vanjsko - političko vodstvo od vremena Revolucije, taj neće moći ništa drugo, nego se, s obzirom na stalno neshvatljivo zakazivanje naših vlada, uhvatiti za glavu, da bi, ili jednostavno klonuo, ili u vatrenoj pobuni, jednoj takvoj vladi najavio rat. Ove radnje nemaju više ništa s nerazumnošću: jer, ono što bi se svakom razumnom mozgu činilo nezamislivim, učinili su duhovni Kiklopi naših stranka iz studenoga: *natjecali su se za francusku milost.* Dabome,u svim ovim godinama, dirljivom bezazlenošću nepopravljiva fantasta, stalno se pokušavalo dodvo- ravati Francuzima, stalno ulizivati "velikoj naciji" i vjerovati da se u svakom propalom triku francuskog gulikože odmah smije vidjeti prvi znak vidljive promjene mišljenja. Stvarni pokretači akcija naše politike nisu, naravno, nikada bili odani tom glupom vjerovanju. Za njih je ulagivanje Francuskoj bilo samo po sebi razumljivo sredstvo, dana takav način sabotiraju svaku praktičnu saveznu politiku. Nikada im ništa nije bilo nejasno o Francuskoj i o onima koji podržavaju njene ciljeve. Ono što ih je prisililo da tako rade, kao da bi ipak ozbiljno mogli vjerovati u moguću promjenu njemačke Sudbine, bila je trijezna spoznaja da bi u drugom slučaju sam naš narod mogao vjerojatno poći nekim drugim putem.

Naravno, da je i nama teško, u redovima vlastitog pokreta, prikazati Englesku kao mogućeg saveznika u budućnosti. Naš je židovski tisak uvijek znao usredotočiti mržnju, posebno prema Engleskoj, pri čemu je poneki dobri njemački glupan.

Židovu najspremnije naletio na postavljenu muholovku, brbljao o ponovnom "jačanju" njemačke pomorske sile, protestirao protiv iskorištavanja naših kolonija, preporučivao njihovo ponovno osvajanje i tako pomogao izručiti materijale koje je židovski odrpanac mogao slati sunarodnjacima u Englesku, da bi ih se koristilo u praktičnoj promidžbi. Jer da se mi danas nismo borili za pomorski značaj itd., trebalo bi postupno progrmiti kroz glave naših politiziraj ućih građanskih zvekana. Odustajanje njemačke nacionalne sile od ovih ciljeva, bez najtemeljitije prethodne sigurnosti našeg položaja u Europi, bilo je glupost već prije rata. Danas takva nada pripada onim glupostima, koje se u političkim krugovima Zločin.

Ponekad je doista bilo za očajavanje kada se moralo gledati kako su židovski organizatori akcija uspijevali zaposliti naš narod s danas najsporednijim stvarima, raspirivanjem demonstracija i prosvjeda, dok je u isto vrijeme od tijela našeg narodnog bića Francuska trgala komad po komad, i oduzimala nam osnove naše neovisnosti.

Moram posebno podsjetiti na drvenog konja, kojega je ovih godina jahao Židov s izvanrednom spretnošću: Južni Tirol.

Dabome, *Južni Tirol*. Kada se ja ovdje, na ovome mjestu, bavim upravo ovim pitanjima, to ne činim zbog toga, da bi se obračunao s ovim lažljivim klatežom, koji se gradeći na zaboravu i gluposti naših širih slojeva, ovdje drznuo glumiti nacionalno gnušanje koje je, posebno od parlamentarnih varalica, udaljenije nego kradljivoj svraki pojmovi o vlasništvu.

Želim naglasiti, da sam osobno pripadao ljudima koji su, kada je bilo odlučivano o sudbini Južnog Tirola - dakle, počam od kolovoza 1914. do studenog 1918. - otišli tamo gdje se praktično branilo ovo područje, naime u vojsku. Tih sam godina izborio svoj dio, ne da Južni Tirol bude izgubljen, već da ostane u domovini kao i svaka druga njemačka zemlja.

Oni koji se tada nisu borili zajedno s nama, bili su parlamentarni razbojnici, sve ove politizirane stranačke vucibatine. Naprotiv, dok smo se mi borili u uvjerenju da bi se Južni Tirol mogao zadržati samo pobjedničkim ishodom rata, gubice ovih Ephialtesa su u to vrijeme huškale i kopale protiv ove pobjede, dok konačno borbeni Siegfried nije podlegao podmuklom udarcu *mača*. *Jer se zadržavanje Južnog Tirola u njemačkom posjedu nije moglo zajamčiti gorućim govorima srčanih parlamentaraca na bečkom Ballhausplatzu ili pred Münchenskom Feldherrnhallom, nego samo bataljunima borbenog fronta. Tko je razbio ovaj front, izdao je i Južni Tirol, točno kao i sva druga njemačka područja.*

Tko danas vjeruje da bi se protestima, objašnjenjima, povorkama svih mogućih udruženja itd. moglo riješiti južnotirolsko pitanje, taj je ili sasvim posebna budala ili njemački malograđanin.

Mora biti jasno da povratak izgubljenih područja ne slijedi svečanim zazivanjem dragoga boga ili pobožnim nadama u narodni savez, nego samo silom oružja.

Pitanje je samo, tko je spreman silom oružja ponovno iznuditi povrat izgubljenog područja?

Što se tiče moje osobe, mogao bih ovdje čiste savjesti tvrditi, da bih skupio još toliko hrabrosti i na vrhu ustrojenog parlamentarnog jurišnog bataljuna sastavljenog od parlamentarnih brbljivaca i ostalih stranačkih vođa kao i raznih državnih savjetnika, sudjelovao u pobjedničkom osvajanju Južnog Tirola. Sam vrag zna koliko bi me veselilo kada bi bar jednom iznad glava takvih "gorućih" prosvjednih manifestacija, iznenada prasnulo par šrapnela. Ja vjerujem, da bi, kada bi lisica provalila u kokošinjac, kokodakanje jedva bilo jače, a trčanje u zaklon pojedinih pernatih životinja, brže od bježanja s tako predivnog "prosvjednog skupa".

Najpodlije je ustvari, da gospoda ni sama ne vjeruju da ovim putem išta mogu postići. Oni najbolje poznaju nemogućnost i traljavost svekolikoga svoga osobnog petljanja. Samo oni to čine zato, jer je, naravno, danas nešto lakše *brbljati* o povratku Južnog Tirola, nego što je jednom bilo *boriti* se za njegovo održanje. Svatko doprinosi svoj dio; mi smo tada žrtvovali svoju krv, a danas ovo društvo brusi svoje kljunove.

Posebno je sjajno pri tome bilo još gledati kako je bečkim legitimnim krugovima prilikom njihovog pripremnog rada za povratak Južnog Tirola, formalno nabubrila krijesta. Prije sedam godina, njihova je uzvišena vladarska kuća pripomogla nitkovluku krivokletog izdajstva, da je svjetska koalicija kao pobjednica, također htjela dobiti i Južni Tirol. Tada su ovi krugovi podupirali politiku njihove izdajničke dinastije, a baš ih je bilo briga za Južni Tirol ili bilo što drugo. Naravno, danas je jednostavnije poduzeti borbu za ova područja, koja će ipak sada biti izvojevana samo "duhovnim" oružjem, i svakako da je lakše poderati grlo na "prosvjednom skupu" - s unutarnjom uzvišenom srdžbom i izranjaviti prste novinskim člankom, nego otprilike u osvajanju Ruhrske oblasti, recimo, podići u zrak mostove.

Razlog zbog kojeg se zadnjih godina u sasvim određenim krugovima iz pitanja Južnog Tirola izrodila glavna tema njemačkoTalijanskih odnosa jasna je kao na dlanu. *Židovi habsburški legitimisti imaju najviše interesa u tome, da spriječe njemačku saveznu politiku, koja bi jednoga dana mogla voditi uskrsnuću njemačke slobodne domovine. Ne čine se sve ove petljancije iz ljuba vi prema Južnom Tirolu - jer se njemu neće pomoći, nego samo štetiti - već zbog straha od mogućeg njemačko - talijanskog sporazuma.*

Podla je namjera, kleveta ovih krugova, da oni ledena i drska čela pokušavaju stvari predstaviti tako, kao da smo otprilike *mi* "izdali" Južni Tirol.

Ovoj gospodi potpuno jasno mora biti rečeno: Prvo, Južni Tirol je izdao svaki Nijemac koji od 1914. do 1918. zdravih ruku i nogu, nije stajao negdje drugdje, na frontu, i svoju službu stavio na raspolaganje domovini;

Drugo, svaki koji tih godina nije pripomogao jačanju obrambene sposobnosti našeg narodnog bića za vođenje rata i učvršćenju ustrajnosti i izdržljivosti u borbi;

Treće, Južni Tirolje izdao svaki koji je, bilo neposrednim činom, ili posredno kukavičkim trpljenjem sudjelovao u revoluciji iz studenoga i time razbio oružje koje je samo moglo spasiti Južni Tirol;

I četvrto: Južni Tirol su izdale sve one stranke i njihove pristalice, koje su stavile svoje potpise pod sramne ugovore iz Versaillesa i St. Germaina.

Da, tako stoje stvari, moja hrabra gospodo prosvjednici riječi!

Danas sam voden samo trijeznom spoznajom, da se izgubljena područja ne mogu vratiti jezičavošću izbrušenih parlamentarnih gubica, već osvojiti izbrušenim mačem, dakle, krvavom borbom.

Ovdje u svakom slučaju ne trebam posebno objašnjavati, da ja sada, kada su kocke već bačene, ponovni povratak Južnog Tirola pomoću rata ne samo držim nemogućim, nego bih ga i osobno odbio, jer znam da zbog ovog pitanja ne bi bilo postignuto goruće nacionalno oduševljenje svekolikog njemačkog naroda u onoj mjeri, koja bi nudila pretpostavku za pobjedu.

Vjerujem čak u suprotno, da kad bi ova krv bila jednom založena, bio bi zločin, da naša žila kucavica od dvjesto tisuća Nijemaca, ispunjava zalog i pretrčava poprište afričkih crnačkih hordi, dok tu, u blizini skapava sedam milijuna ljudi pod tuđinskom vlašću.

Ako njemačka nacija želi završiti sa stanjem svojega prijetećeg istrjebljenja u Europi, tada ne smije počiniti pogreške predratnog stanja, pa si i boga i svijet, učiniti neprijateljima, nego će tada morati znati prepoznati najopasnijeg protivnika, i udariti po njemu cjelokupnom usredotočenom snagom. Ukoliko ova pobjeda bude izborena žrtvama na nekom drugom mjestu, tada nas buduće generacije našega naroda ipak neće osuditi. One će tim više znati cijeniti tešku nevolju i duboke brige i time rođenu gorku odluku, da bude što blistaviji uspjeh koji će iz toga izniknuti.

Ono što nas danas mora voditi je neprekidno osnovno razumijevanje, da je povratak izgubljenih područja jednog carstva u prvom redu pitanje povratka političke neovisnosti i moći domovine.

Ovo omogućiti i osigurati mudrom saveznom politikom, je prva zadaća snažnog vodstva našeg vanjsko političkog tijela.

Upravo se mi Nacionalsocijalisti moramo čuvati da nas za sobom ne povuku naši brbljivi građanski patrioti vodeni Židovima. Teško nama, ako i naš pokret, umjesto pripremanja borbe, uvježbava u prosvjedima!

Njemačka je propala zbog fantastičnog shvaćanja nibelunškog saveza sa habsburškim državnim lesom. Fantastična sentimentalnost u obradi vanjskopolitičkih mogućnosti od danas je najbolje sredstvo, da zauvijek spriječimo naš ponovni uspon.

Nužno potrebno da se i ja ovdje, još sasvim kratko pozabavim onim prigovorima koji se odnose na tri prethodno postavljena pitanja, naime, na pitanje hoće li se se;

Prvo, s današnjom Njemačkom, čija je slabost svakom vidljiva, uopće netko povezati;

Drugo, čine li se neprijateljske nacije sposobnima na takav preokret;

I treće, nije li jednom ostvaren utjecaj Židovstva jači nego sve spoznaje i sva dobra volja, što bi prekrižilo sve planove i učinilo ih ništavnim.

Držim da sam polovinu prvog pitanja dovoljno razmotrio. Naravno da se s današnjom Njemačkom nitko neće povezati. Ni jedna se svjetska sila neće usuditi povezati sa sudbinom države čije vlasti moraju razoriti svako povjerenje. Što se tiče pokušaja mnogih naših sunarodnjaka, da postupke vlade, koja je iskoristila sadašnji jadni mentalitet našega naroda, drže dobrima ili ih čak uvažavaju kao ispriku, tada se protiv ovoga mora zauzeti najoštrije stajalište.

Sigurno da je beskarakternost našeg naroda od prije šest godina jako tužna, nemar prema najvažnijim potrebama stanovništva najistinskije ponižavajući, a kukavičluk poneki puta dopire do samoga neba. Samo, čovjek pri tome nikada ne smije zaboraviti da se ipak radi o narodu, koji je prije par godina svijetu ponudio najdivniji primjer najviših ljudskih krijeposti i vrlina. Počam od kolovoskih dana 1914. do kraja divovskog narodnog hrvanja, ni jedan narod na Zemlji nije jasnije pokazao mušku hrabrost, žilavu ustrajnost i strpljivu izdržljivost kao naš danas bijedni njemački narod. Nitko neće tvrditi, da je poniženje našeg današnjeg vremena karakteristična narav našeg narodnog bića. Ono što mi danas moramo doživljavati oko nas i u nama, samo je strašno smisaono i umno razarajući utjecaj događaja u Meineidstatu 9. studenog 1918. Više nego ikada, ovdje vrijedi pjesnička riječ o Zlobi; tko začinje zlobu, mora zlobu i roditi. Samo, ni u ovom vremenu nisu sasvim izgubljeni osnovni elementi našega naroda; oni samo drijemaju neprobuđeni u dubini i ponekad se kao bljesak na crnom nebeskom svodu može vidjeti ova obasjana krijepost, koje će se jednom kasnija Njemačka sjetiti kao prvog znaka početnog ozdravljenja. Više nego jednom, našle su se tisuće i tisuće mladih Nijemaca, s vidljivom odlukom, mladenački život isto tako kao i 1914. ponovno dragovoljno i radosno prinijeti na oltar voljene domovine. Opet milijuni ljudi stvaraju marljivo i vrijedno, kao da revolucijom ništa nije bilo razoreno. Kovač opet stoji iza nakovnja, iza pluga hoda seljak, a u radnoj sobi sjedi znanstvenik, svaki s jednakim naporom i jednakom predanošću prema svojoj dužnosti.

Ugnjetavanje od strane naših neprijatelja više ne nailazi na osuđujući podsmijeh od nekada, već na ogorčena i ojađena lica. Bez sumnje, dogodila se velika promjena uvjerenja.

Ako se sve to još danas ne očituje u preporodu političkog mišljenja o moći i nagonu za samoodržanjem našeg naroda, tada će zbog toga krivicu snositi oni koji, manje voljom nebeskom, a više vlastitim pozivom vladaju našim narodom od 1918. do njegove smrtne iznemoglosti.

Dabome, ako se danas okrivljuje naša nacija, onda se ipak smije postaviti pitanje: Što se činilo da bi se je poboljšalo? Je li u odlukama naših vlasti - koje su ustvari jedva i bile tu - postojala i najmanja potpora da se narodnom biću dade makar i najmanji znak životne snage, ili je to bio znak potpunog podcjenjivanja ovog dragocjenog dobra? *Što je učinila naša vlast da bi ovom narodu ponovno usadila duh ponosnog samopotvrđivanja, muškog prkosa i gnjevne mržnje?*

Kada je 1919. našem narodu nametnut mirovni ugovor, s pravom se moglo nadati da bi upravo ovim instrumentom neizmjernog ugnjetavanja mogao biti pojačan krik za njemačkom slobodom. *Mirovni ugovori, čiji zahtjevi pogađaju narod kao udarci bičeva, ne udaraju rijetko kao prvi bubnjevi kasnijeg uspona.*

Što se s tim mirovnim ugovorom iz Versaillesa moglo učiniti!

Kako je ovaj instrument neizmjerne ucjene i najsramnijeg poniženja mogao u rukama voljne vlasti postati sredstvom koje nacionalne strasti raspiruje do vrijenja! Kako se genijalnim promidžbenim korištenjem ovih sadističkih strahota, ravnodušnost jednog naroda mogla stupnjevati do gnušanja, a gnušanje do najžešće srdžbe!

Kako se svakom pojedinom točkom ugovora, tako dugo moglo uspaljivati mozak i osjećaj ovog naroda, dok konačno u šezdeset milijuna muškaraca i žena, zajednički osjećaj srama i mržnje ne bi postao jedinstveno usplamtjelo more iz čijeg se žara uzdiže čelična volja i snažan povik:
Hoćemo ponovno oružje!
Svakako, tome može služiti jedan takav mirovni ugovor. U neumjerenosti njegova ugnjetavanja u njegovim besramnim zahtjevima, nalazi se oružje promidžbe za ponovno buđenje zaspalih duhova nacije.

Tada se svakako mora početi od dječje početnice, pa do zadnjih novina, svakoga kazališta, svakog kina, svakog plakatnog stuba, i svakog slobodnog daščanog plota, sve se mora staviti u službu ovog jedinog velikog poslanja, sve dok se zapomaganja naših današnjih udruženih patriota: "Gospodine, oslobodi nas!" u mozgu i najmanjeg dječaka ne pretvore u goruću molbu: *"Svemogući bože, posveti jednom naše oružje; budi tako pravedan, kao što si uvijek bio;presudi sada, za vrjednujemo li mi slobodu; Gospodine, posveti našu borbu!"*
Sve se propustilo i ništa nije učinilo.

Tko se hoće čuditi što naš narod nije takav, kakav bi trebao i mogao biti? Ali što ostali svijet u nama vidi? Samo sudskog stražara, poslušnoga psa koji zahvalno liže ruke koje su ga prethodno udarale.

Razumije se, da je naša današnja sposobnost savezništva opterećena našim narodom, ali ipak najviše našim vlastima. One su u svojoj pokvarenosti krivci što nakon osam godina neizmjernog ugnjetavanja ne postoji tako malo volje za slobodom.

Koliko god da je dakle aktivna savezna politika nužno povezana poštovanjem našega naroda, toliko je ovo opet uvjetovano postojanjem vladajuće moći, koja ne želi biti nadničar stranih država, ne kmetski upravitelj vlastite snage, nego mnogo više: glasnik nacionalne svijesti.

Kada bi naš narod imao državno vodstvo koje svoju misiju vidi u tome, ne bi prošlo ni šest godina, a odvažnom bi vanjsko - političkom vodstvu stajala na raspolaganju carstva, i isto toliko jaka volja naroda žednog slobode.

Drugi prigovor, velika teškoća preokreta neprijateljskih naroda u srdačnog saveznika, može biti objašnjena ovako:
Opća antinjemačka psihoza u ostalim zemljama stvorena ratnom promidžbom neizbježno ostaje sve dotle, dok ponovno buđenje vidljive njemačke želje za samoodržanjem carstva opet ne poprimi karakteristične znakove jedne države koja igra na općem zajedničkom šahovskom polju i s kojom se može igrati. Tek kada i vlast i narod pokažu bezuvjetnu sigurnost za moguću sposobnost savezništva, može jedna ili druga sila zbog usporednih interesa, misliti na to da

promidžbenim djelovanjem utječe na preokret javnog mišljenja. I to, po prirodi stvari, zahtjeva godine trajnog i domišljatog rada. Upravo u nužnosti ovog dugog vremenskog traja- nja za preokret jednog naroda, nalazi se opravdanje opreza kod ovog pothvata, što znači, da se neće ulaziti u takav posao dok se ne dobije bezuvjetno uvjerenje o vrijednosti takvoga rada i njegovih plodova za budućnost. Neće se prema praznom hvalisanju jednog, više ili manje, domišljatog ministra vanjskih poslova mijenjati duševni stav o nekoj naciji, bez jamstva za realnu vrijednost novostečene. Inače bi to vodilo potpunom cjepkanju javnoga mišljenja. Najpouzdanija sigurnost za kasniju moguću povezanost s nekom državom, ne sastoji se u nadmenom načinu govora pojedinih obnašatelja vlasti, nego mnogo više u vidljivoj stabilnosti određene svrhovito prikazane tendencije vlasti, kao i u analogno postavljenom javnom mišljenju. Vjera u ovo bit će tim čvršća, što je jače vidljivo djelovanje sile vlasti na području promidžbene pripreme i potpore njenom radu i obrnuto, što se nedvosmislenije, obrnuto volji javnog mišljenja, odrazi na tendenciju vlasti.

Jedan će se dakle narod - u našem položaju - držati sposobnim za savezništvo, ako vlasti javno mišljenje podjednako najave i zastupaju fanatičnu volju za borbom za oslobođenje. To je pretpostavka za tek tada povećani preokret javnog mišljenja drugih država koje su na temelju svoje spoznaje voljne, zastupajući svoje najprirođenije interese, ići putem prema strani njima odgovarajuće izglednog partnera, dakle, zaključiti savez.

Samo, k tome pripada još nešto: Kako preokret određenog duhovnog stava nekog naroda po sebi traži težak rad i od mnogih u početku neće biti shvaćen, istovremeno je i zločin i glupost, vlastitim pogreškama ovim elementima koji hoće drugačije, isporučiti oružje za njihovo protudjelovanje.

Mora se shvatiti da je nužno potrebno određeno vremensko razdoblje, dok narod bezostatno ne shvati unutarnje namjere vlade, jer se ne mogu dati zaključni ciljeve političkih predradnji, nego je neophodno ili slijepo vjerovanje mase ili se može računati na intuitivni uvid duhovno nadređenih slojeva vodstva. Kako međutim kod mnogih ljudi ipak ne postoji ovaj prognostičko politički osjećaj takta i pojmovnih mogućnosti, a razjašnjenja ne mogu biti data iz političkih razloga, uvijek će se jedan dio intelektualno vodećih slojeva suprotstavljati novim tendencijama, koje zbog svoje neprozirnosti lako mogu biti protumačene običnim eksperimentima. Tako se budi otpor zabrinutih konzervativnih državnih elemenata.

Upravo je iz ovog razloga to veća dužnost brinuti se o tome, da takvim smetačima krčenja puta međusobnog razumijevanja, budu iz ruku izbijena po mogućnosti sva vrijednosna oružja a posebno onda, ako se, kao u našim slučajevima, ionako samo radi o sasvim nerealizirajućim, čisto fantazijskim brbljarijama napuhanih udruženih patriota i malograđanskih kavanskih političara. Jer da su povici za nove ratne flote, ponovnim povratom naših kolonija itd. stvarno samo glupa naklapanja bez ijedne misli praktične izvodljivosti, jedva će se pri mirnom razmišljanju moći osporiti. Kako se međutim, u Engleskoj ovi besmisleni izljevi, dijelom bezopasni, dijelom glupi, ali uvijek u tihoj službi naših smrtnih neprijatelja stojećih prosvjednih boraca politički iskoriste, ne mogu se za Njemačku označavati povoljnima. Tako se čovjek iscrpljuje u štetnim demonstracijama protiv boga i čitavog svijeta i zaboravlja prvo načelo koje je pretpostavka svakog uspjeha, naime: *Ono što radiš, radi potpuno! Time što se gunđa protiv pet ili deset država, prekida se koncentracija svih voljnih i psihičkih snaga za udarac u srce našem najopakijem protivniku i, zbog ovog razilaženja, žrtvuje mogućnost sa vezničkog jačanja.*

I ovdje je poslanje nacionalsocijalističkog pokreta. On mora poučavati naš narod da iznad malenkosti vidi veličine, da se ne cjepka zbog sporednosti, te da nikada ne zaboravi da je cilj zbog kojega se danas borimo, gola egzistencija našeg naroda i jedini neprijatelj kojega moramo pogoditi jest i ostaje sila koja nam krade egzistenciju.

To nas ponekad može gorko boljeti. Ali to još dugo nije razlog da nam otkaže razum pa da besmislenom vikom hulimo na cijeli svijet, umjesto da se usredotočenom snagom postavimo protiv najsmrtnijeg neprijatelja.

Uostalom, njemački narod još dugo nema moralno pravo optuživati drugi svijet za njegovo ponašanje, sve dok ne budu pozvani na polaganje računa zločinci koji su prodali i izdali vlastitu zemlju. Nije sveta zbilja da se protiv Engleske, Italije itd. grdi i prosvjeduje iz daleka, a propalice, koji su nam kao najamnici neprijateljske ratne promidžbe uzeli oružje, slomili moralnu kičmu i oslabljeno, sakato carstvo protratili za trideset srebrnjaka, pušta da zajedno slobodno šeću.

Neprijatelj čini samo ono, što je bilo i predvidio. Iz njegovog ponašanja i djelovanja moramo učiti.

Tko neće priznati uzvišenost takvog shvaćanja, mora kao posljednje još razmisliti, da mu može preostati još samo odricanje, jer se tada isključuje svaka saveznička politika i to za sva vremena. Jer ako se ne povežemo s Engleskom zbog toga što nam je otela kolonije, s Italijom jer nam je zauzela Tirol, a Poljskom i Češkom po sebi, ne, tada ne bi osim Francuske - koja nam je usput ipak ukrala Elsass i Lotharingiju - u Europi preostao više nitko.

Služi li se time njemačkom narodu, jedva da može biti upitno. Upitno je uvijek samo, zastupa li takvo mišljenje lakovjerna priprosta ili neka prepredena varalica.

Ukoliko se pri tome radi o vodi, ja uvijek vjerujem na posljednjeg.

Prema ljudskom rasuđivanju preokret psihe pojedinih do sada neprijateljskog naroda, čiji su stvarni interesi u budućnosti položeni slično našima, može vrlo uspješno uslijediti ako je unutarnja snaga naše države kao i volja za čuvanjem naše opstojnosti kao saveznika, ponovno vidljiva i vrijedna, te ako protivnicima jednog takvog budućeg saveza sa prethodno neprijateljskim narodom, zbog vlastitih nespretnosti ili čak zločinačkih radnji ne damo ponovno hranu za njihovo gonjenje.

*

Najteže je odgovoriti na treći prigovor.

Je li zamislivo da zastupnici stvarnih interesa nacija mogućih saveza, mogu provesti svoje namjere, nasuprot htijenju židovskog smrtnog neprijatelja slobodnih narodnih i nacionalnih država?

Mogu li snage npr. tradicionalne britanske državne politike slomiti uništavajući židovski utjecaj ili ne?

Na ovo je pitanje, kako sam već rekao, vrlo teško odgovoriti. Odgovor ovisi od mnogih čimbenika, da bi se mogao izreći uvjerljiv sud. Sigurno je svakako jedno: *Trenutna snaga neke države može se činiti čvrstom i stabilnom i tako bezuvjetno služiti interesima zemlje, kada o stvarno učinkovitom sprječavanju političkih potreba kroz internacionalne židovske snage više ne bude moglo biti govora.*

Borba koju je fašistička Italija provela protiv tri glavna oružja Židovstva, iako možda u najdubljoj osnovi nesvjesno (što ja osobno ne vjerujem) je najbolji pokazatelj za to, da će ovoj naddržavnoj sili, makar i posrednim putem, biti izbijeni otrovni zubi:

Zabrana slobodnozidarskih tajnih udruga, progon nadnacionalnog tiska kao i trajni prekid internacionalnog marksizma i obratno, stalno učvršćivanje fašističkog državnog shvaćanja tijekom godina, talijanska vlada će sa sve više moći služiti interesima talijanskog naroda bez obzira na siktanje svjetske židovske hidre.

U Engleskoj se stvari čine težima. U ovoj zemlji "najslobodnije demokracije" diktira Židov javnim mišljenjem zaobilaznim putem skoro neograničeno. Pa ipak, i tamo se odvija neprekidno hrvanje između zastupnika britanskih državnih interesa i pobornika židovske svjetske diktature.

Kako su se teško sukobljavale ove razlike moglo se po prvi puta jasno prepoznati nakon rata, s jedne strane u različitim stavovima britanskog državnog vodstva i tiska, s druge strane o japanskom problemu.

Odmah nakon završetka rata počela je stara uzajamna razdraženost između Amerike i Japana ponovno dolaziti do izražaja. Naravno da ni europske svjetske sile nisu mogle biti ravnodušne prema ovoj ratnoj opasnosti. Ni svi rodbinski savezi nisu ipak mogli u Engleskoj spriječiti određenu zavidnu zabrinutost prema porastu Američke unije na svim područjima internacionalne gospodarske politike i politike sile. Iz nekada kolonijalne zemlje, djeteta velike majke, čini se da je nastala gospodarica svijeta. Treba razumjeti kad Engleska danas, puna brižnog nemira, provjerava svoja stara savezništva, a britanska državna mudrost sa strahom očekuje tren, u kojem više neće značiti:

"Englezi iznad mora!", nego: "Mora Uniji!"

Divovskom američkom državnom kolosu s njegovim enormnim bogatstvima netaknute zemlje, je teže prići, nego stisnutom njemačkom carstvu. Ako ikada i ovdje budu bačene kocke posljednje odluke, bila bi Engleska, ukoliko bi bila oslonjena sama na sebe, uklonjena zlom Sudbinom. Zato se lakomo grabi prema žutoj šaki i hvata za jedan savez, koji je rasno gledajući, možda neodgovarajući, ali državno politički ipak predstavlja mogućnost jačanja britanskog svjetskog položaja prema uzdizanju američkog kontinenta.

Dok se dakle englesko državno vodstvo unatoč zajedničkoj borbi na europskom bojnom polju nije htjelo odlučiti da olabavi savez s azijskim partnerom, udario je svekoliki židovski tisak ovom savezu u leđa.

Kako je moguće da su židovski organi, do 1918. najvjernije štitonoše britanske borbe protiv njemačkog carstva, odjednom počinili nevjeru i pošli vlastitim putovima?

Uništenje Njemačke nije bio engleski, nego, u prvom redu, židovski interes, točno kao što danas uništenje Japana manje služi britanskim državnim interesima, nego široko razgranatim željama vođa očekivanog židovskog svjetskog carstva. Dok se Engleska trudi zadržati položaj na ovom svijetu, Židov organizira svoj napad za njeno osvajanje.

On današnje europske države trenutno vidi kao bezvoljni alat u svojoj šaki, bilo to zaobilaznim putem takozvane zapadne demokracije ili u obliku neposrednog svladavanja pomoću ruskog boljševizma. Ali nije on u svoju mrežu upleo samo stari svijet, nego i novom prijeti ista Sudbina. Židovi su namjesnici zlih sila američke unije. Svake im se godine dopušta sve viši uspon ka kontrolnim gospodarima radne snage naroda od sto dvadeset milijuna ljudi; samo poneki, prkoseći njihovom gnjevu, stoje tu još potpuno neovisni.

Lukavom spretnošću mijese javno mišljenje i iz njega oblikuju instrument borbe za vlastitu budućnost.

Najveće glave Židovstva već vjeruju da vide blisko ispunjenje oporučne parole Izabranih o velikom žderanju naroda.

Unutar ovog velikog krda denacionaliziranih kolonijalnih područja, mogla bi jedna jedina neovisna zemlja, čitavo ovo djelo u zadnjem trenutku dovesti do pada. Jer boljševizirani svijet može opstati samo ako obuhvati sve.

Ostane li pri svojoj nacionalnoj snazi i veličini bar samo jedna država, židovsko satrapsko carstvo hoće i mora, kao svaka tiranija na ovom svijetu, podleći snazi nacionalnog mišljenja.

Ali sada Židov točno zna da je svojim tisućljetnim prilagođavanjem dobro potkopao europske narode i da je uspio odgojiti bezspolne mješance. Takvu bi se Sudbinu teško moglo pripisati i jednoj azijskoj nacionalnoj državi kao što je Japan. On može zavarati Nijemce i Engleze, Amerikance i Francuze, za žute azijate nedostaju mu mostovi. Zato on traži da japansku nacionalnu državu slomi snagom sličnom današnjoj tvorevini, kako bi se riješio najopasnijeg suparnika prije nego li u njegovoj šaci zadnja državna sila bude pretvorena u despociju nad bespomoćnim bićima.

U svom tisućgodišnjem židovskom carstvu on se plaši nacionalističke japanske države i zato želi njezino uništenje još prije izgradnje svoje vlastite diktature.

Tako on danas huška narode protiv Japana kao nekada protiv Njemačke, i tako se može dogoditi, da, dok britanska državna mudrost još pokušava graditi savez s Japanom, britansko židovski tisak upravo pospješi borbu protiv saveznika i pod proklamacijom demokracije i uz bojni poklič: "Dolje s japanskim militarizmom i carizmom!", priprema uništavajući rat.

Tako je danas Židov u Engleskoj postao besraman.

Borba protiv židovske svjetske opasnosti time će tamo i započeti.

I opet, upravo nacionalsocijalistički pokret mora ispuniti svoju golemu zadaću.

On mora narodu otvoriti oči o stranim nacijama i mora uvijek ponovno podsjećati na pravog neprijatelja našeg današnjeg svijeta. Umjestomržnjeprema Arijcima, skojimamožemodijelitigotovosve, skojimanasipak, povezuje zajednička krv ili uopćimcrtamazajednička kultura, on mora postaviti opći gnjev prema zlom neprijatelju čovječanstva, kao stvarnom začetniku svih zala.

Ali, on se mora brinuti i za to, da bar u našoj zemlji bude prepoznat najsmrtniji protivnik i da borba protiv njega bude najsjajniji znak jedna bremenita vremena, koje bi i drugim narodima moglo ukazati na put spasa jednog borbenog arijskog čovječanstva.

Uostalom, tada razum može biti naš vodič; volja, naša snaga. Sveta dužnosti, djeluj tako da nam daš ustrajnost da činimo tako, i da naša vjera ostane naš najviši zaštitnik.

GLAVA 14

ORIJENTACIJA PREMA ISTOKU ILI ISTOČNA POLITIKA

Dva su razloga koja me potiču da odnose između Njemačke i Rusije podvrgnem posebnom ispitu:
1. u ovom se slučaju radi možda o najodlučnijoj prilici njemačke vanjske politike uopće, i
2. u tom je pitanju i kamen kušnje političkih sposobnosti mladog nacionalsocijalističkog pokreta, njegova jasnog mišljenja i pravilnog postupanja.

Moram priznati, da me posebno ova druga točka ponekad ispunjava tjeskobnom brigom. Kako naš mladi pokret materijal svojih pristalica ne donosi iz tabora ravnodušnih, nego najčešće iz vrlo ekstremnih svjetonazora, prirodno je ako su ti ljudi u početku opterećeni i predrasudama na području vanjskopolitičkog sporazumijevanja ili slabim razumijevanjem krugova kojima su prethodno politički i svjetonazorno bili upućeni. To ni u kom slučaju ne vrijedi samo za muškarca koji je k nama došao s lijeva. Baš suprotno. Koliko god moglo biti štetno dosadašnje poučavanje takvih problema, toliko je ono ne u rijetkim slučajevima, makar djelomično, ponovno izjednačeno postojećim ostatkom prirodnog i zdravog instinkta. Tada je bilo samo neophodno prethodno nametnuti utjecaj nadomjestiti jednim boljim nazorom i takvog se čovjeka vrlo često moglo prepoznati kao najboljeg saveznika s još postojećim, po sebi zdravim instinktom i nagonom samoodržanja. Nasuprot tome, mnogo je teže usmjeriti čovjeka jasnom političkom mišljenju, čiji prethodni odgoj na tome području nije bio bez svakog razuma i logike, i koji je vrlo često, kao najbolji saveznik, na oltaru objektivnosti žrtvovao i posljednji ostatak prirodnog instinkta. Upravo je pripadnike naše takozvane inteligencije najteže pokrenuti ka stvarnom, jasnom i logičkom zastupanju njenih interesa i interesa njenog naroda prema van. Ona nije opterećena samo formalnom olovnom težinom najbesmislenijih predodžbi i predrasuda, nego je i iznad svake mjere izgubila i predala svaki zdravi nagon za samoodržanjem. I nacionalsocijalistički pokret s ovim ljudima očekuje teška borba, teška zbog toga, jer su, nažalost, unatoč potpunoj nemoći, nerijetko opsjednuti izvanrednom umišljenošću, kojom s visine gledaju često na zdravije ljude, i to bez ikakvog unutarnjeg prava; uobražena, arogantna sveznalica, bez ikakvih sposobnosti hladnog ispitivanja i prosuđivanja, što mora biti prepoznato kao pretpostavka svakog vanjskopolitičkog htijenja i djelovanja.

Kako upravo ti krugovi započinju zaokret od usmjerenja prema cilju naše vanjske politike i to na najnesretniji način, protiv interesa našeg naroda, da bi umjesto ovih stavili u službu svoje fantastične ideologije, osjećam se obvezatnim da pred svojim pristalicama posebno i temeljito razradim najvažnije vanjskopolitičko pitanje, naime odnos sa Rusijom, koliko je to nužno za opće razumijevanje, i u okviru jednog ovakvog rada moguće.

Pri tome još prethodno želim najopćenitije dodati i sljedeće:

Ako pod vanjskom politikom shvaćamo reguliranje odnosa jednog naroda s ostalim svijetom, tada će način reguliranja biti uvjetovan sasvim određenim činjenicama. Kao Nacionalsocijalisti možemo bit vanjske politike narodne države izreći sljedećom rečenicom:

Vanjska politika narodne države osigurava na ovoj planeti egzistenciju državom obuhvaćenoj rasi, time da između broja i porasta naroda s jedne strane, i veličine i kakvoće zemlje i tla, s druge strane, uspostavi zdravi, za život osposobljeni, prirodni odnos.

Kao zdrav odnos, pri tome smije uvijek biti smatrano samo ono stanje, koje osigurava prehranu naroda na vlastitoj zemlji i tlu. Svako je drugo stanje, unatoč svemu, nezdravo i dovest će, prije ili kasnije, do oštećenja, ako ne i uništenja dotičnog naroda.

Samo dovoljno veliki prostor na ovoj Zemlji, osigurava narodu slobodu opstanka.

Pri tome se neophodna veličina naseljenog područja ne prosuđuje isključivo po zahtjevima sadašnjice ili čak po količini uroda po glavi stanovnika. Jer, kako sam u prvom tomu u tekstu: "Pogrešna njemačka politika savezništva", već izložio, površini jedne države, osim njenog značenja kao neposrednog izvora hrane nekog naroda, pripada još drugo, vojno političko. Iako narod u veličini svoje zemlje i tla osigurava hranu, ipak je nužno razmisliti i o osiguranju samog postojećeg zemljišta. U njemu se nalazi i snaga političke moći države, koja je opet, ne manje, određena s vojno - geografskog stajališta.

Samo će tako njemački narod moći zastupati svoju budućnost kao velika sila. Kroz skoro dvije tisuće godina, interesno zastupanje našeg naroda, kako bismo trebali označiti naše više ili manje sretno vanjskopolitičko djelovanje, bilo je - svjetska povijest. Mi smo sami tome bili svjedoci: jer divovsko hrvanje naroda od 1914. do 1918. bilo je samo hrvanje njemačkog naroda za njegovu egzistenciju na ovoj kugli zemaljskoj, a samu vrstu ovog procesa označavamo svjetskim ratom.

U ovu borbu koračao je njemački narod kao tobožnja svjetska sila. Kažem tobožnja, jer u stvarnosti to nije bio. Da je njemački narod 1914. imao drugačiji odnos između površine tla i broja stanovnika, Njemačka bi stvarno bila svjetska sila i rat bi, ne uzimajući u obzir ostale čimbenike, mogao biti povoljnije završen.

Nije ovdje moja zadaća, čak ni samo namjera, ukazati na: "daje", ili na: "ali" da nije bilo. Samo osjećam bezuvjetnu potrebu prikazati postojeće stanje, nenašminkano i trijezno, te ukazati na njegove zastrašujuće slabosti, da bi se bar u redovima nacionalsocijalističkog pokreta produbio uvid u tu nužnost.

Njemačka danas nije svjetska sila.

Čak kad bi naša trenutna vojna nemoć i bila prevladana, ne bi ipak na ovu titulu više imali nikakvo pravo. Što na ovoj planeti danas znači tvorevina, koja ima tako jadan odnos između broja žitelja i zemljišne površine, kao svojevremeno i njemačko carstvo? U stoljeću u kojem je Zemlja malo po malo dijeljena u posjed državama, od kojih neke obuhvaćaju skoro kontinente, ne može se govoriti o svjetskoj sili neke tvorevine, čija je politička majčevina ograničena na smiješnu površinu od jedva petsto tisuća kvadratnih kilometara.

Gledajući čisto teritorijalno, površinski sadržaj njemačkog carstva potpuno se gubi prema veličini takozvanih svjetskih sila. Ne navodim kao protudokaz Englesku, jer je engleska majčevina stvarno samo veliki glavni grad britanskog svjetskog carstva koje svojim vlasništvom naziva skoro četvrtinu cijele zemaljske površine. Dalje, kao divovske države moramo u prvom redu, prepoznati američku Uniju, zatim Rusiju i Kinu. Sve same prostrane zemlje dijelom i deseterostruko veće površine nego sadašnje njemačko carstvo. I sama se Francuska mora uračunati u ove države. Ne samo da u sve većem opsegu obojenim dijelovima čovječanstva njenog ogromnog carstva popunjava vojsku, nego u pocrnčavanju čini ubrzane korake, tako da se stvarno može govoriti o nastanku afričke države na europskom tlu. Kolonijalna politika današnje Francuske ne može se ipak usporediti s onom nekadašnje Njemačke. Ako bi se razvoj Francuske u današnjem stilu nastavio još tristo godina, francuski bi zadnji krvni ostaci nestali u nastaloj europsko - afričkoj mulatskoj državi. Bilo bi to ogromno zatvoreno naseljeno područje od Rheine pa sve do Konga, ispunjeno nižom rasom nastalom trajnim polaganim križanjem.

Po tome se francuska kolonijalna politika razlikuje od stare njemačke.

Nekadašnja je njemačka kolonijalna politika bila polovična kao i sve što smo činili. Niti je povećavala područja naseljena njemačkom rasom, niti je pokušala - makar i zločinački - uvođenjem crnačke krvi pojačati moć carstva. Mali oklijevajući koraci na tom putu, bili su Askari u njemačkoj Istočnoj Africi. Oni su, ustvari, služili obrani kolonije. Sama pomisao na dovođenje crnih trupa na europsko ratno poprište, bez obzira na činjenične nemogućnosti u svjetskom ratu, nikada nije postojala kao jedna od povoljnijih mogućnosti za ostvarenje namjere, dok su je Francuzi oduvijek predviđali i doživljavali kao unutarnji dokaz njihovog kolonijalnog djelovanja.

Tako danas na Zemlji vidimo veliki broj mnogih država, koje ne samo da brojem stanovnika dijelom daleko nadmašuju snage našeg njemačkog naroda, već ove, prije svega, u svojoj površini posjeduju najveću potporu svog političkog moćnog položaja. Još nikada nije, s obzirom na površinu i broj stanovništva, odnos njemačkog carstva prema drugim postojećim svjetskim državama bio tako nepovoljan kao na početku naše povijesti prije dvije tisuće godina, i opet danas. Tada smo kao mladi narod jurišom stupili u jedan svijet propalih velikih državnih tvorevina, čijeg smo posljednjeg gorostasa, Rim,i sami pripomogli oboriti. Danas se nalazimo u svijetu po sebi zasnovanih samotvorećih velikih moćnih država u kojemu naše vlastito carstvo sve više tone u beznačajnost.

Neophodno je da ovu gorku istinu hladno i trijezno imamo pred očima. Neophodno je da njemačko carstvo prema broju žitelja i površinskom sadržaju stavimo u odnos prema drugim državama, stoljećima neprestano pratimo i uspoređujemo. Znam, da će svatko sa zaprepaštenjem doći do rezultata, koje sam na početku ovog razmatranja već iznio: Njemačka više nije svjetska sila, sasvim svejedno je li vojno jaka ili slaba.

Dospjeli smo izvan svakog odnosa prema drugim velikim državama na ovoj Zemlji, i to samo zahvaljujući upravo kobnom vanjskopolitičkom vodstvu našeg naroda, zahvaljujući potpunom nedostatku jedne, mogao bih skoro reći, oporučne odredbe o određenom vanjskopolitičkom cilju, kome se može zahvaliti gubitak svakog zdravog instinkta i nagona za samoodržanjem.

Ukoliko nacionalsocijalistički pokret stvarno želi primiti posvetu svoga velikog poslanja za naš narod, da se održi, mora, prožet spoznajom i ispunjen boli radi svog stranog položaja naovoj Zemlji, hladno i svjestan cilja, poduzeti borbuprotiv besciljnosti i nesposobnosti, koje su dosada vodile njemački narod na njegovom vanjskopolitičkom putu. On tada mora, ne osvrćući se na "tradicije" i predrasude, naći hrabrosti, skupiti naš narod i njegovu snagu u pobjedonosno napredovanje, putem, koji iz današnje stiješnjenosti životnog prostora vodi ovaj narod u novu zemlju i novo tlo i time ga zauvijek oslobađa od propasti ili robovanja drugima.

Nacionalsocijalistički pokret mora pokušati ukloniti nesklad između broja naših žitelja i naše zemaljske površine - ove kao izvora prehrane, kao i potpornu točku političke moći, između naše povijesne prošlosti i bezizlaznosti naše nemoći u sadašnjosti. Pri tome mora ostati svjestan, da smo mi kao doista najviše čovječanstvo na ovoj Zemlji, također vezani i s najvišom dužnošću, i on će tim više udovoljiti ovoj obvezi, što se više bude brinuo o tome, da se njemački narod rasno osvijesti i da se osim uzgoja pasa, konja i mačaka smiluje i vlastitoj krvi.

*

Ako dosadašnju njemačku politiku ocjenjujem besciljnom i nesposobnom, tada se dokazi moje tvrdnje nalaze u stvarnom zakazivanju ove politike. Da je naš narod bio duhovno manje vrijedan ili plašljiv, tada rezultati njegova hrvanja na Zemlji ne bi mogli biti lošiji, nego što ih danas vidimo pred sobom. Ni razvoj zadnjih desetljeća prije rata ne smije nas zavarati, jer se snaga jednog carstva ne može mjeriti po njemu samome, nego samo putem uspoređivanja s drugim državama. Upravo jedno takvo uspoređivanje dokazuje, da porast snaga drugih država nije bio samo ravnomjerniji, nego svojim završnim djelovanjem i veći; da se dakle Njemački put, unatoč svakom prividnom usponu, ustvari sve više i više udaljavao od drugih država i daleko zaostao, ukratko razlika u veličini proširila se na našu štetu. Da, zaostali smo i u broju stanovnika i to što duže, to više. Kako naš narod u junaštvu sigurno ne može biti nadmašen ni od koga na Zemlji, da, sve u svemu, za održavanje svoje opstojnosti, sigurno je dao najveći krvni prinos od svih naroda na Zemlji, pa se neuspjeh mora tražiti samo u promašenom načinu zalaganja.

Kada u ovom sklopu preispitamo političke doživljaje našega naroda u tijeku više od tisuću godina, sjetimo se bezbrojnih ratova i borbi i istražimo njima stečeni današnji krajnji rezultat. Morat ćemo priznati, da su iz ovog mora krvi proizašle samo tri pojave, koje kao preostale plodove smijemo nazvati jasno određenim vanjskopolitičkim i uopće političkim procesima:

1. prije svega, od Bavaraca pokrenuta kolonizacija istočne granice;
2. stjecanje i prodor u područje istočno od Elbe, i
3. od Hohenzollerna pokrenuta organizacija brandenburško - pruske države, kao uzora i kristalizirane jezgre jednog novog carstva.

Poučna opomena za budućnost!

Najtrajnija su ostala samo prva dva velika uspjeha naše vanjske politike. Bez njih naš narod danas ne bi više igrao uopće nikakvu ulogu. Oni su bili prvi, nažalost i jedini uspjeli pokušaji, koji su povećani broj stanovnika doveli u sklad s veličinom zemaljskog tla. Treba stvarno gledati sudbonosnim, da naša njemačka pisana povijest, oba ova nadaleko ogromna i za pokoljenja najznačajnija učinka, nikada nije znala pravo cijeniti, a tome nasuprot, veliča sva moguća, fantastična junaštva, zadivljeno cijeni nebrojene pustolovne ratove i borbe, umjesto da konačno spozna kako je većina ovih događaji bila beznačajna za veliku razvojnu crtu nacije.

Treći veliki uspjeh naše političke djelatnosti je stvaranje pruske države i njome uvedenog uzgoja posebnog državnog mišljenja, kao i modernom svijetu u organiziranom obliku prilagođeni nagon za samoodržanjem i samoobranom njemačke vojske. U toj državnoj tvorevini i njenom novom državnom shvaćanju, niknuo je obrat obrambenog shvaćanja pojedinca prema vojnoj obvezi naciji. Značaj ovog događaja, uopće se ne može precijeniti. Upravo tom krvno osiromašenom nadindividualno raspadnutom njemačkom narodu, vraćen je natrag, putem discipline pruskog vojnog organizma, bar dio odavno izgubljene organizacijske sposobnosti.

Što kod drugih naroda još izvorno postoji kao nagon krda, to mi bar djelomično za naše narodne zajednice ponovno, umjetno, održavamo kao proces vojne izobrazbe. Otuda je opće ukidanje vojne obveze - koje bi za tucete drugih naroda moglo biti neznačajno - za nas od najtežeg posljedičnog značaja. Deset njemačkih generacija bez ispravljanog i odgojnog vojnog obrazovanja, prepušteno mučnom djelovanju osiromašenosti krvne a time i svjetonazorske rastrganosti - i naš bi narod doista izgubio i posljednji ostatak svoje samostalne egzistencije na ovoj planeti. Njemački bi duh samo pojedinačno, i to u krilu tuđih nacija, mogao dati svoj prinos kulturi, a da ne bi bilo prepoznato ni njegovo podrijetlo. Bili bismo kulturno gnojivo tako dugo, dok se i posljednji ostatak arijsko - nordijske krvi u nama ne bi pokvario ili izbrisao.

Vrijedno je spomenuti da značaj ovih stvarnih političkih uspjeha, koje je naš narod u svojim više nego tisućgodišnjim borbama nosio u sebi, bolje shvaćaju i cijene naši protivnici, nego mi sami. Mi i danas sanjarimo o nekom herojstvu, koje je našem narodu otelo milijune njegovih pripadnika najplemenitije krvi, da bi krajnji rezultat ipak ostao potpuno neplodan.

Neslaganja o stvarnim političkim uspjesima našeg naroda i neplodnoj svrhovitosti prolivene nacionalne krvi, od najvećeg je značaja za naše ponašanje u sadašnjosti i budućnosti.

Mi Nacionalsocijalisti ne smijemo nikada, i nikada više, zaoriti uobičajenim Hura patriotizmom našeg današnjeg građanskog svijeta. To je posebno smrtno opasno u posljednjim zbivanjima pred rat, kao i biti najmanje povezan s našim vlastitim putem. Iz cjelokupnog povijesnog razdoblja 19. stoljeća mi ne smijemo imati ni jednu jedinu obvezu, koja bi bila utemeljena samo u tom razdob- lju. Mi se moramo, suprotno ponašanju predstavnika ovog vremena, ponovno okrenuti zastupanju najvišeg stajališta svake vanjske politike, naime: dovesti u sklad tlo s brojem stanovnika. Da, iz prošlosti možemo samo učiti, da određivanje cilja našeg političkog dijelovanja trebamo poduzeti u dva smjera: zemaljski prostor, tlo, kao cilj naše vanjske politike i jedan novi, svjetonazorno učvršćeni, jedinstveni temelj, kao cilj unutarnjeg političkog djelovanja.

Želim još sasvim kratko zauzeti stav u vezi s pitanjem, do koje se mjere zahtjev za zemljištem i tlom čini običajno i moralno pravedan. To je ovdje potrebno, jer čak i u samim takozvanim narodnim krugovima istupaju nažalost svi mogući nasapunani brbljivci, koji se trude da njemački narod za cilj svog vanjskopolitičkog djelovanja obilježi popravljanje nepravde iz 1918. i time osigura narodno bratimljenje i simpatije cijelog svijeta, što se drži potrebitim.

Prije svega, o tome želim reći sljedeće: *Zahtjev za ponovnim postavljanjem granica iz 1914. je politička, besmislica s razmjerima i posljedicama, koje djeluju zločinački. Bez obzira na to, što su granice carstva iz 1914. bile sve prije nego logične. Ustvari, one nisu bile potpune ni u smislu obuhvata ljudi njemačke nacije, niti razumne u pogledu njihove vojno - geografske svrhovitosti. Nisu bile rezultat promišljenog političkog djelovanja, nego granice trenutka jednog ni na koji način zaključenog političkog hrvanja, da, dijelom posljedice igre slučaja.* Moglo bi se s istim pravom u mnogim slučajevima i s više prava, izvući bilo koju probnu godinu njemačke povijesti, da bismo ponovnom uspostavom tadašnjih odnosa objasnili cilj vanjskopolitičkog djelovanja. Gornji zahtjev sasvim odgovara našem građanskom svijetu, koji ni sada nemani jedno jedino noseće političko mišljenje za budućnost, štoviše, živi još u prošlosti i to najbližoj; jer ni sam pogled unazad ne dopire izvan njihovog vlastitog vremena. Zakon tromosti veže ih za dato stanje, dopušta im otpor protiv svake njegove promjene, ipak bez svake aktivnosti protuobrane, kako bi se bar ikada popeli preko svoje gole tromosti. Zato je razumljivo da politički obzor ovih ljudi ne dosiže preko granice 1914. Time što proklamiraju ponovnu uspostavu nekih granica kao politički cilj njihovog vlastitog djelovanja, stalno se ponovno vežu s raspalim savezom naših protivnika. Samo je tako objašnjivo da se osam godina nakon svjetskog hrvanja u kojem su djelomično sudjelovale države s najheterogenijim željama i ciljevima, još uvijek održava koalicija tadašnjih pobjednika u manje više zatvorenom obliku.

Sve su ove države svojevremeno iskoristile njemačku propast. Strah od naše snage natjerao je tada lakomost i zavist pojedinih veličina na međusobno povlačenje. U mogućem općem provođenju nasljeđivanja našeg carstva vidjele su najbolju zaštitu od našeg budućeg uspona. Nemirna savjest i strah od snage našeg naroda najtrajnije je sredstvo spajanja koje pojedine članove ovog saveza i danas drži zajedno.

A mi ih ne obmanjujemo. To što je naš građanski svijet, ponovnu uspostavu granica iz 1914. postavio kao politički program za Njemačku, plaši svakog partnera koji bi se htio opet vratiti natrag iz saveza naših neprijatelja, ali se mora plašiti, da bi, izoliran, mogao biti napadnut i time izgubiti zaštitu pojedinih saveznika. Svaka se pojedinačna država osjeća pogođenom i ugroženom nekom parolom.

Pri tome je to, eto, besmisleno u dvostrukom smislu:
1. jer nedostaju sredstva moći da bi ih se moglo iz magle klupskih večeri premjestili u stvarnost, i
2. jer ako bi oni to i mogli ostvariti, rezultat bi opet bio tako bijedan, da se, istiniti Bože, ne bi isplatilo za to ponovno uložiti krv našeg naroda.

Da bi se ponovna uspostava granica 1914. postigla samo krvlju, nikome se to ne bi smjelo činiti upitnim. Samo se dječje naivni duhovi vole uljuljkivati mislima, da se putem prišuljkivanja ili prošenja može provesti korektura Versaillesa. Bez obzira na to što bi takav pokušaj pretpostavio postojanje državnika formata jednog Talleyranda, kakvoga mi nemamo. Polovica naših opstalih političara sastavljena je od vrlo prepredenih, ali isto toliko i beskarakternih i općenito, prema našem narodu, neprijateljski raspoloženih elemenata, dok se druga sastoji od dobroćudnih, bezopasnih i bezvoljnih slabića. K tomu, od Bečkog su se kongresa promijenila vremena: *Za državne granice se ne pogađaju i ne cjenjkaju vojvode i njihove metrese, nego se neumoljivi svjetski Židov bori za svoju vlast nad narodom.* Ni jedan narod ne može ovu šaku odmaknuti od svog grkljana drugačije nego mačem. Internacionalnom narodnom porobljavanju mogu prkositi samo zajednički koncentrirane snage usplamtjele nacionalne strasti. Ali takav proces je bio i ostao krvav.

Međutim, kada je čovjek uvjeren da njemačka budućnost i tako i tako zahtijeva najveći ulog, mora se, bez obzira na sva raz- matranja, političke mudrosti po sebi, već i zbog ovog uloga postaviti i braniti njegov časni cilj.

Granice iz 1914. za budućnost njemačke nacije ne znače baš ništa. Njima se ne štiti ni prošlost, niti bi se u njima našla snaga za budućnost. Njemački narod njima ne zadržava ni unutarnju zaokruženost, niti će njima osigurati svoju prehranu, a gledajući sa vojnog stajališta, ove granice nisu ni svrhovite ni zadovoljavajuće, konačno, njima se ne može poboljšati trenutni odnos prema drugim svjetskim silama ili bolje rečeno, stvarno stanje u kojem se nalazi prema svjetskim silama. Razmak prema Engleskoj neće biti skraćen, veličina Unije neće biti dostignuta; da, čak ni Francuska ne bi doživjela bitno zakidanje svoga svjetskoga političkog značaja.

Sigurno bi bilo samo jedno: već bi i povoljni ishod pokušaja ponovne uspostave granica iz 1914. vodio daljem iskrvarenju našeg narodnog tijela i to u opsegu, da više ne bi bilo dragocjene krvi koja bi osigurala budući život nacije i provođenje njenih odluka u djela. Baš naprotiv, u opijenosti jednim tako površnim uspjehom utoliko bi se radije odrekli postavljanja svakog daljeg cilja, da bi se obnovila nacionalna čast, a komercijalnom razvoju bi do daljnjega bila ponovno otvorena samo poneka vrata.

Tome nasuprot, mi se Nacionalsocijalisti moramo nepokolebljivo čvrsto pridržavati našeg vanjskopolitičkog cilja, naime, *njemačkom narodu osigurati pripadajuću mu zemlju i do na ovoj Zemlji.* Ovo je jedina akcija koja pred Bogom i našim njemačkim pokoljenjem opravdava zalog krvi: pred Bogom, ukoliko smo na ovaj svijet postavljeni odlukom da se vječno borimo za kruh svagdašnji, kao bića kojima ništa nije darovano i koja svoj položaj gospodara Zemlje zahvaljuju samo genijalnosti i hrabrosti, kojima ćemo moći izboriti i znati sačuvati ovu zamlju pred našim njemačkim pokoljenjem, ukoliko ne prolijemo građansku krv iz koje će ovim pokoljenjima biti darovane tisuće drugih. Zemlja i tlo na kojemu će njemačko seljaštvo jednom moći započeti i uzgojiti snažne sinove, bit će pristanak današnjih sinova na ovaj zalog krvi, a odgovorni državnici, iako progonjeni od sadašnjosti, jednom će biti oslobođeni krvne krivnje i krivnje zbog žrtvovanja naroda.

Moram se pri tome najoštrije okomiti na narodna piskarala koja u takvom stjecanju prostora vide "povredu svetih ljudskih prava" i protiv toga usmjeravaju svoja piskaranja. Nikada se ne zna tko stoji iza takvih klipana.

Sigurno je samo, da je zbrka koju čine poželjna i dobro dolazi neprijatelju našega naroda. Takvim svojim držanjem opako potpomažu slabljenje i uklanjanje unutarnje težnje našega naroda koji na jedini ispravni način zastupa svoje životne potrebe. Ni jedan narod na ovoj Zemlji ne posjeduje ni kvadratni metar zemlje i tla samo zbog jače želje ili zbog većeg prava.

Kao što su njemačke granice slučajne i trenutne granice u vremenu političkog hrvanja, takve su i granice životnog prostora drugih naroda. I kao što se oblikovanje naše zemaljske površine samo lakomislenom šupljoglavcu može činiti granitno nepromjenljivim, ono u stvarnosti za sva vremena predstavlja samo prividno mirovanje u trajnom razvoju stvoreno pomoću snažne sile prirode, i možda će već sutra od neke jače sile doživjeti uništenje ili preoblikovanje. Tako je to i u životu naroda, s granicama životnog prostora.

Državne granice stvaraju ljudi i mijenjaju ljudi.

Iz činjenice uspjeha pretjeranog stjecanja tla od jednog naroda ne proističe viša dužnost njegova vječitog priznavanja. Ona samo u najvišoj mjeri potvrđuje snagu osvajača i slabost mučenika, jer se samo u toj snazi nalazi pravo. Ako se njemački narod danas strpa zajedno na nemogućem zemljišnom prostoru, on ide ususret bijednoj budućnosti, a to predstavlja isto toliko ponudu Sudbine, koliko i pobuna protiv te njene osornosti. Upravo toliko malo kao kad, recimo, jedna jača sila jednom drugom narodu vrijeđa činjenice ove nepravedne podjele tla, otprilike toliko, koliko jača sila drugog naroda kojemu je obećano više zemljišnog prostora nego njemačkom, vrijeđa nepravednu raspodjelu. Isto tako ni našim precima prostor na kojemu danas živimo nije darovan od neba, nego se morao izboriti žrtvom života, tako ni našem narodu neće u budućnosti pripasti prostor milošću Božjom, nego samo snagom pobjedničkog mača.

Koliko god danas spoznajemo nužnost obračuna s Francuskom, toliko bi on ostao neučinkovit, kad bi se njime iscrpio naš vanjskopolitički cilj. On može i imati smisla, samo ako za povećanje našeg životnog prostora u Europi bude nudio zaštitu protiv napada s leđa. Rješenje ovoga pitanja ne možemo tražiti u stjecanju kolonija, nego isključivo u proširenju prostora za naseljavanje koje povećava samu zemljišnu površinu domovine, a time ne samo da prima nove naseljenike u najiskreniju pradomovinsku zajednicu, već jamči i prednosti cjelokupne prostorne veličine koja se nalazi u njezinoj ujedinjenoj veličini.

Narodni pokret ne smije biti zastupnik drugih naroda nego prvoborac svog vlastitog. Inače je suvišan i nema prije svega nikakvo pravo gunđati na prošlost. Jer tada radi kao oni. Kao što je stara njemačka politika bila nepravedno određivana stajalištima dinastije, tako malo smije biti buduća vođena bjelosvjetskim budalama. Mi nismo zaštitni policajac jednog poznatog "jadnog malog naroda", već vojnici našeg vlastitog.

Mi nacionalsocijalisti moramo svakako ići dalje: *Pravo na zemljište i tlo, mora biti dužnost, ako bez njegova proširenja veli- kom narodu prijeti propast.* Posebno onda, ako se ne radi o nekom kojem mu drago crnačkom narodčiću, nego o germanskoj majci svega života, koji je današnjem svijetu dao sliku svoje kulture. *Njemačka će ili postati svjetska sila, ili je uopće neće biti.* No, za svjetsku silu je potrebna određena veličina koja joj u današnje vrijeme daje potrebni značaj, a njezinim građanima život.

Time mi Nacionalsocijalisti svjesno podvlačimo crtu ispod usmjerenja naše predratne vanjske politike. Nastavljamo tako gdje se stalo prije šest stoljeća. Zaustavit ćemovječnokretanje Germanapremajuguizapadu Europe i baciti okonazemljunaistoku. Konačnoćemo zaključiti s kolonijalnom i trgovinskom politikom predratnog vremena i prelazimo u budućnosti na politiku tla.

Ali kad danas govorimo o novom zemljištu i tlu u Europi, u prvom redu možemo misliti samo na Rusiju i njoj podčinjene rubne države.

Čini se da nam je na ovo prstom ukazala sama Sudbina. Time što je Rusiju izručila boljševizmu, ugrabila je ruskom narodu onu inteligenciju koja je dotada provodila i jamčila državnu opstojnost. Jer organizacija ruske državne tvorevine nije bila rezultat državno - političkih sposobnosti ruskog Slavenstva, već mnogo više, divni primjer državotvorne učinkovitosti germanskih elemenata u jednoj manje vrijednoj rasi. Tako su stvorena bezbrojna moćna carstva na Zemlji. Niži narodi s germanskim organizatorima i gospodom kao njihovim voditeljima, su češće nego jednom nabujali u ogromne državne tvorevine i opstali sve dok se održala rasna jezgra državotvorne rase. Rusija je stoljećima trošila ovu germansku jezgru svojih vodećih gornjih slojeva. Oni se danas mogu smatrati skoro bezostatno iskorijenjenima i ugašenima. Na njihovo mjesto stupio je Židov. Koliko god je Rusima po sebi, vlastitim snagama nemoguće uzdrmati židovski jaram, toliko je Židovu nemoguće trajno zadržati ovo moćno carstvo. On sam nije element organizacije nego ferment dekompozicije. Ogromno istočno carstvo je zrelo za rušenje. I kraj židovskog gospodstva u Rusiji bit će također i kraj Rusije kao države. Sudbina nas je odredila da budemo svjedoci katastrofe, koja će biti najveća potvrda točnosti narodne rasne teorije.

Naša zadaća, poslanje nacionalsocijalističkog pokreta je, donijeti našem vlastitom narodu političku spoznaju, da ispunjenje svog budućeg cilja, ne vidi u zanosnom utisku nekog novog Aleksandrovog pohoda, već mnogo više u neumornom radu njemačkog pluga, kojemu je mač dao samo tlo. Daje Židovstvo takvoj politici najavilo najoštriji otpor, razumije se samo po sebi. Ono bolje nego bilo tko drugi osjeća značaj takvog djelovanja za vlastitu budućnost. Upravo bi ova činjenica trebala poučiti sve nacionalno istinski nastrojene ljude o pravilnosti jedne takve nove orijentacije. Nažalost, događa se suprotni slučaj. Ne samo u njemačko nacionalnim, nego čak i u "narodnim" krugovima najavljuje se zamislima takve istočne politike najžešće neprijateljstvo, pri čemu se u takvim prilikama, skoro uvijek, zapravo poziva u nešto veće. Citira se Bismarckov duh kako bi se pokrila politika koja je isto toliko besmislena kao i nemoguća, a za njemački narod štetna u najvišem stupnja. Kao, Bismarck je i sam pridavao vrijednost dobrim odnosima s Rusijom. To je samo uvjetno točno. Jer se pri tome potpuno zaboravlja spomenuti, da je on isto toliko veliku vrijednost polagao na primjer odnosima s Italijom, da, taj se isti gospodin Bismarck jednom povezao s Italijom kako bi tako mogao uništiti Austriju. Zašto se onda ne nastavlja s takvom politikom? Reći će se: "Jer današnja Italija nije tadašnja Italija." Dobro. Ali tada, poštovana gospodo, dozvolite prigovor, da i današnja Rusija također nije tadašnja Rusija. Bismarcku nikada nije palo na pamet, da politički put položi i utvrdi taktički i principijelno zauvijek. On je ovdje i suviše bio majstor trenutka, da bi sam sebi navalio takav savez: Pitanje, dakle, ne smije glasiti: *Što je tada učinio Bismarck.?*, nego, štoviše: *Što bi on učinio danas?* Na ovo je pitanje već lakše odgovoriti. *U svojoj političkoj mudrosti, on se nikada ne bi povezao s državom, koja je predodređena propasti.*

Uostalom, Bismark je već u svojem vremenu pomiješanim osjećajima gledao na njemačku kolonijalnu i trgovinsku politiku, jer mu je prvo bilo do toga, da konsolidira i iznutra učvrsti zemlje koje je osvojio, da bi osigurao sigurnije putove. To je i bio jedini razlog zbog kojega je tada pozdravio rusko pokrivanje zaleđa, koje mu je oslobodilo ruke prema Zapadu. Samo, ono što je tada Njemačkoj koristilo, danas bi joj nanosilo štetu.

Već u godinama 1920/21. kad se mladi nacionalsocijalistički pokret počeo uzdizati iznad političkog obzora i tu i tamo bio nazivan njemačkim pokretom oslobođenja njemačke nacije, s raznih strana stranke se pokušavalo uspostaviti određene veze, s osloboditeljskim pokretima dugih zemalja. Bilo je to u smjeru, od mnogih propagiranog "Saveza potlačenih nacija". U biti se pri tome radilo o predstavnicima pojedinih balkanskih država, dalje o takvim egipatskim i indijskim, koji su na mene uvijek ostavljali dojam brbljivih umišljenika bez svake realne pozadine. No, nije bilo malo Nijemaca, posebno u nacionalnom taboru, koji nisu bili zaslijepljeni takvim napuhanim orijentalcima, i u nekom studentu dotepencu iz Indije ili Egipta, bez daljnjega vidjeli indijskog ili egipatskog "predstavnika". Ljudima uopće nije bilo jasno, da se pri tome najčešće radi o osobama, iza kojih nije stajalo baš ništa, koji prije svega nisu bili ovlašteni, da bilo s kim potpišu bilo kakav ugovor, tako da je praktični rezultat takvih odnosa s takvim elementima bio ravan nuli, ukoliko se izgubljeno vrijeme ne računa kao gubitak. Uvijek sam se branio od takvih pokušaja. Ne samo zato što sam imao važnijeg posla, nego da tratim tjedne na tako neplodne "razgovore", a ako bi se i radilo o ovlaštenim predstavnicima takvih nacija, držao sam sve neprikladnim, da, čak i štetnim.

Već je i u miru bilo dovoljno loše, da je njemačka politika savezništva zbog nedostatka vlastitih aktivnih napadačkih namjera, završila u defanzivnom društvu starih svjetskih, povijesno umirovljenih, država. Kao što je savez sa Austrijom, kao i onaj s Turskom, donio malo radosti sa sobom. Dok su se najveće vojne i industrijske države na Zemlji udruživale u aktivni napadački savez, skupilo se par starih onemoćalih državnih tvorevina i pokušalo, s ovom na propast osuđenom starudijom, svoje mozgove ponuditi jednoj aktivnoj svjetskoj koaliciji. Za ovu vanjskopolitičku zabludu, dobila je Njemačka gorku priznanicu. Samo se ova priznanica, još uvijek gorka, ne čini dovoljno gorkom, da bi naše vječne fantaste sačuvala od upadanja u istu pogrešku. Jer pokušaj razoružanja najjačih pobjednika pomoću "Saveza potlačenih nacija", nije samo smiješan nego i koban. Koban je, jer time našem narodu uvijek ponovno otklanja realne mogućnosti, da se umjesto toga, predaje zanosnim ali neplodnim nadama i iluzijama. Sadašnji Nijemac stvarno sliči utopljeniku koji se hvata za svaku slamku. Pri tome se inače može raditi čak i o vrlo obrazovanim ljudima. Čim se negdje pojavi varljivo svjetlo isto takve varljive nade, grabe ovi ljudi kasom u lovu na fantoma. Može to biti Savez potlačenih nacija, Narodni savez ili neki novi fantastični pronalazak, oni zbog toga neće naći ni tisuću vjernih duša.

Sjećam se još dobro takvih koliko djetinjastih, toliko i nerazumnih nadanja, koja su 1920/21, iznenada izronila u narodnim krugovima. U Indiji je Engleska, kao stajala pred padom. Neki azijski lakrdijaši, možda, što se mene tiče, i pravi, istinski indijski "borci za slobodu", koji su se tada tepli po Europi, uspjeli su, inače sasvim razumne, ljude ispuniti fiksnom idejom, da britansko svijetsko carstvo, koje u Indiji posjeduje svoj stožer, upravo stoji pred padom. Da je pri tome i u ovom slučaju njihova vlastita želja bila i otac svih ovih misli, nije im naravno doprlo do svijesti. Kao ni besmislenost njihovih nada. Jer time što očekuju pad engleske vladavine u Indiji i kraj britanskog svjetskog carstva i engleske moći, samo priznaju da je Indija za Englesku od najeminentnijeg značenja.

Ovo životno važno pitanje, kao najveća tajna, vjerojatno nije moglo biti poznato njemačkim narodnim mudracima, nego je tim vjerojatno kormilarila sama engleska spretnost. Stvarno je naivno vjerovati, da u Engleskoj ne znaju pravilno procijeniti značaj indijskog carstva za britanski svjetski savez. To je samo loš znak bezuvjetnog neučenja iz svjetskog rata, i potpunog nesporazuma, te neshvaćanje anglosaksonske odlučnosti, ako se uobrazi da bi Engleska ne uloživši ni posljednju mogućnost, samo tako pustila Indiju da ode. To je, nadalje, samo potvrda da Nijemci nemaju pojma o načinu britanskog prodora i upravljanju ovim carstvom. *Engleska će Indiju izgubiti samo ako svojom upravljačkom mašinerijom i sama potpadne rasnom rastvaranju (nešto, što je u Indiji trenutno isključeno), ili ako bude svladana mačem snažnog neprijatelja.* Indijskim pobunjenicima to nikada neće uspjeti. Kako je teško svladati Englesku, mi Nijemci imamo dovoljno iskustva. Bez obzira na to, što ja kao German unatoč svemu, Indiju radije vidim pod engleskom vlašću, nego pod nečijom drugom.

Isto su toliko bijedne nade o bajoslovnom ustanku u Egiptu. "Sveti rat" može njemačkim igračima ovčije pameti donijeti ugodnu jezu, da su sada drugi spremni iskrvariti za nas - jer je ova kukavička špekulacija, iskreno rečeno, uvijek bila tihi začetnik takvih nadanja - u stvarnosti će on, pod paljbom engleskih streljačkih vodova i tučom rasprskavajućih bombi doživjeti pakleni kraj.

Uostalom, malo je moguće, jednu snažnu državu koja je odlučna za svoju egzistenciju, ako je potrebno, uložiti i zadnju kap krvi, pregaziti koalicijom sakatih bogalja. Kao narodni čovjek, koji vrijednost čovječanstva procjenjuje prema rasnim osnovama, ne smijem zbog svoje spoznaje o manjoj rasnoj vrijednosti ovih takozvanih "potlačenih nacija", sudbinu vlastitog naroda spojiti s njihovom.

Potpuno jednaki stav moramo danas zauzeti i prema Rusiji. Sadašnja Rusija u kojoj je ogoljen germanski gornji sloj, bezobzira na unutarnje namjere njezine nove gospode, nije saveznik njemačkoj naciji u borbi za oslobođenje. *Čistovojnogledano, uslučaju rata Njemačke i Rusije protiv zapadne Europe, a vjerojatno i protiv cijeloga preostalog svijeta, ishod bi bio upravo katastrofalan. Rat se ne bi odigrao na ruskom, nego na njemačkom tlu,* a da Njemačka od Rusije ne bi dobila i najmanju učinkovitu potporu. Sredstva moći današnjeg njemačkog carstva tako su kukavna i za borbu prema van tako nemoguća, da ne bi mogla biti osigurana nikakva zaštita granice prema zapadnoj Europi uključujući Englesku, pa bi upravo njemačko industrijsko područje bilo bespomoćno prepušteno i predano koncentriranom oružanom napadu naših neprijatelja. K tome dolazi i to, da se između Njemačke i Rusije, prostire mirna Poljska država, koja je potpuno u francuskim rukama. U slučaju rata Njemačke i Rusije protiv zapadne Europe, morala bi Rusija prvo pokoriti Poljsku, da bi mogla prve vojnike dovesti na njemački front. Pri tome se toliko i ne radi o vojnicima koliko o tehničkoj opremi. U ovom bi se pogledu, samo još puno strasnije, ponovilo stanje iz svjetskog rata. Isto tako, kao što je tada Njemačka industrija bila izmužena zbog naših slavnih saveznika, i skoro sama morala voditi tehnički rat, tako bi i u ovom ratu Rusija kao tehnički čimbenik bila potpuno isključena. Općoj motorizaciji svijeta, koja će u sljedećim ratovima imati ogromni odlučujući značaj, nećemo se skoro uopće moći suprotstaviti. Jer ne samo što je na ovom važnom području Njemačka sramno zaostala, nego bi i ono malo što ima morala dati i Rusiji, koja ni danas u svom vlasništvu nema ni jednu jedinu tvornicu u kojoj bi mogao biti proizveden kakav ispravni automobil. Time bi takva borba poprimila samo karakter klaonice. Njemačka bi mladež još više iskrvarila nego nekada, jer bi teret borbe ostao samo na nama, a rezultat bi bio neumitan poraz.

Pretpostavimo slučaj, da se dogodi čudo i da takva borba ne završi bezostatnim uništenjem Njemačke; krajnji uspjeh bi bio taj što bi iskrvavljeni njemački narod, kao i prije, i dalje ostao okružen velikim vojnim državama, pa se njegov stvarni položaj ni na koji način ne bi promijenio.

Ne treba prigovarati, da u savezu s Rusijom, ne bismo odmah morali misliti na rat, ili bismo se mogli za jedan takav temeljito pripremiti. Ne. *Savez, čiji cilj ne obuhvaća i ratnu namjeru, besmislen je i bezvrijedan.* Savez se i zaključuje zbog borbe. Može rasprava

0 tome u trenutku zaključivanja ugovora o savezništvu biti daleko koliko hoće, izgled za ratno ostvarenje nije zbog toga manje njegov unutarnji povod. Nije vjerojatno da bi bilo koja sila drugačije shvatila smisao jednog takvog saveza. Ili bi njemačko – ruska koalicija ostala samo na papiru, što bi za nas bilo nesvrhovito i bezvrijedno, a ako bi slova na papiru bila pretvorena u vidljivu stvarnost, ostali svijet bi bio upozoren. Kako je samo naivno misliti da bi Engleska 1 Francuska u takvom slučaju čekale cijelo desetljeće dok bi njemačko - ruski savez završio svoje tehničke pripreme za borbu. Ne, oluja iznad Njemačke izbila bi strelovitom brzinom.

Tako se već u činjenici saveza s Rusijom, nalazi nalog za sljedeći rat. Njegov bi ishod bio kraj Njemačke. K tome dolazi još i sljedeće:

1. Današnji ruski moćnici uopće ne misle na pošteni način sklapati savez ili ga se čak i držati.

Ne smije se nikada zaboraviti da su regenti današnje Rusije obični okrvavljeni zločinci, da se ovdje radi o ljudskom talogu, koji je u povoljnim uvjetima tragičnog trenutka pregazio ogromnu državu, milijune svoje vodeće inteligencije divljački ugušio u krvi i iskorijenio, i sada već skoro desetljeće provodi tiraniju svih vremena. Ne smije se dalje zaboraviti da ovi moćnici pripadaju narodu, u kojem je spojena rijetka mješavina životinjske okrutnosti, s bezgraničnom umjetnošću laganja, i danas se, više nego ikada, osjećaju pozvanima da svoju krvavu tlaku nametnu cijelom svijetu. Ne smije se zaboraviti da internacionalni Židov, koji danas bezostatno vlada Rusijom, ne vidi u Njemačkoj saveznika, nego državu kojoj je namijenjena ista sudbina. *Ne zaključuje se ugovor s partnerom, čiji je jedini interes uništenje drugoga.* Posebno se ne zaključuje sa subjektima, kojima ni jedan ugovor ne bi bio svet, jer na ovom svijetu ne žive kao predstavnici časti i istine, nego kao reprezentanti laži, prijevare, lopovluka, pljačke i razbojstva. Ako se pomišlja da se ugovorne veze može uspostavljati s parazitima, tada to liči pokušaju nekog drveta da zbog vlastite koristi zaključuje nagodbu s imelom.

2. *Jednom potpasti pod Rusiju, za Njemačku bi značilo trajnu opasnost.* Jer je samo građanski zvekan sposoban uobraziti da je boljševizam protjeran. U svom površnom mišljenju on nema pojma o tome da je ovdje riječ o nagonskom procesu, to jest, o težnji židovskog naroda za svjetskom vlašću, o procesu koji je isto toliko prirodan kao i svojevremeni anglosaksonski nagon da postane vladarom ove Zemlje. I tako, kako Anglosaksonac slijedi ovaj put na svoj način, i bije bitku svojim oružjem, tako isto radi i Židov. On ide svojim putem, putem uvlačenja među narode, nagrizajući ih iznutra, i bori se svojim oružjem: lažima, klevetama, trovanjem i razdorom, borba se pojačava do krvavog istrjebljenja omrznutog mu protivnika. *Pokušaj Židovstva da se osposobi za vladanje svijetom, uočili smo u ruskom boljševizmu 20. stoljeća*, isto tako, kao što se i u drugim vremenskim razdobljima, ali iznutra srodnim procesima, težilo istim ciljevima. Njegova je težnja preduboko utemeljena vrstom njegovog bića. Koliko god se neki drugi narod, sam po sebi odriče slijediti nagon o širenju svoje vrste i moći, uko- liko je na to prisiljen vanjskim odnosima ili je podlegao staračkim znakovima impotencije, toliko teško Židov prekida svoj put ka diktaturi svijetom iz svojevoljne nesebičnosti ili zbog podčinjenosti svojem vječnom nagonu. I on će ili biti vraćen na svoj put nekim izvanjskom silom, ili će sva njegova težnja za vladanjem svijetom biti završena njegovim vlastitim izumiranjem. Sprječavanje impotencija jednog naroda, njegovog vlastitog izumiranja, utemeljeno je u zadaći održanja čistoće njegove krvi. A ovu Židov čuva bolje nego ijedan narod na Zemlji. Tako on ide dalje svojim kobnim putem i to tako dugo, dok mu se ne suprotstavi neka druga sila, pa ga u snažnom hrvanju odbaci ponovno Luciferu.

Njemačka je danas sljedeći veliki borbeni cilj boljševizma. Potrebna joj je sva snaga mlade misionarske ideje, kako bi naš narod još jednom iščupala iz zagrljaja ove internacionalne zmije i spriječila zarazu naše jedinstvene krvi, oslobodila preostale snage nacije, koje bi do u najdalju budućnost osigurale opstojnost našeg narod i spriječile ponavljanje posljednje katastrofe. Ako slijedimo ovaj cilj, onda je glupost povezati se sa silom, čiji je vladar smrtni neprijatelj naše budućnosti. Kako se vlastiti narod može osloboditi okova ovog otrovnog zagrljaja, ako sam ulazi u njih? Kako njemačkom radniku objasniti boljševizam kao prokleti ljudski zločin, ako se sam povezuje s organizatorima ovog paklenog izroda i uvelike ih priznaje? S kojim pravom osuđivati pripadnike širokih masa ako simpatiziraju taj svjetonazor, kad su i vode države sami predstavnici ovog svjetonazora i biraju ga za saveznika?

Borba protiv židovskog svjetskog boljševizma zahtijeva jasan stav prema Sovjetskoj Rusiji. Ne može se istjerati vraga vražjim poglavicom.

Ako se i sami narodni krugovi zanose savezom s Rusijom, onda se trebaju osvrnuti po Njemačkoj i vidjeti čiju će podršku dobiti na njegovom početku. Ili odnedavna narodnjaci u ovom trgovanju, a koje je preporučeno i internacionalnim marksističkim tiskom, vide blagoslov za njemački narod? Otkada se narodnjaci bore oružjem koje nam pruža Židova kao štitonošu?

Glavni prigovor starom njemačkom carstvu mogao bi se odnositi na njegovu politiku savezništva: da je pokvarilo odnose prema svima, klateći se bolesnom slabošću tamo - amo, kako bi pod svaku cijenu sačuvalo svjetski mir. Ali mu se ne može predbaciti jedno - štoviše nije održalo dobre odnose s Rusijom.

Već sam i prije rata, otvoreno priznajem, držao pravilnim, što se Njemačka odricanjem od besmislene kolonijalne politike i odricanjem trgovinske i ratne flote u savezu sa Engleskom, postavila protiv Rusije i time od slabe svesvjetske politike, prišla odlučnoj europskoj politici kontinentalnog stjecanja tla.

Ne zaboravljam trajnu bezobraznu prijetnju Njemačkoj na koju se usudila panslavenska Rusija; ne zaboravljam trajnu probnu mobilizaciju, čiji je jedini smisao bio poniženje Njemačke; ne mogu zaboraviti glas javnog mnijenja u Rusiji, koje je još prije rata premašilo mržnjom ispunjene ispade prema našem narodu i carstvu, ne mogu zaboraviti snažni ruski tisak, koji se više zanosio Francuskom nego nama.

Samo, unatoč svemu tome, prije rata je postojao i drugi put; na Rusiju se moglo osloniti, da bi se moglo okrenuti protiv Engleske.

Danas odnosi izgledaju drugačije. Ako se prije rata gušenjem svih mogućih osjećaja i moglo ići s Rusijom, to danas više nije moguće. Kazaljka svjetskog sata se od tada okretala unaprijed i snažnim nam udarcima najavljuje trenutak u kojem sudbina našeg naroda, i tako i tako, mora biti odlučena. Konsolidacija u kojoj se trenutno nalaze najveće države Zemlje, nama je posljednji opominjući signal. Probuditi naš narod iz svijeta snova, ponovno ga vratiti u oporu stvarnost i pokazati mu put u budućnost, prema novom procvatu, može voditi samo staro carstvo.

Ako se nacionalsocijalistički pokret u pogledu velike i najvažnije zadaće oslobodi svih iluzija i uvaži razum kao jedinog vodu, jednom će katastrofa iz 1918. još postati beskrajna blagodat za budućnost našeg naroda. Iz tog sloma on može dospjeti do potpuno nove orijentacije svog vanjskopolitičkog djelovanja i dalje, iznutra ojačan novim svjetonazorom, može i prema van stabilizirati svoju vanjsku politiku. Na kraju, može dobiti ono što posjeduje Engleska, a posjedovala je i Rusija, i zbog čega Francuz donosi stalno iste i pravilne odluke, naime: *politički testament*.

Politički testament njemačke nacije za njeno djelovanja prema van, treba i mora zauvijek smisleno glasiti:

Nikada ne podnosite nastanak dviju kontinentalnih sila u Europi! U svakom pokušaju da se na njemačkim granicama organizira neka druga vojna sila, pa bilo to čak i u obliku stvaranja vojno sposobne države za napad na Njemačku, ne gledajte u tome samo pravo, nego i dužnost, da svim sredstvima, pa i primjenom oružane sile, spriječite nastanak jedne takve države, odnosno, ako je već nastala, ponovno je razbijte! Brinite se za to da snaga našega naroda svoje temelje održi, ne u kolonijama, nego na tlu zavičaja u Europi! Nikada ne držite carstvo sigurnim, sve dok i zadnji izdanak našeg naroda ne bude za stoljeća opskrbljen vlastitim komadom zemlje i tla! Nikada ne zaboravljajte, da je najsvetije pravo ovoga svijeta pravo na Zemlju, koju čovjek sam želi obrađivati, i da je najsvetija žrtva, krv koja se za tu Zemlju prolijeva.

*

Ova razmatranja ne želim završiti prije nego se još jednom, sasvim sam, ne osvrnem na mogućnosti savezništva, koja su za nas u Europi trenutno moguća. U prošlom sam poglavlju naznačio njemački problem savezništva s Engleskom i Italijom, kao jedinim državama, s kojima bi čvršći odnos za nas mogao biti uspješan i vrijedan napora. Na ovom ću se mjestu još ukratko dotaknuti *vojnog* značenja takvog saveza.

Vojne bi posljedice proistekle iz zaključivanja ovog saveza u svemu i svačemu bile suprotne onima, koje bi proistekle iz saveza s Rusijom. Najvažnija je zapravo *činjenica da približavanje Engleskoj i Italiji, ni u kom slučaju ne bi samo po sebi približilo i ratnu opasnost*. Jedina sila koja bi mogla zauzeti stav protiv ovog saveza, Francuska, ne bi to bila u stanju. *Time bi savez Njemačkoj dao mogućnost da u potpunom miru obavi sve pripreme, koje bi u okviru takve koalicije morale biti potrebne za kakav takav obračun s Francuskom.* Jer se puni značaj takvog saveza i nalazi u tome, da Njemačka njegovim zaključivanjem ne bi bila prepuštena iznenadnoj neprijateljskoj invaziji, nego da se protivnička alijansa sama raspadne, i da se Antanta, kojoj zahvaljujemo tako beskrajno mnogo nesreće, ugasi sama po sebi, a time *smrtni neprijatelj našega naroda, Francuska*, padne u izolaciju. Ako bi ovaj uspjeh u početku djelovao i samo moralno, bio bi dovoljan da Njemačka danas dobije jedva primjetljivu slobodu kretanja. *Zakon trgovine našao bi se u rukama novog europskog anglo – njemačko - talijanskog saveza, a ne više u francuskim.*

Daljnji bi uspjeh bio u tome, što bi Njemačka jednim udarcem bila oslobođena svoga nepovoljnog strategijskog položaja. S jedne strane, najjača zaštita s boka, potpuna sigurnost opskrbe živežnim namirnicama i sirovinama, s druge, blagoslovljeno djelovanje novog uređenja država.

Skoro bi još važnija bila činjenica, što bi novi savez obuhvaćao države čije tehničke sposobnosti na neki način nadopunjuju jedna drugu. Njemačka bi po prvi puta dobila saveznike koji kao pijavice ne sišu krv našega gospodarstva, nego bi svojim udjelom čak mogle i htjele pridonijeti najbogatijem upotpunjenju naše tehničke opremljenosti.

Ne bi se smjela previdjeti i zadnja činjenica, da bi se u oba slučaja radilo o saveznicima, koji se ne mogu usporediti s Turskom ili današnjom Rusijom.

Najveća svjetska sila na Zemlji i mlada nacionalna država, nudile bi Europi drugačije pretpostavke, nego trulo državno truplo s kojim se Njemačka povezala u posljednjem ratu.

Sigurno su teškoće, kao što sam u prethodnom poglavlju već naglasio, koje se suprotstavljaju takvom savezu, velike. Samo, je li stvaranje Antante manje teško djelo? *Što je uspjelo jednom kralju Eduardu VII, da dijelom stvori, gotovo i protiv prirodnog interesa, mora uspjeti i nama, ako nas spoznaja nužnosti jednog takvog razvoja tako nadahne, da svoje vlastito djelovanje određujemo mudrim samosavlađivanjem.* A to je moguće u trenutku u kojem se ispunjen opomenom nevolje, umjesto vanjskopolitičke besciljnosti posljednjeg desetljeća, svjestan cilja, zakorači jednim jedinim putem i na njemu izdrži. *Budući cilj naše vanjskopolitičke orijenta- cije ne smije biti ni zapadna ni istočna orijentacija, već istočna politika u smislu stjecanja grude zemlje za naš njemački narod. Kako je za to potrebna snaga, jer nas smrtni neprijatelj našeg naroda, Francuska, neumoljivo guši i krade nam snagu, moramo na sebe preuzeti svaku žrtvu, koja je svojim posljedicama sposobna pridonijeti uništenju francuske hegemonijske težnju u Europi. Svaka sila koja kao i mi drži francusku težnju za prevlašću na kontinentu neizdrživom, naš je današnji saveznik. Nijedan put prema takvoj siline smije nam biti težak i ni jedno odricanje neizgovorivo, samo ako krajnji rezultat nudi rušenje našeg ljutog neprijatelja.* Prepustimo tada polagano zacjeljivanje malih rana blagotvornom djelovanju vremena, ako smo uspjeli zaliječiti najveće.

Naravno da nas iznutra nagriza lajanje neprijatelja našega naroda. Ne dajmo, mi Nacionalsocijalisti, da nas išta zbuni, da navijesti ono što je po našem unutarnjem uvjerenju bezuvjetno potrebno. Moramo se danas opirati struji koja iskorištava njemačku nepromišljenost prema židovskoj podlosti, obmani javnog mnijenja. Dobro je da su ponekad oko nas udarali ljuti i zlokobni valovi, tko u rijeci pliva lakše mu se skriti, nego onom koji se vodama opire. Danas smo jedna stijena; za nekoliko nas godina Sudbina može uzdignuti do čvrstog bedema o kojeg se lomi svaka rijeka i dalje teče jednim novim koritom.

Zato je neophodno da upravo naš nacionalsocijalistički pokret, u očima ostalog svijeta bude prepoznat i priznat kao nositelj određene političke namjere. *Kakva god bih volja nebeska, nas će se prepoznati po nišanu.*

Kao što mi i sami prepoznajemo veliku neophodnost da odredimo naše vanjskopolitičko djelovanje, iz te će spoznaje proisteći snaga ustrajnosti, koju mnogo puta nužno trebamo, kada pod bubnjarskom vatrom naših protivničkih tiskovnih hordi, jednom ili drugom, postane hladno pri duši, te poželimo tihu naklonost, i da ne bismo imali sve protiv sebe, zajamčimo pokoju koncesiju na ovom ili onom području, i zavijamo s vukovima.

GLAVA 15

NUŽNA OBRANA KAO PRAVO

Polaganjem oružja u studenom 1918. uvedena je politika, koja je prema ljudskom predviđanju morala polako voditi potpu- nom podjarmljivanju. Povijesni primjeri slične vrste pokazuju, da se narodi koji potežu oružje bez nužnog razloga, u vremenu koje slijedi, radije mire s poniženjem i ucjenama, nego što obnovljenim pozivom na upotrebu sile pokušavaju promijeniti svoju Sudbinu.

To je ljudski objašnjivo. Mudri će pobjednik svoje zahtjeve pobijeđenom, ako je moguće, nametnuti uvijek dio po dio. On pri tome smije kod beskarakterno postalog naroda - a to je svaki koji se dragovoljno dao podjarmiti - računati s tim, da se svakom takvom pojedinačnom tlačenju više ne nalazi ni jedan dovoljan razlog zbog koga bi ponovno posegnuo za oružjem. Što se ugnjetavanje na takav način dragovoljnije prihvaćeno, to se ljudima čini neopravdanijim da se zbog jednog novog, prividno jedinog, ali uvijek ponavljajućeg, pritiska, ponovno uzima oružje, posebno ako se, sve skupa zbrojeno, ionako već šutke i strpljivo podnosi i veća nesreća.

Propast Kartage je najstrašniji opis jednog takvog polaganog samookrivljujućeg smaknuća jednoga naroda.

U svoja "Tri priznanja", Clausewitz na neusporediv način izdvaja ove misli i čvrsto ih prikiva za sva vremena, pri čemu kaže "da se ljaga kukavičkog potčinjavanja nikada ne može izbrisati; da ova kap otrova u krvi jednog naroda prelazi u potomstvo i da će snagu kasnijih pokoljenja osakatiti i pokopati", da, prema tome "čak i sam gubitak ove slobode nakon krvave i časne borbe jamči preporod naroda i jezgra je života iz koje će jednoga dana, novo drvo pustiti duboko korijenje." Naravno, da se nečasna i beskarakterno nastala nacija neće osvrtati na takvu pouku. Jer tko je prihvati, ne može tako duboko potonuti, a slama se samo onaj tko to zaboravlja ili o tome ne želi ništa više znati. Zato se od nositelja jednog beskarakternog podjarmljivanja, ne može očekivati, da ih iznenada zapeče savjest, i na osnovu razuma i ljudskog iskustva, počnu postupati drugačije nego do sada. Baš naprotiv, upravo će takvi svaku takvu pouku daleko gurnuti od sebe i to tako dugo, ili dok se narod ne navikne na robovski jaram, ili dok na površinu ne probiju bolje snage, kako bi opakom pokvarenjaku izbile silu iz ruku. U prvom se slučaju takvi ljudi i ne osjećaju loše; jer su od mudrih pobjednika nerijetko dobili službu nadglednika robova, pa ove beskarakterne prirode s vlastitim narodom postupaju nemilosrdnije nego, od neprijatelja postavljena, neka strana beštija.

Razvoj od 1918. do danas, nagovještava nam da je u Njemačkoj dragovoljnim podčinjavanjem milosti pobjednika, nažalost, određeno zlokobnim načinom političkog razumijevanja i djelovanja širokih masa. Zbog toga želim dati naglasak na široke mase, jer se ne mogu uvjeriti da se držanje i činjenje vođa našeg naroda može pripisati otprilike istom pokvarenom krivom mišljenju.

Kako vodstvo naših spretnjakovića od kraja rata pa do sada, sasvim otvoreno opskrbljuju Židovi, ne može se doista pretpostaviti da je uzrok našoj nesreći samo pogrešno razumijevanje, nego se naprotiv mora biti uvjerenja, da se naš narod uništava svjesnom namjerom. I čim se s ovog stajališta preispita prividna glupost vanjskopolitičkog vodstva našeg naroda, otkriva se njegova vrlo rafinirana ledena logika u službi židovskog nazora u borbi za osvajanje svijeta.

Zato se činilo shvatljivim, da je vremensko razdoblje od 1806. do1813. bilo dovoljno, da bi i potpuno uništene Pruse moglo ispuniti novom životnom energijom i borbenom odlučnošću, koja je danas, ne samo netragom prohujala, već naprotiv, vodila sve većem slabljenju naše države.

Sedam godina nakon studenog 1918. potpisan je ugovor u Locarnu!

Tijek događaja pri tome, bio je kao što je gore razjašnjeno: Čim se potpisalo ovo sramno primirje, nije postojalo ni odlučnosti ni hrabrosti, da bi se protivnicima iznenada pružio otpor protiv ponovljenih mjera ugnjetavanja. Oni su bili prepametni da odjednom traže previše. Svoje su ucjene uvijek ograničavali onim okvirom, koji će po njihovom mišljenju - i mišljenju našeg njemačkog vodstva - trenutno biti i dalje izdržljiv, da se ne bi morali bojati eksplozije narodnog raspoloženja. Što je bilo više takvih progutanih pojedinačnih gušećih diktata, to se manje činilo opravdanim, zbog samo jedne jedine daljnje pljačke ili traženog poniženja, iznenada činiti ono što se zbog mnogočega drugoga nije učinilo: pružiti otpor. Toje ona "kap otrova" o kojoj govori Clausevitz: najprije počinjena beskarakternost, koja se sama sve više i više penje i postupno, kao najprljavije nasljeđe, opterećuje svaku buduću odluku. Ona može postati tako užasno olovno teška da je narod jedva ikada može sa sebe stresti, pa će, konačno, biti uvučen u biće robovske rase.

Tako su se u Njemačkoj, jedan za drugim, izmjenjivali edikti o razoružanju i porobljavanju, politička obrambena nemoć i pljačka gospodarstva, da bi se konačno stvorio onaj moralni duh, koji je u Dawesovom stručnom mišljenju vidio sreću, a u Locarnskom ugovoru uspjeh. Može se slobodno promatrano s visoka, govoriti o ovoj bijedi, kao o jednoj jedinoj sreći, tj., da se moglo obmanuti ljude, ali ne i potkupiti nebo. Jer je njegov blagoslov izostao: Otada su stalni pratioci našeg naroda bili nužda i briga, a naš jedini vjerni saveznik - nevolja. Sudbina ni u ovom slučaju nije načinila izuzetak, nego nam dala ono što smo i zaslužili. Kako još nismo naučili cijeniti čast, poučava nas da bar poštujemo slobodu kruha.

Zbog kruha su ljudi sada već naučili vikati, ali će slobodu jednog dana morati još prositi.

Koliko god da je bio gorak i očit slom našega naroda u godinama nakon 1918., toliko je u to vrijeme bio odlučno proganjan svatko tko se usudio proricati ono što se kasnije i dogodilo. Koliko je vodstvo našega naroda bilo bijedno i loše, toliko je bilo i umišljeno i to posebno onda, kada se radilo o neželjenim i neprijatnim upozorenjima. Tada se moglo doživjeti, (a može se još i danas!) da su se najveći parlamentarni glupani, pravi kumovi, sedlari i rukavičari, - ne prema zanimanju, što ne bi bilo loše - iznenada podigli na postolje državnika, da bi otuda, čitali lekcije onima dolje, običnim smrtnicima. Ništa ne znači i ne pridonosi stvari, što je takav "državnik" najčešće već u šestom mjesecu svog "političkog" rada bio raskrinkan i izvikan kao šeprtlja, kao ruglo i poruga cijelog svijeta, ali njegova potpuna nesposobnost ni s čim nije, crno na bijelo, potvrđena. Ne, to ništa ne pridonosi stvari, baš naprotiv: što su stvarni učinci ovih parlamentarnih državnika ove Republike slabiji, oni su to žešće i ljuće progonili one, koji su od njih očekivali rezultate, koji su, da, dokazali kako su oni zakazali u dosadašnjem radu, drznuli se i predvidjeli njihov budući neuspjeh. Pritisne li se konačno čvršće jednog takvoga parlamentarnog dostojanstvenika, i ako državni umjetnik više ne može pobijati neuspjeh svoje cjelokupne djelatnosti i ne može opravdati rezultate, tada iznalazi na tisuće razloga izvinjenja za svoje neuspjehe, samo ne želi priznati jedno jedino, a to je, da je glavni razlog svih nevolja on sam.

Najkasnije zimi 1922/23. moralo se konačno shvatiti zašto se Francuska i nakon sklapanja mira trudila tako željeznom dosljednošću da ipak postigne i ostvari svoj prvobitno zamišljeni ratni cilj. Jer valjda nitko neće vjerovati, da bi Francuska u najodlučnijem hrvanju u svojoj povijesti, dugom četiri i pol godine, gdje nije samo uložila krv svoga naroda, reparacijama željela samo nadoknaditi prethodno nastale štete. Već samo Elsas i Lotharingija ne bi mogli razjasniti uloženu energiju francuskog ratnog vodstva, kad se pri tome ne bi radilo i o dijelu doista velikog političkog programa budućnosti francuske vanjske politike. Ovaj cilj glasi: raspad Njemačke na mješavinu malih država. Za to se borila šovinistička Francuska, pri čemu je zapravo prodala svoj narod kao zemljišne najamnike internacionalnom Židovstvu.

Ovaj bi francuski ratni cilj bio već dohvatljiv samim ratom, da se, kako se u Parizu u početku nadalo, rat odigrao na njemačkom tlu. Može se zamisliti, kako se htjelo, da se krvave borbe svjetskog rata ne odvijaju na Sommi, u Flandriji, u Artoisu, pred Waršavom, Ivangorodom, Kownom, Rigi i tko zna gdje sve još ne, nego u Njemačkoj, u Ruhru, na Meini, Elbi, pred Hannoverom, Leipzigom, Nürnbergom itd., i mora se priznati da bi tako postojala mogućnost razaranja Njemačke. Vrlo je upitno bi li naša mlada federativna država izdržala četiri i pol godine istog probnog opterećenja, kao što je to mogla stoljećima strogo centralizirana Francuska, pod neospornim nadzorom svoje središnje točke, Parizom. Da se ovo silno hrvanje naroda otkotrljalo izvan granica naše domovine, nije bila samo besmrtna zasluga jedinstvene stare vojske, nego i najveća sreća za njemačku budućnost. Moje je, kao stijena čvrsto, ponekad skoro tjeskobno, unutarnje uvjerenje, da u drugom slučaju danas već davno ne bi postojalo njemačko carstvo, nego samo "njemačke države". To je i jedini razlog zašto krv naših palih prijatelja i braće bar nije potpuno uzalud tekla.

Sve se dogodilo drugačije! Njemačka u studenom 1918. nije munjevito slomljena. Ali kada je u zavičaju nastupila katastrofa, stajala je vojska jurišnih postrojbi još duboko u neprijateljskim zemljama. Prva briga Francuske tada nije bio njemački slom, nego više: kako njemačku vojsku, ako je moguće, brzo izbaciti iz Francuske i Belgije? I tako je za pariško državno vodstvo prva zadaća po završetku svjetskog rata bilo razoružanje njemačke vojske i po mogućnosti brzo potiskivanje natrag u Njemačku, a tek u drugom planu posvetiti se ispunjenju prvobitnog i jedinog ratnog cilja. Svakako, u tome je Francuska bila već zakočena. Za Englesku je uništenjem Njemačke kao kolonijalne i trgovinske sile i njezinim degradiranjem u rang drugoklasne države, rat stvarno pobjedonosno završio. Interes za bezostatnim istrebljenjem njemačke države, ne samo da nije postojao, nego su postojali svi razlozi da se za budućnost poželi Francuskoj rivala u Europi. Tako je francuska politika tek odlučnim mirovnim radom nastavila ono, što joj je prokrčio rat, a Glemenceauova izreka, da je za njega i mir samo nastavak rata, dobila je više značenje.

Trajno, svakim mogućim povodom, tresao se carski ustroj. Putem nametanja uvijek novih nota o razoružanja, s jedne strane, i njima omogućenog neprestanog gospodarskog cijeđenje, s druge strane, dalo je nadu Parizu da će carski ustroj polako moći olabaviti. Što je više odumirala njemačka nacionalna čast, to su gospodarski pritisak i vječna nužda mogle više voditi destruktivnim političkim učincima. Takva politika političkog ugnjetavanja i gospodarske pljačke, provođena tijekom deset ili dvadeset godina, morala je postupno ruinirati i najsnažnije državno tijelo, a pod takvim ga okolnostima i sasvim rastočiti. Time je konačno dostignut francuski ratni cilj.

Ovu je francusku namjeru trebalo prozreti još zimi 1922/ 23. Tada bi preostale još samo dvije mogućnosti: moglo se nadati, ili da će francusko htijenje zbog žilavosti njemačkog narodnog tijela postupno otupjeti, ili, konačno, učiniti ono, što ionako ne može izostati, naime prilikom bilo kakvog ekstremnog slučaja, istrgnuti kormilo carskog broda i usmjeriti ga prema neprijatelju. To bi svakako značilo borbu na život i smrt, a izgledi za život, postojali bi samo tada, ako bi se prethodno uspjelo Francusku toliko izolirati, da ova druga borba, više ne bi morala biti njemačko hrvanje sa svijetom, već obrana Njemačke od onoga, što je svijetu i njegovom miru predstavljalo trajno francusko uznemiravanje.

Naglašavam, i u to sam čvrsto uvjeren, da do ovog drugog slučaja jednom i tako i tako mora doći, i doći će. Nikada neću povjerovati da bi se francuske namjere prema nama ikada mogle promijeniti, jer se njihov najdublji korijen nalazi u smislu samoodržanja francuske nacije. Da sam i sam Francuz i da mi je francuska veličina tako draga, kao što mi je sveta njemačka, ne bih ni ja mogao ni htio postupiti drugačije nego kako na kraju čini Clemenceau. Francustvo može trajno održati svoje značenje u svijetu, ne samo svojom narodnom mnogoljudnošću i svojim rasno najboljim elementima koji polako izumiru, nego samo uništenjem Njemačke.

Može francuska politika ići i tisućama zaobilaznica, ipak će negdje na kraju uvijek postojati ovaj cilj kao ispunjenje posljednje želje i najdublje čežnje. Ali je netočno vjerovati, da jedno čisto *pasivno*, samo sebi svrhovito, htijenje može trajno pružiti otpor nekom, ne manje snažnom, ali *aktivno* postojećem. Tako dugo dok ovaj *vječiti konflikt između Njemačke i Francuske bude postojao samo u obliku njemačke obrane nasuprot francuskog napada, nikada neće biti odlučeno, ali će zato Njemačka od stoljeća do stoljeća gubiti poziciju jednu za drugom.* Slijedimo li pomake njemačkog govornog područja počevši od dvanaestog stoljeća do danas, teško da će se više moći graditi na uspjehu stava i razvoja koji su nam do sada nanijeli toliko štete.

Tek kad u Njemačkoj bude potpuno shvaćeno, da se životnoj volji njemačke nacije ne smije dopustiti klonuće samom pasivnom obranom, nego aktivnim konačnim razračunom s francuskom i posljednjom odlučujućom borbom, tek će tada biti u stanju vječno po sebi neplodno hrvanje između nas i Francuske dovesti do kraja, svakako pod pretpostavkom, da Njemačka u uništenju Francuske vidi stvarno samo sredstvo da se našem narodu konačno na drugom mjestu dade moguće proširenje. Danas u Europi ima osamdeset milijuna Nijemaca. Svaka će vanjska politika biti jedva priznata tek onda ako nakon sto godina, na ovom kontinentu bude živjelo dvjesto pedeset milijuna Nijemaca, i to ne sprešanih kao fabričke kulise drugog svijeta, nego: kao seljaci i radnici, koji svojim zajedničkim stvaranjem jamče život.

U prosincu 1922. situacija između Njemačke i Francuske činila se ponovno prijeteće zaoštrenom. Francuska je imala u vidu nove ogromne ucjene i zato trebala jamstva. Gospodarskom pljačkanju je morao prethoditi politički pritisak, pa se već snažniji zahvat u živčani centar ukupnog njemačkog života, Francuskoj činio dovoljnim da "nepokorni" narod podvrgne najtežem jarmu. *Okupiranjem Ruhrskog područja* nadali su se, ne samo da će konačno slomiti njemačku moralnu kičmu, nego da će nas i gospodarski prisiliti, pa ćemo morati, htjeli mi to ili ne, preuzeti najteže obveze.

Bilo je, saviti se ili slomiti. I Njemačka se u početku savila, da bi kasnije završila potpunim slomom.

Okupiranjem Ruhrskog područja. Sudbina je njemačkom narodu pružila ruku za ponovni uspon. Jer što se u prvom trenutku moralo činiti najtežom nesrećom, sadržavalo je pri bližem razmatranju beskrajno ohrabrujuću mogućnost završetka njemačke patnje uopće.

Francuska okupacija Ruhra, vanjskopolitički je prvi puta otuđila Englesku i Francusku, i to ne samo krugove britanske diplomacije, koja je sam savez s Francuskom sklopila trijezna oka hladnog račundžije, već i najšire krugove engleskog naroda. Posebno je englesko gospodarstvo na ovo jačanje kontinentalne francuske moći gledalo s prikrivenom nelagodom. Jer, ne samo da je Francuska, gledajući čisto vojnopolitički, zauzela položaj u Europi, koji prije toga nije imala ni sama Njemačka, nego je dobila i gospodarske podloge, koje su i njenu političku konkurentsku sposobnost gospodarski skoro vezale gotovo monopolističkim položajem. Najveći rudnici željezne rude i rudnici ugljena Europe time su bili ujedinjeni u rukama nacije, koja je svoje životne interese, za razliku od Njemačke, spoznala kako odlučno tako i aktivno, i koja je svojom vojnom pouzdanošću osvježila sjećanje na veliki svjetski rat.

Francuskom okupacijom Ruhrskih nalazišta ugljena, izbijen je Engleskoj iz ruku sav njen ratni uspjeh, pa pobjednik nije bila neumorna i poduzetna britanska diplomacija, nego maršal Foch i njegova, u njemu zastupana Francuska.

I u Italiji se sada raspoloženje protiv Francuske, koje od rata i tako nije bilo ružičasto, pretvorilo u pravu pravcatu mržnju. Bio je to veliki povijesni trenutak u kojem su dosadašnji saveznici, već sutra mogli postati neprijatelji. Ako bi ipak ispalo drugačije i saveznici ne bi kao u drugom Balkanskom ratu, dospjeli u međusobne razmirice, tada bi se to moglo pripisati okolnosti, što Njemačka nije imala Enver Pashu, nego carskog kancelara Cunoa.

Za budućnost njemačke, kako vanjske tako i unutarnje politike, bio je francuski napad na Ruhr od velikog značenja. Priličan broj našeg naroda, koji je zahvaljujući neizostavnom utjecaju svog lažnog tiska, u Francuskoj još uvijek vidio borca za napredak i slobodu, bio je od ove velike zablude naglo izliječen. Kao što je 1914. iz glava našeg njemačkog radnika istjerala snove o internacionalnoj narodnoj solidarnosti, i iznenada ih privela u svijet vječne borbe, (svagdje gdje se jedno biće približi drugom, smrt slabijega znači život jačega) tako je bilo i u proljeće 1923.

Kad je Francuz ostvario svoje prijetnje i konačno počeo prodirati u donjonjemačko područje ugljena, u početku još vrlo oprezno i plaho, Njemačku je pogodio veliki odlučujući tren Sudbine. Da se u ovom trenutku u našem narodu združio pokret njegova uvjerenja s promjenom današnjeg držanja, tada bi za Francuze njemačko Ruhrsko područje, moglo postati Napoleonova Moskva. *Postojale su samo dvije mogućnosti: ili dozvoliti još i to i ništa ne učiniti, ili njemačkom narodu dati mig prema tom području, stvoriti mu želju za toplim jelom i zadimljenoj peći kao i žarku želju za završetkom ove vječne sramote, jer je bolje podnijeti trenutne strahote, nego ih nadalje podnositi u nedogled.*

Da je otkriven i treći put, bila je "besmrtna zasluga" tadašnjeg kancelara Cunoa, kojem se divio i s njim surađivao naš "proslavljeni" svijet građanskih stranka.

Želim ovdje najprije sasvim kratko, koliko je samo moguće, razmotriti drugi put:

Okupacijom Ruhrskog područja Francuska je izvršila eklatantnu povredu Versailleskog ugovora. Time se dovela u suprotnost s čitavim nizom sila koje su ga jamčile, posebno prema Engleskoj i Italiji. Za svoj egoistični pljačkaški pohod, Francuska više nije mogla očekivati potporu ovih država. Svoju pustolovinu, a to je u početku i bila, morala je sama privesti nekakvom sretnom završetku. Za njemačku nacionalnu vladu, mogao je postojati samo jedan jedini put, naime onaj, koji je propisivala čast. Bilo je sigurno da se Francuskoj u početku ne može suprotstaviti aktivnom oružanom silom, ali je trebalo biti jasno, da bi svako pregovaranje bez sile iza sebe, bilo smiješno i neplodno. Bez mogućnosti aktivnog otpora bilo je besmisleno držati se stava: "Ne idemo ni na kakve pregovore!", a još besmislenije, konačno, ipak ići na pregovore bez, u međuvremenu stvorene, sile.

Ne znači da je okupacija Ruhra mogla biti spriječena *vojnimmjerama*. Samo bi luđak mogao savjetovati takvu odluku. No, pod utjecajem ove francuske akcije i za vrijeme njenog izvođenja, moglo se i moralo misliti i na to, da se bez obzira na, od same Francuske raskinuti Versailleski ugovor, moraju osigurati ona vojna pomoćna sredstva, koja su kasnije mogla biti data posrednicima na njihovom putu. Jer je od početka bilo jasno, da bi se jednoga dana o tome, od Francuske okupiranom području, moglo odlučivati za nekim konferencijskim stolom. Isto tako mora biti jasno, da bi i najbolji pregovarači postigli manji uspjeh, sve dok tlo na kojem stoje i stolac na kojem sjede, ne budu pokriveni rukom njihova naroda. Loš krojačić ne može raspravljati s atletama, a nejaki je pregovarač još uvijek morao trpjeti Brennusov mač na neprijateljskoj vagi, ako nije imao vlastitog, kojeg bi stavio na vagu i time postigao ravnotežu. Ili, nije li stvarno bio jad i bijeda da čovjek mora gledati ove pregovaračke komedije, koje su od 1918. morale prethoditi dotičnim diktatima? Ova ponižavajuća predstava, koja je nuđena cijelom svijetu, kojom nas se porugom pozivalo za konferencijski stol, da bi nam položili već davno gotove zaključke i programe, o kojima je smjelo biti govora, ali koji su od početka morali ostati nepromijenjeni. Dabome, naši su pregovarači jedva u ponekom slučaju bili iznad nekog odlučujućeg prosjeka i najčešće su opravdavali i najbezobraznije izjave jednog Llovda

Georges - a, koji je s obzirom na bivšeg carskog ministra Simonsa podrugljivo primijetio, "da si Nijemci za vođe i predstavnike ne bi znali izabrati ljude od duha". I sami bi geniji, s obzirom na odlučnu snagu neprijateljske volje i bijedne moći vlastitog naroda, u svakom pogledu mogli postići samo manje.

Tko je Francuskoj u proljeće 1923. zbog ruhrske okupacije htio oduzeti vojna sredstva, s namjerom ponovnog povratka Ruhra, taj je naciji najprije trebao dati duhovno oružje, jačati voljnu snagu, a razgrađivače ovih najvrjednijih nacionalnih snaga uništiti.

Kao što se 1918. krvno osvetila, jer se 1914. i 1915. nije išlo na to da se marksističkoj zmiji jednom zauvijek smrska glava, tako se moralo kobno osvetiti što u proljeće 1923. povod nije uzet ozbiljno, kako bi se marksističkim izdajicama zemlje i narodnim ubojicama konačno zaustavio njihov ručni rad.

Svaka pomisao na stvarni otpor protiv Francuske bila je čista besmislica, ako se ne bi najavila borba onim snagama, koje su pet godina prije, iznutra razbile njemački otpor, na bojnim poljima. Samo su se građanske ćudi mogle probiti s nevjerojatnim mišljenjem, da je marksizam sada postao možda drugačiji i da bi huljske kreature vođa iz 1918., koje su tada dva milijuna mrtvih hladno zgazile nogama, kako bi se lakše mogle popeti u različite vladine stolice, sada u 1923. iznenada bile spremne vratiti svoj dug nacionalnoj savjesti. Nevjerojatna i besmislena pomisao, nada, da bi izdajnici domovine tako iznenada postali borci za njemačku slobodu! Oni na to nisu ni mislili! *Koliko malo hijena odustaje od strvine, toliko malo i marksist od izdaje domovine.*

Ljubazno je izostao najgluplji prigovor, da su ipak toliki radnici jednom iskrvarili i za Njemačku. Njemački radnici, dabome, ali tada više nisu bili internacionalni marksisti. Da se 1914. njemačko radništvo, prema svom unutarnjem uvjerenju, još sastojalo od marksista, rat bi završio za tri tjedna. Njemačka bi bila slomljena prije nego što bi i prvi vojnik kročio svojom nogom preko granice. Ne, to što se tada njemački narod još borio, potvrđuje da se marksističko ludilo još nije moglo urezati u svijest do zadnje dubine. Ali u mjeri mase, u kojoj su se tijekom rata i njemački radnik i njemački vojnik ponovno vratili u ruke marksističkih vođa, u toj je mjeri izgubljena i domovina. Da se na početku rata i tijekom njegova trajanja, jednom dvanaest ili petnaest tisuća ovih hebrejskih trovača naroda stavilo pod otrovni plin, kao što su stotine tisuća naših najboljih radnika iz svih slojeva i zanimanja morale otrpjeti na ratištima, tada ne bi bile uzaludne milijunske žrtve fronta. Baš suprotno: pravovremeno smaknuće dvanaest tisuća lopova, možda bi spasilo živote jednome milijunu urednih, za budućnost dragocjenih Nijemaca. Ipak, i to pripada građanskoj "državnoj politici", koja je, ne trepnuvši ni okom, izručila milijune krvavom završetku na bojnom polju, dok se na deset ili dvanaest tisuća narodnih izdajnika, špekulanata, izrabljivača i prevaranta gleda kao na nacionalnu svetinju i time otvoreno proklamira njihovu nedodirljivost. Čovjek ne zna što je u ovom građanskom svijetu veće, budalaština, slabost i kukavičluk ili skroz naskroz profućkano povjereneje. To je doista jedna klasa Sudbinom predodređena za propast, koja na žalost sa sobom u ponor povlači i cijeli narod.

Godine 1923. stajalo se pred potpuno istom situacijom kao i 1918. Sasvim svejedno o kojoj se vrsti otpora radilo, prva je pretpostavka uvijek bila odvajanje marksističkog otrova iz našeg narodnog tijela. Po mom je uvjerenju, prva zadaća prave nacionalne vlade bila tražiti i naći snage, koje bi bile odlučne marksizmu najaviti uništavajući rat, i ovim snagama osloboditi put; njihova je dužnost bila, ne obožavati gluposti o "miru i redu" u trenutku u kojem vanjski neprijatelj zadaje domovini najuništavajući udarac, a iznutra vreba izdaja iza svakog uličnog ugla. Ne, jedna stvarno nacionalna vlada je tada morala željeti nered i nemir, ukoliko bi u tom metežu moglo doći, i došlo bi, do konačnog principijelnog obračuna s marksističkim smrtnim neprijateljem našega naroda.

Izostane li to, tada bi svaka pomisao na otpor, potpuno svejedno koje vrste, bila čista glupost.

Takav obračun, od pravog povijesno svjetskog značaja ne održava se prema shemi nikakvog tajnog savjetnika ili neke^tare, isušene ministarske duše, nego prema vječnim zakonima života na ovoj Zemlji, koji jesu i ostaju borba za život. Moglo se uočiti, da je iz najkrvavijih građanskih ratova često izrastalo čelično, zdravo narodno tijelo, dok je iz umjetno stvorenih mirnodopskih stanja češće nego jednom, smrdjelo do neba. Tako bi se 1923. morali poduzeti najbrutalniji zahvati, kako bismo se domogli bjelouški, koje su žderale naše narodno tijelo. Uspije li to, tada bi pripremanje aktivnog otpora imalo smisla.

Tada sam vrlo često derao grlo do promuklosti i pokušavao, barem takozvanim nacionalnim krugovima pojasniti što je ovoga puta u igri, i da bi ponovljenim pogreškama iz 1914. i nadalje stvar bezuvjetno završila kao 1918. Stalno sam ih molio, da Sudbini dadu slobodan hod, a našem pokretu mogućnost obračuna s marksizmom; ali sam propovijedao gluhim ušima. Oni su sve shvaćali bolje uključujući i šefa obrambenih snaga, dok se nisu našli pred najbjednijom kapitulacijom svih vremena.

Bio sam svjestan do srži, da njemačko građanstvo stoji na kraju svoga poslanja i nije više pozvano ni za kakvu zadaću. Gledao sam tada kako se sve ove stranke, više iz konkurentske zavisti, svađaju s marksizmom; bez ikakve ozbiljne namjere da ga unište; iznutra su se svi već odavno pomirili s raspadom domovine, a ono što ih je pokrenulo bila je jedino velika briga da i sami sudjeluju na karminama. Samo su se još za to "borili".

U to vrijeme - to često otvoreno priznajem - osjećao sam najdublje divljenje prema čovjeku južno od Alpa, koji u vrućoj ljubavi prema svome narodu nije paktirao s unutarnjim neprijateljima Italije, nego je svim sredstvima i načinima težio njihovom uništenju. Ono što će Mussolinija uvrstiti među velikane ove Zemlje, je odlučnost da Italiju ne dijeli s marksizmom, i što je uništio internacionalizam kako bi od njega spasio domovinu.

Kako se bijedno i patuljasto, nasuprot njemu, čine naši njemački, također državnici, i kako se neko mora gušiti od gađenja, kada si ove nule s najnepristojnijom uobraženošću dozvoljavaju kritizirati tisuću puta bolje od sebe; i kako je bolno misliti da se to događa u zemlji, koja je još prije jedva pola stoljeća, smjela Bismarcka nazivati svojim vođom!

Ovakvim građanskim stavom i zaštitom marksizma, bila je 1923., već od samog početka, odlučena Sudbina svakog ruhrskog otpora. Htjeti se boriti protiv Francuske sa smrtnim neprijateljem u vlastitim redovima, bila je čista ludost. Ono što se tada činilo, mogla je biti samo opsjena, uvedena da bi u Njemačkoj mogla malo zadovoljiti nacionalni element, umiriti "uzavrelu narodnu dušu", ustvari je namagarčiti. Ako su ozbiljno vjerovali u to što su činili, morali su ipak spoznati, da se snaga jednog naroda ne nalazi u prvom redu u njegovu oružju, nego u njegovoj volji, i da prije nego se pobijedi vanjskog neprijatelja, on mora biti uništen u vlastitoj nutrini; inače, teško onome kome borba već prvoga dana ne daruje pobjedu! Kad bi samo sjena poraza dotakla nutrinu neoslobođenog naroda, razbila bi njegovu snagu otpora i protivnik bi postao konačni pobjednik.

To se već tada, u proljeće 1923., moglo predvidjeti. Nije upitan vojni uspjeh protiv Francuske! Jer da je rezultat njemačkog djelovanja u odnosu na francuski ruhrski napad, bilo uništenje marksizma iznutra, bio bi već time uspjeh na našoj strani: Njemačka, oslobođena smrtnog neprijatelja svoga opstanka u budućnosti, stekla bi snage koje više nikakav svijet ne bi mogao ugušiti. *Onoga dana, kada se u Njemačkoj raspadne marksizam, pući će zauvijek naši okovi.* Jer nikada u našoj povijesti nismo bili pobijeđeni snagom naših protivnika, nego uvijek vlastitim porokom i neprijateljima iz našeg vlastitog tabora.

Da se tada njemačko državno vodstvo nije htjelo odlučiti na takvo herojsko djelo, moglo je, prema smislu, zaista ići samo prvim putem, naime, ne činiti ništa, nego pustiti stvari da teku kako teku.

Ali, u tom velikom trenutku samo je nebo njemačkom narodu darovalo jednog velikog čovjeka, gospodina Cunoa. On ustvari nije ni bio državnik i političar ni po zanimanju, a još mnogo manje po rođenju, već je predstavljao jednu vrstu političkog pribora, koji je bio potreban za obavljanje određenih zadaća; inače, on je, ustvari, više bio vješt trgovačkim poslovima. Prokletstvo za Njemačku, jer je ovaj politizirajući trgovac i politiku vodio kao privredno poduzeće pa je prema tome usmjeravao i svoje djelovanje.

"Francuska je okupirala Ruhrsko područje; čega ima u Ruhrskom području? Ugljena. Dakle, Francuska je okupirala Ruhrsku oblast radi ugljena?" Što je za gospodina Cunou bilo prirodnije od pomisli na štrajk, kako Francuzi ne bi mogli dobiti ugljen, zbog čega će, prema mišljenju gospodina Cunoa, jednoga dana sigurno napustiti Ruhrsku oblast, zbog nerentabilnosti ovog poduhvata. Tako je otprilike teklo razmišljanje ovog "značajnog", "nacionalnog", "državnika", kojemu se dozvoljavalo da govori "svojem narodu" u Stuttgartu i u drugim mjestima i kojemu se ovaj narod blaženo divio.

Za štajk bi naravno bili potrebni marksisti, jer su u prvom redu morali štrajkati radnici. Dakle, bilo je potrebno ujediniti radnike, (i ti su u mozgu jednoga takvog državnika uvijek istoznačni s marksistima) u zajednički front s ostalim Nijemcima. Stvarno se morao vidjeti tadašnji sjaj ovih građanskih, stranačko - političkih pljesnivaca, u pogledu jedne tako genijalne parole! Istovremeno i nacionalna i genijalna - konačno su sada imali ono što su u svojoj unutarnjosti sve vrijeme i tražili! Pronađen je most k marksizmu, a nacionalnim je varalicama sada omogućeno da s "teutonskim" izrazom lica i nacionalnim frazama ispruže "čestitu" ruku internacionalnim izdajnicima zemlje. I ovi su je žurno prihvatili. Jer kao što je Cuno za svoj jedinstveni front trebao marksističke vode, tako su marksističke vode trebale Cunoov novac. Time se pomoglo obim stranama. Cuno je dobio svoj jedinstven front sastavljen od nacionalnih brbljivaca i internacionalnih varalica, a internacionalne su varalice, uz državnu plaću, mogle služiti svom uzvišenom borbenom poslanju, tj. razoriti nacionalno gospodarstvo i to ovaj put čak na državni račun. Besmrtno mišljenje, da se plaćenim generalnim štrajkom spasi nacija, u svakom je slučaju parola, s kojom se oduševljava i najravnodušniji nesposobnjaković.

Dasejedannarodneoslobađamolitvom, opće je poznato. Činili se to ljenčarenjem, to bi tekmoralobiti povijesno isprobano. Daje tada gospodin Cuno umjesto poticaja na plaćeni generalni štrajk ovaj 'jedinstveni front" iskoristio kao osnovu, i od svakog.

Nijemca zahtijevao dva dodatna radna sata, tada bi se lopovluk ovog "jedinstvenog fronta" sam od sebe ugasio već trećeg dana. Narodi se ne oslobađaju ljenčarenjem, već žrtvama.

Jasno je da ovaj takozvani pasivni otpor, kao takav, nije dugo trajao, jer je samo ratno potpuno neupućen čovjek mogao uobraziti, da će okupatorske vojske moći uplašiti tako smiješnim sredstvima. Samo je to moglo dobiti smisao akcije, koja je koštala milijarde i bitno pripomogla rušenju nacionalne valute do temelja.

Naravno da su se Francuzi u trenutku unutarnjeg smirenja, u Ruhrskom području mogli udomaćiti, pa su u otporu vidjeli samo korisno sredstvo, kojim su se mogli poslužiti. Od nas su u ruke dobili najbolje recepte kako tvrdoglavo civilno stanovništvo privesti razumu, ako svojim ponašanjem ozbiljno ugrožava okupacijsku vlast. Kako su samo prije devet godina munjevito protjerali belgijske frankomanske parije, a civilnom stanovništvu objasnili ozbiljnost položaja, kad je njemačkoj vojsci pod njihovim djelovanjem zaprijetila opasnost nanošenja ozbiljnih šteta. Kako je pasivni ruhrski otpor doista bio opasan, okupatorske su trupe u nepunih tjedan dana, lakoćom igre, ovoj cijeloj dječjoj nepodopštini priredile strašan kraj. Na kraju se uvijek postavlja pitanje: Što učiniti kada protivniku pasivni otpor konačno počne ići na živce i on protiv njega poduzme surovu krvavu fizičku silu. Treba li se tada odlučiti i dalje pružati otpor? Ako da, tada se mora, lakše ili teže, pomiriti s najkrvavijim progonima, pa se onda dolazi tamo, gdje bi se došlo i aktivnim otporom - naime pred borbu. Zbog toga, svaki takozvani pasivni otpor ima smisla samo onda, ako iza njega stoji odlučnost da ga se u slučaju nužde nastavi otvorenom borbom ili malim prikrivenim ratom. Općenito uzevši, svako je takvo hrvanje vezano s uvjerenjem o mogućem uspjehu. Opsjednuto utvrđenje, koje je neprijatelj nemilosrdno napao, koje je prisiljeno, kao zadnju nadu, predati i pomoćne čete, praktično se i samo predalo. To se događa posebno onda, ako u jednom takvom slučaju umjesto sigurne smrti, branitelja privlači siguran život. Sve se snage obrane naglo ruše, kad se posadi zaplijeni tvrđava uvjerenja o mogućem oslobođenju.

Stoga bi i pasivni otpor u Ruhru, svojom zadnjom dosljednošću koju bi mogao i morao posjedovati ako doista želi biti uspješan, imao samo onda smisla, ako bi iza sebe imao izgrađen aktivan front. Tada bi se iz našeg naroda moglo izvući i ono neizmjerljivo. Kad bi svaki Westfalac znao, da zavičaj ima vojsku od osamdeset ili sto divizija, naišli bi Francuzi na oštro trnje. Uvijek se više ljudi spremno žrtvovati za uspjeh, nego za praznu nesvrhovitost.

Bio je to klasičan slučaj koji je nas Nacionalsocijaliste prisilio da protiv jedne takozvane nacionalne parole zauzmemo najoštrije stajalište. To smo i učinili. Tih me mjeseci nisu manje napadali ljudi, čije se cjelokupno nacionalno uvjerenje sastojalo u mješavini gluposti i vanjskog privida; svi su samo uzvikivali, jer su podlegli ugodnom golicanju što iznenada i bez opasnosti mogu i nacionalno djelovati. Na ovaj sam, od svih najbjedniji, jedinstveni front, gledao kao na najsmješnije prikaze, a i povijest mi je dala za pravo.

Kad su sindikati približno napunili svoje kase Cunoovim novcem, a pasivni otpor došao u položaj da iz lijene obrane priječe u aktivni napad, crvene su hijene u trenu izbile iz nacionalnog ovčjeg krda i postale opet ono što su oduvijek i bile. Gospodin Cuno se bez buke i vike povukao svojim brodovima. Njemačka je bila bogatija za jedno iskustvo, a siromašnija za veliku nadu.

Do kasnog ljeta, mnogi časnici, i to sigurno ne najlošiji, nisu mogli u sebi vjerovati u takav sramni razvitak. Svi su se oni nadali, ako ne i otvoreno, ono ipak potiho, da su izvršene sve pripreme, kako bi ovaj najbezobrazniji francuski napad mogao dovesti do preokreta njemačke povijesti. I u našim je redovima bilo mnogih koji su bar vjerovali u carsku vojsku. Ovo je uvjerenje bilo toliko živo, da su mjerodavno određivali djelovanje i obrazovanje bezbroj mladih ljudi.

Kad je nastupio sramni lom i kad je uz žrtvovanje imovine u milijardama i životima tisuća mladih Nijemaca - koji su bili dovoljno naivni i glupi da vjeruju obećanjima carskih vođa - došlo do kapitulacije na takav obeshrabrujući sramni način, buknula je pobuna protiv takve vrste izdajstva našeg nesretnog naroda, svjetskim plamenom. U milijunima glava iznenada je sinulo uvjerenje, da bi samo radikalno uklanjanje čitavog vladajućeg sustava moglo spasiti Njemačku.

Vrijeme nikada nije bilo zrelije nego u tom trenutku, kada se gorkim krikom molilo rješenje, jer se na jednoj strani očitavala gola izdaja domovine, dok je na drugoj, narod bio gospodarski prepušten umiranju od gladi. Kako je sama država pogazila sve zakone o vjeri i nadi, ismijala građanska prava, prevarila milijune svojih najvjernijih sinova, milijunima drugih pokrala i posljednji groš, nema više nikakvog prava očekivati od svojih pripadnika bilo što osim mržnje. A ova mržnja prema narodnim varalicama i varalicama domovine, već je tako i tako silila na pražnjenje. Na ovom mjestu upućujem na zaključnu rečenicu moga posljednjega govora na velikom sudskom procesu u proljeće 1924:

"Suci ove države, mimo nas mogu osuditi zbog našeg tadašnjeg djelovanja, povijest, kao božica više istine i boljeg prava, ovu će presudu s podsmjehom rastrgati i sve nas osloboditi krivnje i pogrešaka."

Ona će zahtijevati privesti pred sud sve one, koji su danas u posjedu moći, a gaze pravo i zakon, koji su naš narod vodili u nevolju i pokvarenost i koji u nesreći domovine, cijene više vlastito Ja od života cjeline.

Ne želim na ovom mjestu iznositi i slijediti one događaje koji su vodili 8. studenom 1923. i koji su ih zaključili. Ne želim to zbog toga, jer si time ne obećavam ništa korisno za budućnost i jer prije svega nema svrhe otvarati rane koje su danas jedva zacijelile; jer nema svrhe govoriti o krivnji ljudi koji su možda u najdubljem kutu svoga srca ipak voljeli svoj narod i koji su samo promašili zajednički put, ili se na njemu nisu razumjeli.

Što se tiče zajedničke nesreće naše domovine, danas ne želim vrijeđati, ili izdvojiti, one koji će jednoga dana u budućnosti ipak stvoriti veliki jedinstveni front, koji će u srcima istinski vjernih.

Nijemaca stajati iznad zajedničkog fronta neprijatelja našega naroda. Jer znam, da će jednom doći vrijeme, kada će čak i oni koji su bili protiv nas, osjetiti strahopoštovanje prema onima koji su za svoj njemački narod otišli kobnim putem smrti.

Ovih šesnaest junaka kojima sam posvetio prvi tom mojega djela, želim i na kraju drugoga, dovesti pred oči pristalicama i borcima našega nauka, kao one junake, koji su se pri najbistrijoj svijesti žrtvovali za sve nas. Oni moraju nepostojane i slabe neprekidno opominjati na ispunjenje njihovih dužnosti, dužnosti koje su i sami u najboljem uvjerenju dosljedno ispunjavali do kraja.

A među njih, želim ubrojiti i onoga čovjeka, koji je svoje najbolje životno djelo posvetio našem narodu, u stihu i mislima, a na kraju i djelom:

Dietricha Eckarta

Zaključak

Dana 9. studenog 1923. u četvrtoj godini svoga postojanja bila je Nacionalsocijalistička njemačka radnička stranka ugušena i zabranjena na cijelom području carstva. Danas, u studenom 1926. ponovno je pred nama slobodna u cjelokupnom carstvu, jača i iznutra čvršća nego ikada ranije.

Svi progoni pokreta i njegovih pojedinačnih vođa, svi grijesi i klevetanja, ništa im nisu mogla nauditi. Ispravnost njihovih ideja, čistoća njihovog htijenja, spremnost za žrtve njihovih pristalica, učinili su ih, nakon svih dosadašnjih pritisaka, jačim nego ikada do sada.

Ako oni u svijetu naše današnje parlamentarne korupcije sve više razmišljaju o najdubljem biću svoje borbe i ako se osjećaju čistim utjelovljenjem vrijednosti rase i osobe, i prema tome se ravnaju, oni će na osnovu skoro matematičke zakonitosti jednom odnijeti pobjedu svoje borbe. Točno tako, kao što Njemačka mora neophodno dobiti pripadajući joj položaj na ovoj Zemlji, ako bude vodena i organizirana prema istim načelima.

Država koja se u stoljeću rasnog trovanja posvećuje njezi svojih najboljih rasnih elemenata, mora jednoga dana postati gospodarom Zemlje.

To pristalice našega pokreta nikada ne smiju zaboraviti, čak ako ikada budu morali veličinu žrtve mogućeg uspjeha, zamijeniti strašljivom nagodbom.

www.ingramcontent.com/pod-product-compliance
Lightning Source LLC
Chambersburg PA
CBHW050322230426
43663CB00010B/1708